司马云杰 著

中国精神通史

第三卷

河南人民出版社

目 录

本卷内容提要

　　本卷《中国精神通史》属隋唐精神史，确切地说，属隋唐至五代精神史。但它并非仅出于隋唐五代，而是由魏晋六朝至隋唐的文化精神发展史，隋唐为高峰，晚唐五代走向了衰微。与前两卷相比，《中国精神通史》第一卷写"发端于伏羲，积蓄于炎黄，大备于唐虞，经三代而浩荡于天下"的第一次文化历史开合，为上古精神史；第二卷写秦汉经两汉发展到魏晋的第二次文化历史开合，为中古精神史；此卷乃是写魏晋六朝至隋唐五代第三次文化历史开合的，为近古精神史。

　　本卷《中国精神通史》，儒、道、佛三教并流，相互涵盖、浃化、融合，以佛教为大宗，其中最重要的精神转变，就是佛教适应中国文化哲学发展为中华大乘佛教。因此，这段精神史乃是佛教适应中国文化、融入中国文化，并影响中国文化精神发展的历史。故本卷副题为《佛教融入与隋唐精神发展》。

　　这个时期，儒、道、释三教并流，典籍弘繁，大师众多，理论高深，精神玄远。撰写这段精神史，非神思不足阐其理，非形上不能叙其源！而且要领悟纯真境界，非有超越一切的大气力，不足于叙述描绘儒、道、释三教互相掩映、不断契合的精神世界。因此，本卷精神史不同于一般以知识论撰写的宗教史、思想史，也与前两卷《中国精神通史》的写法，有许多不同之处。主要体现在以下几个方面：

　　一、这个时期，儒、道、佛三教并流，佛教为大宗，道教与之并行发展，儒学相对衰弱。因此，本卷精神史，研究叙述儒、道、佛三教文化精神相互涵化、相互融合的发展次序，先佛老而后为儒家。时间延续，从魏晋南北朝一直发展到隋唐五代。因其时空跨度较大，章节目次、叙述安排分别各依佛、道、儒三教发展内在逻辑撰写，不交叉安排，以免打乱三教发展的内在逻辑。

二、正如西方古代犹太教吸收希腊罗马文化哲学，发展为罗马帝国时期的基督教一样，印度大乘佛教也是吸收中国文化哲学发展为中华大乘佛教的。因此，本卷精神史研究撰写，重点叙述了印度大乘佛教怎样吸收中国文化哲学发展为中华大乘佛教，成为中国文化精神组成部分的；同时，研究叙述了佛教如何与中国儒道两种文化相互浃化、相互融合，影响中国文化精神发展的。

三、佛教适应中国文化哲学发展为中华大乘佛教，与犹太教被希腊哲学化变为基督教，成为罗马国教是不同的。佛教适应中国文化哲学变为中华大乘佛教，虽然深刻影响了中国文化精神发展，但它始终没有成为中国文化主流，除梁武帝后期，并没有成为中国国教，没有成为占统治地位的文化意识形态。因此，隋唐时期的文化精神发展，仍是以儒家文化思想为主导，为根本精神的。这是本卷精神史撰写叙述所坚持的。

四、本卷精神史，虽以佛教为大宗，研究佛教如何适应中国文化哲学变为中华大乘佛教，但并未忽视中国文化本身的精神发展。例如在道教方面，本卷精神史研究叙述了道教的两大转变：一是"重玄"派对原始道家老庄哲学的本体反思与精神提升；二是研究叙述了道教上清派由外丹学向内丹学的转变。研究叙述这两大转变，不仅可使读者弄清道家的生命精神追求，亦可看出道家文化发展的中国文化精神之处。

五、隋唐文化，虽然以佛教为大宗，道教与之并行发展，但在政治上，在政道与治道上，还是以儒学为主，以礼教治理天下的。因此，本卷精神史除研究叙述道释两种文化发展外，更集中许多篇章研究叙述了隋唐儒家文化精神发展及其大用，其中包括中唐以后的韩愈、柳宗元等人的儒学复兴运动。

六、隋唐时期，儒、道、佛三教文化精神的相互涵盖、融合浃化，不仅影响了中华民族精神追求与心性发展，同时也从哲学本体论上为宋明理学发展开拓了空间、创造了条件。因此，本卷精神史作为近古史卷，不仅是接续第一卷上古史、第二卷中古史撰写的，而且为研究撰写中国文化精神发展的近现代史，打通了路径。过去，研究撰写中国文化史、哲学史、思想史，常因隋唐佛教典籍浩繁、大师众多、教派林立、教义深奥难懂而步履艰辛。现在撰写了融合儒、道、佛三教文化的第三卷精神史，则使中国五千年浩荡不息的文化精神一脉贯通矣。这对提炼传统文化精神，认知中国五千年文化精神发展，是具有现实理论意义和实践意义的。

第一章　隋唐精神发展的大理路

内容提要：本卷所写，乃南北朝至隋盛唐的儒、道、释三教融合嬗变的精神发展。其典籍之浩繁、大师之众多、教派之林立前所未有，而且纷纷扬扬、林林总总，各宗其宗、各教其教，何者为体、何者为用？何者为根本精神，何者为体用流变？若不能站在极高处，恢万里，通亿载，精骛八极，玄览终典，是很难把握这段精神发展史的。故开篇援笔，写此"隋唐精神发展的大理路"，以飨读者。目的在于使各位便于理解隋唐文化发展的路径，把握其精神演变的大脉络。隋盛唐五代精神发展，就其内在脉络与逻辑而言，从根本上说，乃源于魏晋南北朝以来的精神危机。于是，从齐梁之代起，解决这种危机的路径与方法，由礼教转向了宗教，试图以佛教建立王道政治。故齐梁以来，儒、道、释三教并流，佛教发展成为了大宗。道教因唐朝的推崇，其宗教精神，也推向了顶峰。自古以来，治国平天下，西方靠宗教，中国靠礼教。因此，魏晋南北朝以来，虽宗教精神沸沸扬扬，然历代君主始终没有忘记儒家的礼教。因此形成了"心向宗教，治靠礼教"的局面。其教理之辩争，圣教原道之探求，皆根于南北朝政道治道的需要。发展至唐代，由于文化上采取了融容博大、兼含包容的开放政策，遂发展出了一种自然开放、雄健朗迈、昂扬奋发的生命精神，造就了一种博大深厚、沉郁凝重、浑化无迹的文化气象。此即所谓盛唐精神！然李唐出于西北部族，其夷狄之风，最终造成了唐朝伦理纲常的坎陷，成为唐朝走向衰亡的重要原因。故本章讲隋唐精神发展的大理路，亦提示之。此弥纶三教群经，熔铸众典，研精其理，纳其梗概而言之也。

中国文化精神发展，由江左齐、梁的傲诞清虚、竞骋文华，发展为隋代弃绝华绮、崇尚实录，到唐初贞观，崇尚圣道，遏止华伪，慕汉魏之高古，扫六朝之靡风，则风气清新、兴象宛然矣。这就是隋唐文化精神的发展。及至发展到开元时期，由于各种文化融源流，综正变，则遂发展出一种自然开放、雄健朗迈、昂扬奋发的生命精神，一种博大深厚、沉郁凝重、浑化无迹的气象，这就是文化历史上的盛唐气象！

　　南北朝到隋唐之际，将近二百年，若从正始玄学所造成的魏晋精神衰微计算至隋唐之际，将近三四百年。那么，经这三四百年隋唐文化精神是怎么发展起来的，它所发展出的盛唐精神，又是怎样一种文化精神呢？写隋唐精神史，从何处下手，怎么把握它发展的踪迹与理路呢？大家知道，本精神史的研究与撰写，乃是以中国五千多年文化历史跌宕起伏的大开合把握其发展变化的：《中国精神通史》第一卷以"渊渊其渊，浩浩其天"，把握了上古乃至远古的精神发展；第二卷以"功勋、德操与神秘主义"，把握了秦汉以来中古精神发展。那么，现在进入隋唐近古时期的文化历史，应该怎样把握它的精神发展呢？这无疑涉及三四百年文化历史诸多延续递变问题。但讲这种延续递变，如果只是从细节上发展或支流迭变上去看，是很难把握的。因为中国文化精神自上古以来，整个延续递变，思想愈来愈复杂，学派愈来愈繁多，文化精神也愈来愈多样。这种由简到繁的发展，就像一条奔腾不息的大河一样，源头虽然遥远，但没有停滞不前，而是愈往下流注，愈是流派繁多、纵横交错。上古三代，虽然纵深遥远，但它也只是天道精神的形成发展和传递延续。发展到春秋战国，贤圣不明，道德不一，道术为天下裂，虽曰诸子百家，但主流则不过一阴一阳、一刚一柔的儒道两家。进入秦汉以后，虽然有儒家、道家、阴阳家、名家、墨家、纵横家、杂家、农家八家，茫茫九派流中国，但汉武帝之后，儒家成为主流文化，学术再复杂，哲理再各异，然其根本精神，终不过是今古文经两大学派的不同阐释。但进入魏晋以后，不仅玄学有尚无之分，而佛教传入，更有"六家七宗"之别。它们发展到后来，则有南学北学不同及儒、道、佛三家流变。这种延续流变，不仅有文化哲理发展上的内在逻辑，更有朝廷乱世求治的政治意识需要和不同宗教追求掺杂其间。凡此，皆是影响隋唐精神发展的。因此，写隋唐精神史，若不能先从高处洞察其踪迹，从总体把握其大理路，一下子从支流与细节入手，则于大体统、大端倪处，必陷入迷茫无绪，如吞云梦。唯有以大视野、大尺度地俯瞰从魏晋齐梁到隋唐文化历史发展的绵续流变，察其踪迹，把握其大理路，方能胸襟朗开，不蔽杂芜，了如指掌，达于圣人大化之境。这就像站在万里高空俯瞰千里黄河弯弯曲曲东入海那样。大视野、大尺度把握隋唐精神史的研究与撰写，就庄子所讲立于"廖天一"高处，把握道体流行发用，安排推移去化。这就是《中国精神通史》第三卷首章所要讲的"隋唐精神发展的大理路与把握"。

那么，具体地讲，怎样站在当时文化历史发展演变的高度，大视野、大尺度地俯瞰玄览洞观南北朝至隋唐文化精神发展的踪迹与大理路，把握其发展的内在动因及逻辑运演，概括出大梗概、大脉络，把握隋唐文化精神呢？它大体涉及魏晋以来的精神危机与宗教追求、心归宗教与礼教治世、王道政治与宗教发展、三教并流与何为大宗、教理辩争与精神会通以及圣教、原道与夷狄之风诸多问题。现在，先讲魏晋以来的精神危机与宗教追求问题，然后再讲南北朝至隋唐时期的乱世求治与宗教真理等问题。

一　精神危机与宗教追求

中国文化从南北朝至隋唐的近二百年，遇到了前所未有的精神危机。这种危机，若从正始玄学崇尚虚无所造成的魏晋时期精神迷惘与衰微算起，发展到隋唐之际，则经历了将近三四百年。这里所说精神危机，并非仅是指个人信仰方面，而是指整个国家民族的，指华夏民族从上古以来，几千年生存发展所遇到的前所未有的文化危机、信仰危机、性命之理危机或生命精神危机。它不仅造成了国家民族文化历史的盛衰存亡之变，也影响到后来整个中国文化精神流变及中华民族未来千百年的心性、品格与精神发展。

魏晋之后，之所以出现精神危机，固然有社会动荡、战争、杀戮等诸多方面原因，但从根本上说，乃是文化哲学本体论出现了问题。因为，虽然精神危机涉及人的愿望、需求、情感、情绪等诸多心理方面的问题，但若就精神本身发生危机而言，则是属于形而上学存在，属于哲学本体论或神学本体论方面的问题。因为精神实质上不属于人的愿望、需求、情感、情绪等一类心理方面的东西，而是与形而上学、先验论、本体论联系在一起的真理、正义、庄严、神圣、大美、崇高等至精至神存在。因此，研究魏晋南北朝至隋唐的精神危机，撰写这段精神发展史，首先应该考虑这段文化历史时期的哲学，包括宗教神学本体论方面的变化或出现的新情况，研究它是怎样造成魏晋南北朝至隋唐数百年的精神危机的。

从文化哲学方面讲，正始玄学不论是王弼讲"以无为本"①，还是何晏讲"夫道者，惟无所有者也"②，皆是讲天道本体以虚无而存在的，特别是讲虚无本体的无执，虽意在追求精神自由，然本体论的无执，就会使人摆脱一切主宰，失却任何屏障，走向了洪荒宇宙。这样，人在宇宙浩浩大化中，内心就没有了知觉主宰处，没有了精神的安宅，就失却性命之理，使信仰信念没有挂靠处，没有真实无妄之理的支撑！没有了这些，人在浩茫的宇宙中就没有立根处，没有停泊处，就会为大化所驱使，于洪涛巨浪中迷失方向。此正始玄学本于虚无，使华夏民族走向洪荒宇宙人生，所造成魏晋之后精神危机者也。

佛教特别是大乘佛教由西域传入华夏，以前所未有的规模打破了中国上古以来文化哲学的平静，影响了华夏诸族的信仰、信念与精神世界。但佛教诸法，因缘而生，皆是缘灭性空的。故僧肇讲"一切诸法，缘会而生，缘离则灭"，"性常自空，故谓之性空"③。因此，佛教乃是以诸法无常，本性空寂，为根本要义的。"一切诸法如幻化相"，"毕竟空"④。空之又空，一切皆归于空寂，归于虚无。一切皆空，自然，也视人生为无常，为虚无，为无价值和无意义存在。缘起缘灭，一个"空"字，了却宇宙万物，了却人生意义，这就是佛教真理。以此真理，人在现实存在中就丧失了价值与意义。魏晋之世，玄学讲体无，佛教亦以诸法无常，本性空寂为根本教义，此文化宗教、哲学造成华夏民族精神危机者也。

如此讲精神危机，讲精神危机发生，那么，解决精神危机问题，岂不是很简单吗？魏晋南北朝至隋唐时期，为什么会有那么多人追求玄学义理，相信佛教神学呢？原因的确不这么简单。因为任何哲学义理，任何神学教义，之所以吸引人，之所以有那么多人信奉，那么多人追求，是因为它在形而上学、先验论、本体论存在上，皆有其吸引人的地方，有让人信奉、追求，甚至陶醉或迷狂的地方。例如正始玄学讲本体虚无，就是这样。何晏虽讲"夫道者，惟无所有者也"，然而在何晏看来，正是这"处有名之域，而没其无名之象"存在，圣人以其"无名""无誉"，才获得一种超越性生活与精神世

①　《老子》第四十章注。
②　《列子·仲尼篇》注引何晏《无名论》。
③　《肇论·宗本义》，见《肇论校释》，中华书局 2010 年版。
④　《维摩经》卷上，《弟子品第三》，《佛教要籍选刊》(5)，上海古籍出版社 1994 年版。

界，若"与夫可誉可名者，岂同用哉?"①王弼讲"圣人茂于人者神明"，讲"神明茂，故能体冲和以通无"②，也是以道体的虚无，获得无累于物的精神世界。嵇康讲"越名教而任自然"，讲"心无措乎是非""情不系于所欲"，实乃以"气静神虚"③之心，追求虚无恬淡、忘物忘我境界。阮籍以"以微妙无形，寂寞无听"④的超越性思维，追求"清静寂寞，空豁以俟"⑤的世界，亦是建立在玄学本体虚无基础上的。由此可知，正始玄学讲本体虚无，讲无执，虽然在本体论上有丧失主宰，失却屏障，走向洪荒宇宙的危险，但它在当时则为人追求自由，追求无物无累的精神世界，提供了一个不为物累、不为形役的超越性平台，一个自我生存的超越世俗性存在的人生真理。

佛教真理也是这样。佛教真理并不仅是从经验层次上讲法性生灭流转、本性空寂，更是在超越性层次上讲如来藏、法身、真如的不生不灭、永恒常驻。这样，佛教所讲如来藏、法身、真如等，已经不是世俗的真理，而是超越性广大无边的神性存在和永恒真理。故道安讲："佛之兴灭，绵绵常存，悠然无寄，故曰如也。法身者，常净也。真际者，无所著也，泊然不动，湛尔玄齐，无为也无不为也。万法有为，此法渊默，故曰无所有者是法之真也。"⑥佛教认为，以此绵绵常存、悠然无寄的真理，"据真如，游法性，冥然无名者"，就可以进入"智度之奥室""智度之蓬庐"。因此，理解如来藏、法身、真如的存在，乃是一种大智慧，一种"大哉智度，万圣资通，咸宗以成"的智慧，或"大智玄通"的大智慧。人生获得如来藏、法身、真如的存在，精神就可以进入一种"地含日照，无法不周，不恃不处，累彼有名"的境界，一种"既外有名，亦病无形，两忘玄漠，块然无主"⑦的境界。据此佛教真理，谁又能够说佛教不能建构旷然无累、广大无边的精神世界呢?

道安对佛教真理的看法与评价，虽然是从糅合中国道家文化理解的，但它也代表了中国上层知识分子对佛教超越性真理的认同，特别是它所建构的旷然无累、广大无边的精神世界，更吸引了高层知识分子的向往与追求。这

---

① 《列子·仲尼篇》注引何晏《无名论》。
② 《三国志·钟会传》注引何邵《王弼传》。
③ 《释私论》，《全三国文》卷五十。
④ 《清思赋》，《全三国文》卷四十五。
⑤ 《达庄论》，《全三国文》卷四十五。
⑥ 《合放光光赞随略解序》，《出三藏记集》卷七。
⑦ 《道行经序》，《出三藏记集》卷七。

种佛教超越性真理，是执着于"有"或"大有"的儒家文化本体论无法相比的，其旷然无累、广大无边的精神世界，也是儒家文化无法建构的，更是世俗世界士人的智慧所不具备的。因此，魏晋以后，儒家抵挡不住，中国第一流的学者尽归于释，全去研究佛教，追求佛教真理去了。昔汉灵之时，竺佛朔译出的《道行经》，乃《小品》旧本，不仅文句简略，译义也不准确。朱士行于洛阳讲《道行经》，觉得文本隐质，诸未尽善，感叹"此经大乘之要，而译理不尽，誓志捐身，远求大本"。于是，为了追求佛教真理，遂以魏甘露五年（260），发迹雍州，西渡流沙。既至于阗，果得梵书正本，凡九十章。①法显法师行为最为突出。他为了追求佛教真理，于晋隆安三年（399），与同学慧景、道整、慧应、慧嵬等，发自长安，西渡流沙，进入上无飞鸟、下无走兽、四顾茫茫、莫测所之的西域，过山险，涉恶水，经历三十余国，去西域天竺国，求取佛教经典。后至中天竺，于阿育王塔南天王寺，得《摩诃僧祇律》，又得《萨婆多律抄》《杂阿毗昙心论》《线经》《方等泥洹经》等。法显法师留在那里三年，学梵语梵书；停二年，复得《弥沙塞律》长杂二《含》及《杂藏》，皆是汉土所没有的。法显说这次取经"贫道投身于不反之地，志在弘通"。他远去西域及后来译出《摩诃僧祇律》《方等泥洹经》《杂阿毗昙心论》，垂百余万言②，正是实现了这一愿望，即追求宏通佛教真理。

其他人如宝云法师，先后与法显、智严相随，涉履流沙，登逾雪岭，勤苦艰危，不以为难，遂历于阗、天竺诸国。宝云法师在外域，遍学胡书，天竺诸国音字训诂，悉皆贯练，后译出《新无量寿》《佛所行赞经》③。还有智猛法师，于后秦弘始六年（404），招结同志沙门十有五人，发迹长安，渡河顺谷，至凉州城；继而西出阳关，入流沙，二千余里；从于阗西南行二千里，始登葱岭；复南行千里，至罽宾国；复西南行千三百里，至迦惟罗卫国，后至阿育王旧都华氏城。当时法显已先得六卷《泥洹》。智猛法师为获得全部大乘《泥洹》经典，往返于天竺，得胡本《泥洹》经及《摩诃僧祇律》各一部。后还于凉州，译出《泥洹》本，得二十卷。④凡此，皆是中国士人追求真理的精神！尽管它是超越性的宗教真理，然其关乎信仰，关乎精神世界，

---

① 《高僧传》卷三。
② 《高僧传》卷三，另见《出三藏记集》卷十五。
③ 《出三藏记集》卷十五。
④ 《出三藏记集》卷十五。

所求不果，遂置之死地，亦决不罢休！

这种宗教超越性真理精神的追求，是贯通整个魏晋南北朝至隋唐时期的。至隋唐时期，历史上最有名的佛教真理追求，是玄奘西行求法。他自贞观三年（629）至贞观十九年（645），前后 17 年，历尽艰辛，获得并译出佛教经、律、论诸多典籍 74 部，计 1335 卷，并撰《大唐西域记》12 卷。玄奘返国到达西郊时，唐太宗命房玄龄相迎，长安街沿途迎者数十万众。当时，欢迎的队伍"将欲入都，人物諠拥，取进不前，遂停别馆，通夕禁卫，候备遮断，停驻道旁。从故城之西南，至京师朱雀街之都，亭驿二十余里，列众礼谒，动不得旋"①。此事不仅反映玄奘坚韧弘毅的取经精神，亦可见佛教真理及其精神的影响，已波及广大朝野道俗两界矣。当时的精神危机转向宗教追求，主要是追求佛教宗教超越性真理。

佛教宗教超越性真理，从魏晋南北朝至隋唐，经过三四百年发展，不仅随着般若学的玄学化，变得愈来愈易被华夏民族理解，而且它吸取道教神秘形上神圣存在，讲信奉佛教可以避祸得福等，也愈来愈世俗化为民间宗教。因此，佛教不仅愈来愈多地赢得民间的信奉，而且其超越性真理，亦愈来愈成为为政治服务的宗教真理。东晋时期，慧远讲"会之有宗，则百家同致"②，"合内外之道，以弘教之情"③，就是主张佛教超越性真理应该在最高本体论上"合内外之道"，致力于政道与治道的。当时，佛教流行，营造寺庙，民多奉佛，竞相出家，真伪混淆，愆过丛生。有人认为华夏民族不应该信奉佛教真理，而应该实行政治抑制。后赵石勒时王度上书，讲"佛出西域，外国之神，功不施民，非天子诸华所应祠奉"④，就是主张抑制佛教真理的。但当时中国儒家文化衰微，无法解决精神危机，终不能改变南北朝至隋唐国君愈来愈信奉佛教超越性真理，并对其表示欢迎。宋文帝刘义隆赞美谢灵运《与诸道人辨宗论》、颜延之《释达性论》、宗炳《明佛论》（亦即《神不灭论》），讲其"明佛法汪汪，尤为名理，并足开奖人意。使率土之滨，皆纯此他，则吾坐致太平，夫复何事"⑤；齐高帝萧道成、武帝萧赜，皆大造佛寺及

---

① 《开元释教录》卷八，另见《大慈恩寺三藏法师传》卷五，及敬播《西域记序》。
② 《与刘遗民书》，《广弘明集》卷二十七。
③ 《三报论》，《弘明集》卷五。
④ 《竺佛图澄传》，《高僧传》卷九。
⑤ 〔宋〕何尚之《宋文皇帝赞扬佛教事》，见《弘明集》卷十一。

塑造佛像，武帝之子萧子良"超攀名僧，讲论佛法，造经呗新声"①；梁武帝萧衍讲"经文玄义，理必须诠，云发菩提心者，即是佛心"，获得佛心，"能使众生出三界之苦门，入无为之胜路，标空察理，渊玄微妙，就义立谈，因用致显"② 等，则是当时国君从政治上对佛教超越性真理的认同与追求。

还有一种情况应该说及的，就是当时南北朝各国君世主，并非皆是土豪莽汉，而是很多人受过传统文化教育、有学术涵养的。如齐高帝萧道成年十三岁，就"受《礼》及《左氏春秋》"，史说其"博学，善属文，工草隶书，弈棋第二品。虽经纶夷险，不废素业"③；梁武帝"少而笃学，洞达儒玄。虽万机多务，犹卷不辍手，燃烛侧光，常至戊夜。造《制旨孝经义》《周易讲疏》及六十四卦、《二系》《文言》《序卦》等义，《乐社义》《毛诗答问》《春秋答问》《尚书大义》《中庸讲疏》《孔子正言》《老子讲疏》，凡二百余卷"④；北魏孝文帝拓跋宏"雅好读书，手不释卷；《五经》之义，览之便讲，学不师受，探其精奥；史传百家，无不该涉；善谈《庄》《老》，尤精释义"⑤；北周文帝宇文泰"崇尚儒术，明达政事"⑥ 等。受过如此文化教育，具此学术修养，自然增加了他们对宗教形而上学存在、对佛教超越性真理的知觉悟性。这在当时精神危机中，面对政道和治道不畅，他们自觉或不自觉地追求宗教神秘形上神圣存在，追求佛教超越性真理。这种真理，虽然虚无，但其精神世界却是旷大无边的。在他们看来，获得此真理及精神世界，或可解决当时精神危机所带来的社会动荡与不安。此萧道成"尝梦乘青龙上天，西行逐日"⑦ 乎？抑或梁武帝"释御服，披法衣，行清净大舍"⑧ 乎？不管当时南北朝国君世主怎么想的，但在当时的精神危机中，他们的追求，皆转向了宗教世界，特别是佛教超越性真理及旷达无边的精神世界，则是文化历史的普遍存在。

国家民族，没有信仰信念，没有精神世界，灵魂没有安顿处，生命没有挂靠处，一任其在风浪里飘荡，自然不利于社会安定，不能实现长治久安。

---

① 《南齐书·竟陵文宣王萧子良传》。
② 《舍道事佛疏文》，《全梁文》卷六。
③ 《南史·齐本纪上》。
④ 《梁书·武帝本纪下》。
⑤ 《魏书·孝文帝本纪下》
⑥ 《北史·周本纪上》。
⑦ 《南史·齐本纪上》。
⑧ 《南史·梁本纪中》。

但魏晋南北朝时期，不论是宗教神秘的形上神圣存在，还是佛教超越性真理及其旷达无边存在，皆不过是张横渠所说"以心法起灭天地"① 的构象，并非真实无妄、实有是理的存在。因此，它与现实生活之间不具真实的逻辑关系，虽然执着于这种精神追求，可以使人内心得到某些慰藉，但并不能真正解惑断疑，解决人生真理及政道治道上的乱象及诸多社会问题。特别是有国有天下者，不能清醒地了解民心民性及生存需要，克己以安百姓，而只是以虚妄的价值设定逆天理而行时，一旦民不堪命，天下骚然动乱，就是难免的了。梁武帝勤于政务，孜孜无怠，"兴文学，修郊祀，治五礼，定六律，四聪既达，万机斯理，治定功成"，三四十年，斯为盛矣。② 然其终因"留心俎豆，忘情干戚，溺于释教，弛于刑典，既而帝纪不立，悖逆萌生，反噬弯弧，皆自子弟，履霜弗戒，卒至乱亡"③。此梁武政道多缺，淳化未凝者也。

由上可知，乱世求治及解决精神世界问题，不能只是指望宗教真理，还必须立于礼教基础上，解决人伦道德问题。唯此，方可彝伦攸叙，求得天下大治。

二　心向宗教，治靠礼教

魏晋南北朝时，乱象丛生，权力更替，像走马灯似的。从中国五千多年浩荡不息的历史洪流来看，乃是其旋起旋灭的存在。但若把历史时空向下落实，具体看那段历史盛衰，则并非白驹过隙，而是经历了相当长历史时期且有其存在合理性的。如晋延续了近二百年，北魏延续了一百六十多年，延续自有其延续的道理。南朝刘宋政权，虽然存在不到六十年，然宋武帝刘裕作为汉楚元王刘交第二十一世孙，时人认为其政权存在，较之魏晋还有正当性、合法性。故宋文帝时期，河西、高丽、百济、倭国，皆是遣使朝贡的。自然，魏晋南北诸朝的延续存在，主要还是在于时君世主的经国治世能力与政治品德，即是一世之强盛者，也是如此。如史说宋武帝刘裕"清简寡欲，严整有法度，未尝视珠玉舆马之饰，后庭无纨绮丝竹之音"④；齐武帝萧道成"经纶

① 《正蒙·大心篇》。
② 《梁书·武帝本纪下》。
③ 《南史·梁本纪中》。
④ 《宋书·武帝本纪下》。

夷险，不废素业"，即位后，"身不御精细之物，主衣中有玉介导，以长侈奢之源，命打破之"，"每曰'使我临天下十年，当使黄金与土同价'，欲以身率下，移风易俗"①；梁武帝"勤于政务，孜孜无怠。每至冬月，四更竟，即敕把烛看事，执笔触寒，手为皲裂"，"历观古昔帝王人君，恭俭庄敬，艺能博学，罕或有焉"②；北魏太武帝拓跋焘"聪明雄断，威灵杰立，戎轩四出，周旋险夷，廓定四表，混一戎华，其为功也大矣"③；孝文帝拓跋宏有"雄才大略，爱奇好士，视下如伤，役己利物，亦无得而称之，其经纬天地，岂虚谥也"④。这些史评，虽然难免有过誉之处，但也说明南北诸朝诸君并非尽是强暴武夫，而是有功德的，其权力更替、存在与绵续，也并非仅是武力篡逆，而是和时君世主的建功立德分不开的。它在本质上，乃是当时德之所然、势之所然。

　　魏晋南北朝时期，一方面是社会动荡，处于乱世，急需以雄才大略平治天下；另一方面则是儒学衰微，宗教盛行，空寂虚无，精神危机。那么，当时君世主处此乱世，是怎样治国理政、处理精神追求和为政之关系的呢？读其史书，透视六朝时势，观察为治之理，可以发现一个重要的共同为治现象，那就是精神上追求宗教，政治上依靠礼教。这一点，宋文帝刘义隆的治理是颇能说明问题的。当时有个罽宾国（即却宾国、羯宾国）叫跋摩的佛教法师从南海而来，宋文帝闻说，立即派人去迎接。元嘉八年（431）跋摩法师达南京，住祇洹寺。宋文帝引见，劳问殷勤，询问"常欲持斋不杀，迫以身殉物，不获从志"的道理，跋摩法师说："道在心，不在事；法由己，非由人"，"帝王以四海为家，万民为子，出一嘉言，则士女咸悦；布一善政，则人神以和"，"如此持斋，斋亦大矣；如此不杀，德亦众矣！"宋文帝听后，极为感动地说："夫俗人迷于远理，沙门滞于近教。迷远理者，谓至道虚说；滞近教者，则拘恋篇章。至如法师所言，真谓开悟明达，可与言天人之际矣！"⑤ 从宋文帝所说，可知他对跋摩之言，是多么敬重！对佛教超越性真理，是多么信奉了！此乃宋文帝心向佛教者也。但在宋文帝三十多年的执政中，依靠佛教者并不多，而依靠礼教者，则处处可见。如元嘉五年（428）宋文帝下诏讲

---

① 《南史·齐本纪上》。
② 《梁书·武帝纪下》。
③ 《魏书·太武帝纪下》
④ 《魏书·孝文帝纪下》
⑤ 《高僧传》卷三。

"朕恭承洪业，临飨四海，风化未弘，治道多昧，求之人事，鉴寐惟忧"，要求"群后百司，其各献谠言，指陈得失，勿有所讳"。元嘉十九年正月，下诏讲"夫所因者本，圣哲之远教；本立化成，敩学之为贵。故诏以三德，崇以四术，纳诸义方，致之轨度，盛王圣世，咸必由之"，因而"有诏典司，大启庠序"，"广训胄子，实维时务"；十二月诏"鲁郡修复学舍，采召生徒"，诏"鲁郡上民孔景等五户，居近孔子墓侧，蠲其课役，供给洒扫，并种松柏六百株"；二十三年九月，车驾幸国子学，策试诸生，答问凡五十九人；冬十月，诏"庠序兴立累载，胄子肄业有成，近亲策试，睹济济之美，缅想洙、泗，永怀在昔"，凡"诸生答问，多可采览"者，及"教授之官，赐帛各有差"[1]。凡此种种执政措施，可知宋文帝虽然尊重佛教，希望通过佛教超越性真理，解决信仰问题、精神世界的问题，但真正施政，还是依靠儒家礼教，以伦理道德教化国民为根本的。

　　这一点，北魏孝文帝拓跋宏的执政最为明显。北魏太武帝拓跋焘反佛灭佛，一切禁断，而后文成帝拓跋濬、献文帝拓跋弘又恢复佛教。孝文帝拓跋宏作为继世之君，该怎样执政呢？不反佛灭佛，诚如太武帝所说"政教不行，礼义大坏，鬼道炽盛，视王者之法蔑如也"[2]，自然不行；而若奉佛礼佛，孝文帝则认为，佛教"既非经国之典，徒为妖邪凭"，"诸巫觋假称神鬼，妄说吉凶"[3]，自然也不行。怎么办？孝文帝虽然尊奉佛教，但他为政治国，基本上是依靠儒家教典的。他为了解决二者在治统上的矛盾冲突，一方面兴建福业，造立图寺，辉隆为至教，并构七级佛图，高三百余尺，基架博敞，为天下第一，将佛教抬得高高的，但另一方面在政道与治道上，则依靠儒家礼教，解决人伦关系，以致天下太平。他即位后，延兴二年，即下诏讲"尼父禀达圣之姿，体生知之量，穷理尽性，道光四海"，"自今以后，有祭孔子庙，制用酒脯，不听妇女合杂，以祈非望之福，犯者以违制论"[4]，对孔子表达了极大尊敬；太和十一年，下诏讲"乡饮礼废，则长幼之叙乱"，倡导乡饮的礼教德义，要求孟冬十月，诸州"党里之内，推贤而长者，教其里人父慈、子孝、兄友、弟顺、夫和、妻柔"，以和人伦；太和十六年，下诏"祀唐尧于平阳，

---

① 《宋书·文帝本纪》。
② 《魏书·释老志》
③ 《魏书·孝文帝纪下》
④ 《魏书·孝文帝纪上》。

虞舜于广宁，夏禹于安邑，周文于洛阳。改谥宣尼曰文圣尼父，告谥孔庙"，在道统与治统上，归于三代以来华夏文化传统；太和十七年，迁都洛阳，观洛桥，幸太学，观《石经》；太和十九年，诏"迁洛之民，死葬河南，不得还北，代人南迁者，悉为河南洛阳人"①，要求鲜卑人完全归乎华夏礼教矣。

　　孝文帝不仅从整个礼教上进行改革，使之归于儒家道统与治统，而且以此为体统还对一些具体制度进行了改革。如太和二年下诏改革婚娉、丧葬之礼及行政赏罚制度。他认为"婚娉过礼，则嫁娶有失时之弊；厚葬送终，则生者有靡费之苦"，要求"圣王知其如此，故申之以礼数，约之以法禁"。对于赏罚制度，孝文帝提出"悬爵于朝，而有功者必膺其赏；悬刑于市，而有罪者必罹其辜。斯乃古今之成典，治道之实要"，并说，"朕承太平之运，属千载之期，思光洪绪，惟新庶绩"，要"克己复礼，思愆改过，使寡昧无愧于祖宗，百姓见德于当世"②。此皆是孝文帝依据儒家礼教文化所进行的改革，以建立道统与治统。

　　孝文帝不仅依据儒家文化所进行各方面的礼教改革，使之归于儒家文化道统与治统，而且其许多政治经济制度改革，也是以儒家经济思想为基础进行的。如延兴二年下诏讲"《书》云：三载一考，三考黜陟幽明"，认为当时的"牧守无恤民之心，竞为聚敛，送故迎新，相属于路，非所以固民志，隆治道也"。因而下一年，延兴三年，即下诏，对"以河南七州牧守多不奉法，致新邦之民莫能上达"者，"遣使者观风察狱，黜陟幽明"，进行吏制改革。孝文帝关心民间疾苦，是年下诏"鳏寡孤独贫不自存者，复其杂徭，年八十已上，一子不从役。力田孝悌、才器有益于时、信义著于乡闾者，具以名闻"；"南巡，至于怀州，所过问民疾苦，赐高年、孝悌力田布帛"；太和元年，进一步进行田亩制度改革，实行"一夫制治田四十亩，中男二十亩，无令人有余力，地有遗利"；太和八年，下诏对整个经济制度改革，说"《周礼》有食禄之典，二汉着受俸之秩；逮于魏晋，莫不聿稽往宪，以经纶治道。自中原丧乱，兹制中绝，先朝因循，未遑厘改。朕永鉴四方，求民之瘼，夙兴昧旦，至于忧勤。故宪章旧典，始班俸禄"，于是"罢诸商人，以简民事。户增调三匹、谷二斛九斗，以为官司之禄。均预调为二匹之赋，即兼商用"。这种经济制度的变法改度，牵涉面很广，是很复杂的。但孝文帝认为，改革

---

① 《魏书·孝文帝纪下》。
② 《魏书·孝文帝纪上》。

"虽有一时之烦"，但"终克永逸之益"①。从长远看，这是非常有利于长治久安的。凡此变法改制，孝文帝基本上是按照儒家经世思想进行的，而非依靠佛教。

孝文帝按照儒家思想经世，在政道治道上不依靠佛教，但并不等于他不尊重佛教。迁都洛阳后，孝文帝与道顺、惠觉、僧意、惠纪、僧范、道弁、惠度、智诞、僧显、僧义、僧利等名僧交往，对他们还是非常尊重的。但这种交往与尊重，主要是探讨佛理。他于太和十九年，曾远程去徐州白塔寺。为什么去此寺，因为此寺有个名僧受过罗什的《成实论》，经义在此流传。僧祐曾说，《成实论》"总三乘之秘数，穷心色之微阃，摽因位果，解惑相驰，凡圣心枢，罔不毕见乎其中矣"②。可知此论对净化心性及建构洁净精神世界的妙用。故孝文帝说："朕每玩《成实论》，可以释人染情。"③佛教"总三乘之秘数，穷心色之微阃"的真理，及"可以释人染情"，建立洁净旷大精神世界无疑是非常吸引人的。当时持此看法者，何止孝文帝呢？凡为其所诱惑者，即会失却政道与治道。梁武帝就是这样。

梁武帝勤于政务，孜孜无怠，执政四十七年（502～549），虽然晚年笃信佛教，然其执政的大部分时间，则是依靠儒家礼教施政的。天监元年即位，就讲"朕夕惕思治，念崇政术，斟酌前王，择其令典，有可以宪章邦国，罔不由之"，讲犯罪"可依周、汉旧典"；为了恢复礼乐教化，武帝思弘古乐，下访百僚古乐诏说："夫声音之道，与政通矣，所以移风易俗，明贵辨贱"；"魏晋以来，陵替滋甚，遂使雅、郑混淆"，因而要求臣等"学术通明，可陈其所见"④；答何佟之等请修五礼诏，更说"礼坏乐缺，故国异家殊，实宜以时修定，以为永准"⑤；大同六年，更下诏讲"经国有体""军机要切，前须谘审，自依旧典"⑥。为了恢复礼教及儒学教育，天监四年，诏置五经博士各一人；七年又下立学诏，讲"建国君民，立教为首。大启庠黉，博延胄子，务彼十伦，弘此三德，使陶钧远被，微言载表"；为了诏受儒家人才，天监八年下叙录寒儒诏，讲"学以从政，殷勤往哲，禄在其中，抑亦前事。朕思阐

① 《魏书·孝文帝纪上》。
② 〔南齐〕周颙：《抄成实论序》，《出三藏记集》卷一一。
③ 《魏书·释老志》。
④ 《隋书·音乐志上》，《全梁文》卷二。
⑤ 《梁书·徐勉传》，《全梁文》卷二。
⑥ 《梁书·武帝纪下》。

治纲，每敦儒术，轼间辟馆，造次以之。其有能通一经，始末无倦者，策实之后，选可量加叙录。虽复牛监羊肆，寒品后门，并随才试吏，勿有遗隔"；九年驾幸国子学，亲临讲肄，赐国子祭酒以下帛各有差，并下诏说："王子从学，著自礼经，贵游咸在，实惟前诰，所以式广义方，克隆教道。"武帝认为，国家治理，对越乾元，弘宣德教，才是根本；而若缺此治道，则政法多昧。故讲"观时设教，王政所先，兼而利之，实惟务本，移风致治"①。凡此，可知梁武帝施政是多么重视儒家礼乐教化了。

但是，梁武帝晚年，受崇佛论影响，则陷入佛教思维不能自拔，将政道与治道置于了迷途。在梁武帝所说，"大经中说道有九十六种，唯佛一道，是正道，其余九十五种，皆是外道"，即使"老子、周公、孔子等"，也"是如来弟子"，其所行教化，也"止是世间之善，不能革凡成圣"，就是崇佛论影响，将政道与治道置于迷途的说法。因此，他号召"公卿百官，侯王宗室，宜反伪就真，舍邪入正"，追求"表里俱净，垢秽惑累皆尽"②的佛教真理。他一次次地释御服，披法衣，讲堂法坐，讲述佛教《涅槃》《般若》经典，就是为了追求洁净的佛教真理存在。他在这种追求中，抛弃儒家礼教，甚至承认自己"经迟迷荒，耽事老子"，陷入了迷途，现在要"弃迷知返，归凭正觉"，愿"童男出家，广弘经教，化度众生，共取成佛"③。在他看来，"诸佛威神，不营多功，才欲运力，即便竖立"④，有着无边的神力。因此，他要以"至心敬礼释迦牟尼佛，金刚般若，礼长老须菩提；愿诸佛菩萨，以般若因缘，同时集会，哀怜万品，护念群生，引入慧流，同归佛海"⑤，祈求诸佛菩萨康济苍生。当他一次次自称"弟子萧衍"⑥如何如何时，在梁武帝内心世界，实际上已放弃儒家礼教及平治之理，归于沙门矣。此乃梁武帝"留心俎豆，忘情干戚，溺于释教，弛于刑典"，致使"帝纪不立，悖逆萌生""卒至乱亡"⑦者也。

南朝玄学盛行，发展到梁武帝时，由玄学入般若义，比较容易。但就整

---

① 上均见《梁书·武帝纪中》。
② 《敕舍道事佛》，《全梁文》卷四。
③ 《舍道事佛疏文》，《广弘明集》卷四。
④ 《答晋安王谢幸善觉寺启敕》，《广弘明集》卷十六。
⑤ 《金刚般若忏文》，《广弘明集》卷二十八下。
⑥ 《断酒肉文》，《广弘明集》卷二十六。
⑦ 《南史·梁本纪中》史评。

个南北朝时期诸君来说，像梁武帝那样心完全归于佛理，痴迷于佛教者，则是不多见的。这一点，发展到隋唐时期更为明显。隋文帝执政，虽然讲"如来设教，义存平等，菩萨用心，本无差别"；"庶一切法门，同归不二，十方世界，俱至菩提"①，但讲到天下治理，还是认为"建国重道，莫先于学，尊主庇民，莫先于礼"。在他看来，"王者承天，休咎随化，有礼则祥瑞必降，无礼则妖孽兴起；人禀五常，性灵不一，有礼则阴阳合德，无礼则禽兽其心"。因此，"治国立身，非礼不可"，惟此，才能"去华夷之乱，求风化之宜"②。唐太宗也是这样。太宗致书玄奘，虽讲自己"学浅心拙，在物犹迷，况佛教幽微，岂能仰测。请为经题，非己所闻。新撰《西域记》者，当自披览"③，称赞玄奘求佛译经"爰自所历之国，总将三藏要文，凡六百五十七部，译布中夏，宣扬胜业"④，但其讲到天下之治，还是讲"立人之道，曰仁与义；为国之基，德归于厚"⑤；而礼乐教化，"乐由内作，礼自外成，可以安上治民，可以移风易俗，揖让而天下治者"。在他看来，"知礼乐之情者能作，识礼乐之文者能述，作者之谓圣，述者之谓明"；礼教"用之邦国，彝伦以之攸叙；施之律度，金石于是克谐"；人伦之化，和谐天下者，"其惟礼乐"⑥。高宗更是把佛教真理举得高高的，讲"盖真如圣教者，诸法之元宗，众经之轨躅也。综括宏远，奥旨遐深，极空有之精微，体生灭之机要"⑦，但真正讲天下平治，则赞立礼教的，讲孔子所说"父子爱亲，君臣以穆。荡乎焕乎，乐正雅颂，各得其所，可不谓至圣矣夫！"⑧凡此皆可知，虽然隋唐重视佛教，将超越性佛教真理抬得很高，似乎将整个精神世界交给了佛教，但真正治天下，还是步步不离儒家礼教义理的。

综上所述可以看出，魏晋南北朝至隋唐时期，虽然佛教般若、道家玄学盛行，儒学相对衰微，但在政道和治道上，或者说在政治意识形态上，儒学并没有完全消退，它某些时候还是处于主流地位的。虽然一些统治者心向宗教，心归宗教，将精神世界交给宗教，但其治理国家，还是靠礼教。这用梁

---

① 《营建功德制》，《全隋文》卷一。
② 《劝学行礼诏》，《全隋文》卷一。
③ 《答玄奘法师进西域记书诏》，《全唐文》卷八。
④ 《大唐三藏圣教序》，《全唐文》卷八。
⑤ 《谕崇笃实诏》，《全唐文》卷四。
⑥ 《颁示礼乐诏》，《全唐文》卷六。
⑦ 《述圣记》，《全唐文》卷十五。
⑧ 《祭告孔子庙文》，《全唐文》卷十一。

武帝初治天下的诗赋说，就是治天下还是要靠礼教，"置天地而德盈，横四海而不挠"，若"履斯道而不行，吁孔门其何教?"① 因此，研究撰写这一段精神发展，是不能忽视儒学精神存在的。忽视这种精神存在，完全陷入宗教思维，是把握不好这个时期精神发展的；而治国者若陷入此思维而不能自拔，还是会置国家权力于衰亡之地的。这是撰写思想史、精神史者，应该牢记的；也是后世以夷狄思想治国者，应该反思的。

魏晋南北朝至隋唐时期，遇到了前所未有的精神危机。为了解决这种危机，魏晋以后，华夏学者研究佛教，追求佛教真理，精神上几乎全部转向了宗教世界，并且这种风气影响及当时政道与治道，使统治者不得不接受宗教，将精神世界的问题交给宗教。但佛教流行，并没有动摇中国文化的根基，也没有动摇统治者治国平天下的根本理念，因此，其为治仍然是靠儒家礼教的。但这一时期宗教之所以能够发展，也是和统治者的支持，和王道政治需要分不开的。尽管这一时期王道追求、王道政治并不纯正，但它还是影响宗教理论、宗教精神发展。这是撰写把握这一段精神史，应该给予关注和研究的。

三　王道追求与宗教发展

魏晋南北朝佛教般若、道家玄学的盛行，不仅影响了当时的政道与治道，而且发展到隋唐时期，与儒家文化相融合构成了盛唐精神，并影响了后来中国一千多年文化精神的发展。因此，研究撰写这一段精神史，是不能忽视大乘佛教、道家玄学（包括道教）存在和发展的。而这种发展是和统治者政治上重视分不开的。可以说，任何宗教，任何理论学说，即使再强大、再重要、再有用，如果不被统治者理解领悟及重视，也是不能成为经世之用，使其精神得到发展的。大乘佛教、道家玄学（包括道教）存在及其精神发展，也是这样。当时，不仅佛学家、道学家（包括道士）本身积极参与政治，千方百计地将其学说推荐给帝王国君，争取他们的理解与支持，使之成为治国之道、化成之理，而且统治者也以自己的文化视野理解领悟大乘佛教、道家玄学（包括道教）义理，使之服务于王道政治追求。因此，撰写这段时期的精神史发展，研究大乘佛教、道家玄学（包括道教）的形而上学存在，怎样被统治

---

① 《孝思赋》，《全梁文》卷一。

者所理解领悟并得到他们的支持，从而发展成为意识到的文化政治意识，见诸政道与治道，是非常重要的一环，亦是宗教精神得以发展的重要环节。这就是王道政治与宗教发展的问题。

魏晋南北朝时期，南朝虽处江南一隅，但其王者并非尽是不统、不战、不武的偏安之君，开国继世者，许多是希冀华夏统一，教化万民的。"魏晋浮荡，儒教沦歇，风节罔树"①，发展到南北朝时期，南朝统治者内部及权贵集团，更是变得无能与昏庸。这就像当时梁武帝所说的："上政昏虐，下竖奸乱，君子道消，小人道长"②，已经腐败堕落至极。特别是南朝短暂发展，相对富有，珍馐异食，百味盈俎，更使其贪图享受、偏安苟且而不思进取，腐败堕落已侵蚀到筋骨，污秽及灵魂，丧失了统一理想和进取意志。因此，要想统一华夏，实现王道政治理想，虽然梁武帝也攻城略地，进行战争，但他更认为应该从心性教化及精神纯净上解决腐败及灵魂堕落问题。梁武帝正是看到了这一点，研究理解佛教真理，从宗教追求内心洁净纯粹，追求佛教"表里俱净，垢秽惑累皆尽"③ 的世界，要以"至心敬礼释迦牟尼佛，金刚般若，礼长老须菩提"；愿其"护念群生，引入慧流，同归佛海"④ 的。这就是说，梁武帝对佛教真理及其精神世界的追求，在当时的文化情景上说，是和他的王道政治理想联系在一起的。在他看来，佛教"表里俱净"的世界，就是没有污浊，没有腐败，没有堕落的世界，就是洁净的王道乐土世界，仁爱至极伦理世界，也就是释明彻法师"至性坚明，道行纯备，往来净土"⑤ 的世界。这正是他所以"于钟山下建大爱敬寺，于青溪侧造大智度寺，以表罔极之情，达追远之心"⑥ 的原因所在。梁武帝作为帝王君主，这样看待佛教、利用佛教，自然是为了巩固自己的统治地位，但他作为"笃信正法，尤长释典"⑦ 者，是真诚相信用佛教真理可以用来建立起王道政治的，今天的人们是不能简单否定他的真诚愿望的。正因为真诚相信佛教、理解领悟佛理，有利用佛教真理建立王道政治的愿望，所以他才不仅大力营造佛寺，试图以此教

---

① 《梁书·儒林传序》，《全梁文》卷二。
② 《净业赋》序，《全梁文》卷一。
③ 《敕舍道事佛》，《全梁文》卷四。
④ 《金刚般若忏文》，《广弘明集》卷二十八下。
⑤ 《敕答释明彻》，《全梁文》卷五。
⑥ 《孝思赋》序，《全梁文》卷一。
⑦ 《梁书·武帝纪下》。

化人生，更称赞"《菩提树颂》，捃采致佳，辞味清净，仰赞法王，称叹道树"①；龙树著《大智论》，训解《大品经》，义旨周备，"实如意之宝藏，智慧之沧海"②；达摩大师之"说无说法，如暗室之扬炬，若明月之开云"③。凡此，目的只有一个，就是"愿以智慧灯，照朗世间，般若舟航，济度凡识"④，实现他心目中洁净的王道乐土世界。自然，不具天德，是无法谈王道。但是，对梁武帝实现心目中洁净的王道乐土世界，是不能简单地视为巩固政治统治的。

如何实现佛教所说的洁净王道乐土世界呢？梁武帝认为，人的心灵由净到污，就是心感物而动，引起物欲贪婪而不能理性自觉节制情欲造成的；人若要获得心灵的洁净，就要拒绝外界的诱惑，诚明心性，成为精神上的自觉者。故他引《礼记》讲："《礼》云'人生而静，天之性也。感物而动，性之欲也'。有动则心垢，有静则心净，外动既止，内心亦明，始自觉悟，患累无所由生也。"⑤ 此可知武帝乃是以儒家礼教看待佛教真理及精神世界获得的。他认为"唯无瑕者可以戮人，唯自净者可以净人"⑥。为了实现理想的王道政治，不使自己饮酒放逸，起诸淫欲，于是他放遣宫女，以身作则，断酒肉，绝情欲。这在当时帝王中是前所未有的。由此也可知，梁武帝以佛教真理致王道政治应该说是真诚的。正是这样，梁时佛教极为盛行。此梁武帝乃追求王道政治，促成佛教发展者也。

北朝不像南朝玄学盛行，因此，在宗教思维上，比较尚实理性，对宗教深奥形上存在及其超越性真理，不善理解领悟。北魏道武帝拓跋珪，虽然也修建佛寺，弘扬佛法，讲佛教"济益之功，冥及存没，神踪遗轨，信可依凭"⑦，但对佛教超越性真理，并不能像梁武帝那样"以无名相，作名相说"⑧，理解领悟般若的存在，更不能像梁武帝那样于"非因非果，不起不作"处，理解领悟"空空不能测其真际，玄玄不能穷其妙门"⑨ 的佛性。故

---

① 《答菩提树颂手敕》，《全梁文》卷五。
② 《注解大品经序》，《全梁文》卷六。
③ 《菩提达摩大师碑》，《全梁文》卷六。
④ 《摩诃般若忏文》，《全梁文》卷六。
⑤ 《净业赋》序，《全梁文》卷一。
⑥ 《断酒肉文》，《全梁文》卷七。
⑦ 《修建佛寺诏》，《魏书·释老志》。
⑧ 《注解大品经序》，《全梁文》卷六。
⑨ 《宝亮法师涅槃义疏序》，《全梁文》卷六。

其于天兴三年遣使者祠帝尧、帝舜庙，并于同年，下诏讲"《春秋》之义，大一统之美"，讲有国有家者，"察征应之潜授，杜竞逐之邪言"，"则几于神智矣"①；后又复诏，讲惟有像"上古之治，尚德下名"，才能"邪谋息而不起，奸慝绝而不作"，而无"祸败"。可知北魏道武帝的政治理想，乃是"《春秋》之义，大一统之美"的德治，而非超越性的佛教真理。他虽讲"审天命""察征应"，但对于邪妄之言，邪谋之事，则是坚决杜绝的。这种政治理性思维，发展到太武帝时禁佛灭佛，实乃是北魏政道治道的逻辑发展。即使发展到孝文帝时不再禁佛，但他也认为宗教形而上学信仰，乃是"至道无形，虚象为主"的存在，对于"里宅栉比，人神猥凑"的神秘崇拜，则认为是非"祗崇至法，清敬神道"②。这就不难理解孝文帝为何视神秘的图谶"既非经国之典，徒为妖邪所凭"，"一皆焚之"③ 了。发展到北周武帝"断佛、道二教，经像悉毁，罢沙门、道士，并令还俗；并禁诸淫祀，非祀典所载者，尽除之"④，就不足为奇了。凡此，皆是北朝政道治道的逻辑发展。通过上述事实可知，北方氏族政权较南方贵族政权，在政治思维上要理性得多、务实得多。这也是当时北方佛教不如南方发展的原因。

隋文帝杨坚为汉代杨震后裔，非北方氏族部落，执政二十年间，虽劝学行礼，亦修寺庙，敬佛教，试图"尊崇正法，救济苍生"⑤，但毕竟"素无术学""雅好符瑞，暗于大道"，终因伦理正道不通，"听哲妇之言，惑邪臣之说，溺宠废嫡，托付失所"，及至"灭父子之道，开昆弟之隙"，"坟土未干，子孙继踵屠戮，松槚才列，天下已非隋有"⑥，旋起旋灭，无王道政治可言，亦不可以王道政治追求论隋代宗教盛衰的。尽管隋文帝曾奉送舍利，下诏各州清静寺处，建立了很多舍利塔，但隋代佛教发展，则与其王道政治追求关系不大。

到唐朝特别是太宗贞观之治以后，才有所改变。唐太宗李世民，虽然于宣武门之变，于伦理上有亏，但其"观世俗之飘忽，鉴存亡于宇宙"，讲"兴

---

① 《魏书·道武纪》。
② 《立崇虚寺诏》，《魏书·释老志》。
③ 《焚图谶诏》，《魏书·孝文纪上》。
④ 《北史·周本纪下》。
⑤ 《敕释智顗》，《全隋文》卷三。
⑥ 《隋书·隋文帝本纪下》史评。

亡兮代袭，隆替兮相沿，惟在德而为故，实弃道而难全"①，及下诏，修复礼乐，讲"伤大道之既隐，惧斯文之将坠，故广命贤才，旁求遗逸，探六经之奥旨，采三代之英华，古典之废于今者，咸择善而修复"②，可以看出他还是试图以礼教实现王道德治的。因此，太宗不论是下诏，为战亡人设斋行道，以"恻隐之心，追以怆悯"，讲"灭怨障之心，趣菩提之道"③，还是下诏，度僧于天下，讲"三乘结辙，济度为先，八正归依，慈悲为主"④，其礼佛敬佛，应该说是与王道政治追求联系在一起的；而其颂"允迪厥德，惟清帝道，帝道钦明，天下和平"⑤，不正是他的王道政治理想追求吗？

《旧唐书》说"太宗幼聪睿，玄鉴深远"⑥，可知其形上思维能力是很强的。这也许正是唐太宗对宗教深奥玄远的形上存在能够理解的原因所在。他虽对玄奘自谦地说："朕学浅心拙，在物犹迷，况佛教幽微，岂能仰测"⑦，然观其讲"佛道崇虚，乘幽控寂，宏济万品，典御十方"，特别本体论上的"大之则弥于宇宙，细之则摄于毫厘。无灭无生，历千劫而不古；若隐若显，运百福而长今；妙道凝元，遵之莫知其际；法流湛寂，挹之莫测其源"，以及玄奘求佛译经的"探赜妙门，精穷奥业，一乘五律之道，驰骤于心田"⑧等，可知其对佛教的理解领悟，是远超一般时君世主的。正是因为这样，唐太宗施政，虽讲"立人之道，曰仁与义；为国之基，德归于厚"⑨，以儒家礼教真实无妄之理为治天下之本，但也可看出，他视佛教超越性真理可以为王道政治所用的。正是他将佛教真理用于王道政治，或者说使其为王道政治服务，才促成了佛教在唐代极大的发展与盛行，并显示为深远高明的唐代精神。

佛教为王道政治所用，说明它已转化为政治意识与为治之理，而其精神性存在，也在形上本体论高度为时代所理解领悟矣。隋唐时期，特别唐朝贞观之后，不仅佛教为王道政治所用，转化为政治意识与为治之理，而且儒家礼教、道家（包括道教）皆积极参与政治，形成儒、道、佛三教并流的局面，

---

① 《感旧赋》，《全唐文》卷四。
② 《颁示礼乐诏》，《全唐文》卷六。
③ 《为战亡人设斋行道诏》，《全唐文》卷四。
④ 《度僧于天下诏》，《全唐文》卷五。
⑤ 《皇德颂》，《全唐文》卷七。
⑥ 《旧唐书·太宗本纪》。
⑦ 《答元玄法师进西域记书诏》，《全唐文》卷七。
⑧ 《大唐三藏圣教序》，《全唐文》卷八。
⑨ 《谕崇笃实诏》，《全唐文》卷四。

并且在形而上学高度，在教义本体论高度，三教实现了精神会通。正因为唐代儒、道、佛三教并流，并且在本体论高度实现了精神会通，所以才促成唐代精神空前发展，构成了恢弘浩荡、绚烂多彩的盛唐精神。这是研究撰写隋唐精神史应该给予特别把握的。但隋唐三教并流，则是以佛教为大宗，为其精神发展大脉络、大路径的，其精神会通，最终也是其被中国哲学化，转化为华夏大乘佛教。这条大脉络、大路径，更是研究撰写隋唐精神史应给予整体把握的。现在先讲三教并流，佛为大宗问题，然后再看看三教是如何通过教理争辩，实现精神会通的。

四　三教并流，佛为大宗

中国文化由两汉、魏经过晋南北朝发展到隋唐，发生一大格局性变化，就是佛教的介入。笔者在精神通史第一卷，曾经这样描述这一大格局的变化：

> 若把中国五千多年文化精神跌宕起伏、浩荡不息的发展，看作一部雄浑、浩瀚、跌宕、辉煌的交响乐章。如果说这部交响乐章从伏羲、唐虞、夏、商、周三代到秦汉时期的演奏，是儒、道两种文化精神的一阴一阳、一刚一柔、一动一静、一偾一起、阴阳调和、流光其声之大合唱的话，那么，从东汉末年佛教传入，这部交响乐加入了新的音符，由儒道两种精神的阴阳调和、流光其声的大合唱，发展成了一部由儒、道、释三教并流演出的变奏曲。佛教传入，从东汉发展到东晋后的六朝，已成为中国文化的新元素，与儒、道两种文化互动、互渗、交互作用与不断契合，使中国文化精神出现了新的融合趋势。这种趋势主要表现为：佛教般若学的玄学化、玄学融合般若学的发展、玄释合流的新道家追求及三教并流的大格局与走向。①

由上可以看出，中国文化经魏晋发展到南北朝以后，已经逐渐形成儒、道、佛三教并流的局面。这在隋唐时期更为突出。中国儒学虽非宗教，虽不具有宗教组织、宗教仪式等方面的特征，然其以天道刚健中正、至精至神存

---

① 《中国精神通史》第二卷，第十六章。

在的教义建立信仰信念，以《诗》《书》《礼》《乐》的仁义之道教化天下，其为大用，则具备一切宗教的功能。道教虽兴起于东汉后期，然其经魏晋南北朝到隋唐时期，则已发展成为一较大规模的宗教组织。道家虽不追求彼岸世界天国存在或西方极乐净土，然它以阴阳五行说及神仙家长生不老之术等劝人修道成仙，其为现世宗教，也是颇有魅力的。然而这个时期，儒学毕竟处于衰弱时期。道家玄学融合般若学，虽本体上有所建树，然见诸道教，以神学教天下，与佛教比较起来，不论是本体论的超越广大，还是组织规模，皆不如佛教强大。因此，这个时期文化精神发展，虽然三教并流，然就其规模及其影响来说，则佛教成为了大宗：还是在北魏显宗献文帝时，修永宁寺构七级浮屠，高三百余尺，基架博敞，为天下第一①；隋时，文帝三次下诏全国各州修建舍利塔，为弘扬佛教，自开皇之初至仁寿之末，海内修建佛寺，就有三千七百九十二所②；至唐武周时期，有沙门伪撰《大云经》，上表盛言神皇受命之事，于是武则天"制颁于夫下，令诸州各置大云寺"③，其后大肆铸浮屠，立庙塔，更使全国浮屠庙塔林立矣。此可知佛教发展到隋唐规模之大、佛事之盛矣！亦可知隋唐三教并流，佛教为大宗，为格局变化之大端之不虚矣！

不仅是规模上，而且从学术上讲，中国学术渊源流变，通常也认为，两汉经学、魏晋玄学、隋唐佛学、宋明理学、清代朴学。隋唐时期，儒学虽然仍然存在，道教也极发达，但在学术领域，与两汉经学为核心、魏晋以玄学为高峰不同，隋唐精神史的发展，转向了以佛教为大宗。如果说中国五千多年的精神史发展是一部浩荡不息的交响乐，那么，隋唐时期，则是一部中国精神发展史雄浑浩荡之交响乐的变奏曲。这是中国精神发展史的一大格局性变化。这一变化的主要特征，就是佛教传入被中国哲学化，变为中华大乘佛教。因此，《中国精神通史》第三卷的重点，就是以佛教哲学化为中华大乘佛教为重点，为大端和主轴，撰写隋唐时期儒道佛三教的精神发展与流变。这是与第一卷写伏羲、唐虞、夏、商、周三代到春秋战国时期，儒、道两种文化精神的一阴一阳、一刚一柔、一动一静、一偾一起、阴阳调和、流光其声之大合唱不同的；也是与第二卷以儒家经学盛衰为核心，以中国文化历史第

———————

① 《魏书·释老志》。
② 〔唐〕法琳《辩正论》卷三。
③ 《旧唐书·则天皇后本纪》。

二次大开合为背景，写两汉魏晋文化精神发展不同的。这个时期，儒、道、释三教并流，典籍弘繁，大师众多，理论高深，精神玄远。撰写这段精神史，非神思不足阐其理，非圣言不能叙其源！而且要览尽生死之场，领悟真如境界，非有超越一切的大气力，不足于叙述描绘儒、道、释三教并流，互相掩扬、不断契合，所产生的形上精神新境界。

隋唐时期，虽然佛教为大宗，但它被中国哲学化，变为中华大乘佛教，是不同于犹太教被希腊哲学化，成为西方宗教信仰和精神主宰的。佛教被中国哲学化，变为中华大乘佛教，虽然深刻影响了中国文化精神发展，但它始终没有成为中国文化的主导，除了梁武帝时期，也并没有成为中国的国教，成为占统治地位的政治文化意识形态，因此，它也没有成为华夏民族主要信仰与精神性主宰，最多只是深刻地影响了中国文化精神的发展与流变，而非主导了中国文化精神发展。这也是撰写隋唐精神发展史应该把握的。

自然，隋唐时期的儒、道、释三教并流，并不是太平无事的，而是充满矛盾冲突的。这种矛盾冲突不见于政治上的抑佛灭佛，更为广泛的是三教理论上的争辩。然而，也正是通过这种不断的争辩，并在争辩中相互吸取、相互涵盖、相互融合，逐步实现了精神会通。佛教被中国哲学化，变为中华大乘佛教，就是这样实现的；同样，儒、道变为新儒家、新道家，也是这样实现的。因此，撰写隋唐精神史，是不可不研究儒、道、释三教并流中的教理争辩与精神会通的。

五　教理辩争与精神会通

讲儒、道、佛的三教并流中的教理争辩与精神会通，并不是指低层次上相互吸取某些内容，如佛教传播时"风云星宿，图谶运变，莫不该综"①，吸收道教神仙方术，道教吸收佛教轮回教义而为轮回超升成仙之说。这些都是在文化低层次上相互吸取的，因其不涉及本体论、形而上学及最高价值论问题，是谈不上精神会通的。精神会通是在宗教最高本体论、形而上学、价值论上之相互吸取、统摄、融合上讲的，是关乎至精至神存在的会通。从这个意义上讲，《中国精神通史》第二卷，谈及玄学融合般若学发展的时候，讲殷

---

① 《高僧传·昙柯迦罗传》。

浩、支道林去简文帝以会稽王居相位时家中聚会，讨论极为玄深的般若经典及玄学才性问题①，应该说已是佛教与道家包括儒家文化的精神会通了。因为殷浩为扬州刺史、中军将军，"善《老》《易》，能清言"②，又是注释《周易·系辞传》的韩康伯的外甥，支道林是有名的佛教般若学大师，简文帝不仅"清虚寡欲，尤善玄言"，而且"留心典籍，不以居处为意，凝尘满席，湛如也"③，皆是通般若、玄学及儒家经典的。他们能聚会在一起并讨论涉及般若学、玄学、儒教的极为玄深的宗教、哲学问题与才性问题，则不仅可知当时佛教般若、玄学义理已为高层所领悟，也说明佛教般若学、道家玄学及儒家经典的文化精神，已在哲学和宗教的形而上学、本体论、价值论最高层次上开始会通了。

精神会通是学术问题，也涉及时代需要问题。魏晋南北朝时期，虽然统治者仍在提倡礼教，但儒学衰退，已不足于担当起教化人心、平治天下的重任；玄学虽然盛行，般若学亦大量传入，但由于本体论上的空寂，若不能改变"本无"，由无变有，使之成为真实无妄之理存在，亦同样不足以实现主宰人心，更不能建构真实无妄的精神世界。因此，要解决三教发展中的这些缺陷和不足，就必须在形而上学、本体论上弥合重构，使其可以建立起信仰信念，成为可治之理。于是在三教发展的相互矛盾冲突、教理争辩中，就出现了梁武帝提出的"三教同源"说④和"真神佛性"说⑤。"三教同源"说，把佛教抬到至高无上的地位，讲"老子、周公、孔子等"，"是如来弟子"，无

---

① 参看《中国精神通史》第二卷，第十六章第二节。

② 《世说新语·文学》注引《殷浩别传》。

③ 《晋书·简文帝纪》。

④ 梁武帝《敕舍道事佛》文认为，佛教是最高宗教，最至正无邪的宗教。故曰"大经中说道有九十六种，唯佛一道，是正道，其余九十五种，皆是外道"。他自己并要公卿，皆"舍外道以事如来"。这样就"各可发菩提心"。他把佛教抬到至高无上地位，然后讲"老子、周公、孔子等"，都"是如来弟子，止是世间之善，不能革凡成圣"。他还特别引《经成成实论说》说："若事外道心重，佛法心轻，即是邪见""若心一等，事佛心强"；而"老子心弱者，乃是清信"，讲"言清信者，清是表里俱净，垢秽惑累皆尽，信是信正不邪，故言清信佛弟子"。一句话，"三教同源"，皆源于佛教唯一正道（《全梁文》卷四）。

⑤ 梁武帝所说"真神"，即是儒家所说人淳朴至善的先天道德本性，但他把这种本性替换成了佛性，引《礼记》云"人生而静，天之性也；感物而动，性之欲也"，讲心本清净，乃"感外物以动欲，心缘境而成眚"（《净业赋》，《全梁文》卷一）。而作为佛教第一义谛的涅槃说或般若说，不论是讲"涅槃是显其果德"，还是讲"般若是明其因行"，显果皆是"以常住佛性为本"，保持"真神佛性"的存在，即"使佛种相续，菩提不断"（《注解大品经序》，《全梁文》卷六）。

疑是妄说。但其"真神佛性"说，将中国文化的"人生而静，天之性"与"心清冷其若冰，志皎洁其如雪"① 的佛性说法统一起来，则不仅在心性论上融合三教精神，也以新的心性本体论，为后来精神发展奠定了哲学基础。梁武帝不仅是帝王，亦是儒学、道学及佛教研究者。他作《制旨孝经义》《周易讲疏》《乐社义》《毛诗答问》《春秋答问》《尚书大义》《中庸讲疏》《孔子正言》《老子讲疏》，"正先儒之谜，开古圣之旨"，亦"笃信正法，尤长释典，制《槃盘》《大品》《净名》《三慧》诸经义记"②。由此可知，梁武帝的"三教同源"说和"真神佛性"说，并不能仅仅看成是统治者作的政治判断，它实际上亦是其适应时代需要所提出的学术见解。它在学术上，于魏晋南北朝时期，是影响了三教合流、精神会通的。

自然，这种精神会通，是随着三教教理争辩逐渐实现的。它大体上经历了魏晋南北朝至隋唐的漫长历史时期。这段时间，西晋灭亡后，晋朝皇室和门阀士族在江南建立了偏安一隅的东晋王朝，而北方则陷于十六国纷乱；东晋以后，在约一个半世纪里，南方经历了宋、齐、梁、陈四代，北方则有北魏、北齐、北周的相继更替。这是一个政治混乱的时期，也是匈奴、鲜卑、氐、羌诸族沐浴在华夏文化的时期，儒、道、佛三种文化相互融合发展的时期。南方东晋贵族世家，皆通玄学，善老庄，辩佛理，如王导、王敦、庾亮、谢安、谢石、郗超、谢琨、桓彝、周嵩、王恭等，皆与名僧交往。北方十六国的统治者，虽出身胡人，然其亦受中原文化熏陶，崇尚儒学，爱好老庄，如汉刘渊好《毛涛》《京氏易》《马氏尚书》，《左氏春秋》《史》《汉》及诸子，无不综览。前燕慕容铣尚经学，慕容儁博观群书，慕容宝崇尚儒家。后赵石勒起明堂、辟雍，又极为信任神僧佛图澄。前秦苻坚相信佛教，曾征集道安等名僧数千人，于长安弘扬佛法。后秦姚兴好儒崇佛，迎鸠摩罗什到长安。由上可以看出，虽然魏晋南北朝是一个政治混乱时期，但也是一个诸族沐浴华夏文化的时期，儒、道、佛文化交会浃化融合时期，它在客观上也促进了儒道佛文化精神的会通。

南北朝亦是佛文化传播不断遭受挫折的时期。例如北魏太武帝的灭佛，文成帝、献文帝弘佛，到孝文帝，则禁图谶，遣无籍僧尼，罢遣还俗，或

① 《净业赋》序，《全梁文》卷一。
② 《梁书·武帝纪下》。

"有籍无籍"僧尼、寺主等，凡认为"为行凡粗者"，"悉罢归齐民"①，就是佛文化传播不断遭受挫折的事件。虽然孝文帝"《五经》之义，览之便讲，学不师受，探其精奥。史传百家，无不该涉。善谈《庄》、《老》，尤精释义"②，迁都洛阳之后，对名僧也极为尊重，与之来往。但从太武帝的灭佛，文成帝、献文帝弘佛，到孝文帝禁图谶，遣无籍僧尼还俗，不能不说使佛教文化在北方的传播受到了很大挫折，并影响了三教融合及精神会通。

佛文化传播之所以不断遭受挫折，不仅有统治者好恶及政治需要问题，更牵涉不同文化精神、世界观、思维方式相互排斥或适应问题。佛教属西域文化，当时传入华夏，乃是一种巨大的外来文化侵袭。它不仅与原来中国儒家、道家文化存在着矛盾冲突，而且当时的中国学术界、知识界，也有个认同不认同、接受不接受问题。这就像近现代西方文化传入中国所引起的中西文化讨论或论战一样，当时佛教文化传入，也存在着巨大争论。这就是佛教教理上的辩争。因为佛教是外来文化，于是就有了夷夏之论与夷夏同源论之辩；佛理深奥，有理解者，有不理解者，理解者作明佛之论，不理解者则以黑白之论抗争；而涉及佛理是否能淳化人心性问题，于是就有了达性论与折达性论之辩，特别是对佛教报应之说、精神不灭的问题，更是争论不休，展开一场轰轰烈烈的讨论。这场大讨论、大辩论在精神发展史上的意义及对佛教发展的影响，第三章讲"佛教精神的适应性发展"时，还要详细论及与叙述，这里就不多讲了。但这场大讨论、大辩论的有些论述，如关于佛法及其精神性存在，则涉及三教合流、精神会通问题，如宗炳讲"彼佛经也，包《五典》之德，深加远大之实，含老庄之虚，而重增皆空之尽"等，虽抬高佛教经典地位，但讲"周、孔所述，盖于蛮触之域"，讲"尧无理不照，无欲不尽"，"向者神之所含，知尧之识"，要"渐脩其善"③ 等，就提出了如何实现三教教理融合与精神会通问题。

魏晋南北朝时期，儒、道、释的矛盾冲突，以及那场大讨论、大辩论，虽然涉及的问题很多，但最为根本的问题，是儒、道、释三教，三种文化，谁先谁后，谁为华夏文化主体，谁应在政治中占统治地位问题。这在近现代中西文化论战中，就是体用问题，是"中体西用"，还是"西体中用"问题。

---

① 《魏书·释老志》。
② 《魏书·孝文帝纪下》。
③ 宗炳：《明佛论》，《全宋文》卷二十一。

不论是道家《老子西升经》①《老子化胡经》②，讲老子到天竺国弘道，于夷狄为浮屠，还是释家讲"佛遗三弟子震旦教化，儒童菩萨，彼称孔丘；净光菩萨，彼称颜回；摩诃迦叶，彼称老子"③，从根本上说，都是争谁先谁后，谁应在政治中占统治地位问题。这些问题的辩论，西晋时期，葛洪谈及儒道二教时，曾讲"道者，儒之本也；儒者，道之末也"④，是抬高道教的。北周武帝时，曾召"有德众僧、名儒、道士、文武百官二千余人，量述三教：以儒教为先，佛教为后，道教最上"，虽讲以儒教为先，但还是以道教为最上乘的。这一点，从司隶大夫甄鸾上《笑道论》，武帝集群臣详细讨论，"以为伤蠹道法"，"不惬本图，即于殿庭焚荡"⑤，也可以看出武帝崇尚道教倾向。周大中寺僧道安（俗姚姓，非晋卫氏道安）作《二教论》，主张两教论，"教唯有二，宁得有三？"讲"释教为内，儒教为外"⑥。虽然周武帝德年间普遍灭绝佛道二教，但最初览道安之论，通问僚宰，文据卓然，还是不敢轻易否定的。

　　这发展到隋时，李士谦论三教优劣，曰"佛，日也；道，月也；儒，五星也"⑦，三教的排序及其地位说法，虽然不同于周武帝"以儒教为先，佛教为后，道教最上"的说法，但可以看得出，讨论已比较宽松了。隋时，至少对佛教的认识已没有那么对立了。隋文帝兴佛事，亦崇道教，力主恢复释、道二教。开皇元年，下诏五岳各置僧寺，讲"法无内外，万善同归。教有浅深，殊途共致。朕伏膺道化，念存清静，慕释氏不贰之门"⑧，就是认为释道不二的。皇初，隋文帝征诏山东马光、张仲让、孔笼、窦荣、张黑奴、刘祖

①　《老子西升经》作者不详，晋朝葛洪《神仙传》中提到此经，该经可能成书于魏晋之间。该书讲老子西出函谷关，到天竺国弘道利生，号古先生，善入无为，不始不终，绵绵永存。《正统道藏》洞神部玉诀类收宋陈景元《西升经集注》六卷，洞神部本文类收宋徽宗御注《西升经》三卷。

②　《老子化胡经》一卷，为西晋惠帝时天师道祭酒王浮每与沙门帛远争邪正所作，记述老子入天竺变化为佛陀，教化胡人之事。后人陆续增广改编为十卷，由于引起了道佛之间的激烈冲突，唐时高宗、中宗曾下令禁止，后元世祖下令焚毁亡佚。清光绪二十六年（1900），于敦煌莫高窟发现被销毁的《老子化胡经》残本。今英、法等收藏有敦煌《老子化胡经》残卷。

③　《海录碎事》引《清静行法经》。

④　《抱朴子内篇·明体篇》。

⑤　《广弘明集》卷八。

⑥　《二教论·归宗显本篇》，《续高僧传》卷二十四。

⑦　《隋书·李士谦传》。

⑧　《五岳各置僧寺诏》，《全隋文》卷一。

仁等六儒俱至，"并授太学博士"①；开皇七年，召沙门洛阳慧远、魏郡慧藏、清河僧沐、济阳宝镇、汲郡洪遵、太原昙迁佛教"六大德"入京，以礼接待，"亲临御筵，敷述圣化"②，可知其对儒释是同样重视的。文帝召集儒、道、佛三教学者，辩论《老子化胡经》真伪，以证其矫诈；诏禁毁盗佛道神像，讲"佛法深妙，道教虚融，凡在含识，皆蒙覆护"③，更是从教理上辩道释是非，有利于三教融合及精神会通的。

特别是盛唐的出现，开化宽松，更给三教融合与精神会通，提供了文化历史环境。唐朝立国之后，扶植儒、道、佛三教，高祖于武德八年，集三教学者"拟叙三宗"，诏立三教先后之序"老先、次孔、末后释宗"。高祖将道教置于儒释之先，佛僧虽心中不悦，但"当时相顾，莫敢酬抗"④。此后三教之序的争论，虽然未能完全停止，但也没那么激烈了。唐经贞观之治，随着经济繁荣，政治清明，佛教大乘经典《大般若经》《大菩萨藏经》《解深密经》《称赞净土经》《大毗婆沙论》《瑜伽师地论》《成唯识论》《俱舍论》等的翻译与传播，及唐朝统治者对三教文化的重视，皆促进了三教融合与精神会通。如唐太宗既讲"立人之道，曰仁与义；为国之基，德归于厚"，重视儒家"化民以德"⑤的礼教文化，又讲"朕之本系，出于柱史"⑥，推崇道家文化，还下诏给战争中死亡双方之地建寺，以佛教文化"灭怨障之心，趣菩提之道"⑦。再如唐高宗之"以神道设教，利益群生"，既讲"老氏之至言，洁净精微，宣尼之妙义，莫不穷理尽性"，又讲西域佛教"马鸣龙树，得妙旨微言"，以三十二相，十二部经，"理窟法门，玄宗秘藏，非天下之至赜，孰能与于此"⑧。凡此，皆促使当时儒道佛三种文化力量相互吸取融合，逐渐实现了精神上的会通。

三教融合与精神会通，并非各教没有独立性，而是在本体论、形而上学高度，融会统摄教义。隋时，释道安作《二教论》，虽讲"释教为内，儒教为

① 《隋书·儒林传·马光传》。
② 《续高僧传·慧远传》
③ 《禁毁盗佛道神像诏》，《全隋文》卷二。
④ 《集古今佛道论衡》卷丙。
⑤ 《谕崇笃实诏》，《全唐文》卷四。
⑥ 《令道士在僧前诏》，《全唐文》卷六。
⑦ 《为战亡人设斋行道诏》，《全唐文》卷四。
⑧ 《谕普光寺僧众令》，《全唐文》卷十一。

外"，但他还是承认儒教"包论七典，统括九流，成为治国之谟，并是修身之术"① 的；王通虽为名儒，虽讲"政恶多门"，认为"三教可一"，教之于天下，可以"使民不倦"②，但是还是认为"非仁智博达"，不可"天明命，诏天下"的。故讲天之明命说："稽之于天，合之于人，谓其有定于此而应于彼，吉凶曲折，非圣人，孰能至之哉!"③ 隋唐时期，虽然三教融合与精神会通，各教仍然保持着独立性，但在形而上学、本体论上已不是固执己见、死守家门，而是随着相互融通，在更高层次上进行重建了。因此，撰写隋唐精神史，研究三教本体论上的发展与重构，是最应该把握的。这是佛教被中国哲学化，成为中华大乘佛教的根本所在，亦隋唐精神所以恢弘浩荡、绚烂多彩者也。

六　本体重构与精神发展

一个时代的文化精神发展，离不开经济，离不开经济发展所提供的物质基础，但仅仅是经济发展，仅仅修马路，建高楼，仅仅是 GDP 增长数字，是不能表明文化精神发展的；恰恰相反，物于物而不能超越，庞然大物的极速增长，可能压抑窒息文化精神，甚至可能成为经济发展的牺牲品。虽然精神发展有赖于经济发展，但仅从经济发展上看，从钱粮税收、国库储存上看，唐朝直到贞观时候，还赶不上隋朝，但唐朝文化精神发展，则远远超过隋朝。原因何在? 在于唐朝的建立，不仅注意恢复经济，更注意文化艺术的发展和繁荣，追求信仰、信念、精神世界的存在。此唐代文化精神所以辉煌灿烂者也。

同样，一个时代是否具有文化精神，学术界是否尊德性而到学问，致广大而尽精微，宗教、哲学家是否广居、正位、大道、正路，精神世界是否旷然、廓然、辽阔、宏大，也不是看高楼林立、经济数字，而是看那个时代出了多少大哲学家、大思想家、经学大师、宗教大师，看那个时代出了多少大诗人、大文学家、大艺术家。如果一个时代，只是功利之徒，只是小知小识者，只是独弦哀歌卖声名于天下者，只是每天拨弄盘算自己那点儿小利益者，

---

① 《二教论·归宗显本篇》，《续高僧传》卷二十四。
② 《中说·问易篇》。
③ 《中说·问易篇》。

而没有诗人，没有文学家、艺术家，没有哲学大师、宗教大师，那么，这个时代根本算不上文化繁荣、精神发展，更谈不上文化灿烂、精神恢弘的盛世！

做学术如何才能尊德性而到学问，致广大而尽精微？宗教、哲学家如何才能广居、正位、大道、正路？搞宗教、哲学、经学、文学、艺术的，如何才能成为大家？这些都不是持浅薄的知识论可成的，不是物于物而不能超越可能实现的。凡搞大学问者，凡成为大哲学家、大思想家、经学大师、宗教大师，及大诗人、大文学家、大艺术家者，无不物物而不物于物，无不通天地之统，序万物之性，达生死之变，会通至极之道，旷然、廓然、昭然，在先验论、本体论、形而上学上有所感应，有所领悟，有所见解，有所进取，知至至之，知终终之，蹈其大方，达于言，其言宏绰，存于义，其旨高妙，而达至极之道于融微玄化之境，成为见解卓著、深思致远的大哲学家、大学问家的。心境达此高度，至此妙境，即使做诗人，搞文学艺术，也才能才华横溢、思理高妙，成为文德具备、神思独到的大家！由此可知，一个时代的文化发展繁荣，精神恢弘高妙，最终是和那个时代的先验论、本体论、形而上学的发展、提升、建构联系在一起。盛唐文化精神的辉煌灿烂正是这样。

唐代，不论是做经学研究的，还是搞宗教、哲学的，凡其为大师，无不争相在本体论、形而上学上下功夫，无不对这个根本存在给予新的见解阐释，也无不公开或隐蔽地彼此相互吸取融合对方的有益见解，用以扩大、充实、重构自己为学的本体论、形而上学存在。这一点，与汉代经学家固守家门相比，是非常不一样的。不仅学问家，宗教、经学、哲学大师如此，即使诗人、文学家、艺术家，也无不通过自己的作品，表达某种本体论、形而上学存在。这用晋人的话说，就是"道沿圣以垂文，圣因文而明道"①。这一点，只要看一看唐代儒、道、佛三教是怎样彼此相互吸取融合对方见解，用以扩大、充实、重构自己教理本体论、形而上学存在就很清楚。

孔颖达为唐代大儒，然其为学，并不坚守儒家道体形而上学存在，而是不断发挥魏晋以来玄释思想。他的《周易正义》，就是以王弼的注为根据作注疏而废众说的。其讲"道"的本体，并非坚守儒家真实无妄之理存在，而是发挥老庄"无"的观念，讲"静之为本，自然而有，天地寂然至无，是其本

---

① 〔晋〕刘勰：《文心雕龙·宗经》。

矣"①。而其注韩康伯"至精、至变、至神"② 之说，讲"若非至精、至变、至神，则不得参与妙极之玄理也"；甚至讲"至精、至变、至神，三者是物之功用之母"，则把道的"寂然至无"存在视为"万物之母"的最高本体矣。及至注"阴阳不测之谓神"，引韩康伯"神也者，变化之极，妙万物而为言，不可以形诘，变化而称极乎神"③ 之说，而讲"言'变化而称极乎神'者，欲言论变化之理，不知涯际，唯'称极乎神'，神则不可知也"④，已与释家讲神的存在无异矣。

　　道家也是这样。最能在本体论、形而上学高度吸收释家思想的，要属成玄英注疏《庄子》了。他虽然是依郭象的《庄子注》而进行疏解，但疏解所依据的学理，很多地方则是吸取佛教思想的。如郭注《庄子·齐物论》"自无适有以至于三"句所讲"夫一，无言也，而有言则至三"，成氏疏解此句，讲"夫至理无言，言则名起。此明一切万法，本无名字，从无生有，途至于斯矣"，就是以"无"，以虚无存在，为最高本体论的。而疏解郭注"无适焉"句所说"各止于其所能，乃最是也"，成氏疏解曰："夫诸法空幻，何独名言！是知无即非无，有即非有，有无名数，当体皆寂"，已不是以"无"解释最高本体论存在，而是直接依据佛教"诸法空幻"了。其他像疏解郭注"夫至足者，物之去来非我也"句，玄英讲"夫玄悟之人，鉴达空有，知万境虚幻，无一可贪，物我俱空，何所逊让"⑤，也大抵以佛教空寂虚无存在为最高本体。吸收佛教空本体寂虚无存在，虽有"鉴达空有，知万境虚幻"，不可为贪的警示之用，但在道家成玄英那里，则是为了建立境智无碍的人生哲学及更为高远的道德精神世界。如他疏郭注《养生主》"砥石"句，讲"智穷空有，和光处世，妙尽阴阳。虽复千变化，而自新其德，参涉万境，而常湛凝然"⑥，就是属于建"智穷空有"，万境湛然的精神世界。这个世界是高尚的、洁净的，又是超越的、自由的。这就难怪他疏《庄子》特别欣赏支道林所说"物

---

①　《复卦辞疏》，《周易正义》卷三。

②　韩康伯注《周易·系辞》"易无思也，无为也，寂然不动，感而遂通天下之故，非天下之至神，其孰能与于此"说："夫非忘象者，则无以制象。非遗数者，无以极数。至精者，无筹策而不可乱。至变者，体一而无不周。至神者，寂然而无不应。斯盖功用之母，象数所由立，故曰非至精至变至神，则不得与于斯也。"（《周易·系辞注》，《周易正义》卷九）

③　《周易·系辞注》，《周易正义》卷九。

④　《系辞上疏》，《周易正义》卷九。

⑤　均见〔唐〕成玄英：《庄子·齐物论疏》，《庄子集释》卷一下。

⑥　成玄英：《庄子·养生主疏》，《庄子集释》卷二上。

物而不物于物，故道然而不我待；玄感不疾而速，故遥然靡所不为，以斯而游天下，故曰逍遥游"① 了。

不仅道家吸收佛教的教理，以道家玄理为依据的道教也是这样。儒家《易传》虽讲"生生之谓易"②；讲"善不积不足于成名，恶不积不足于灭身"；"恶积而不可掩，罪大而不可解"③，也只是天道大化流衍、生生不息，讲善恶积累会有不同后果，但它并没有将人之善恶和生命延续转换联系起来，使之成为广泛因果论存在。但及至道教讲"储德积行，行满福至"，"非唯一生，志意不倦"④，则将生灭轮转超升与功德盈满联系起来矣；而其讲"善恶因缘，莫不有报"⑤；"人有五十善，子孙富盛"；"人有九十恶，贫贱困极"⑥，则将现世善恶推及来世生命如何存在矣。其他像将佛教三界（欲界，色界，无色界）说，发展为太清、上清、玉清仙界的天堂，亦是依佛教地狱说讲五岳地狱存在等，将佛教神性本体转化为道教本体存在者。天通地狱，不过是善恶的文化象征。地狱之说，虽然极为恐怖，不过是恐吓众生的。但将佛教三界（欲界，色界、无色界）之说，提升为天堂般的太清、上清、玉清仙界存在，它在神性形而上学高度，还是能提升人生精神追求的。

不仅儒家、道家（包括道教）在三教互动、融合吸取佛教教义高明，建构自己的形而上学、本体论存在；同样，佛教在这个过程中也吸收融合儒家、道家的思想，建构发展自己的形而上学、本体论。如前所说，隋时，释道安作《二教论》，虽主张两教论，讲"释教为内，儒教为外"，但他还是承认儒教"包论七典，统括九流，成为治国之谟，并是修身之术"⑦ 的。至唐，随着大乘佛典的翻译与贯通，更在本体论、形而上学高度，对三教教旨有了深刻理解与领悟。玄奘译《瑜伽师地论》等大小三千余部，妙穷梵学，式赞深经，亲承梵学，询谋哲人，究理体道，虽讲"六爻探赜，局于生灭之场；百物正名，未涉真如之境"⑧，境界不如佛教高明，但他也是承认"八卦垂文，六爻发系，观鸟制法，泣麟敷典，圣人能事，毕见于兹"，能够"轨物垂范，

---

① 成玄英：《庄子序》，见《庄子集释》。
② 《周易·系辞上传》。
③ 《周易·系辞下传》。
④ 《升玄内教经》，见《道藏》太平部母字号下。
⑤ 《四明报科》卷一，见《道藏》洞真部戒律类雨字号上。
⑥ 《玄都律文》，见《道藏》洞真部戒律类雨字号下。
⑦ 《二教论·归宗显本篇》，《续高僧传》卷二十四。
⑧ 《谢御制三藏圣教序表》，《全唐文》卷九百六。

随时立训，陶铸生灵，抑扬风烈"① 的。因此，他的译经不过是"想融心百家之论，栖虑九部之经"② 而已；而他"务存陶冶，取正典谟"，所追求的最高存在，达到的境界，则如其弟子辨机所言，乃"垂训范物，义本元同"，即形上本体论上的一致。辨机说他自己译经，也是"或直书其事，或曲畅其文，优而柔之，推而述之，务从实录，进呈皇极"③，以"皇极"大中之道存在为最高追求的。贞观末，另一位求法于三藏法师的僧彦，认为佛教演为"八会之经，谓之为本；三转之法，谓之为末，枝其义也"④，而形上最为根本存在，若"空非色外，天地自同指马；名不义里，肝胆可如楚、越"，或语或默，或有或无，"信绝有无之界"，则"遂使庄生宗齐一之论，释子说会三之旨，大矣哉！"⑤。凡此，可知释家是如何吸取融合儒家、道家思想建构其形而上学、本体论矣。整个南北朝至隋唐的精神发展史，都是佛教吸取融合中国儒道文化而被华夏化的过程。这是本卷精神史要重点撰写叙述的。本卷书第三章"佛教本体论的适应性发展"，讲"本体论转换与佛教华夏化"时，还要详细论证讲述，此不多叙。

隋唐时期，不论是儒家讲"非至精、至变、至神，则不得参与妙极之玄理"⑥，道家讲"彼此俱空，是非两幻，凝神独见而无对于天下者，会其玄极"，而谓"得道枢要"⑦，还是释家讲"真俗双泯，二谛恒存；空有两亡，一味常显"；"四执既亡，百非斯遣"，而谓"般若元旨"⑧，儒、道、释三教，皆把教理形而上学存在提升至玄极妙理，即"至道同源，圣人一贯"⑨ 存在的。而这个玄极妙理至精至神或湛然虚静存在，就是三教的极高精神世界。大道虚廓，妙绝无形。儒、道、释诸家皆是不以任何筌蹄为介怀，能广居、正位、大道、昭然、廓然，吸取、涵化、融合彼此的形上存在，建构玄极妙理的本体论，追求至精至神、湛然虚静的精神世界，心胸是极为广大无私的。以此玄极妙理存在教人，以此极高精神世界存在教化天下，就是当时的所谓

① 《谢敕送大慈恩寺碑文表》，《全唐文》卷九百六。
② 《答摩诃菩提寺慧天法师书》，《全唐文》卷九百七。
③ 《大唐西域记赞》，《全唐文》卷九百七。
④ 《三藏法师传序》，《全唐文》卷九百五。
⑤ 《通极论》序，《全唐文》卷九百五。
⑥ 孔颖达：《周易·系辞上疏》。
⑦ 成玄英：《庄子·齐物论疏》。
⑧ 法藏：《心经略疏序》，《全唐文》卷九百四。
⑨ 〔唐〕僧良秀《奉敕造波罗蜜经疏进上表》，《全唐文》卷九百一十六。

名教，即成玄英所讲的"玄统名教"①。隋唐文化，以佛教为大宗，故唐人讲名教，主要指佛教，指唐时被宣称为"圣教"的释教。隋唐精神，即名教精神，即以佛教为大宗的圣教精神。

但是，尽管当时的宗教精神是非常玄远高明的，然其于流行处讲，则是非常不纯的：不仅将佛教抬高到"圣教"的地位，讲其可使"节义盈于私室，狱讼息于公门"②，具有很强的政治功利性，而且抬高道教，讲"朕之本系，出于柱史"③，追尊老子为"太上元元皇帝"④，建祠堂庙宇，尊奉老子，更是出于政治合法性需要。这种过分尊崇而又动机不纯，其结果就是老释之学迅猛发展，抑制儒家主流文化，使之更加衰微，儒教精神不存。于是中唐就有了韩愈、柳宗元等人原道的儒学复兴运动。故圣教、原道，构成了唐文化精神的主题。李唐王朝出于西北，粗犷而有夷狄之风。因此，不论是崇佛，还是尊老子，学术上都不纯正。夷狄之风，宫闱之乱不断，最终使盛唐走向了衰亡。故圣教、原道与夷狄之风，成了唐代文化精神盛衰变化运演的内在逻辑。

七　圣教原道与夷狄之风

隋唐时期道体玄统流变，是经由魏晋南北朝发展过来的，其端绪脉络在于儒学衰微：由玄学本体流失变为荒诞不经，南朝学术愈来愈浮华虚妄，文风愈来愈傲诞清虚，愈来愈缺乏儒家道义精神。隋高帝时，御史李谔上书要求变革文风，谈及六朝以来文化追求及风气之变，曾批评说：

> 臣闻古先哲王之化民也，必变其视听，防其嗜欲，塞其邪放之心，示以淳和之路。五教六行，为训民之本；《诗》《书》《礼》《易》，为道义之门。故能家复孝慈，人知礼让。正俗调风，莫大于此。降及后代，风教渐落。魏之三祖，更尚文词，忽君人之大道，好雕虫之小艺。下之从上，有同影响，竞骋文华，遂成风俗。江左齐梁，其弊弥甚，贵贱贤愚，唯务吟咏。遂复遗理存异，寻虚逐微，竞一韵之奇，争一字之巧。

---

① 成玄英疏《齐物论》"谓之一"句说："夫玄道冥寂，理绝声形，诱引迷途，称谓斯起。故一虽玄统，而犹是名教。"（《庄子·齐物论疏》）
② 唐太宗：《述圣赋序》。
③ 唐太宗：《令道士在僧前诏》，《全唐文》卷六。
④ 唐高宗：《上老君元元皇帝尊号诏》，《全唐文》卷十一。

连篇累牍，不出月露之形；积案盈箱，唯是风云之状。世俗以此相高，朝廷据兹擢士。禄利之路既开，爱尚之情愈笃。至如羲皇、舜、禹之典，伊、傅、周、孔之说，不复关心，何尝入耳？以傲诞为清虚，以缘情为勋绩，指儒素为古拙，用词赋为君子。故文笔日繁，其政日乱，良由弃大圣之轨模，构无用以为用也。损本逐末，流遍华壤，递相师祖，久而愈扇。①

中国精神发展，由江左齐梁的傲诞清虚、竞骋文华，发展为隋代弃绝华绮、崇尚实录，至唐初贞观，崇尚圣道，遏止华伪，慕汉魏之高古，扫六朝之靡风，则风气清新，兴象婉然矣；开元时期，文化哲学上包源流，综正变，遂发展出一种自然开放、雄健朗迈、昂扬奋发的生命精神。这就是文化历史上的盛唐气象！

这种盛唐气象，这种文化生命精神诞生，是和文化哲学上包源流、综正变分不开的，和文化精神的大综合、大融合及不断将其开拓、推进分不开的。这从隋唐文化大宗上讲，首先是和佛教吸收中国文化哲学，被华夏化，成为中华大乘佛教分不开的。佛教从东汉传入中国，经过魏晋南北朝历史时期的文化传播与守护攻防，经过两种文化的夷夏之辩，最终适应中国文化，被中国哲学化，变成了中华大乘佛教。这种文化精神上的融合，并非是礼仪、戒律或宗教仪式上的，而是佛教被中国儒道文化的包容与涵化，形上本体论上的趋同与一致。唐太宗讲"老君垂范，义在清虚；释迦贻则，理存因果。求其教也，汲引之迹殊途；穷其宗也，宏益之风齐致"②，就是包容道释两教教义，在宗体一致上讲的。这就是说，佛教作为隋唐文化大宗，亦是中国文化一宗；而其谓圣教，亦是中国文化一教矣。

佛教为中国文化一宗；其谓圣教，为中国文化一教。这并不是佛教没有自己的特点，自己的独立性，于盛唐文化没有自己的气象与大用。伊川说："圣人本天，释氏本心。"③ 佛教于盛唐文化精神的气象大用，就是以中国文化前所未有的心性本体论，创造了一个廓然昭然、博大无际的精神世界。唐玄宗讲"佛道崇虚，乘幽控寂，宏济万品，典御十方"；"妙道凝元，遵之莫

① 《隋书·李谔传》。
② 《令道士在僧前诏》，《全唐文》卷六。
③ 《河南程氏遗书》卷二一下，《二程集》，中华书局 1981 年版，第 274 页。

知其际；法流湛寂，挹之莫测其源"①；以及唐高宗讲佛教"虽复法性空寂，随感必通；真乘深妙，无幽不阐。所谓大权御极，导法流而靡穷；能仁抚运，拂劫石而无尽"②，就是讲的佛教极其空寂深妙、博大无际的世界。这个世界，虽是空寂的、虚无的，然它作为心象，作为文化精神世界，则是极为广大悠远、湛然无际的。这个世界存在，是不能完全以经验实证，以物理求之的。然它对于人生脱羁绊，削污染，远尘垢，断贪欲，排除非理性物欲，找回自我真性存在，或者追求一个越四荒、超物欲、无累于人的精神世界，则是具有极大吸引力的。此佛教标空圣理，渊玄微妙，以智慧之灯，照朗世间，般若舟航，济度凡识，将人生引入慧流，同归佛海者也。然这只是灵明心性之用，只是人凭着虚灵不昧心性本体的精神追求。故玄宗说："殊不知佛非在外，法本居心，近取诸身，道则不远。"③ 然而，也正是这样一个圣教心性追求，提倡流行，创造了一个廓然昭然、博大无际的精神世界，增辉为唐文化盛大气象。

老庄道家本来是一种追求虚静无为的哲学，然及至发展为养生、炼丹、成仙之术，及至为政治所用，老子被尊奉为"太上元元皇帝"，道家哲学则变为宗教信仰矣。特别是唐玄宗把道教"元元皇帝，仙圣宗师"，遵奉为"国家本系"④，讲"道德者百家之首，清净者万化之源，务本者立极之要，无为者太和之门"⑤，则把道教信仰变为国家政治意识形态矣。待到诏尊老子为"玄元皇帝升入上圣，庄子号南华真，文子号通玄真人，列子号冲虚真人，庚桑子号洞虚真人，改《庄子》为《南华真经》，《文子》为《通玄真经》，《列子》为《冲虚真经》，《庚桑子》为《洞虚真经》"⑥，则把整个道家著作变为国家经典，道家人物变为神仙真人存在矣。以道家哲学设教垂化，虽然本体虚无，养志无为，遗情物外，心齐于太虚，理归于真宰，然若夫绝圣弃智，安神寡欲，寂寞杳冥之际，希夷视听之表，淡尔无为，悠然自得，也不失为一种精神追求。但是，把道家思想变为政治意识，道家人物变为神仙真人存在，也就原本追求虚静无为道家哲学，变为虚幻世界存在了。

不论是佛教以心性本体创造空寂深妙、博大无际的世界，还是道教以养

---

① 《大唐三藏圣教序》，《全唐文》卷七。
② 《三藏圣教后序》，《全唐文》卷十五。
③ 《禁坊市铸佛写经诏》，《全唐文》卷二十五。
④ 《崇礼元元皇帝制》，《全唐文》卷二十三。
⑤ 《为元元皇帝设像诏》，《全唐文》卷三十一。
⑥ 《旧唐书·礼仪志》。

生、炼丹、成仙之术，所创造神仙真人的世界，虽极为玄远精妙，然由于本体虚无，其形上世界，终不是实有是理、真实无妄的存在，不能知周乎万物，开物成务，道济天下。一个国家，一个民族，如果信仰信念建立在价值设定的基础上，如果文化意识以虚幻世界存在为真实无妄之理，那么，它必然使为治之理陷入虚妄，因此，也终难不走向衰败。正是因为这样，所以唐朝韩愈、柳宗元出，才原儒家仁义之道，倡导恢复儒学。在韩柳看来，圣人之道，就是教人以相生养之道，推崇佛老，就是"弃而君臣，去而父子，禁而相生养之道，以求其所谓清静寂灭者"①。因此，他们所原者，乃圣人以相生相养之道；所守者，乃"圣人之所以为经纪，为名物"② 之道。这个道，这个圣人之道，就是大禹、成汤、文武、周公、孔子之道。他们所说的"道"，虽然不太高远虚静，常常流于形而下，然其原道守道所要建立的道体精神，乃是以大禹、成汤、文武、周公、孔子为代表的道统，并且以儒学复兴运动，开了道统之建的先河。这是唐代精神史上具有转折意义的变化，是撰写这段精神史不可不把握的。

南北朝时期，南方诸朝多出于世袭贵族，而北方诸朝，则多出于西北部族发展起来的门阀。如北魏拓跋氏为鲜卑族，为"獯鬻、猃狁、山戎、匈奴之属，累代残暴"③；北齐神武帝，虽渤海人，然"累世北边，故习其俗，遂同鲜卑"④；北周文帝宇文泰，"字黑獭"，可想见其性之粗野。他们祖居朔野，"有葛乌菟者，雄武多算略，鲜卑慕之，奉以为主，总十二部落，世为大人"⑤，亦乃北方氏族部落门阀。隋文帝杨坚，虽为汉代太尉杨震后裔，然祖辈为官，皆守北边，其父杨忠，"从周太祖起义关西，赐姓普六茹氏"⑥，已随从北方部族风俗矣。唐王朝也是这样。高祖李渊"其先陇西狄道人，凉武昭王暠七代孙也"，此说虽为尊崇道家，增益身世之美，然亦可看出起家于西北。其祖李虎，后魏为左仆射，封陇西郡公，与周文帝等以功参佐命，被称为"八柱国家"，仍赐姓大野氏，"至隋文帝作相，还复本姓"⑦。唐高祖李渊

---

① 韩愈：《原道》，《韩昌黎全集》卷十一。
② 柳宗元：《守道论》，《柳河东全集》卷三。
③ 《北魏书·帝纪序记》
④ 《北齐书·神武帝纪》。
⑤ 《北周书·文帝纪上》。
⑥ 《隋书·高祖纪上》。
⑦ 《旧唐书·高祖帝纪》。

说"我家陇西贵族"①，实乃与北魏山东王、卢、崔、郑四大士族相比，为陇西鲜卑化门阀也。唐高祖李渊母亲独孤氏，乃隋文帝皇后姐妹；而高祖皇后窦氏的母亲，为周武帝姊襄阳长公主。凡此可知，隋唐王朝，皆是发迹于西北，承西魏、北齐、北周而立国的，与北魏、北齐、北周一脉相承，皆属北方部族。他们的性格与行为，虽然雄健粗犷、热情奔放，然亦多夷狄粗俗低劣风气。它带给隋唐王朝的文化历史现象，就是夷狄之风。

夷狄非夷狄，并非是种族上的划分，而是礼教文化上的区别。这正如韩愈说的："孔子之作《春秋》也，诸侯用夷礼则夷之，进于中国则中国之。"②古代的"中国"，乃指中原一带，如《诗》曰"惠此中国，以绥四方"③，所说的"中国"，就是指中原一带；而夷狄，则主要指中原周边氏族部落。夷狄非夷狄的区别，主要是文化上的。中国之所以是中国，中华民族之所以是中华民族，就是因为有中国文化；离开了中国文化，或者没有中国文化，那中国也就不是中国，中华民族也就不是中华民族了。这种区分标准，在古代就是礼教。中国文化与其他国家民族文化根本不同的是礼教。因为中国几千年来就是以礼教垂教天下、治理天下。但这种区分，不是绝对的、一成不变的。即使夷狄，只要来中国，接受中国文化，接受礼义之教，那么，"进于中国则中国之"，变成中国人，变为中华民族的成员了；与此相反，则中国人非中国人，中华民族非中华民族也。故韩愈说："今也，举夷狄之法，而加之先王之教之上，几何其不胥而为夷也。"④

但这就唐朝来说，其夷狄之风的存在，则影响了文化精神发展，影响了历史盛衰。我们知道，唐太宗李世民是中国历史上有名的一代英名君主，其文治武功，是有口皆碑的。可以说没有玄武门之变，唐太宗就可能不会登上历史舞台，建立贞观之治，甚至也可能不会有后来的盛唐。但是，正是玄武门之变，太宗杀太子建成、弟元吉，并纳巢王元吉之妃杨氏于宫中，埋下了唐朝衰败的根由。为什么呢？因为它坏了礼教，乱了整个唐代的伦理纲纪。玄武门之变开创了唐代靠武力夺取权力的危险先例。高祖还在，太宗可以从太子建成那里夺取权力，那么，太宗时魏王泰为什么不可以夺取太子承乾权

①　《新唐书·高俭传》。
②　《原道》，《韩昌黎全集》卷十一。
③　《诗经·大雅·民劳》。
④　《原道》，《韩昌黎全集》卷十一。

力呢？魏王泰潜夺之志，及太子承乾阴养刺客以谋杀泰的祸端，岂不是太宗开创先例的延续吗？唐之后世子孙不可使、不可用，岂不正是玄武门之变因果效应深远存在吗？同样，太宗既然可以纳其弟元吉之妃杨氏于宫中，那么，太宗死后，高宗为什么不可以纳太宗之才人武氏于后宫，拜而为昭仪，立而为皇后呢？从武才人到后来的杨贵妃、韦后、张良娣，整个唐代宫闱之乱，礼教之坏，岂不都是根源于太宗纳弟妃杨氏于宫中，乱了伦理道德，所产生的极坏深远的因果效应吗？所以，不要认为政治家个人品质或家庭私事不会影响国家大事、天下治平，不要认为他们有那一点私心，那一点邪念，那一点非礼，不会影响盛衰治乱、历史大局。但这仅仅是统治者个人的一点私心、一点邪念、一点非礼作怪吗？非也！其根源还在于他们的文化，在于他们文化低下的夷狄之风。唐朝的宫闱之乱，从汉文化来看，从儒家礼教来看，是极其荒唐的，是有悖伦理纲常的。但从北方部族风俗来看，似乎并不是不得了的大事。因为在胡人风俗中，父死子娶其母为妻，或一家汉之合用一妻，是常有的事。这正如昭君出塞，丈夫死后嫁给自己两个儿子一样。从这种风俗看，唐太宗纳巢王元吉之妃杨氏于宫，高宗纳太宗之才人武氏于后宫，拜而为昭仪，立而为皇后，就算不上什么大事了。但是，唐朝立国，既处中原，巍巍华夏，礼仪之邦，不顾礼教伦常，进于中国则不中国之，仍以夷狄风俗行事，就违背了纲常伦理、天地大义，是不允许的。这样做，说明唐朝仍具夷狄之风，融入华夏，成为中国人，其风未化尽也。这是华夏文化不允许也！亦乃唐朝走向混乱，走向衰败者也。正是出于此，伊川说："唐之纪纲，自太宗乱之"；"唐有天下，如贞观、开元间，虽号治平，然亦有三纲不正，无父子君臣夫妇，其原始于太宗也"。[①] 船山先生更说："唐之立国，家法不修，淫声曼色，自太宗以来，漫焉进御而无防闲之教，故其祸为尤酷焉。人主而能知此，以一念之无欲，塞滔天之横流，有余裕矣。"[②] 此可知夷狄之风怎样影响唐朝盛衰之变和精神发展了。

隋唐虽有夷狄之风，并影响了历史盛衰与精神发展，但就整个隋唐精神史而言，还是以佛教不断被哲学化变为华夏大乘佛教而发展的。这是研究撰写隋唐精神史必须牢牢把握的。因此，后面两章将紧紧围绕着佛教如何适应中国文化发展以及它怎样哲学化为华夏大乘佛教展开叙述。

---

① 《河南程氏遗书》卷十八，《二程集》第 236 页。
② 《读通鉴论》卷二十六，《船山全书》第 1 册，岳麓书社 2011 年版，第 1001 页。

第二章 中华大乘佛教精神的奠基者

内容提要：隋唐文化以佛学为大宗，但隋唐佛教，已不是印度佛教，而是被中国化的中华大乘佛教。印度佛教是怎样被中国化的？讲隋唐精神，这是一个大课题。不讲清这个问题，讲隋唐文化儒、道、释三教并流，讲以佛学为大宗，就没有来由。而要讲清这个问题，就不能不从源头上说起，讲那些译经传教的大师，那些中华大乘佛教的奠基者。正如西方古代犹太教吸收融合希腊罗马文化哲学，发展为罗马帝国的基督教一样，印度大乘佛教也是吸收融合中国文化哲学发展成为中华大乘佛教的。这种文化转变，不是外在的、浅层次的，而是内在的、最高本体论的，是宗教本体论与大道本体论的相互吸取、涵盖、浃化、融合，即将佛教空寂本体变为中国文化大道本体无形无象的存在。支道林色空即本无的开出、道安译经传教卓绝独步、罗什大乘空宗的中道转向、僧肇诃色空以倡即体即用，以及慧远生尽化绝的净土心学建立，都是以中国道体文化理解、领悟、阐释佛教本体，成为早期中华大乘佛教形成的奠基者。

隋唐文化以佛学为大宗，中华大乘佛教精神，乃隋唐精神之大端也。那么，佛教文化是怎么发展起来的？中华大乘佛教是怎样发展起来的？它是怎样由佛教空宗发展为道体有宗的？这虽是一个极为复杂的文化涵盖、适应、融合的问题，但讲述隋唐大乘文化精神，则是必须弄清楚的；而要弄清楚这些问题，就应深入到它的源头，从大乘般若学传入开始，讲述那些为中华大乘佛教发展的译经、解义有贡献者，特别是那些适应中国文化发展需要，实现经义转化的学者。所谓中华大乘佛教精神的奠基者，主要是指魏晋南北朝时期，那批适应中国文化发展需要，实现经义转换的译经、解义学者。

一谈及译经、解义，人们脑子里可能就会闪现出佛教著作的通常翻译，即将一种文字的著作翻译成另一种文字。佛经经典译成华夏经典，可不是这样的！在万千年文化历史上，真正以形而上学哲学思辨登上人类智慧之巅的，只有古代希腊、印度与中国三大古老民族文化，现在要将印度与中国两大古老民族的文化及其玄而又玄的哲学思辨会通融合在一起，没有文化哲学上超绝之功，是根本不可能的！佛教之传入中国，乃印度大乘般若学与中国道体玄学两种植根于宇宙本体论与价值论的文化哲学碰在一起，两种微妙玄通、深不可识的形而上学碰在一起，两大会通玄极、处于人类智慧之巅的玄妙极深思维碰在一起也！面对这两大高深玄奥的文化哲学，没有信仰与精神追求，没有巨大智慧，没有坚定意志、不可动摇的决心，是不可能苦苦地探索，默默地追求，以玄而又玄的思辨和艰苦卓绝的努力，将两种不同宗教哲学文化体系联系在一起，使之涵盖、消融、涵化、契合，并创造产生出一种新的宗教哲学文化，诞生一种新的宗教精神的。所以，后人不要嘲笑当时人的愚蠢痴狂或"傻"的极致！没有他们艰苦卓绝的努力，人类两大智慧之巅的文化永远不会涵化融合在一起，也根本创造不出中华大乘佛教高深玄奥的宗教思维及其通极宏达精神！

自然，完成中华大乘佛教创造的，并不只是魏晋南北朝时期那些译经、解义者，而是经过漫长阶段，发展到隋唐时期才逐渐完成的。因为大乘佛教最初传入中国的经典，主要是大乘空宗般若经，如《道行经》《般舟三昧经》《放光经》《摩诃般若婆罗蜜经》等，即使所传龙树《中论》《十二门论》《大智度论》及提婆《百论》等经，也是支持大乘空宗的。所以大乘佛教最初通过译经解义的华夏化，即中国化，主要还是与魏晋时期的玄学相结合，走向般若玄学化开始的。这一点，我在《中国精神通史》第二卷最后一章讲般若玄学化、玄学般若化时已经讲过了。但那章主要是于哲学精神转换上讲的，而对大乘佛教怎样适应中国文化发展，转换经义，转换宗教本体论，实现华夏化，叙述是不多的。因此，本章讲中华大乘佛教奠基者，主要集中在两个问题上：一是印度大乘佛教精神怎样适应中国文化而发展的。文化精神的适应性发展，主要是形上本体论转换问题，因此，第二是讲大乘佛教精神适应中国文化发展是怎样完成本体论转化的。

这一阶段大乘佛教的中国化，所讲主要是大乘般若空宗的译经与解义。从根本上说，它还不是中华大乘佛教，而是"六家七宗"的判教发展时期。中华大乘佛教乃是印度佛教大乘由空宗到有宗不断适应中国文化发展，于隋唐时期形成的；特别是随着唐时《瑜伽师地论》《摄大乘论》等大乘有宗经典译出，唯识宗形成发展，中华大乘佛教才始成规模的。这种本体论转换及精神发展，就是由印度充满"寂静味"的梵文化精神，转化为中国道体流行、刚健文明、至精至善的文化精神。它的最高本体论存在，不论是"有"还是"无"，是于道体流行处说的，还是于"寂然不动"处说的，皆已不是"空寂"的存在，而是道体真实无妄、无形实有是理的存在。完成这种转变，无疑是非常复杂的形上本体论相互吸取、涵盖、消融、涵化、契合过程。尽管如此，佛教大乘般若空宗阶段的中国化奠基者，其功仍是不可没的，因为他们毕竟为中华大乘佛教的经义转化、宗教本体论阐释做出了卓越贡献。

自然，大乘佛教中国化，最终乃是由于大乘佛教经典本身实现了本体论转换。这是佛教经典翻译中一个极为复杂的经义转换、本体阐释及文化适应、涵化、契合、融合问题，也是本章所要重点解决的问题。虽然这个问题很难解决，但若以《高僧传》叙述方式看，它也不过是"译经"和"义解"两大部分：前者属于语言文字的经义转换问题，后者属于经义阐释问题。自然，这种划分也不是绝对的，译经包含着义解，义解有时亦是译经者。正是立于这种看法，本章将《高僧传》中译经者释鸠摩罗什放到了经义阐释部分叙述，而将义解者朱士行放到译经中叙述。这两部分，虽皆包含着大乘佛教适应中国文化发展的宗教本体论转换问题，而译经则是基础性的。故本章的叙述，就从奠基中华大乘佛教译经者开始，然后再分别叙述支遁、道安、鸠摩罗什、僧肇、慧远等大师阐述经义，转换宗教本体论，为实现大乘佛教华夏化所作的贡献。

一　佛教中国化的早期译经者

由一种文化的作品翻译成另一种文化的作品，是一件很难的事。它不仅有不同文化意义准确传达的问题，更有意义转换、融化、涵化、契合问题，它甚至是一种重新创作，把本来就是一种意蕴丰富、文字优美的作品，经过意义转换、融化、涵化、契合，重新创作成为另一种作品。翻译道心惟微、神理设教的两种不同文化经典之作更难！所谓经典，刘勰认为，乃"恒久之至道，不刊之鸿教也"。他把酌雅富言的经典制作，视为一种"即山而铸铜，煮海而为盐"的陶冶过程，并提出六则贞正文义要求："一则情深而不诡，二则风清而不杂，三则事信而不诞，四则义直而不回，五则体约而不芜，六则文丽而不淫。"① 这对译者来说，就像雕玉作器一样，乃是一件陶铸性情、功在上哲的事情，没有极深的文化涵养和极强的语言文字表达能力，是很难胜任的，更何况是创造性译经呢！

魏晋南北朝时期大乘佛教的译经，主要是般若经典。释道安说："安般者，出入也。道之所寄，无往不因；德之所寓，无往不托，是故安般寄息以成守，四禅寓骸以成定也。"② 这就是说，般若经乃是讲究人于宇宙浩浩大化、出入往来中，求得安息驻守之宅的。故康僧会说："夫安般者，诸佛之大乘，以济众生之漂流也。"③

那么，大乘佛教经典何时传入中国，译经者是谁呢？据记载，远在东汉明帝年间就有个天竺国属于婆罗门的摄摩腾来到洛阳弘通佛法。据说此人善风仪，解《大乘经》《小乘经》，常以游化为任，曾往天竺附庸小国，讲《金光明经》。根据他所说"经云'能说此经法，为地神所护'"④ 等等，可知所传主要是小乘佛教。还有个《四十二章经》问题，一说此经摩腾译，一说此经明帝派往天竺寻访佛法而遇摩腾的蔡愔等人所译。它和后来的《牟子理惑论》经，是至今尚存在的初期佛典。但据吕澂先生研究，说"《四十二章经》不是最初传来的经，更不是直接的译本，而是一种经抄。就内容看，是抄自《法句经》"⑤。正如《牟子理惑论》讲"太子有三十二相、八十种好，身长丈六，体皆金色"；或"孝明皇帝，梦见神人，身有日光，飞在殿前"⑥ 一样，《四十二章经》也讲"阿罗汉者，能飞行变化；须陀洹者，七死七生"；"天神献玉女于佛，欲坏佛意"⑦ 等等，可知此经亦并非尽是"安般寄息以成守"，"济众生之漂流"的大乘佛法，而有许多小乘的东西。

真正把大乘般若佛教译传中国的，应该说是安息国来华的安清世高。他本安息国王正后之太子。史说其"幼怀淳孝，敬养竭诚，恻隐之仁，爱及蠢类。加以志业聪敏，刻意好学，外国典籍，莫不该贯"，还"兼洞晓医术，妙

---

① 《文心雕龙·宗经》。
② 释道安：《安般守意经序》，《出三藏记集》卷六。
③ 康僧会：《安般守意经序》，《出三藏记集》卷六。
④ 《高僧传·摄摩腾传》。
⑤ 吕澂：《中国佛学源流略讲》，中华书局1979年版，第21页。
⑥ 《牟子理惑论》，《弘明集》卷一。
⑦ 《四十二章经》见《佛藏要籍选刊》第3册，上海古籍出版社1994年版。

善针脉"。后王薨，将嗣国位，乃深惟苦空，厌离名器，出家修道，其学"博综经藏，尤精《阿毗昙》学，讽持禅经，略尽其妙"。汉桓帝之初（147），始到中夏。由于他"才悟机敏，一闻能达，至止未久，即通习华语"，于是宣译众经，改胡为汉，出《安般守意》《阴持入经》《大小十二门》及《百六十品》等。另外，他还根据僧众护所撰述的三藏经要二十七章，剖析所集七章，译为汉文，即《道地经》。世高先后所出经"凡三十五部，义理明析，文字允正，辩而不华，质而不野，凡在读者，皆亹亹而不倦焉"，可知其译经文字准确得当。不仅如此，而且是玄极深远的大乘佛典。"天竺国自称书为天书，语为天语，音训诡蹇，与汉殊异，先后传译，多致谬滥。唯世高出经，为群译之首"，可知世高把印度天书天语、音训诡蹇、与汉殊异的大乘佛典译为华夏经典，不仅不易，而且是具有创造性的。故释道安认为，"若及面禀，不异见圣，列代明德，咸赞而思焉"① 但世高处于灵帝之末，关雒扰乱时期。他后去江南，各无留滞；复到广州，东行会稽，"正值市有斗者，乱相殴击，误中世高，应时命终"。因此，世高的译经，虽然高明，但当时并没有传播出去。故康僧会注《安般守意经序》说："此经世高所出，久之沈翳。"②

　　世高之后，译经有贡献者，当属支楼迦谶支谶了。支楼迦谶简称支谶，月支人。《高僧传》说其"操行纯深，性度开敏，禀持法戒，以精勤著称，讽诵群经，志存宣法"。支谶于汉灵帝时游于雒阳，以光和中平之间（178～189），传译梵文《般若道行》《般舟》《首楞严》等经。当时有个天竺沙门竺佛朔，于汉灵时，携带《道行经》来到雒阳，即转梵为汉。译人时滞，虽有失旨，弃文存质，深得经意。佛朔又以光和二年（179）于雒阳出《般舟三昧》，支谶为之口译，河南雒阳孟福张莲笔受。释道安校定古今，精寻文体，评价支谶译经说："皆审得本旨，了不加饰，可谓善宣法要弘道之士也。"③志敏度评支谶译经说："博学渊妙，才思测微，凡所出经，类多深玄，贵尚实中，不存文饰。"④ 支谶所译，多属大乘佛教经典。特别是支谶所译《道行经》，乃是大乘般若空宗最为基础性著作。道安说此经"陟者弥高而不能阶，

①　上引均见《高僧传·安世高传》及《出三藏记集·安世高传》。
②　见《高僧传·安世高传》。现存康僧会《安般守意经序》，虽无"久之沈翳"之句，但释道安《般若注序》说"魏初康会为之注义，义或隐而未显"（均见《出三藏记集》卷六），亦可知当时世高译经之不传也。
③　《支楼迦谶传》，《高僧传》卷一。
④　《合首首楞严》记，《出三藏记集》卷七。

涉者弥深而不能测，谋者虑不能规，寻者度不能尽。既杳冥矣，真可谓大业渊薮，妙矣者哉！"① 又说"般若波罗蜜者，成无上正，真道之根也"；"法身也，如也，真际也。故其为经也，以如为首，以法身为宗也"②。可知其玄极深奥难译矣。支谶译"婆罗密多"为"道行"、译"如性"为"本无"③ 等，皆是借用中国道家哲学"本无"思想转换大乘般若佛教最高本体论而译经的，可以说是其大乘佛教华夏化的最初尝试。

支谦，字恭明，一名越，月支人，来游汉境。汉桓灵时，支谶译出众经。有个叫支亮者，字纪明，资学于支谶。支谦受业于支亮。支谦"博览经籍，莫不精究，世间伎艺，多所综习，遍学异书，通六国语"④。汉献末乱，支谦避地于吴。孙权闻其才慧，召见"问经中深隐之义？"越支谦"应机释难，无疑不析"⑤。孙权大悦，拜为博士。此可知支谦对于大乘佛教经典"深隐之义"的深刻领悟与理解。支谦当时认为，大乘佛教虽然流行，然经多梵文，未尽翻译，莫能有解者。于是他乃收集众本，译为汉语。从吴黄武元年至建兴中（223～252），三十年间，译出《维摩诘经》《大般泥洹经》《法句经》《瑞应本起》等四十九经，曲得圣义，辞旨文雅。又依《无量寿经》、《中本起经》创作了《赞菩萨连句梵呗》三契（梁后失传），并注《了本生死经》等。支谦所译，许多是大乘佛教最高经典。如《维摩诘经》乃"盖是穷微尽化，妙绝之称也。其旨渊玄，非言象所测。道越三空，非二乘所议。超群数之表，绝有心之境，眇莽无为而无不为，罔知所以然而能然者，不思议也"⑥。此经后虽经法护、罗什重译，然支谦初译之功，不可没也。故志敏度谈到支谦及晋时法护、叔兰之译《维摩诘经》时说："此三贤者，并博综稽古，研机极玄，殊方异音，兼通开解。"⑦ 而《大般泥洹经》乃佛法"身之玄堂，正觉之实称，众经之渊镜，万流之宗极"⑧ 者也。释道朗曾说支谶于千秦玄始十年（421）"手执梵文，口宣秦言"，译《大般泥洹经》⑨。可知支谶、支谦皆是有

---

① 释道安：《道行经序》，《出三藏记集》卷七。
② 释道安：《合放光光赞略解序》，《出三藏记集》卷七。
③ 吕澂：《中国佛学源流略讲》，中华书局1979年版，第290页。
④ 《高僧传·支谦传》。
⑤ 《出三藏记集·支谦传》。
⑥ 僧肇：《维摩诘经》序，《出三藏记集》卷八。
⑦ 志敏度：《合维摩诘经》序，《出三藏记集》卷八。
⑧ 释道朗：《大涅槃经》序，《出三藏记集》卷八。
⑨ 释道朗：《大涅槃经》序，《出三藏记集》卷八。

功于《大般泥洹经》之翻译的。支谦译经，极善用中国道家文化哲学翻译转化大乘般若形上本体境界的。他所改译的《大明度无极经》，"由言证已，当还本无"，以"本无"指般若实相，而借用道家"得意妄言"的说法，译"得法意而为证"① 等语，就是属于用中国道家文化哲学翻译转化大乘般若形上本体境界的。这在大乘佛教本体论转化方面，亦是有其深远意义的。

大乘译经，广泛流传，并对中国化有贡献者，不能不说及朱士行和竺法护。朱士行，颍川（今河南省许昌市禹州市）人。《高僧传》说其"少怀远悟，脱落尘俗，出家已后，专务经典"；"昔汉灵之时，竺佛朔译出《道行经》，即《小品》之旧本也，文句简略，意义未周"②。士行尝于洛阳讲《道行经》，觉文章隐质，诸未尽善，每叹曰"此经大乘之要，而译理不尽，誓志捐身，远求大本"，于是遂以魏甘露五年（260），发迹雍州，西渡流沙，既至于阗，果得梵书正本，凡九十章，遣弟子送经梵本还归洛阳。后来所得梵书正本，送至陈留仓垣水南寺，由河南居士竺叔兰（原为天竺人），和稽古多学的西域道士无罗叉比丘合作，由无罗叉比丘手执梵本，叔兰译为晋文，称为《放光波若》。至太安二年（303），由淮阴支孝龙根据叔兰所译写为五部，校为定本。虽然《放光波若》并非朱士行所译，然其为译此经，远求大本，发迹雍州，西渡流沙，至于阗获得梵书正本，以至于终于于阗未归，不仅其追求大乘佛教纯正大本论存在的精神是可贵的，而且对完美定本《道行经》形成，是功不可没的。可以说，没有《放光波若》，就没有后来高妙莫测、被称为"大业渊薮"的《道行经》。故慧远说：　"假无《放光》，何由解斯经乎?"③

竺法护，其先为月支国人，世居敦煌郡。八岁出家，事外国沙门竺高座为师，博览《六经》，涉猎百家之言，世务毁誉，不介于视听。当时，晋武帝之世，寺庙图像，虽崇京邑，而方等深经，蕴在西域。法护乃慨然发愤，志弘大道，遂随师至西域，游历诸国。外国语言文字，三十六种，法护皆遍学，

---

① 参见吕澂：《中国佛学源流略讲》，第293~294页。
② 《高僧传·朱士行传》。这里所说"竺佛朔译出《道行经》，即《小品》之旧本也，文句简略，意义未周"，乃指非《道行经》完本，而是指抄本。故慧远于《道行经序》说："经既抄撮，合成章指，音殊俗异，译人口传，自非三达，胡能一一得本缘故乎? 由是《道行》颇有首尾隐者。古贤论之，往往有滞。仕行耻此，寻求其本，到于阗乃得。送诣仓垣，出为《放光品》"（《出三藏记集》卷七）。
③ 《道行经》序，《出三藏记集》卷七。

贯综诂训，音义字体，无不备晓。遂大携胡本，还归中夏。自敦煌至长安，沿路传译，写为晋文。所获大小乘经《贤劫经》《大哀》《正法华》《普耀》等凡一百四十九部，几乎囊括了西域流行的所有佛经经典。特别是《正法华》，乃"诸佛之秘藏，众经之实体也"，而"以华为名者，照其本也"①。它是大乘佛教"其乘唯一，唯一无上"②，最为微妙清净的经典，对后来中华大乘佛教华法宗形成极为有影响。法护太康七年（341）"手执胡经，口宣出《正法华经》二十七品，授优婆塞聂承远、张仕明、张仲政共笔受，竺德成、竺文盛、严威伯、续文承、赵叔初、张文龙、陈长玄等共劝助欢喜"③而完成；后来，此经虽于玄始八年（419）经大火，由罗什重译，然法护之功不可灭也！《光赞经》即《放光》，《放光》《光赞》同本异译耳。此经乃"护公执胡本，聂承远笔受，言准天竺，事不加饰，辞质胜文也"。道安说此经之译，"每至事首，反复相明，又不显灼也。考其所出，事事周密耳！互相补益，所悟实多！"④其他像所译《贤劫经》，亦乃"次见千佛，稽首道化，受菩萨决，致无生忍，至一切法"⑤者也。法护一生，孜孜所务，唯以弘通佛经为业，终身译写，劳不告倦，而且门徒弟子甚多，如竺法首、陈士伦、孙伯虎、虞世雅等，皆共承护旨。故僧祐说："经法所以广流中华者，护之力也。"⑥法护不仅博览《六经》，涉猎百家，有此华夏化译经之功，而且来华几十年，受中国文化熏陶与影响，连为人处世、道德品格也被中国化了，故其澄寂、渊美、弘懿、高雅的人格魅力，广为人赞赏。释支遁为之像赞云："护公澄寂，道德渊美，微吟穷谷，枯泉漱水。邈矣护公！天挺弘懿，濯足流沙，领拔玄致。"孙绰作《道贤论》，以天竺七僧，与竹林七贤相比，认为法护可匹配山巨源，说"护公德居物宗，巨源位登论道。二公风德高远，足为流辈矣"⑦。此可见其人格之魅力也。

由此可知，致力于华夏译经，欲想使其适应中国文化哲学要求，流布于华夏者，首先是译经者要沐浴中国文化，思想上中国化；然后，其译经才能

①　僧叡：《法华经后序》，《出三藏记集》卷八。
②　释慧观：《法华经要序》，《出三藏记集》卷八。
③　《正法华经出经后记》，《出三藏记集》卷八。
④　道安：《合放光光赞略解序》，《出三藏记集》卷七。
⑤　《贤劫经》记，《出三藏记集》卷七。
⑥　《竺法护传》，《出三藏记集》卷十三。
⑦　《高僧传·竺昙摩罗刹（法护）传》引。

具有中国文化哲学内涵、完成佛教经典的中国化。这个过程中，译经中国化了，译经者自身也中国化了，中国化译经与中国化佛典完美契合，方是佛典广流中华的译经之功。进入两晋以后，译经者大都有此文化与人格的双重魅力。这对译《孔雀王经》的帛尸梨密（高座）来说，就是不"俟于华戎"，胜过汉金日磾的"心造崤极，交俊以神，风领朗越"①；对于善《阿毗昙心》的僧伽提婆来说，就是"历游华戎，备悉风俗"②；而对于先出梵本《大品》，续出《小品》《金刚般若》《十住》《法华》《维摩》《思益》《首楞严》《持世》《佛藏》《菩萨藏》《遗教》《菩提无行》等经典，凡三百余卷，道恒、僧标、僧睿、僧敦、僧弼、僧肇等三千余僧，禀访精研，务穷幽旨，庐山慧远，道业冲粹，乃遣使修问的罗什来说，就是"笃性仁厚，泛爱为心，虚己善诱，终日无倦"③。可以说，译经者愈是受中国文化熏陶，愈是被中国化，他们就愈是热爱中国文化，追求投大道，其译经也就愈是适应中国文化，具有中国文化哲学内涵与精神，愈是从宗教本体论上会通中国形而上学大道本体，而使之相互融会、涵化、互摄、契合，实现佛教中国化。在这个过程中，译经者不论是胡人还是华裔，皆已不是种族的存在，而是华夏族群一员；译经亦不是单纯的文字翻译之事，而是会通佛教与华夏文化本体存在的最高精神追求。因此，他们会通大道本体的译经，能成为中华大乘佛教发展的奠基者，就是顺理成章的事了。

两晋以来，为中华大乘佛教发展作出贡献者众多，但真正从宗教本体论上转向中国道体形而上学，为中华大乘佛教形成有奠基之功者，就不能述及释支遁、道安、鸠摩罗什、僧肇、慧远等阐述经义的大师了。但述此必须清楚地认识到，这个时期所以译《道行经》《维摩诘经》《大般泥洹经》《放光》

---

① 帛尸梨密多罗，此云吉友，西域人，时人呼为高座。本是国王之子，当承继世位，而以国让弟，悟心天启，遂归沙门。晋永嘉中，始到中国，正值世乱，仍过江，到建初寺。丞相王导一见而奇之，并与名士交往，由是名显。初江东未有咒法，帛尸梨密译出《孔雀王经》，属于诸神咒法之类，其人格极具魅力。故琅琊（今临沂）王珉为之序，说其"卓世之秀，时生于彼，逸群之才，或俟乎兹"，称其德性"心造峰极，交俊以神，风领朗越"，超过汉世匈奴来华的金日磾。晋咸康中卒，春秋八十余（《帛尸梨密传》，《高僧传》卷一）。

② 僧伽提婆，或云"提和"，音讹也。本姓瞿昙氏，西域罽宾国（又作凛宾国、劫宾国、羯宾国）人。符氏建元中（365～384）到长安宣流法化。善《阿毗昙心》，洞其纤旨。故所出《阿毗昙》，风靡一时，甚有影响。后上庐山，重译《中阿含》等。《阿毗昙》虽为小乘，然属有部。提婆历游华戎，备悉风俗，从容机警，善于谈笑。故其道化声誉，莫不闻焉，后不知所终（《僧伽提婆传》，《高僧传》卷一）。

③ 《高僧传·鸠摩罗什传》。

或《光赞》等大乘经典，主要是属于般若空宗的，即使罗什所译龙树《中论》《十二门论》《大智度论》，及提婆《百论》，也是支持空宗的。这必然在本体论上影响大乘佛教译经及经义转换，即本体空义。这是其一。其二，这个时期，中国文化的《老子》《庄子》《周易》三大本体论哲学，已整体转化为"本无"的魏晋玄学。但这"本无"并非印度佛教的空寂，而仍是无形实有是理存在。因此，这个时期的译经，必然在本体论上被玄学化，即以玄学"体无"解释佛教本体论。其三，龙树的《中论》《十二门论》《大智度论》及提婆的《百论》，虽然皆是支持般若空宗的，但它不是以空为止境，而是以空为用，以不偏于俗、亦不偏于真的二谛中道思想解释佛教本体的。这也必然影响到当时译经、解义及华夏大乘佛教本体论阐释。其四，《阿毗昙心》《法句经》《中阿含》诸经，皆是属有宗的，它在本体论上是不同于大乘般若空宗的，其缘起法蕴及离染解脱之说，影响了心性净土发展。最后，这个时期佛教经典论述或争议，皆是围绕着大乘菩萨本体存在展开的。不论这种存在是空象，还是实象，是曰佛、曰法身、曰涅槃，还是曰真如、曰般若、曰法性，皆是以菩提如何存在为根本教义的。这就给这个时期的译经、解义及大乘佛教本体论阐释，带来了多样性，并影响到中华大乘佛教本体论建立。本章所讲释支道林色空即本无的开出、道安大乘般若空宗的世界、罗什转向大乘有宗的阐释、僧肇呵色空论倡体用之学及慧远生尽化绝的净土心学，正是围绕着译经、解义中大乘佛教菩萨本体如何存在展开叙述的。现在先讲释支道林色空即本无的开出。然后再慢慢叙述道安、鸠摩罗什、僧肇、慧远等大师阐述经义论述及本体论之建树。

二　支道林色空即本无的开出

支遁（313～366），字道林，本姓关氏，陈留（今河南省开封市陈留镇）人，或云河东林虑（今河南林县）人，极善形上玄学思维。故东晋名士王濛说其"造微之功，不减辅嗣"，即不亚于王弼。名士郗超更说其"神理所通，玄拔独悟，数百年来，绍明大法，令真理不绝，一人而已"。汤用彤先生更联系当时哲学思想背景，说"支遁以具正始遗风，几执名界之牛耳"[1]。支道林

---

① 《汉魏两晋南北朝佛教史》，第154页。

家世事佛，早悟非常之理，《高僧传》说其"隐居余杭山，深思《道行》之品，委曲《慧印》之经，卓焉独拔，得自天心"；并说其"年二十五出家，每至讲肆，善标宗会，而章句或有所遗，时为守文者所陋"①。这实际上乃是说支道林善于会通最高精神，得鱼忘其筌蹄。东晋时，支道林与王洽、刘恢、殷浩、许询、郗超、孙绰、桓彦表、王敬仁、何次道、王文度、谢长遐、袁彦伯等，并为一代具有超越精神的名流。精神史第二卷讲其在白马寺谈论《庄子·逍遥篇》，支道林卓然独标新理，立异于众贤之外，讲"夫逍遥者，明至人之心也。庄生建言大道，而寄指鹏鷃。鹏以营生之路旷，故失色于体外；鷃以任近而笑远，有矜伐于心内。至人乘天正而高兴，游无穷于放浪，物物而不物于物，则遥然不我得，玄感不为，不疾而速，则道然靡不适，此所以为逍遥也"②云云，即可见其超越卓绝的精神！

支道林正是带着卓焉独拔、独标新理的超越精神，理解并阐释大乘般若形上本体存在的。本传说其于佛教般若经学的注解阐释，"乃注《安般》、《四禅》诸经及《即色游玄论》《圣不辩知论》《道行旨归》《学道诫》等，追踪马鸣，蹑影龙树，义应法本，不违实相"③。这就是说，支道林是追求马鸣、龙树的如来藏法，理解阐释大乘般若佛教本体存在的。马鸣、龙树的时代，即"一切皆空"盛行的时代。马鸣反对二谛说，以"一切皆空"为第一义谛，宣扬"苦空无我之法"④。龙树以缘起为宗，发挥缘起无自性而空说，驳斥实性自有。支道林是追求马鸣、龙树如来藏法，理解阐释大乘般若佛教本体存在，自然落于空义。此其讲"色之性也，不自有色。色不自有，虽色而空。故曰色即为空，色复异空"⑤者也。所谓"色不自色"者，即一切诸法无有自性也。色不自性，自然虽色而空，自然一切落于恒寂。此即支遁《即色游玄论》受马鸣、龙树影响，持"一切皆空"之说，入不二法门者也。

但是，支遁于佛教般若之学，并非只是"追踪马鸣，蹑影龙树"，其治学之道，及宗教道德实践道路，是极为宽阔的。他不仅注释《安般》四禅⑥诸

---

① 上引均见《高僧传·支道林传》。
② 《世说新语·文学篇》注。
③ 《高僧传·支道林传》。
④ 《佛法藏姻缘传》（摘录），见高振农《大乘起信论校释》附录，中华书局1992年版。
⑤ 《世说新语·文学篇》注引《支道林集·观妙章》。
⑥ 《般若经》所谓四禅，即"寂无他念，泊然若死，谓之一禅也"；"垢浊消灭，心稍清净，谓之二禅也"；"行寂止意，悬之鼻头，谓之三禅也"；"照天地人物，其盛若衰，无存不亡，信佛三宝，众冥皆明，谓之四禅也"（康僧会《般若守意经》序，《出三藏记集》卷六）。

经，而且"研《十地》，则知顿悟萨七住；寻庄周，则辩圣人之逍遥。当时名胜，咸味其音旨。《道贤论》以七沙门比竹林七贤，遁比向秀，雅尚《庄》《老》，二子异时，风尚玄同也"①。另外，从《世说新语》所说"三乘佛家滞义，支道林分判，使三乘炳然，诸人在下坐听，皆云可通"②，亦可知其与《法华经》的关系。凡此，不论是支道林注释《安般》四禅诸经，还是其与《法华经》的关系，皆不能不使他的大乘佛教般若学，追求至高至玄存在。如作为"诸佛之大乘，以济众生之漂流"的《般若经》之四禅说，其讲"照天地人物，其盛若衰，无存不亡，众冥皆明"，乃是"安般行者，厥心即明，举眼所观，无幽不睹"的思考；其讲"恍惚仿佛，存亡自由，大弥八极"，乃是"入不思议，非梵所测，神德无限"③的追求。所研《十地》，实乃罗什所译《华严》六经十地品，亦即《菩萨十住经》之略名。此经认为，"夫万法浩然，宗一无相，灵魄弥纶，统极圆照"；惟"灵照统名一心，所缘总号一法"方可；"若夫名随数变，则浩然无际"。故"《十住》为经，将穷赜心术之原本，遂真悟之始辩；神功启于化彰，八万归于圆照，使灵机无隐伏之数，大造无虚窈之名"；而"菩提者，统极十道之尊号，括囊通物之妙称，乃十住启灵照之圆极，远弘大通之逸轨。故十住者，静照息机，反鉴之容目者也"④。支遁"知顿悟萨七住"，可知其心灵玄极高妙也。至于《法华经》，更是"诸佛之秘藏，众经之实体也"；而"以'华'为名者，照其本也"；"八万四千法藏者，道果之原也"；"寻其幽旨，恢廓宏邃，所该甚远"⑤。"是以从初得佛，暨于此经，始应物开津，故三乘别流；别流非真，则终期有会。会必同源，故其乘唯一。唯一无上，故谓之妙法。颂曰：'是乘微妙，清净第一。于诸世间，最无有上。'"⑥《世语》所谓"三乘佛家滞义，支道林分判，使三乘炳然"者，即三乘别流非真，使其会于同源唯一，以菩萨之大道，"通修万

---

① 《世说新语·文学篇》注引《支法师传》。
② 《世说新语·文学篇》。
③ 康僧会：《般若守意经》序，《出三藏记集》卷六。
④ 释僧卫：《十住经含注》序，《出三藏记集》卷九。
⑤ 僧睿法师：《法华经》后序，《出三藏记集》卷八。
⑥ 释慧观：《法华宗要序》，《出三藏记集》卷八。

善，功不为己，志存广济"① 者也。凡此，皆可见支道林修大乘般若之教玄极高妙也。

支道林修大乘般若之教，不论是"追踪马鸣，蹑影龙树"，还是注释《安般》四禅诸经，追求大乘玄极高妙存在，其"义应法本"，终还是"不违实相"的。因为支道林认为，"沙门之义，法出佛之圣，雕淳反朴，绝欲归宗"，乃是"游虚玄之肆，守内圣之则，佩五戒之贞，毗外王之化，谐无声之乐，以自得为和"的事情，而要"弘敷至化"，就要"去陈信之妖诬，寻丘祷之弘议，绝小涂之致泥，奋宏辔于夷路"，要在宇宙浩浩大化中，建立信仰，解决精神世界问题，使"恢恢六合，成吉祥之宅；洋洋大晋，为元亨之宇"，就要"常无为而万物归宗，执大象而天下自往"②。大象，即大道，即无形实有是理的最高存在。这里，支道林讲"常无为"，讲"万物归宗"，讲"执大象而天下自往"等，实乃道家老子"道冲而用之，渊兮似万物之宗"；"万物归焉而不为主，可名为大"；"执大象，天下往；往而不害，安平太"等的思想。老子之道，虽"微妙玄通，深不可识"，然终是"能蔽而新成"③ 者，它与佛教般若第一义谛的"一切皆空"，还是不同的。这里，可知支道林解释大乘般若存在，在最高本体论上，已转化为中国道家语言或玄学语言矣。它自然有为中华大乘佛教形成奠基之用。

不仅如此，支道林几乎全是按照中国古代圣贤明哲及其典籍思想，认识理解大乘佛教之创立并进行解释的。例如他认为释迦牟尼创立佛教，乃是本于道德，"立人之道，曰仁与义"的行为，就像中国文化《易》之创造，"圆著者象其神寂，方卦者法其智周，照积祐之留详，元宿命以制作，或绸之以德义，或疏之以冲风"一样，故有"导庶物以归宗，拔尧孔之外楗，属八亿以语极，罩《坟》《索》以兴典，掇道行之三无，络聃、周以曾玄"的大用，而其"神化著于西域，若朝晖升于旸谷，民望景而兴行，犹曲调谐于宫商"④。其他像阿弥陀佛以"三乘为教，男女各化育于莲花之中，无有胎孕之

---

① 《世说新语·文学篇》注引《法华经》曰："三乘者，一曰声闻乘，二曰缘觉乘，三曰菩萨乘。声闻者，悟四谛而得道也。缘觉者，悟因缘而得道也。菩萨者，行六度而得道也。然则罗汉得道，全由佛教，故以声闻为名也。辟支佛得道，或闻因缘而解，或听环佩而得悟，神能独达，故以缘觉为名也。菩萨者，大道之人也。方便则止行六度，真教则通修万善，功不为己，志存广济，故以大道为名也。"
② 《上书告辞哀帝》，见《高僧传·支道林传》。
③ 以上见《老子》第4、15、34、35章。
④ 《释迦文佛像赞》序，《广弘明集》卷十六。

秽"；其讽诵《阿弥陀经》，也是以至诚之心，"见佛神悟，即得道"① 的行为。因此，在支道林看来，大乘般若佛教之建立，虽"夫标极有宗，则仰之者至；理契神冥，则沐浴弥深"，但其伦理道德大用，亦是"尼父素室，颜氏流连"，"以道隆德盛"② 的事情。

在支道林看来，讲宗教最高本体存在，惟至道玄极高妙，而又"不违实相"，才能发挥大用。这一点，他在讲《般若经》的道体存在时，讲得非常清楚。他说：

> 夫《般若波罗蜜》者，众妙之渊府，群智之玄宗，神王之所由，如来之照功。其为经也，至无空豁，廓然无物者也。无物于物，故能齐于物；无智于智，故能运于智。是故夷三脱于重玄，齐万物于空同，明诸佛之始有，尽群灵之本无，登十住之妙阶，趣无生之径路。何者邪？赖其至无，故能为用。夫无也者，岂能无哉！无不能自无，理亦不能为理。理不能为理，则理非理矣，无不能自无，则无非无矣。是故妙阶则非阶，无生则非生。妙由乎不妙，无生由乎生，是以十住之称兴乎未足定号。般若之智生乎教迹之名。是故言之则名生，设教则智存。智存于物，实无迹也。名生于彼，理无言也。何则？至理冥壑，归乎无名。无名无始，道之体也。……是以诸佛因般若之无始，明万物之自然。众生之丧道，溺精神乎欲渊；悟群俗以妙道，渐积损以至无。设玄德以广教，守谷神以存虚。齐众处于玄同，还群灵乎本无。③

就《般若波罗蜜》最高本体而论，乃是"至无空豁，廓然无物"存在。但支道林在解释这种存在时，则变成了"至理冥壑，归乎无名"的形上大道本体。它实际上就是道家老子所说"大象无形，道隐无名"④ 的存在。支道林认为，"夫无也者，岂能无哉？无不能自无，理亦不能为理"；而"理不能为理，则理非理矣；无不能自无，则无非无矣"。惟"赖其至无，故能为用"。因此在他看来，佛教般若本体无始之道，乃在于"明万物之自然"；若"众生

---

① 《阿弥陀佛像赞》序，《广弘明集》卷一六。
② 《与桓玄论州符求沙门名籍书》，《弘明集》卷一二。
③ 上引均为支道林《大小品对比要钞序》，《出三藏记集》卷八。
④ 《老子》第41章。

之丧道"，则"溺精神乎欲渊"；而"悟群俗以妙道"，则"渐积损以至无"，即老子"为道日损，损之又损，以至于无为"① 的存在。因此，支道林认为，故般若之教，就是"设玄德以广教，守谷神以存虚；齐众处于玄同，还群灵乎本无"，追求玄同万物本无存在。可以看出，支道林讲《般若波罗蜜》的本体至无，已不是佛教不生不灭、永恒常住的空寂存在，而是中国文化"道之尊，德之贵，夫莫之命而常自然"的存在；"生而不有，为而不恃，长而不宰，是谓玄德"的。此乃老子"有之以为利，无之以为用"② 者也。可知支道林之解释大乘般若之最高本体，已变为中国道家文化之体用矣。宗教本体论的改变，立教性质及本体大用，自然也就改变了。此大乘般若佛教中国化之开始也。

那么，佛教以此道本至无存在立教，它怎样实现本体大用呢？在支道林看来，那就是立教行教的圣人，领悟会通形上玄极之道，以其虚灵至神存在，明宗教义，教化天下。故其说："夫至人也，览通群妙，凝神玄冥，灵虚响应，感通无方，建同德以接化，设玄教以悟神，述往迹以搜滞，演成规以启源。"支道林认为，以玄极至无立教者，所凭并非是物的知识，而是体悟至道本原、万物之宗的存在。在他看来，"夫物之资生，靡不有宗；事之所由，莫不有本。宗之与本，万理之源矣"；立教，不论是小品大品，皆离不开宗与本的存在，离不开万物本原的存在。"是以先哲出经，以梵为本。小品虽钞，以大为宗。推梵可以明理，征大可以验小。"若"苟任胸怀之所得，背圣教之本旨，徒尝于新声，苟竞于异常，异常未足以征本"，则"新声不可以经宗"。为什么呢？因为"伤本则失统，失统则理滞"；"说不依本，理不经宗"，则"丧本则理绝，根朽则枝倾"，于斯也，非所以为学，"徒有天然之才，渊识邈世，而未见大品"，就不能构成大乘般若教理了。故曰"夫体道尽神者，不可诘之以言教；游无蹈虚者，不可求之于形器"；惟"究览宗致，标定兴尽，悟其所滞，统其玄领"③ 方可。这个"游无蹈虚""体道尽神"本体存在，实乃《易传》"穷神知化，德之盛"者也。以此立教，"标域三才，玄定万品，应物万方"，即"精义入神，以致用也；利用安身，以崇德"④ 者也。此支遁移

① 《老子》第 48 章。
② 《老子》第 11、51 章。
③ 《大小品对比要钞序》，《出三藏记集》卷八。
④ 《周易·系辞下传》。

大乘般若教理于中国圣人之教者也。

支道林通神会道，出入佛门，一生玄拔独悟，追求宗教虚通至无存在，从根本上说，乃是为"恢恢六合，成吉祥之宅；洋洋大晋，为元亨之宇"，建立精神家园，安抚群生，平治天下，解决时代之危机。此他"达人怀德，知安必危；谨守明禁，雅玩玄规"①；"将振宏纲于季世，展诚心于百代"② 者也；亦孙绰所说"支道林者，识清体顺，而不对于物；玄道冲济，与神情同任"；一生立世治学，"远流之所以归宗，悠悠者所以未悟"③ 者也。直到他临终，仍著《切悟章》，临亡成之，落笔而卒，可知其一生对宗教精神追求之不息！

三　道安独步卓绝的开辟精神

汤用彤先生曾引慧皎《高僧传·序录》所说"名僧者，本实之宾也。若实行潜光，则高而不名；寡德适时，则名而不高"，讲高僧与名僧的不同说：

> 盖名僧者和同风气，依傍时代以步趋，往往只使佛法灿烂于当时。高僧者特立独行，释迦精神之所寄，每每能使教泽继被于来世。至若高僧之特出者，则其德行其学识独步一世，而又能为释教开辟一新世纪。然佛教全史上不数见也。郗嘉宾誉支道林，谓"数百年，绍明大法，使真理不绝，一人而已。"其实东晋之初，能使佛教有独立之建设，艰苦卓绝，真能发挥佛陀之精神，而不全借清谈之浮，实在弥天释道安法师。道安之在僧史，盖几可与于特出高僧之数矣。④

此可知释道安乃独立于世，艰苦卓绝，发挥佛陀精神，为其发展开辟新世纪之高僧也。这种发挥，就是他于大乘佛教般若学空宗所发挥出的精神境界。

释道安，姓卫氏，常山扶柳（今河北冀州）人，出生于儒学世家，七岁

---

① 《座右铭》，见《高僧传·支道林传》。

② 《与桓玄论州符求沙门名籍书》。

③ 孙绰：《喻道论》，见《高僧传·支道林传》。

④ 汤用彤：《汉魏两晋南北朝佛教史》，商务印书馆2015年版，第152页。

读书，览之能诵。十二岁出家，学习佛教理论。因其形貌甚陋，不为师之所重，使其驱役田舍。道安劳此三年，未曾有怨色。数岁之后，方向其师求经。师与《辩意经》一卷，五千言。道安携经入田，休息时即看，暮归，将经还师，又求其他经卷。经师说："昨经未读，今天怎么又求其他经卷?"道安回答："昨天之经，亦可背诵矣。"经师奇异未信，又给《成具光明经》一卷。道安携之如初，暮归又还经师。经师执经听其诵读，一字不差，大惊异。此事，可知道安神智聪敏也。后受戒，游学至邺（河北临彰县），遇见天竺佛图澄，非常赏识他，遂事佛图澄为师。不过，佛图澄"虽未读此土儒史，而与诸学士论辩疑滞，皆暗若符契，无能屈者"[1]；其为学也，"善诵神咒，能役使鬼神"[2]，颇多神道怪异之术。道安与之，接触到《般若》等大乘经典，但与之并未学到高深佛理。当时，虽然佛教经典已经传入，但学者多守闻见，未能真正理会经义。在道安看来，"宗匠虽邈，玄旨可寻"，因此，他的志向，乃在"穷究幽远，探微奥，令无生之理宣扬季末，使流遁之徒归向有本"。他虽在河北多次移居，颠沛流离，徒众数百，常宣法化，讲注不断，遇到过一些大乘经师，接触到许多大乘经典，如世高译的《安般守意经》《人本欲生经》《十二门经》等。但道安的大部分成就，是北方石虎死后，与弟子慧远等四百余人，移居湖北襄阳，复宣佛法，所取得的。《高僧传》记其这段时间的成就说：

> 初经出已久，而旧译时谬，致使深义隐没未通，每至讲说，唯叙大意转读而已。安穷览经典，钩深致远，其所注《般若道行》、《密迹》、《安般》诸经，并寻文比句，为起尽之义，乃析疑甄解，凡二十二卷。序致渊富，妙尽深旨，条贯既叙，文理会通，经义克明，自安始也。自汉魏迄晋，经来稍多，而传经之人，名字弗说，后人追寻，莫测年代。安乃总集名目，表其时人，诠品新旧，撰为《经录》，众经有据，实由其功。四方学士，竞往师之。[3]

道安在襄阳讲学的声望很高。晋孝武皇帝，承风钦德，遣使通问，曾诏

---

[1] 《佛图澄传》，《高僧传》卷九。
[2] 《晋书·佛图澄传》。
[3] 上引均见《高僧传·释道安传》。

曰："安法师器识伦通，风韵标朗，居道训俗，徽绩兼著。"当时，符坚闻道安之名，说"道安是神器"，欲致之辅佐他，派兵攻下襄阳后说："朕以十万之师取襄阳，唯得一人半。"有人问"谁耶？"符坚说："安公一人，习凿齿半人也。"习凿齿即世代荆楚豪族东汉襄阳侯习郁的后人，精通玄学、佛学、史学，著作《汉晋春秋》者。符坚视其为半个人，视道安为一个人，可知对道安的重视。道安虽为符坚所信敬，但并未得到重用。符坚率步骑六十万平江左，道安劝之不听，就是例子。

道安的主要功绩是注经、讲学、阐释佛经经典。他从河北避乱，南投襄阳时，行至新野，为教化广布，分遣弟子，各趣诸方，令竺法汰、竺法和①分别诣扬州、入蜀发展，自己与弟慧远等四百余人渡河去襄阳，已是弟子众多。在樊沔十五载，道安"德为物宗，学兼三藏，所制《僧尼轨范》、《佛法宪章》，条为三例：一曰行香定座上讲经上讲之法；二曰常日六时行道饮食唱时法；三曰布萨差使悔过等法。天下寺舍，遂则而从之"②，已是佛教界众望所归的宗教领袖矣。《高僧传》说道安卒于"晋太元十年，年七十二"。故其生平，应为公元313年至公元385年。

道安一生注经讲学。史书曾说，"晋元康中，有胡沙门支恭明译佛经《维摩》、《法华》、三《本起》等，微言隐义，未之能究。后有沙门常山卫道安性聪敏，日诵经万余言，研求幽旨。慨无师匠，独坐静室十二年，覃思构精，神悟妙赜，以前所出经，多有舛驳，乃正其乖谬"③。道安对于佛学的贡献，不仅在于神悟妙赜、驳其乖谬，更在于他注经讲学的卓绝独步释经精神。此乃有利于佛教中国化者也。习凿齿《与谢安书》，谈到道安率徒讲学，曾介绍说：

> 来此见释道安，故是远胜，非常道士。师徒数百，斋讲不倦。无变化会术可以惑常人之耳目，无重威大势可以整群小之参差，而师徒肃肃，自相尊敬，洋洋济济，乃是吾由来所未见。其人理怀简衷，多所博涉，内外群书，略皆遍观，阴阳算数，亦皆能通。佛经故最是所长，作义乃

---

① 竺法汰、竺法和，皆为佛图澄的著名弟子，佛图澄圆寂后，以师礼事道安。
② 以上所引，均见《高僧传·释道安传》。
③ 《魏书·释老志》。

似法兰、法祖辈，统以大无，不肯稍齐物等智，在方中驰骋也。①

道安注经讲学，不在于以变化之术惑人耳目，或以重威大势整齐群小之参差，而是师徒肃肃，自相尊敬，洋洋济济，会通义理，像于法兰、法祖大师一样，"统以大无，不肯稍齐物等智，在方中驰骋"。于法兰，高阳（河北蠡县）人，晋时高僧，一生研讽经典，以日兼夜，求法问道，必在众先。孙绰《道贤论》曾把他比作阮籍，说其论云"高尚妙迹，殆至人之流，阮步兵傲独不群，亦兰之俦也"；支道林曾赞其像云"于氏超世，综体玄旨，嘉遁山泽，驯洽虎兕"②。法祖，即帛远，法祖是其字，本姓万氏，河内（河南黄河以北地区）人，晋时高僧，曾译《惟逮》《弟子本起》《五部僧》等经，注《首楞严经》。孙绰《道贤论》曾把他比作嵇康，说"二贤并以俊迈之气，昧其图身之虑，栖心事外"③。道安注经讲学，像于法兰、法祖大师一样，"统以大无，不肯稍齐物等智，在方中驰骋"，即说其以形而上学"大无"最高本体统摄经学，精神高远驰骋，非同流俗，不肯稍同于物的浅薄知识。这一点，从道安注释《般若经》所作序言，就可以看出了。他说：

> 安般者，出入也。道之所寄，无往不因；德之所寓，无往不托。是故安般寄息以成守，四禅寓骸以成定也。寄息故有六阶之差，寓骸故有四级之别。阶差者，损之又损之，以至于无为。级别者，忘之又忘之，以至于无欲也。无为故无形而不因，无欲故无事而不适。无形而不因，故能开物。无事而不适，故能成务。成务者，即万有而自彼。开物者，使天下兼忘我也。彼我双废者，守于唯守也。故《修行经》以斯二法而成寂。得斯寂者，举足而大千震，挥手而日月扪，疾吹而铁围飞，微嘘而须弥舞。斯皆乘四禅之妙止，御六息之大辩者也。④

安般作为"道之所寄，无往不因；德之所寓，无往不托"的最高精神世界，要想寄息禅定成守，就要消灭一切等级差别，"损之又损之，以至于无

---

① 《出三藏记集·道安法师传》卷十五。
② 《于法兰传》，《高僧传》卷四。
③ 《法祖法师传》，《出三藏记集》卷十五。
④ 道安：《安般注序》，《出三藏记集》卷六。

为；忘之又忘之，以至于无欲"。在道安看来，"无为，故无形而不因；无欲，故无事而不适"；惟"无形而不因，故能开物；无事而不适，故能成务"。可知《般若》之道，亦并非空寂世界，而是可开物成务道体之存在。但开物成务之道，乃法则自然耳，不能受人欲干涉。故曰"成务者，即万有而自彼；开物者，使天下兼忘我也。彼我双废者，守于唯守也"。道安认为，这就是《修行经》所说成寂。如果得斯寂者，守法则自然，即可"举足而大千震，挥手而日月扪，疾吹而铁围飞，微嘘而须弥舞"。道安如此解释"执寂以御有，崇本以动末"，已与《易传》所讲至精至神、无思无为、"寂然不动，感而遂通"，能"通天下之志，成天下之务"的开物成务之道，没有什么差别了。可知，道安讲本体"大无"存在，讲"执寂以御有，崇本以动末"，亦像支道林讲"常无为而万物归宗，执大象而天下自往"一样，乃执大道本体之有无而行于天下。

　　大凡立教，于宇宙浩浩大化中，解决人的信仰问题，解决人安身立命及精神世界问题，就要有宗教哲学最高本体论，而且这种理论必须彻底，而不能有任何含糊、可是非处。惟此最高本体论存在彻底纯粹、至精至神、寂然不动，人感而遂通，才能诚之明之，明之诚之，以为主宰。这在大乘佛教中，就是"大哉智度！万圣资通，咸宗以成"①的存在，就是"般若波罗蜜者，成无上正，真道之根"②者。它如"地含日照，无法不周，不恃不处"③者，实际上就是中国文化《易》之为道的"大哉乾元！万物资始，保合大和，乃利贞"；"至哉坤元！万物资生，坤厚载物，德合无疆"④者也，就是《礼记》所说"天地之无不持载，无不覆帱"⑤者也。而其"非据真如，游法性，冥然无名也"⑥；或其"法身也，如也，真际也，佛之兴灭，绵绵常存，悠然无寄，故曰如也"⑦，就是《易》之"大哉乾乎！刚、健、中、正、纯、粹、精"⑧的存在。"据真如，游法性，冥然无名者，智度之奥室也"⑨，就是"道

---

① 道安：《道行经序》。
② 道安：《合放光光赞略解序》。
③ 《道行经序》。
④ 《周易·象上传》。
⑤ 《礼记·中庸》。
⑥ 《道行经序》。
⑦ 《合放光光赞略解序》。
⑧ 《周易·文言传》。
⑨ 《道行经序》。

者万物之奥"①；"行无细而不历，数无微而不极"②，就是"君子进德修业，知至至之，知终终之"的"言几""存义"③；而"真际者，无所著也，泊然不动，湛尔玄齐，无为也，无不为也"④，就是"道常无为，而无不为"⑤ 也。凡此可知，大乘般若佛教最高本体，虽曰真如，曰法身，曰"佛之绵绵常存，悠然无寄"存在，实乃中国文化大道本体无形无象、纯纯不已之存在也。而其讲"既外有名，亦病无形，两忘玄漠，块然无主，此智之纪也"；讲"陟者弥高而不能阶，涉者弥深而不能测，谋者虑不能规，寻者度不能尽，既杳冥矣，真可谓大业渊薮，妙矣者哉"⑥，也不过是《易传》所说"精义入神，以致用也；利用安身，以崇德也。过此以往，未之或知也；穷神知化，德之盛也"⑦ 而已。

佛教的根本精神，在于解脱，在于解脱人生之痛苦。因此，它视现世的一切，皆是不值得留恋的，要求放弃现世一切，超越自我，追求梵天，追求神圣的涅槃境界。此是佛教根本精神。如何看待这种精神，就构成了注经解经的要旨。道安注经讲学，自然也不外于此。他认为，人生的根本问题，在于痴愚，在于贪图情欲物欲的满足，因此，人若要想解脱，要想从痛苦中解脱出来，就要从"老死、生、有、取、爱、受、触、六入、名色、识、行、无明"的十二因缘中解脱出来，认识破解四谛：哭谛、集谛、灭谛、道谛的真义。这就是道安所说"《人本欲生经》者，照乎十二因缘而成四谛"。在他看来，人生之根本问题，在于痴于情爱，迷于生死，而不能看破，实现超越。故曰："本者，痴也。欲者，爱也。生者，生死也。"人能认识破解四谛真义，不再浪滞于过去、现在、未来的三世，冲破种种人生束缚与限制，就能"邪正则无往而不恬，止鉴则无往而不愉"；而能"无往而不愉，故能洞照旁通；无往而不恬，故能神变应会"，则"神变应会，洞照旁通"，达于"不言而化"的境界，就"得近泥洹"⑧ 矣。由此可知，道安乃是把"了本生死"，解脱人生痛苦，看作佛教第一义的。故曰："了，犹解也。本，则痴也，元也。"

---

① 《老子》第 62 章。
② 《道行经序》。
③ 《周易·文言传》。
④ 《合放光光赞略解序》。
⑤ 《老子》第 37 章。
⑥ 《道行经序》。
⑦ 《周易·系辞下传》。
⑧ 道安：《人本欲生经序》，《出三藏记集》卷六。

若能超越三界，了却生死，能像佛祖如来那样，"指举一隅，伸敷高旨，引兴幽赞"，则"美矣盛矣"①。它实际上，就是道家把人的生命看作"天地一指，万物一马"的存在，要人超越"方生方死，方死方生"的孤立断绝状态，打破"彼亦一是非，此亦一是非"的纠缠，像圣人一样，"和之以是非，而休乎天钧"②，追求大化流衍与天地为一体的生命精神。所以，道安解释佛教经典，虽然玄奥精微，但其根本精神，并未出中国文化哲学思想，仍是以中国文化根本精神为底蕴的。

　　道安注经讲学，不仅在宗教最高本体论上，在文化根本精神上，以中国文化为底蕴，而且讲宗教道德精神修养，也没有离开中国文化。例如其讲"世尊立教，法有三焉：一者戒律也，二者禅定也，三者智慧"③，即儒家文化曰"知止"④，道家文化讲"归根，守静笃"⑤也。其讲"夫有欲之激，百转千化，摇荡成教"⑥者，即《礼记》所说"欲恶者，心之大端也；人藏其心，不可测度也，欲一以穷之，舍礼何以哉"⑦；而其戒律讲"须臾不矜不庄，则伤戒之心入矣"⑧，亦即《礼记》所说"礼乐不可斯须去身，致乐以治心，则易直子谅之心油然生矣"；"心中斯须不和不乐，而鄙诈之心入之矣，外貌斯须不庄不敬，而易慢之心入之矣"⑨。即使讲"根立而道生，觉立而道成，莫不由十二门"的修行，也是道家"重为轻根，静为躁君；轻则失根，躁则失君"⑩之说；讲"圣人见强梁者不得其死，故训之以等"⑪，也不过是重复道家所讲"人之所教，我亦教之。强梁者，不得其死，吾将以为教父"⑫

---

① 道安：《了本生死经序》，《出三藏记集》卷六。
② 《庄子·齐物论》。
③ 道安：《比丘大戒序》，《出三藏记集》卷十一。
④ 《礼记·大学》曰："大学之道，在明明德，在亲民，在止于至善。知止而后有定，定而后能静，静而后能安，安而后能虑，虑而后能得。物有本末，事有终始，知所先后，则近道矣。"
⑤ 《老子》说："致虚极，守静笃。万物并作，吾以观复。夫物芸芸各复归其根。归根曰静，是谓复命；复命曰常，知常曰明。不知常，妄作凶。知常容，容乃公，公乃全，全乃天，天乃道，道乃久，没身不殆。"
⑥ 道安：《十法句义经序》，《出三藏记集》卷十。
⑦ 《礼记·礼运》。
⑧ 《比丘大戒序》。
⑨ 《礼记·乐记》。
⑩ 《老子》第 26 章。
⑪ 道安：《十二门经序》，《出三藏记集》卷六。
⑫ 《老子》第 42 章。

而已。罗什称道安为"东方圣人"①，不为过誉也。

道安与罗什的交往甚深。最初道安听说罗什在西国，就想与之共讲析。而罗什亦远闻道安学风，遥相礼之。但二人终未见面，道安死后十六年，罗什方至，"恨不相见，悲恨无极"。道安一生，与沙门僧伽提婆、昙摩难提、僧伽跋澄等，译经注经凡百余万言。不仅诠定音字，详核文旨，发挥佛教本体大义，更有一种独立于世、艰苦卓绝的精神。故孙绰为《名德沙门论》说："释道安博物多才，通经名理"；又赞其"飞声汧陇，驰名淮海"。

东晋时期，不仅大乘般若部空宗诸经及龙树宣扬空宗的《中论》传入盛行，而且弥勒瑜伽有宗也已经传入，如罗什译有《弥勒成佛》《弥勒下生》经；另外，从支道林曾作《弥勒赞》②，及凉时立檀溪寺，符坚曾遣使送结珠弥勒佛像一尊，道安每讲会法聚，"莫不肃焉尽敬矣"，亦可知当时不仅大乘般若空宗、龙树之学盛行，弥勒讲"自性清净心"的有宗也已经流行矣。这就给东晋之后的大乘佛教带来一个很大转变，即大乘佛教空宗转向有宗的发展。这是中华大乘佛教形成的一个重要关节。它的重要表现之一，就是罗什大乘有宗转向的阐释和僧肇呵色空以倡体用之学。现在先讲罗什大乘有宗转向的阐释，然后再讲僧肇呵色空以倡体用之学。

四 罗什大乘空宗的中道转向

鸠摩罗什，天竺人。罗什为名僧，影响所致，道流西域，名振诸国。建元十八年（382）符坚派兵伐龟兹时，罗什为骁骑将军吕光所获，姚兴弘始三年（401）迎至长安。罗什还在西域时，道安先闻罗什在西国讲析，每劝符坚取之。江苏南京龙光寺道生法师解经慧解入微，玄构文外，每恐言舛，入关请决。罗什入关，庐山慧远闻之，即致书通好，彼此书信往来，探讨切磋经义③。罗什译经之多，当时少有。所译既有大乘般若空宗教典，如《大品般若》《金刚》《十住》《法华》《维摩》等经，亦有大乘有宗经典，如前边提到的《弥勒成佛经》《弥勒下生经》等。罗什不仅译经释经，更有道恒、僧标、僧睿、僧敦、僧弼、僧肇等一班子弟追随传经布道。凡此，可知罗什于当时

① 《高僧传·释道安传》。
② 见《全晋文》卷一百五十七。
③ 《高僧传·释慧远传》。

佛教学术界声望之高也，亦其在华影响大乘佛教发展者也。

罗什佛学之路，是经过研核、探索、比较，由小乘佛教走向大乘佛教的。他最初无疑是追随过小乘佛教的。这从《高僧传》所记可以看出：

> 时有莎车王子、参军王子兄弟二人，委国请从，而为沙门。兄字须利耶跋陀，弟字须耶利苏摩。苏摩才伎绝伦，专以大乘为化，其兄及诸学者，皆共师焉。什亦宗而奉之，亲好弥至。苏摩后为什说《阿耨达经》，什闻阴界诸入，皆空无相，怪而问曰："此经更有何义，而皆破坏诸法。"答曰："眼等诸法非真实有。"什既执有眼根，彼据因成无实，于是研核大小，往复移时。什方知理有所归，遂专务方等。乃叹曰："吾昔学小乘，如人不识金，以鍮石为妙。"因广求义要，受诵《中》、《百》二《论》，及《十二门》等。

这就是说，罗什到沙勒国，遇到须耶利苏摩，听其讲《阿耨达经》，才改变昔日所学小乘，追求大乘佛教的，在此之前，则主要是习小乘有部经典的。《阿耨达经》，即西晋时竺法护所译的《弘道广显三昧经》，讲阴界诸入，皆空无相的。罗什听讲此经，所以改信大乘佛教，就是因为它所讲的"眼等诸法非真实有"，即眼之所见，未必都是真实的。罗什据此反复验证，认为是真理的，理有所归，因而改信大乘佛教，并且感叹自己"昔学小乘，如人不识金，以鍮石为妙"，因而广求义要，接受了龙树《中论》《十二门论》及提婆《百论》等著作，追求大乘佛教思想的。而且从此之后，卑视小乘，对大乘佛教坚信不疑。据说，罗什于龟兹得《放光经》，披读时有魔鬼来遮蔽其文，又闻空中声说："汝是智人，何用读此？"罗什曰："汝是小魔，宜时速去，我心如地，不可转也。"这虽带有神话性质，但也可知罗什信奉大乘佛教之心坚。

还有一件事，就是罗什在龟兹时，遇到小乘佛教之师盘头达多。他们之间，有一次大小乘佛理的辩驳，也颇能说明罗什对大乘佛教之坚信：

> 什得师至，欣遂本怀，即为师说《德女问经》，多明因缘空假。师谓什曰："汝于大乘见何异相，而欲尚之？"什曰："大乘深净，明有法皆空，小乘偏局，多滞名相。"师曰："汝说一切皆空，甚可畏也！安舍有法而爱空乎？如昔狂人，令绩师绩线，极令细好，绩师加意，细若微尘，

狂人犹恨其粗，绩师大怒，乃指空示曰：'此是细缕。'狂人曰：'何以不见？'师曰：'此缕极细，我工之良匠，犹且不见，况他人耶？'狂人大喜，以付织师，师亦效焉。皆蒙上赏，而实无物。汝之空法，亦由此也。"什乃连类而陈之，往复苦至，经一月余日，方乃信服。师叹曰："师不能达，反启其志，验于今矣。"于是礼什为师，言"和上是我大乘师，我是和上小乘师矣。"

罗什无疑是大乘空宗的信奉者。但小乘法师盘头达多提醒罗什"一切皆空，甚可畏也！安舍有法而爱空乎？"也不能不使人思考大乘佛教空宗本体论的人生价值与意义问题。如果宇宙万物本体，只是不生不灭、永恒常住的空寂存在，那它不仅不能成为宇宙万物本体，而且也毁掉了宗教哲学最高价值论，使人的信仰归于洪荒死寂宇宙而无任何挂靠，那么，这种宗教信仰与追求，就失去了人生的价值与意义。追求"舍有法而爱空"的宗教本体论存在，自然是非常可怕的。故曰"甚可畏也！"这对一个有精神追求的大师来说，不能不重新思考固有的宗教哲学本体论问题，因而产生新的追求，就不足为奇了。《高僧传》谈到罗什这种新的追求时说：

> 什雅好大乘，志在敷广，尝叹曰"吾若着笔作《大乘阿毗昙》，非迦旃延子比也。今在秦地，深识者寡，折翮于此，将何所论"乃凄然而止。唯为兴着《实相论》二卷，并注《维摩》，出言成章，无所删改，辞喻婉约，莫非渊奥。①

《阿毗昙》原属一切有部小乘佛教的教典，它盛于罽宾（即印度西北迦湿弥罗）。但其所讲，乃一切有部佛教发智论的根本道理。故又称《阿毗昙·发智论》。罗什于沙勒国时，曾诵《阿毗昙》，于《十门》《修智》诸品，无所谘受，备达其妙。而在秦地的他，却要著作《大乘阿毗昙》，此书自然是非迦旃延《发智论》可比的。罗什这个愿望虽未实现，但为姚兴所著《实相论》二卷，书虽不存，但从书名，亦可见其后期宗教哲学理想追求，即转向龙树、提婆"三论"的中道思想，而非一味地追求空寂虚无的存在。

---

① 上引均见《高僧传·鸠摩罗什传》。

罗什的佛学成就，汤用彤先生曾将其归纳为四点：一曰什公确最重《般若》三论之学也；二曰什公深斥小乘一切有之说也；三曰至什公而无我义始大明也；四曰罗什之学主毕竟空也。① 此乃汤先生对罗什一生学术成就的评判。但若仅就罗什宗教哲学本体论追求而言，则是他后期吸取小乘有宗见解的大乘佛教中道转向。这种转向，虽表现在后期，但其精神追求，则是贯穿于罗什一生的：他从小乘有宗转向大乘空宗，又从大乘空宗的"一切皆空"的"甚可畏"性，试图著作有宗的《大乘阿毗昙》。此亦是姚兴灭后凉，引诸沙门于澄玄堂，亲自听鸠摩罗什演说佛经，用华语与罗什通辩，探讨"新文异旧者，皆会于理义"② 者也。

那么，这种转向的宗教哲学本质是什么？意义何在呢？它集中到一点，就是以何种本体立教问题。人的信仰，只能建立在真实无妄之理的基础上。不管将宗教本体论为何种存在，提升到怎样高度，是有还是无，是至精至神者，还是不生不灭者，它都必须是真实无妄之理的存在，而不能是空寂的、死灭的、毫无意义的。这是一切立教者必须考虑的，也是作为佛教大师的罗什所要考虑的。罗什正是从这一点出发，思考追求大乘佛教应以何种存在为最高本体论的。虽然罗什试图著作的《大乘阿毗昙》没有实现，为姚兴所著《实相论》也不存，然从《维摩经注》及集罗什和慧远问答的《大乘义章》等著作中，仍可看到罗什的这种宗教哲学转向。

罗什在龟兹接受须耶利苏摩说《阿耨达经》后，无疑是相信大乘佛教空宗的；特别是广求佛义，受诵《中论》《十二门》及《百论》等经后，其为佛学思想，基本上是沿着龙树大乘空宗思想发展的。但是罗什经战争苦难的磨砺后，特别是来华进入长安大寺讲说新经，不能不使他重新思考许多大乘宗教佛理。例如与沙门慧睿讨论西域佛教辞体，商略同异，讲"天竺国俗，甚重文制。凡觐国王，必有赞德，见佛之仪，以歌叹为贵，经中偈颂，皆其式也。改梵为秦，虽得大意，殊隔文体，有似嚼饭与人，非徒失味，乃令呕哕也"。这不能不使罗什感到当时的译经缺乏情趣与意义，因而陷入一种悲哀孤独之感，是可以理解的。故其作颂，赠沙门法和大师说："心山育明德，流薰万由延。哀鸾孤桐上，清音彻九天。"③ 再如姚兴托意九经，游心十二，著

---

① 《汉魏两晋南北朝佛教史》，第 252～258 页。

② 《晋书·姚兴传上》。

③ 《高僧传·鸠摩罗什传》。

《通三世论》，讲究因果，涉及"三世或有或无，莫道所定"①，而咨询罗什，不能不使其思考与此有关的宗教哲学本体论问题。罗什虽然承认三世说"若无过去未来，则非通理，经法所不许"，并且学问不应有漏洞，有讲不通的地方，而"学人若在有漏心中，则不应名为圣人"，但他又依佛法十二因缘，认为"若先已定有，则无所待有"，而且这样看待，"不名从缘而生"的道理。因此，他给出了一个"有无之说，惟时所宜耳"②的结论。这个结论，实际上已经否定了三世说。罗什入关之后，思想上对大乘空宗本体能否建立信仰，寄托心灵存在，已经引起了怀疑。他答慧远书，遗偈一章讲"既已舍染乐，心得善摄不？若得不弥散，深入实相不。毕竟空相中，其心无所乐。若悦禅智慧，是法性无照。虚诳等无实，亦非停心处，仁者所得法，幸愿示其要"③，就已经说明了这个问题，即一切皆空不能给人带来快乐，亦不能使心灵得到寄托。正是罗什对大乘空宗本体之说有此看法，所以他与慧远讨论这种存在时，才会把它看成戏论，说"法相义者，无有无等戏论，寂灭相故"④。其他像讲"有无非中，于实为边也"⑤；"摩诃衍法，虽说色等至微尘中空，心心数法至心中空，亦不坠灭中。所以者何？但为破颠倒邪见，故说不是诸法实相也"⑥ 等，皆是否定空宗无实相之说的。

从前面小乘法师盘头达多所讲"眼等诸法非真实有"及"此缕极细"之说，而罗什"连类而陈之"，"方乃信服"，也可知罗什当时所信奉大乘空宗所谓"空"者，乃指知觉不能实证者，尚非指不生不灭、永恒常住的空寂存在。这就使罗什佛学一开始就不同于大乘般若空寂无物的世界观。但他所怀疑大乘空宗存在，向"有"的存在靠拢，但亦非《瑜伽师地论》大乘有宗，而是龙树、提婆所讲中道佛学。故说"言有而不有，言无而不无"⑦。在罗什看来，佛学本体的空，并非无物，并非绝对的空寂，而是由缘生之"有"，提升为"无"的存在。它虽曰"无"，曰"空"，然其仍为本质"有"存在。故曰"本言空以遣有，非有去而存空"。若要去掉缘生"有"的一切存在，无

---

① 姚兴：《通三世论——谘什法师》，见石峻等所作《中国佛教思想资料选编》第 1 卷，中华书局 1981 年出版，第 134 页。
② 罗什：《答姚兴通三世论书》，见《广弘明集》卷二十一。
③ 《高僧传·慧远传》。
④ 《问法身感应并答》，《大乘义章》卷中。
⑤ 《维摩经注》卷二。
⑥ 《分破空并答》，《大乘义章》卷下。
⑦ 《维摩经注》卷二。

此"有"的本质，只是一味地讲"空"，那也就不是大乘佛教空宗本体"空"了。故曰"若有去而存空，非空之谓也"①。不难看出，罗什所讲，实乃是中国道家所讲"为学日益，为道日损，损之又损，以至于无为"②；"荃者所以在鱼，得鱼而忘荃；蹄者所以在兔，得兔而忘蹄；言者所以在意，得意而妄言"③ 之意也。

罗什之学，讲"若有去而存空"，并非去掉缘生之"有"的一切存在，变为绝对的空。那么，他所说"有而不有，无而不无"思想，作为宇宙万物终极存在的，是否同于实相本体呢？也不尽是。罗什是由"法无定相，相由感生，即谓法无自性，缘感而起"④，推论宇宙本体存在的。他认为，宇宙本体，是不可定相的；若"于法相上执有定相，乃持法有自性之张本也"；"宇宙本体并非空无，然执人心所取之相，以之为物，则直蹈空"，就是于实相外，别立自性矣。那样讲宇宙本体，则是离实体而讲有外象也。若是这样，则如执镜中花，水中月矣。在罗什看来，宇宙之实相，本无相可得；宇宙之本体，非别有实体，而是无形无象存在。故曰"无本"⑤。可知罗什大乘佛教有宗转向，实乃道家"以无有为有"⑥ 者也。他所说没有实相本体，亦即道家"绳绳不可名，复归于无物"；"大器晚成，大音希声；大象无形，道隐无名"⑦ 存在。可知罗什大乘有宗转向，实乃适应中国文化，向道家"玄之又玄，众妙之门"发展。其为大乘空宗，亦彼时之空；其为有宗，亦非实相之有，而乃"微妙玄通，深不可识"之存在。这样讲，虽然终落"一切法无生无灭，断言语道，灭诸心行，同泥洹相"⑧，但这就像儒家讲"知止""慎独"⑨"收放心"⑩，或道家讲至人"归精神乎无始而甘冥乎无何有之乡"⑪ 一

---

① 《维摩经注》卷三。
② 《老子》第48章。
③ 《庄子·外物篇》。
④ 《维摩经注》卷六。
⑤ 《维摩经注》卷六。
⑥ 《庄子·齐物论》。
⑦ 《老子》第14、41章。
⑧ 《问四相并答》，《大乘义章》卷中。
⑨ 《礼记·大学》："大学之道，在明明德，在亲民，在止于至善。知止而后有定，定而后能静，静而后能安，安而后能虑，虑而后能得。物有本末，事有终始，知所先后，则近道矣"；《礼记·中庸》曰："君子戒慎乎其所不睹，恐惧乎其所不闻，莫见乎隐，莫显乎微，故君子慎其独也。"
⑩ 《孟子·告子上》："学问之道无他，求其放心而已矣。"
⑪ 《庄子·列御寇》。

样，不过是讲心灵有个寄托处罢了。可知罗什译经释经，适应华夏文化，阐释大乘教理转向，虽然仍停留在大乘空宗，然其本体存在，已不是空寂灭绝存在，而是归宗中国大道哲学无形无象本体论矣。故僧肇赞其师罗什曰："心游大觉之门，形镇万化之上，外扬羲和之风，内盛弘法之术，道契神交，屈为形授"；"融冶常道，尽重玄之妙，开邪悟俗，穷名教之美。"① 虽然罗什著作大部分不传，但是所译大乘经典及小乘《毗昙》《成实论》等，则影响了中华大乘佛教空有二宗的发展。

僧肇乃罗什之大弟子。罗什发挥龙树《中论》《十二门》《大智慧论》及提婆《百论》大乘空宗之中道思想，主要由僧肇所继承发挥的。这就是僧肇的呵色空，以倡即体即用之学。

五　僧肇呵色空以倡即体即用

宗教建立信仰，最可信赖的是真理，而非表象。但是，面对着驰骛不息、变动不居的世界，何者是静而不动者，何者是静而实动者？它是物动，还是心动？那驰骛不息、变动不居世界背后的存在又是什么呢？它是真实存在，还是主观设定？面对着万象纷纭、芜杂不纯的世界，何者是真相，何者是假象？何者是纯粹存在，何者是虚假现象？何者是至真至纯者，何者是虚而妄者？人对这个世界的认识，何者是真知，何者是假于物而知者？那万物万象背后，无形无象存在又是什么？是"无"还是"有"？是无法实证的虚假设定，还是无形无象、实有是理的存在？它存在吗？值得信赖吗？能够建立性命之理，可以安息心灵吗？凡此种种问题，皆是立教化世者必须考虑的，而且是必须具有大智慧！罗什之后，思考这些问题最多并具有此大智慧者，就非僧肇法师莫属了。

释僧肇，京兆（今陕西省西安市）人，俗姓张氏，生于东晋孝武帝太元九年（384），卒于安帝义熙十年（414），在世仅 31 年，然其才华独映当时，思辩堪比庄周。故《高僧传》说其"才思幽玄，承机挫锐，曾不流滞"。僧肇家贫，以佣书为业，遂因缮写，历观经史，备尽坟籍。他志好玄微，每以《庄》《老》为心要，尝读《老子道德章》叹曰："美则美矣，然期栖神冥累

---

① 《鸠摩罗什法师诔》并序，《广弘明集》卷二十六。

之方，犹未尽善也。"后见《旧维摩经》，欢喜顶受，披寻玩味，乃始知所归。可知《维摩经》对他的影响。僧肇特崇拜罗什。罗什尚在姑臧（又称"盖臧"，在今河西走廊）时，僧肇就远去学习，罗什来长安，僧肇亦随之。后来，僧肇与僧睿等一块儿进入逍遥园译经。当时，罗什法师于大石寺出新至诸经，禅师于瓦宫寺教习禅道，三藏法师于中寺出《律藏》，毗婆沙法师于石羊寺出《舍利弗阿毗昙》。僧肇听讲这些佛经时，或法藏渊旷，日有异闻，或邑邑肃肃，感到欣乐，或精悉本末，若睹初制，或时问中事，义觉奇新，皆有很大收获感悟。僧肇谈到这段时间听经译经时说："贫道一生，猥参嘉运，遇兹盛化，自恨不睹释迦祇洹之集。"特别是跟随罗什法师翻译《维摩经》，及参与注释此经，他"参承之暇，辄复条记成言，以为注解，辞虽不文，然义承有本"①，对他著作《不真空论》《物不迁论》《般若无知论》等篇，在宗教哲学思想上是很有影响的。罗什之亡后，追悼永往，翘思弥厉，僧肇著作《涅槃无名论》，体现了他对罗什宗教神学思想的怀念与追忆。

僧肇的著作，除《不真空论》《物不迁论》《般若无知论》《涅槃无名论》，还有《答刘遗民书》《维摩经序》《长阿含经序》《百论序》及其参与编著的《注维摩诘所说经》，即《注维摩诘》。这些论著，皆可见于《高僧传》及《出三藏记集》。能反映僧肇宗教哲学思想的，主要是这些著作。其中，合前四论为《肇论》一书，僧慧达为之序，冠以《宗本义》，汤用彤先生说"不知始于何时。旧录仅载四论，而《宗本义》未著录，殊可致疑"②。但旧录《肇论序》题"小招寺沙门慧达作"。招提寺有大小之别：大招提是梁时造，小招提是晋时造。慧达法师为小招提寺沙门，应为陈时僧人。其讲"通序长安释僧肇法师所作《宗本》《物不迁》等四论"③，可知《宗本义》当时已存在。然慧达序不善文体，多有不高明处，仍不可确认《宗本义》为僧肇所作，或为编《肇论》者所综述，亦未可知。另外，据陆澄《目录》载有《无名论》。据《上秦王表》所说，此论为僧肇于什公死后，因见秦王姚兴答姚嵩之书而作。论托于无名与有名者问答，有九折十演，成《涅槃无名论九折十演论》。此作词力浮薄，后人多认为寄名乌有，汤用彤先生亦认为"颇有

---

① 上引均见《高僧传·释僧肇传》。

② 《汉魏两晋南北朝佛教史》，第264页。

③ 僧慧达：《肇论序》，《佛藏要籍选刊》第11册，上海古籍出版社1994年版。

疑点"①。但此论为"四论"之一，皆为《肇论》旧录所载，僧肇本传所述，因此，它即使或有后人铺叙折中者，然其讲述作此论理由的《上秦王表》，及《九折十演》所论，有些内容，似亦不可完全否定。至于《宝藏论》，《出三藏记集》《历代三宝记》《大唐内典录》《开元释教录》《隋书·经籍志》《旧唐书·经籍志》《新唐书·艺文志》均未载，至宋代郑樵《通志·艺文略》及《宋史·艺文志》始才列入，后人多视为伪托。本章论述僧肇宗教哲学思想及其佛教华夏化之影响，主要以《不真空论》《物不迁论》《般若无知论》《涅槃无名论》《答刘遗民书》及《维摩经序》《长阿含经序》《百论序》《注维摩诘所说经》为依据。

僧肇所论的根本思想是什么？或者说，什么是僧肇最为关心的宗教哲学根本问题呢？罗什曾说："解空第一，肇公其人。"②《宗本义》讲把《肇论》的根本思想归结为"本无"，即诸法性空，性空为实相，故曰"本无"。无，即是空。"本无"，即是罗什所说的"解空"。这就是说，僧肇所论的根本思想为"解空"或"本无"。这个"空"或"无"，非空寂虚无之谓也，而是诸法实相，即罗什所说"真如"存在。它源于"一切诸法，缘会而生"；所生无自性，故曰"性常自空"。性空即法性，即实相，即无相之相，即本无。故曰："本无、实相、法性、性空、缘会，一义耳。"③ 僧肇的整个宗教哲学思想，不论是做《不真空论》《物不迁论》，还是做《般若无知论》《涅槃无名论》，皆是讲诸法实相的，即讲无相之相、法性、法身、真如的存在，以此为大乘佛教之真义，建立起宗教信仰信念，发展起具有高度智慧的精神世界。

这样讲大抵不错，但还需要解释。我们知道，魏晋南北朝时期，不论是玄学，还是般若学，皆是讲"本无"、崇尚"本无"，以"无"为贵的。但当时的"本无"或"无"的范畴概念，主要是在体用上讲的，即以无为本，以有为末，所讲无非是以无为贵，以有为末事。当时的佛教般若学，六家七宗或七宗十二家④，无不讲究这一问题，而且说法各异。僧肇所论，在于破其所

---

① 《汉魏两晋南北朝佛教史》，第 264 页。
② 僧慧达：《肇论序》，《佛藏要籍选刊》第 11 册，上海古籍出版社 1994 年版。
③ 《肇论·宗本义》。
④ 刘宋时，释昙济做《六家七宗论》，有六家七宗之分：第一本无宗，第二本无异宗（即本无玄妙宗），第三即色宗，第四识含宗，第五幻化宗，第六心无宗，第七缘会宗。六家：第一家以理实无有为空，第二家以色性是空为空，第三家以离缘无心为空，第四家以心从缘生为空，第五家以邪见所计心空为空，第六家以色色所之物实空为空。前有六家，后有六家，合为十二家也。此慧达法师做《肇论序》所说"或六家七宗，爰延十二"。

说，给予新的解释。怎么破，怎么解释呢？汤用彤先生说：

> 僧肇悟发天真，早玩《庄》《老》，晚从罗什。所作《物不迁》《不真空》及《般若无知》三论，融会中印之义理，于体用问题有深切之证知，而以极优美极有力之文字表达其义，故为中华哲学文字最有价值之著作也。
>
> 肇公之学说，一言以蔽之曰：即体即用。其所著诸论中，当以《物不迁论》为最重要。论云："必求静于诸动，不释动以求静。"又言："静而常往，往而常静。"均主即动即静。①

这就是说，僧肇破六家七宗之异说，给予新的解释，主要还是从中国文化哲学出发的，是体悟老庄哲学，有了深切证知，得到启示，"以极优美极有力之文字表达其义"，而做《物不迁论》《不真空论》及《般若无知论》的，因此可以说，《肇论》之作，乃是大乘佛教中国化之理论解释和极优美极有力文字之表达。故曰"为中华哲学文字最有价值之著作也"。而其讲"肇公之学说，一言以蔽之曰：即体即用"，亦即是《肇论》根本思想，宗教哲学体用问题。

那么，为什么僧肇"所著诸论中，当以《物不迁论》为最重要"呢？因为这牵涉外部世界如何存在及其变化流转的真理性问题。《物不迁论》之作，就是为解决这一问题，寻求永恒不变宗教真理的，故其最为重要。僧肇说："夫生死交谢，寒暑迭迁，有物流动，人之常情。"然他"则谓之不然"。为什么呢？外部世界究竟是一种怎样的真实存在呢？它的存在表现为一种怎样的真理性呢？僧肇引《放光经》所说"法无去来，无动转"之言，认为"寻夫不动者"，不能"释动以求静，必求静于诸动"。在他看来，"必求静于诸动，故虽动而常静；不释动以求静，故虽静而不离动"。因此他认为，"动静未始异"，只是"惑者不同"而已。既然"动静未始异"，为何还要讲究这个问题呢？因为它牵涉世俗的真理与宗教真理以及究竟哪个真理更可信赖的问题："夫谈真则逆俗，顺俗则违真；违真则迷性而莫返，逆俗故言淡而无味。"不明白宗教的纯粹真理，不懂得"旋风偃岳而常静，江河竞注而不流，野马

---

① 《汉魏两晋南北朝佛教史》，第267页。

飘鼓而不动，日月历天而不周"者，不懂得"若动而静，似去而留，可以神会，难以事求"的形而上学存在，不知往来存亡之变，有"言常而不住，称去而不迁"的存在，总是在外部世界变化面前，而不能自已，"聊复寄心于动静之际，岂曰必然？"哪里懂得大乘佛教纯粹真理呢？这就是僧肇引《道行》所说"诸法本无所从来，去亦无所至"及《摩诃衍论》云"诸法不动，无去来处"等经，所讲"言常而不住，称去而不迁"；"即动而求静，以知物不迁"的道理。僧肇说："不迁故虽往而常静；不住故虽静而常往。虽静而常往，故往而不迁。"这在社会历史运演面前，其为真理就是："言往不必往，古今常存，以其不动；称去不必去，谓不从今至古，以其不来。不来，故不驰骋于古今；不动，故各性住于一世。"① 若曾用一句话表示就是："驰骋古今性住于一世，往来常存心留乎不去。"这就是《物不迁论》所告诉人的大乘宗教真理：追求往来变化之"不去"者，于此处寄托心灵、信仰与精神世界。明末憨山大师曾讲："予少读《肇论》，于'不迁'之旨，茫无归宿，每以'旋岚'等四句致疑。后有省处，则信知肇公深悟实相者。及阅《华严大疏》，至《问明品》'譬如河中水，湍流竞奔逝'，清凉大师，引肇公《不迁偈》证之，盖推其所见，妙契佛义也。"②

　　僧肇认为，"宗极绝于称谓"③，宗教哲学最高本体存在，本来就是无形无象，不可言谈的，而立教宣传其形而上学的真理性，就更需要一种领悟精神。佛教传入，人们对其穷玄极寂的本体存在及其真理性的领悟，有各种各样的看法与判断，是很自然的事。这就是当时的判教及其所形成的"六家七宗"。但这些看法与判断，未必都是正确的，特别是对它的最高本体论存在及其真理性的看法与判断，存在着各种偏差，甚至存在乖离本体教义的地方。因此，纠正这种偏差与乖离，乃是当时大乘佛教在华传播的大问题。僧肇作论，一个极为重要的批判性任务，就是纠正当时判教的偏差与乖离。这就是他在《不真空论》所提出的破除心无、即色、本无三家之说的滞而不通者。僧肇认为，大乘佛教"夫至虚无生者，盖是般若玄鉴之妙趣，有物之宗极者也"。在他看来，这种玄鉴宗极存在及其妙趣，是非圣明特达，不能"能契神

① 上引《肇论·物不迁论》。
② 〔明〕僧憨山法师《物不迁论》跋，《憨山老人梦游集·题跋》，北京图书馆出版社 2005 年版。
③ 《长阿含经》序，《出三藏记集》卷九。

于有无之间"的。若不能心通神于无穷而不滞，极耳目于视听，就会使物累神明，不能像圣人那样"乘真心而理顺，无滞而不通"。因此，所观察到的宇宙万象，就是不真实的，就会陷入"知象非真象"。知象非真象，就不能"物我同根，是非一气，潜微幽隐"，进入"玄鉴之妙趣，有物之宗极"的世界。因此，他破除三家而批评说：

> 至于虚宗，每有不同。夫以不同而适同，有何物而可同哉！故众竞作，而性莫同焉。何则？心无者，无心于万物，万物未尝无，此得在于神静，失在于物虚。
>
> 即色者，明色不自色，故虽色而未色也。夫言色者，但当色即色，岂待色色而后为色哉？此直语色不自色，未领色之非色也。
>
> 本无者，情尚于无多，触言以宾无。故非有，有即无；非无，无即无。寻夫立文之本旨者，直以非有非真有，非无非真无耳！何必非有无此有，非无无彼无？此直好无之谈，岂谓顺通事实即物之情哉？
>
> 夫以物物于物，则所物而可物；以物物非物，故虽物而非物。是以物不即名而就实，名不即物而履真，然则真谛独静于名教之外，岂曰文言之能辩哉！

在僧肇看来，不论是心无家"无心于万物，万物未尝无"，还是即色家"明色不自色，故虽色而未色"，本无家"情尚于无多，触言以宾无"，虽有所得，但皆没有揭示外部世界的真谛存在，皆是"物不即名而就实，名不即物而履真"的说法。既非真谛存在，"真谛独静于名教之外"，何以能立教，建立信仰信念，支撑起人的精神世界？僧肇根据《摩诃衍论》所说"诸法亦非有相，亦非无相"；《中论》所说"诸法不有不无者，第一真谛也"，认为寻夫不有不无者，不能涤除万物，杜塞视听，寂寥虚豁，然后谓"真谛"，就会陷入"物非真，物物非物"的境地。因此，僧肇根据《经》云"色之性空，非色败空"之说，认为"夫圣人之于物也，即万物之自虚，岂待宰割以求通哉？"因而呵色空之言，亦破心无、本无之说。"万物之自虚"，即非本体之真实也。故僧肇说："惟圣人之于物也，以其即物之虚，不假虚而虚物也。"僧肇根据《放光经》所说"第一真谛无成无得，世俗谛故便有成有得"，认为"有得即是无得之伪号，无得即是有得之真名。真名，故虽真而非有；伪号，故虽伪而非无。是以言真未尝有，言伪未尝无。二言未始一，二理未始殊"。最后得出结论：《经》云"真谛俗谛，谓有异邪。答曰：无异也"①。它实际上乃是以"万物之自虚"为主旨，统一真俗二谛，要人像以圣人那样，以"万物之自虚，不假而虚物"，即有即无，即体即用，"乘千化而不变，履万惑而常通"，为大乘体用如之妙谛也。此实乃庄子"恢恑憰怪，道通为一"② 之说也。在僧肇看来，若能像圣人那样，即有即无，即体即用，"触事而真""立处即真"③，契神于有无之间，离圣人之道也就不远了。此真俗二谛统一之论，实乃阐释佛教至极本体不超乎现象之外，宇宙万物存在亦不离真际之理。在僧肇看来，这种圣道真理性，体之则神，方是般若玄鉴妙趣所在，方是物之宗极真际立教处。僧肇此论，实际上，乃是以体用之学把佛教穷玄极寂本体存在及其真理性，落实到"触事而真""立处即真"上，它自觉或不自觉地为后来人间佛之建立提供了宗教哲学依据，同时也使印度大乘般若佛教转向非空寂的中华大乘佛教矣。

僧肇所论，并非仅为破心无、即色、本无三家之说，实乃针对"六家七宗"乖本离实之偏颇。故曰"夫般若虚玄者，盖是三乘之宗极也。诚真一之无差，然异端之论，纷然久矣"。僧肇针对"异端之论，纷然久矣"，乃著《般若无知论》。此论乃据《放光经》所说"般若无所有相，无生灭相"；《道行经》所说"般若无所知，无所见"，以辨智照之用，而讲"无相之知"，讲"圣人虚其心而实其照，终日知而未尝知"，阐明"圣心无所知，无所不知"，说明圣人无知无虑，而"智有穷幽之鉴，神有应会之用，能独王于世表，玄照于事外"的超越性形上知照能力。这就是"以圣人无知之般若，照彼无相之真谛"。故无知者，无所不知也。有此真谛，故其"用即寂，寂即用，用寂体一，同出而异名，更无无用之寂，而主于用也"。此乃僧肇作《般若无知论》，假致疑难，以导深旨，讲体用一如，静动相即之义。僧肇不仅在"触事而真""立处即真"处，讲即有即无，即体即用，更像罗什那样，"独拔于言象之表，妙契于希夷之境"，在形而上学高度，讲"用即寂，寂即用，用寂体一"④ 的般若大智慧。这种大智慧，也就是他在编注《维摩诘所说经》所说

---

① 上引《肇论·不真空论》。
② 《庄子·齐物论》。
③ 《肇论·不真空论》。
④ 上引《肇论·般若无名论》。

的"超群数之表，绝有心之境，渺莽无为而无不为，罔知所以然而能然者"①的穷微尽化境界。

僧肇虽然关心最高本体论存在及其真理性问题，关心"恢恑憰怪，道通为一"的本体真如妙谛存在，但就其宗教哲学本体智慧而言，乃在于《般若无知论》所阐述的"用即寂，寂即用，用寂体一"的大智慧。故他在答复刘遗民来信所问"圣心冥寂，理极同无"及"究灵极数，妙尽冥符，则寂照之名，故是定慧之体"一类问题时，反复强调一种"圣智无知而无所不知，无为而无所不为"的无言无相"寂灭之道"：

圣心虚微，妙绝常境，感无不应，会无不通，冥机潜运，其用不勤，群数之应，亦何为而息邪？且夫心之有也，以其有有，有不自有，故圣心不有有。不有有，故有无有。有无有故，则无无。无无故，圣心不有不无。不有不无，其神乃虚。何者？夫有也无也，心之影响也；言也象也，影响之所攀缘也。有无既废，则心无影响；影响既沦，则言象莫测。言象莫测，则道绝群方。道绝群方，故能穷灵极数。穷灵极数，乃曰妙尽。妙尽之道，本乎无寄。夫无寄在乎冥寂，冥寂故虚以通之；妙尽存乎极数，极数故数以应之。数以应之，故动与事会；虚以通之，故道超名外。道超名外，因谓之无；动与事会，因谓之有。因谓之有者，应非真有，强谓之然耳，彼何然哉？故经云：圣智无知而无所不知，无为而无所不为。此无言无相，寂灭之道，岂曰有而为有，无而为无，动而乖静，静而废用邪？②

此讲"有无既废，则心无影响"的圣人之思，实乃指圣人超乎物象的形而上学思维。因此超越性思维能道绝群方，穷灵极数，妙尽有无，本乎无寄，不依赖于所攀援物象，所以圣人才能虚以通之，妙尽极数，"无知而无所不知，无为而无所不为"。由此可以看出，有的学者把其《答刘遗民书》看作《般若无知论》的组成部分，也就不难理解了。

僧肇不仅关心立教的玄极本体存在及其真理性问题，更对人生终极关怀问题，深为思考。他随着老师罗什去世，思之更深。这就是他在罗什去世后，

---

① 《注维摩诘经序》，《出三藏记集》卷八。
② 《肇论·答刘遗民书》。

写作《涅槃无名论》的原因。当时佛学家，不仅在玄极本体存在及其真理性的本体论、知识论上，存在着"六家七宗"乖本离实偏颇，而且在通向大乘佛教涅槃之道的第一义谛问题上，也存在着群情"皆云廓然空寂，无有圣人""不近人情"随意乱说，造成了"顷诸学徒，莫不踌躇道门，怏怏此旨，怀疑终日，莫之能正"的局面。特别是《涅槃经》《成实论》的译出传播，涅槃讨论相继风行。僧肇认为，涅槃之道，乃是"三乘之所归，方等之渊府，渺渺希夷，绝视听之域，幽致虚玄"① 的存在，是"非群情之所测"的问题，是"寂寥虚旷，不可以形名得；微妙无相，不可以有心知"② 的存在。因而他认为，"涅槃非有，亦复非无"，是不可"言语道断，心行处灭"的；不然，就会陷入虚构的境地与妄说。他以《维摩经菩萨品》所说"涅槃非众生，亦不异众生"及维摩诘所言"若弥勒得灭度者，一切众生亦当灭度"为根据，认为"夫涅槃之道，妙尽常数，融冶二仪，涤荡万均，天人同一，异内视不己见，返听不我闻，未尝有得，未尝无得"；它只是"玄道在于绝域，妙智存乎物外"，"不得以得之，不知以知之"的存在，或老子所说"大象隐于无形，故不见以见之。大音匿于希声，故不闻以闻之"的存在。佛教世界之教义，乃"汪洋无涯，靡不成就，靡不度生"③。僧肇著作《涅槃无名论》，虽然仍显得虚无缥缈，然以道体境界说之，但要在使人处宇宙大化流衍、生生不息之际，于形而上学高度，入一妙有之精神境界也。

僧肇回答庐山隐士刘遗民的信，曾谦虚地说"贫道思不关微，兼拙于华语，且至趣无言，言必乖趣"，但是我们读《肇论》四篇则可以看出，不论是《物不迁论》于大化流行世界追求往来变化"不去"存在，《不真空论》讲"乘千化而不变，履万惑而常通"，追求体用真如妙谛，还是《般若无名论》于"独拔于言象之表，妙契于希夷之境"，在形而上学高度，讲"用即寂，寂即用，用寂体一"的般若大智慧，抑或《涅槃无名论》于"玄道在于绝域，妙智存乎物外"，追求"大象隐于无形，大音匿于希声"的真一妙有境界，无不可见汤用彤先生所说僧肇的"悟发天真，玩《庄》《老》"。特别是《般若无名论》及《答刘遗民书》解释此论，讲超越性思维的道绝群方，穷灵极数，妙尽有无，本乎无寄，几乎是庄子《齐物论》《大宗师》的大乘般若思辨之

---

① 上引《肇论·表上秦主姚兴》。

② 《肇论·涅槃无名论·开宗第一》。

③ 《肇论·涅槃无名论·玄得第十九》。

版。这就难怪罗什读之称善，刘遗民见之将僧肇比作何晏，慧远说其"前所未有"① 了。

僧肇所论，虽超绝言辩，然其华语优美有力，充满宗趣，是极具文学色彩的。因为它是在形而上学高度讲宗教本体论的，因此对后来中华大乘佛教的形成与发展，有着深远的影响。如隋唐时期的三论宗讲"言忘虑绝，为第一义谛"②；"动真际而建立诸法"③ 等，即僧肇《不真空论》"非真非实有"，"不真空义显于兹"；"非离真而立处，立处即真也"的说法；华严宗讲"言真空者，非断灭空，非离色空，即有明空，亦无空相，故名真空"④，亦即僧肇《不真空论》之思想；至于禅宗讲"即心是佛"等，更是僧肇《般若无知论》所阐述的"用即寂，寂即用，用寂体一"的大智慧，如此等等，不一而足。僧肇宗教哲学对于华夏大乘佛教的形成与发展之影响，是非常巨大的！他在中华大乘佛教史上，于立教宗极本体上，可谓一真正奠基者。

僧肇之学师于罗什，罗什称道安为东方圣人。道安避从河北之乱，率领诸弟子四百余人南投襄阳时，为首的弟子就是释慧远。慧远不仅是道安之学传承者，而且是其学发挥者。故其在中华大乘佛教史上有着重要地位。这就是本章最后要讲的慧远的生尽化绝的净土心学。

六　慧远生尽化绝的净土心学

释慧远大师（334～416），俗姓贾，东晋雁门郡楼烦县（今山西原平）人，出生于世代书香之家。《高僧传》说其"博综《六经》，尤善《庄》《老》。性度弘博，风鉴朗拔，虽宿儒英达，莫不服其深致"。年二十一岁出家，当时道安立寺于太行恒山，弘赞像法，声甚著闻，慧远遂往归之。慧远对道安非常敬佩，一见面即说"真吾师也！"后来听道安讲《波若经》，豁然而悟，乃感慨地说："儒道九流，皆糠粃耳！"从此入乎道，厉然不群，总摄

---

① 《高僧传·僧肇传》说，僧肇在罗什出《大品》后，便著《波若无知论》，凡二千余言，竟以呈什，什读之称善。乃谓肇曰"吾解不谢子，辞当相挹"时庐山隐士刘遗民见肇此论，乃叹曰"不意方袍，复有平叔"因以呈远公。远乃抚机叹曰："未常有也。"因共披寻玩味，更存往复。

② 吉藏：《中观论疏》卷二。

③ 吉藏：《大乘玄论》卷五。

④ 澄观：《华严法界玄镜》卷上。

纲维，以弘扬大法为己任。慧远跟道安学佛法，年二十四岁，便开始讲说。客听讲，对于经说实相之义，虽往复移时，而仍弥增疑昧处，慧远就引《庄子》之义，联系讲说，于是惑者一下子就明白了。此可知慧远怎样善于用中国文化解释佛教经典了。后来，连他的老师道安也特爱听慧远讲经"不废俗书"①。慧远虽善以中国文化会通佛理，但此时他思想上已深信佛理矣。他后来回顾那段师从道安学佛经历时说："每寻畴昔游心世典，以为当年之华苑也。及见《庄》《老》，便悟名教是应变之虚谈耳。以今而观，则知沈冥之趣，岂得不以佛理为先？"②慧远在太行恒山十余年，后来，为躲避战乱，随道安师南游襄樊。东晋孝武帝宁康二年（374），秦符坚兵犯襄阳，慧远于是与弟子数十人，南适荆州，住上明寺，后欲往罗浮山（今广东境内）静修弘教，路经浔阳（今江西九江），见庐峰清静，足以息心，于是就在龙泉精舍住下了。先住西林寺，后桓玄为其于东林立房殿。于是慧远"创造精舍，洞尽山美，却负香炉之峰，傍带瀑布之壑，仍石垒基，即松栽构，清泉环阶，白云满室。寺内别置禅林，森树烟凝，石径苔合，凡在瞻履，皆神清而气肃焉"③，使之成了一个极为清静、优美、高雅的佛教圣地。慧远居庐阜三十余年，影不出山，迹不入俗，讲经译经，修道布教，弘扬佛法，不仅四方靡然从风，不期而至，望风遥集。彭城刘遗民、豫章雷次宗、雁门周续之、新蔡毕颖之、南阳宗炳、张莱民、张季硕等，弃世遗荣，依远游止，建斋立誓，共期西方，使庐山成为了佛教中心，而且慧远培养了一大批知名弟子，如慧观、僧济、法安、昙邕、道祖、僧迁、道流、慧要、昙顺、僧彻、道汪、法庄、慧宝、法净等，成为了佛教领袖。慧远内通佛理，外善群书，讲经注释，学徒莫不依从。其讲《丧服经》，雷次宗、宗炳等，执卷承旨，可知慧远之著述，影响之大矣。慧远领众清修，弘法济生，于晋义熙十二年（416），享年八十三岁而终。

慧远法师一生都在致力于弘扬佛法及佛经译注。最初，佛经流江东，多不完备，禅法无闻，律藏残阙。慧远慨其道缺，令弟子法净、法领等，远寻众经，逾越沙雪，皆获梵本，得以传译。师从道安法师时，请昙摩难提出《阿毗昙心》，其人不善华语，所译颇多疑滞。后来，僧伽提婆于晋太元十六

---

①　《高僧传·释慧远传》。

②　《与隐士刘遗民等书》，《广弘明集》卷三十二。

③　《出三藏记集·慧远法师传》。

年（391）来至浔阳。慧远请其重译《阿毗昙心》及《三法度论》，并为二书作序，标其宗义，以贻学者。闻罗什入关，即遣书通好，殷殷致问，请教修正佛法疑难问题，后将其往来问答批译，编为《大乘大义章》十八章。弗若多罗是专精《十诵》学者，曾与鸠摩罗什合译此经未完去世。慧远对此非常痛惜。后来，驰名律藏师昙摩留支来到关中，慧远即遣弟子入秦致书，请其将未译出的《十诵》余分译完。罗什死后不久，关中大乱积年，徒众四散。随着竺道生等人先后南下，传罗什所译于江东，《成实》《十诵》《三论》《法华》等经，始于南方得到广泛传播。这从根本上说，是与慧远在庐山精进护法分不开的。故其《高僧传》本传说："葱外妙典，关中胜说，所以来集兹土者，远之力也。"龙树《大智度论》译出后，慧远谓其文句繁广，初学难寻，乃删繁剪乱，令质文有体，抄其要文，撰为二十卷，并作《大智论抄序》，以致渊雅，以贻学者。桓玄在姑熟（在今安徽省当涂县），欲令其尽敬。慧远答之"沙门尘外之人，不应致敬王者"，乃著《沙门不敬王者论》五篇。慧远法师致力于弘扬佛法及佛经译注，著有论、序、铭、赞、诗、书五十余篇。现遗存有《沙门不敬王者论》《沙门袒服论》《明报应论》《三报论》《庐山出修行方便禅统经序》《三法度论序》《阿昆昙心序》《大智度论钞序》《念佛三诗集序》，及书信和铭、赞、记、诗等。这些著作，1949 年前苏烟弘化社刊印过《庐山慧远法师文钞》，上海佛学书局刊印过《慧远大师集》；当代，九洲出版社 2014 年出版有《庐山慧远大师文集》。

　　慧远法师致力于弘扬佛法、佛经译注，在于对佛教最高真理的追求。这种真理，就是佛教至极本体论存在。当时，中国文化只是讲寿命长远，未有涅槃常住之说。慧远感到佛教所讲，乃是至极之理。这"至极则无变，无变之理，岂有穷耶？"于是著《法性论》，讲"至极以不变为性，得性以体极为宗"。罗什见其论，感慨地说："国人未有经，便暗与理合，岂不妙哉！"[①] 此书虽然已经不存，今人从其他著作中，仍可知其对于大乘佛教至极真理的追求与见解。他认为，在大化流衍的宇宙间，"凡在有方，同禀生于大化，虽群品万殊，精粗异贯，统极而言，唯有灵与无灵耳"。不论是有灵还是无灵存在，一切存在都是暂时的、稍纵即逝的。故曰："无情于化，化毕而生尽；生不由情，故形朽而化灭。"而且在大化流衍的宇宙面前，"天地虽以生生为大，

---

① 《高僧传·释慧远传》。

而未能令生者不死。王侯虽以存存为功，而未能令存者无患"。因此在他看来，人面临着大化流衍的世界，惟有求宗而不顺化，追求至极本体，追求不生不化涅槃境界，才能获得永恒存在。故曰："反本求宗者，不以生累其神；超落尘封者，不以情累其生。不以情累其生，则生可灭；不以生累其神，则神可冥。冥神绝境，故谓之泥洹。"① 此即慧远所讲"不顺化以求宗"的道理及"化尽为宅"的涅槃世界。这不仅表现了他"不以生累其神，不以情累其生"的超越性精神追求，也表现了他面对大化流衍世界，对自我生命顺化而终，受苦无穷的忧虑，及对不生不化、永恒常住存在的终极价值关心。这虽不如陶渊明"纵浪大化中，不喜也不惧"② 的人生态度豁达，然处于社会动荡、战争连年、杀戮不断、人生无常之世，讲"不顺化以求宗""化尽为宅"，仍然是充满着宗教理想追求的。

正是因为慧远讲"求宗而不顺化"，讲至极本体为不变之性，为"生可灭，不累其神"的存在，所以他认为，面对着大化流衍世界，讲人的生存与精神，不能"寻无方生死之说，而惑聚散于一化"，只是看作气的阴阳之化，"既化而为生，又化而为死，既聚而为始，又散而为终"那样的存在，而应看作"情数相感，其化无端，因缘密构，潜相传写"的存在。因此他认为，达观地看，从道体大化流衍、生生不息上看，至极本体不灭，精神也不灭：

> 神也者，圆应无生，妙尽无名，感物而动，假数而行。感物而非物，故物化而不灭；假数而非数，故数尽而不穷。有情则可以物感，有识则可以数求。数有精粗，故其性各异。智有明暗，故其照不同。推此而论，则知化以情感，神以化传，情为化之母，神为情之根。情有会物之道，神有冥移之功，但悟彻者反本，惑理者逐物耳。③

人们对这种精神不灭的说法，因循于方生方死之说，惑聚散于一化，后人多不理解。在宇宙大化流衍的世界里，万物之所系，岂一化之所待哉？慧远认为，只有像庄子那样，"大块劳我以生，息我以死"④，以生为羁，死为

---

① 《沙门不敬王者论·求宗不顺化》，《弘明集》卷五。
② 《神释》，《陶渊明集》卷二。
③ 《沙门不敬王者论·形尽神不灭》，《弘明集》卷五。
④ 《庄子·大宗师》。

反真，其生也化也，皆视为至道大化流衍、生生不息的神妙存在，才能理解精神不灭之说。故曰"自非达观，孰识其变？自非达观，孰识其会？"不过，慧远讲精神，这里亦不是指人的具体生命精神，而是指《易传》"圣人以妙物而为言"① 的道体生化之妙，指道体大化流衍的宇宙生命精神！

慧远所讲至极之宗，讲宗教本体最高存在，其不生不化，佛教称之谓法身或法性。"法身之运物也，不物物而兆其端，不图终而会其成。理玄于万物之表，数绝乎无形无名者也。若乃语其筌寄，则道无不在。"② 它虽不生不化，却贯通着一切生死之场，支配着一切生生化化及有无存在。故曰：

> 生涂兆于无始之境，变化构于倚伏之场。咸生于未有而有，灭于既有而无。推而尽之，则知有无回谢于一法，相待而非原，生灭两行于一化，映空而无主。于是乃即之以成观，反鉴以求宗。鉴明则尘累不止，而仪像可睹。观深则悟彻入微，而名实俱玄。将寻其要，必先于此，然后非有非无之谈，方可得而言。尝试论之，有而在有者，有于有者也；无而在无者，无于无者也。有有则非有，无无则非无。何以知其然？无性之性，谓之法性。法性无性，因缘以之生。生缘无自相，虽有而常无。常无非绝有，犹火传而不息。夫然则法无异趣，始末沦虚，毕竟同争，有无交归矣。故游其奥者，心不待虑，智无所缘，不灭相而寂，不修定而闲，非神遇以期通，焉识空空之为玄。斯其至也，斯其极也，过此以往，莫之或知。又论之为体，位始无方，而不可诘；触类多变，而不可穷：或开远理以发兴，或导近习以入深，或阖殊途于一法而弗杂，或辟百虑于同相而不分。此以绝夫垒瓦之谈，而无敌于天下者也。③

人类及宇宙万物的生生化化，若说不依其相互关系、地位、作用而存在，那就没有了因果关系，无法存在了。但是按照佛教的说法，这些生生化化相互依存关系与地位、作用，皆是因机缘而发生的，它是没有自性、没有法则的。故曰"法性无性，因缘以之生"。如此，世间岂不陷入一片混乱吗？佛教承认，有一个"生涂兆于无始之境，变化构于倚伏之场"的根本法则，而这

---

① 《沙门不敬王者论·形尽神不灭》。
② 《万佛影铭序》，《广弘明集》卷十五。
③ 《大智论钞序》，《出三藏记集》卷十。

个根本法则是看不见的。这看不见的根本法则，就是无形无相的法身法性。故曰"无性之性，谓之法性"。正是因为无形无相的法身法性存在，所以宇宙万物才"咸生于未有而有，灭于既有而无"，推而尽之，"则知有无回谢于一法"。若"相待而非原，生灭两行于一化"，则"映空而无主"。因此，慧远认为，人生应该"即之以成观，反鉴以求宗"，只有"悟彻入微，而名实俱玄"，进入形而上学的至极存在，然后讲"非有非无之谈，方可得而言"，"游其奥者"，进入这个世界，才能"心不待虑，智无所缘，不灭相而寂，不修定而闲"。"斯其至也，斯其极也"，至极精神世界，不能"神遇以期通，焉识空空之为玄?"它"位始无方，而不可诘；触类多变，而不可穷"，以此"绝夫垒瓦之谈，而无敌于天下者也"。这个"语其筌寄，则道无不在"的法身，这个"位始无方，而不可诘；触类多变，而不可穷"的法性，实际上就是庄子所说"恢恑憰怪，道通为一"存在；而其讲"此以绝夫垒瓦之谈，而无敌于天下"，就是庄子所说执其"道枢"，"得其环中，以应无穷"①。人生获得"无敌于天下"或"以应无穷"的能力，才是大智慧，才能使自我生存获得无限主体性，不陷入"因是因非，因非因是"，"彼亦一是非，此亦一是非"的人生小逻辑困惑。此慧远以中国文化之大智慧，阐释佛教大智慧者也。

　　慧远讲至极之宗存在，法身、法性存在，不仅是为获得人生大智慧，解脱"因是因非，因非因是"的困惑，更是为了追求至高无上精神境界。获得这种境界的一个重要方法，就是佛教坐禅修炼。"禅，弃也，弃十三亿秽念之意"②。故禅即放下一切杂念与烦恼，使心得到解脱，进入寂静境界。它也就是中国文化所讲"知止而后有定，定而后能静"的意思。人生只有放下一切，让心静下来，才能心定神安，"安而后能虑，虑而后能得。物有本末，事有终始，知所先后，则近道矣"③。佛教获得智慧也是这样。只有放下一切杂念，让心静下来，才能思考那宗教至极存在，获得般若、真如、涅槃存在。东汉世高"博晓经藏，尤精阿毗昙学，讽持《禅经》，备尽其妙"④，翻译《安般守意经》，已开禅学之端。支娄迦谶译《般若道行品经》《首楞严经》等，敷演大乘教义，亦为禅教铺路。特别是《道行经》即《放光般若经》所讲空

　　①　《庄子·齐物论》。
　　②　康僧会：《安般守意经序》，《出三藏记集》卷六。
　　③　《礼记·大学》。
　　④　《高僧传·安清世高传》。

理，可以说为禅教发展扫清了门厅。慧远师道安，道安校定《道行经》《安般经》《首楞严经》，并为之序，可以说直接影响了慧远禅学思想。最初，经流江东，多有未备，禅法无闻。及至僧伽提婆来庐山，远请其重译《阿毗昙心》及《三法度论》，并制序标宗，讲"述本以广义，先弘内以明外"①；"振锡趣足者，仰玄风而高蹈；禅思入微者，挹清流而洗心"②，已从内心接受了禅教修炼方法。特别是与罗什书信往来，罗什"导心之路不通，得意之缘圮绝"，慧远悟得"悦禅智慧，是法性无照"境界，更得禅意矣。慧远创造庐山精舍，"复于寺内别置禅林洞"③，亦可见其禅法的静心修养。慧远认为，"禅非智无以穷其寂，智非禅无以深其照，然则禅智之要，照寂之谓。其相济也，照不离寂，寂不离照，感则俱游，应必同趣，功玄在于用，交养于万法"；而通过修禅之法，则可以"运群动以至一而不有，廓大象于未形而不无"，洗心静乱，悟彻入微，穷之以神，则"心无常规，其变多方，数无定像，待感而应"，使心灵"弱而超悟，智绝世表"，千古兴亡，"形运以废兴自兆，神用则幽步无迹"。慧远认为，禅经翻译、禅训之宗及其弘教，虽有达摩多罗与佛大先之不同，然皆是劝发大乘，同于一道，开一色涅槃境界。只要明白禅意"起不以生，灭不以尽"的道理，往复无际，精神上就可进入真如境界。故曰："色不离如，如不离色。色不离如，色则是如；如不离色，如则是色。"④

《高僧传》说慧远闻道安讲《波若经》，豁然而悟。《波若经》，即罗什所译大品《摩诃般若波罗蜜经》。此经乃"出八地之由路，平十阶之龙津"者，是讲进入佛教理想世界的。进入这个世界，"夫渊府不足以尽其深美，故寄大以目之；水镜未可以喻其澄朗，故假慧以称之；造尽不足以得其涯极，故借度以明之"。这个世界，"虽义涉有流，而诣得非心；迹寄有用，而功实非待"。正因为"诣得非心""功实非待"，所以这个世界乃是"以不住为宗""以无照为本"⑤。它亦即《求宗不顺化》所讲"化尽为宅"的涅槃世界，或《大智论钞序》所讲"心不待虑，智无所缘，不灭相而寂，不修定而闲"的世界。道安讲此经形上美妙世界，自然能使慧远豁然而悟，同时，从此也就进入了佛教西方世界追求。此"彭城刘遗民、豫章雷次宗、雁门周续之、新

---

① 《阿毗昙心序》，《出三藏记集》卷十。
② 《三法度经序》，《出三藏记集》卷十。
③ 《高僧传·释慧远传》。
④ 《庐山出修行方便禅经统序》，《出三藏记集》卷九。
⑤ 释僧睿：《大品经序》，《出三藏记集》卷八。

蔡毕颖之、南阳宗炳、张菜民、张季硕等，并弃世遗荣，依远游止。远乃于精舍无量寿像前，建斋立誓，共期西方"① 者也。共期西方，就是共同追求西方净土世界。慧远率众精进念佛，于庐山东林寺，与刘遗民等僧俗一百二十三人，结为"莲社"②，亦为往生净土也。

　　慧远往生净土，追求净土世界，虽然亦念佛，亦讲念佛三昧，但这并非只是外在形式上的，而是要通过正心凝神，使气虚神朗，在动必入微、无幽不彻的专思中，冥怀至极，智落宇宙，暗蹈大方，感物通灵，追求"悟相湛一，清明自然"的精神世界。这种追求，虽"体寂无为"，然亦是"无弗为"的。它是昧然忘知，即缘成鉴，"内照交映，而万像生焉"的智照，是"三光回景以移照，天地卷而入怀"，"体神合变，应不以方"的神思。在这样的智照与神思中，追求"悟相湛一，清明自然"存在，若不能"尘累每消，滞情融朗，非天下之至妙，孰能于此哉？"③ 此亦"原始反终，妙寻其极，入于如来无尽法门"的智照与神思也。进入这样的思维，追求"悟相湛一，清明自然"存在，"非夫道冠三乘，智通十地，孰能洞玄根于法身，归宗一于无相，静无遗照，动不离寂者哉！"④ 在慧远看来，追求这样的净土世界，不仅是冥怀至极，智落宇宙，暗蹈大方，感物通灵，更是一个反本求宗，不以生累其神，不以情累其生，生尽化绝，颓然无累，于冥神绝境的追求，即其所说"冥涂以开辙为功，息心以净毕为道"⑤。"息心以净"，即后来明末云栖大师所讲"心净而土净"⑥。

　　慧远"博综六经，尤善《庄》《老》"，中国文化哲学的根基是非常深厚的。这种深厚，从宗炳（字少文）"妙善琴书，精于言理，乃下入庐山，就释慧远考寻文义"⑦；周续之（字道祖）"通《五经》并《纬候》，名冠同门，号曰'颜子'"，"闲居读《老》《易》，入庐山事沙门释慧远"⑧；及雷次宗

---

① 《高僧传·释慧远传》。
② 《净土圣贤录》中说：慧远在庐山东林寺率众行道，凿池种莲，于水上立十二叶莲，因波随转，分刻昼夜，以为行道之节。既而四方清信之士，闻风而至者，百二十三人。远曰："诸君之来，能无意于土乎？"乃造西方三圣像，建斋立社，令刘遗民著《发愿文》，勒之石。（《庐山慧远大师文集》，九州出版社2014年版，第238页）。
③ 《念佛三昧诗集序》，《广弘明集》卷三十九。
④ 《庐山出修行方便禅经统序》。
⑤ 《沙门不敬王者论·形尽神不灭》。
⑥ 重刻《净土善人咏》序，《竹窗随笔》，北京图书馆出版社2005年版，第250页。
⑦ 《宋书·宗炳传》。
⑧ 《宋书·周续之传》。

（字仲伦）"少入庐山，事沙门释慧远，笃志好学，尤明《三礼》、《毛诗》"①等，可以看出来。此其讲大道，讲道体存在，所以能道出"大道渊玄，其理幽深"②及处处引儒家、道家之言，以释佛经者也。慧远出家求佛，"既入乎道，厉然不群，常欲总摄纲维，以大法为己任"，更有一种担当精神。他一生德性至纯，厉然不群，精神卓绝一世，学术道流千古，在中国佛教史上功勋卓著。他于佛学，居于庐阜，三十余年，不复出山，译经弘道，援佛入华，以华化佛，用中国文化领悟阐释佛教经典，使印度大乘般若佛教融入中国文化，不愧为一位中华大乘佛教奠基者。特别是他于净土世界的精神追求，可以说开了中国大乘佛教净土宗的先河。印光大师赞慧远肇启净土莲宗说："一切法门从此流，一切行门从此办。致令各宗朝宗，万川赴海依《行愿》"③，可知其对中国大乘佛教各宗形成发展的影响！

用中国文化领悟阐释佛教经典，转换宗教本体论，奠基于中华大乘佛教者，不只是支遁、道安、鸠摩罗什、僧肇、慧远等大师，其他像法祖、道生、法显等大师，也是有贡献的。不过，大乘佛教中国化，乃是一个漫长的文化历史过程，其宗教本体论的转换，不仅见于译经弘教，更是在宗教实践及其交互作用、互渗、涵盖、融合中形成的。因此，要想懂得印度大乘般若佛教是如何发展成为中华大乘佛教的，还必须把它放到宗教实践中，看它如何适应中国文化发展，完成本体论的转换。这就是第三章所要叙述的"佛教本体论的适应性发展"。

---

① 《宋书·雷次宗传》。
② 《答桓玄书》，《弘明集》卷十一。
③ 《初祖庐山东林慧远大师赞》，《庐山慧远大师文集》，第 284 页。

第三章 佛教本体论的适应性发展

内容提要： 一种文化传入异国他乡，就要适应那里的文化；不然，就不能存在和发展。佛教传入中国也是这样。这种文化传入，不仅有华夏民族对印度佛教的理解领悟问题，也有印度佛教文化适应中国文化需要问题。印度大乘佛教变成中华大乘佛教，就是其适应中国文化、扎根中国文化发展出来的新文化。但是，文化适应并非植物的简单移植，而是存在着文化意义的涵化与转换，即印度佛教空寂本体转化为中国无形无象大道本体。这种转化并不是一帆风顺的，而是存在着价值与意义上的矛盾冲突，以及彼此如何相互理解和适应的问题。这就是佛教传入之后，于齐梁之际所发生的三才之道与涅槃法身之辩、夷夏之辩与二教通源论争、精神灭不灭的论辩。正是通过这些辩驳、论争，佛教才完成本体论转换，而逐渐被中国化的。

佛教乃隋唐文化的大宗。撰写隋唐精神史，自然首先应该把握隋唐精神发展的大理路，搞清那些中华大乘佛教的奠基者，讲述他们默默无闻、艰苦卓绝的译经精神与阐经精神，但更应该弄清佛教文化是怎样适应中国文化，吸收大道哲学本体论，发展成为中华大乘佛教，成为中国文化精神组成部分的。宗教文化适应，最终是本体论适应精神适应。因此，在第一章讲隋唐精神发展史大理路的把握，第二章讲述了中华大乘佛教奠基者之后的事情，现在研究撰写佛教文化精神怎样适应中国文化发展，逐步实现本体论转换，走向中国化，发展为中华大乘佛教文化精神，是非常重要的。它虽然还不是中华大乘佛教形成，但这种适应性发展，则为中华大乘佛教最后形成奠定了文化哲学基础。

佛教传入是非常强势的。宋儒张方平曾以"儒门淡泊，收拾不住，皆归于释氏"① 说王安石，说明佛教传入曾势不可当。魏晋时期，玄学盛行，儒学衰退，佛教传入，"六家七宗"与玄学并流，千岩竞秀，儒家是有些抵挡不住；特别是讲形而上学至高存在，儒家执着"有"的范畴概念，扼守天道本体，不能深入更为广大幽隐浩渺的领域，面对释道二教并流盛行更显得被动，似乎处于无力回天的局面。

但这不等于中国文化毫无抵抗力，更不表示儒家文化完全丧失上古以来的主流地位。国家民族是以自己的文化存在而存在的，是以文化的规定性而存在的。一个国家，一个民族，若放弃了自己的文化，放弃自己赖以生存的文化，放弃自己文化的规定性，那么，它也就不是这个国家民族了。从根本上说，文化精神乃是一个国家民族的生命精神。中国文化精神发端于伏羲，积蓄于炎黄，大备于唐虞，经三代而浩荡于天下，不仅具有强大生命力，而且具有兼覆兼载，"万物并育而不相害，道并行而不相悖，小德川流，大德敦化"② 的功能大用。它发展到后来，就是以周公、孔子为代表的儒家主流文化。这种文化不仅是中华民族生命精神所在，也以它内在的历史目的论规定着中国历史道路。因此，中华民族是不会放弃自己的文化，放弃自己的文化本质及历史道路，完全服从归化另一种文化的。这就是佛教文化传入所以受到抵制抗阻的原因。它在南北朝精神史上，就是由东汉疑惑佛理而发展起来的关于种种佛教义理大辩论。

这场大辩论，不仅涉及宇宙大化、天地开合、万物流行及幽明之故、死生之说、精气为物、游魂为变，更涉及整个世界观、价值观及精神世界存在的诸多问题。这场大辩论，不仅动员了当时整个学术界参与，连帝王也介入了其中，不时发表意见，进行评论。在运动和辩论中，虽有诉诸非理性感情的时候，甚至有过以政治权力进行干预，但并没有发生西方那样的宗教战争。这是因为中国文化具有雍容博大、融合众流、海纳百川的性质。具此文化精神的中国学者，在这场大辩论中，并非只是小家子气地守护家门，而是以博大胸怀，扩充视野，诉诸义理，在形而上学高度，不断吸取、融合、涵化佛教文化，丰富扩充自己文化的内涵。因此，通过这场大辩论，不仅中国文化吸收佛教经文幽微无际的形而上学存在，扩大了自己的学术视野与精神境界，纳佛学而为中国文化的组成部分，而且佛教也吸收中国大道哲学至精至神存

---

① 〔宋〕志磐撰：《佛祖统纪》卷四十六。
② 《礼记·中庸》。

在，不断转换先验论、本体论、形而上学存在，发展成为了中华大乘佛教。因此可以说，这场大辩论是中国精神史上第一次把经卷浩繁、渊玄微妙的外来文化纳入华夏精神洪流，也是中国文化第一次对外来文化的大浃化、大融合，实现了中国文化精神的一次突变与发展。它较之此前几千年历史上雍容、浃化周边诸夷狄文化，不仅规模上巨大，而且也更具有先验论、本体论、形而上学意义。

这场大辩论乃是由于佛教广发传播，其教理玄义不断引起中国学者疑惑的背景下发生的。它虽然牵涉到许多形下文化习俗问题，如佛教的剃发、捐财、出家、弃妻、行乞等，但从精神史发展上说，最为根本的争论辩驳，乃是佛教的先验论、本体论、形而上学存在不同于中国以周、孔为代表的儒家主流文化，或者说有悖于中国文化根本精神。这才是争论辩驳的核心问题，才是它在精神史上的意义所在。

关于这种争论，齐梁时期佛学家僧祐著作《弘明集》时，曾说过这样一段话：

> 夫二谛差别，道俗斯分。道法空寂，包三界以等观；俗教封滞，执一国以限心。心限一国，则耳目之外皆疑。观等三界，则神化之理常照。执疑以迷照，群生所以永沦者也。详检俗教，并宪章五经，所尊唯天，所法唯圣，然莫测天形，莫窥圣心。虽敬而信之，犹蒙蒙弗了。况乃佛尊于天，法妙于圣，化出域中，理绝系表，肩吾犹惊怖于河汉，俗士安得不疑骇于觉海哉！既骇觉海，则惊同河汉：一疑经说迂诞，大而无征；二疑人死神灭，无有三世；三疑莫见真佛，无益国治；四疑古无法教，近出汉世；五疑教在戎方，化非华俗；六疑汉魏法微，晋代始盛。以此六疑，信心不树。将溺宜拯，故较而论之。[①]

陈寅恪曾说："佛教于性理之学 metaphysics，独有深造。"[②] 佛教无疑有它浩大深刻的宗教哲理，特别是性命之理方面，尤其宏大、深刻、独造。但佛教哲理也有个如何适应中国文化哲学，为华夏民族所理解领悟的问题；不然，也会引起巨大的疑惑。僧祐把华夏士人对佛教的疑惑，完全归罪其执着于

---

① 《弘明集》后序，《弘明集》卷十四。

② 吴学昭：《吴宓与陈寅恪》，清华大学出版社 1992 出版，第 10～11 页。

"宪章五经，所尊唯天，所法唯圣"的俗教，对"佛尊于天，法妙于圣"的"然莫测天形，莫窥圣心"之说，自然是出于崇佛抑儒的价值判断。但他所说的"六疑"，则是大体反映了东汉魏晋至齐梁之间华夏士人对佛教疑惑的状况。这种疑惑所反映的，无疑有华夏诸族对佛教文化不适应、不理解的问题，但同时有个佛教对中国文化由不适应到逐渐适应，不断转换宗教本体论，向中国化发展的问题。僧祐所说"六疑"，大体上反映了东汉《牟子理惑论》到魏晋孙绰做《喻道论》、宗炳做《明佛论》对佛教由疑惑到理解的最初文化历程；刘宋时期僧慧琳做《白黑论》、何承天做《达性论》与宗炳做《难白黑论》、颜延之做《释达性论》对三才之道与涅槃法身的论争；宋齐间顾欣做《夷夏论》、张融做《门律》与周颙《答张书并问张》等人对释道二教至极之道是否同源的争论；及齐梁间道士假借张融之名做《三破论》与释玄光做《辨惑论》、僧顺做《析三破论》对释道二教政教大用的争论；至于神不灭论争，则是贯穿整个魏晋至宋、齐、梁诸朝的，而且是齐梁间以范缜作《神灭论》展开争论，推向高潮的。因此，本章的叙述，则不以僧祐所说"六疑"为次序，而是首先从东汉末年《牟子理惑论》所反映的疑佛问题开始，然后依次叙述其他一系列论争，而把叙述贯穿整个魏晋至宋齐梁诸朝的神灭不灭论战，放到这一系列论争中叙述。本章最后一节，则是综合叙述佛教适应中国文化哲学发展所带来的本体论转换及其走向中国化问题。

现在先讲《牟子理惑论》的疑佛到孙绰《喻道论》、宗炳《明佛论》知佛明佛的最初文化历程，然后再讲其他争论，看佛教通过这种争辩是怎样适应中国文化实现本体论转换求得发展的。此乃佛教最初中国化也，它在隋唐精神史上具有发端肇起意义。

一　佛教传入：从疑惑到理解

华夏民族对佛教传入，从疑佛到明佛，大体经历了东汉末到魏晋时期的文化历程。虽然后来仍有争议辩论，但从疑惑到逐渐理解，大体经历了这个文化过程。

佛教广泛传播引起疑惑，远在东汉时就已经开始了。这从《牟子理惑论》可以看出来。虽然这篇问答是为解除对佛教疑惑而撰写的，然在其问答解惑中，从发问者所提问题，则可以看出当时人们对佛教广泛传播所引起的深刻疑惑。

《牟子理惑论》的作者是谁？何时的人？该论载僧祐《弘明集》卷一。《大正藏》宋元宫本俱无注明撰者，明本说梁释僧僧祐撰《牟子惑论》。僧祐《弘明集》卷一附注"一云苍梧太守牟子博传"，明本注"牟子博"为"汉牟融"①。《隋书·经籍志》载《牟子》二卷，亦说后汉太尉牟融撰。据《后汉书》载，牟融，字子优，北海安丘（今山东潍坊安丘市）人。少博学，以《大夏侯尚书》教授，门徒数百人，名称州里，曾任司隶校尉、大鸿胪、大司农、司空、太尉等职。生年不详，死于建初四年，即公元 79 年。史说他"经明才高，善论议"②。这就是《隋书·经籍志》载《牟子》所说的汉太尉牟融。

此汉太尉牟融，是否为《牟子理惑论》的作者，根据僧祐《弘明集》所载此论对牟子的介绍，若说《牟子理惑论》作者为汉太尉牟融，颇为可疑。因为《弘明集》所说"牟子将母避世交趾，年二十六归苍梧娶妻，太守闻其守学，谒请署吏。时年方盛，志精于学，又见世乱，无仕宦意，竟遂不就"；及其"锐志于佛道，兼研《老子》五千文。含玄妙为酒浆，玩五经为琴簧。世俗之徒，多非之者，以为背五经而向异道"③ 等，与《后汉书》所载牟融"少博学，以《大夏侯尚书》教授，门徒数百人，名称州里"，并先后任司隶校尉、大鸿胪、大司农、司空、太尉等职④等说不符，牟子与牟融显然并非同一个人。僧祐所撰《出三藏记集》，亦载有《牟子》一书，附注说："一云苍梧太守牟子博传"⑤。这和《弘明集》卷一附注是一致的。可见僧祐对《牟子理惑论》作者究竟是谁，亦把握不准，故注"一云"，表示有不同说法。但从《弘明集》所说"牟子既修经传诸子，书无大小，靡不好之，虽不乐兵法，然犹读焉。虽读神仙不死之书，抑而不信，以为虚诞。是时灵帝崩后，天下扰乱，独交州差安，北方异人咸来在焉，多为神仙辟谷长生之术，时人多有学者。牟子常以五经难之，道家术士莫敢对焉。比之于孟轲距杨朱、墨翟"，可知僧祐将牟子作《理惑论》，比作"孟轲距杨朱、墨翟"，还是知人论世的。牟子大抵是生活在东汉末年灵帝崩后的乱世，是一位诸子百家无所不通又明

---

① 《弘明集》注，见《佛藏要籍选刊》第 3 册卷一，上海古籍出版社 1994 年版。
② 《后汉书·牟融传》。
③ 《牟子理惑论》，《弘明集》卷一。
④ 《后汉书·牟融传》。
⑤ 《法论第十三》，《出三藏记集》卷十二。

佛理的学者，而其《牟子理惑论》之作，乃"欲争则非道，欲默则不能，遂以笔墨之间，略引圣贤之言证解之"①。僧祐将其作为《弘明集》首篇，可知其对此作的重视。

佛教传入中国大体上在东汉明帝到桓帝之间。《后汉书》记载说，楚王刘英"喜黄老，学为浮屠，斋戒祭祀"；明帝永平八年（65），先是对佛教活动"诏令天下死罪"，后"皆入缣赎"②；桓帝于延熹九年（166）宫中"设华盖以祠浮图、老子"③。襄楷（字公矩）延熹九年上书说"闻宫中立黄、老、浮屠之祠"④，亦说明桓帝于宫中祠浮屠。佛教传入，从东汉明帝到东汉末灵帝时，也才一百多年时间。但佛教传播是非常迅猛的，它从最高教义、宗教仪式到宗教信仰包括生死轮回、精神灭不灭、拜不拜王者及剃发、捐财、弃妻、出家等，已广泛影响到社会生活、政治生活与精神生活。这对当时华夏民族来说，在文化上乃是面临着一个巨大的价值判断与选择：是放弃原来中国以周、孔为代表的礼教文化，皈依佛门，还是坚持中国礼教文化，抵制佛教诸说，就成了华夏民族不得不思考、判断、选择的问题。这是信仰信念问题，也是文化之路、精神之路的选择，更深刻一点说，关乎文化历史道路的选择问题。如果说，大乘佛教传入中国之初，"儒门淡泊，收拾不住，皆归于释氏"，那么，到了这个时期，至少有一些人已经觉醒，开始对佛教义理及其信仰与追求表示怀疑。《牟子理惑论》虽在于疏理解除对佛教的疑惑，僧祐编撰《弘明集》首篇收入《牟子理惑论》，亦意在解除这种疑惑，达到"弘道明教"⑤的目的，但从通篇所提出的问题，亦可看出当时对佛教传播所引起的巨大疑惑。这些疑惑与精神史有关者，集中到一点，就是佛教之说虚无缥缈，没有道德践行的可操作性，其教理违背儒家礼教，违背中国文化伦理道德，不利于社会人生。例如惑者提问说：

> 孔子以五经为道教，可拱而诵履而行。今子说道虚无恍惚，不见其意，不指其事，何与圣人言异乎？
>
> 圣人制七经之本，不过三万言，众事备焉。今佛经卷以万计，言以

---

① 《牟子理惑论》，《弘明集》卷一。
② 《后汉书·楚王英传》。
③ 《后汉书·孝桓帝纪》。
④ 《后汉书·襄楷传》。
⑤ 《弘明集》序。

亿数，非一人力所能堪也。仆以为烦而不要矣佛道至尊至大，尧、舜、周、孔曷不修之乎。七经之中，不见其辞。子既耽《诗》《书》、悦《礼》《乐》，奚为复好佛道喜异术？岂能逾经传、美圣业哉！

《孝经》言：身体发肤，受之父母，不敢毁伤。曾子临没，启予手、启予足。今沙门剃头，何其违圣人之语，不合孝子之道也。

夫福莫逾于继嗣，不孝莫过于无后。沙门弃妻子、捐财货，或终身不娶，何其违福孝之行也。自苦而无奇，自极而无异矣。

孔子云：未能事人，焉能事鬼。未知生，焉知死。此圣人之所纪也。今佛家辄说生死之事，鬼神之务，此殆非圣哲之语也。夫履道者，当虚无澹泊，归志质朴。何为乃道生死以乱志，说鬼神之余事乎？

孔子称：奢则不逊，俭则固，与其不逊也，宁固。叔孙曰：俭者德之恭，侈者恶之大也。今佛家以空财布施，为名尽货，与人为贵，岂有福哉！①

中国文化，从根本上说乃是一种礼教文化，是一种隐退上帝，以天道本体设教所发展起来的文化，或者说是一种以《诗》《书》《礼》《乐》教化天下的文化。因此，中国文化不同于佛教者，乃是礼教与宗教的不同。中国远古上古时期，也有宗教存在，也经过宗教文明阶段，"昊天上帝"②、"皇矣上帝"③ 等，对上天皓旰光明上天的崇拜，就是周时尚保留的远古上古时期宗教文明阶段的信仰。但中国文化是早熟的，唐虞之后，已逐渐隐退了上帝，代之以"道"的存在，如老子讲道"象帝之先"④，庄子讲"夫道，自本自根，未有天地，自古以固存"⑤，以此立教，教化天下，也就开出了大道本体论，将文化大大向前推进，由宗教文明走向了礼教文明。所以，中国文化不同于与佛教者，就是礼教文明与宗教文明的不同。此印度佛教传入中国所以为儒家疑惑者，亦其遭受抵制者也。这是从两种文化的不同本质上说的。

更何况，佛教初传，主要是求罗汉证悟的小乘佛教，讲究声闻缘觉之法。它相当于黄老方术或神仙之术一类，更有悖于儒家礼教文化。汉时所传说

① 《牟子理惑论》，《弘明集》卷一。
② 《周礼·大宗伯》。
③ 《诗经·大雅·皇矣》。
④ 《老子》第 4 章。
⑤ 《庄子·大宗师》。

"佛长丈六尺，黄金色，项中佩日月光，变化无方，无所不入，而大济群生"①；或"孝明皇帝梦见神人，身有日光，飞在殿前，欣然悦之。通人傅毅（字武仲）曰：臣闻天竺有得道者，号之曰'佛'，飞行虚空，身有日光"②一类说法，就是指类似方士神仙之学类的佛教。佛教亦曰浮屠，佛门亦曰沙门。曰浮屠、沙门者，"佛者，汉言觉也，将以觉悟群生也。其教以修善慈心为主，不杀生，专务清静。沙门，汉言息也，盖息意去欲而归于无为也。又以为人死精神不灭随复受形，生时善恶，皆有报应，故贵行善修道，以炼精神而不已，以至无生而得为佛也"。其讲"人死精神不灭"，"随复受形，生时善恶"的因果报应，颇有恐吓人生莫为恶的意思。故曰"王公大人，观死生报应之际，莫不瞿然自失"③。佛为金人，为神人，"项有佩日月光"，或"身有日光，飞在殿前"，可知与黄老方术或神仙之术无异矣。这和《牟子理惑论》所讲佛祖"身长丈六，体皆金色，顶有肉髻，颊车如师子，舌自覆面，手把千辐轮，项光照万里"及讲佛"恍惚变化，分身散体，或存或亡，能小能大，能圆能方，能老能少，能隐能彰，蹈火不烧，履刃不伤，在污不辱，在祸无殃。欲行则飞，坐则扬光，故号为佛也"，是差不多的。可知佛教初传，于东汉末年主要是相当于黄老方术或神仙之术的小乘佛教，而非大乘般若学。此佛教所以虚无缥缈，而不如礼教可道德践行者也。正因当时的佛教只是相当于黄老方术或神仙之术的小乘佛教，所以《牟子理惑论》很少讲大乘般若学理，即使涉及，也只是引道家《老子》或《诗》《书》作类比，而不是引佛教般若学加以论述。故惑者批评说：

> 夫事莫过于诚，说莫过于实。《老子》除华饰之辞，崇质朴之语。佛经说不指其事，徒广取譬喻。譬喻非道之要，合异为同，非事之妙。虽辞多语博，犹玉屑一车，不以为宝矣，若佛经深妙靡丽，子胡不谈之于朝廷，论之于君父，修之于闺门，接之于朋友。何复学经传、读诸子乎？云何佛道至尊、至快、无为、澹泊。世人学士多谤毁之云：其辞说廓落难用，虚无难信，何乎子云经如江海，其文如锦绣，何不以佛经答吾问，而复引《诗》《书》，合异为同乎？子以经传之辞，华丽之说，褒赞佛

---

① 《后汉书·楚王英传》注引《汉纪》。
② 《牟子理惑论》第12章，《弘明集》卷一。
③ 《后汉书·楚王英传》注引《汉纪》。

行，称誉其德。高者凌清云，广者逾地坼，得无逾其本、过其实乎？①

以相当于黄老方术或神仙之术的小乘佛教传入中国，或黄老方术或神仙之术的佛理解惑，对于以天道真实无妄之理为根据的中国文化来说，或者对于坚持《诗》《书》《礼》《乐》之教，不语"怪力乱神"②的儒家主流文化来说，其为宗教学，无疑是一种非理性退化，一种神秘主义泛滥或逸出。因此，佛教广泛传播及神秘主义泛滥，受到隐退了"上帝"，以天道为信仰的华夏族疑惑或抵制，就不难理解了。这并非仅仅是文化上的保守，而是以天道真实无妄之理抵制虚妄之说。

但《牟子理惑论》所反映的疑佛问题，乃是"牟子不入教门"所致。僧祐所以把它编入《弘明集》首篇，乃"以特载汉明之时，像法初传"③也。但佛教传入是不断深入发展的，特别是大乘佛教的传入。如果说西晋所译《维摩》《法华》等经，微言隐义，尚未能深究，那么，到东晋安帝时，解释佛教经典的《禅经》《大智论》《成实论》《中论》《十二门论》《百论》等经书，已经译出。因此，道安时期，注释《般若道行》《密迹》《安般》诸经，穷览经典，钩深致远，对佛教经典的理解领悟，已是究幽远、探微奥，妙尽深旨矣。因此，佛教发展到魏晋玄学时期，随着大乘佛教般若学传入及般若学玄学化，玄学般若化，至东晋孙绰做《喻道论》、宗炳做《明佛论》，对佛教理解就大为不同了：它已不是停留在形下之说理解佛教诸多风俗性要求，而是从先验论、本体论、形而上学存在，看待佛教最高宗教神学了。孙绰（314～371），字兴公，太原中都（今山西平遥）人，少居于会稽，游放山水，东晋名士，玄言诗人，曾鄙山涛，谓其"吏非吏，隐非隐"④，历任太学博士、大著作散骑常侍⑤；其《遂初赋叙》说："余少慕老庄之道，仰其风流久矣。"⑥宗炳（375～443），字少文，南阳涅阳（今河南镇平）人，"栖丘饮谷，三十余年"，曾"入庐山，就释慧远考寻文义"⑦。《弘明集》称宗炳为

---

① 《牟子理惑论》，《弘明集》卷一。
② 《论语·述而》。
③ 《出三藏集》卷一二。
④ 《晋书·孙绰传》。孙盛（302～374），字安国，太原中都（今山西平遥）人。本传说他"博学，善言名理"，与殷浩擅名一时。著《魏氏春秋》《晋阳秋》及《易象妙于见形论》等。
⑤ 《世说新语·语言篇》注，引《中兴书》。
⑥ 《世说新语·语言篇》注，引《中兴书》。
⑦ 《宋书·宗炳传》。

"居士"，可知其已是佛门人物。由上可知，孙绰、宗炳都是很博学的，是既具有道家思想又通佛理的人物。因此，他们能够从本体论、形而上学高度领悟佛理玄义，就不难理解了。

孙绰就是从"六合遐邈，庶类殷充，千变万化，浑然无端，是以有方之识，各期所见"，看待佛教知识论及其宇宙原理获得的。他认为，若只是从形下俚俗不同看待佛教，就将是"大道废于曲士"。他认为，"夫佛也者，体道者也。道也者，导物者也。应感顺通，无为而无不为者也。无为，故虚寂自然；无不为，故神化万物"。因此，在他看来，佛教乃是一种对形上存在和宇宙原理的觉悟。故曰"佛者，梵语，晋训觉也。觉之为义，悟物之谓"。从这个高度看，从对形上存在和宇宙原理的觉悟看，他认为"周孔即佛，佛即周孔，盖外内名之耳。在皇为皇，在王为王，犹孟轲以圣人为先觉，其旨一也"①。这样，不仅把佛教原理提升到了本体论、形而上学高度，也把佛教精神视同为儒家礼教精神了。这不仅使佛教在精神发展史上获得了合法地位，同时也为其增添了新的文化精神。

宗炳则是立于佛学心性本体伦，阐明佛教原理及其最高存在的。宗炳认为，"自抚踵至顶，以去凌虚，心往而勿已，则四方上下，皆无穷也"，但是，人面对着"无量无边之旷，无始无终之久"的世界，常常"固相与凌之以自敷"，而"以居赤县，于八极曾不疑焉"。而"今布三千日月，罗万二千天下，恒沙阅国界，飞尘纪积劫，普冥化之所容，俱眇末其未央"的大千世界，为何不怀疑自己心识的局限，"何独安我而疑彼哉?"此乃"世之所大，道之所小"所致也。在宗炳看来，"《书》称知远，不出唐虞；《春秋》属辞，尽于王业；《礼》《乐》之良敬，《诗》《易》之温洁，今于无穷之中，焕三千日月以照丽，列万二千天下以贞观，乃知周、孔所述，盖于蛮触之域，应求治之粗感且宁，乏于一生之内耳"。在中国文化中，讲"六合之外，圣人存而不论；六合之内，圣人论而不议"②；讲"未知事人，焉知事鬼"，"未知生，焉知死"③，都是很明智的说法。现实世界的事，你都不知道，还去管那虚无缥缈的事干吗? 宗炳立于佛教立场，则不这么看。在他看来，面对着无穷的世界，"无以为感，故存而不论"，那么，"圣而弗论，民何由悟"? 在宗炳看

① 孙绰：《喻道论》，《弘明集》卷三。
② 《庄子·齐物论》
③ 《论语·先进》。

来，孔子心识格局也有狭小处："昔仲尼修《五经》于鲁，以化天下及其眇邈太蒙之巅，而天下与鲁俱小。岂非神合于八遐，故超于一世哉？然则五经之作，盖于俄顷之间，应其所小者耳。世又何得以格佛法而不信哉！"宗炳认为，"彼佛经也，包五典之德，深加远大之实，含老庄之虚，而重增皆空之尽。高言实理，肃焉感神，其映如日，其清如风！非圣谁说乎？谨推世之所见，而会佛之理为明"。在宗炳看来，不明佛，乃是"中国君子明于礼义，而暗于知人之心"；若知佛之心，"心作万有，诸法皆空"，"旷以玄览，至理匪遐，疑以自没"。那么，究竟什么是佛？什么是佛心呢？观宗炳所说"夫圣神玄照，而无思营之识者，由心与物绝，唯神而已。故虚明之本，终始常住，不可凋矣"云云，不论是讲"以法身之极灵，感妙众而化见，照神功以朗物"，还是讲"佛国之伟，精神不灭，人可成佛，心作万有①，其所谓佛的存在，"虚明之本，终始常住"的存在，皆不过是一种人的精神性存在而已。这一点，涉及神不灭的争论，后面还要讲，此不多叙述。

另外，东汉至魏晋这段时间，不仅对佛教迅速传播发展产生许多疑惑，而且对道教的发展，也同样是存在疑问的。这是与当时人们理性思维发展联系在一起的。如魏时曹植提出"世人得道，化为仙人乎"②的疑问；讲"初谓道术，直呼愚民诈伪，空言定矣"③；晋时孙盛谓道家老子为"非大贤"，批评其教非自然之理，"诡乎圣教"④。可知当时的人们不仅疑惑佛教，对道教也是疑惑的。但这种疑惑，由于缺乏本体论上的阐释，因此，它对精神发展意义不大，故不进一步阐释。

东汉魏晋对佛教的解惑，不论是把佛看作是对最高存在的觉悟，还是看作精神性存在，孙绰、宗炳的论述，在宗教哲学上，对佛教的理解，皆比《牟子理惑论》，已向前发展了。因为孙、宗所论，已经涉及宗教本体论及形而上学存在问题，而非像《理惑论》那样仅仅停留于对佛教疑惑。这是华夏民族对佛教理解的发展，也是佛教适应华夏文化的发展。

---

① 以上所引均见宗炳《明佛论》，《弘明集》卷二。
② 《辩道论》，见《全三国文》卷一八。曹植（192～232），字子建，沛国谯（今安徽省亳州市）人。三国曹魏著名文学家，建安文学代表人物。魏武帝曹操之子，魏文帝曹丕之弟，生前曾为陈王，去世后谥号"思"。《三国志·陈思王植传》说其"自少至终，篇籍不离于手"，著赋、颂、诗、铭、杂论，凡百余篇。
③ 《释疑论》，《全三国文》卷十八。
④ 孙盛：《老聃非大贤论》，《广弘明集》卷五。

但这并不等于说佛教在中国传播所引起的疑惑问题解决了，更不是说儒、道、释三教争论到此为止了。一种文化传入异国他乡，要其适应原有文化中并不是一件容易的事儿，更不要说它适应原有文化发展为新文化了。佛教传入中国，与华夏文化发生争辩甚至矛盾冲突是很自然的事儿。这种争辩及矛盾冲突，一时看似解决了，但它在新的文化历史背景下还会发生。刘宋时期僧慧琳《白黑论》、何承天《达性论》、宗炳《难白黑论》、颜延之《释达性论》，所引起的三极之道与涅槃法身之辩，就是在新的文化历史背景下发生的争论。它不仅涉及宗教本体论及其流行大用问题，亦属儒释两种文化根本理论之争，故述之。

二　三才之道与涅槃法身之辩

东汉之后，西晋虽有过几十年相对稳定，但永嘉"八王之乱"后，进入东晋，则陷入了四百年混乱时期。它较东汉魏晋时期更加混乱，不仅社会上民不聊生，精神上亦极为虚妄邪僻，充满着危机。南宋司徒主簿、中军录事参军周朗，曾于孝武帝刘骏时《上书献谠言》，直言讲当时"千里连死，万井共泣"的悲惨状况，及"秦汉余敝，尚行于今，魏晋遗谬，犹布于民"的社会现实。社会愈混乱，人生愈无常，愈无法掌握自己的命运，就愈会相信乌七八糟的东西。此乃礼教毁，政教之失也。故周朗说："凡治者何哉？为教而已。今教衰已久，民不知则，又随以刑逐之，岂为政之道欤！"周朗认为，礼教之衰，精神之危机，世风混乱低迷衰败，乃是源于佛教流行。故他说：

> 自释氏流教，其来有源，渊检精测，固非深矣。舒引容润，既亦广矣。然习慧者日替其修，束诚者月繁其过，遂至麋散锦帛，侈饰车从。复假精医术，托杂卜数，延姝满室，置酒浃堂，寄夫托妻者不无，杀子乞儿者继有。而犹倚灵假像，背亲傲君，欺废疾老，震损宫邑，是乃外刑之所不容戮，内教之所不悔罪，而横天地之间，莫不纠察。人不得然，岂其鬼欤。……凡鬼道惑众，妖巫破俗，触木而言怪者不可数，寓采而称神者非可算。凡一苑始立，一神初兴，淫风辄以之而甚，今修堤以北，置园百里，峻山以右，居灵十房，糜财败俗，其可称限。如此故，当愈

于媚神之愚，征正凑理之敝矣。①

但是，天下愈是动荡混乱时期，愈是人心性迷惘、精神危机时期，也就愈是各种哲学思想家、宗教思想家及人生哲学家最为活跃、最为积极、最为推本立极，试图有所建树的时期。他们处于宇宙浩浩大化之中，浑然知觉宇宙万物全体无穷，因此，其为学也，无不以先验论、本体论和形而上学最高存在，说明人生应该遵循的性命之理，不要为大化所驱使，于洪涛巨浪中颠沛流离。在他们看来，惟以先验形上本体为知觉主宰处，建立自己的信仰、信念与精神家园，才能万起万灭，寂然不动。因此，继东晋安帝时译出的《大般泥洹经》《长阿含经》之后，宋武帝时有《空寂藏经》译出，文帝时又译出了《般泥洹经》《杂阿含经》《泥洹经》等佛教经典。这是从译经及宗教哲学活跃方面讲，但相伴译经及宗教哲学活跃的另一方面，则是激烈的思想争辩与学术攻防。慧琳《黑白论》、何承天《达性论》、颜延之《释达性论》等论争性著述，就是这样产生的。这种争辩与攻防，不仅是文化习俗方面的，而且涉及宗教先验论、本体论与形而上学最高存在问题。这是佛教发展到南朝时期，与东汉末《牟子理惑论》时期不同的。刘宋时有个名曰孔璭之②者，讲到元嘉时期佛教发展论争论情况，就曾作过下面的描述：

　　元嘉十二年五月乙酉，有司奏丹阳尹萧摹之上言，称佛化被于中国，已历四代，塔寺形象，所在千计，进可以击心，退足以招劝。而自顷世以来，情敬浮末，不以精诚为至，更以奢竞为重，旧宇颓圮，曾莫之修，而各造新构，以相夸尚，甲第显宅，于斯殆尽，材竹铜采，糜损无极。违中越制，宜加检裁，不为之防，流遁未已。请自今以后，有欲铸铜像者，悉诣台自闻，兴造塔寺精舍，皆先诣所在二千石，通发本末，依事列言。本州岛必须报许，然后就功。其有辄铸铜制辄造寺舍者，皆以不承用诏书律论。铜宅材瓦，悉没入官，奏可。是时有沙门慧琳，假服僧次，而毁其法，著《白黑论》。衡阳太守何承天，与琳比狎，雅相击扬，著《达性论》，并拘滞一方，诋呵释教。永嘉太守颜延之、太子中舍人宗炳，信法者也，检驳二论，各万余言。琳等始亦往还，未抵迹乃止。炳

---

① 《宋书·周朗传》。
② 《全宋文》卷二十八，介绍孔璭之说："璭之，爵里未详。"（疑是琳之昆弟）

因著《明佛论》以广其宗。①

综上所述，就是东汉魏晋发展到南朝时期，总的社会文化及宗教发展状况。从这种状况可以看出，南朝的宗教争论及其激烈宗教争锋与攻防，就是在这种复杂社会、文化、政治背景下发生的。它首先是僧慧琳作《白黑论》抑佛扬儒，何承天将论转寄宗炳，遭到宗炳的反对，宗炳作《难黑白论》，然后是何承天《达性论》、颜延之《释达性论》及书信往来，展开辩论。其核心问题，就是儒家三极之道与佛教涅槃法身之争。

僧慧琳是南朝宋世名僧。《宋书》说其"秦郡秦县（今陕西榆林市神木县北）人，姓刘氏，少出家，住冶城寺，有才章，兼外内之学，为庐陵王义真所知。注《孝经》及《庄子·逍遥篇》文论，传于世"②。他本为释道渊的弟子。《高僧传》说其"善诸经及庄老，长于制作，故集有十卷"③。宋世佛教，诚如孔璠之引元嘉十二年，丹阳尹萧摩之奏所说"佛化被于中国，已历四代"，应该说已经不同程度地适应了中国文化的发展。慧琳虽为释家，然由于他"兼外内之学"，应该对儒家文化也是有所研究理解的。这从谢灵运答释慧琳引其所问云："三复精议，辨二家，斟酌儒道，实有怀于论矣"④，也可以看出来。因此，他假设白学先生（代表中国经纶百世，其德弘矣，智周万变，天人之理尽的圣人）与黑学道士（代表不照幽冥之途，弗及来生之化的外来佛教），以相互辩难的形式，写成一篇《白黑论》，意在调和儒、佛、道三家矛盾，主张殊途同归，故又称为《均善论》或《均圣论》。慧琳从宗教神学出发，分辩"幽冥之理，固不极于人事矣。周、孔疑而不辨，释迦辨而不实，将宜废其显晦之迹，存其所要之旨"，然后讲"夫道之以仁义者，服理以从化，帅之以劝诫者，循利而迁善"，希望克服儒道释的矛盾，讲"六度（佛教六种修行方法）与五教（儒学的仁义礼智信）并行，信顺（道教）与慈悲（佛教）齐立"，实现"殊途而同归"⑤，应该说是颇有见解的，当时也是得到宋文帝刘义隆赞许的。然由于慧琳立论有抑佛扬儒的倾向，当时衡阳太守何承天也很赞同慧琳的看法，将其所论转寄给了具有道家思想又通佛理

---

① 《列叙元嘉赞扬佛教事》，《全宋文》卷二十八。
② 《宋书·夷蛮·天竺传》。
③ 《高僧传·释道渊传》。
④ 谢灵运：《答慧琳问》，《全宋文》卷三十二。
⑤ 《宋书·夷蛮·天竺传》。

的宗炳，结果遭到信奉佛理的宗炳、颜延之等人反对，于是此事发展成了一场以《黑白论》为议题的大辩论。

参与这场大辩论的人，都是宋世很有学问的。如何承天（370～447），字衡阳，东海郯（今山东郯城）人。曾领任国子博士、御史中丞，史说其"儒史百家，莫不该览"①。其为学，删定《礼论》，撰成《安边论》，改定《元嘉历》。颜延之（383～456），字延年，琅邪临沂（今山东临沂市）人，曾为中书侍郎，转太子中庶子。皇太子讲《孝经》，颜延之何承天与同为执经。他最常讲的一句话，就是"天下之务，当与天下共之，岂一人之智所能独了"，可知其对天下事的关心。史说"沙门释慧琳，以才学为太祖所赏爱，每召见，常升独榻，延之甚疾焉"②，可知颜延之参与《黑白论》之辩，可能与平时看不惯慧琳所为有关。

这场辩论，虽然涉及天堂地狱、因果报应、鬼神是否存在一类问题。如关于《黑白论》所讲"众圣老庄皆云有神明，复何以断其不如佛言"，何承天认为"明有礼乐，幽有鬼神，圣王所以为教，初不昧其有也。若果有来生报应，周、孔宁当缄默而无片言耶？"并且认为"区区去就，在生虑死，心系无量，志生天堂，吾党之常异于是焉"；它不过是"释迦之教，以善权救物，若果应验若斯，何为不见其灵变，以晓邪见之徒"③。这些话的意思是说，上古鬼神问题，虽然礼乐有所记载，圣王为教也不回避，但那是原始蒙昧时期，到周公、孔子礼教时代，理性为尚，也就不谈鬼神报应一类事了；天堂地狱、因果报应一类说法，不过是释家权宜之教。但颜延之认为，"羲唐邈矣，人莫之详，《尚书》所载，不过数篇，方言德刑之美，遑记祸福之源。今帝典王策，犹不书性命之事，而征阙文"，如果因为"阙文"，就认为古代无鬼神报应，那就"师心之过"，自以为是了，而且"咸列姬、孔之籍"，没有记载，就不承认古代有鬼神报应，则考虑问题"如小径"，思想太狭隘了；并且认为天堂地狱、因果报应并非权教，而是"权道隐深，非圣不尽，虽子通识，虑亦未见其极"的佛理，"神高听卑，庸可诬哉"④。这类问题，在佛教那里皆是极为神圣的，故其争论亦多。

---

① 《宋书·何承天传》。
② 《宋书·颜延之传》。
③ 何承天：《释均善难》，《弘明集》卷三。
④ 颜延之：《又释何承天》，《弘明集》卷四。

　　但这场辩论在精神史上的意义，不在于天堂地狱、因果报应、鬼神是否存在这一类问题，而在于这些问题背后的先验论、本体论、形而上学存在问题。因为慧琳《黑白论》所涉及的根本理论，乃是"释氏所论之空，与老氏所言之空"的"同异"问题。从佛教看，两者是不同的："释氏即物为空，空物为一。老氏有无两行，空有为异。"但是，从儒家看，如果"释氏空物，物信空邪""空又空"，那么，天地万物又是从哪里来的呢？这就提出了一个本体论问题，即"三仪灵长于宇宙，万品盈生于天地，孰是空哉？"① 它在辩论中，就是儒家天、地、人的三才之道与佛教的涅槃法身与众生含灵问题。

　　在中国文化中，"昔者圣人之作《易》也，立天之道曰阴与阳，立地之道曰柔与刚，立人之道曰仁与义，兼三才而两之"，就是"三材之道"。其"分阴分阳，迭用柔刚，六位而成章"，就是"六画而成卦"② 的六爻。六爻的变化，乃是通天、地、人三才之道的，故又说："六爻之动，三极之道也。"③可知，三极之道，即是"兼三才而两之"的广大悉备之道，也就是宇宙万物所以生生化化的形上大道本体存在。此乃儒家所说"大哉乾元，万物资始，乃统天。云行雨施，品物流形"的存在，"至哉坤元，万物资生，乃顺承天，坤厚载物，德合无疆，含弘光大，品物咸亨"④ 的存在；亦乃道家所说"有物混成，先天地生，寂兮寥兮，独立不改，周行而不殆，可以为天下母"的存在，"大道泛兮，衣养万物而不为主，常无欲可名于小；万物归焉而不为主，可名为大"⑤ 的存在。材即才也。它即是此次论争所涉及的三才之道问题。

　　围绕慧琳《黑白论》辩争所涉及的"释氏所论之空，与老氏所言之空"的"同异"问题，乃是佛教"即物为空""空又空"的存在，能不能化生万物，能不能作为本体论存在问题。中国文化的三才之道，不管提升为"有"，还是"无"，是"无极而太极"的存在，还是形上"太极之道"存在，它都不是空寂无物存在，仍然是一阴一阳之道，是此道无形实有是理的存在。即使太极图最上边的以"〇"表示的空白圆圈，它也不是空白无物，而是包含着阴阳、动静、清浊存在的。惟此，它才能"动而生阳，静而生阴，一动一

---

　　① 慧琳：《黑白论》，《宋书·夷蛮·天竺传》。

　　② 《周易·说卦传》。

　　③ 《周易·系辞上传》。

　　④ 《周易·彖上传》。

　　⑤ 《老子》第 25、34 章。

静，互为其根，阳变阴合，化生万物，万物生生，变化无穷"①。故三才之道者，乃万物生化宇宙原理也。倘若它是空寂无物存在，空之又空存在，不包含任何生化法则，其为本体，即使其再至精至神至妙，也不能化生万物，不能成为立教本体论根据。如此，万物何处而生，含灵何处而来？此儒教与佛教本体论之不同，故慧琳说"三仪灵长于宇宙，万品盈生于天地，孰是空哉！"何承天认为，正因为有三才之道，"故能禀气清和，神明特达，情综古今，智周万物，妙思穷幽，赜制作、侔造化，归仁与能，是为君长"②。慧琳更认为，佛教本体空寂，"折毫空树，无伤垂荫之茂；堆材虚室，无损轮奂之美"③，是不能解释万物生气勃勃、美轮美奂存在的。宗炳对慧琳及何承天关于佛教本体论空寂虚无的批评，则认为，慧琳《黑白论》不辨佛教"幽冥之理"。他承认，讲"幽冥之理"，若一味"取廓然唯空"，是无法解释神明存在的。他认为，慧琳用"折毫空树，无伤垂荫之茂。堆材虚室，无损轮奂之美"，"以塞本无之教"的说法不以为是。故其用下面的说法，解释佛教空寂虚无本体论：

> 佛经所谓本无者，非谓众缘和合者皆空也。垂荫轮奂，处物自可有耳，故谓之有谛；性本无矣，故谓之无谛。吾虽不悉佛理，谓此唱居然甚安，自古千变万化之有，俄然皆已空矣。当其盛有之时，岂不常有也，必空之实，故俄而得以空耶。④

这就是说，宗炳讲佛教本无，并"非谓众缘和合者皆空"，一味讲空寂虚无，而是采取中道的说法，讲"有谛"与"无谛"两重真理性存在的，而且其讲"垂荫轮奂，处物自可有耳，故谓之有谛"，已与郭象解《庄子》讲神妙"物之自造"，讲"神器独化于玄冥之境"⑤，已无异矣。宗炳多大程度上吸收了新道家的说法，虽不好判断，然其在般若玄学化环境下，他运用新道家思想解释佛教本无之说，亦乃是适应佛教中国化之趋势的。宗炳一方面用"垂荫轮奂，处物自可有"，讲佛教本无"有谛"的真理性；但另一方面，他

---

① 周濂溪：《太极图说》。
② 何承天：《达性论》，《弘明集》卷四。
③ 慧琳：《黑白论》，《宋书·夷蛮·天竺传》。
④ 《宗答何书》，《弘明集》卷三。
⑤ 郭象：《庄子序》。

又用佛教"性本无",缘起缘灭,讲"古千变万化之有,俄然皆已空",否定"垂荫轮奂,处物自可有"的合理性及存在价值。故曰"当其盛有之时,岂不常有也,必空之实,故俄而得以空耶"。人若相信佛教这条真理,还奋斗什么呢?人的现世存在,还有什么价值呢?它实际上仍然是讲佛教"众缘和合者皆空"的绝对真理性,因为缘起缘灭,终归本性空寂。这显然与儒家文化讲圣人之作《易》,立三极之道,"以顺性命之理"① 相悖的。

宗炳讲佛教本无的"非谓众缘和合者皆空",涉及佛教的涅槃、法身问题。讲涅槃不灭,讲法身存在,乃属于佛教本体论问题。它是一种怎样的存在,能否成为宇宙万物本体论存在,是接触佛教的人很关心的。佛教法身,虽有真实、权应二义,但就其真实身的至极之体而言,则是妙绝拘累,不得以方处言,乃是不可以形量限的,乃是有感斯应,"体常湛然"的本体存在。涅槃就是回到这个"体常湛然"的本体存在;而其权应之身,就是道体流行、化生万物之用,故谓"和光六道,同尘万类,生灭随时,修短应物,形由感生",但作为真实本体,则是"权形虽谢,真体不迁"的。这就是佛教所讲法身的"生非实生,灭非实灭"本体论。这种本体论,仍然是精神性的,而非实有是理存在,故曰"体非实有"②。此乃慧琳讲"释氏即物为空",宗炳承认"古千变万化之有,俄然皆已空"者也。但佛教以何为生化本体,为何种形而上学存在,仍然会引起人们的疑问。宗炳用了一个极为抽象思辨,解答这个极为奥妙的精神性存在。这就是他说的"泥洹以无乐为乐,法身以无身为身"。在他看来,"夫佛家大趣,自以八苦,皆由欲来,明言十二因缘,使高妙之流",在于"朗神明于无生耳"!即以无生为至神存在;而欲此道者,在于追求物欲的至神境界。故佛教"励妙行以希天堂,谨五戒以远地狱,虽有欲可欲,实践日损之清涂,此亦西行而求郢,何患其不至哉!"③ 佛教讲涅槃、法身本体,乃是追求一种"无乐为乐,无身为身"存在,追求此种精神性存在。这种存在,显然与中国文化化所说可生可化的天道本体、三极之道不同的。故何承天争辩之曰:你说那一套,"乃形神俱尽之证,恐非雅论所应明言也";"华戎自有不同,何者?中国之人,禀气清和,含仁抱义,故周、

---

① 《周易·说卦传》。
② 《魏书·释老志》。
③ 宗炳:《答何书》,《弘明集》卷三。

孔明性习之教；外国之徒，受性刚强，贪欲忿戾，故释氏严五戒之科。"① 宗炳所讲佛教涅槃、法身本体，虽与中国文化天道形上至精至神存在有相通之处，然其生化之妙，则是不同的。

《易传》讲"神也者，妙万物而为言者也"②。中国文化无疑是承认万物皆有灵性，有一定意识的。这只要看一看中国上古神话中那些仙子仙兽、仙介仙麟及鬼狐蛇妖、神异精灵是怎样活灵活现就可以理解了。其显微幽冥、生生化化及其活泼机趣，无不具有一种生命精神。但中国文化又是讲"惟天地万物父母，惟人万物之灵"③；讲"道大、天大、地大、人亦大，域中有大，而人居其一焉"④，强调人的主体地位的，而非一味强调万物含灵，把人与万物皆视为众生，讲众生平等。故何承天说："天以阴阳分，地以刚柔用，人以仁义立，人非天地不生，天地非人不灵，三才同体，相须而成者也"；"故天地以俭素训民，乾坤以易简示人，所以训示殷勤若此之笃也。安得与夫飞沈蠉蠕，并为众生哉！"⑤ 而颜延之则认为，"总庶类，同号众生，含识之名"，并非"上哲之谥"。从佛教看，"大德曰生，有万之所同，同于所万，岂得生之可异？不异之生，宜其为众"⑥。而何承天则说："人生虽均被大德，不可谓之众生。譬圣人虽同禀五常，不可谓之众人，奚取于不异之生，必宜为众哉！"⑦ 颜延之则认为，由"人则役物以为养，物则见役以养人"，发展到相互残杀，必然遭到报应。因为"凡气数之内，无不感对，施报之道，必然之符"⑧。这与中国文化讲"乾道变化，各正性命。保合大和，乃利贞"⑨有相通之处。不过，中国文化更强调天道本体的流行大用，而不是众生平等。颜延之所阐述的佛教众生之理与报应之说，无疑看到了宇宙万物生生灭灭的广泛因果论。这从生态平衡和环境保护的意义上说，无疑具有一定合理性。但是，把万物具有某种意识存在及其生灭的广泛因果之道，说成是"精灵在天"的善报，则陷入了神秘主义。

---

① 何承天：《释均善论》，《弘明集》卷三。
② 《周易·说卦传》。
③ 《尚书·泰誓上》。
④ 《老子》第 25 章。
⑤ 何承天：《达性论》，《弘明集》卷四。
⑥ 颜延之：《释达性论》，《弘明集》卷四。
⑦ 何承天：《答颜永嘉》，《弘明集》卷四。
⑧ 颜延之：《释达性论》，《弘明集》卷四。
⑨ 《周易·象上传》。

尽管如此，这场论争，不论是宗炳把涅槃、法身看作是最高精神性存在，还是颜延之讲"大德曰生"，众生含灵，他们把万物生化兴灭与三才之道联系起来，与天地之大德联系起来，相对于佛教空寂虚无本体论学说，还是适应了中国文化哲学向前发展的。

自然，佛教空寂虚无本体论，并不是轻易能解决的。因为这种本体论，不仅与儒家真实无妄的天道本体不符，与道家有无之论相悖，更涉及人究竟应该怎样活着及人生存在的终极意义问题。佛教在中国的传播，自然不会轻易放弃自己空寂虚无本体论学说，然其以此行教，与中国文化发生矛盾冲突，引起华夏诸族更大疑惑与反对就难免了。它发展到宋齐时期，就是顾欢作《夷夏论》，所引起的释道二教"同源论"之争，及借张融之名所作《三破论》、玄光法师作《辨惑论》，而刘勰作《灭惑论》、僧顺作《析三破论》，所引起的释道不同教化及政教地位的争辩，以及贯通整个南朝时期精神灭不灭的大辩论。这些辩论，皆涉及佛教本体论如何适应中国文化问题。通过这些辩论，不仅对释道本体论取得了某种一致性认知与理解，也将佛教适应中国文化发展推向了新的阶段。现在先讲顾欢作《夷夏论》所引起的二教"同源论"争辩问题，然后再讲释道不同教化及政教地位的争辩，及精神不灭的大辩论问题。

三　夷夏之辩和二教通源论争

宗教争论，不论争论内容如何，方式怎样，皆有其社会文化背景，皆是与时代的政治诉求、社会心理、价值判断及文化发展特定趋势联系在一起的。南朝进入宋齐之后，散骑郎员外郎刘思曾向齐高帝萧道成上疏，直言当时贫富两极分化及权力潜移、政教失正状况，提出政教诉求说：

> 宋自大明以来，渐见凋敝，征赋有增于往，天府尤贫于昔；兼军警屡兴，伤夷不复，戍役残丁，储无半菽，小民嗷嗷，无乐生之色。贵势之流，货室之族，车服伎乐，争相奢丽，亭池第宅，竞趣高华，至于山泽之人，不敢采饮其水草。贫富相辉，捐源尚末。陛下宜发明诏，吐德音，布惠泽，禁邪伪，薄赋敛，省徭役，绝奇丽之赂，塞郑、卫之倡，变历运之化，应质文之用，不亦大哉！又彭、汴有鸱枭之巢，青丘为狐

兔之窟，虐害逾纪，残暴日滋。鬼泣旧泉，人悲故壤，童孺视编发而惭生，耆老看左衽而耻没。陛下宜仰答天人引领之望，下吊氓黎倾首之勤，授钺卫、霍之将，遗策萧、张之师，万道俱前，穷山荡谷。此即恒山不足指而倾，渤海不足饮而竭，岂徒残寇尘灭而已哉！①

在这种贫富两极分化及权力潜移、政教失正的情况下，自然要求政教统一，文化意识形态一致。这自然要辨识佛道二家的立教及其各异的施教是否有利于华夏一统的政治。正是在这种社会文化背景下，顾欢作《夷夏论》，辨识释道二教不同，引起夷夏之辩的。

顾欢，字景怡，吴郡（今浙江海盐县）人。死于元嘉三十年二月，时年六十四。以此推算，顾欢应该生于东晋太元十四年，生平年应为公元 389～453 年。史说顾欢家贫，无以受业，曾于舍壁后倚听人讲学，无遗忘者；八岁，诵《孝经》《诗》《论》，及长，笃志好学；年二十余，从雷次宗"谘玄儒诸义"②。雷次宗是当时儒道皆通的学者。他虽事沙门释慧远，但尤明《三礼》《毛诗》，曾与"会稽朱膺之、颍川庾蔚之并以儒学，监总诸生"③，可知雷次宗在玄学儒学方面，皆对顾欢有影响。齐高帝萧道成辅政，顾欢征为扬州主簿，自称山谷臣，迁太学博士，不就。顾欢曾删撰《老氏》，向齐高帝萧道成献《治纲》一卷，讲"道德，纲也。物势，目也。上理其纲，则万机时序；下张其目，则庶官不旷。是以汤、武得势师道则祚延，秦、项忽道任势则身戮"④。可知他对天下之治，还是很关心的。但顾欢晚年服食，不与人通，事黄老道，解阴阳书，讲究数术，则为道家隐逸人物矣。但他并未失去对华夏文化的关心。

宋齐之际，不仅大乘佛教般若空宗《般若经》《法华经》各种译本已经出现，广为传播，而且道教也发展了起来，对老子、庄子等人的玄学思想不断发挥，使之宗教神学化。当时，释道二教为争邪正，争谁为正统，争谁更

---

① 见《南齐书·顾欢传》。
② 《南齐书·顾欢传》。
③ 《宋书·雷次宗传》。
④ 《南齐书·顾欢传》。

具道源学脉，相互诋毁，争论极为激烈。道家有"老子化胡"① 之说，佛教则有老子、孔子为胡所化②之论。顾欢面对着佛道二家立教各异，激烈争论，及学者互相非毁局面，为求政教统一，而作《夷夏论》，讲究二教之不同。他从夷夏不同文化本性不同出发，认为华夏文化是不可以佛教文化代替的。故其说：

> 佛道齐乎达化，而有夷夏之别。若谓其致既均，其法可换者，而车可涉川，舟可行陆乎？今以中夏之性，效西戎之法，既不全同，又不全异。下弃妻孥，上废宗祀，嗜欲之物，皆以礼伸，孝敬之典，独以法屈。悖礼犯顺，曾莫之觉。弱丧忘归，孰识其旧？且理之可贵者，道也；事之可贱者，俗也。舍华效夷，义将安取？若以道邪，道固符合矣；若以俗邪，俗则大乖矣。③

国家民族不是生物群落，而是文化群体；文化不同，规定了不同国家民族的本质。若一个国家民族失去了自己的文化，特别是那些规定国家民族本质的文化，那也就不是这个国家民族了。由此可知，顾欢从夷夏不同文化本性出发，认为华夏文化是不可以佛教文化代替，本是非常合理的。顾欢虽然讲夷夏之俗不同，讲释道二教教化礼俗差别，但他还是承认释道二教在宗教本体论上还是相通的。这就是他讲的"若以道邪，道固符合矣；若以俗邪，俗则大乖矣"。

但即是如此，因为顾欢之说，倾向于道教，倾向于维护华夏传统文化，还是遭到了反对。当时官至宋司徒的袁粲，就托名道人通公，进行反驳，说老、庄、周、孔之教，"检究源流，终异吾党之为道"。因为"孔、老、释迦，其人或同，观方设教，其道必异。孔、老治世为本，释氏出世为宗"；"又仙化以变形为上，泥洹以陶神为先。变形者白首还缁，而未能无死。陶神者使

---

① "老子化胡"之说，远在东汉时已经出现，《后汉书·襄楷传》就有"或言老子入夷狄为浮屠"的说法；西晋惠帝时天师道祭酒王浮为与沙门争邪正，作《老子化胡经》；东晋后期更有《玄妙内篇》，讲"老子入关之天竺维卫国，国王夫人名曰净妙，老子因其昼寝，乘日精入净妙口中，后年四月八日夜半时，剖左腋而生，坠地即行七步，于是佛道兴焉"。

② 佛教《清静为法经》讲："佛遗三弟子震旦教化，儒童菩萨，彼称孔丘；净光菩萨，彼称颜回；摩阿迦叶，彼称老子。"佛藏无此经名，系释家伪造。

③ 《夷夏论》，见《南齐书·顾欢传》。

尘惑日损，湛然常存；泥洹之道，无死之地，乖诡若此，何谓其同"①。这就从本体论上否定顾欢释道"若以道邪，道固符合"的说法。袁粲虽托名道人通公，他实际上乃是佛教信奉者，自然为佛教辩护。

顾欢与袁粲之辩，涉及释道二教起源及不同教化礼俗问题，但其最为根本的还是宗教本体论问题。当时明僧绍作《正二教论》，就驳斥了顾欢的说法。僧绍虽然承认老、释同为圣人，承认"老子之教，盖修身治国，绝弃贵尚，事止其分，虚无为本，柔弱为用，内视反听，深根宁极，浑思天元，恬高人世"；承认"中天设教，观象测变，存而不论，经世之深，孔老之极也"，但从根本上说，从"穷神尽教"的宗教本元上说，还是维护佛教"尽照穷缘，殊生共理，练伪归真，神功之正"本体论地位的；若"超宗极览，寻流讨源"而看，他认为"佛明其宗，老全其生，守生者蔽，明宗者通"，并指出"道家所教，唯以长生为宗，不死为主"，及其炼丹术，登仙不死，名补天曹之说，"大乖老、庄立言本理"②。

这场争论是极为激烈、极为尖锐对立的。当时齐文惠太子、竟陵王子良都好释法，特别是竟陵王子良，敬信佛法尤笃，数于邸园营斋戒，召集朝臣众僧于园中。有个名为孟景翼的道士，众僧大会，子良让其礼佛，他怎么也不肯。竟陵王子良送他《十地经》，而孟景翼则造《正一论》对之，讲解释道二教本体论源头上一致。他说：

> 《宝积》云"佛以一音广说法"，老子云"圣人抱一以为天下式"。一之为妙，空玄绝于有境，神化赡于无穷，为万物而无为，处一数而无数，莫之能名，强号为一。在佛曰实相，在道曰玄牝。道之大象，即佛之法身。以不守之守守法身，以不执之执执大象。但物有八万四千行，说有八万四千法；法乃至于无数，行亦逮于无央，等级随缘，须导归一。归一曰回向，向正即无邪。邪观既遣，亿善日新，三五四六，随用而施，独立不改，绝学无忧，旷劫诸圣，共遵斯"一"。老、释未始于尝分，迷者分之而未合。亿善遍修，修遍成圣，虽十号千称，终不能尽；终不能尽，岂可思议！③

---

① 引文见《南齐书·顾欢传》。
② 《正二教论》，《弘明集》卷六。
③ 《南齐书·顾欢传》引孟景翼《正一论》。

　　这就是说，虽然孟景翼为道士，但在他看来，不论是佛教"以一音广说法"，还是老子讲"圣人抱一以为天下式"，皆是"空玄绝于有境，神化赡于无穷"，提升出来本体论、形而上学存在。其为最高法则，它"在佛曰实相，在道曰玄牝。道之大象，即佛之法身。以不守之守守法身，以不执之执执大象"，本质上是没什么区别的。若能导归于一，回归于一，则"向正即无邪"。但是后人执着于象数、等级，随用而施，也就呈现出差别了。因此他认为，这个"老、释未始于尝分"，但"迷者分之而未合"；而执着于象数、等级的差别，就"亿善遍修，修遍成圣，虽十号千称，终不能尽"了。此乃讲释道二教源头之一致也。

　　当时，曾任齐司徒从事中郎的张融①作《门律》，也是认为释道二教本原上是一致的。史说张融"玄义无师法，而神解过人，白黑谈论，鲜能抗拒"，可知其形而上学并完全非执着于释道之说；又说他死时"左手执《孝经》、《老子》，右手执小品《法华经》"，自曰"吾生平所善，自当凌云一笑"②，可知其达观，及对释道二教，皆信奉爱好。因此他作《门律》，讲"道之与佛，逗极无二，寂然不动，致本则同"，是可以理解的。但这种最高形上本体上的一致，感通是各不一样的。因此，他说"澄本虽一，吾自俱宗其本"；并要求进行形上本体领悟时，你"可专尊于佛迹"，但要"无侮于道本"③，即道教的根本。他意在试图以本原一致调和释道二教矛盾，但将《门律》寄给与自己情趣相投的孔稚珪、孔仲智兄弟和庐江何点、何胤兄弟及太子仆周颙，就自己"通源二道"之说咨询诸贤高义时，却遭到了周颙等人反对，并引起诸多书信往来的辩论。

　　周颙，字彦伦，汝南安城（今河南平舆县西南）人，生卒年不详，《南史》只说其"始著《四声切韵》，行于时，后卒于官"④。周颙曾任太子仆、中书郎、国子博士。史说他"泛涉百家，长于佛理，著《三宗论》，立空假名，立不空假名，设不空假名难空假名，设空假名难不空假名；假名空难二

---

① 《南齐书·张融传》说：张融（444～497），字思光，吴郡（今江苏苏州）吴人，并说其"不知阶级，阶级亦可不知"；名融者，乃"天地之逸民也，进不辨贵，退不知贱，兀然造化，忽如草木"；曾为黄门郎、太子中庶子，司徒左长史，有集10卷。

② 《南齐书·张融传》。

③ 张融：《门律》，《弘明集》卷六。

④ 《南史·周颙》。

宗，又立假名空"，可知其善玄思之辩；又说他"兼善《老》、《易》，与张融相遇，辄以玄言相滞，弥日不解"①，可知其与张融经常辩论形上问题。但他不同意张融《门律》者，在于释道二教"逗极无二"的"通源论"。他认为，言道家，应以《老子》《庄子》二篇为主；讲佛教，应以般若为宗。虽道家所贵，"义极虚无"；般若所观，"照穷法性"。虚无法性，其寂虽同，然达此境界之方法，"其旨则别"。周颙虽承认"世异故不一其义"，是造成佛道不同原因，但认为驱驰佛道，亦不能"轻而宗之"，因为那样对释道二教最高本体判断，会"无免二失"。可知，周颙并非完全不同意张融释道二教"逗极无二"的"通源论"，而这本原上的一致，只是坚持"本一末殊"②，理解领悟方法不同而已。其他几位人的书信往来，关于"通源论"大抵如此。

由此可知，顾欢讲释道二教"若以道邪，道固符合"；孟景翼讲"老、释未始于尝分"；或张融讲"道之与佛，逗极无二，寂然不动，致本则同"，此类诸多释道二教"通源"之说，已经可以看到佛教文化与中国道家文化在源头上的相互融合了。顾欢、孟景翼为道士，而张融虽好道家，亦为佛教信奉者。他们能够认识理解到释道二教源头上的一致，本体论上的不二，则不仅说明佛教本质已开始为华夏士人所理解领悟；同时说明，佛教在传播中已渐渐适应中国文化，开始修正立教本体论，走向中国化了。

自然，大乘佛教要真正完成中国化，道路还是相当遥远的，而且道路还是艰险的。它不仅要在本体论上与中国文化哲学相互涵化融合，而且要在礼俗上更适应中国文化的伦理道德要求。这对佛教来说，并不是太容易的。当其不适应、不雍容协化或不配合时，则危及政教人生，发生新的矛盾冲突。发展到齐梁时期，就是张融、玄光法师、僧顺等人的释道二教政教世用之争。

四　释道二教的政教世用之争

南朝由齐发展到梁时，社会处于相对稳定的时期。这个时期，用王船山的话说，梁武帝"享国五十年，天下且小康焉"。它相对于无道之世而言之，亦"霆雨之旬，乍为开霁"，虽然不能说是盛世，然"草木亦荟蓁以向荣矣"。梁朝天监年间，教风初兴。王船山谈到天监教风之变时说："武帝之始，

---

① 《南齐书·周颙传》。
② 周颙：《答张书并问张》，《弘明集》卷六。

崇学校，定雅乐，斥封禅，修五礼，《六经》之教，蔚然兴焉！虽疵而未醇，华而未实，固东汉以下未有之盛也。"但是，魏、晋、齐、梁之变，皆发迹兵间，靠武力夺取政权，于圣人名教茫然，虽有丰功伟绩，然终不能掩盖其恶。因此，这对梁武帝来说，就造成了一个难解的心结，即"彷徨疚愧，知古今无可自容之余地，而心滋戚矣"。但佛教以空为道，有心亡罪灭之说，事事无碍之教，只要归于佛门，进行忏悔，不论多大罪恶，皆可消殒。梁武帝于是欣然而得其愿，说"浮屠之许我以善，而我可善于其中也"。你不就是"断内而已，绝肉而已，捐金粟以营塔庙而已"吗，"我皆为之"；自以为这样，就可越三界，出九地，翛然于善恶之外，弒君篡国，沤起幻灭而无伤了，于是"终身沉迷而不反"[1]。这就是史家所说梁武帝"留心俎豆，忘情干戚，溺于释教，弛于刑典"，致使"帝纪不立，悖逆萌生"，"卒至乱亡"[2]。

梁武帝沉迷于佛教，朝政纵弛，特别是大肆修建寺院塔庙，大弘释典，各竞奢侈，造成贪秽遂生。当时南梁郡丞郭祖深，就曾冒死诣阙上封事二十九条，直陈"由陛下宠勋太过，驭下太宽，故廉洁者自进无途，贪苟者取入多径"。当时"都下佛寺五百余所，穷极宏丽，僧尼十余万，资产丰沃。所在郡县，不可胜言。道人又有白徒，尼则皆畜养女，皆不贯人籍，天下户口，几亡其半；而僧尼多非法，养女皆服罗纨，其蠹俗伤法"。由于放弃礼教，沉迷佛教，建寺修塔，"家家斋戒，人人忏礼，不务农桑，空谈彼岸"，造成了"商旅转繁，游食转众，耕夫日少，杼轴日空"。郭祖深认为，"人为国本，食为人命"；惟"罢白徒养女，听畜奴婢，婢唯著青布衣，僧尼皆令蔬食"，如此方能"法兴俗盛，国富人殷"；不然的话，"恐方来处处成寺，家家剃落，尺土一人，非复国有"[3]。

梁武帝的布衣之交荀济，当时也曾上书"讥佛法，言营费太甚"[4]。他认为，佛教"不行忠孝仁义，贪诈甚者号之为佛"。故他说："佛者，戾也；或名为勃，勃者，乱也。"在他看来，佛教乃西戎荒裔之教，"戎教兴于中壤，使父子之亲隔，君臣之义乖，夫妇之和旷，友朋之信绝海内，散乱三百年

---

① 以上引文均见《读通鉴论》卷一七。

② 《南史·梁本纪中》史评。

③ 《南史·郭祖琛传》。郭祖琛，梁南朝襄阳（今湖北）人，生卒年不详。本传说其"上封事二十九条，虽武帝不能悉用，然嘉其正直"。

④ 《北史·荀济传》。按：荀济，字子通，其先颍川（在今河南禹州市）人，世居江左。生卒年不详，初与梁武帝布衣交，梁武当王，负气不服，上书讥佛法，梁武帝将诛之，遂奔魏。

矣"；佛教对于社会人生，本来是有害的，而世人不觉，乃是非常荒诞的。故其讲佛教有"三不经"："今僧尼不耕不偶，俱断生育傲君陵亲，违礼损化，一不经也"；"凡在生灵夫妇配合产育男女，胡法反之，二不经也"；"大觉于群生无益，而天下不觉，三不经也"①。

佛教既然如此不堪社会人生，如此不堪政教世途，于是道士借张融之名，作《三破论》而攻之曰：

第一破曰：入国而破国者，诳言说伪，兴造无费，苦克百姓，使国空民穷。……不蚕而衣，不田而食，国灭人绝，由此为失。日用损费，无纤毫之益，五灾之害，不复过此。

第二破曰：入家而破家，使父子殊事，兄弟异法，遗弃二亲，孝道顿绝。……骨血生仇，服属永弃。悖化犯顺，无昊天之报，五逆不孝，不复过此。

第三破曰：入身而破身。人生之体，一有毁伤之疾，二有髡头之苦，三有不孝之逆，四有绝种之罪，五有亡生之体。……不礼之教，中国绝之，何可得从。

《三破论》认为，"有此三破之法，不施中国，本正西域"；"道以气为宗，名为得一。寻中原人士莫不奉道，今中国有奉佛者，必是羌胡之种"；并从文字音译上解释说，佛教"乃浮屠，罗什改为'佛徒'，名为浮屠，即'屠割也'"；佛教为"无生之教，名曰丧门。至罗什又改为'桑门'，僧醵又改为'沙门'"②。这本是译音问题，不可勉强解释，但它解释的本意，乃是说佛之为教，非华夏生生之道，不利于国家民族生存绵延，与华夏文化生生不息之圣道不同也。故讲释道二教之不同曰："道家之教，妙在精思得一，而无死入圣。佛家之化，妙在三昧禅通，无生可冀，诣死为泥洹。"

释僧顺《析三破论》，《弘明集》题为《答道士假称张融三破论》③。若从张融本传看，其作《门律》，讲"道之与佛，逗极无二，寂然不动，致本则同"，调和释道二教矛盾及讲"吾生平所善，自当凌云一笑"的潇洒达观，

---

① 《广弘明集》卷七。
② 以上引文均见刘勰《灭惑论》，《弘明集》卷八。
③ 《弘明集》卷八。

《三破论》似非张融所作，它可能是道士借其名而为之。从刘勰所讲"造《三破论》者，义证庸近，辞体鄙陋"①，亦可看出此论非出于张融之手笔也；更何况张融于齐建武四年（497）已经病卒，何以能欲梁时作此论呢！

但不管《三破论》是否为张融所作，但此论出，则引起了极大争论。释家玄光法师针对《三破论》所说佛教"入国而破国，入家而破家，入身而破身"，作《辩惑论》，进行反击，说道家有"五逆""六极"② 之罪；释僧顺作《析三破论》，更是针对着《三破论》所涉及的"浮屠""丧门""沙门""桑门"名称来历，及落发、出家、断种、灭门、破家、破国、避役等十九条问题，逐条反驳。应该说，有些论辩反驳颇有道理。正如刘勰所说，佛经始传，梵汉译言，音字未正，"浮"音似"佛"，"桑"音似"沙"，皆声之误也；以"图"为"屠"，字之误也。儒家"五经世典，学不因译"，到汉代马、郑注说，尚还"音字互改"呢！至教之深，"不原大理"，怎么能"唯字是求"③呢！但有些争辩，则显得偏颇。例如僧顺针对《三破论》说佛法"无生之教"，灭绝人的生存绵延，而讲佛教"生生之厚，至于无生"境界之高妙，就是这样。人无疑要超越自我，超越自我的物欲情欲之累，追求无私无欲的道德境界。但因此援引儒家所谓"人莫不爱其死而患其生"；老氏讲"及吾无身，吾有何患"及"庄周亦自病痛其一身"，以此三者为依据者，讲"圣达之流，亘以生为患。夫欲求无生，莫若泥洹"④ 云云，则已以"无生之教"为是，以灭绝自我生命存在的精神追求矣。这显然是与中国文化大化流行、生生不息的精神相背的。

这些辩论，虽然涉及宗教本体论问题，立教形而上学存在问题，但很多争辩，则是停留在争辩释道二教政教世用高低，或形名之辩上，于精神史意义不大。自然，其中也不乏有益于精神史者，名僧绍《正二教论》、刘勰《灭惑论》讲释道二教最高本体论上的统一与一致，就是颇有见解者。

明僧绍（？ ~483），字承烈，平原鬲（今山东德州市）人。南朝隐士，

---

① 《灭惑论》，《弘明集》卷八。
② 《辩惑论》批评道家所谓"五逆"，即禁经上价一逆、妄称真道二逆、合气释罪三逆、侠道作乱四逆、章书代德五逆；所谓"六极"，即畏鬼带符妖法之极一，制民科输欺巧之极二，解厨墓门不仁之极三，度厄苦生虚妄之极四，梦中作罪顽痴之极五，轻作寒暑凶佞之极六（《弘明集》卷八）。
③ 《灭惑论》，《弘明集》卷八。
④ 僧顺：《答道士假称张融三破论》，《弘明集》卷八。

著名经学家，史说其"明经有儒术"①。虽宋齐多次委亦官职，皆辞而不就。早年曾聚徒讲学，晚年好佛，隐居南京摄山栖霞寺，著述不多，与道士顾欢辩论，作《正二教论》，留于世。明僧绍于此论中，虽然有抑道扬佛倾向，但在释道二教本体论上，在精神世界上，佛教讲涅槃，道教讲仙化，"佛号正真，道称正一"，则是各有境界的。他认为道教的"唯以长生为宗，不死为主"，讲究炼丹之术，羽化登仙，是乖于老庄哲学本体论的。他对于"老子之教，盖修身治国，绝弃贵尚，事止其分，虚无为本，柔弱为用，内视反听，深根宁极，浑思天元，恬高人世"，还是特别推崇的，但对道教讲究炼丹之术，羽化登仙，则认为是乖于老庄之教本体论学说的。明僧绍《正二教论》主旨，在于正释道二教立教本体论。他说：

> 中天设教，观象测变，存而不论，经世之深，孔老之极也。……尽照穷缘，殊生共理，练伪归真，神功之正，佛教之弘也。是乃佛明其宗，老全其生。守生者蔽，明宗者通。②

在明僧绍看来，如果抛弃立教最高本体论存在，抛弃至真至纯的教理，或本体论上的纯一存在，只是于立教之术上看，只是于形而下追求上看，那么，讲释道二教之立，谁是谁非，永远也讲不清楚。但是，若从二教之所宗至极存在，则是相通的。这种说法，不仅对于释道二教本体论有意义，而且为其宗教精神融合与发展，也除去许多遮蔽。

他说：

> 至道宗极，理归乎一。妙法真境，本固无二。佛之至也，则空玄无形而万象并应，寂灭无心而玄智弥照。菩提，汉语曰道。其显迹也，则金容以表圣，应俗也。……权教无方，不以道俗乖应。妙化无外，岂以华戎阻情。是以一音演法，殊译共解。一乘敷教，异经同归。经典由权，故孔释教殊而道契，解同由妙，故胡汉语隔而化通。但感有精粗，故教分道俗；地有东西，故国限内外。其弥纶神化，陶铸群生，无异也。用能振拔六趣，总摄大千，道惟至极，法惟最尊。然至道虽一，歧路生迷，

---

① 《南齐书·明僧绍传》。
② 上引均见《正二教论》，《弘明集》卷六。

九十六种，俱号为道。①

刘勰，字彦和，东莞莒（今山东省莒县）人。生卒约 465 年～公元 520 年，历宋、齐、梁三代，学术活动主要在梁代天监年后。史说刘勰"家贫不婚娶，依沙门僧祐，与之居处，积十余年，遂博通经论，因区别部类，录而序之。今定林寺经藏，勰所定也"②，可知其对佛教经典的研究与造诣。著《文心雕龙》五十篇。其序曰："尝夜梦执丹漆之礼器，随仲尼而南行，旦而寤，乃怡然而喜。大哉！圣人之难见也，乃小子之垂梦欤！"并评价说："自生人以来，未有如夫子者也。"此亦可知刘勰对儒家孔子的心向神往。故其"《文心》之作也，本乎道，师乎圣，体乎经，酌乎纬，变乎《骚》，文之枢纽，亦云极矣"③，乃振叶寻根，观澜索源，综合儒道释根本精神而作也。此刘勰作《辩惑论》，所以协和释道二教之旨也。在刘勰看来，释道二教立教，虽然对其立教本体存在解释不同，但若就其最高存在而言，和明僧绍《正二教论》一样，则是"至道宗极，理归乎一。妙法真境，本固无二"的。他说：

> 至道宗极，理归乎一。妙法真境，本固无二。佛之至也，则空玄无形而万象并应，寂灭无心而玄智弥照。菩提，汉语曰道。其显迹也，则金容以表圣，应俗也。……权教无方，不以道俗乖应。妙化无外，岂以华戎阻情。是以一音演法，殊译共解。一乘敷教，异经同归。经典由权，故孔释教殊而道契，解同由妙，故胡汉语隔而化通。但感有精粗，故教分道俗；地有东西，故国限内外。其弥纶神化，陶铸群生，无异也。用能振拔六趣，总摄大千，道惟至极，法惟最尊。然至道虽一，歧路生迷，九十六种，俱号为道。④

他认为，佛教最高本体之"无"，乃是"空玄无形而万象并应，寂灭无心而玄智弥照"的存在；而"菩提"，就是汉语曰"道"的存在，它流转显现为金光闪闪的圣容形象，表圣显迹，乃是为适应世俗的需要。可以看得出来，

---

① 《灭惑论》，《弘明集》卷八。
② 《梁书·刘勰传》。
③ 《文心雕龙·序志》。
④ 《灭惑论》，《弘明集》卷八。

在释道二教本体论上，刘勰的看法不仅与张融讲释道二教"逗极无二"一致，而且其讲"菩提"为"道"，"其显迹也，则金容以表圣"云云，已是讲本体流行大用矣。故其说"弥纶神化，陶铸群生，无异也"。其讲文学创作的"故寂然凝虑，思接千载；悄焉动容，视通万里；吟咏之间，吐纳珠玉之声；眉睫之前，卷舒风云之色。思理为妙，神与物游"；"神思方运，万途竞萌，规矩虚位，刻镂无形；登山则情满于山，观海则意溢于海，我才之多少，将与风云而并驱矣"①，也是讲精神的流行大用。他虽推崇佛教"菩提"为道，"能振拔六趣，总摄大千，道惟至极，法惟至尊"，但其同时认为，"一乘敷教，异经同归"。释道二教不同，只是感知不同，权教无方，才"经典由权，故孔释教殊而道契"；若能"解同由妙，胡汉语隔而化通"，则"至道宗极，理归乎一，妙法真境，本固无二"矣；否则，"标名大道，而教甚于俗"。但是，终因感知不同，虽"至道虽一"，仍然会造成"歧路生迷，九十六种，俱号为道"的纷争局面。

刘勰此说，和明僧绍《正二教论》一样，虽然推崇佛教，但他们从立教最高本体论方面，试图化解了释道二教立教差别，消解了政教世途的矛盾，在客观上，则反映了佛教适应中国文化哲学本体论转换。它在精神史的意义上，就是不仅使佛教中国化具有了可行性，也为佛教精神发展奠定了文化哲学基础。这就是神不灭论争所展示的不同精神世界。

五　神不灭论争所示精神世界

宋、齐、梁、陈诸朝的佛教，是沿着魏晋玄学向前发展的。它一方面以此哲学为基础，吸收《老子》《庄子》《周易》形而上学诸多神圣存在，完成宗教本体论转换；另一方面，一个更为重要的任务，是要以新的宗教本体论，建立适合华夏诸族的精神世界，解决当时面临的精神危机和信仰信念问题。人们处于乱世，愈是不能掌握自己的命运，愈是临生死而不知往世今生如何，就愈是希望灵魂不灭，愈是希望有个来世，愈表现为终极关心问。因此，整个魏晋及宋、齐、梁期间，不论是宗教，还是哲学，凡其为学，都必须解决人生意义问题，解决人何处来、向何处去的终极关心问题。这样，人死灵魂

①　《文心雕龙·神思》。

存在不存在，精神灭不灭，就成了极为重要的宗教哲学命题。在魏晋及宋、齐、梁期间，就是持续不断的神灭不灭论争。

对佛教轮回及鬼神存在，远在东汉《牟子理惑论》中讲"佛道言'人死当复更生'，仆不信此之审也"，就已提出疑惑。但那时的佛教，尚是处于相当神仙之术的小乘佛教阶段。所惑佛与鬼神，乃"飞行虚空，身有日光"或"身长丈六，体皆金色"之类。随着玄学发展，以及大乘佛教传入，般若学的玄学化，到晋时罗含讲"神之与质，自然之偶也；偶有离合，死生之变也"①；宋时郑鲜之讲"神体灵照，妙统众形"；"神为生本，其源至妙"②，其为神的存在，已经不是《礼记》所说"万物死皆曰折，人死曰鬼"③；或"致鬼神，以尊上"④ 的经验实在的鬼神存在，亦非佛的"飞行虚空，身有日光"存在，而是含有先验论、本体论及形而上学意义了。他们虽不是佛学家，然观其神论，已于超越具体生命而言形上本体存在矣。

随着宗教神学的玄学化，发展为释家晋慧远、宋宗炳谈论神的存在，更是注重其先验论、本体论及形而上学存在。如慧远作《沙门不敬王者论》，讲"夫神者何耶？精极而为灵者也。精极则非卦象之所图，故圣人以妙物而为言"；"神也者，圆应无主，妙尽无名，感物而动，假数而行。感物而非物，故物化而不灭；假数而非数，故数尽而不穷"⑤，其为神的存在，已具有"物化而不灭""数尽而不穷"的形上本体论性质。宗炳提出"佛国之伟，精神不灭"⑥，乃是于佛教本体流行大用上，讲神的本体存在。

而范缜作《神灭论》，由于"此论出，朝野喧哗，子良集僧难之而不能

---

① 《更生论》，《弘明集》卷五。罗含（292～372），字君章，桂阳耒阳（今湖南耒阳市）人。桓温时曾为尚书郎、散骑常侍、长沙相。及史说其"致仕还家，阶庭忽兰菊丛生，以为德行之感焉"，有文章行于世（《晋书·罗含传》）。

② 《神不灭论》，《弘明集》卷五。郑鲜之（364～427），字道子，荥阳开封（今河南荥阳市人）。史书其"名教大极，忠孝而已，至乎变通抑引，每事辄殊，本而寻之，皆是求心而遗迹"；又说其"立言明理，以古证今"。历任司徒左长史、太尉咨议参军、太尉咨议太常等职，有文集传于世（《宋书·郑鲜之传》）。

③ 《礼记·祭法》。

④ 《礼记·祭义》。

⑤ 《沙门不敬王者论·形尽神不灭第五》，《弘明集》卷五。

⑥ 《明佛论》，《弘明集》卷二。

屈"①，神灭不灭的论争，始才展开，并逐渐将辩论推向了高潮；及至梁武帝发布敕令，要求当时所有臣下"标其宗旨，辩其短长"②，对此表明自己的态度和看法时，神灭不灭的争论几乎发展成了一场政治运动。当时上书发表意见，表明赞成武帝《答臣下审神灭论》圣明者，有六十二人。可知这场争论或运动规模之浩大，同时，也可看出它在精神史上的重要性。

这场论争，表面上看是人死后灵魂存在不存在、精神灭不灭问题，但从宗教、哲学发展上看，却深藏着极为幽深精微的先验论、本体论、形而上学存在问题，并非自然主义、经验实在论或浅薄知识论所能解决的，也不是佛教以生死轮回可回答的。因此，要认识分辨这次论争的本质及其在精神史上的意义，应该深入到儒、道、释的不同先验论、本体论和形而上学存在，做具体研究分析。

那么，究竟应该怎样看待人的精神存在呢？它在慧远那里属于"物化而不灭""数尽而不穷"的本体存在，那么，宗炳又是立于何种视野提出"佛国之伟，精神不灭"的呢？宗炳看待人的生化存亡，是主张"死生不分，未易可达，三复至教"③的。因此，他所提出的"佛国之伟，精神不灭"之说，乃是以神为本体存在，讲生死轮回的。故其说：

> 夫生之起也，皆由情兆，今男女构精，万物化生者，皆精由情构矣。情构于己，而则百众神，受身大似，知情为生本矣。
>
> 以情贯神，一身死坏，安得不复受一身，生死无量乎？识能澄不灭之本，禀日损之学，损之又损，必至无为无欲。欲情唯神独映，则无当于生矣。无生则无身，无身而有神，法身之谓也。

这就是说，按照宗炳所说的佛理，虽人的生化出于"情构"，但支配"情构"的，则是神，是神的受身，故曰"以情贯神"。这神并非指灵魂之类，而是指法身的存在，本体的存在，贯通人的生命者，而人的生死轮回，不过是

---

① 《梁书·范缜传》。范缜（450~515），字子真，南乡舞阴（在今河南泌阳境内）人。本传说其"博通经术，尤精《三礼》。性质直，好危言高论，不为士友所安"。初，范缜在齐时，尝侍竟陵王子良。子良精信佛教，而范缜极力讲无佛，经辩论，竟陵王子良不能使其屈，深怪之。范缜"退论其理，著《神灭论》"。及至《神灭论》出，引起"朝野喧哗"，始成论争。
② 《大梁皇帝敕答臣下神灭论》，《弘明集》卷十。
③ 《宋书·宗炳传》。

神的不同显现而已。故曰"以情贯神，一身死坏，安得不复受一身，生死无量乎？"人的生命是短暂的，很快就变成"无生则无身"的存在。但无生无身，"无身而有神"，神是永恒存在的。人的生命是有限的，怎么能不追求神的存在，精神存在呢？如果"识能澄不灭之本，禀日损之学，损之又损，必至无为无欲"，达到"欲情唯神独映"的境界，就不在乎生不生，而追求神的存在，精神的存在了。这就是宗炳所讲的人神之理，就是他所说的人之神理，若"识附于神，故虽死不灭"，而若逐渐认识到人生的空寂，认识到终归于空寂，而"穷本神"，追求神的存在，那就是"泥洹"境界。这就是他讲的佛教人神之理。故曰"夫佛也者，非他也，盖圣人之道，不尽于济生之俗，敷化于外生之世"。

那么，什么是宗炳所说的神呢？怎样看待这种神的存在及其不灭呢？宗炳说：

> 今称"一阴一阳，谓阴阳不测之谓神者"，盖谓至无为道，阴阳两浑，故曰"一阴一阳"也。自道而降，便入精神。常有于阴阳之表，非二仪所究，故曰阴阳不测耳。君平（即严遵）之说"一生二"，谓神明是也。若此二句，皆以明无，则以何明精神乎？然群生之神，其极虽齐，而随缘迁流，成粗妙之识，而与本不灭矣。……故云精神受形，周遍五道，成坏天地，不可称数也。……神之不灭，及缘会之理，积习而圣，三者鉴于此矣。若使形生则神生，形死则神死，则宜形残神毁，形病神困。……若必神生于形，本非缘合，今请远取诸物，然后近求诸身。夫五岳四渎，谓无灵也，则未可断矣。若许其神，则岳唯积土之多，渎唯积水而已矣。得一之灵，何生水土之粗哉！而感托岩流，肃成一体，设使山崩川竭，必不与水土俱亡矣。神非形作，合而不灭，人亦然矣。神也者，妙万物而为言矣。若资形以造，随形以灭，则以形为本，何妙以言乎？夫精神四达，并流无极，上际于天，下盘于地。①

由上可以看出，宗炳所说神的存在，实际上也就是中国文化"道"的存

---

① 上引均见《明佛论》，《弘明集》卷二。

在，"阴阳不测之谓神"①；或"神也者，妙万物而为言者"②的存在；而其生化之用，就是"一阴一阳之谓道，继之者善也，成之者性"③。他所说"情构"，就是"天地缊缊，万物化醇；男女构精，万物化生"；而神的存在，不过是道体之用，是其"精义入神，以致用"的存在；而其"穷神知化，德之盛也"④，就是神的功德大用。宗炳虽然于神的流行处说，泛布化生处说，讲山川草木的精灵存在，然若就其形上精神存在而言，就是《庄子》所说"夫精神四达，并流无极，上际于天，下盘于地"⑤者。凡此可知，宗炳所说的神，在佛教曰佛、曰法身、曰涅槃，而实际上乃是中国文化的"道"或"大道"，及其"精义入神"，化生万物的本体大用。曰神的存在，曰神的不灭，其"精义入神，以致用"的存在，即庄子所说"夫道，有情有信，无为无形；可传而不可受，可得而不可见；自本自根，未有天地，自古以固存；神鬼神帝，生天生地；在太极之先而不为高，在六极之下而不为深，先天地生而不为久，长于上古而不为老"⑥的存在，亦即魏晋玄学家向秀、郭象注《庄子》所说"不神鬼帝而鬼帝自神，斯乃不神之神"⑦的存在，并解释其大功用说："不生天地而天地自生，斯乃不生之生也"；而若"神之果不足以神，而不神则神矣，功何足有，事何足恃哉！"后来，新道家成玄英把这段话解释为："言大道能神于鬼灵，神于天帝，开明三景，生立二仪，至无之力，有兹功用。斯乃不神而神，不生而生，非神之而神，生之而生者也。故《老经》云'天得一以清，神得一以灵'也。"⑧人感于此，体验领悟"道"的存在，得之为德，宜之为义，就是人的道德精神；而于"寂然不动"的至神处，领悟获得，就是人"穷神知化"所获得的最高精神！故曰"精神四达，并流无极，上际于天，下盘于地"。由上可知，宗炳讲神，讲神的存在，主要的是在形上本体永恒存在上讲的，于先验论、本体论及形而上学高度，讲神的存在及其本体大用。故曰"群生之神，其极虽齐，而随缘迁流，成粗妙之识，而与本不灭矣"；而它于人的存在，主要是指领悟道体所获得的精神世界，非仅仅指

---

① 《周易·系辞上传》。
② 《周易·说卦传》。
③ 《周易·系辞上传》。
④ 《周易·系下传》。
⑤ 《庄子·刻意篇》。
⑥ 《庄子·大宗师》。
⑦ 《庄子·大宗师》注。
⑧ 《庄子·大宗师》疏。

个体人物化为血肉存在的生命精神。它只有在神的生化流行处，在神的存在贯通人的生命时，才为个体人的生命精神存在。这是讲神不灭论争，应该首先辨认清楚的。

而范缜讲神灭，则主要是在个体人生命精神上讲的，而且是以物的知识论、经验实在论看待人的生物有机体存在，看待人及精神存在的。范缜在齐世时，答竟陵王子良问曰："人之生譬如一树花，同发一枝，俱开一蒂，随风而堕，自有拂帘幌坠于茵席之上，自有关篱墙落于溷粪之侧"①，就是以生物有机体存在看待个体生命的。及至作《神灭论》，讲人的生命及精神存在的"生灭之体"的"夫欻而生者，必欻而灭，渐而生者，必渐而灭。欻而生者，飘骤是也；渐而生者，动植是也；有欻有渐，物之理也"，更是把人的生命看成生物有机体存在及其生灭的。以此看待人及精神存在，自然是形灭神灭，精神随个体生命毁灭而毁灭的。这就是范缜的形灭神灭论：

> 或问予云："神灭，何以知其灭也？"答曰："神即形也，形即神也。是以形存则神存，形谢则神灭也。"
>
> 问曰："形者无知之称，神者有知之名。知与无知，即事有异，神之与形，理不容一，形神相即，非所闻也。"答曰："形者神之质，神者形之用。是则形称其质，神言其用。形之与神，不得相异也。"
>
> 问曰："神故非质，形故非用，不得为异，其义安在？"答曰："名殊而体一也。"
>
> 问曰："名既已殊，体何得一？"答曰："神之于质，犹利之于刀。形之于用，犹刀之于利。利之名非刀也，刀之名非利也。然而舍利无刀，舍刀无利。未闻刀没而利存，岂容形亡而神在。"②

从这里可以看出，范缜不论是讲"形者神之质，神者形之用"，还是将"神之质"与"形之用"喻之为"刀之于利"，都是就个体人的生命精神说的：形乃个体人的形，神乃个体人的神，喻之为刀与利，亦是讲个体人的生命精神存在。其谓"名殊而体一"，乃是指"舍利无刀，舍刀无利"的"神"与"形"的一致性，而非于形上本体言之也。"神即形也，形即神也"，"形

---

① 《梁书·范缜传》。
② 《梁书·范缜传》。

存则神存，形谢则神灭"，仅就个体人生命存在而言，这无疑是对的。故其理直气壮地讲："形之与神，不得相异也""岂容形亡而神在！"

但是，人在天地间，不是仅仅作为个体生命孤零零存在的，而是作为天地间生生不息、持续不断的生命，作为大衍流行的宇宙生命精神洪流而存在的。那么，支配这生命洪流生生化化、持续不断者又是什么呢？它仅是个别生命的形质，或稍纵即逝的个体生命形神短暂存在吗？显然不是。它是"道"的存在，"玄极"的存在，"大宗师"的存在，"道通为一"的存在，其阴阳变化莫测，其妙化万物，或其"寂然不动"，就是至精至神者，就是形上本体至"神"的存在，而人的生命精神不过是贯通此道体大用之神存在而已。个体生命可以生灭，可以稍纵即逝，但创化生命的本体存在，至极之道的存在，阴阳莫测之谓神的存在，却是永恒不灭的。此即孙绰所讲"夫佛也者，体道者也。无不为，故神化万物"者也；宗炳所说"群生之神，其极虽齐，而随缘迁流，成粗妙之识，而与本不灭"；"以其道浩若沧海，小无不津，大无不通"[1] 者也；亦罗含所说"天地虽大，浑而不乱，万物虽众，区已别矣，各自其本，祖宗有序，本支百世，不失其旧"[2] 者也。面对这大化流衍的宇宙生命洪流，是不能无视其形上本体存在的，也是不能仅以象数计算的。故曰"精神受形，周遍五道，成坏天地，不可称数也"。无视生命洪流的存在，无视支配生命洪流大化的道体大用及其神妙存在，仅从物的知识论出发，把"神"仅看成是个体人的形质存在，看成是"如一树花，随风而堕"的存在，岂不视野太小、太局限于眼前那点儿生命活动了吗？此乃梁武帝批评《神灭论》"蒙怠而争一息，抱孤陋而守井干，岂知天地之长久，溟海之壮阔"[3] 者也。

人在天地间是这样，在社会群体中的存在也是这样。人在社会群体中，也不是孤立断绝个体生命存在，而是作为普遍生生相续之生命，作为家族、国家、民族的生存绵延者而存在的；在这种存在中，人的生命精神，自我的生命精神，就是国家民族的生命精神。我在《大道运行论》一书中，讲到自我生命存在时曾说："我的生命，是整个生命的延续。我死了，作为个体的生命，虽然停止了，但我在整个大生命系统中仍然延续着，比如在我的儿子身

---

① 《明佛论》，《弘明集》卷二。
② 《更生论》，《弘明集》卷五。
③ 《大梁皇帝敕答臣下神灭论》，《弘明集》卷十。

上、孙子身上，还有个自我存在着。家庭的延续是这样，国家民族及整个宇宙生命的延续也是这样。我作为个体的生命，虽然是要死的，但我为国家民族作出了贡献，我死后，在国家民族的绵续中，仍然有我的存在；同样，我参赞天地万物的化育，我死了，在天地万物的生生化化中，在整个宇宙生命系统中，仍然有我的存在。"① 国家民族的生命精神，就是生存绵延精神，就不同国家民族文化精神。这种精神一旦获得，不为尧存，不为桀亡，传千秋，遗万代，是不会随着个体人的生命消亡而丧失的。在国家民族文化精神绵延中，即使为个体生命，只要他融入国家民族群体绵延，只要他为国家民族作出了贡献，如为官一任，造福一方，他死之后，其生命精神，也是要在国家民族群体中绵延传递的。此即孟子所说"夫君子所过者化，所存者神，上下与天地同流"② 者也。中国古代祭天祭祖，祭祀一些圣贤明哲，迎其神或'祭神若神在'者，即祭其过化存神，浩然与天地同流存在也。虽然范缜也讲"尊祖以穷郊天之敬，严父以配明堂之享"③，但没有真正明白郊祭"所以明天道"；"万物本乎天，人本乎祖，郊之祭，大报本反始"之义，乃祖宗精神即天道精神，即上下与天地同流生命精神存在。面对这种精神存在，怎么能把人看成孤零零生命片段之偶然存在，说人死即生灭呢？为什么一定要把自我生命与社会群体绵延的大系统割断，使之变成孤零零的片断呢？忽视人的生命精神可以赓续绵延长存，不仅将会降低人的存在价值，而且会使人陷入"前不见古人，后不见来者，念天地之悠悠，独怆然而涕下"④ 的悲惨境地。

宗炳说："今自抚踵至顶，以去凌虚，心往而勿已，则四方上下，皆无穷也。生不独造，必传所资，仰追所传，则无始也。奕世相生而不已，则亦无竟也。"⑤ 由此可知，讲人的精神，若脱离其作为宇宙生命精神洪流的存在，脱离其作为普遍生生相续之生命或群体生命绵延的存在，只是以物的存在，以自然主义、经验实在论或知识论视野，孤立断绝地看待人之生命"形存则神存，形谢则神灭"，是很难看出人的生命于本体论、形而上学上的意义及其生命精神相续不灭、永恒存在的。故郑鲜之讲，自己最初"多以形神同灭，照识俱尽"为是，对"佛唱至言，悠悠不信"；及至"思拔沦溺，仰寻玄旨，

---

① 《大道运行论》，华夏出版社 2012 年版，第 472 页。
② 《孟子·尽心上》。
③ 《答曹录事难神灭论》，《弘明集》卷九。
④ 〔唐〕陈子昂：《登幽州台歌》。
⑤ 《明佛论》，《弘明集》卷二。

研求神要，悟夫理精于形，神妙于理"①。而萧琛以人做梦"形静神驰，断可知"②；沈约以"形可至不朽，养神安得有穷"③？则是离开大化流衍的生命洪流存在及其生生相续绵延，只是以人的个体生命讲"形"与"神"。这样，无论如何也是讲不清精神不灭及其永恒存在的，只能越讲越糊涂。这样看问题，乃"一局之奕，形算之浅"者也。这正是范缜作《神灭论》及萧琛《神灭论》、沈约《难神灭论》陷于物的知识论，讲个体生命精神生灭之局限性所在。

　　佛教讲神之不灭，虽然意在为轮回说提供理论基础，但其能在形而上学高度，通识人的生命精神生灭的本体论存在，则其讲精神存在，讲精神世界，则远远高于自然主义、经验实在论、知识论的认识。从这个意义上说，宗炳讲"以神法道，德与道为一"；讲"夫佛也者，非他也，盖圣人之道，不尽于济生之俗，敷化于外生之世者耳"等，还是有其高明处的；而其讲"群生皆以精神为主，故于玄极之灵，咸有理以感"；讲"精神乃我身也，廓长存而无已"④，肯定人追求精神世界存在的先天道德本性，当时也是具有终极关心意义的。它较之从物的知识论出发，讲人亡神灭，则对于解决人生意义及人的终极关心问题则更具宗教哲学价值。而且，不论慧远讲"夫神者何耶？精极而为灵者也。精极则非卦象之所图，故圣人以妙物而为言"，还是宗炳讲"精神四达，并流无极，上际于天，下盘于地"，其精神世界，亦非佛教空寂虚无的存在，而是道体至精至神的存在矣。可知佛教发展到魏晋特别是宋、齐、梁诸朝时期，随着佛教般若学的玄学化，已开始实现本体论转换，慢慢被中国化了。这就是本章所要讲的最后一个问题。

---

① 《神不灭论》，《弘明集》卷五。
② 《难神灭论》，《弘明集》卷五。萧琛（478～529），字彦瑜，兰陵（在今山东临沂境内）人，曾为梁光禄大夫、晋陵太守。史说其"朗悟辩捷，谙究朝典"（《梁书·萧琛传》）。
③ 《神灭论》，《广弘明集》卷二二。沈约（441～513），字休文，吴兴武康（今浙江湖州德清）人。本传说其"好坟籍，聚书至二万卷，京师莫比"。历仕宋、齐、梁三代，该悉旧章，博物洽闻，著有《晋书》一一〇卷、《宋书》一〇〇卷、《齐纪》二〇卷、《高祖纪》一四卷、《迩言》一〇卷、《谥例》一〇卷、《宋文章志》三〇卷，文集一〇〇卷，又撰《四声谱》。
④ 以上均见《明佛论》，《弘明集》卷二。

六　本体论转换与佛教中国化

印度佛教发展为中华大乘佛教，从根本上说，不在于礼俗的改变，而在于宗教本体论的转换。这就像现在西方文化中国化一样，最为根本的"化"，不是在于器用上，而在于本体论上能不能融入中国文化。西方人吃饭用叉子，中国人用筷子，这只是个习俗问题。西方人还可以用他们的叉子，中国人可以依然用筷子，化不化意义不大。但是，要想使西方文化中国化，它就必须适应中国文化需要，从伦理道德的根本范畴概念上，与中国几千年的相融合，变为中国文化价值体系的组成部分。

佛教的中国化，佛教发展为中华大乘佛教也是这样。它必须在根本的范畴概念上与适应中国文化需要，与中国儒道两种文化相融合，为华夏民族所理解，成为中国道体文化组成部分才成。例如佛性、涅槃、法身、真如、法性等范畴概念，发展到魏晋及宋齐梁时，逐渐与中国文化形上之"道"的范畴概念相融合，实现本体论转换就是这样。这种转换，远在东晋已经开始。慧远所谓"佛是至极则无变，无变之理，岂有穷耶！"①，自然是在佛的至极无穷存在上讲的。但佛在慧远那里，虽是至极无穷存在，并不是不变的，而是能变化而以应万方的。故曰"穷玄极寂，尊号如来，体神合变，应不以方"；鉴明"则内照交映而万象生焉"②。佛的至极存在是这样，作为佛教本体的法身存在，也是这样。慧远讲"法身之运物也，不物物而兆其端，不图终而会其成，理玄于万化之表，数绝乎无形无名者也。若乃语共筌寄，则道无不在"③，就是讲佛教本体法身存在的化物功能。这就是说，佛及法身存在，发展到东晋时，已经不是大乘佛教空宗讲的空虚死寂存在，而是如同中国文化形上至极之"道"一样，是可生可化本体论存在了。宗炳与彭城刘遗民、豫章雷次宗、雁门周续之、新蔡毕颖之等，皆是弃世遗荣，依慧远游止的，自然佛学思想与慧远一致。故宗炳虽讲佛教"虚明之本，终始常住，不可凋"，亦是讲"法身之极灵，感妙众而化见"④ 的。其他像东晋孙绰讲"夫佛

---

① 《晋释慧远传》，《高僧传》卷六。
② 《念佛三昧诗集序》，《广弘明集》卷三十上。
③ 《万佛影铭序》，《广弘明集》卷十五。
④ 《明佛论》，《弘明集》卷二。

也者，体道者也，应感顺通，无为而无不为者也。故神化万物"①，齐时道士孟景翼讲"在佛曰实相，在道曰玄牝；道之大象，即佛之法身"；"随用而施，独立不改，绝学无忧，旷劫诸圣，共遵斯'一'"②，亦是视佛教本体存在为可生可化的。这些讲法，与大乘空宗所讲"生亦不灭，不常亦不断，不一亦不异，不来亦不出"③；或讲"五蕴皆空，诸法空相，不生不灭，不垢不净，不增不减"④，显然是不同的。它说明传入中国的大乘空宗佛教，以中国文化的底蕴视之，其为宗教本体存在，发展到魏晋齐梁，已不同于原来印度大乘空宗佛教矣。所以发生这种变化，乃是印度大乘空宗佛教适应中国文化的结果。慧远佛教思想的转变就是这样。最慧远初师从道安，虽接受了大乘佛教空宗《般若经》的思想，但道安本身是"外涉群书，善为文章"的，而其注释诸经，恐不合理，是誓言"若所说不堪远理，愿见瑞相"⑤者。有此想法，有此见解，自然对佛经思想少不了以其"外涉群书"加以解释会通。及至慧远接受这些思想，必然亦有所取舍。他讲空宗的《法华经》，已"每欲难问，辄心悸汗流，竟不敢语"。及至殷仲堪到荆州，上山与之共同研究《易》道本体，慧远已感到"识信深明，实难为度"。他于佛理，敢于取舍，是可以理解的。他自己后来勇敢地承认："我佛法中情无取舍，岂不为识者所察，此不足惧！"慧远毕竟是深刻理解《易》道真实无妄之理，及"博综六经，尤善《庄》、《老》"的人，所以他感受到，学佛只是讲空，讲空寂死灭，"毕竟空相中，其心无所乐"。发展到后来，讲"本端竟何从，起灭有无际，一微涉动境，成此颓山势"⑥，承认佛教本体具有无穷生化大用，就是可以理解的了。

这种对佛教认识的转变，并非只是慧远个人的佛教思想，实乃是当时一种共识，或者说是当时佛教学者立于中国文化，融会贯通佛理的一种认同趋势。当时尽管大乘佛教空宗的《般若经》《法华经》《般泥洹经》广为流传，鸠摩罗什译所译龙树解释空宗思想的《中论》《十二门论》《大智度论》，提婆作为龙树弟子，与外道辩论的《百论》等佛经，也译出流行。虽然这些译

---

①　《喻道论》，《弘明集》卷三。

②　《南齐书·顾欢传》引孟景翼《正一论》。

③　〔印度〕龙树著，鸠摩罗什译：《中论·观因缘品第一》，《佛教要籍选刊》第9册，上海古籍出版社1994年版，第1页。

④　〔唐〕玄奘译：《般若波罗蜜多心经》，《佛教要籍选刊》第5册，上海古籍出版社1994年版，第26页。

⑤　《晋释道安传》，《高僧传》卷五。

⑥　《晋释慧远传》，《高僧传》卷六。

经也宣传空宗思想，但当时罗什弟子们及佛教学者，则吸取玄学家所推崇的《老》《庄》《易》形而上学思想，逐渐对《中论》的中道论、二谛论思想，及《大智度论》的形上思考，作了新的解释。如僧肇引《中论》"法不有不无者，第一真谛也"，《放光经》"第一真谛，无成无得；世俗谛故，便有成有得"的二谛说，把"有"与"无"存在，解释为"有得即是无得伪号，无得即是有得之真名"，讲圣人为"乘千化而不变，履万惑而常通者"；讲道体"触事而真，体之即神"①，就是以中道论及二谛论，解释佛教本体存在。僧肇不仅是罗什的弟子，更是"历观经史，备尽坟籍，爱好玄微，每以《庄》、《老》为心要"者，其受中国文化影响熏陶是可以理解的。惟此，他读《老子道德经》，才叹说："美则美矣，然期栖神冥累之方，犹未尽善而后"，后"见《旧维摩经》，欢喜顶受，披寻玩味，乃言始知所归矣"②。由此就不难理解，其解《中论》的中道论及二谛论思想，为圣人"乘千化而不变，履万惑而常通者"；讲道体"触事而真，体之即神"③了。慧远讲"穷玄极寂，尊号如来，体神合变，应不以方"；讲"法身之运物也，不物物而兆其端。若乃语共筌寄，则道无不在"；讲"神以凝趣，则二谛同轨，玄辙一焉"；讲"有而在有者，有于有者也；无而在无者，无于无者也。有有则非有，无无则非无。无性之性，谓之法性。法性无性，因缘以之生"④；宗炳讲"佛经所谓本无者，非谓众缘和合者皆空也。垂荫轮奂，处物自可有耳，故谓之有谛；性本无矣，故谓之无谛"⑤等，亦是这种中道论、二谛论思想。可以说，后来佛学者，凡讲佛为至神至圣本体，又讲其化育无穷者，皆是接受《百论》中道论及二谛论思想影响。这种佛教本体存在，实际上也就是《易传》所讲"太极"至精至神至变之道，及其周流宇宙、贯通万物者，或庄子"恢恑憰怪，道通为一"⑥者。慧远发挥道家思想，讲"神形俱化，原无异统"；"至理极于一生，生尽不化义可寻也"⑦；宗炳讲"夫精神四达，并流无极，上际于天，下盘于地"⑧，就是立于中国文化哲学解释佛教本体存在的思想。这种思

---

① 《不真空论》，见《肇论校释》，中华书局 2010 年版。

② 《僧肇传》，《高僧传》卷六。

③ 《不真空论》，见《肇论校释》。

④ 《大智论钞序》，《出三藏记集》卷十。

⑤ 《宗答何书》，《弘明集》卷三。

⑥ 《庄子·齐物论》。

⑦ 《沙门不敬王者论·形尽神不灭》，《弘明集》卷五。

⑧ 《明佛论》，《弘明集》卷二。

想形成，不仅说明佛教适应中国文化，开始实现本体论转换，而且这种理解认识已有一种趋同之势矣。

形上本体认同，形而上学认同，将一种文化穷玄极寂本体，与另一种文化的穷玄极寂本体，理解为"原无异统"存在，理解为"佛即道，道即佛"存在；易言之，将大乘教理的佛性、涅槃、法身、真如、般若、法性一类存在，经过体验、理解、领悟、融会、贯通，使之化解中国文化"太极"之道的至精至神、至变至妙存在，化解为精神四达并流的存在，没有巨大的智慧，只是靠浅薄的知识，靠象数的知识，是不可能解决的。这种形上本体认同，这种形上本体的体验、领悟、融会与贯通，就如慧远所说，乃是"登其涯而无津，挹其流而弗竭，汪汪焉莫测其量，洋洋焉莫比其盛！虽百川灌河，未足语其辩矣；虽涉海求源，未足穷其邃"① 的精神契合，中国文化《易传》所说的"无思也，无为也，寂然不动，感而遂通天"的获得，是"化而裁之存乎变；推而行之存乎通；神而明之存乎其人；默而成之，不言而信，存乎德行"② 的存在。要达其精神上的契合，要获得其"无思无为"存在，"非夫渊识旷度，孰能与之潜跃？非夫越名反数，孰能与之澹漠？非夫洞幽入冥，孰能与之冲泊哉？"③ 但是中国魏晋及宋齐梁之学者，就有这种渊识旷度、越名反数、洞幽入冥的形而上学智慧与能力。当时的慧远就是具此智慧能力的佛教学者。慧远住庐山龙泉寺，不仅与罗什书信往来，并为其《大智度论》作序，摘抄其要文为二十卷。《大智度论》者，大智慧论也。慧远接受其思想，讲"心不待虑，智无所缘，不灭相而寂，不修定而闲，不神遇以期通"④；讲"照不离寂，寂不离照，感则俱游，应必同趣，功玄于在用，交养于万法，其妙物也，运群动以至一而不有，廓大象于未形而不无，无思无为而无不为"⑤ 等，就是其大智慧与能力。其他像宗炳讲"夫以法身之极灵，感妙众而化见，照神功以朗物，复何奇不肆，何变可限，岂直仰陵九天，龙行九泉，吸风绝粒而已哉"；讲"凝神独妙，道之极矣；洞朗无碍，明之尽矣"⑥ 等，也是当时极高的智慧与能力。

---

① 《大智论钞序》，《出三藏记集》卷十。
② 《周易·系辞上传》。
③ 《大智论钞序》，《出三藏记集》卷十。
④ 《大智论钞序》，《出三藏记集》卷十。
⑤ 《庐山出修行方便禅经统序》，《出三藏记集》卷九。
⑥ 《明佛论》，《弘明集》卷二。

理解、认同释道穷玄极寂的本体存在，具此智慧，达此高度，它在张融那里就是"道之与佛，逗极无二，寂然不动，致本则同"①；在明僧绍那里就是"佛明其宗，老全其生，守生者蔽，明宗者通"②；而刘勰那里就是"至道宗极，理归乎一。妙法真境，本固无二"③。这些理解、认同释道二教形上本体"逗极无二"的大智慧，皆是建立在佛教文化与中国文化相互融合、涵盖、会通基础上的。宗炳讲"彼佛经也，包五典之德，深加远大之实，含老庄之虚，而重增皆空之尽，高言实理，肃焉感神，其映如日，其清如风"，就是指佛教经典融合淹化中国文化经典而言的，而且这种融合淹化，达到了很高的境界。故宗炳总结当时佛教文化融合淹化中国文化说："龙树、提婆、马鸣、迦旃延法胜山，贤达摩多罗之伦，旷载五百，仰述道训。《大智》《中》《百论》《阿毗昙》之类，皆神通之才也。近孙绰所颂耆域、健陀勒等八贤，支道林像而赞者竺法护、于法兰、道邃、阙公，则皆神映中华！"④ 佛教之"神映中华"，乃华夏化之烁烁之境界也。

释道二教本体论上之融合，实乃对宇宙先验论、本体论、形而上学存在之共同体认也。我在《大道运行论》一书中曾说过："世界各古老文明民族的宗教神话，都是从宇宙结构法则秩序的对称、均衡、和谐、有序，领悟意识到人类社会应有的和平、真理、正义、至善、纯真、美好，及国家、自然法等观念的。"⑤ 印度佛教的佛性、涅槃、法身、真如、般若、法性、湛然之体等，中国文化的天道本体、"无极而太极"，大有、大道、太一、大宗师、玄极、至精、至神存在等，其实，无不是远古时候，世界各古老文明民族对宇宙结构法则秩序的对称、均衡、和谐、有序所作的不同价值思维肯定与抽象，以及意识到这种存在所获得的不同文化观念或理念。宇宙苍茫，星河灿烂，湛然虚明，廓然无际！那是一个注而不满、酌而不竭的存在，一个未始有常、疆界无涯的存在，一个庄子所说的"大道不称，大辩不言，大仁不仁"的存在，一个"不言之辩，不道之道"⑥ 的存在。远古时期，多少先人望着这苍茫浩瀚的宇宙，隐机而坐，凝神遐想，仰天长叹，而不发表感想、意见啊！

---

① 《门律》，《弘明集》卷六。

② 《正二教论》，《弘明集》卷六。

③ 《灭惑论》，《弘明集》卷八。

④ 上引均见《明佛论》，《弘明集》卷二。

⑤ 《大道运行论》，华夏出版社 1912 年版，第 15 页。

⑥ 《庄子·齐物论》。

又有多少圣贤明哲面对未有始封的广大无边宇宙，存而不论，论而不议啊！他们是明智的，因为对不可知世界发表意见是愚蠢的。然而人们为了理解认识外部世界，领悟那"大道不称，大辩不言，大仁不仁"存在，那"昭而不道，言辩而不及"的无名色存在，还是赋予了外部宇宙世界存在各种名色。道不可言，言必名起。言道名起，就创造了各古老国家民族的不同文化！可文化一旦被创造出来，则不为尧存，不为桀亡，传千秋，遗万代，并通过不同时期的宗教化、哲学化，发展成为不同国家民族宗教、哲学的范畴概念。其实，它在源头上，皆是对宇宙结构法则秩序的不同价值思维的肯定与抽象！当其肯定那湛然虚明、寂然不动的存在时，肯定"大哉乾乎！刚健中正、纯粹精"① 的存在时，它作为湛然之体，作为至精至神存在，就是吠陀，就是法身，就是真如、法性存在，以此为信仰而向往之，就是永恒常住、不生不化、无死之地的泥洹境界；而当肯定那乾之为道，具有元、亨、利、贞的四大功用，肯定那"乾道变化，各正性命"② 的存在，那"动而生阳，静而生阴，一动一静，互为其根"③ 的存在时，它就是"大哉乾元！万物资始，乃统天"④ 的存在，就是"有物混成，先天地生，寂兮寥兮，独立不改，周行而不殆，可以为天下母"的存在，就是"吾不知其名，强字之曰道，强为之名曰大"⑤ 的存在，就"自本自根，未有天地，自古以固存；神鬼神帝，生天生地"的形上之"道"，就是"善妖善老，善始善终，万物之所系而一化之所待"，而"人犹效之"⑥ 的大宗师！而当其大衍流行、群物缤纷、万事参差时，那就是云行雨施、品物流行的世界，就是佛教的众生之象、婆娑世界。由此可知，慧远讲"神以凝趣，则二谛同轨，玄辙一焉"；宗炳讲"佛经所谓本无者，非谓众缘和合者皆空也"，以及顾欢讲释道二教"若以道邪，道固符合"；孟景翼讲"老、释未始于尝分"；张融讲"道之与佛，逗极无二"；明僧绍讲"守生者蔽，明宗者通"；刘虬那讲"至道宗极，理归乎一。妙法真境，本固无二"⑦ 等，凡此释道二教"通源"之说，不仅皆认同释道二教立

---

① 《周易·文言传》。
② 《周易·彖上传》。
③ 《太极图说》。
④ 《周易·彖上传》。
⑤ 《老子》第 25 章。
⑥ 《庄子·大宗师》。
⑦ 《灭惑论》，《弘明集》卷八。

教远古同源；同时，它也说明，释道二教关于宗教本体论的思考，已回归到人类远古时期对宇宙结构法则秩序的对称、均衡、和谐、有序等所作不同价值思维肯定与抽象了。慧远、宗炳是释家，顾欢、孟景翼为道士，张融好道家，亦佛教信奉者。他们能够认识理解到释道二教源头上的一致，宗教本体论上的不二，则不仅说明当时佛教本质已为华夏民族所理解领悟；同时说明，佛教在传播中已渐渐适应中国文化，已修正立教本体论，走向中国化了。凡此，皆为中华大乘佛教的形成发展奠定了文化基础。

　　自然，慧远、宗炳等人，讲神的存在，佛的存在，讲佛性、涅槃、法身、真如、法性等，无疑是立于心识，以"心作万有"，而讲其存在的。慧远讲"管统众经，领其宗会，以心为名焉"①；讲"始悟冥涂，以开辙为功，息心以净，毕为道"②；宗炳讲"佛国之伟，精神不灭，人可成佛，心作万有"；讲"佛经云'一切诸法，从意生形'又云'心为法本，心作天堂，心作地狱'，义由此也"③。这些讲法，无疑以心识之法，领悟佛教穷玄极寂本体存在的。其实，任何国家民族理解领悟浩浩宇宙那湛然无象的法则，都必须以心去领悟，而不是知觉对着物在，对着感官材料思考所能获得的。《尚书》讲帝尧具有"钦、明、文、思"④ 四德；《诗经》讲"维天之命，于穆不已，于乎不显，文王之德之纯。假以溢我，我其收之"⑤；"昊天有成命，二后受之"⑥ 等，就是讲中国古代圣贤明哲备乎纯粹之德，能领悟上天宇宙那"于乎不显"的存在，领悟那荡然无心、皓旰光明、公平通远的上帝命令，亦即"天叙有典，天秩有礼，天命有德，天讨有罪"⑦ 的存在。《易传》讲至精至变、至神至妙的太极本体，"无思也，无为也，寂然不动，感而遂通"⑧，也是用灵明之心，用直觉思维，获得天道本体及其精神存在的。这用宗炳的话说，就是"凝神独妙，道之极矣；洞朗无碍，明之尽矣"⑨。可以说，没有灵明之心，没有直觉思维，一切形而上学，一切宗教本体存在，皆是不可能领

①　《阿毗昙心序》，《出三藏记集》卷十。
②　《沙门不敬王者论·形尽神不灭》，《弘明集》卷五。
③　《明佛论》，《弘明集》卷二。
④　《尚书·尧典》。
⑤　《诗经·周颂·维天之命》。
⑥　《诗经·周颂》。
⑦　《尚书·皋陶谟》。
⑧　《周易·系辞上传》。
⑨　《明佛论》，《弘明集》卷二。

悟获得的。这也是我在《心性灵明论》一书讲"一切范畴概念，一切理论方法，一切原理、定理、定律，一切事实的归纳，一切理论的设定，一切经验的实证，一切逻辑的运演，一切观念理念的提出，一切法则秩序的肯定，一切信仰信念的建立"等，皆是"人凭着灵明心性创造的"① 原因所在。可知一切形而上学存在，不论是佛、菩萨，还是神也，道也，只要无思无为，"寂然不动，感而遂通"，能于宇宙浩浩大化中，获得那湛然无象、纯纯不已者，它就是法身、真如存在，就是"于穆不已"的存在，"大哉乾乎！刚健中正，纯粹精"的存在。所以，佛教本体获得，大道本体获得，皆是原于心灵感通，原于心性本体灵明知觉！不然，只是知觉对着物在思维，对着感官材料思维，何以为佛，何以为道？何以为皓旰光明的上帝，何以为湛然纯粹的佛天？此宗炳批评"今心与物交，不一于神，虽以颜子之微，微而必乾乾钻仰，好仁乐山，庶乎屡空"② 者也；亦道恒批评"夫鄙俗不可以语大道者，滞于形也；曲士不可以辩宗极者，局于名"③ 者也。佛教文化融会于华夏文化，佛教本体转化为道体，转换为"无极而太极"存在，转换为大道、太一、大宗师、玄极存在，从根本上说，乃是华夏民族之心与古印度民族之心开始逐渐融通契合；而佛教穷玄极寂之道，开始转换为中国文化至极之道，转换为大道本体至精至神存在矣。

　　自然，这种转换还没有完成，因为它还包含着小乘佛教的象数论及神秘修行方法，即是大乘佛教，也是龙树为代表的空宗思想，所谓"生、灭、常、断"，所谓"真空抄有""诸法实相"，仍然包含着价值设定，包含着某些虚妄的东西。因此，大乘佛教中国化尚未完成。它只有发展到盛唐时期，以弥勒、世亲为代表的大乘有宗传入中国，以"万法唯识"，肯定外部世界真实存在而追求真如佛性存在时，中华大乘佛教始才真正建立起来。这从魏晋南北朝到隋唐，乃是佛教发展的一个漫长阶段。要弄清在这漫长阶段里佛教是怎样发展的，本体论是怎样转换的，我们就不能不研究叙述南朝宗教与北朝宗教的发展了。

---

① 《心性灵明论·自序》，华夏出版社 2012 年版。
② 《明佛论》，《弘明集》卷二。
③ 《释驳论》，《弘明集》卷六。释道恒（345～417），陕西蓝田人。罗什入关，即往修造，与道标擅名当时。每叹"古人有言，益我货者损我神，生我名者杀我身"，于是审影岩壑，毕命幽薮，蔬食味禅，缅迹人外。晋义熙十三年卒于山舍，著《释驳论》及《百行箴》等（《晋释道恒传》，《高僧传》卷6）。

第四章　南北佛学发展与精神汇合

内容提要： 宗教不仅要适应不同国家民族文化而发展，也要适应不同自然环境、文化传统及需要而创新。它会在不同文化背景下，注入新的文化内涵，改变原有的教旨，发展出新的宗教教义，拓展出新的文化精神。佛教传入中国，从小乘佛教到大乘佛教，从大乘般若空宗到大乘有宗的发展，是经过从魏晋南北朝到隋唐漫长文化历史阶段的。完成大乘佛教本体论转换，发展为中华大乘佛教，不仅存在着南朝玄学、北方经学对佛学的深远影响，而且存在着不同宗教群体相互参与、互动、互渗、远距离作用及文化相互适应、相互渗透、相互涵盖、相互交融与意义的不断转换，如魏晋南北朝时期宗教教义界定（即格义）所产生的"六家七宗"。因此，佛教在南北不同区域自然环境、文化传统及特定历史情景情势下的传播与发展，就产生了南北不同涅槃之学，及涅槃佛性的顿渐之争，产生了佛教不同《毗昙》《成实》学的研究。及至它发展为《地论》《摄论》学研究，南北佛学精神则开始汇合矣。佛教南学和北学的这种发展，不仅表现为大乘佛教中国化初级宗教形态，也为隋唐时期中华大乘佛教各教宗形成奠定了宗教哲学基础。

宗教实践乃是文化实践，以人文化存在的实践；同样，宗教发展亦是文化发展，适应不同文化环境与需要的新发展。这种发展，不仅会因注入新的文化内涵改变原有教旨教义，更会在被不同文化背景下，发展成为完全不同的新宗教，发展出新的文化精神。印度大乘佛教的中国化，正是这样一种新宗教的诞生，也是一种文化精神发展。

佛教传入中国，从小乘佛教到大乘佛教，从大乘般若空宗到大乘有宗佛教的发展，是经过从魏晋南北朝到隋唐漫长文化历史阶段的；而完成大乘佛教本体论转换，发展为中华大乘佛教，更是一个宗教群体相互参与、互动、互渗、远距离作用以及文化相互适应、相互渗透、相互涵盖、相互交融与意义不断转换的文化历史过程。在这个历史过程与不同发展阶段上，不仅有宗教教义界定（即格义）所产生的不同教宗，如"六家七宗"，更会因为不同自然环境、宗教传播、文化氛围及独一无二历史情景与情势，发展为不同学术思想及流派。魏晋南北朝时期，佛教南学和北学的发展就是这样。

佛教南学和北学的形成，从对宗教教义不同理解、界定上讲，与魏晋南北朝时期"六家七宗"有一定联系，但它并不是"六家七宗"简单地延续，而是不同区域自然环境、宗教传播、文化氛围及特定历史情势下的宗教学术思想发展。这种发展，既表现为大乘佛教中国化初级宗教形态，也为隋唐时期中华大乘佛教各教宗形成奠定了哲学基础。可以说，隋唐时期三论宗、华严宗、净土宗、禅宗的形成与发展，大都与这个时期南学和北学学术思想有着一定联系。因此，研究佛教南学和北学的不同发展，不仅对于理解认识隋唐时期中华大乘佛教形成有宗教发展史的意义，而且对于理解这个时期精神的发展也有具特殊意义。因为正是南学和北学的发展，才使我们看出中国精神发展史怎样由于佛教传入，使一部雄浑、浩荡不息的交响乐成为了变奏曲。

魏晋南北朝时期的佛教南学与北学，乃是带有区域环境、文化特色的宗教学发展。它虽非后来的宗教教派，但在宗教本体论上则是有所发展的。因为南学与北学之不同，除了区域环境、文化特色之影响，更为主要的是宗教本体论不同发展。这种发展，是与佛教传播、南北文化不同联系在一起的，特别是南方玄学与北方经学对佛教的影响，不仅影响南北佛学教宗教义的理解与认知，更是关乎构建中华佛学本体论与方法论及其精神发展问题。这是叙述魏晋南北朝佛教发展史与精神发展史，不能不给予特别注意的。因此，本章将首先讲述佛教传播与教宗的发展的一般关系，然后将重点叙述南方玄学与北方经学对佛教本体论的影响和不同教宗发展，看它们是怎样为隋唐大乘佛教形成奠定文化哲学基础的。

一 佛教传播与佛学发展

宗教传播之不同，显示着不同的宗源、教义，存在着传教、译经、释经的诸多差异，因而也影响着不同宗教学术发展及教派形成。佛教传入中国后的南北学说的形成与发展，就是这样。

一般地说，人们大多认为，佛教是从西域传入中国的。这从早期的佛教传入看，大抵上是没错的。如摄摩腾，天竺人，佛教《四十二章经》最早翻译者，是汉永平年间，不惮疲苦，冒涉流沙，来到雒邑，住城西雍门外白马寺①。再如僧支谶，月支人，汉灵帝时游于雒阳，传译梵文，翻译《般若道行》《般舟》《首楞严》三经。其他像沙门支曜、康巨、康孟详等，也皆是汉朝灵献之间，驰于京雒的。支曜译有《成具定意》《小本起》等经②。其他像昙柯迦罗，天竺人，诵《大乘经》《小乘经》及诸部《毗尼》，以魏嘉平中（249～254），来至洛阳；僧康僧铠，亦以嘉平之末来至洛阳，译出《郁伽长者》等四部经③。有名的法护大师，月支人，世居敦煌，自敦煌至长安，沿路传译，写为晋文，译有《贤劫》《正法华》《光赞》等经，也是由西域到中国北方的传经、译经者。不仅佛教经师来自西域，中国取经者，也多是由北方都市去西域的。如汉明皇派遣郎中蔡愔、博士弟子秦景等，使往天竺，寻访佛法，就是由洛阳直接去西域的。刘宋时期的法显、唐朝时期的玄奘，则是由长安去西域的。这些传经与取经者，长时间风尘仆仆地交往，形成了一条北方陆地佛教传播之路。麦积山石窟、敦煌石窟、云冈石窟、龙门石窟等，就是陆地佛教传播之路上的遗迹。丝绸之路，从文化上讲，乃是一条佛教传播之路。

佛教传播不仅有一条北方通向西域的陆地之路，应该说还有一条南方的海上之路。安清世高，虽汉桓之初，来到中夏，传教、译经二十二年，然有个想法是始终没有忘记的，那就是与同学辞诀所说的："我当往广州。"去广州的理由，就是那里有位"毕宿世之对，明经精勤，不在吾后"，认为此人"性多瞋怒，命过当受恶形。我若得道，必当相度"，于是就去了广州④。世高讲那位"宿世之对"有"命过当受恶形"，虽有点神秘，但他说广州那位"宿世之对"，"明经精勤，不在吾后"，可知当时广州尚有另外一派不同传教者。那位广州的传教者，显然不是从北方过去的。另外，晋时博览经律的昙摩耶舍法师，罽宾人，亦是"晋隆安中（397～401），初达广州"，而后"至义熙中（405～418），来入长安"的。可知其也非从北方过去的，而是由南方

---

① 《高僧传·摄摩腾传》。
② 《高僧传·支楼迦谶传》。
③ 《高僧传·昙柯迦罗传》。
④ 《高僧传·安清世高传》。

后到北方的。昙摩耶舍法师住广州白沙寺，善诵《毗婆沙律》，人咸号为"大毗婆沙"，时年已八十五岁，徒众八十五人。当时，有清信女张普明，谘受佛法，耶舍为其说《佛生缘起》，并为其译出《差摩经》一卷①。可知耶舍法师译经、传教活动，最初几年则是在广州。他从哪里到广州的，应该说亦是从海上。这就是说，当时佛教传播是存在一条海上之路的。能证明这一点的，就是法显去西域取经，到达师子国，得《弥沙塞律》、长杂二《含》及《杂藏》等，汉土所无的佛经，"附商人大舶，循海而还"。当时的船舶已能乘坐200多人。法显"循海而还"，虽经历了一场暴风，但其不畏艰险，"经十余日，达耶婆提国，停五月，复随他商，东适广州"②。可知当时佛教传播存在一条海上之路为不假。

当时不仅存在一条佛教传播的海上之路，而且从南海来华的佛教经师对佛教传播是作出了贡献的。南朝刘宋时期，法师求那跋摩和求那跋陀罗也是从海上来华。求那跋摩累世为王，罽宾国人，年二十，出家受戒，洞明九部，博晓四《含》，诵经百余万言，深达律品，妙入禅要，时号曰三藏法师。元嘉元年（424），宋文帝即求迎请跋摩。结果，跋摩先已随商人乘船顺风，至广州。其遗文所说"业行风所吹，遂至于宋境"，就是指此而言的。跋摩至南海，文帝于复敕州郡，让他们资助到京。跋摩路经广东韶关，停岁许，后经文帝重敕敦请，于元嘉八年（431）到达建邺（南京），住祇洹寺，讲《法华》及《十地》。后祇洹慧义请出《菩萨善戒》，始得二十八品。弟子代出二品，成为三十品，或称《菩萨戒地》。它实际上就是《地持经》的异译。后又译出《杂心》十三卷，《四分羯磨》《优婆塞五戒略论》《优婆塞二十二戒》等经，凡二十六卷③。从此大乘戒法，传于南方。

求那跋陀罗，中天竺人，辞小乘师，进学大乘，因善大乘学，故世号"摩诃衍"。跋陀先到师子诸国，后随舶泛海，于元嘉十二年（435）至广州。宋太祖遣使迎至京都。初住祇洹寺，译出《杂阿含经》，东安寺出《法鼓经》。后于丹阳郡译出《胜鬘》《楞伽经》，于辛寺译出《过去现在因果》《无量寿》《泥洹》《央掘魔罗》《相续解脱波罗蜜了义》《现在佛名经》《第一义五相略》等诸经，并前所出凡百余卷，并讲《华严》等经。于大始四年

---

① 《高僧传·昙摩难提传》。
② 《高僧传·释法显传》。
③ 《高僧传·求那跋摩传》。

（468）去世，春秋七十有五，公卿会葬，荣哀备焉①。

佛教传播不仅存在着陆地之路和海上之路，而且佛教也是随着大师的去从而有不同发展的。例如江南吴地的佛教，就是由于康僧会的到来而发展起来的。当时，"孙权已称制江左，而未有佛教"。先有优婆塞支谦、支亮，汉献末乱，避地于吴，译经讲法。康僧会世居天竺，其父因商贾，移于交阯，欲运流大法，乃振锡东游。以吴赤乌十年（284）至建业，营立茅茨，设像行道。取得孙权信任后，建塔兴寺，译出《阿难念弥经》《镜面王》《察微王》《梵皇王经》《道品》及《六度集》等佛经，并注《安般守意》《法镜》《道树》三经，"由是江左大法遂兴"②。

鸠摩罗什于姚兴弘始三年（401）来到长安后，入西明阁及逍遥园译经传教也是这样。罗什至，不仅出众经，无不究尽，纠先译失旨，使之于梵本相应，于是兴使沙门增礼、僧迁、法钦、道流、道恒、道标、僧睿、僧肇等八百余人，谘受什旨，而且更令出《大品》，手持梵本，兴执旧经，以相雠校，使新文异旧者，义皆圆通。译经莫不畅显神源，挥发幽致，凡三百余卷。"于时，四方义士，万里必集，盛业久大，于今咸仰"③，极大地促进了北方佛教的兴起与发展。

佛教于不同地区的发展，不仅由于外国法师来华译经布道、传播之地不同，影响其发展，而且本土佛教大师，通佛之后，于不同地区译经宣教，对区域佛教发展，也是有很大影响的。例如道安先是于太行恒山创立寺塔，改服从化者，主要是河北一带。道安开讲佛经，名实既符，使道俗莫不欣慕。后来避北方之乱，率领弟子慧远等四百余人，去南方襄阳，复宣佛法。当时初译经书，多有谬误，致使深义隐没不通，每至讲说，唯叙大意转读而已。"自汉魏迄晋，经来稍多，而传经之人，名字弗说，后人追寻，莫测年代"。及至道安到襄阳，穷览经典，钩深致远，注《般若道行》《密迹》《安般》诸经，析疑甄解，"序致渊富，妙尽深旨"，其"条贯既叙，文理会通，经义克明，自安始也"。道安乃总集名目，表其时人，诠品新旧，撰为《经录》，众经有据，实由其功。"四方学士，竞往师之"④。此可知道安大师译经传教对

① 《高僧传·求那跋陀罗传》。
② 《出三藏记集·康僧会传》。
③ 《高僧传·鸠摩罗什传》。
④ 《高僧传·道安传》。

区域宗教发展的影响。

道安立寺于太行恒山译经传教时，每常叹曰："使道流东国，其在远乎？"① 后来，慧远到了江西庐山，讲经译经，修道布教，弘扬佛法，三十余年，影不出山，不仅四方靡然从风，不期而至，望风遥集，更培养了一大批知名弟子，如慧观、僧济、法安、昙邕、道祖、僧迁、道流、慧要、昙顺、僧彻、道汪、法庄、慧宝、法净等，成为了佛教领袖，果不负安公厚望！慧远不仅使庐山成了清静、优美、高雅的佛教圣地，更使之成为了佛教中心。其讲经译经，修道布教，弘扬佛法，内通佛理，外善群书，讲经注释，学徒莫不执卷承旨依从，不仅有功于当时江南佛教发展，而且在宗教哲学思想上影响到后来的三论宗、华严宗、禅宗、净土宗。

这种佛教的不同传教、译经、释经的传播及不同的寻教求法、修道布教，弘扬法典教义，就构成了佛教在华的不同宗源、佛理、教义与宗教思想。它与不同区域文化传统、哲学思想及特定独有历史情景情势交互作用，相互融合、契合，于文化历史发展过程中，就发展出不同的学术思想，产生并形成不同的宗教派别。魏晋南北朝时期的佛教南学与北学的形成与发展就是这样。影响南北佛学发展的一个重要因素，就是南方玄学与北方经学。它不仅影响了佛教宗义的理解与判断，也影响了佛学的方法论，因而形成了南北不同佛学及教宗发展。因此，要想理解南北佛学不同教义及其发展，研究叙述南方玄学与北方经学对佛教的影响是极为重要的。

二 南玄北经对佛学影响

东汉之后，进入魏晋南北朝时期，中国文化就存在着南北学术的不同。晋初，儒家经学，除杜预《左传集解》外，尚有汉魏遗儒所解诸经。及至东晋，虽孔安国《古文尚书》、郑玄《尚书》《毛诗》《周官》《礼记》《论语》《孝经》及服虔《左传》，仍各置博士，然能为注解者已极少，只有范宁《穀梁集解》。故两晋之际，儒家经学已衰。虽然齐时尚有王俭通礼乐及《春秋》，梁皇侃作《论语义疏》，可称为硕学鸿儒，但总体说，南朝儒学比起北朝来，殊觉大逊色；而其大为风行的，则是何晏、王弼等人崇尚玄解清谈的玄学。

---

① 《高僧传·释慧远传》。

"正始中，何晏、王弼祖述《老》《庄》，立论以为，天地万物，皆以无为本。无者也，开物成务，无往而不存者也。"① 此风之盛，"当时父兄师友之所讲求，专推究老庄，以为口舌之助，《五经》中，惟崇《易》理，其他尽阁束也"②。玄学清谈之风，习尚已成，江河日下，卒莫能变，即使至南朝刘宋齐梁时期，其风依然存在。王微致何堰书说："卿少陶玄风，淹雅修畅，自是正始中人"③；王球讲"西河之风不坠"及何尚之讲"正始之风尚在"④，就是指当时南朝士大夫玄学清谈之风。这种风气，借用南齐王僧虔诫子书的话说，就是"汝开《老子》卷头五尺许，未知辅嗣何所道，平叔何所说，马、郑何所异，而便盛于麈尾"⑤，可知持学对于谈论义理是何等盛行重要了。然当时的玄学，并非纯粹道体形而上学，而是援于杂学参差互出的。故《南齐书》说："晋世以玄言方道，宋氏以文章闲业，服膺典艺，斯风不纯。"⑥

与南方玄学清谈之风不同，进入中原的北方部族，则非常崇尚中国文明，反而极好儒家经学。汉刘渊、前燕慕容皝，皆敦尚经史，前秦苻坚兴大学，后秦姚兴常讲究经籍，就是这样。因此，与南朝儒学，殊形不振，经学之士，绝少可观相比。北朝后秦姚兴时，有姜龛、淳于岐等硕德大儒；后魏之世，经学大家，则有山东徐遵明通诸经，卢景裕、崔瑾、李周仁、李铉等有名经学者，皆出其门下。李铉为北齐博士，极见尊重，门人熊安生，最初为北齐博士，后为北周武帝所用。北周至隋，又有刘炫、刘焯二大家，富有著述，称当世大儒。至此可知，儒家经学南北已分为两派，北方之学者，遵照古义，崇尚郑玄之学，而南方之学，则极述王肃之说。梁时，虽经学稍兴，然终不如北朝学术厚重。及至玄学起，则南北整个学术追求、文化风气，判为二途矣。

文化不同、哲理殊异，自然追求也不同。刘勰著《文心雕龙》讲究宗经原道，讲"道沿圣以垂文，圣因文而明道"⑦。在他看来，惟有宗经，开养正学，道心惟微，圣谟卓绝，而后才能"吐纳自深，譬万钧之洪钟，无铮铮之

① 《晋书·王衍传》。
② 瓯北：《六朝清谈之习》，《廿二史劄记》卷八。
③ 《宋书·王微传》。
④ 《南史·何尚之传》。
⑤ 《南齐书·王僧虔传》。
⑥ 《南齐书·刘瓛传》史评。
⑦ 《文心雕龙·原道》。

细响"①。为文如此，为教亦如此。可以说，不管是经学的，还是玄学的，人们有什么样的哲学修养，具备什么样的哲学理念，也就会有什么样的宗教追求，并以什么样的哲学思想影响于宗教创新与发展。释僧肇正是爱好玄微，每以《庄》《老》为心要，读《老子道德章》，感叹其"美则美矣，然期栖神冥累之方，犹未尽善也"，尚不能解决精神世界的问题，而后见到能开悟真心的大乘《维摩经》，才"欢喜顶受，披寻玩味，始知所归"② 的，而他著《不真空论》《物不迁论》《般若无知论》《涅槃无名论》，关于佛教玄微至极的中道本体存在，才能悟发天真，以玄学"本无"的思想，给予新的解释，影响于佛教发展。同样，释慧远，虽博综六经，但正因为他善《庄》《老》，于太行恒山向道安学习佛法时，听其讲《波若经》，豁然而悟，才讲"儒道九流，皆糠秕耳"，而"入乎道，厉然不群，常欲总摄纲维，以大法为己任"③ 的，而其弘扬佛法、佛经译注，才能贯通阴阳大化的宇宙观，注入道体大化流衍的宇宙生命精神！此乃南朝佛学以玄学影响于印度大乘佛教发展者也。

　　北朝经学对佛教发展之影响也是这样。晋时，释僧叡的译经传教弘法，就是以经学影响于当时佛教发展的。释僧叡，魏郡长乐（河南安阳）人，是个博通经论的佛学大师。正因为他博通经论，所以听僧朗法师讲《放光经》，屡有机难，感到有许多不通的地方。后来罗什至关译经，僧叡参正。有一次，看到过去法护译出的《正法华经·受决品》，有"天见人，人见天"之句。这句话，本来是孔子恐人夸大自己作用，在天地大法则面前受到伤害，造成悲剧，要人无受天损而讲的。故曰"人与天一也"；故曰"有人，天也；有天，亦天也。人之不能有天，性也，圣人晏然体逝而终矣"④。罗什译经至此，说"此语与西域义同，但在言过质"，太絮叨了。僧叡则说："将非人天交接，两得相见"，即将人与天看成浑然一体的存在，才能理解这话的意思。罗什听了很高兴，说"是这样的"。后来的译经，凡遇到这类语句，皆领悟标出。后来罗什译出《成实论》，僧叡讲之，启发幽微，果不谘什，而契然悬会。罗什感叹地说："吾传译经论，得与子相值，真无所恨矣。"⑤ 此可知僧叡博通经论，怎样取得罗什信任，并影响其译经弘法了。僧叡著《大智论》《十二门

①　《文心雕龙·宗经》。

②　《高僧传·释僧肇传》。

③　《高僧传·释慧远传》。

④　《庄子·山木篇》。

⑤　《高僧传·释僧叡传》。

论》《中论》及《大小品》《法华》《维摩》《思益》《自在王禅经》等序，讲
"《般若波罗蜜经》者，穷理尽性之格言，菩萨成佛之弘轨也"；"《法华》、
《般若》，论其穷理尽性，夷明万行，则实不如照"①；讲"《法华经》者，诸
佛之秘藏，众经之实体也，八万四千法藏者，道果之原也"；"至如《般若》
诸经，深无不极，故道者以之而归；大无不该，故乘者以之而济"②，全是以
经学道体讲佛教至极本体存在的；而其《思益经》讲"益者，超绝殊异，妙
拔之称也。思者，进业高胜，自强不息之名也"③，更似《易传》"终日乾乾，
行事"④ 之言；而讲"夫驰心纵想，则情愈滞而惑愈深；系意念明，则澄鉴
朗照而造极弥密"⑤，亦乃本诸儒家静定安虑之心学也；其讲心之明的"全在
于忘照，照忘然后无明非明，无明非明，尔乃几乎息矣"⑥，则不过是翻《易
传》"乾坤毁，则无以见《易》。《易》不可见，则乾坤或几乎息"⑦ 之言而
已。自然，僧叡讲形上之道，也有玄学之言，如讲"夫万有本于生生，而生
生者无生；变化兆于物始，而始始者无始"⑧；"事尽于有无，则忘功于造
化"⑨，然这只是他博通经论的一部分，而其译经弘法，则主要是立于儒家经
学，阐释大乘佛教实有之道，并影响于佛教发展的。僧叡为北方最为重要的
译经弘法学者，虽然于宗教本体论上没有太大建树，然其译经弘法贯通于经
学，则影响了佛教发展。因此应该说，僧叡亦乃北方大乘佛教中国化之奠基
者。

　　南北学者，因不同玄学经学造诣，于译经弘法中，无疑各以其所学影响
了佛教发展。但这种影响，更为重要的是通过高层如何援教施化而实现的。
当时，不论是南朝还是北朝时的君世主，皆是嗜好经学又追求佛教施化。例
如南朝宋文帝，虽立儒学馆，上好儒雅，宣尼之笃训，"诏以三德，崇以四
术，用能纳诸义方，致之轨度"⑩，但其"少览篇籍，游玄玩采，未能息

---

① 释僧叡：《小品经序》，《出三藏记集》卷八。
② 释僧叡：《法华经后序》，《出三藏记集》卷八。
③ 释僧叡：《思益经序》，《出三藏记集》卷八。
④ 《周易·文言传》。
⑤ 释僧叡：《关中出禅经序》，《出三藏记集》卷九。
⑥ 释僧叡：《关中出禅经序》，《出三藏记集》卷九。
⑦ 《周易·系辞上传》。
⑧ 释僧叡：《大智释论序》，《出三藏记集》卷十。
⑨ 释僧叡：《十二门论序》，《出三藏记集》卷十一。
⑩ 《劝学诏》，《宋书·文帝纪》。

卷"①，对玄学是极为欣赏的。惟此，他才诏征"志托丘园，自求衡荜，恬静之操，久而不渝"②的戴颙、宗炳。如此，其赞问佛法，追求宗教治国，讲"济俗为治，必求灵性真奥"，"不得不以佛经为指南"；讲"见颜迎之《推达性论》、宗炳《难白黑论》，明佛汪汪，尤为名理并足，开奖人意。若使率土之滨，皆敦此化，则朕坐致太平，夫复何事？"③宋文帝以此看待佛教，其发展能不受玄学支配乎？南齐时，竟陵王子良崇尚玄学，讲"以德越往贤，圣逾前修，智超群类，位极人贵者，自可逍遥世表，以道化物，高其怀无求自足"④，企慕过"含真抱璞，比调云霞，背俗居幽，寓欢林溆"的生活，以便超越世俗。在他看来，"道性天悠，禅心自谧，敦悦九部，研味三乘。在家菩萨，行之而不难，白衣居士，即之而匪易"；如此，就可"烛昏霾于慧炬，拯沦溺于法桥，扇灵嶷之留风，镜贞林之绝影"⑤。他以此笃信佛教，大集朝臣众僧，数邸园营斋戒。这样的宗教信仰，能不充满玄学色彩吗？梁朝亦是如此。梁武帝虽然尚儒教，置《五经》博士，诏皇太子及王侯之子，年在从师者，皆令入国子学，但他晚年崇尚玄学，笃信佛法，作《老子讲疏》，制《涅槃》《大品》《净名》《三慧》诸经义记，亲自行幸同泰寺，升法座，讲佛教经典奥义。如此援教施化，岂能不把玄学带入佛教发展？南朝佛教宗统就是这样形成的。

　　北朝亦是如此。它与南朝以玄学义理入佛，影响佛教发展不同，主要是在儒家经学影响下，促进佛教发展的。这从东晋之末前秦苻坚、后秦姚兴的信仰与追求就可以看出来。苻坚本传，虽未记读何经典，但观其起明堂，缮南北郊，及对"外修兵革，内崇儒学"的王猛推崇备至，敕太子说："汝事王公，如事我也"⑥，可知其崇尚儒学。以此崇尚转化为佛教信仰，支持"外涉群书"的道安法师，称其"道德可尊"，敕学士"内外有疑，皆师于安"，而"笃好经典，志在宣法"的道安佛学，出经获正，能不像孙绰《名德沙门论》所说的那样："博物多才，通经名理"⑦吗？后秦姚兴也是这样。姚兴为太子

①　《宋书·索虏传》。
②　《宋书·戴颙传》。
③　《高僧传·释慧严传》。
④　《与孔中丞稚珪书》，《弘明集》卷十一。
⑤　《与南郡太守刘景蕤书》，《广弘明集》卷十九。
⑥　《晋书·苻坚传下》。
⑦　《高僧传·释道安传》。

时，即"讲论经籍，不以兵难废业"①；及至晚年，托意于佛道，入逍遥园，听鸠摩罗什演说佛经，与罗什及沙门僧略、僧迁、道树、僧叡、道坦、僧肇、昙顺等八百余人，译经说法，会于理义，讲"三世一统，循环为用，过去虽灭，其理常在"，此理存在，"非如《阿毗昙注》言五阴块然"②，就有点以儒家"三世说"挑战佛教《阿毗昙经》的五阴解释了。南朝宋文帝之时，北魏统一北方。与南朝尚玄学义理不同，北魏太祖道武帝时，就祠帝尧帝舜庙，讲"《春秋》之义，大一统之美"，崇尚忠义廉耻，"集博士儒生，比众经文字，义类相从"③；魏太宗明帝更是"礼爱儒生，好览史传"，以刘向所撰《新序》《说苑》于经典正义多有所阙，乃撰《新集》三十篇，"采诸经史，该洽古义"④。北魏孝文帝"雅好读书，手不释卷。《五经》之义，览之便讲"，虽史传百家，无不该涉，亦善谈《庄》《老》，但在政道与治道思想上，则是崇尚儒家经学的，其诏祀唐尧于平阳，虞舜于广宁，夏禹于安邑，周文于洛阳，谥宣尼曰文圣尼父，幸太学，观《石经》，迁都洛阳之后，"依《周礼》制度，班之天下"⑤，就是证明。因此，北魏武帝灭佛之后，虽于文成帝、献文帝、孝文帝之世，恢复了佛教，但佛教发展，则如王澄奏孝文帝所说的，是以"道俗殊归，理无相乱"为前提的，佛学冲妙，玄门旷寂，是不能停留于浮识之辩，短辞之究的⑥。北魏之后，北齐武帝的"每有文教，常殷勤款悉，指事论心，不尚绮靡"⑦；周文帝"性好朴素，不尚虚饰，恒以反风俗、复古始为心"⑧；隋文帝的"行仁蹈义，名教所先，厉俗敦风，宜见褒奖"⑨，皆是重经术，尚儒学，昌明学术为任，质朴厚重行事，异于南朝放任玄谈习气的。故其宗教发展，则如隋文帝所做的那样，不过是"伏膺道化，念存清静，慕释氏不贰之门，贵老生得一之义"⑩，且带有很强的功利目的，如相州战地立佛寺制，乃是为纪念战时死者，"永念群生，蹈兵刃之苦"⑪。

---

① 《晋书·姚兴传》。
② 《通三世论：咨什法师》，《广弘明集》卷十八。
③ 《魏书·道武帝纪》。
④ 《魏书·明帝纪》。
⑤ 《魏书·孝文帝纪》。
⑥ 《魏书·释老志》。
⑦ 《北齐书·武帝纪》。
⑧ 《周书·文帝纪》。
⑨ 《隋书·文帝纪》。
⑩ 《五岳各置僧寺诏》，《全隋文》卷一。
⑪ 《相州战地立佛寺制》，《全隋文》卷一。

总之，南朝玄学、北朝经学，皆是对佛教发展有很大影响的。尽管经学对佛教的影响，不像玄学之影响那样直接、明显，但这种影响是深层潜在地发生作用的。汤用彤先生谈及南朝玄学和北方经学对佛教不同影响及地位与作用时，曾概括地评论说：

> 概括论之，南北二朝，究有不同。南朝之学，玄理佛理，实相合流。北朝之学，经学佛学，似为俱起。合流者交互影响，相得益彰。俱起者则由于国家学术之发达，二教各自同时兴盛，因而互有涉。盖魏帝信佛，始于道武，而道武即重经学。北方佛义之兴由于孝文，而孝文帝并益崇儒术。北方佛教信仰与南迥异，其经学崇尚与南方亦不同，南方学术主流为玄学，而北方经学则亦较江左为盛。至宣武时，天下承平，学业大盛。故燕、齐、赵、魏之间，横经著录不可胜数。儒风极盛之区，亦即佛教义学流行之域。北朝文治，至此大兴。儒经、佛义，乃同时在山东并盛。南方佛理，因与玄学契合无间，故几可视为一流。①

但南朝玄学与北朝经学对佛教的影响，也不是截然两立、全然相反的，随着南北佛教交流及文化发展，而相互影响、不断涵化的。如"通经名理""外涉群书"的道安，就是从北方到南方襄阳，一生译经弘教，"飞声汧陇，驰名淮海"② 的。其他像释慧亮，东阿人，临淄讲法，博览经籍，莫不精究，后过江止何园寺，太始之初，庄严寺为法主，当时"宗匠无与竞"③ 的；释道猛，本西凉州人，以《成实》一部，"最为独步，大化江西"④。此乃北方僧人影响于南方佛教者。而冯亮（字灵通），原为南阳人，"博览诸书，独好佛理"，后为北魏所获，至洛阳，隐居嵩山寺⑤；裴植（字文远），"览综经史，善谈义理"，原仕南朝，后违时逆命，剪落须发，被以法服，以沙门礼葬于嵩山⑥。他们皆是以善谈义理，承袭南朝风气的。

南玄北经与特定的自然环境、独一无二的文化命脉、一定历史情景情势、

---

① 《汉魏两晋南北朝佛教史》，第 427 页。

② 《高僧传·释道安传》引孙绰《名德沙门论》语。

③ 《高僧传·释慧亮传》。

④ 《高僧传·释道猛传》。

⑤ 《魏书·冯亮传》。

⑥ 《魏书·裴植传》。

佛教的译经弘法之间的相互交流、融合、会通、凝聚，就常常会造成不同的宗教风气、文化氛围，造成不同的宗教环境、佛教圣地与各不相同的佛理教义中心。这也正是南朝北朝不同佛教寺院形成的原因，如南方江西庐山东林寺、江苏句容隆昌寺、浙江宁波阿育王寺、福建泉州开元寺、广州光孝寺等，北方西安大兴善寺、洛阳白马寺、嵩山少林寺、山西栖岩寺、山东青州大云寺等，就是佛教传播、交流、融合、会通、凝聚于不同自然环境、文化命脉及历史情景中形成的佛教圣地或佛教中心。

这些佛教圣地或中心，受佛教传播及南玄北经的不同影响，各自有着不相同的佛理与教义。这样，玄学经义与佛理教义俱起俱弘，自然免不了佛教义理上的争议。特别是《大般涅槃经》《成实论》的不同译传与领悟，不仅引起了佛理教义上的争议，如何谓涅槃、何谓佛性？而且这种争议常常是和佛教理解领悟的方法论联系在一起，如渐解与顿悟之争。这些争议，在南北佛教发展中，既推动了印度佛教本体论进一步转换，也构成中华大乘佛教形成发展的天然路径，是研究大乘佛教中国化不可轻视的。因涅槃、佛性诸多争议，与《大般涅槃经》翻译、理解、领悟所形成南北不同学说相关，所以现在先讲南北不同的涅槃之学及由此引起的涅槃佛性与顿渐之争，然后再研究叙述南北成学不同发展及判教定尊与教宗形成、地论宗与摄论宗的出现，看其怎样为中华大乘佛教形成奠定了基础。

三　南北不同的涅槃之学

《涅槃经》的翻译，不论是在佛教史，还是在精神史上，都是极为重要的事情，因为它不仅作为佛教至极本体存在，关乎宗教信仰信念建立，而且它是与人生终极存在、终极价值关系联系在一起的，是人能不能成佛、怎样成佛的最高佛学原理。因此，研究《涅槃经》的翻译，以及它的传播怎样形成不同学说，是一个很重要的佛教史与精神史议题。

《涅槃经》最初为北凉译经大师昙无谶所译的《大般涅槃经》。昙无谶为译经，恐言舛于理，学语三年，方翻为汉言；又以品数未足，还国寻求，后从于阗更得经本，复还姑臧，于玄始三年（414）至玄始十年（421）译之，续为三十六卷①。译完时，亦即宋武永初二年。此经讲佛性之说，以佛教至极本体论存在，讲述修道之法，亦开大乘佛教戒律之要，故其为禅法戒律所推重，属大乘佛教重要佛典。沙门慧嵩、道朗，乃是译此经的参与者。释慧嵩辩论幽旨，作《涅槃义记》②；而释道朗为之疏，更作《涅槃经序》说：

> 《大般涅槃》者，盖是法身之玄堂，正觉之实称，众经之渊镜，万流之宗极。其为体也，妙存有物之表，周流无穷之内，任运而动，见机而赴。任运而动，则乘虚照以御物，寄言蹄以通化；见机而赴，则应万形而为像，即群情而设教。至乃形充十方，而心不易虑。教弥天下，情不在己。……浑然与太虚同量，泯然与法性为一。夫法性以至极为体，至极则归于无变，所以生灭不能迁其常。生灭不能迁其常，故其常不动；非乐不能亏其乐，故其乐无穷。因假存于名数，故至我越名数而非无。越名数而非无，故能居自在之圣位，而非我不能变。非净生于虚净，故真净水镜于万法。水镜于万法，故非净不能渝。是以斯经解章，叙常乐我净为宗义之林，开究玄致为涅槃之源。③

《涅槃》译出后，无疑引起了北方僧人注意，得到了重视。这从当时"沙门慧嵩、道朗，独步河西，值其宣出法藏，深相推重"，可以想见的。但昙无谶在北方，并未倡导大乘《涅槃》学，而是更多地推行术数、禁咒，以宗教巫术讲国家之安危。当时北方统治者北凉蒙逊"自揆国弱，难以拒命，兼虏谶多术，或为魏谋己，进退惶惑，乃密计除之"④。昙无谶被刺客所害，时年四十九岁。故其所译《涅槃》，当时并未盛行于北方；加之北魏灭凉，经物焚散，昙无谶所译《涅槃》《婆沙》诸经，或残破，或失散，大乘《涅槃》学，也因之失落。昙无谶《涅槃》学不能盛行于北方凉时，固然与其宗教行为及当时事变有关，但更为重要的是，当时初入华北的部族，尚处宗教巫术低级文化阶段，不尚义理之学，不善形而上学思考，即使崇尚儒家经学，由于性笃厚重，其为学术，也意在功利目的之求，而非形而上学思考。不能对于

---

① 《出三藏记集·昙无谶传》。
② 《魏书·释老志》中说："智嵩笃志经籍，后新出经论，于凉土教授，辩论幽旨，著《涅槃义记》。"
③ 释道朗：《涅槃经序》，《出三藏记集》卷八。
④ 所引均见《出三藏记集·昙无谶传》。

《涅槃经》的形上宗教本体存在及"涅槃"境界很好理解领悟,是很难发展大乘《涅槃》学的。

但这不等于大乘《涅槃》学不能在北方发展。齐宋之际,北方学者从其他方面获得大乘《涅槃经》而习之者也是不少的。如何获得?汤用彤先生说:"因史书阙文,不能知其详",他只考证了僧渊弟子道登从徐州僧药习《涅槃》,僧宝亮从青州道明法师学得,僧昙准在北方从智诞受业,而"道药、道明、智诞,想均宋时北方之《涅槃》学者也"①。北方《涅槃》之学,及至发展到北魏至隋初,随着北方部族的中国化,文化向高级阶段发展,始才出现一大批学者。其中孝文帝时期,来自凉州的释僧范,著有《涅槃疏》;北齐时期的释法上,专意《涅槃》,著有《佛性论》;齐隋间,法上弟子慧远,著有《涅槃疏》十卷;另有僧昙延著《涅槃疏》。此《涅槃》学之在北方流行。

大乘《涅槃》之学,在南方则较之北方更为盛行。但南方所行《涅槃经》,并非昙无谶所译《大般涅槃经》。虽然"谶所出诸经,至元嘉中方传建业",但道场慧观法师,志欲重寻《涅槃后分》,启奏宋文帝资给,遣沙门道普等十人西行寻经时,道普因疾遂卒,临终时,已经感叹地说:"《涅槃后分》与宋地无缘矣。"② 既已说《涅槃后分》与宋地无缘,怎么能说南方盛行的《涅槃经》是昙无谶所译《大般涅槃经》呢?昙无谶所出诸经,虽然于元嘉中方传建业,但其经北魏灭凉,经物焚散,恐怕亦非完本。那么,南朝宋时所盛行《涅槃经》是哪里来的呢?它最初传本,应该说是来自法显求法从印度带回来的《大泥洹经》。这一点,《高僧传》说得很清楚:

> (显)后至中天竺,于摩羯提邑波连弗阿育王塔南天王寺,得《摩诃僧祇律》,又得《萨婆多律抄》《杂阿毗昙心》《綖经》《方等泥洹经》等。……停二年,复得《弥沙塞律》、《长杂》二《含》及《杂藏》,并汉土所无。既而附商人大舶,循海而还。……显既出《大泥洹经》,流布教化,咸使见闻。有一家失其姓名,居近朱雀门,世奉正化,自写一部,读诵供养,无别经室,与杂书共屋。后风火忽起,延及其家,资物皆尽,唯《泥洹经》俨然具存,煨烬不侵,卷色无改,京师共传,咸叹神妙,

---

① 《汉魏两晋南北朝佛教史》,第684页。

② 以上所引均见《出三藏记集·昙无谶传》。

其余经律未译。①

《出三藏记集》卷三亦说："显本求戒律，而北天竺诸国，皆师师口传，无本可写，是以远涉，乃至中天竺，于摩诃乘僧伽蓝得一部律，……又得一部《方等泥洹经》，可五千偈"；并记法显于"晋义熙二年（406）还都，众经多译，唯《弥沙塞》一部未及译出而亡"②。《出三藏记集》卷三更说，法显在印度阿育王塔天王精舍"写此《大般泥洹经》如来秘藏"，回来之后，于义熙十三年（417）出此《方等大般泥洹经》，至十四年（418）正月一日校定尽讫③。凡此可知，显求所译《大泥洹经》，是早于昙无谶所译《大般涅槃经》的。

但法显于东晋义熙年间所译《大般泥洹经》，是文言译的，比较费解，传至宋文帝时，已经残破。刘宋时期盛行的《大涅槃经》，乃是释严观、慧观及谢灵运等人，依据《泥洹》旧本，参考其他品目的译经，重新译出的。故《高僧传》说：

> 《大涅槃经》初至宋土，文言致善，而品数疏简，初学难以措怀。严乃共慧观、谢灵运等，依《泥洹》本，加之品目。文有过质，颇亦治改，始有数本流行。④

可知南方刘宋时期盛行的《大涅槃经》，乃是释严观、慧观及谢灵运等人依据法显《泥洹》旧本所译的。法显原译为旧本，严观、慧观及谢灵运等人改译者，称为"南本"，昙无谶原译本，称为"北本"。这个时期有此不同译本，故曰"始有数本流行"。但这并非仅指南方刘宋之朝说的，而是就全国《大涅槃经》流行而言的。

汤用彤先生谈及南北佛学时说："南朝佛教，比之北朝，较重义学。"⑤南方所以盛行大乘《涅槃》之学，也是这样。永嘉之乱，氐、羯入侵，引起整个社会震荡，中州士女避乱江左，北方几千年所发展繁荣起来的文化迁移

---

① 《高僧传·法显传》。
② 《出三藏记集·法显记》。
③ 《泥洹经出经后记》，《出三藏记集》卷八。
④ 《高僧传·慧严传》。
⑤ 《汉魏两晋南北朝佛教史》，第319页。

到南方，到刘宋时期，经过一百多年的发展，南方社会经济及文化远超过北方，人的文化素质也比处于宗教巫术阶段的北方部族高得多，加上当时南方士大夫自永嘉以来继承了魏晋以来的玄学之风，因此，南方士人于宗教信仰，也是极尚形上思维与义理之谈的。此南朝《涅槃》学不能盛行也。慧远著《法性论》，讲"至极以不变为性，得性以体极为宗"①；宗炳著《明佛论》，与何承天书，讲"泥洹以无乐为乐，法身以无身为身"②，皆是广大弘扬《涅槃》学理的。自然，关于怎样理解佛性及涅槃世界存在，也发生了很大争论。上一章讲沙门慧琳毁其法，著《白黑论》，何承天诋呵释教，著《达性论》，而颜延之、太宗炳，诚信佛法，检驳二论，就是当时与《涅槃经》盛行引起的争论。这种争论，发展到竺道生讲佛性即我，即真法身及讲自我悟得佛性，即可成佛，就不仅发生了涅槃佛性之辩，更产生了如何成佛的顿渐之争。竺道生之后，涅槃佛性学，围绕着《涅槃经》，更有多家之说。此南朝《涅槃》学之盛行，大多是由竺道生昌明的涅槃佛性及顿悟成佛说发展出来的。因此，如何看待竺道生涅槃佛性及顿悟成佛说引起的争论，不仅对于后来中华大乘佛教发展是重要的一环，而且对于研究形上精神发生学，亦是富有精深意义的，故不可不先行研究叙述。

四　涅槃佛性与顿渐之争

佛是什么样的？人能成佛吗？人面对佛教传播，很自然就会提出这样的问题。要回答这样的问题，就有个什么是佛性，人是否具有佛性，以及人怎样成佛的问题。回答或解决这些问题，就不能不谈及释竺道生了。

汤用彤先生说："晋宋之际佛学上有三大事：一曰《般若》，鸠摩罗什之所弘阐；一曰《毗昙》，僧伽提婆为其大师；一曰《涅槃》，则以昙无谶所译为基本经典。竺道生之学问，盖集三者之大成。于罗什、提婆则亲炙受学，《涅槃》尤称得意，至能于大经未至之前，暗与符契，后世乃推之为《涅槃》圣。"③ 此可知释竺道生在南北佛教史和精神史上的重要地位。

竺道生，俗姓魏，巨鹿（今河北平乡）人，寓居彭城（今江苏铜山），

---

① 《高僧传·慧远传》。
② 宗炳：《答何书》，《弘明集》卷三。
③ 《汉魏两晋南北朝佛教史》，第483页。

官宦世家，师从竺法汰出家，改姓竺。《高僧传》说其"幼而颖悟，聪哲若神"；"既践法门，俊思奇拔，研味句义，即自开解"；讲学登法座，"吐纳问辩，虽宿望学僧，当世名士，皆虑挫词穷，莫敢酬抗"，可知其于佛学一开始便是有独立见解的。所谓"入道之要，慧解为本"，就是其以智慧独立见解于佛经者。这除其善于独立思考外，大概也是和他"钻仰群经，斟酌杂论，万里随法"分不开的。他曾上庐山，幽栖七年，见僧伽提婆，从其习小乘一切有部的教义；于此幽栖七年，后与慧叡、慧严同游长安，师从罗什受业，参加译出《大品般若经》和《小品般若经》；义熙五年（409）回到京师建业（南京），后受到宋文帝的器重。王弘、范泰、颜延之，并挹敬风猷，从之问道。道生游学积年，备总经论，妙贯龙树大乘之源，兼综提婆小道之要，博以异闻，约以一致，即将鸠摩罗什所阐述的龙树般若学，与僧伽提婆所讲小乘有部的《毗昙经》贯通，潜思之，以道家形而上学，彻悟《涅槃》言外，讲"夫象以尽意，得意则象忘。言以诠理，入理则言息。自经典东流，译人重阻，多守滞文，鲜见圆义。若忘筌取鱼，始可与言道矣"，于是校练空有，研思因果，校阅真俗，研思因果及形上形下存在，乃言"善不受报，顿悟成佛"①。著有《善不受报义》《顿悟成佛论》《二谛论》《佛性当有论》《法身无色论》《佛无净土论》《应有缘论》等，以及《维摩诘》《法华》《泥洹》《小品般若》等经义疏。元嘉十一年（434），在庐山讲法时，忽然倚于几案之侧圆寂，世寿八十岁。由此上推，竺道生的生卒年，应是公元354年至公元434年。

　　竺道生有贡献于中华大乘佛教形成的佛学思想，主要是涅槃佛性论和顿悟成佛说。汤用彤先生谈及竺道生的治学时说："生公在匡山，学于提婆，是为其学问第一幕；在长安受业什公，是为其学问之第二幕；其大行提倡《涅槃》之教，则为其学问之第三幕。"② 此乃就竺道生学术道路而言之者也；若就其学术最大成就而言，则在于提倡《涅槃》之教，即教人如何成佛，进入涅槃世界！要成就这个大世界、大境界、大人生、大哲理，首先就要解决"众生有没有佛性"和"如何成佛"两大理论问题。它就是竺道生的涅槃佛性论和顿悟成佛说所要解决的问题。关于"众生有没有佛性"，法显获译《大

---

① 《高僧传·竺道生传》。
② 《汉魏两晋南北朝佛教史》，第494页。

般泥洹经》，有"愿令此经流布晋土，一切众生，悉成平等如来法身"① 句。此句"一切众生，悉成如来法身"，即是"众生皆有佛性"。可知涅槃佛性说，于法显译《大般泥洹经》时已经出现。但顿悟成佛说的出现，则是在此之后。它实际上乃是竺道生凭着多年佛学经验，将鸠摩罗什所阐述的龙树般若学，与僧伽提婆所讲小乘有部的《毗昙经》融会贯通，"潜思日久，彻悟言外"，使大乘本体法身至极之存在，向下落实贯通，反诚于心性而提出来的。在此之前，虽有慧远著《法性论》，讲"至极以不变为性，得性以体极为宗"② 之说；亦有僧肇"一时顿断，为菩萨见谛"③ 之悟，但真正系统论述涅槃佛性论和顿悟成佛说者，则始于竺道生。

佛祖释迦牟尼出世，一手指天，一手指地，唯我独尊；涅槃世界，至极神圣，不可高攀！世事无常，善恶因果报应，更是佛说根本教理。而今道生讲"善不受报，顿悟成佛"，说"众生皆有佛性"，"一阐提人皆得成佛"，岂不亵渎佛祖，玷污神明！颠覆了大乘教理！特别是世人皆"笼罩旧说"，认为佛说"妙有渊旨"的情况下，"旧学以为邪说，讥愤滋甚"，引起纷然哗然，是可以理解的。《高僧传》记载这段史实说：

> 生既潜思日久，彻悟言外，……于是校阅真俗，研思因果，乃言善不受报，顿悟成佛。……笼罩旧说，妙有渊旨。而守文之徒，多生嫌嫉，与夺之声，纷然竞起。又六卷《泥洹》先至京师，生剖析经理，洞入幽微，乃说一阐提人皆得成佛。于时大本未传，孤明先发，独见忤众。于是旧学以为邪说，讥愤滋甚，遂显大众，摈而遣之。生于大众中正容誓曰："若我所说反于经义者，请于现身即表厉疾。若与实相不相违背者，愿舍寿之时，据师子座。"言竟拂衣而游。初投吴之虎丘山，旬日之中，学徒数百。其年夏，雷震青园佛殿，龙升于天，光影西壁，因改寺名号曰"龙光"。时人叹曰："龙既已去，生必行矣。俄而投迹庐山，销影岩岫，山中僧众咸共敬服。后《涅槃大本》至于南京，果称阐提悉有佛性，与前所说合若符契。④

---

① 《泥洹经出经后记》，《出三藏记集》卷八。
② 《高僧传·慧远传》。
③ 慧达：《肇论疏》，见《汉魏两晋南北朝佛教史》，第 527 页引。
④ 《高僧传·释竺道生传》。

没有教典的根据，以自我独立的见解，"孤明先发"，拿出一种理论，是不会被人轻易接受的。故才有"独见忤众"的犯禁，"旧学以为邪说"的"讥愤"。当旧势力将此"讥愤"诉诸群众，掀起群众运动时，"善不受报，顿悟成佛"成为被批判、被谴责、被抛弃的虚妄之说时，逼得竺道生不得不于大众中正容发誓。此可见当时反对势力多么强大，多么会制造阴谋了！直到昙无谶所译《涅槃大本》传播至南京，"果称阐提悉有佛性，与前所说合若符契"，这场"善不受报，顿悟成佛"说所引起的纷然哗然风波，才告一段落。可知阐述一种真理多么不容易！

竺道生"顿悟成佛"说，无疑是承认大乘佛教"涅槃"最高本体存在的。道生作《泥洹经》义疏，讲"不易之体，为湛常照。苟能涉求，便返迷归极，归极得本"①；讲"体法为佛，法郎佛矣"②；以及注《维摩诘经》，讲"以体法为佛，不可离法有佛也。若不离法有佛是法也，则佛亦法矣"③ 等，就是对大乘佛教"涅槃"最高本体存在的承认。竺道生认为，这个本体，这个妙法，虽然"至象无形，至音无声"，处"希微绝朕思之境"，但它不是虚妄无理的存在，而是"苍生机感不一，启悟万端"；"万法虽异，一如是同，圣体之来，来化群生"④ 者，是"因本以生为义"⑤ 的存在。正因为"涅槃"是"来化群生"者，是"以生为义"的存在，那么，其生化为宇宙万物众生，就无不具有涅槃佛性，具有佛的本质规定性。因此故曰"一切众生，皆当作佛"⑥；"一切众生，莫不是佛，亦皆泥洹"⑦。从这里不难看出，竺道生讲"顿悟成佛"，讲"一阐提人皆得成佛"，乃是以"涅槃"为生化本体为根据而言之的。这显然与佛教般若空宗讲不生不灭、永恒常住的本体存在，或《中论》讲"不生亦不灭，不常亦不断，不一亦不异，不来亦不出"的存在，是极为不同的。道生此讲，实际上是将大乘佛教不生不灭的本体，变成了可生可化的本体。从佛教发展上看，道生此本体转换，实乃是将鸠摩罗什所讲龙树般若学，融会贯通了僧伽提婆所讲小乘有部《毗昙经》，即僧祐所说"妙

---

① 《大般涅槃经集解·序题》。
② 《大般涅槃经集解·师之吼品》。
③ 《注维摩诘经·入二法门品》。
④ 《妙法莲华经疏·序品》。
⑤ 《注维摩诘经·弟子品》。
⑥ 《妙法莲华经疏·譬喻品》。
⑦ 《妙法莲华经疏·见宝塔品》。

贯龙树大乘之源，兼综提婆小道之要，博以异闻，约以一致"①；但若从大乘佛教中国化看，则是将不生不灭的佛教本体，变成了中国文化道体"无思也，无为也，寂然不动，感而遂通"② 者，变成了"乾道变化，首出庶物"③ 的存在，变成了"大道泛兮，万物恃之以生"；"寂兮寥兮，独立不改，周行不殆，可以为天下母"④ 的存在。《高僧传》讲道生"潜思日久，彻悟言外"，悟得"夫象以尽意，得意则象忘"；"若忘筌取鱼，始可与言道矣"，实际上就是讲其从中国文化大道哲学本体存在，悟得此形上形下、先天后天、弥漫贯通、毫无隔阂之理，而用于解释佛教"涅槃"本体存在。而讲"众生皆有佛性"，"一阐提人皆得成佛"，实乃将《诗》"天生烝民，有物有则。民之秉彝，好是懿德"⑤ 的先天道德本性及孟子"仁、义、礼、智根于心，其生色也睟然，见于面，盎于背"⑥ 的先天心性说，引入涅槃佛性论和顿悟成佛说也。

竺道生这种独立见解，这种"孤明先发"所提出的涅槃佛性论和顿悟成佛说，不仅对于大乘佛教中国化具有佛理上的贡献，而且对于中国精神发展史也有很大影响的。道生将《涅槃经》的"真理自然"，视为"至象无形，至音无声"；"不易之体，为湛常照"的存在，讲"常与无常，理本不偏"⑦；讲"夫体法者，冥合自然一切诸佛，莫不皆然"⑧ 等，实则将"涅槃"本体提升为一种宗极妙一、超越象外的实理存在，而非佛教原来的虚无空寂说法。这不仅为中华大乘佛教发展提供了形上本体论，也影响了后来宋明理学形上本体论重建；而其讲"涅槃"本体获得，"一念无不知者，始乎大悟时也"，人可凭着灵明心性，领悟"涅槃"本体，"以直心为行初，义极一念知一切法"，为其"得佛之处"⑨ 等，则不仅直接影响了中华大乘佛教禅宗发展，也为后来陆王心学本体论发展提供了佛学参照。由此可知，竺道生涅槃佛性论和顿悟成佛说在精神史上对于中华佛学及宋明理学发展之影响。

人人皆有佛性，顿悟即可成佛，这是多么美好的事情啊！特别是在"家

---

① 《出三藏记集·释竺道生传》。
② 《周易·系辞上传》。
③ 《周易·彖上传》。
④ 《老子》，第25、34章。
⑤ 《诗经·大雅·烝民》。
⑥ 《孟子·尽心上》。
⑦ 《大般涅槃经集解·哀叹品》。
⑧ 《大般涅槃经集解·师之吼品》。
⑨ 《大般涅槃经集解·菩萨品》。

家斋戒，人人忏礼，不务农桑，当空谈彼岸"① 的宗教背景下，对信教者是很有吸引力的。但真正成圣成哲成佛，谈何容易啊！它不仅需要虔诚之心，无妄之理，更需要道德之心的涵养、扩充与大化。因此，东晋简文帝闻"佛经以为祛练神明，则圣人可致"，便怀疑地说："不知便可登峰造极不？"认为"陶练之功，尚不可诬"②。由此可知，竺道生涅槃佛性论和顿悟成佛说一出，引起怀疑与顿渐之争，就是很自然的事情了。顿悟成佛说固然有支持者，如谢灵运著《辨宗论》说："释氏之论，圣道虽远，积学能至，累尽鉴生，不应渐悟"；"寂鉴微妙，不容阶级，积学无限，何为自绝？"称赞"道家之唱（即道生新论之说），敢以折中自许，窃谓新论为然"③，及讲"孔虽曰语上，而云圣无阶级。释虽曰一合，而云物有佛性。物有佛性，其道有归，圣无阶级，其理可贵"④，就是支持道生涅槃佛性论和顿悟之说的。他虽然有时也承认"非渐所明，则无入照之分"，然从其所讲"至夫一悟，万滞同尽耳"⑤；"至精之理，岂可径接至粗之人"⑥，则是认同人的灵性存在及形上顿悟大用的。僧睿讲"《经》云，泥洹不灭，佛有真我。一切众，皆有佛性。皆有佛性，学得成佛。泥洹永存，为应照之本。大化不泯，真本存焉。而复致疑，安于渐照而排跋真诲，任其偏执而自幽不救，其可如乎？"⑦ 亦是同情竺道生涅槃佛性论和顿悟成佛说的。自然，反对者也不在少数，其中释慧观著《辨宗论》《论顿悟渐悟义》等⑧，就是反对顿悟论的。而当时宋之光禄大夫、国子祭酒范泰（字伯伦）写信给竺道生、释慧观，说提婆所讲，乃是小乘法，属于"魔书"之类，法显传《大般泥洹经》后，泥洹始唱，讲永恒"常住"存在，为"众理之最"。他认为，法显传译《大般泥洹经》后所流行的大乘涅槃学，并不是释竺道生、慧观"推心乐同，敢以求直"⑨的成佛之道。此说不仅批评竺道生顿悟说，似乎对慧观的渐悟说亦不满意。凡此，可见当时成佛顿渐之争所引起的不同社会凡响了。这种成佛顿渐之争，影响了后来中

① 《南史·郭祖深传》。
② 《世说新语·文学篇》。
③ 《广弘明集》卷十八。
④ 《答慧琳问》，《全宋文》卷三十二。
⑤ 《答僧维问》，《全宋文》卷三十二。
⑥ 《答法勖问》，《全宋文》卷三十二。
⑦ 《喻疑》，《全宋文》卷六十二。
⑧ 见《高僧传·释慧观传》。
⑨ 《与生观二法师书》，《弘明集》卷十二。

华大乘佛教各宗的发展，如禅宗"明心见性"即佛，就受顿悟说之影响；而净土宗以功德愿往净土，则延续了渐教之论。

自从佛教经典译出、传播与流行，就有如何认识理解佛经问题，特别是《涅槃经》的盛行，如何成佛，能不能成佛的思考，就成了判教的重要问题。这种判教思考并非只是局限于涅槃佛性与顿渐之争，更为内在关键的问题，是成佛因之辩。这不仅发生在南方，北方也同样存在。不过北方较之南方复杂，成佛判教不仅有阶段之说，更有南三家、北七家之谈。关于成佛之因的判教，就有内在根据的"正因"说，有外在条件的"因缘"说，亦有将二者合起来说的。正因佛性说，隋时就有十一家之多，"然然十一家，大明不出三意"①。因此，北方佛性教理之争，成佛之因之辩，较之顿渐之争要纷繁复杂。

综上所述，不难看出佛教南北学风的差别：南学灵性，北学质朴，南学多形上思考，北学多经验实在，南方空学较盛，北方偏于有学。当时的南北佛学研究，其于大乘，则研《涅槃》《华严》《地论》，其于小乘，则行《毗昙》《成实》。南北方佛学，虽研大乘《般若》《涅槃》《华严》诸经，但小乘《毗昙》《成实》二经亦极盛行。《毗昙》不管是本体论，还是婆婆世界，皆属一切"有"部存在；而《成实》经，虽为小乘，然毕竟受大乘佛学影响，不乏大乘教理。叙述南北佛学，若不弄清南北佛学《毗昙》《成实》二经的研究，就不知道佛教高微至极的本体存在是怎样贯通宇宙万物，贯通心性存在的，也就很难理解印度大乘佛教是如何转化为中华大乘佛教的。因此，叙述南北佛学《毗昙》《成实》二经的研究，对了解佛学空有二宗的本体论转换，中华大乘佛教形成及发展，是不可忽视的重要环节。但南北方佛学，陈述因缘立性、假名破性、不真破相、真之实显，建立成佛宗说，也是受《地论》《摄论》经影响的。因此，南北《地论》《摄论》的佛学研究，也是不可忽视的。因此，现在先叙述南北佛学《毗昙》《成实》二经的研究，然后再叙述《地论》《摄论》在南北佛学中的地位。

五　《毗昙》《成实》学研究

《毗昙》《成实》二经最初的翻译与传播，都是出于罗什；而罗什翻译传

---

① 吉藏：《大乘玄论》卷三。

播此二经时，皆是隐藏着疑虑纠结的。罗什最初是诵小乘经《毗昙》的，后遇须耶利苏摩，改信大乘，推辩"诸法皆空无我"，分别"阴界假名非实"。但改信大乘，也遇到了一个问题，即大师盘头达多所说的"一切皆空，甚可畏也"，并向他提出一个值得思考的宗教哲学问题："安舍有法而爱空乎？"①这的确是一个问题！因为"一切皆空"，会弄得人生毫无意义，特别是本体论上的空寂，非真实无妄之理，更不能建立宗教信仰。事实上也是如此。刘宋时期中兴寺的僧嵩"兼明数论（指《毗昙》《成实》），末年僻执，谓佛不应常住（即不相信《涅槃》所说境界）"，竟然"临终之日，舌本先烂②；彭城僧渊，因"诽谤《涅槃》"，也"舌根销烂"③。这些说法，虽然是为维护大乘佛教《涅槃》的神圣地位，但它同时也反映出一个宗教真理存在，即仅仅是永恒常住的空寂存在，而非真实无妄之理，并不能建立人的信仰、信念与精神世界。这也正是罗什改信大乘佛教后心存疑虑纠结的地方。因此，罗什翻译传播《毗昙》《成实》二经，就是为了解开这些疑虑纠结，即译《毗昙》弥补大乘佛教的"一切皆空"，译《成实》宣传大乘佛教空宗真义；而这样做，最终是为了更为全面地弘扬龙树的《中论》《十二门论》及提婆《百论》所宣扬的佛教中道思想。罗什译经及后来传道布教，皆是为了破除《毗昙》《成实》二经的"小隐"而作为的。事实上，《毗昙》《成实》的传播及其发展为南北佛学，基本上是沿着罗什的解结消虑思路发展的。现在先看看《毗昙》在南北佛学中怎样适应中国文化而发展，然后再看《成实》学在大乘佛教空宗发展中的地位与作用。

《毗昙》，即《阿毗昙》，是印度北部罽宾国一切有部的小乘经典。它涉及的范围极广泛，包括《舍利弗阿毗昙》及本体论的《八犍度》（即唐译《发智论》），以象数阐述本体论的《毗婆沙》。道安说："身毒来诸沙门，莫不祖述此经。"④此经道安时，始传入中国。后罗什携此经来关中，因其"不闲晋语，以偈本难译，遂隐而不传。及见提婆，乃知有此偈"。到秦建元十八年（382），道安始让罗什译出《阿毗昙心》。秦建元十八年（383）法显等译出《杂阿毗昙毗婆沙》，或云《杂阿毗昙心》⑤。后来，提婆于东晋泰元十六

---

① 《高僧传·达摩罗什传》。
② 《高僧传·释道温传》。
③ 《小乘迷学竺法度适异仪记》，《出三藏记集》卷五。
④ 道安：《阿毗昙序》，《出三藏记集》卷十。
⑤ 僧祐：《新集撰出经律论录》，《出三藏记集》卷二。

年（391）南游，于浔阳南山精舍，应慧远之请，译此经。当时"提婆自执胡经，先诵本文，然后乃译为晋语，比丘道慈笔受。至来年秋，复重与提婆校正，以为定本"①。它就是提婆所译四卷本《阿毗昙心论》。慧远序此经说："罽宾沙门僧伽提婆，少玩兹文，味之弥久，兼宗匠本，正关人神。会遇来游，因请令译。提婆乃手执胡本，口宣晋言，临文诚惧，一章三复"。因此经来之不易，故慧远"宝而重之，敬慎无违。"②

南方佛学发展到刘宋时期，已不像晋时那样崇尚虚无，故有部的《毗昙》经，得以研究。当时南方所研究的《毗昙》，主要是法胜所阐述的《阿毗昙心》，及达摩多罗发明的《杂心论》。慧远解释法胜的《阿毗昙心》说：

> 《阿毗昙心》者，三藏之要颂，咏歌之微言，管统众经，领其宗会，故作者以心为名焉。有出家开士，字曰法胜，渊识远鉴，探深研机，龙潜赫泽，独有其明。其人以为《阿毗昙经》源流广大，难卒寻究，非赡智宏才，莫能毕综，是以探其幽致，别撰斯部。始自《界品》，讫于《问论》，凡二百五十偈，以为要解，号之曰心。其颂声也，拟象天乐。若乃一吟一咏，状鸟步兽行也。一弄一引，类乎物情也。情与类迁，则声随九变而成歌。气与数合，则音协律吕而俱作。拊之金石，则百兽率舞。奏之管弦，则人神同感。斯乃穷音声之妙会，极自然之众趣，不可胜言者矣。③

观此可知，《阿毗昙心》三藏之"颂"部，是非常重要的。它乃是"咏歌之微言，管统众经"的。此经"自《界品》，讫于《问论》，凡二百五十偈，以为要解，号之曰心"，可知其要旨属于几微幽深的心性之论。而讲其"其颂声也，拟象天乐"，"一吟一咏，状鸟步兽行也，一弄一引，类乎物情也。情与类迁，则声随九变而成歌；气与数合，则音协律吕而俱作"云云，是说此经极富于美妙的音乐感，颇像《尚书》所描述的帝舜命夔典乐，"击石拊石，百兽率舞"，所演奏的"八音克谐，神人以和"④ 的礼乐。《阿毗昙心》

---

① 《阿毗昙心序》，《出三藏记集》卷十。
② 释慧远：《阿毗昙心序》，《出三藏记集》卷十。
③ 释慧远：《阿毗昙心序》，《出三藏记集》卷十。
④ 《尚书·尧典》。

经虽不乏形上本体法相之描述，但其要义，仍在于几微幽深的心性说。故慧远接着又说：

> 又其为经，标偈以立本，述本以广义。先弘内以明外，譬由根而寻条，可谓美发于中，畅于四肢者也。发中之道，要有三焉：一谓显法相以明本，二谓定己性于自然，三谓心法之生，必俱游而同感。俱游必同于感，则照数会之相因。己性定于自然，则达至当之有极。法相显于真境，则知迷情之可反；心本明于三观，则睹玄路之可游。然后练神达思，水镜六府，洗心净慧，拟迹圣门。寻相因之数，即有以悟无，推至当之极，每动而入微矣。

这就是说，《毗昙》经所言心性，并非今天心理学所说心之生物机制，而是"显法相以明本"，本于形而上学法相存在，定于自然讲心性的，故其"达至当之有极"。这实际上也就是中国文化讲人性本于天，讲"惟皇上帝，降衷于下民，若有恒性"①。于此形上本体论处讲心性，讲心性大用，自然能"法相显于真境，则知迷情之可反；心本明于三观，则睹玄路之可游"，进入形而上学思考，故能"练神达思，水镜六府，洗心净慧，拟迹圣门"，及至"寻相因之数，即有以悟无，推至当之极，每动而入微矣"。由此可知，虽然《毗昙》讲象数，虽充满娑婆世界，为小乘教典，但拟性形容，执乎真象，并不乏形上法相本体论思考。正是因为这样，所以道安说"其说智也周，其说根也密，其说禅也悉，其说道也具"②。

正因为《毗昙》讲心性明于法相之本，又定性于自然，活活泼泼，道生精于提婆之学，才能将鸠摩罗什所讲龙树般若学，融会贯通了僧伽提婆所讲小乘有部《毗昙》，"博以异闻，约以一致"，提出根于佛教本体的涅槃佛性论和顿悟成佛说。谢灵运讲"同游诸道人，并业心神道，求解言外"；讲"有新论道士，以为寂鉴微妙，不容阶级，积学无限"③，也是就提婆之学《毗昙》而讲的。当时提婆来庐山，讲《毗昙》，曾风靡一时，被视为"魔书"。

---

① 《尚书·汤诰》。
② 道安：《阿毗昙序》，《出三藏记集》卷十。
③ 《辨宗论》，《广弘明集》卷十八。

范泰写信给道生、慧观说"提婆始来，义亲之徒，莫不沐浴钻仰"①，可知提婆之学被人所崇拜信奉！及至提婆于隆安元年（397）游京师，晋朝王公及风流名士，莫不到场致敬。当时的卫军东亭侯琅琊王珣，为其建立精舍，广招学众，延请提婆讲《毗昙》，名僧毕集，王弥亦在座讲听。而提婆讲此经，"词旨明析，振发义理，众咸悦悟"②，是很感悟吸引人的。王珣曾请提婆到家讲《毗昙》。王珣之弟僧弥，听之及半，便能自讲。为何一听即解？因为"提婆宗致既明，振发奥义，王僧弥一听，便自解，其明义易启人心如此"③。当时慧远之弟慧持，亦来庐山。慧持受豫章太守范宁之请，讲《法华》《毗昙》，于是"四方云聚，千里遥集"。兖州刺史王恭，曾致书于沙门僧检问"远、持兄弟至德何如？"僧检回答说："远、持兄弟也，绰绰焉信有道风矣！"④谢灵运更作铭，赞当时庐山法师说："庐山法师，闻风而悦，于是随喜幽室，即考空岩，北枕峻岭，南映澾涧，摹拟遗量，寄托青彩。岂唯像形也笃，故亦传心者极矣！"⑤此可知《毗昙》之学南方于刘宋时盛行及其所造就道德风貌也。南方《毗昙》之学，虽然南齐时有些衰落，然及至梁时，仍有道乘、僧韶、僧护、慧集诸多法师弘扬。如道乘"志业明敏，而特善《毗昙》"⑥；"韶、护以《毗昙》著名"⑦；释慧集广访《大毗婆沙》及《杂心》《捷度》等，以相辩校，"于《毗昙》一部，擅步当时"⑧。可知，南方《毗昙》学之盛。

《毗昙》之学，不仅刘宋时期有庐山慧远、道生、慧持，建业（南京）慧观、王珣等人研究，及梁时道乘、僧韶、僧护、慧集诸多法师弘扬，北方此学也是极盛的。北齐时的释慧嵩、志念等，就是北方有名的《毗昙经》学者。释慧嵩，西域高昌国（在今新疆乌鲁木齐高昌区）人，宗族皆通华夏之文。《续僧传》说其少出家，聪悟敏捷，"潜蕴玄肆，尤玩《杂心》"。慧嵩崇信佛法，博通玄奥，非常难解之义，经他一解，便泠然神悟，为北魏时高僧。

---

①　《与生观二法师书》，《弘明集》卷十二。

②　《高僧传·僧伽提婆传》。

③　《世说新语·文学篇》引《出经叙》。

④　《高僧传·释慧持传》。

⑤　《佛影铭》序，《广弘明集》卷十五。

⑥　《高僧传·释智秀传》。

⑦　《高僧传·释僧盛传》。

⑧　《高僧传·释慧集传》。

其兄曾问以《易林》隐秘，慧嵩以"《毗昙》一偈，化令解之"①。故《续僧传》又说其"统解小乘，世号'毗昙孔子'，学匡天下"②。后来去了徐州，居彭沛，常年统领佛学，圣教传于江表、河南，使彭城成了《毗昙》学重镇。

释志念，俗姓陈氏，冀州信都（在今河北衡水市冀州旧城区）人，为释慧嵩之弟子。其学先开《智度》，后发《杂心》，是隋初北方有名的《毗昙》学者。隋开国之初，《毗昙》佛经，传之日久，毁坏很严重，"《业犍度》中，脱落四纸。诸师讲解，曾无异寻。念推测上下，悬续其文。理会词联，皆符前作。初未之悟也。后江左传本，取勘遗踪，校念所作，片无增减，时为不测之人焉。撰《迦延杂心论疏》及《广钞》各九卷，盛行于世"③。释志念曾率弟子四百余人坐镇晋阳，先后于开义寺、大兴国寺弘扬佛法，使晋阳成为北方《毗昙》学研究的重镇。

不论是道生将鸠摩罗什所讲龙树般若学，贯通僧伽提婆所讲《毗昙》，还是志念学先开《智度》，后发《杂心》，南北《毗昙》学研究，都是沿着罗什弘扬龙树中道思想发展的，即将佛教精微至极本体贯通宇宙万象，贯通人心性存在，使形上形下、先天后天、真俗两界浑然一体、相互一致。此即天地万物之中道实相也，亦即慧远所讲"色不离如，如不离色，色则是如，如则是色"④的存在。只有这样理解佛教涅槃至极本体的永恒常住存在，才符合《涅槃经》"一切世间法中，皆有涅槃性"⑤的说法，也才能免除"一切皆空"所带来的"可畏"疑虑与纠结。《毗昙》学发展是这样，《成实》之学也是这样，即它也基本上是沿着罗什弘扬龙树中道思想发展，阐释大乘佛教空宗真义的。

《成实论》印度诃梨跋摩所撰。僧祐说，其人"宋称师子铠，佛泥洹后九百年，出在中天竺，婆罗门子"。他本宗小乘《阿毗昙》，后遇迦旃延所造《大阿毗昙》，有数千偈之多，声称"此论盖是众经之统例，三藏之要目也，若能专精寻究，则悟道不远"。跋摩敬承钻习此论后，认为"佛旨虚寂，非名相所议"。他于数载之中，穷三藏之旨，考九流之源，"方知五部创流荡之基，迦旃启偏竞之始"。于是跋摩"研心方等，锐意九部，采访微言，搜简幽旨，

---

① 〔唐〕道宣：《续僧传·释慧嵩传》。
② 〔唐〕道宣：《续高僧传·释志念传》。
③ 〔唐〕道宣：《续高僧传·释志念传》。
④ 《庐山出修行方便禅经统序》，《出三藏记集》卷九。
⑤ 《大智度论》卷三十二。

博引百家众流之谈，以检经奥通塞之辩，澄汰五部，商略异端，考核迦旃延，斥其偏谬"，除繁弃末，慕存归本，作成二百二品的《成实论》①。东晋时，此经始传中夏。先是姚秦弘始十三年（411），由尚书令姚显请出此论，后来鸠摩罗什，手执胡本，口自传译，僧昙暑笔受，出此论。罗什所译《成实论》为十六卷本，齐永明七年（489）竟陵文宣王萧子良集京师硕学名僧五百余人于普弘寺迭讲，为使"辞约理举，易以研寻"，令僧柔、次二论师抄《成实》，简繁存要，略为九卷②。

《成实》乃罗什晚年所译。他乃大乘空宗的集大成者，致力于《般若》之学。然其所译《成实》，不在于推崇此论，而在于此论以范畴概念的方式，所阐述的宗教思想体系，有利于宣传大乘般若的空宗思想，破除宣传《毗昙》的弊端。这一点，从其所试于弟子僧睿，则可以看出来：

> 什所翻经，睿并参正。……后出《成实论》，令睿讲之。什谓睿曰："此争论中，有七处文破《毗昙》，而在言小隐；若能不问而解，可谓英才"至睿启发幽微，果不谘什，而契然悬会。什叹曰"吾传译经论，得与子相值，真无所恨矣。"③

"小隐"，即内在小弊端，即教理的不彻底性。有此小隐弊端，有此不彻底性，自然不能理解领悟"般若"世界。但《成实》在传播中，并没有清除这种小隐，而是接受了这种弊端，怀疑"般若"世界的存在。前边所提到的"兼明数论"的僧嵩不相信"涅槃"存在及僧渊诽谤《涅槃》就是这样。这自然有碍大乘般若佛教的传播与发展。因《成实》没有清除小隐，存在着弊端，所以周颙作《成实论》序，讲《成实论》"总三乘之秘数，穷心色之微阐。摽因位果，解惑相驰，凡圣心枢，罔不毕见乎其中"，讲其虽"近派小流"，然其"宣效于正经，无染乎异学"，"有功于正篆，事不可阙"；同时指出，它"自《发聚》之初首，至《道聚》之末章，其中二百二品，鳞彩相综，莫不言出于奥典，义溺于邪门"，但因其"言精理赡，思味易耽"，"卷广义繁，致功难尽"，造成"顷《泥洹》《法华》，虽或时讲；《维摩》《胜

---

① 《出三藏记集·诃梨跋摩传》。
② 《略成实论记》，《出三藏记集》卷十一。
③ 《高僧传·释僧叡传》。

鬘》，颇参余席；至于《大品》精义，师匠盖疏，《十住》渊弘，世学将殄"的局面，致"使大典榛芜，义种行辍，兴言怅悼，恻寐忘安！"① 正是《成实》存在小隐弊端，所以竟陵文宣王萧子良令僧柔、次二论师抄《成实》，简繁存要，略为九卷。这也是周颙作《三宗论》，以"不空假、空假、假空"的三宗二谛，宣扬大乘"般若"世界的原因。

自然，这不是说《成实论》研究没有成就。《成实论》研究，所以能够成为成学，不论南北，皆有《成实》师，研究《成实》学称著，影响佛教发展的。南方释僧导师于罗什弟子僧叡，谋猷众典，博采真俗，乃著《成实》《三论义疏》《及空有二谛》论等；后宋高祖刘裕西伐长安，荡清关内，导随之南归，于东山寺，讲说经论，受业千有余人②，就是有名的《成实》师。僧导有弟子僧威、僧音等，并善《成实》。另外，释道猛，也是以"《成实》一部，最为独步"的《成实》师。元嘉二十六年（449），道猛东游京师，止于东安寺，受到湘东王刘彧，即后来的宋明帝的礼遇，建兴皇寺，"敕猛为纲领"③，由是成号。道猛死后，僧道坚、慧峦、慧敷、僧训、导明，皆于兴皇寺讲《成实》。当时兴皇寺成了《成实》学重地，以弘扬《成实论》为旗帜。南齐时僧柔、僧慧次也是有名的《成实》师，曾遵从竟陵文宣王萧子良的指令，略《成实论》为九卷。僧柔陶姓，不仅他本人善《成实》学，有弟子僧绍，亦贞正有学业。释慧次姓尹，年十八便解通经论，名贯徐土，频讲《成实》及《三论》。梁代虽崇尚《涅槃》《般若》之学，但《成实》学，仍有僧旻、法云、智藏等三位法师出现。僧旻俗孙氏，生于吴都富春，七岁出家，二十六岁讲《成实论》于兴福寺。梁武帝注《般若经》，以通大训，请京邑五大法师首讲，僧旻道居其右，因深得武帝赏识，请为家僧。梁武帝勅于惠轮殿讲《胜鬘经》，亲自临听，选才学道俗释僧智等三十人，抄一切经论，以类相从，凡八十卷，皆令取衷于僧旻④。可知其在梁时之地位矣。释法云俗姓周，宜兴阳羡（今江苏宜兴市阳羡镇）人，著《成实论疏》四十二卷。释智藏俗姓顾，吴郡吴人。梁时曾讲《成实论》，"听侣百人，一时翘秀"⑤，一生讲大小品《涅槃》《般若》《法华》《十地》《金光明》《成实》《百论》《阿

---

① 周颙：《抄成实论序》，《出三藏记集》卷十一。
② 《高僧传·释僧导传》。
③ 《高僧传·释僧猛传》。
④ 〔唐〕道宣：《续高僧传·释僧旻传》。
⑤ 〔唐〕道宣：《续高僧传·释僧智传》。

毗昙心》等，各著义疏行世，其中《成论义疏》有十四卷。另据《中论疏记》说，智藏有《成实论大义记》，也是其最为重要的著作。智藏、僧旻、法云皆师释慧。此可见南方《成实》学师承及其发展。

《成实论》由鸠摩罗什于长安译出，更是在北方广为传播研究，不乏《成实》师的。前面提到的释僧慧嵩，不仅是《毗昙》学师，亦是《成实》师。北魏末，他曾讲《毗昙》《成实》，"使锋锐劲敌，归依接足"[①]，以至于高昌请其回国。他先是旋环于邺、洛间，以宏道为宗；后迁往徐州，统领其学，江表、河南，皆遵其声教，成为《成实》学彭城系的创始人。释僧渊（姓赵）即"从僧嵩受《成实论》《毗昙》"[②]，僧昙度、慧记、道登，并从僧渊受业。慧记兼通数论，道登善《涅槃》《法华》，并为魏主元宏所重，驰名魏国。北魏时期，北方《成实》学，就是沿着僧慧嵩彭城系发展的。隋初的志念论师，即是祖承僧慧嵩的学者。隋创兴时，佛教典籍毁坏，如"《迦延》本经，传谬来久，《业犍度》中，脱落四舌，诸师讲解，曾无异寻"[③]。释志念对此脱落经本，推测上下，悬续其文，理会词联，竟能皆符前作，可知其对经典的熟悉。后来，隋欲于大兴国寺宣扬佛法，当即首推释志念，可知其法师地位矣。

如果说南北小乘有宗的《毗昙》学研究落实了大乘佛教精微至极本体存在，将其贯通了宇宙万象及人心性存在，使真俗两界浑然一体，那么，南北小乘《成实》学研究，则以"世间即是假名"范畴概念，表达了向大乘空宗过渡的趋势，也以"业力论"揭示了"诸所生法，皆以业为本；若无业本，云何能生"[④]的本真性。《成实论》讲"世间即是假名"，人、自我皆是"出于假名名出世间"[⑤]，认为世间就是假名存在，然后讲"佛说诸行尽皆如幻如化"[⑥]，无疑是属于空宗观的。目的无非是要人识破世间一切皆空，灭除"假名心"，或放弃"随逐假名"的"无明"心，走向"涅槃"之"空心"，即"心缘无所有"[⑦]的存在。此非"一切皆空"为何？此乃《成实论》走向大乘

---

① 〔唐〕道宣：《续高僧传·释慧嵩传》。
② 《高僧传·释道渊传》。
③ 〔唐〕道宣：《续高僧传·释志念传》。
④ 《成实论·第一百零三品》。
⑤ 《成实论·第一百八十九品》。
⑥ 《成实论·第一百五十三品》。
⑦ 《成实论·第一百五十四品》。

空宗趋势。但是，当《成实论》讲"一切苦生，皆由贪食"，讲"欲界中所有诸苦，皆因饮食，淫欲故生"①；或讲贪求享乐，为"受诸苦恼"② 直接原因，讲"业力故，此人生此"③，讲"以业力故，四大变而为根"④，讲"一切众生有共业共果报"，⑤ 将世间的一切"苦"和"烦恼"，皆归结为一种"业本论"时，它实际上将人生实践（业）视为根本存在，承认一切身心活动具有真实性矣。这自然是违背大乘空宗"般若"之说的。为维护此说，僧嵩"谓佛不应常住"，或僧渊因"诽谤《涅槃》"，说其"舌烂"，也就可以理解了。

正如《毗昙》明于法相之本，又定性于自然一样，《成实论》也是世界"第一义门者，皆说空无"⑥，而若以世俗"二谛说故，所言皆实"⑦。这就是《成实》的二谛论。它虽然要人以第一义的"无我"获得"真空智慧"，得此"空智"，使众生"无咎"。但它也不否定世俗谛的"有我"的"无咎"。因为"世谛者是诸佛教化根本，谓布施持戒报生善处。若以此法调柔其心，堪受道教，然后为说第一义谛"⑧。这就像道生将佛教精微至极本体贯通宇宙万象，贯通人心性存在，使真俗两界浑然一体一样，实乃将世俗"自我"人生提升为"真空智慧"的"无我"也。这不仅是一种宗教的修行之道，亦乃精神提升之境界也。这样，不论是《毗昙》明于法相之本，定性于自然，还是《成实》由"自我"到"无我"的本体论提升，皆为中华大乘佛教精神修养开辟新的门径。

信仰佛教作为一种精神世界的追求，最为根本的问题或自我最为关心的问题是如何成佛？但不论是道生讲顿悟，慧观讲渐悟，还是《毗昙》师讲明于法相，《成实》师讲"真空智慧"，虽有很高佛学智慧，但也不过是龙树中观之学，都没有具体讲述人究竟经过怎样修行，达于佛界，才能一步一步成佛及成佛的心性本体论问题。这一真切实有问题，是随着弥勒、无著大乘佛教有宗的传入才逐步解决的。特别是无著撰《摄大乘论》，以十种殊胜总摄大

---

① 《成实论·第一百七十六品》。
② 《成实论·第八十品》。
③ 《成实论·第二十五品》。
④ 《成实论·第五十四品》。
⑤ 《成实论·第一百零三品》。
⑥ 《成实论·第十四品》。
⑦ 《成实论·第四品》。
⑧ 《成实论·第一百四十一品》。

乘教义，无著弟子世亲撰《十地经论》，广明三乘，阐述阿赖耶识，建立"一心论"及"识变说"，始才解决了成佛的真切实有问题。因此，六朝以来，南北佛学，皆有《摄论》师与《地论》师，研究二论。特别是世亲的《地论》，以"一心论"，使如来藏与阿赖耶识相结合，为大乘有宗建立起心性本体论，讲变识现行，讲经十地成佛阶段，不仅解决了现行成佛问题，也以心性本体论影响了隋唐大乘佛教发展。因此，在结束本章之前，叙述一下南北佛学的《地论》《摄论》研究及其合流，不仅可知大乘有宗成佛之道，而且对理解隋唐中华大乘佛教形成与发展，亦是非常必要的。

六 《地论》《摄论》学汇合

《地论》，即世亲所撰《十地经论》。它原是世亲注疏《华严经·十地品》之别译本。单行本最初由西晋竺法护译为《渐备一切智德经》，姚秦时鸠摩罗什与佛陀耶舍合译为《十住经》；龙树对此经作注疏，鸠摩罗什译龙树疏解的前两住为《十住毗婆沙论》。北魏时菩提留支、勒那摩提等译为《十地经论》。中国南北佛学研究的《地论》，主要是菩提留支、勒那摩提等所译的《十地经论》，并形成了南北不同的《地论》师和《地论》学，影响了后来中华大乘佛教的发展。

晋时江陵长沙寺释僧卫曾为《十住经》作序，对《地论》的内涵、性质、地位与作用，解释说：

> 夫冥壑以冲虚静用，百川以之本；至极以无相标玄，品物以之宗。故法性住湛一以居妙，寂纷累以运通。灵根朗圆烛以遂能，乘涉动以开用。然能要有资，用必有本。用必有本，故御本则悟涉无方。能要有资，故悟虚则遂其通塞。……
>
> 夫万法浩然，宗一无相，灵魄弥纶，统极圆照。斯盖目体用为万法，言性虚为无相，称动王为心识，谓静御为智照。故滞有虑塞，则曰心曰识。凭虚照通，则曰智曰见。……正见创入辙之始，正偏标体极之终。四者盖精魄弥纶，水镜万法，虽数随缘感，然灵照常一而不变者也。……若夫名随数变，则浩然无际，统以心法，则未始非二。故《十住》为经，将穷赜心术之原本，遂真悟之始辩；神功启于化彰，八万归于圆

照，使灵机无隐伏之数，大造无虚窃之名。……菩提者，统极十道之尊号，括囊通物之妙称，乃十住启灵照之圆极，远弘大通之逸轨。故十住者，静照息机，反鉴之容目者也。①

大乘佛教幽冥至极本体，乃是"无相标玄""冲虚静用"存在。面对着这样"万法浩然，宗一无相"的形而上学存在，人如何领悟进入到它的存在，止于何处？在僧卫看来，人的心灵打不开，灵明之根不能微妙玄通，烛明形而上学存在，是不可能领悟大乘佛教幽冥至极无相本体，达于神妙境界的。惟有"灵根朗圆"，烛照之，神明之，方能启开大用。这就是他说的"用必有本"。用必有本，然后"御本则悟涉无方""悟虚则遂其通塞"。他说的"本"，就是人的灵明之心。而《十住经》就是以此为本体大用，"法性住湛一以居妙，寂纷累以运通"的所在。外部世界，虽"名随数变，浩然无际"，然"统以心法，则未始非二"，灵照总统名一心，总号一法。这种方法，就是心识智照，因此，《十住经》就是通过心识智照之法，"穷赜心术之原本，遂真悟之始辩；神功启于化彰，八万归于圆照，使灵机无隐伏之数，大造无虚窃之名"的。而菩提即是觉悟、智慧者，是"统极十道之尊号，括囊通物之妙称"者，是于十住之地，不断启迪人的心灵，使之"照之圆极，远弘大通"者。可知，《十住经》乃是以心性本体领悟佛教幽冥至极无相本体之书，而菩提则是人通过十个不同磨炼阶段（即欢喜、离垢、发光、焰慧、难胜、现前、远行、不动、善慧、法云十地）的佛法修炼，达于佛教功德境界的启迪者。这种修炼就像西方宗教经历地狱、炼狱、天堂不同阶段一样，但较西方宗教修炼要复杂，《西游记》的七七四十九次磨难与修炼更复杂。但所炼者何？心也，使有染污垢之心，修炼成无染洁净之心也。这说的就是《地论》的要义。它认为世俗众生流转的三界都是虚妄的，人生所以陷入虚妄，十二因缘所以发生，皆在于人心的无明，在于人心随事贪欲，陷入愚痴颠倒。这就是它说的"三界虚妄，但是一心作"，"十二因缘分，皆依一心"。人若要成佛，若要不陷入虚妄，就要修心，就要由不洁净之心修成洁净之心，就应"于阿黎耶识及阿陀那识中求解脱"②。《地论》全在发挥一个"心"字，"一心"之说，贯通整个论著。后来的争论，主要是怎样理解认识缘起的"阿黎耶识"

---

① 释僧卫：《十住经含注》序，《出三藏记集》卷九。
② 《十地论》卷八。

之心：是有染的还是洁净的，是"本有洁净心"，还是染净混杂不洁净心？这牵涉人的本性问题，牵涉人能不能成佛，有没有"自性清净心""自性不染相"的根本存在问题，就像中国文化承认不承认"民之秉彝，好是懿德"①，或孟子所说的仁义礼智之先天道德本性一样。因为它牵涉到成佛的心性本体论问题，牵涉到人能不能"善住阿黎耶识真如法中"的问题。因此，《十地》修行围绕此展开，为学之争论，也在于此，它就像中国哲学史、精神史上的"性善""性恶"之争论那样。

这种争论，也是与《十地论》的翻译传播联系在一起的。《十地》虽最初由西晋竺法护译单行本、姚秦时鸠摩罗什与佛陀耶舍的合译本，但完本则是北魏时由菩提留支、勒那摩提译出的。此经如何译出？说法不同，译传不同，南北所学不同，根本范畴概念的理解，也存在着歧义。现存《十地经论》，北魏侍中崔光为之序，记载描述了北魏宣武帝永平元年（508）翻译该经的情况说：

> 以永平元年，岁次玄枵，四月上日，命三藏法师北天竺菩提流支，魏云"道希"，中天竺勒那摩提，魏云"宝意"，及传译沙门北竺佛陀扇多，并义学缁儒一千余人，在太极紫庭译出斯论，十有余卷（现存本十二卷）。斯二三藏并以迈俗之量，高步道门，群藏渊部，罔不研揽。善会地情，妙尽论旨。皆手执梵文，口自敷唱，片辞只说，辩诣蔑遗。于是皇上亲纾玄藻，飞翰轮首，臣僚僧徒，毗赞下风。四年首夏，翻译周讫。②

崔光（本名孝伯），北魏时为宣武帝侍中，帝常称之曰："孝伯之才，浩浩如黄河东注，固今日之文宗也。"他不仅是文学界宗师，亦是佛教学者。史说其"崇信佛法，礼拜读诵，老而逾甚"，"每为沙门、朝贵请讲《维摩》、《十地》经，听者常数百人，即为二经义疏三十余卷"③；菩提流支创翻《十地》经时，"沙门僧朗、道湛及侍中崔光等笔受"④。因此，崔光所写《十地

---

① 《诗经·大雅·烝民》。
② 《大藏经》第 26 册。
③ 《魏书·崔光传》。
④ 〔唐〕道宣：《续高僧传·菩提流支传》。

经论》序，记载描述的菩提流支与勒那摩提在佛陀扇多传译、众多义学缁儒参与下，翻译《十地经论》的情况，应该是属实的。虽有传译及众多人参与，但主译仍然是菩提流支与勒那摩提。当时不仅有传译及众多人参与翻译的《十地经论》，而且还有正始五年（504）勒那摩提的初译本，及伏陀扇多的传译本。众多人参与，又有不同译本，在传播过程中就难免有争功德的事。故《续僧传》说："当翻经日，于洛阳内殿，流支传本，余僧参助，其后三德（即指流支、摩提、扇多），乃徇流言，各传师习，不相询访。帝以弘法之盛，略叙曲烦，敕三处各翻，讫乃参校。其间隐没，互有不同，致有文旨，时兼异缀。后人合之，共成通部"①。可知《地论》虽有不同译本，北魏时是有本合译本的。

　　虽有了合译本，然在传播中，佛学者仍各依师禀，传其所学，加上群体参与、互动、互渗、衍生的东西，因此，《地论》学在流传中就形成了南北两派。南派是以勒那摩提所译《地论》发展起来的，首要人物是释慧光。慧光姓杨，定州（今河北定州市）人。勒那摩提初译《十地》，北魏正始已有合译本，北齐时，释慧光"预沾其席，以素习方言，通其两净，取舍由悟，纲领存焉。自此《地论》流传，命章开释，《四分》一部，草创积兹"，并且讲《华严》《涅槃》《维摩》《地持》等径，皆"疏其奥旨，而弘演导"②，著有《玄宗轮》《大乘义律义章》等，成为北派《地论》名师，"千载仰其清规，众师奉为宗辖"，学士翘颖如林，众所仰推者十人，入室者九，释法上、道凭、僧范、昙遵等皆出于慧光之门，其中法上著有《佛性论》《大乘义章》等，弟子有净影慧远及释法存、灵裕、融智等；其中净影慧远，是隋初有名的《地论》师，著有《地持疏》五卷、《十地疏》七卷、《华严疏》七卷、《涅槃疏》十卷等。此皆《地论》南派有成就者。

　　北派是以菩提流支所译《地论》形成的，首要人物是释道宠。道宠俗名"宾"，齐魏时国学大儒熊安生的弟子。道宠后出家，承旨流支《十地》，随闻出疏，继而开讲，学说高广，为东魏邺下（今河南临漳）所荣推，匠成学士堪可传道者千余人，其中较高者有僧休、法继、诞礼、牢宜、儒果等。当时"菩提三藏，惟教于宠"。邺下至洛阳为南北二途，道宠教于道北，所授在于心法；慧光教于道南，因草创《四分》律部，所教偏于法律。故"使洛下

---

① 〔唐〕道宣：《续高僧传·菩提流支传》。
② 〔唐〕道宣：《续高僧传·释慧光传》。

有南北二途，当现两说，自斯始也，四宗五宗，亦乃此起"①。邺为相州，因邺下至洛阳为南北二途，故有"相州南道"与"相州北道"之说；南北两派亦称为"相州南派""相州北派"。

所谓"当现两说，自斯始也，四宗五宗，亦乃此起"，就是指《地论》南北二宗的分歧。它也就是后来玄奘所说的佛教传入，音训义训不同，"遂使双林一味之旨，分成当、现二常；大乘不二之宗，析为南、北两道，纷纭诤论，凡数百年，率土怀疑，莫有匠决"② 的情况。"双林"，佛祖于双林树下寂灭，意指涅槃成佛之旨。"当、现二常"，乃是指佛性的"本有"和"始有"说的。"当常"即佛学本有；"现常"即佛性"始有"。菩提流支所传北道，心性论义近唯识宗的"阿赖耶缘起"，故为佛性"始有"说；而勒那摩提所传南道，心性论义近华严宗"真如缘起"，故为佛性"本有"说。四宗五宗，乃指《地论》南北两派判教成佛的不同主张。四宗即《毗昙》的"因缘宗"、《成实》的"假名宗"、《般若》的"不真宗"、《华严》、《涅槃》等的"真宗"。《毗昙》《成实》《华严》《涅槃》等所陈宗义为北方之学，《般若》所陈"不真宗"，属南方大乘空宗之学。四宗加上华严的"法界宗"，即为五宗。

《地论》成佛论，虽涉法相，但讲"三界虚妄，但是一心作"，所讲主要是瑜伽大乘法相唯识学。它与《摄大乘论》一样，皆为无著、世亲所传。无著造《摄大乘论》《庄严大乘经论》，而世亲所造《十地经论》等，就是解释无著《摄大乘论》《庄严大乘经论》的。因此，随着南北朝佛学发展，到陈隋之际，北方地论学者多转而研治无著所造《摄大乘论》。因此，叙述南北《地论》学发展，不能不叙述一下《摄论》学之研究与发展。

《摄大乘论》简称《摄论》，为无著所造。世亲（婆薮槃豆）注解此论，作《摄大乘论释》，这就是唐时名释道基所说的"北天竺国有二开士，结师资而接武，连花萼以承芳：无著阐于纮纲，所以俊撰论本；婆薮扬其名理，所以克精注述"③。《摄大乘论》有三个译本：最初由北魏时佛陀扇多译出，没引起多大注意；南朝陈时天竺来华大僧真谛（又名亲依，音译拘那罗陀）译本。因其"学穷三藏，贯练五部，研究大乘，备尽深极"，而能"博综坟籍，

---

① 〔唐〕道宣：《续高僧传·释道宠传》。

② 《谢高昌王启》，《慈恩三藏传》卷一。

③ 《摄大乘论释序》。

妙达幽微"①，传之南北。影响南北佛学的，主要是真谛三卷译本及其所作八卷《义疏》，讲《摄论》师，或《摄论》学，也是指真谛译本及《义疏》传播而说的；唐时，玄奘重译此论，成为大乘瑜伽派的基本论书。

释道基论及无著《摄大乘论》和世亲所作《摄大乘论释》，给予了很高的评价。他说：

> 《摄大乘论》者，盖是希声大教，至理幽微，超众妙之门，闭邪论之轨。大士所作，其在兹乎？若夫实相宗极，言亡而虑断，真如体妙，道玄而理邈。壮哉法界！廓尔无为，信矣大方，超然域外！……至如此论，众名坦荡，似王路之无枝；藏识常流，譬洪川之长注。三性殊旨，混为一心，六度虚宗，俱迁彼岸，蹑十地之龙级，淤三学之夷路；涅槃无处，运悲慧之两融。菩提圆极，齐真应之一揆。言摄大乘者，摄谓能摄，蕴积苞含，摄藏名摄；言大乘者，理必绝待，假大称之，名曰大乘。其义郭周，体性该博，谓为大也；所行功德，能至能证，名之为乘。论者，无着菩萨之所制造，穷源尽理，清微朗畅，谓为论也。释者，婆薮论师之所注解，清辩剖扸，文理俱腾。②

可知《摄大乘论》乃是大乘佛教成佛论，为清除通向涅槃境界障碍而作的：因为"三性殊旨，混为一心"说，及"六度虚宗，俱迁彼岸"之论，参加到成佛十地之阶，淤塞了三学（即指戒学、定学、慧学）道路，使成佛的涅槃之境变得缥缈无处了。释道基认为，"菩提圆极，齐真应之一揆"；摄大乘者，应该"其义郭周，体性该博，所行功德，能至能证"。无著的《摄大乘论》，就是"穷源尽理，清微朗畅"的著作；世亲的《摄大乘论释》，就是"清辩剖扸，文理俱腾"的注解。

正如《地论》成佛论提出来通向佛教至极本体的十个不同修行磨炼阶段一样，《摄论》也提出来达于涅槃佛世的十殊相胜语。不过，最为根本的殊相胜语，是知识所依的阿黎耶识。无著认为，要成佛，达于佛境，就要建立识体，建立知识依止的心性本体。《地论》讲"三界虚妄，但是一心作"，而《摄论》则是在眼、耳、鼻、舌、身、意的"六识"基础上，提出了心性本

---

① 《摄大乘论释序》。
② 《摄大乘论释序》。

体论的新识体，即第七识"阿陀耶识"和第八识"阿黎耶识"。在无著看来，人只是凭着眼、耳、鼻、舌、身、意的"六识"，是不能成佛，不能达于涅槃精神境界的，因为这"六识"获得的认识，都是虚妄的、不真实的，并非形上界的法身、真如、涅槃佛性存在。用今天的话解释，就是眼、耳、鼻、舌、身、意之所识，所获得的只是感性的知识，属于心理学的东西，而非纯真的形上本体与精神世界存在。因此无著认为，要想成佛，只是凭着前"六识"是不够的，因而提出了第七识"阿陀耶识"和第八识"阿黎耶识"，特别是第八识"阿黎耶识"，乃是人成佛，走向涅槃精神世界的最为根本识体。如果说第七识"阿陀耶识"还存在着有染的、不洁净的心性，那么，人通过修行磨炼达于第八识"阿黎耶识"，也就成为洁净无染的识体，可以达于最高精神境界：涅槃世界。故其说阿黎耶识"无始时，一切法依止"；若其于诸道，"有得涅槃"。阿黎耶识是藏识、识体、智慧体，是人最为根本的先天知性能力与悟性能力。一切知识，皆依阿黎耶识起现与变现。故曰："诸法依藏住，一切种子识。"[1] 人要成佛，达于佛界，就要由阿陀耶识提升为阿黎耶识，获此知依本体。因此，阿黎耶识不仅是种子识、智慧体，也是教体、形上本体。从这里可以看得出来，《摄论》的阿黎耶识本体说，不仅发挥了《地论》"三界虚妄，但是一心作"的心性本体论，而且摄阿黎耶识为种子识，讲达于藏识、识体、智慧、形上存在，为人成佛，成圣成哲，走向最高涅槃精神世界，铺设出了一条切实的佛学道路，尽管后来对阿黎耶识理解与认识有不同解释，但讲惟修此识体，才能上升到形上精神世界，获得涅槃境界的成佛教法，则铺平了世间成佛道路是不容怀疑的。

　　《摄论》所说阿黎耶识，作为种子识，作为识体、慧体，作为识之依止的心性本体，它实际上也就是中国文化人的"好是懿德"之心，仁义礼智的先天道德本性。这虽然是人性不同于动物之性的"几希"差别，却是人之所以是人的本质规定性。人若无此天根，无此虚灵不昧之心，无此"好是懿德"本性，无此善根与良知本性，如何能涵养之、扩充之、大化之，成为生色睟然、四德备、万理俱、至神至灵的存在而后成圣成哲？《摄论》所建立起来的阿黎耶种子识也是这样。无此藏识、识体、慧体，只是凭着眼、耳、鼻、舌、身、意感性"六识"，也是不能达于梵天境界，成为涅槃佛性存在的。这就是

---

　　[1] 《摄大乘论·众品名》。

《摄论》建阿黎耶识本体，通过南北佛学研究，会通中国文化形上大道本体，促进中华大乘佛教发展的原因。

《摄论》师最初是在南方出现的，《摄论》学也是在南方发展起来的。这是和南朝梁、陈崇尚《涅槃》《成实》《大论》《大品》，及僧真谛携《摄大乘论》诸论，由南海来华，传无著、世亲之学，布教敷化联系在一起的。真谛自梁末至陈初，凡二十余载，译出《唯识论》等经论记传六十四部，合二百七十八卷。梁、陈之际，南朝动乱，真谛与弟子浮游江表，于陈天嘉四年（563），始译出《摄大乘论》。"真谛来东夏，虽广出众经，偏宗《摄论》"①，故讨寻教旨者甚多。但真正能够归心真谛，于《摄论》穷括教源，阐释义旨的弟子，主要是释慧恺、法泰等法师。慧恺为南朝陈代法师，俗姓曹，真谛译《摄大乘论》，曾任笔受之职，又助译《俱舍论》及《唯识论》《大乘起信论》等。著有《摄大乘论疏》八卷、《俱舍论疏》五十三卷。法泰是梁代知名法师。真谛入广州译经，法泰笔受文义，垂二十年，译出佛经计五十余部。陈太建三年（571）由广州返回建业，讲授《摄大乘》《俱舍》二论。后还北土，大弘《摄论》。其他释僧宗、慧旷、法准等，俱师真谛，受《摄论》《唯识》等论，真谛死后，他们携经论去庐山，讲说经义，并于湘、郢一带弘道，遂使《摄论》传播愈来愈盛行。

《摄论》传播，先是法泰于建业讲授《摄大乘》《俱舍》；释僧宗、慧旷、法准等，于庐山讲说经义，传播于湘、郢一带；后经《地论》彭城派，则北传矣。如彭城学派的释靖嵩（俗姓张），齐时，法上讲《涅槃》及《十地论》，靖嵩从之。周武释门溃散，嵩达于江左，于梁陈之际，跟随法泰，精融《摄》《舍》二论。隋时，嵩还于江北，达徐州，研究《摄论》，学资真谛，义窔天亲，撰《摄论疏》六卷。靖嵩接受释法上的《涅槃》及《十地论》，及至研究《摄论》，著作《摄论疏》，已具有《地》《摄》汇合的性质，而其往来于河北，则使《摄论》北传矣。

但讲述《摄论》北传及其与《地论》汇合，不能不谈及一个人，他就是北齐《地论》师的释昙迁。其人俗姓王氏，博陵饶阳（今河北省衡水市饶阳县）人，舅父是北齐中散大夫、国子祭酒、博士。昙迁自幼聪慧，由舅父先后授予《周易》及《礼》《传》《诗》《书》《老》《庄》等书，接受了很好的

---

① 〔唐〕道宣：《续高僧传·拘那罗陀传》。

儒道形上本体论教育。后出家，先是师从定州贾和寺昙静律师，后归邺下跟从昙遵法师寻求佛法。昙遵法师乃著名《地论》师慧光之弟子。昙迁远名誉世利，隐居林虑山黄花谷中净国寺，精研《华严》《十地》《维摩》《楞伽》《地持》《起信》等经。周武帝平齐，颓毁佛法，昙迁逃亡金陵；后至桂州，获得《摄大乘论》。及至隋兴，昙迁与同伴，皆辞建业，进达彭城，于此除讲《楞伽》《起信》《如实》诸经，开始弘扬《摄论》。故《续僧传》说："《摄论》北土开创，自此为始也。"① 开皇七年（587），隋文帝诏昙迁法师及弟子十人进京，与当时佛教五大德僧的洛阳慧远、魏郡慧藏、清河僧休、济阳宝镇、汲郡洪遵，谒帝于大兴殿，受到极大礼遇。此后被安置在大兴善寺，弘扬《摄论》，撰有《摄论疏》十卷，并撰《楞伽》《起信》《唯识》《如实》等疏，及《九识》《四明》章、《华严明难品玄解》，并行于世。昙迁既精研《华严》《十地》《维摩》《楞伽》《地持》《起信》等经，又讲《楞伽》《起信》《如实》诸经，弘扬《摄论》，撰《摄论疏》，通过昙迁之学，可知《地论》《摄论》在北方，于隋时已经汇合矣。不仅北方《摄论》学者，释道英、道哲、静琳等皆为昙迁弟子，而且"七夏在邺，创讲《十地》"② 的净影慧远弟子，如净辩、净业等，也俱研《摄论》③。唐时玄奘学《摄论》，师于释慧休④；而慧休弘扬《摄论》，则学于释昙迁⑤。尽管南北所传《摄论》有所不同，译法说法有很大差别，如真谛译"自性清净心"为如来藏的"阿黎耶识"，而玄奘则将其译为包含妄识的"阿赖耶识"，但从总体上看，《地论》《摄论》汇合，则是深远影响了后来隋唐大乘佛教发展的。这一点，下章讲述唐代唯识宗创建"万法唯识"论时还要谈到，这里暂不多叙。

佛教南北学的研究与发展，从《涅槃经》译出，到《地论》《摄论》汇合，揭示出了一条成佛论的道路。成佛论，从佛教信仰上讲，就是人如何成

---

① 〔唐〕道宣：《续高僧传·释昙迁传》。

② 〔唐〕道宣：《续高僧传·释慧远传》。

③ 〔唐〕道宣：《续高僧传·释净辩传》说：释净辩，"开皇隆法，入住京师，依止慧远，住净影寺，更学定境，又从迁尚受《摄大乘》"；《续高僧传·释净业传》说："时有论师慧远，树德漳河，传芳伊洛"，释净业"学《涅槃》诸经"，"及远膺诏入关，业晚就昙迁禅师学于《摄论》"。

④ 〔唐〕道宣：《续高僧传·释玄奘传》说："沙门慧休，道声高邈，独据邺中"；释玄奘"又往从焉"。

⑤ 〔唐〕道宣：《续高僧传·释慧休传》说：释慧休"入关，遇昙迁禅师及尼论师讲《摄论》，……神会幽陈，广流听视"。

佛的理论。人如何成佛，从精神的发生、提升及获得上讲，它就是精神的发生论、提升论和获得论。当《大涅槃经》译传过来的时候，面对着它那庄严、神圣、奥秘的形上本体存在及永恒空寂的"涅槃"世界，人们对它是很难理解领悟的，更不要说获得它成佛了。于是，就发生了竺道生将龙树大乘与提婆小乘佛教的贯通，使形上形下、先天后天、天地万物变为浑然一体存在，讲佛性即我、即法身，讲悟得佛性，即可成佛。如此也就发生了涅槃佛性之辩及成佛的顿渐之争，但毕竟打通了人间成佛之路。但永恒空寂的"涅槃"神圣世界，存在不存在，是否为真实无妄之理，仍然是不能怀疑的，怀疑是要受惩罚，遭报应的。僧嵩"谓佛不应常住"，或僧渊"诽谤《涅槃》"而"舌烂"就是维护"涅槃"神圣存在的说法。而且以此讲般若世界，讲万物没有自性，最后归于"一切皆空"的世界，也会弄得人生毫无意义。这样的世界，这样空寂的存在，如何能建立起坚定的信仰和信念？此后，《毗昙》学研究，则弥补大乘佛教"一切皆空"的欠缺，而《成实》学的研究，则全面地弘扬龙中道思想，宣示了大乘佛教空宗真义，消除了大乘佛教所存在的隐结，为人成佛，发展精神世界，建立宗教信仰，清理了形上本体论上的障碍。但这仍然是形上本体论问题，人能不能成佛，建立起最高的宗教信仰，最终离不开人自身的存在，离不开人心人性的存在。离开了这个灵根，离开了这个虚灵不昧的根本存在，一切成佛的理论，成就精神世界的说法，皆是空的，不能成立的。这发展到《地论》学与《摄论》学，始得到很好的解决。《地论》讲"三界虚妄，但是一心作"；"十二因缘分，皆依一心"；《摄论》在眼、耳、鼻、舌、身、意的"六识"基础上，提出了根本的"阿黎耶识"，并把它视为藏识、识体、慧体的存在，这就在佛教史上建立起了心性本体论。有了"涅槃"的最高形而上学本体存在，又建立起能够理解领悟形上最高本体存在的灵明心体，这就不仅最终打通形上形下两重天的隔阂，也为人超越眼、耳、鼻、舌、身、意的感性意识，走向道德形而上学，领悟理解形上本体至精至神存在，建立信仰、信念及美好的精神世界，打开了寥廓的天空，使人成佛、成圣成哲，不再是虚妄的说法。特别是《地论》《摄论》之学在隋唐之际的汇合，为其瑜伽大乘法相唯识学建立奠定了心性本体论基础。因此可以说，《地论》《摄论》之学的出现，标志着印度大乘佛教中国化已经完成了它的初级阶段。

最后要说的是，南北佛教学者，皆非只是专注于一经一论的研究，而多是通几经论而为学的。如北齐时，释慧光于《地论》"取舍有悟，纲领存焉"，又能于《华严》《涅槃》《维摩》《十地》《地持》，一并"疏其奥旨，而弘演导"①；又如释靖嵩，齐时从法上学《涅槃》《十地论》，梁陈时，又跟法泰，精研《摄》《舍》二论；再如《地论》师释昙迁，不仅精研《华严》《十地》《维摩》《楞伽》《地持》《起信》等经，弘扬《摄大乘论》，而且从小接受了《周易》及《礼》《传》《诗》《书》《老》《庄》等书的教育。有此佛学修养，有此中国文化教育，才能对佛理进行综合，融合儒、道、释的形上形下之理。尽管南北文化有经学与玄学的不同，但皆影响了判教及其发展。净影慧远能够以"祖宗不尊，则昭穆失序"；"三教同废，将何治国"，应对周武帝对宗教治国大用之义，不仅在于他"大小经论，普皆博涉"，更在于他从小接受叔父的"示以仁孝"②的启蒙教育。发展到唐时，就是释道基扬《心论》《摄论》的同时，能"解统玄儒"，站在中国文化立场，观释府，集义学，"经纶乃心，创举宏纲"③。由此可知，南北佛教学发展到隋唐时期，能够产生出中华大乘佛教不是偶然的，而是整个儒、道、释文化不断积累、雍容、淡化、契合的结果。

---

① 〔唐〕道宣：《续高僧传·释慧光传》。
② 〔唐〕道宣：《续高僧传·释慧远传》。
③ 〔唐〕道宣：《续高僧传·释道基传》。

第五章　隋唐佛教与精神发展

内容提要：一切文化的独立，学术的独立，皆在于思想上的独立，在于哲学本体论上的独立，在于从先验论、本体论、形而上学高度，重新提出最为本原性的人生哲学问题，并以此建树新的文化思想、宇宙观、价值观，建立起理想、信仰、信念及最高精神世界，从而为时代树立起新的文化哲学精神。印度大乘佛教适应中国文化发展，与中国儒道两种文化哲学本体论相互涵盖、消融、涵化、契合，到隋唐时期已基本被中国文化哲学浃合同化。虽然它仍保留着印度大乘佛教某些范畴概念，但其内涵已被中国文化哲学重新解释，赋予了新的内容。如佛性、法身、真如、涅槃等范畴概念，变为了"一真法界"的道体纯粹存在；阿赖耶阿、洁净心、善根、如来藏、识体、慧体等，与中国文化的"本心""良知"联系起来，变为了良知良能的心性本体、仁义礼智先天道德本性等。因此，隋唐时期的大乘佛教，不论是讲一乘圆教的天台宗、中道佛性论的三论宗，还是造万法唯识论的唯识宗、持一真法界教理的华严宗，皆变成了与印度佛教在先验论、本体论、形而上学上完全不同的中华大乘佛教，即使禅宗所讲心性世界、净土宗所说净土理想，也是由中国文化道体智慧发展出来。

一个时代精神的本质，是由它的政治、经济、宗教、哲学、文学、艺术及风俗、时尚等等构成的特有的情景与情势，它表现为一种历史的内在目的论存在；而这往高处说，就是其见诸形上理想、信仰、信念诸多精神的存在。但是，具体到每个时代，则皆有其占主导地位的文化哲学思想，因而表现为不同文化精神。正如讲两汉精神离不开两汉儒学，讲魏晋精神离不开魏晋玄学一样，讲隋唐精神，也离不开它最为根本的文化哲学。这就是以大乘佛教为大宗的文化发展与繁荣。

隋唐文化发展，以宗教为大宗。这个时期中华大乘佛教的发展，不仅是中国佛教史上的大事，也是精神史上的大事。虽然这个时期儒道两种文化精神还在创造发展，但远不如中华大乘佛教具有创造精神。因此，隋唐文化精神，虽然包括诸多文化精神，但中华大乘佛教精神，则是其大宗。因此，要了解隋唐文化精神，就要弄清中华大乘佛教是怎样形成的，它的判教定尊、自立门户是如何建立在中国文化哲学基础上，表现为一种怎样的中国文化创造精神？

自然，这并不是说这个时期中国儒道两种文化完全衰退了，没有创造力了，没有文化地位了。这个时期，就其政道与治道而言，中国儒家礼教文化，仍被置于非常崇高的地位；道家文化发展为道教，也仍然是重要的文化力量。不仅如此，没有强大的儒道两种文化，特别是没有儒道两种文化的大道本体论，印度大乘佛教就根本不可能被中国化，变为中华大乘佛教。此唐高祖李渊讲"道大佛小"，讲"道能生佛，佛由道成"[1] 者也。高祖这样讲，虽有为道家辩护的性质，但它也从侧面说明，印度大乘佛教中国化，是离不开中国儒、道两种文化的，中国文化道体形而上学，乃是印度大乘佛教完成本体转换，实现中国化的根本存在。

尽管如此，隋唐文化发展，仍是大乘佛教为大宗的。这不仅是因为当时大乘佛教的蓬勃发展超过了儒、道两种文化，而且大乘佛教还以其佛性、法身、真如、涅槃诸范畴的形上本体论及本识、识体、慧体诸多心性本体论范畴，影响了当时乃至后来儒道两种文化哲学本体论的重建及精神发展。所谓儒、道、释的合流，正是由三教本体论上的相互涵盖、消融、涵化、契合，所造成的中华文化大气象。隋唐之后的儒道两家文化哲学，实质上乃是受佛教影响所创造的新文化；而其精神存在，乃是其所诞生的新文化精神！

印度大乘佛教传入之后，由六朝发展到隋唐时期，所以被中国化，变成中华大乘佛教，并不是偶然的文化现象，而是有其文化哲学精神发展内在逻辑的。这种逻辑就是佛教文化被中国儒道两种文化涵合同化；具体地讲，就是印度大乘佛教在最高本体论上吸收中国儒、道两种文化哲学的大道本体论，彼此相互涵盖、消融、涵化、契合，最后培育发展出了一种新的文化。这种新的文化，就是中华大乘佛教。

---

① 《问慧乘诏》，《大正藏》卷五十。

中华大乘佛教与往日的印度佛教相比，已经发生了根本性变化。这种变化见诸本体建构、判教定尊、自立门户诸多方面。一时大师辈出，群星灿烂，发展出一种新的形而上学，一种新的文化哲学，一种巍巍华夏、天人契合的宗教精神，一种国家民族自主精神。讲隋唐精神，就是指这种文化哲学精神或宗教精神发展而言的。为了明白这种精神发展，本章首先从宗教本体论上，讲中华大乘佛教本体建构、判教定尊、自立门户的文化哲学基础，然后再分别叙述天台、三论、唯识、华严、禅宗、净土诸宗发展与精神追求。其他诸宗，如密宗、律宗，虽然也在这个时期发展起来并成为独立的教派，由于它们哲理性不强，缺少形而上学精神，故本章不作叙述。

一　定尊立教的文化基础

一切文化的独立，学术的独立，皆在于思想上的独立。这种独立，从根本上说，完全在于哲学本体论上的独立，在于能够不能够从先验论、本体论、形而上学高度，重新提出最为本原的人生哲学问题，并以此建树起新的文化思想、宇宙观、价值观，建立起理想、信仰、信念等等的精神世界，从而为时代树立起新的文化哲学精神。宗教独立也是这样。

印度大乘佛教适应中国文化发展，与中国儒道两种文化哲学本体论相互涵盖、消融、涵化、契合，到隋唐时期已基本被中国文化哲学融合同化。它虽仍保留着印度大乘佛教的某些范畴概念，但其内涵已被中国文化哲学重新解释，或者赋予了新的内容。如佛性、法身、真如、涅槃等范畴概念，变为了"一真法界"的道体纯粹存在；阿赖耶阿、洁净心、善根、如来藏、识体、慧体等，与中国文化的"本心""良知"联系起来，变为了良知良能的心性本体、仁义礼智先天道德本性等。因此，此时的大乘佛教，变成一种与印度佛教在先验论、本体论、形而上学上完全不同的中华大乘佛教。这就是中华大乘佛教能够从印度佛教独立出来的文化哲学基础。

因此，大乘佛教发展到隋唐时期，一个重要特点就是由不同师法依据不同教典，独立判教定尊，推崇自己信奉的至高本体存在，尊其所尊，宗其所宗，建立不同教派，自立门户。隋唐以前，宋至梁世，佛学研究，虽有汉学师法传统，有"《法华》《维摩》之家，往往间出；《涅槃》《成实》之唱，处处聚徒"①的现象，但并未依师建立教派；虽有不同宗教信奉与主张，如宋初释僧导作《三论义疏》，以《成实》名于世，竺道生注《小品》，作《二谛论》，以《涅槃》释佛性称圣；再如刘宋时彭城僧嵩信《成实》，不信《涅槃》，但他们皆并未以此判教定尊，立宗建教。即使学术上有争论，如齐梁《般若》《涅槃》与《成实》之争；梁陈《成实》与《三论》之争；北方禅法的性相之争等，而且争论得很激烈，但其皆尚未成教派。这皆不像隋唐那样振《三论》，弘《华严》，判教定尊，依典立教，而发展为天台宗、三论宗、华严宗，修禅法，尊达摩，心向真界，发展为禅宗等。

虽然这些争论不等于后来的判教定尊、依典立教，但其争论本身则包含着佛教研究者对教典最高教义的理解、领悟，包含着他们对佛理的判断和信仰、信念的诸多精神追求；而这种理解、领悟、判断与追求，并不仅仅是出于个人好恶，而是各依其不同文化哲学背景及佛学修养作出的。因此，这些争论乃是一种教理积累，为判教定尊、依典立教奠定了文化哲学基础。如齐梁《般若》《涅槃》与《成实》之争就是这样。《涅槃》《成实》，相继盛于宋齐。然至齐梁间，则弃《般若》之本，而重《成实》之义。一个时代，没有了形而上学，没有了本体论，流于象数小知小识，就无法建立信仰和信念。此梁武帝若以重视《般若》《涅槃》者也。周颙作《三宗论》，所捍卫的乃是《般若》《涅槃》的大乘佛教地位及精神世界，因为在他看来，《成实论》虽"总三乘之秘数，穷心色之微阐"，然其为教乃"近派小流"，因此，若兴《成实》，则"使得使功归至典，其道弥传，《波若》诸经，无坠于地矣"②。此其周颙作《三宗论》辩于当时者也。然周颙《三宗论》立"空假名""不空假名"，又立"假名空"，其辩虽玄，然其对于宗教形而上学思考，却是有独创性的。当时西凉州智林道人致周颙书说其《三宗论》"钩深索隐，尽众生之情，廓尔通之，尽诸佛之意"，为"江左罕传"，其义"独创"③；又说其"旨趣似非始开，妙声中绝六十七载"；关中高胜"能深得斯趣者，本无多人"，称其为"真实行道第一功"④，可知周颙《三宗论》在判教定尊、依典立教方面，怎样奠定文化哲学基础的。

---

① 《广弘明集·智称行状》。
② 周颙：《抄成实论序》，《出三藏记集》卷十一。
③ 《隆兴佛教编年通论》卷五。
④ 《南齐书·周颙传》引。

梁陈《成实》与《三论》之争也是这样。所以这样的争论，就是因为《成实论》不仅近于小乘，而且存在着罗什翻译《成实》时所说的破《毗昙》的"小隐"，即存在小弊端，有教理的不彻底性。梁时《成实》兴，陈文帝、宣帝时推重《三论》，于是就发生了《成实》与《三论》的激烈争论。在当时的《成实》师看来，惟有《成实》才能破此小隐，《三论》是不行的、破不了的；而在《三论》师看来，《成实》终是小乘，托谈空名，极易乱大乘中观之正义，于是双方展开了激烈争论。但在这种争论中，也有超越《成实》《三论》局限，从更高视野看问题的大师，他就是摄山栖霞寺的僧朗法师。僧朗师于隐居摄山栖霞寺"备综众经"的释法度。他"为性广学，思力该普"，"继踵先师，复纲山寺"，发扬其师"备综众经"的传统与治学精神，凡厥经律，皆能讲说，不仅提振《三论》之学，亦大宏《华严》，故《高僧传》说其"《华严》、《三论》最所命家"①，因而被称为"摄山大师"。当时，南朝梁代法师不讲《华严》，而僧朗则弘扬之，尤显精神超越与可贵！后来，受业于僧朗的摄山释僧诠，将《智度》《中》《百》《十二门论》及《华严》《大品》诸经，授陈时扬都（南京）兴皇寺释法朗（姓周，徐州沛郡沛人），释法朗又于大明寺宝志禅师受诸禅法，兼听此寺象律师讲律本文，受业南涧寺仙师的《成论》，竹涧寺靖公的《毗昙》。此时的释法朗，已是"弥纶藏部，探赜幽微，义吐精新"②的大师了，而且门人僧罗云、慧哲、智炬、法澄、道庄、慧觉、明法师、智凯、真观、吉藏等来自远方，皆弘其学，燕、赵、齐、秦一带，已引领翘足而望其英名驰誉与宗教精神，特别是随着隋朝的统一，其徒已分布天下，其学已弘化于四方矣。但是，兴皇寺释法朗之学，并没有立宗建派。直到大唐评定天下，吉藏大师晚年作般若《三论义疏》，门人判教定尊，以为正统，始才依典立教，发展为中华大乘佛教的三论宗。此可知学说教派之成立，并非一日之功，而是经过漫长文化积累、教理领悟，判教定尊所形成的教宗信仰与精神世界，独立于世人。

不论是宗教崇拜，还是道德修养，最为关键的是如何进入宗教信仰或道德修养所要求的境界，成为宗教人或道德人。这在佛教就是成佛论问题，在礼教则是道德学问题。两种文化哲学本体论之不同，就是伊川所说的"圣人

---

① 《高僧传·释法度传》附录《僧朗传》。
② 《续高僧传·释法朗传》。

本天，释氏本心"①。在礼教，即使讲心性，也是本于天的；而在佛教，不论是讲见性成佛，还是讲涅槃真如世界，全部是从心性本体论出发的。因此，印度大乘佛教中国化，成为中华大乘佛教，最为根本的问题，是其心性本体论发展及这种发展适应中国文化问题。佛教心性本体论之立，在宗教实践及佛典在华传播方面，除前面提到的慧远的《法性论》、竺道生的《顿悟成佛论》《佛性当有论》《十住经》讲心性本体，《摄论》讲"阿黎耶识"以外，南北朝时期，在如何成佛的心性本体论方面，争论最激烈的就是禅学性相二说：前者是菩提达摩的以心性本体，证知真如存在，即明心见性，即是涅槃、真如存在，灵明心性与涅槃真如存在不二，修得此心此性，即可成佛；后者是释僧稠（姓孙）的念佛修行说，即通过观身、观受、观心、观法，破除妄想，显示真如法身实相，进入涅槃境界成佛。达摩之说，立于《楞伽经》，显示无相空宗世界；而释僧稠之说，则是本于《涅槃》，坐禅行道，重在澄心。禅宗势力，最初本来盛于善解玄义的南方，后来弥漫全国，北方亦兴盛禅法：达摩以真性禅法，"开化魏土，识真之士，从奉归悟"②；僧稠"知奇齐魏，克志禅业，冠绝后尘"③，就是其盛况。北方诸大禅师多兼修佛学义理，如佛陀（亦云觉者，天竺人）之于《地论》，达摩之于《楞伽》。但更为重要的是，他们都涵盖、消融、涵化、契合了中国文化精神。达摩虽从宋时越南人，但后来北度至魏。他最初的讲法，所以遭受讥谤，乃不能适应中国文化，不被人理解；后来，经过四五载，所以能"给供咨接"，是和门人道育、慧可"知道有归，寻亲事之"，适应了中国文化分不开的。达摩"深信含生同一真性"的教宗。在他看来，涅槃真际与本净自心并非二物，宇宙法则与心性本体是一致的，体会得本有心性，即证无上涅槃，即与宇宙法则无违。他之所谓"含生同一真性"，实乃中国文化所讲万物本于天，即性即天，性天浑然一体的存在，亦即孟子所说尽心知性，知性知天④的存在；而他所谓的"壁观"，所谓"与道冥符，寂然无为"，以"理"悟入⑤，不过是道家庄子所讲

---

①　《河南程氏遗书》卷二十一（下），《二程集》，第 274 页。

②　《续高僧传·僧菩提达摩传》。

③　《续高僧传·释僧稠传》。

④　《孟子·尽心上》。

⑤　《续高僧传·僧菩提达摩传》。

悟道的"得鱼忘筌，得意忘言"①；"忘年忘义，振于无竟"② 而已。释僧稠的"依《涅槃》圣行四念处法"也是这样。他的所谓摄心禅定之法，不过是"情想澄然，究略世间全无乐者"，以"祖师三藏，呈己所证"而已。他所以能"一览佛经，涣然神解"，也是与他最初的"勤学世典，备通经史"，乃至为太学博士时，善"讲解《坟》《索》"③ 的形而上学思考分不开的。总上可以看出，虽然禅学心性本体论发展融合了《地论》《楞伽》诸多经典的心性之说，但它所以能影响佛教发展，就其心性本体论发展与精神内涵来说，乃是与儒道两种文化不断涵盖、消融、涵化、契合的结果。这些独立判教定尊所形成的教派，尊其所尊，宗其所宗的本体论，乃是适应中国文化所发展出来的新的心性本体论。

大乘佛教中国化，变为中华大乘佛教，随着文化适应，至隋唐之世，它在本体论上与中国文化道体存在相互涵盖、消融、涵化、契合，条件愈来愈成熟。这在心性本体论方面尤为明显。继《地论》"一心"之说，《摄论》"阿黎耶识"之论，隋时慧远著《大乘义章》，更提出了"真性缘起"心性论，认为"真性缘起，集成生死涅槃"；并解释说："真所集故，无不真实；辨此实性，故曰真宗。"④ 慧远此说，尽管有调和《般若》空宗之意，但它毕竟超越了当时流传的佛教宗论，如《阿毗昙》的因缘宗，《成实论》的假名宗，《大品》《法华》等经的不真宗，而综合了《华严》《涅槃》《维摩》等经，真如、法身、涅槃、佛性、如来藏一类真宗之说，将它置于真实无妄之理的形上本体境地。其他像慧光（姓杨）师于伏陀，疏《华严》《涅槃》《维摩》《十地》《地持》等经奥旨，作《华严经义记》，提出"真觉""真本"之说，亦是发挥佛教心性说，建构大乘形上心性本体论者也。

特别是《大乘起信论》的出现，在发挥佛教心性说，建构中华大乘佛教形上心性本体论方面所起的作用更是值得注意的。该论认为，"所言法者，谓众生心。是心则摄一切世间法出世间法"。这个"众生心"，于大乘佛教最高形上本体论上讲，就是"心真如相"，其为大用，就是"能生一切世间出世间善因果"，生化起灭宇宙森罗万象。这样，《起信论》讲"依如来藏，故有生

---

① 《庄子·外物篇》。
② 《庄子·齐物论》。
③ 《续高僧传·释僧稠传》。
④ 《大乘义章》卷一。

灭心。所谓不生不灭与生灭和合，非一非异，名为阿黎耶识"，就把"如来藏""真如相""阿黎耶识"提升到了生灭宇宙森罗万象的心性本体论地位。特别是讲"本觉""真觉""觉体""真如缘起"的无形无象，讲"自性清净心"的"阿黎耶识"及"以体不灭，心得相续"等，更是把心性本体提升到了纯法则高度，而且此心性本体，乃是"不变、随缘"的"心真如门""心生灭门"的永恒性存在。《起信论》以此讲"三界虚妄，唯心所作"，讲"发心修行"的"真如法"，则不仅为佛教信仰、信念及精神世界修养，提供了心法，更为中华大乘佛教建立奠定了哲学基础。《起信论》此说，并非仅是发挥了《地论》"一心"之说，《摄论》"阿黎耶识"之论，而是一种心性本体论的创造性论述。此论是否为马鸣所著、真谛所译，有很多怀疑，此处不想多加考证，但有人把它看成是"中国佛教发展到一定阶段的产物"，看成是"可以与禅宗的基本经典《坛经》相媲美"的"具有中国特色的佛学理论"[①] 著作，则可以看出此论在奠定中华大乘佛教形成发展中的地位与影响。

综上所述可看出，印度佛教经魏晋南北朝发展到隋唐时期，判教定尊，尊其所尊，宗其所宗，建立不同教派，独立门户，已不再是旁倚门户，而是一种教理的自立，是印度佛教发展适应中国文化哲学，经过南北朝发展到隋唐阶段，在宗教的先验论、本体论及最高形而上学存在上的重建，并以此树立新的信仰信念及宗教伦理道德精神。它虽然仍立教宗，建世系，树教典，然其根本精神，则是自己的，是融合印度大乘教典所建立的独立教理体系。故黄宗羲先生谈到佛学独立时说：

> 昔之学佛，自立门户者也；今之学佛者，倚旁门户者也。自立门户者，如子孙不借先人之业，赤手可以起家；倚旁门户者，如奴仆占风望气，必较量主宰者之炎凉。[②]

因此，佛教由魏晋南北朝发展到隋唐时期的判教定尊，独立门户，以天台、三论、唯识、华严、禅宗、净土等不同宗教形式所建立的宗教派别，实乃以自己所选择尊崇的最高宗教本体论存在，建立宗教信仰者也。如果说在

---

① 高振农：《大乘起信论校释》序言，中华书局1992年版。
② 《答汪魏美问济洞两宗争端书》，《黄宗羲全集》第10册，第178页。

此之前的四宗五宗之说①，或三宗四宗之论②，仅仅属于依典判教定尊问题，那么，判教定尊，建立不同教派，则属于新的宗教出现。它意味着中国文化、中国气魄、中国精神的中华大乘佛教诞生！虽它的一些范畴概念，仍是印度大乘佛教的，然其文化内涵，则是属于中国文化哲学的。因此，它乃属于以宗教思维形式"借壳上市"的新文化作品，属于中国士人借宗教思维所创造的另一种文化精神存在。从此之后，它与中国儒家文化、道家文化构成了一种相互联系、相互影响的价值体系，构成了一种具有内在结构的儒、道、释三种文化互为一体的华夏精神。因此，才使中华民族几千年浩荡不息的精神交响乐变得更加跌宕起伏！然它的主旋律，仍然是道，是道体的阴阳调和、流光其声的大合唱！

那么，隋唐时期，这些新发展出来的宗教派别，追求一种怎样的宗教精神呢？他们建立信仰信念与精神世界，所选择尊崇的最高宗教本体论又是怎样的一种存在呢？中国佛教研究，经过南北朝时期的动乱，北魏、北周禁佛灭佛的严峻考验及与儒道两种文化哲学的相互对垒与竞争，天台宗作为一个独立的教派，在中国南方浙江台州天台山出现了。它是中国历史上第一个佛教教派，是最早判教定尊，独立门户，建立的宗教派别。因此，它以何本体论存在判教定尊，并以此建立信仰信念与精神世界是最为值得关注的。因为它的产生不仅具有新文化精神诞生的意义，而且影响着随后其他教派发展。宋代沙门志磐作《佛祖统纪》，讲佛法以天台宗明化而系道统，不是没有道理的。因此，现在先讲天台宗"一乘教"本体论建构及精神发展，然后再分别叙述三论、唯识、华严、禅宗、净土诸宗的本体论是如何建立，如何以此追到精神世界的。

二　天台宗一乘圆教精神

天台宗虽建于浙江台州天台山而得名，然由于它是释智顗依《法华经》

---

① 《续高僧传·释道崇传》所说"洛下有南北二途，当、现两说，自斯始也，四宗五宗，亦乃此起"。此四宗五宗，乃依佛性及成佛说不同的划分。判教不同，解释各不相同。净影慧远著《大乘义章》卷一，划《毗昙》为因缘宗、《成实》为假名宗、《般若》为不真宗及"真性缘起"，属于实性的真宗。后人把讲"法界缘起"的《华严经》划为第五宗。

② 吉藏：《大乘玄论》卷五，记《地论》师判教有三宗四宗之论："三宗者，一立相教，二舍相教，三显真实教。四宗者，《毗昙》是因缘宗，《成实》谓假名宗，三论名不真宗，《十地论》为真宗。"

而创建的，故天台宗又称"法华宗"。它的先驱者有释慧文、慧思，继承传续者则有释灌顶、湛然等。慧文姓高，依《释论》（即《大智度论》），"远承龙树"①。慧思姓李，南豫州武津（今河南上蔡县）人，著有《大乘止观》《释玄论》《安乐行》《次第禅要》《三智观门》等。灌顶姓吴，常州义兴（今江苏宜兴）人，著有《大般涅槃经玄义》《大般涅槃经疏》《观心论疏》《天台八教大意》等。湛然姓戚，常州荆溪（今江苏宜兴南）人，著有《法华玄义释签》《法华文句记》《止观辅行传弘决》《止观义例》《止观大意》《十不二门》及《金刚錍》等。

　　能不能创立教派，可不是一件简单的事儿。它要比建立一般社团复杂得多，要求也高得多，不仅要有道德高尚、品格感人、魅力无穷的宗教精神，而且还要能以极大的智慧与悟性，融合会通三藏佛法与教理，重释教旨，提出博通深奥、有创造性的宗教见解，垂范四方，教化万里，使人景之仰之。创立天台宗的释智顗（字德安，姓陈，颍川人）就是这样的一位大法师和宗教领袖。虽然《续僧传》本传对他有许多神秘性描写与叙述，但其道德培植、定慧兼修，一生"东西垂范，化通万里，所造大寺三十五所，手度僧众四千余人，写一切经一十五藏，金檀画像十万许躯，五十余州道俗受菩萨戒者不可称纪，传业学士三十二人，习禅士散流江汉，莫限其数"，不能说不是教业宏大、宗门兴盛、德音远播的宗教领袖，而其著《法华疏》《止观疏》《修禅法》等各数十卷，又著《净名疏》《佛道品》几十卷，"随事流卷，不可殚言，皆幽旨爽彻，摛思开天"②，不能说其大乘佛法教理没有创造性！此释智顗所以能影响四方、德业远垂，创建天台宗者也。

　　教派的创立，并非难在个人佛法修养与弘扬上，而是难在能否做到佛法融通并提出创造性见解，以此教化四方，赢得宗门教理上的追随与精神上的信仰。这在大乘佛教是非常不容易的！由低级阶段上升到高级阶段的大乘佛教，建立宗教信仰的先验论、本体论及形而上学存在，并非鬼神一类有形有象存在，而是无形无象、玄极深奥之理。作为宗教领袖，或教派创立者，若不能在形而上学高度定慧兼修或禅慧双弘，并提出能够教化四方的创造性见解，建立赢得宗门追随与信仰的宗教神学思想体系，那自然也就谈不上创建教派了。天台宗所依据的《法华经》，就是一部玄极深奥的教典。它不仅为

----

① 《佛祖统纪》卷六。
② 《续高僧传·释智顗传》。

"诸佛之秘藏，众经之实体"；"至如《般若》诸经，深无不极，大无不该"，先验论、本体论、形而上学存在，极其深奥，而且"以华为名者，照其本也"①，赋予了许多美好的文化象征意义。以此建立美好的理想世界，自然是值得追求的，但真正理解领悟这个至极精绝、微妙玄通的世界存在，并提出创造性见解，并融合其他诸经，建立宗教神学思想体系，则不是一件容易的事情。因为它属于释慧观所说"本际冥湛，神根凝一"的存在，所赋予的象征意义，更是"寄华宣微，而道玄像表，而体绝精粗"。故其《颂》曰："是法不可示，言辞相寂灭。"但此经乃是"应物开津，三乘别流，会必同源，唯一无上"者。故释慧观感叹地说："信佛法之奥区，穷神之妙境，其此经之谓乎！此经之谓乎！"②

释智顗所以能创建天台宗，除其功德威望外，就在于他能以《法华》融通诸经，提出创造性见解，建立起一个新的大乘佛法体系，赢得宗门的追随与信仰。这个新的大乘佛法体系，就是"一佛乘"最高宗教观、"真如缘起"的心性本体论与创世说、"一心三观"的最高知识论及定慧双修的止观方法论。

一切宗教，不论低级形态还是高级形态，都是为了使人获得信仰，获得某种精神性存在。所谓"一佛乘"最高宗教观，就是将声闻乘、缘觉乘、菩萨乘的"三乘"教义，会归于"一佛乘"的最高信仰，获得一乘真如的精神世界。这简称"会三归一"。它实际上是以《法华经》之义，会通声闻、缘觉、菩萨之旨，将"三乘别教"纳入"一佛乘"最高信仰，纳入大乘真如教理所宣示的精神世界。《法华经》讲诸佛世尊所以出世，就是"欲令众生开佛知见"；"欲示众生佛之知见"；"欲令众生悟佛知见"；"欲令众生入佛知见道"③，通过"开、示、悟、入"的教化，使众生获得佛的智慧与见解，然后才能成佛，成为佛的超越性存在。所以释智顗建立"一佛乘"最高宗教观，是依《法华经》为根据的。它就是该经所说"如来但以一佛乘故，为众生说法，无有余乘"。故曰"诸佛如来，言无虚妄，无有余乘，唯一佛乘"④。释慧观作《法华宗要序》也曾指出，"三乘别流"在本体论上是存在着"别流

---

① 释僧睿：《法华经后序》，《出三藏记集》卷八。
② 释道观：《法华宗要序》，《出三藏记集》卷八。
③ 《法华经·方便品》。
④ 《法华经·方便品》。

非真"假象的。既然"别流非真",那么,"则终其有会,会必同源,故其乘唯一"。在慧观看来,"唯一无上"的存在作为大乘教宗,方可"谓之妙法";方"能令万流合注,三乘同往;同往之三,会而为一"①。这就是说,惟有"三乘别教"会归"一佛乘",将诸多教派纳入"一佛乘",才能真正获得最高最普遍的信仰!此即天台宗智顗"发轸南岳,弘道金陵,托业玉泉,遁迹台岭,三十余载,盛弘一乘"② 者也,亦天台宗打破佛教法理间隔,开宗建教、纳众教于一乘的最高宗旨,适应隋朝政治需要,宗教哲学精神创造!智顗临终前作《发愿疏文》,讲"兴显三世佛法""拥护大隋国土"云云,可见其建构"一佛乘"本体论及精神创造之自觉!

　　但是,纳众教于一乘,也不是件简单的事,它必须建立在最高真理基础上才行。这就是天台宗将"三乘别流"会归于"一佛乘"的追求诸法实相,追求真实无妄、实有是理的存在。这个存在,就是《法华经》所说的"十如是",即"诸法如是相,如是性,如是体,如是力,如是作,如是因,如是缘,如是果,如是报,如是本末究竟"③。释智顗注疏《法华经》,讲"相以据外,览而可别,名为相;性以据内,自分不改,名为性;主质名为体,功能为力,构造为作;习因为因,助因为缘;习果为果,报果为报"④ 等,就是解释该经"十如是"诸法实相的。他这样讲,实际上是把一切因果联系及功能作用,皆视为诸法实相的。这样讲解,解决了"三乘别流"本体论上存在"非真"问题。但仅仅如此解释诸法实相,并不能解决建立信仰的最高真理性问题。释智顗对这一点是很清楚的。故他解释"十如是"诸法实相,并没有停留于世间经验实在的因果联系及功能作用的知识上,而是将其提升到"出世正觉,以如为位,亦以如为相,位相常住"⑤ 的高度,看待诸法实相的。它实际上乃是将大乘佛教最高本体论会归于玄极微妙的"真如"永恒常驻存在。这就是智顗创建天台宗"一佛乘"宗教,所建构的最高本体论存在。这个真如存在,这个法性本体,是最高诸法实相,是佛性、妙谛、法位的永恒存在。它决定着世界一切事物本质,也是人悟此最高真理,获得最高智慧与精神性存在,建立宗教信仰能够成佛者。但这个真如存在,这个法性本体,这个最

①　释慧观:《法华宗要序》,《出三藏记集》卷八。

②　《大唐内典录》卷五。

③　《法华经·方便品》。

④　《法华玄义》卷二上,见《大正藏》卷四十六。

⑤　《法华文句》卷四下,见《大正藏》卷三十四。

高诸法实相，并不是虚妄的彼岸存在，而是与世间诸法实相统一的。它不仅是以"出世正觉，以如为位，亦以如为相，位相常住"的真如存在，而若能获得佛性智慧看待世间诸法实相，"世间众生，亦以如为位，亦以如为相"的。如此看诸法实相，"岂不常住？世间相既常住，岂非理一？"① 这样看待诸法实相，其形上与形下、出世与世间的存在，也就统一为真如、法性存在了。他甚至将世间一切存在，不论善恶美丑，皆视为法性存在，视为真如、实相、法性本体存在的，认为"善、恶、凡、圣、菩萨、佛，一切不出法性，正指实相以为正体也"。因此他说："一切世间治生产业，皆与实相不相违背！一色一香，无非中道！"② 这就是释智𫗧所说的"圆融三谛，妙法也"。它实际上也就是庄子所说"道隐于小成"；"恢诡憰怪，道通为一"③ 的存在。以此为最高本体存在，将"三乘别教"会归"一佛乘"，就是将各教纳入"圆融三谛"的一佛乘。故一乘教者，圆教也。

任何宇宙观及思想体系，皆有其哲学基础，有其建立信仰信念及精神大厦的哲学支柱。释智𫗧创建天台宗"一佛乘"宗教观及其"圆融三谛"妙法，也是这样。它所以能纳众教于一乘，赢得宗门教理上的追随与精神上的信仰，其为宗教观与思想体系，是建立在"真如缘起"的心性本体论、"一心三观"与"一念三千"的知识论及定慧双修止观方法论基础上的。这套宗教法理是如何继承发展的？它在当时的佛学界是否具有法理的继承性与合法性呢？按照天台宗所编传法世系，智𫗧师于释慧思，释慧思师于释慧文，一直上溯到龙树。智𫗧师慧思没问题，《续僧传·思慧传》有清楚记载。慧思师慧文，《佛祖统纪》则只有"以心观，口授南岳"④ 一句话。至于祖于龙树，更是勉强续其"东土九祖"族谱，颇有中国谱牒之风。但若研究释智𫗧的佛教法理思想发展，则不难看出，他的"一佛乘"宗教观及其"圆融三谛"妙法，还是与龙树、慧文、慧思等人的宗教哲学思想联系在一起的。如慧文（姓高）"天真独悟"，读《大智度论》，引《大品》，讲"欲以道智具足道种智，当学般若"⑤；而智𫗧讲"《大智度论》，肃诸来学，次说禅门，用清心

---

① 《法华文句》卷四下，见《大正藏》卷三十四。
② 《法华玄义》卷一上，见《大正藏》卷四十六。
③ 《庄子·齐物论》。
④ 《佛祖统纪》卷六。
⑤ 《佛祖统纪》卷六。

海"①，此不能不说慧文没有以龙树思想直接或间接地影响智顗。再如释慧思（陈姓）"诵《法华》等经三十余卷，数年之间，千遍便满"②；而智顗于大贤山，诵《法华经》及《无量义》《普贤观》等，又从慧思师受业心观，诵《法华经》，体会法华三昧，至《药王品》"心缘苦行，至是真精进"句，豁然解悟③，亦不能说智顗的《法华》思想不来源于师慧思。因此，考察智顗创建天台宗的"一佛乘"宗教观，及其"圆融三谛"的妙法佛理，还是能够从慧文、慧思上至龙树的佛教思想中找到根据的。而且智顗所师，皆非墨守成规、死背经文教义者，而是敢于打破经文教义而独立思考者。释慧思常讲"道源不远，性海非遥，但向己求，莫从它觅，觅即不得，得亦非真"；并偈曰："天不能盖，地不能载，无去无来无障碍，无长无短无青黄，不在中间及内外，超群出众太虚玄，指物传心人不会"④，就是证明。这佛教思想的解放，自然也影响于智顗创建天台宗的哲学思考。

佛法者，心法也。整个大乘佛教发展，不论是空宗还是有宗，皆是建立在心性本体论基础上，以灵明心性知识领悟乃至创造佛教大法存在的。智顗所创天台宗也不例外。他们虽然追求诸法实相，承认出世与世间存在着创造宇宙万物形上真如、法性本体存在，但这种存在，乃在于心的作用。慧思所说"诸境界从心而起"⑤，就是说的心之本体大用。这个心，不是血肉之心，不是心的生物有机体存在，而是佛性、法性、真如的存在。故曰心体，而其"空理湛然，非一非异，故名如如"；"佛性多所含受，故名如来藏"；"不依于有，亦不附无，故名中道"；"最上无过，故名第一义谛"。心即如来藏，即如如体，故灌顶说其"具足一切佛法"⑥；湛然说"万法是真如，真如是万法"⑦。由此可知，天台宗所谓心，乃是一个形上本体的存在，一个贯通一切、生化一切、创造一切的心性本体。故曰"世界无别法，唯是一心作"⑧。

智顗依据《涅槃经》"一切众生，皆有佛性"，推断众生性即佛性，即真

---

① 《续高僧传·释智顗传》。
② 《续高僧传·释慧思传》。
③ 《续高僧传·释智顗传》。
④ 《佛祖统纪》卷六。
⑤ 《大乘止观法门》卷二。
⑥ 《观心论疏》卷一。
⑦ 《金刚錍》。
⑧ 《法华玄义》卷二上。

如之性。故曰"佛如、众生如，一如无二如"①。这样讲，自然就像竺道生一样肯定了人的先天道德本性，肯定了人可以成佛的内在心性本体论根据。但是，人也不是随便可以成佛的，因为"众生心体"与"诸佛心体"，是具染净二性差别的；而且这种"差别之相，一味平等，古今不坏"。但它是"以染业熏染性故"，"即生死之相显矣"，"即涅槃之用现矣"。这就是说，人虽有佛性，有真如本体之性，但人的心性与佛性、真如性，是有染净二性差别的。正是有了这种二性差别，人才显现出"生死之相"；"涅槃之用"的不同，人只有经过佛法修行，使熏染的心性净化为清净的心体性体，才能成为佛性、真如之性存在，进入涅槃境界。这就是慧思所说的"无明染法，实从心体染性而起"②。它实际上也就是慧远所说"真性缘起"心性论，及"真性缘起，集成生死涅槃"③ 说。

天台宗在佛法教理上的贡献，不在于众生具有真如染净二性论，亦不在于"真性缘起"心性本体论与创世说，而在于它以"一心三观"的最高知识论及定慧双修的止观方法论，所建立起的"三谛圆融"的世界观与精神世界。智颛认为，"心是一切法，一切法是心"；"心具十法界，一法界又具十法界、百法界"。因此，心性本体具有巨大的功能：一念之起，就可知十法界、百法界、千法界，众生、天地、鬼神、地狱、三世、五阴、十八界，皆在一念间。这就是智颛所说的"三千在一念心"；"介尔有心，即具三千"④，即"一念三千"之说。在智颛看来，万法本具于一心，心具足万法之性，因此，通过心可知一切法。这已经不只是心性本体所具有的巨大功能，而是其巨大智慧了。它发展为以一心观照空、假、中三谛，即三种因缘法真理性存在，就发展出一种"一心三观"的最高知识论。

这种知识不是对物的知觉或感知，而是对空、假、中三种真理性存在的形上体验与领悟，故曰最高智慧。它本出于释慧文对《大品般若经》所说菩萨摩诃萨具道种智、一切智、一切种智⑤及《大智度论》所讲三智"在一心

---

① 《法华玄义》卷七下。
② 《大乘止观法门》卷一。
③ 《大乘义章》卷一。
④ 《摩诃止观》卷五上。
⑤ 《大品般若经》说："菩萨摩诃萨，欲具足道慧，当习行般若波罗蜜；欲以道慧具足道种慧，当习行般若波罗蜜；欲以道种慧具足一切智，当习行般若波罗蜜；欲以一切智具足一切种智，当习行般若波罗蜜；欲以一切种智断烦恼习，当习行般若波罗蜜。"（《摩诃般若波罗蜜经》卷一）。

中得"及对"一心三智"①之文的领悟。以此立观，就是"一心三观"的最高智慧；而"三谛"之说，更是慧文领悟《中论》"四谛品"偈，获得的智慧。《佛祖统纪》记载慧文获得此智慧说：

> 师（释慧文）又因读《中论》，至"四谛品"偈云："因缘所生法，我说即是空，亦为是假名，亦名中道义。"恍然大悟，顿了诸法无非因缘所生，而此因缘，有不定有，空不定空，空有不二，名为中道。②

这因缘所生法的空、假名，及"有不定有，空不定空，空有不二"的"中道"名，就是龙树的"三谛"说及中道观。智顗讲"一心三观"，就发慧文的"三谛"说及龙树中道思想，为天台宗建立"三谛圆融"的宗教观与精神世界。它的方法就是定慧双修的止观。

智顗认为，"三谛具足，只在一心"；"三谛不同，而只一念"③；而且"一念心起，即空、即假、即中"，而"即空、即假、即中，并毕竟空，并如来藏，并实相，三非而三，三而不三"④。那么，这"毕竟空，并如来藏，并实相，三非而三，三而不三"，究竟是什么呢？它是一种怎样的存在呢？它就是龙树所说的中道，就是"初缘实相，造境即中"。故曰"一色一香，无非中道，己界，佛界，众生界，亦然"。在智顗看来，宇宙间，这就是缘起万法"纯一实相，实相外更无别法"。建立宗教信仰及纯粹的精神世界，就是"信一切法即空，即假，即中，无一二三，而一二三"⑤的存在。它实际上是要人去掉依他起性而无自主性的终究空，及世间缘起所赋予的形形色色假名，追求一个"纯一实相"的中道存在。这个"纯一实相"存在，这个中道存在，实际上就是中国道家文化所讲提神太虚，站在"寥天一"高处，透视整个宇宙生命，将上下四方、古往今来，将整个宇宙万物生化流转及具体时空存在，去此去彼，去芜去杂，去掉一切时空的具体存在，"旁日月，挟宇宙"，看那

---

① 《佛祖统纪》卷六记载释慧文以《大智度论》修心观说："《论》中三智，实在一心中得，且果既一心而得，因岂前后而获？故此观成时，证一心三智，双亡双照，即入初住无生忍位。"
② 《佛祖统纪》卷六。
③ 《摩诃止观》卷六下。
④ 《摩诃止观》卷一下。
⑤ 《摩诃止观》卷一上。

"参万岁而一成纯，万物尽然而以是相蕴"① 者。人的一生，乃是处于万物生化流转及具体时空存在之中，要想获得自由，要想建立通达的宇宙观及纯正信仰，不仅应该于大道旷荡、浩浩大化、涡轮旋转之中，会通玄极，灵通智照，明万物之性，达死生之变，陶铸天下之化，而且应该提神太虚，飘然高举，于"廖天一"处，忘物、忘我、忘却一切世俗存在，外天地，遗万物，"与造物者为人，而游乎天地之一气"②，而虚灵不昧之心，不为视听所夺，不为形名所役，旷然无累，冥于大道，同于大通，与天地精神相往来！追求物物而不物于物的最高存在，追求逍遥、自适与至乐的精神世界及众生平等的价值观念。这是中国道家文化的精神，它实际上也是天台宗就是以超绝形而上学消弭一切相对差别，将其提升为一种超绝的宇宙原理，一种一体圆融的价值存在与精神世界。这就是隋唐之际一种精神的崛起！这种精神，就是天台宗的圆教精神。三论宗的中道佛性论，也是一种精神崛起。下面即讲此精神。

三　三论宗的中道佛性论

三论宗由隋代吉藏创立，依龙树《中论》《十二门论》和提婆《百论》三论大乘中观思想立宗命名。因龙树、提婆三论是以破除诸法实相为教义的，属于大乘般若性空宗，三论宗依此立教，故又称其为性空宗或破相宗。其实，它不仅依《中论》《十二门论》《百论》三论立教，亦宗龙树《大智度论》教义，被称为"四宗论"教派。但主要还是《中论》《十二门论》《百论》三论判教定尊、创立教派的。

《三论》所以能判教定尊，创为一个教派，是有它教义传递承继的学术渊源的。这就是《三论》由鸠摩罗什、僧肇、道生、僧朗、僧诠、法朗到吉藏的传承发展。《中论》《百论》《十二门论》最初由罗什于长安草堂寺（即后秦之逍遥园）译出，入寂后葬于草堂寺。故三论宗祖庭为西安草堂寺。罗什译经时，"道恒、僧标、僧叡、僧敦、僧弼、僧肇等三千余僧，禀访精研，务穷幽旨。庐山慧远，道业冲粹，乃遣使修问。龙光道生，慧解洞微，亦入关

---

① 《庄子·齐物论》。
② 《庄子·大宗师》。

谘禀"①。以罗什为中心，形成了当时三论研究的"关河学派"，其为学，被称为"古三论"。其中道融、僧睿、僧肇、道生最为优秀，称为"关中四杰"。但传《三论》并有所创见的，主要是僧肇与道生。后来关中大乱，僧徒四散，三论传递，散乱不明。从现在史料看，它主要由僧朗、僧诠、法朗到吉藏的。

僧朗辽东人，南朝齐时到达江南，师从摄山栖霞寺释法度。法度死后，僧朗"继踵先师，复纲山寺"，讲说"《华严》、《三论》最所命家"②，开创三论宗的"摄山学派"，成为三论宗发展的重要阶段，故三教宗第二个祖庭为栖霞寺。僧诠是僧朗的弟子，为摄山止观寺大师，终身致力于《华严》《三论》研究，以"三种中道说"③发挥《三论》中道思想。因终身不下山，被称为"山中法师"或"山中大师"。僧法郎姓周，徐州沛郡（今江苏省沛县）人，为僧诠大师的得意门徒，授予《智度》《中论》《百论》《十二门论》，并《华严》《大品》等经。法郎"弥纶藏部，探赜幽微"，著有《中论玄》《法华疏》《二谛疏》，成为大师。陈永定二年（559）"奉勅入京"，住兴皇寺镇。讲过去，"《华严》、《大品》、《四论》文言，往哲所谈，后进所损略"，而现在法朗则"皆指擿义理，微发词致，言气挺畅，清穆易晓"④，将摄山学派三论学推向高级阶段。僧朗、僧诠、法郎为摄山学派的三大法师，《三论》之学，与关河学派的"古三论"相比，被称为"新三论"。

从关河学派到摄山学派的法师，虽然皆传《三论》大乘中宗观教义，但他们并非专注《三论》，亦兼研其他经典。如关河学派僧叡不仅著《大智论》《十二门论》《中论》等诸序，并著《大小品》《法华》《维摩》《思益》《自在王禅经》等序，皆传于世⑤；摄山学派僧朗虽以"《华严》《三论》最所命家"，然"凡厥经律，皆能讲说"⑥；再如法郎虽于止观寺僧诠法师受《智度》《中论》《百论》《十二门论》，然亦受《华严》《大品》，"弥纶藏部，探赜幽微"⑦，如此等等。这就不可避免地使龙树、提婆所著《三论》融合进其他经

---

① 《出三藏记集·鸠摩罗什传》。
② 《高僧传·释法度传》附录《僧朗传》。
③ 三论宗有世谛中道、真谛中道和二谛合明中道的三种中道说。吉藏说：大乘无所得义，"三种中道，言方新旧不同，而意无异趣也，山中师对寂正作之"（《大乘玄论》卷二）。
④ 《续高僧传·释法朗传》。
⑤ 《高僧传·释僧叡传》。
⑥ 《高僧传·释法度传》附录《僧朗传》。
⑦ 《续高僧传·释法朗传》。

典的佛学思想；同样，而它传授给吉藏判教定尊、创立三论宗教派，不可避免地带来教义来源的非单纯性。吉藏生前能"讲《三论》一百余遍，《法华》三十余遍，《大品》《智论》《华严》《维摩》等各数十遍，并著玄疏，盛流于世"①，也说明其佛教思想的非单纯性。实际上，吉藏创立三论宗，就其判教定尊学术发展而言，乃是继承了"关河学派"到"摄山学派"整个佛教思想发展，它不仅是《三论》学，还是包括《般若》《维摩》《法华》诸经思想研究在内的，是集罗什、僧肇、道生、僧朗、僧诠到法朗时期整个大乘般若佛教及《三论》大乘中宗观教义之大成，所发展出来的一个教派。

吉藏，俗姓安，本安息人，故称"胡吉藏"。他的祖世为避仇，移居南海，后迁到金陵。其父曾带他见过译经大师真谛，"吉藏"的名字，就是真谛起的。吉藏七岁投兴皇寺法郎为师出家。该寺专学者多，兼修者少，而吉藏广涉经典，"采涉玄猷，日新幽致，凡所咨禀，妙达旨归，论难所标，独高伦次，词吐赡逸，弘裕多奇"。他的佛学道路是由《四论》逐渐走向一乘教研究的。故其自叙其学说："少弘《四论》，末专习一乘"②；十九岁开始讲学，"处众覆述，精辩锋游，酬接时彦，绰有余美，进誉扬邑，有光学众"。其后，吉藏声望愈来愈高。隋朝平定南方后，吉藏来到浙江秦望山嘉祥寺，开始他佛学研究的新阶段。他的佛学研究及其著作，主要是在这个时期撰写的，故后世称之为"嘉祥吉藏"。吉藏著作甚多，主要有《中论疏》十卷、《十二门论疏》三卷、《百论疏》三卷、《三论玄义》一卷、《大乘玄论》五卷、《法华玄论》十卷、《法华义疏》十三卷、《二谛义》三卷、《维摩经略疏》五卷、《法华统略》六卷等。其中《三论玄义》、《大乘玄论》为其创建三论教宗，阐述大乘中宗观教义的最为根本性著作。吉藏"貌似西梵，言是东华"，已被中国化。但其为人，"爱狎风流，不拘检约"③，不是很检点的。

宗教者，以宗为教者也。不论何种宗教，低级的或高级的，只要立教，皆有所宗，有建立信仰的本体论存在，不过低级形态的宗教本体多属于形下存在，如图腾之类，而高级形态的宗教本体多属形而上学存在，如上帝、"梵天"或"道"。印度大乘佛教也是这样，不论它是空宗还是有宗，皆有其最高本体存在，真如、法身、涅槃、佛性、如来藏等，就是这样的存在。由此可

---

① 《续高僧传·释吉藏传》。
② 吉藏：《法华统略》卷上。
③ 《续高僧传·释吉藏传》。

知，吉藏创立三论宗教派，是不能没有最高本体存在的。尽管龙树、提婆《三论》是解决大乘般若空宗信仰问题的，但要依次建教立宗，就不能没有最高本体论，没有形而上学存在；不然，它就不能解决信仰问题，不能发展出形而上学的精神世界。这对三论宗的创建来说，就是指出何处是佛性存在，及如何成佛问题。

那么，什么是龙树、提婆《三论》最为根本的宗教思想呢？吉藏判教定尊、创立教派，又怎样创新《三论》思想或赋予了了《三论》新的教义呢？不论是龙树造《中论》《十二门论》，还是提婆发挥龙树思想，批驳外道而作《百论》，其根本思想就是缘起性空。《中论》所谓"众因缘生法，我说即是空；亦为是假名，亦是中道义；未曾有一法，不从因缘生；是故一切法，无不是空者"①，即是缘起性空的思想。至于说"不生亦不灭，不常亦不断，不一亦不异，不来亦不出"②的"八不"，更是从形上本体论上空尽一切缘起缘灭及连续性、非连续性的"常"与"断"的存在。不过，龙树这样讲，也有许多悖论或矛盾性问题。例如既讲万物依他起性，缘起性空，一切法无不是空，那么，"法若无自性，云何有他性"③，他性又从哪里来的呢？若破一切法，一切皆空，"无生亦无灭"，那世界万物又从哪里来的呢？若讲一切法皆空，无常亦无断，那么，"何有边无边"④，那无边无际的宇宙从哪里来的，又是如何持续不断存在的呢？凡此种种问题，皆存在着悖论，存在着自身的矛盾性，是不可不解决的；不然，解决信仰信念，建立精神世界，缘起性空诸说本身就会成为戏论。

自然，龙树作为佛教大师，作为大乘佛教性空宗阐释者，不会没有大智慧、没有高明处的。僧叡作《中论》序，曾对其智慧与高明处解释说：

> 《中论》有五百偈，龙树菩萨之所造也。以"中"为名者，照其实也；以"论"为称者，尽其言也。实非名不悟，故寄"中"以宣之；言非释不尽，故假"论"以明之。其实既宜，其言既明，于菩萨之行道场之照，朗然悬解矣。⑤

---

① 《中论·观四谛品》。
② 《中论·观因缘品》。
③ 《中论·观有无品》。
④ 《中论·观涅槃品》。
⑤ 僧叡：《中论》序，见《佛藏要籍选刊》第9册。

　　这就是说，龙树《中论》最为实质的教义，就是阐述大乘佛教空宗中道观，而以"论"言之者，不过是尽其言而已。只要领悟了它的中道教义，就明白了佛性所在及如何成佛了。故释慧文读《中论》至《四谛品》偈云"因缘所生法，我说即是空，亦名为假名，亦名中道义"时，"恍然大悟，顿了诸法无非因缘所生，而此因缘有不定有，空不定空，空有不二，名为中道"①。龙树作《十二门论》，也不过是以中道折中实相，开通十二门，使之无滞而已。因为"若一理之不尽，则众异纷然；一源之不穷，则众理扶疏"②。而提婆面对着"外道纷然，异端竞起，邪辩逼真，殆乱正道"，其作《百论》，也不过是以龙树中道思想"辟三藏之重关，坦十二之幽路"。此即僧肇所说"通圣心之津涂，开真谛之要论"③者也。由上可知，龙树、提婆《三论》最为根本的问题是大乘佛教空宗中道教义，它不仅是佛性及成佛的关键所在，亦是判教定尊、创立三论宗教派必须阐释弘扬宗教义理。因此，吉藏判创建三论宗教派的根本任务，从大乘空宗教理说，就是阐明释慧文所领悟到的"因缘有不定有，空不定空，空有不二"的"中道"思想。

　　吉藏正是通过破解缘起性空说的悖论或矛盾性，建立起他的中道佛性论，发展大乘佛教中道观，建立起三论宗一乘精神世界的。他首先使用的方法，就是分辨二谛论，解其迷失，为中道佛性存在提供形而上学根据。龙树《中论》把对世界的认识划分为世俗与第一义真谛，乃是是为了破除世俗谛，追求圣人第一义真谛，但做到这一点是不容易的。故其说："诸佛依二谛，为众生说法：一以世俗谛，二以第一义谛。若人不能知，分别于二谛，则于深佛法，不知真实义。"④ 二谛之说，是一个认识论问题，也是一个形下形上真理划分识别及牵涉到宗教哲学本体论的问题。宗教信仰总是建立在最高本体论基础上的，没有最高本体论存在，就没有终极的真理，只是此亦一是非，彼亦一是非，是不可能建立起信仰，也是不能发展出最高精神世界的。研究佛教，判教定尊、创立教派也是这样。不懂得这个道理，不能分别于二谛，"则于深佛法，不知真实义"。因此，对于吉藏来说，若要破解缘起性空说的悖论

①　《佛祖统纪》卷六。
②　僧叡：《十二门论》序，见《佛藏要籍选刊》第 9 册。
③　僧肇：《百论》序，见《佛藏要籍选刊》第 9 册。
④　《中论·观四谛品》。

或矛盾性，建立中道佛性论，发展大乘佛教中道观学，就必须分辨二谛论，解其迷失，然后才能为中道佛性论提供形而上学的最高根据。故曰"二谛者，盖是言教之通诠，相待之假称，虚寂之妙实，穷中道之极号"①；"若了了于二谛，四论则焕然可领；若于二谛不了，四论则便不明。若解二谛，非但四论可明，亦众经皆了"②。

那么，吉藏是怎样分辨二谛论、解其迷失的呢？这虽涉及名相、真假、有无、存在与非存在诸多问题，但最为根本的问题，是何谓中道，何谓中道佛性存在？吉藏说，古来讲佛性之不同，"不知反本，称曰无明，荡识还原，自为佛性"者，有十一家③之多，但他认为，惟有河西道朗④法师作《涅槃义疏》，解释佛性义，"以中道为佛性"⑤，最为根本。那么，何谓中道呢？它仅仅是缘起性空吗？仅仅是以"八不"空尽一切存在吗？吉藏引《中论》所讲"因缘所生法，我说即是空，亦为是假名，亦是中道义"，明是三是义说："一因缘即是空，二是假，三是中。此之二谛，岂凡夫所知？"他认为，"若不了二谛，即不行中道，不见佛性。不见佛性，即无性佛等。若了二谛，即离断常，行于中道，见佛性，即有性佛等"。在他看来，要了二谛，要见中道佛性，应该从体用上，从更为广阔的视野看待缘起性空及"八不"的存在，而不是局限于有无、常断、生死、涅槃及真俗等范畴概念上，将其置于对立的两边。例如"明有无为世谛，不二为真谛者，明有无是二边，有是一边，无是一边，乃至常、无常、生死、涅槃，并是二边。以真、俗、生死、涅槃，是二边故，所以为世谛。非真、非俗、非生死、非涅槃，不二中道为第一义谛也"。这就是说，吉藏所说二谛论中道，乃是就"非真、非俗、非生死、非

---

① 《大乘玄论》卷一。

② 《二谛义》卷上。

③ 吉藏所说十一家佛性说为：第一家以众生为正因佛性；第二家以六法为正因佛性；第三家以心为正因佛性；第四家以冥传不朽为正因佛性；第五家以避苦求乐为正因佛性；第六家以真神为正因佛性；第七家以阿黎耶识自性清净心为正因佛性；家八家以当果为正因佛性；第九家以得佛之理为正因佛性；第十师以真谛为正因佛性；第十一家以第一义空为正因佛性（《大乘玄论》卷三）。

④ 这里所说"河西道朗"应为东晋时协助昙无谶译《大般涅槃经》的道朗，非师法度弘扬《三论》辽东僧朗，亦非陈时兴皇寺师僧诠的释法朗。《高僧传·昙无谶传》说，河西王沮渠蒙逊素奉大法，志在弘通，欲请昙无谶出经本，谶以未参土言，又无传译，"时沙门慧嵩、道朗，独步河西，值其宣出经藏，深相推重，转易梵文"；后来"佛像前为说戒相，时沙门道朗，振誉关西"。

⑤ 《大乘玄论》卷三。《高僧传·昙无谶传》所说乃河西道朗。

涅槃，不二中道为第一义谛"讲的，亦乃就一种即体即用、即用即体、存在即不存在、不存在即存在、二而不二、不二而二、形上形下浑然一体处讲的。故曰"无生死，无涅槃，生死涅槃，皆是虚妄"①；故曰"一切草木并是佛性"②。这样看问题，看二谛中道，就是《中论》"八不"宗旨的"略释难明，广敷乃现"③。它实际上乃是以龙树"生死及涅槃，二俱无所有"④ 之论作进一步的解释。

　　如此讲二谛，讲不二中道的第一义谛，如何能为佛教建立最高本体论，建立起成佛信仰及精神世界呢？吉藏自然不会停留于此，而是超越"非真、非俗、非生死、非涅槃"存在，不拘于形名，无累于真俗，冥于大道，同于大通，将佛教中道本体向着形上至极存在提高升腾，使之成为佛性的最高存在。这个最高存在，就是他引《涅槃经》所说"佛性者，第一义的空"。这"第一义空"，是佛性，也是最高智慧的存在。故其作《大乘玄论》引《狮子吼》五问佛性，反复地讲"佛性者，名第一义空。第一义空，名为智慧，斯则一往第一义空以为佛性"。所谓智慧，就是"说境为智，说智为境"，"所言空者，不见空与不空"；"所言智者，不见智与不智"，而"不见空除空，不见不空除不空，除智又除不智，远离二边，名圣中道"；就常断而言，"无常无断，乃名中道"。它是"除不空则离常边，又除于空即离断边"。吉藏这样反反复复地所讲"不见空与不空""不见智与不智""无常无断"的存在，就是他所说的中道佛性；而且在他看来，"若了中道，即了第一义空。若了第一义空，即了智慧。了智慧，即了金光诸佛行处"，一句话"若了智慧，即了佛性；若了佛性，即了涅槃也"⑤。

　　吉藏这种智慧，这种超越空与不空、智与不智、常与断的宗教哲学思考，这种不拘于经验实在的中道佛性超绝形而上学建构，实乃庄子所讲至人"审乎无假而不与利迁，极物之真，能守其本，外天地，遗万物，而神未尝有所困"⑥ 的思考；"圣人外天下，外物，外生，而后能朝彻，而后能见独"⑦ 者

---

①　上引均见《二谛义》卷上。
②　《大乘玄论》卷三。
③　《中观论疏》卷二。
④　《六十颂如理论》。
⑤　《大乘玄论》卷三。
⑥　《庄子·天道》。
⑦　《庄子·大宗师》。

也。作此思考，有此见独，只有看透整个宇宙万物生化流转，不固执于短暂的存在与不存在，不执着于世俗的价值判断，不在意于一时之成毁，"无古今，入于不死不生，无不将也，无不迎也；无不毁也，无不成也"①；"审乎无假而不与物迁，命物之化而守其宗"② 才成。如果将整个宇宙万物看作封闭状态，视其处于无时不成、无时不毁的状态，处于"方生方死，方死方生"的生灭状态，处于"方可方不可，方不可方可；因是因非，因非因是"的存在中，处于"彼亦一是非，此亦一是非"的世俗价值判断中，那么，如此因是因非、因非因是，不能穷其原而达观之，就不能"极物之真，能守其本"；"乘天地之正，而御六气之辩，以游无穷"③ 了；不能像圣人那样"圣人和之以是非而休乎天钧"④ 了，自然也就无法建立至极的信仰与信念，无法建构最高的精神世界了。此吉藏讲"若以是为是，以非为非者，一切是非，并皆是非"⑤ 者也。建构中道佛性"第一义空"的至极本体存在，也是这样。那"第一义空"，不过是中国文化道体至极无形无象存在而已。此吉藏所以讲"若以空为空，非佛性也"⑥；及引庄子讲"形因造化，造化则无所由"⑦ 者也。由此不难看出，大乘佛教发展到隋唐之际，形上至极本体论思考，适应中国文化哲学，已基本上完成涵盖转化。尽管其中道佛性的"名第一义空"，仍常常以法身、真如、如来藏、如来佛性、菩提佛性等说法出现，但就其"空"义而言，仍然是中国文化至极无形无象道体存在，《三论》学独立为三论宗，其为大乘佛教精神，已发展转化为中国文化形而上学的道体精神。

三论宗追求中道佛性的"第一义空"，实乃追求真如佛性的一乘本体存在。所谓一乘，就是教人唯一之理，唯一之因，唯一之果，以唯一至极存在，以此解释一切生灭变化及因果联系，并以此建立信仰信念。故"一乘者，乃是佛性之大宗，众经之密藏"⑧。正如法华宗追求"三乘同一法身"的存在一样，三论宗也讲"会三归一"之教，即将"佛乘第一，缘觉第二，声闻第三"的三乘教法，同归一道，会归于一乘佛教。惟此教大理大，惟此中道正

① 《庄子·大宗师》。
② 《庄子·德充符》。
③ 《庄子·逍遥游》。
④ 《庄子·齐物论》。
⑤ 《大乘玄论》卷三。
⑥ 《大乘玄论》卷三。
⑦ 《三论玄义》卷上。
⑧ 《大乘玄论》卷三。

观。此吉藏破邪显正者也，亦其批评小乘佛教"精巧有余，明实不足"，及
"《成实》理是小乘"① 者也。他所采用的方法，就是"《般若》广破有所得，
无依无得为正宗"②，即破除宗教真理过多依赖性，以无所依赖、无有所得的
存在为正宗。这就是吉藏所讲"知平等大道，无方无住故，一切并非；无方
无碍故，一切并得"③ 的道理。故三论宗乃"无所得大乘"教宗也。它实际
上也如天台宗一样，以一种超绝形而上学消弭一切相对差别，将其提升为一
种超绝的宇宙原理，看待世界无依无碍、最为本质的正宗存在。这个"无依
无得为正宗"，从本体论上讲，就是"以正法中道为经宗，为一乘正体"。吉
藏认为，这个正法中道，这个一乘正体存在，"以其不动，故能令众生运
出"④。运义如车，"能令众生运出"者，即如《涅槃》所说"乘涅槃船，入
生死海，济度群生"之义。由此可知，吉藏创建三论宗，乃是试图以正法中
道、一乘正体建立信仰，拯救天下苍生者也。

这个中道佛性，这个"第一义空"存在，其讲"空为本体，有是其
用"⑤，正如老子讲"有之以为利，无之以为用"⑥ 一样，也是以本体无形无
象为大用的。这个"空体"，其实就是中国文化的"无体"，而其"无思也，
无为也，寂然不动，感而遂通"⑦，就是道体至精至神存在。它在"空"义上
讲，就是龙树所讲"八不"存在。惟此，吉藏才说"八不则是中道"⑧；"中
道即不生不灭八不义"⑨。以此创建三论宗，就是以本体的"无"，即"第一
义空"，建立最高信仰与精神世界。二者所不同的是，中国文化本体的"无"，
不管怎样讲其无形无象，它依然是道体真实无妄、实有是理的存在；而三论
宗佛教所说"第一义空"，不管怎样讲其为中道佛性，为法身、真如、如来
藏、如来佛性、菩提佛性等，但终究不同于中国文化道体无形无象、实有是
理存在。因此，尽管吉藏创建三论宗试图以此最高信仰拯救天下苍生，但因
其终究落于"空"义，无法满足欲建盛德富有大业的隋唐需要，三论宗很快

① 《三论玄义》卷上。
② 《大乘玄论》卷五。
③ 《大乘玄论》卷三。
④ 《大乘玄论》卷三。
⑤ 《大乘玄论》卷一。
⑥ 《老子》第 11 章。
⑦ 《周易·系辞上传》。
⑧ 《中观论疏》卷一。
⑨ 《中观论疏》卷二。

走向衰落，也就不足于为奇了。因此，大乘佛教发展到唐代，随着盛世的到来，一个以心性本体论为依据创立的更为强大教派就产生了，它就是以万法唯识支撑起来的唯识宗。但它不是般若空宗，而是大乘瑜伽有宗。

四　唯识宗造万法唯识论

宗教和哲学最为根本的问题，是回答"这个世界是从哪里来的？它的本质是什么？"回答这个问题，属于神学哲学本体论的回答，属于世界本原、万物伊始的回答，属于安立一切法的回答。了者了此，不了者不了于此。对这个问题的回答，或以此立论建立学说，产生了各种大神学家、大哲学家，也产生了各种宗教、哲学派别。佛教发展也是这样。佛说一句"依他起性，缘起性空"，创造了大乘般若空宗佛教，及一切皆空的信仰。龙树《中论》一偈"因缘所生法，我说即是空，亦名为假名，亦名中道义"，开创了大乘般若"一切皆空"的时代。及至无著所造《摄大乘论》传入，以"阿黎耶识"立"自性清净心"，说佛性心、如来藏，说缘起于识，法相依识而显，揭开了中国大乘唯识学时代。可知一种宗教哲学理论的提出，特别是本体论、知识论的创造，怎样建树着一个时代的信仰，影响着一个时代宗教哲学精神发展！

理论的提出，学说的创造，乃是一种精神追求，一种意识到的自觉。龙树曾说"小乘五百部，闻毕竟空，如刀伤心"[1]，可知其是如何弃小乘闻见之知而追求大乘中道哲理。此龙树后来有《智度》《中论》《十二门论》之建树者也。罗什于是龟兹，得《放光经》，始就披读，闻空中声说："汝是智人，何用读此？"罗什说："汝是小魔，宜时速去，我心如地，不可转也！"，可知罗什由小乘转向大乘心之坚，及何以由此"广诵大乘经论，洞其秘奥"！而当大师盘头达多提醒说"一切皆空，甚可畏也"[2]，罗什也是很在意的。他译《毗昙》《成实》二经，就是为弥补此不足与纠结，以便弘扬《三论》大乘佛教中道观。此皆改变一个时代理论追求，自觉树大乘教宗，弃小乘教法者也。可知理论上的自觉与追求，是怎样影响宗教和哲学精神的发展了。

印度佛教传入中国，发展到唐朝唯识宗时代，发生一种明显的转变，就是走上了判教立宗的自觉阶段：即一方面追求大乘佛教的真精神，一方面建

---

① 《大智度论》。

② 《高僧传·鸠摩罗什传》。

立自己的学说，创建符合其真精神的本土教派。这在佛教发展史上是一个突变，是印度佛教适应中国文化的根本性转变，一种追求佛学真理的理性自觉。玄奘、窥基就是这样的代表性人物，唯识宗创立就是佛教中国化的典型事件。关于玄奘西行取经的宗教探索精神，本卷第一章讲"精神危机与宗教追求"时，就已经讲过了。这里值得注意的是，玄奘西行取经前前后后的行为，皆是完全自觉的。玄奘谓佛经"翻译者多有讹谬，故就西域，广求异本以参验之"①，是一种自觉，一种求佛真义的自觉；于印度那烂陀寺，与高僧辩驳，申大乘教义，作《会宗论》《制恶见论》《三身论》，是一种自觉，一种护法的自觉；"冒越宪章，私往天竺，践流沙之浩浩，陟雪岭之巍巍，铁门嶮嶮之涂，热海波涛之路"，"中间所经，五万余里"，"历览周游，一十七载"②，是一种自觉，一种追求宗教真理的自觉；窥基年二十五应诏译经，入大慈庵寺，躬事玄奘，解纷开结，统综条然，追求玄源纯粹佛理，"不愿立功于参糅"③，更是一种自觉，一种无功利之求纯学术自觉。但最为根本的自觉，是玄奘"胜典虽来，而圆宗尚阙"④的反思，和唐太宗《大唐三藏圣教序》所说的，玄奘作为法门领袖的"截伪续真，开兹后学"⑤。惟此，玄奘才能不顾性命，求法西行，才能栖息玄门，微言广被，以领袖之法度，独立门户，创建唯识教宗。玄奘"为瑜珈唯识开创之祖"，而窥基"乃守文述作之宗"。正是两人自觉默契的合作，始建唯识宗百世广大之功！苟无玄奘、窥基之默契合作，则宗何以创，学何以张，开天下人之眼目？故曰"二师立功与言，俱不朽也！"⑥

　　玄奘名祎，姓陈，河南洛州缑氏县（今河南偃师县缑氏镇）人。道宣：《续僧传》本传说其麟德元年卒，行年六十五，生死年应为公元年599至公元664年。窥基字洪道，姓尉迟氏，京兆长安人，《续高僧传·窥基传》说其卒于永淳元年，春秋五十一岁，生死年应为公元631年~公元682年。玄奘译经七十五部，所译《大般若经》《俱舍论》《瑜珈师地论》《二十唯识论》《三

　　① 《旧唐书·僧玄奘传》。
　　② 《还至于阗国进表》，《全唐文》卷九百六。
　　③ 〔宋〕赞宁：《窥基传》，《续高僧传》卷四，见石俊等编《中国佛教思想资料选编》第二卷第3册，中华书局1991年版。
　　④ 《还至于阗国进表》。
　　⑤ 〔唐〕道宣：《续高僧传·释玄奘传》。
　　⑥ 〔宋〕赞宁：《窥基传》，《续高僧传》卷四。

十唯识论》《成唯识论论》及《显扬圣教论》等，皆为立教之大宗。窥基撰《成唯识论述记》，以讲唯识宗旨意。玄奘、窥基所创唯识宗，因其奉古印度大乘佛学瑜伽一系学说，以《瑜伽师地论》为主要经典，故称其为"瑜伽宗"；因创建唯识宗的玄奘、窥基大师住长安大慈恩寺，盛张教纲，故又称其为"慈恩宗"；以其护法为宗，故亦称为"法相宗"。但讲一切万法，以唯识变现而无实体，为其佛法宗旨，故"唯识宗"之称，能显其教宗精神本质。奠定大乘唯识宗的著作，虽然有"六经""十一论"①之说，但其主要著作则是弥勒的《瑜伽师地论》、无著的《摄大乘论》、世亲的《二十唯识论》《三十唯识论》等经典。

玄奘所以能创立唯识宗，无疑是与弥勒《瑜伽师地论》、无著《摄大乘论》、世亲《二十唯识论》《三十唯识论》的翻译传播及唯识学发展联系在一起的。试想，没有弥勒《瑜伽师地论》的"闻思修所立，如是具三乘"②之说及极具清净天眼地指出，一切刹那生灭、恒时相续，皆以"种子心阿赖耶识"为依，何以能出现唯识之学？没有无著所造《大乘摄论》，以"阿赖耶识为义识"，以此起现"相识""见识"，起现一切相识，以唯识为法性，何来唯识之学？唯识宗又何能创？同样，没有世亲所造《二十唯识论》《三十唯识论》，讲一切生灭皆起于识，万物皆依识缘起生灭，讲"是诸识转变，分别所分别，由此皆彼无，故一切唯识"③，唯识学何以出现？唯识宗何以得创？可以说在唯识宗创立以前，整个弥勒、无著、世亲著作的翻译、传播、流行，讲阿赖耶识缘起一切，讲阿赖耶识是有情心识，根本识、第一识，讲以"种种心识"立义，以心识为正义、讲圆成实性等，讲识即心，即如来藏，即佛性心，即起灭万物者，即相续不断者，即执持一切事物而不失者，就根本不能有唯识学的出现，唯识宗的建立也就根本没有佛学的理论基础。

但是，仅有这些学说的传播与流行，也是不可能创造出中国特色的大乘唯识宗的。它的创立与出现，除了盛唐的出现，需要一种强大文化意识与精神支撑外，更为重要的是与玄奘、窥基所处文化背景及自身教养联系在一起

---

① "六经"为《华严经》《解深密经》《如来出现功德经》《阿毗达摩经》《楞伽经》《厚严经》；"十一论"为《瑜伽师地论》《显扬圣教论》《大乘庄严经论》《集量论》《摄大乘论》《十地经论》《分别瑜伽论》《唯识二十论》《观所缘缘论》《辩中边论》《大乘阿毗达摩集论》（《成唯识论疏记》卷一）。

② 《瑜伽师地论》卷一《五识身相应第一》。

③ 《唯识三十论颂》。

的。玄奘祖父陈康为北齐博士，父亲陈惠，早通经术。可知玄奘具有深厚经学家庭背景。玄奘隋大业时出家，已"博涉经论"①。虽然所讲"六爻深赜，局于生灭之场"，贬低《易》道，在于拍马屁，意思是说它没有唐太宗《大唐三藏圣教序》"廓先王之九州，掩百千之日月，斥例代之区域，纳恒沙之法界"② 高明，但从其所讲"八卦垂文，六爻发系，观鸟制法，泣麟敷典，圣人能事，毕见于兹，将以轨物垂范，随时立训，陶铸生灵，抑扬风烈"③ 等，还是可以看出玄奘对于中国上古伏羲黄以来《易》道文化有深刻研究的。至于讲"《易》嘉日新之义，《诗》美无疆子孙，所以周祚过期，汉历遐绪"的因应"斯道"，愿"隆像化阐播玄风"④，则不仅表现为对上古伏羲、炎黄、唐虞、三代文化的肯定，更表达了其继承发扬之意。玄奘不仅有深厚的儒家经学基础，而且对佛典亦极为熟悉。他年十一岁即诵《维摩》《法华》，先是在东都洛阳净土寺学习《大涅槃经》《摄大乘论》，后又入长安大觉寺学《俱舍论》，入蜀听《阿毗昙论》，"《婆沙》广论，《杂心》玄义，莫不凿岩穴，条疏本榦"⑤。可以说玄奘去印度以前，关于佛教经典的学识，已非常广博。惟此，他才能于那烂陀寺与渊博的佛学大师辩论大乘教义。玄奘西行，决志出一生之域，投身入万死之地，并不是为取经而取经，而是要将佛教引向华夏，使其"法教光华，雍雍穆穆"⑥，达到沐浴教化的目的。特别是讲"羲皇之德尚见称于前古，姬后之风亦独高于后代，岂若开物成务，阐八正以擒章，诠道立言，证三明而导俗"⑦；讲"寻正法隆替，随君上所抑扬；彝伦薄厚，俪元风以兴缺"⑧；讲西行取经，其"想融心百家之论，栖虑九部之经，建正法幢，引归宗之客"⑨；"超伦辈之华，求之古人所未有"，创建大乘唯识宗，乃是为了"礼诵经行，布法王之化"⑩ 于天下。

　　所谓唯识，乃是指外部世界的一切存在及变化，皆来源于心识，即"由

---

① 《旧唐书·僧玄奘传》。
② 〔唐〕道宣：《续高僧传·释玄奘传》。
③ 《谢敕送大慈恩寺碑文表》，《全唐文》卷九百七。
④ 《重为佛光王受三皈表》，见石俊等编《中国佛教思想资料选编》第二卷第3册。
⑤ 〔唐〕道宣：《续高僧传·释玄奘传》。
⑥ 《答中印度僧智光书》，卷九百七。
⑦ 《谢御制大慈恩寺碑文表》，《全唐文》卷九百六。
⑧ 《谢敕停依俗法条表》第二表，《全唐文》卷九百六。
⑨ 《答摩诃菩提寺慧天法师书》，《全唐文》卷九百七。
⑩ 《入少林寺翻译表》，见石俊等编《中国佛教思想资料选编》第二卷第3册。

假说我法，有种种相传，彼依识所变"①。这涉及认识论、知识论问题，涉及知觉、意识、心性、善恶、形上、形下、知识论、本体论、价值论与精神世界诸多问题，细讲起来，恐怕通读几十遍《摄大乘论》《瑜伽师地论》《成唯识论》《二十唯识论》《三十唯识论》及《成唯识论述记》，或修行几十年，都弄不清楚，甚至越讲越糊涂。这里，作为精神史的叙述，只能从心性本体论及形而上学高度，讲其与宗教信仰、精神发展有关的几个问题。因此，这里的叙述将省略唯识论所说眼、耳、鼻、舌、身、意的前六识，重点讲与形而上学、本体论、精神世界有关的第七识、第八识。虽然前六识也涉及心性、善恶及意识转依一类问题，但它只是感性知识或意识部分，转依也属初地，而非与形而上学、本体论、精神发展相关的究竟转依、佛地转依。

在印度大乘唯识学发展中，不论是弥勒造《瑜伽师地论》，还是无著造《摄大乘论》、世亲造《二十唯识论》《三十唯识论》，皆对第七识阿赖耶识及与第八识的转依问题很重视。特别是《瑜伽师地论》以第七识阿赖耶识为种子识，起现一切，变现一切，构成了整个印度瑜伽大乘唯识学系统。但在唯识学发展与唯识宗创立中，对于第七识阿赖耶识及与第八识转依问题看法是有差别的，真谛所译《摄大乘论》与玄奘所译《瑜伽师地论》关于阿赖耶识的译法说法也不一致。如真谛所译如来藏自性清净心为阿黎耶识，玄奘则译为包含妄识的阿赖耶识。真谛虽然将阿黎耶识为视为纯净无染、众生还灭解脱依据，但它只是种识、本识、执识或称为阿陀那识，还不是无垢识、真如体，因此，他又设立了第八识阿罗耶识、第九识阿摩罗识。阿罗耶识是无常、有漏识，是摄一切烦恼、苦难的所在；而阿摩罗识则是有常、无漏识，是断除一切烦恼、解除一切苦难的根本。在真谛看来，惟有断除阿罗耶识，转依阿摩罗识，才能寿命因缘尽灭于身，进入佛教清净境界。而玄奘则视第七识为末那识，视阿赖耶识为含藏万法的第八识。它是心识，是起现一切诸法者，是众生解除痛苦烦恼，追求形上超越精神境界，走向真如、佛性、涅槃的本体存在。因此，印顺大师说："中国所发展的唯心大乘，是本体论的。"②

因此，唯识宗的所谓唯识，就是以第八识阿赖耶识为本体存在，讲心讲性，讲一切诸法，讲起现一切、变现一切，讲断除一切烦恼与痛苦，转依成

---

① 《成唯识论》卷一。
② 《英译成唯识论·序》，黄夏年主编《近现代著名学者佛学文集·印顺集》，中国社会科学出版社1995年版，第57页。

佛，讲法身、真如、涅槃境界，讲"大圆智境""最清净法界"等。虽然《地论》讲"三界虚妄，但是一心作"①，已是"三界唯心"之说；《华严经》讲"应观法界性，一切唯心造"②，亦具"万法唯识"之义，但玄奘、窥基以阿赖耶识为心性本体所创立的唯识宗，实乃所造一种"万法唯识"大乘唯识学说也。在玄奘、窥基所创唯识宗那里，阿赖耶识是种子识、藏识、本识、识体，是"集诸种法，起诸法"③者，是"种种想转，彼依所变"④的存在，是能"引诸界趣，生善、不善业"⑤者。阿赖耶识不仅具有"自相"，还是起现一切的"因相"，变化一切的"果相"，相即象也。讲阿赖耶识起灭万象，是说其具有变现一切、起灭一切、了别的功能；特别是讲"由我所说法，有种种相转，依依识所变"⑥；讲"依止赖耶识，一切诸种子，心如境界现，是说为世间"⑦；"内外一切物，所见唯自心"，"内外虽不同，一切从心起"⑧等，实乃以阿赖耶识为心性本体论的"万法唯识"大乘唯识系统学说。以心性本体起现一切、变现一切，这样说，这样讲，的确唯心矣，唯识矣。此亦张横渠批评释家"以心法起灭天地"⑨者也。然若从佛教尊者伏驮米多所说"真理本无名，因名显真理"⑩来看，从一切范畴、概念、形名的获得来看，哪一条、哪一点离开心识，离开心性本体呢？因此，我在《心性本体论》序言中说：

> 一切范畴概念，一切理论方法，一切原理、定理、定律，一切事实的归纳，一切理论的设定，一切经验的实证，一切逻辑的运演，一切观念理念的提出，一切法则秩序的肯定，一切信仰信念的建立，一切主义与世界观，一切见解与皇皇大论，以及种种生活世界与精神世界，包括神天神帝、丈六金身、庄严色相、天堂地狱等等，哪一点不是人创造的

---

① 《十地论》卷八。
② 《华严经》卷十九。
③ 《成唯识论》卷五。
④ 《成唯识论》卷一。
⑤ 《成唯识论》卷二。
⑥ 《唯识三十论颂》、《成唯识论》卷一。
⑦ 《蜜严经》卷下。
⑧ 《蜜严经》卷中。
⑨ 《正蒙·大心篇》，《张载集》，第26页。
⑩ 《祖堂集》卷一。

呢？不是人凭着灵明心性创造的呢？不是出于这个本原，这个主体性存在呢？天地毁，则易不可见，则生生之机或几乎息矣！心性毁，则灵明之机不可见，则创造生化之机或几乎息矣！此心此性，灵明之主宰，创化之大原，澄明可也，存养可也，岂是可以或缺的？①

"若识无实现，则处时决定，相续不决定，作用不应成"②。外部世界本来只是浑然一体的存在，没有人的灵明之心、虚灵不昧的知觉，是不会获得什么范畴概念、形器名色之类称谓的。只是有了人的灵明之心、虚灵不昧知觉，才"不仅以穷神知化的盛德，精义入神，出入利用，通变化裁，备物致用，创造了一个物质文明的世界，更以通几微，存圣蕴，灵明不息的智慧之心，观化握几，存神入化，创造了一个个美的世界、善的世界、庄严神圣的世界及纯纯不已的世界。可以说人世间的一切盛德富有之大业，及经纶品类、层出不穷的人伦日用，无不出于人之灵明心性的创造"③。因此，写精神史，叙述精神世界及形而上学存在，对于佛教以心法，讲天地万物形名的获得及精神世界创造，不能一见其心性本体大用，就批判其"唯心"如何如何的。

唯识宗虽然把阿赖耶识看成是种子识、本识、识体，看成是变现起灭一切的存在，但此阿赖耶识并非是纯洁的心性本体、洁净无染的存在。它作为藏识是包含着染净两种因素的，是具有净污二重性的矛盾体，它欲界动起来，其"恒转如瀑流"④。阿赖耶识又称阿陀那识，《解深密经》所说"阿陀那识甚细微，一切种子如瀑流"⑤，也是说阿赖耶识具有欲界色界诸多漏识，染净二重性。这是人所以陷入迷惘、烦恼、痛苦的根源。心性不洁净，陷入迷惘、烦恼、痛苦，自然不能成为佛性存在，不能进入洁净涅槃境界。怎么办？转依，归依佛性，归依最为根本的第八识，即由不洁净的第七识阿赖耶识（包括末那在内的前六识）转依洁净的第八阿赖耶识。这实际上乃是通过种子心的修养，断三界所惑，烦恼不起，色心灭绝，去污去染，以净其根，提升心灵的洁净性，使之无漏无欲、洁净无秽、虚灵不昧，达到真如、涅槃境界。

---

① 《心性灵明论·自序》，华夏出版社 2012 年版。
② 《二十唯识论》。
③ 《心性灵明论》自序。
④ 《唯识三十论颂》。
⑤ 《解深密经》卷一。

这种心性修养，就是"由一切种识，如是如是变，以展转力故，彼彼分别生"①。阿赖耶识不洁净之性，有先天"本有"与后天"习熏"的区别。但不论是先天"本有"还是后天"习熏"，都必须转依洁净的根本识，转依了别一切的第八识。这就是"依止根本识"。这一切转依不转依，有为不有为，提升不提升，洁净不洁净，"是诸识转变，分别所分别，由此彼皆无，故一切唯识"；故曰"染净由心"②。此唯识宗以心法讲洁净精神世界之创造也，亦其以心法，讲心体转依洁净根本识，永断一切烦恼智障，提升人生精神境界，消除三界非理性追求，解除人生痛苦者也。

　　人生所以陷入虚妄，陷入不真实的存在而迷惘，乃在于人认识世界的偏执、边执与妄想，在于人依赖虚妄的分别、分辨，割裂世界存在。世界本来是浑然一体的存在，人也是浑然无知的，然偏偏要依靠一点儿浅薄的知识，将世界割裂成孤零零的片断，使认识、意识成为碎片化的知识，而且愈是将这种认识、意识合理化，变为普遍合理的知识而执着于它，也就愈是陷入虚妄与迷惘，陷入人生的偏执与迷狂。这就是唯识宗所讲的"遍计执自性""依他起自性"。周遍计度，全面考虑问题，固然不错。然"周遍计度，虚妄分别，即由彼彼虚妄分别，遍遍计种种所遍计物"，而"妄执自性差别，总遍计所执自性"，就造成"妄执自性差别总名"，造成阿赖耶识"遍计所执虚妄执种"。故曰"由彼彼遍计，遍计种种物，此遍计所执，自性无所有"③。此乃自家躯壳上起意，遍计所执而陷入虚妄者也。人只有远离这种偏执、边执、偏见，刚健中正、圆满周遍地看问题，正智、真如、圆成、实摄世界浑然一体的存在，才是大智慧，才是不执着相，圆成实性无漏之智。这就是唯识宗所讲的"圆成实性"。唯识宗讲"遍计执自性""依他起自性""圆成实性"的三性，实乃了却一切俗性，断绝一切妄执，断掉一切烦恼根源之大智慧也。有感于此，我曾作《大化歌》曰：

　　　　阴阳大化，
　　　　风雨博施。
　　　　林林总总，

---

① 《成唯识论》卷七。
② 《成唯识论》卷七。
③ 《成唯识论》卷八。

生生死死。

不息者生命之流，

滞留者万物残迹。

分别时烦恼，

浑然处大智。

有道曰大者，

寂廖兮无形，

独立兮不改。

抱此而生者，

纵浪大化，

卓然一世，

处烦恼界而超越，

临生死流而不惧。

　　人所以陷入生死流转的苦业，陷入生死还灭的迷惑，就是依他起性，依他获得假名而无自性。因此，唯识宗认为，人唯有不依他起性，不依缘起假名，追求超越一切因果联系的遍计所执性，走向性空，才能获得无依他起、永恒无染净存在，才能获得解脱而无生死流转之苦，生死还灭的短暂存在。故曰"以有空义故，一切法得成"①。唯识宗讲阿赖耶识转依，讲三性不执着相，讲圆成实性无漏之智，最为根本的意思，乃在超越一切人生障碍，以无他起的性空，追求遍计真常的如来藏，追求永恒无染净存在，追求洁净无染、广大无边的精神世界。《成唯识论》讲"入唯识无境"②，以及玄奘讲"由是茫茫三界，俱漂七漏之河；浩浩四生，咸溺十缠之浪"③；讲中国《易》之为道，"画卦垂文，空谈于形器；设爻分象，未逾于寰域"④；《谢御制三藏圣教序表》讲"六爻探赜，局于生灭之场；百物正名，未涉真如之境"；"理穷天地之表，情该日月之外，较其优劣，斯为盛矣"⑤等，皆可见玄奘创唯识宗在于追求一个非形名、非经验实在的精神世界。这个世界就是大乘佛教的真如

---

①　《中论·观四谛品》。

②　《成唯识论》卷七。

③　《请入少林寺翻译表》，《全唐文》卷九百六。

④　《谢御制大慈恩寺碑文表》，《全唐文》卷九百六。

⑤　〔唐〕道宣：《续高僧传·释玄奘传》。

之境、涅槃境界。走向这个世界，只有转依真如之理，转依无生无灭、清净空寂涅槃世界。故曰"其性本寂，故名涅槃"①。这个超越一切因果联系的世界，并非因是因非，因非因是，"圣人不由，而照之于天"，"彼是莫得其偶，谓之道枢，以应无穷"的存在，并非"恢恑憰怪，道通为一，凡物无成与毁，复通为一"的存在，亦非"圣人和之以是非而休乎天钧"②的境界，而玄奘诸人幻想的宗教虚妄世界。因为大乘佛教本身也承认"若无空义者，一切则不成"③，空义并非什么都没有，若一切皆空，没有任何因果联系，就不能构成世界了，这不论任何现实的时空都是一样的。因此，尽管玄奘创立唯识宗试图以大乘佛教为大唐建立广大高洁的精神世界，但由于这个世界终究是空的，而且认为李唐所推崇的老子道家之学"其言鄙陋"，翻《老经》及序，恐被西方"以为笑林"，而拒绝"不译"④，这就难怪唯识宗于太宗、高宗之世繁荣一时，及至玄宗之后就走向衰败了。但唯识宗所倡导的"万法唯识"心性本体论及其所建立的广大高洁精神世界，则是影响了后来中国精神史发展的，宋明时期不论是理学派还是心学派，在本体论上得益于唯识学精神遗产，皆是不少的。

在唯识宗走向衰微时，华严宗作为中华大乘佛教另一个门派则发展了起来。华严宗虽然也讲"三界唯心，万法唯识"，但它更追求一真法界的宗教理想与精神世界。与天台宗、三论宗、唯识宗相比，华严宗更是一个完整的中华大乘佛教教派，它在中国精神史上的地位更应值得注意。

五　华严宗——真法界教理

中国是一个本于"天"的民族，一个追求天道真实无妄之理的民族，即使讲悠悠玄极、茫茫至道，讲天道本体的形而上学，无形无象的体无，那也是无形实有是理的存在，真实无妄之理的存在，而非虚妄空寂者。因此，哲学也好，宗教也好，凡其理虚妄者，非实理者，不管把它说得多么美好，多么神圣，多么至高无上，皆最终不能为中华民族所信奉，成其为信仰信念，

---

① 《成唯识论》卷一。
② 《庄子·齐物论》。
③ 《中论·观四谛品》。
④ 〔唐〕道宣：《续高僧传·释玄奘传》。

成其为终极的精神追求。这也是唯识宗以大乘佛教为大唐所建立的广大高洁精神世界，终究是空，终究是无生无灭、清净空寂涅槃世界，虽兴盛一时，终走向衰微的原因所在，尽管它的"万法唯识"的心性本体论对建立宗教精神世界有着巨大的宗教哲学地位。

基于同样的原因，魏晋以来，印度佛教的本体论世界，不论是空宗，还是有宗，都在适应中国文化需要和精神追求，不断地向道体形而上学转化，建立信仰的佛法及其形而上学存在，也在逐渐排除虚妄空寂说法，向中国文化道体无形无象、至精至神、真实无妄的方向讲解，向道体流行美妙处解释。如在《地论》的传播发展中，荆州长沙寺的僧卫注疏《十地经》，以"夫冥壑以冲虚静用，百川以之本；至极以无相标玄，品物之宗"①，解释佛教的本用；《地经》说"三昧是法体"②，地论师以"三昧"解释菩萨境界、佛的境界等。这发展到后来，就是慧远所说的《华严》《法华》《无量义》等以"三昧为宗"③，弘扬华严学的释僧灵裕所描述的"莲花藏世界"，凡此等等，皆属于佛教本体论向中国文化道体无形无象及其流行美妙处的适应性转化。印度佛教的这种适应性转化，这种被中国文化同化趋势，发展到隋唐时期，就诞生了中华大乘佛教，表现为中华大乘佛教精神。华严宗、禅宗就是最为中国化的大乘佛教教宗。

华严宗以《大方广佛华严经》（简称《华严经》）为判教立宗依据，故以此得名。唐时释僧法顺（557～640）领悟华严法界，著《华严五教止观》（简称《五教止观》），宣扬华严法门，始倡华严经义，被视为华严宗初祖。法顺住终南山，宣扬《华严》，死后送长安南郊，建塔于华严寺内，故西安华严寺被视为华严宗始庭。

法顺之后，释僧智俨（602～668）作《华严经搜玄记》（简称《搜玄记》）、《华严一乘·十玄门》（简称《法华十玄门》），阐述十重玄门、六相融会，发展华严之理；及至释僧法藏（643～712）作《华严经旨归》《华严经探玄记》（简称《探玄记》）、《华严游心法界记》《一乘教义分齐章》《华严问答》等，集华严学之大成，以《华严经》判教立尊，立五教十宗以为华严宗体系，创立华严宗。华严宗以法界缘起说立教，宣扬法界无碍玄境，故又

---

① 僧卫：《十住经合注序》，《出三藏记集》卷九。
② 《地经》卷一。
③ 《大乘义章》卷一。

称其为"法界宗"。高宗时法藏曾被赐号"贤首"国师，故华严宗又称"贤首宗"。法藏之后，释澄观（738～839），造《华严义疏》，释宗密（780～841）著《圆觉经大疏》等，阐述华严宗精神。武宗灭佛后，华严宗就走向衰微了。

华严宗虽创立于唐，然其法界缘起思想，远在唐前已有研究发展。华严宗的经典《大方广佛华严经》六十卷，远在东晋时就已由佛陀跋陀罗译出。姚秦时鸠摩罗什与佛陀耶舍合译为《十住经》，实乃世亲注疏《华严经·十地品》的别本。北魏时菩提流支、勒那摩提翻译传播世亲《十地经论》，形成了南北不同的《地论》师和《地论》学。菩提流支所传北道，心性论义近唯识宗的"阿赖耶缘起"；勒那摩提所传南道，心性论义则近《大乘起信论》的"真如缘起"。南道地论宗从僧统慧光讲"因果理实为宗"，及弟子释昙衍讲"无碍法界"①，已是华严宗法界思想。发展到隋时慧远，在邺创讲《十地》，出《地持疏》五卷、《十地疏》十卷、《华严疏》七卷、《涅槃疏》十卷，撰《大乘义章》十四卷，"合二百四十九科，分为五聚，谓教法、义法、染、净、杂也"②，关于心性缘起一类问题，已将《地论》与《华严》糅合在一起矣。特别是发展到唐初至相寺释灵裕法师，于《华严》《涅槃》《地论》，"博寻旧解，穿凿新异"；而于《大集》《般若》《观经》《遗教》，"拔思胸襟，非师讲授"，著《十地疏》四卷、《地持》《维摩》《波若》各两卷、《华严疏》及《华严旨归》合九卷、《圣迹记》两卷、《众经宗要》《华严》等经论序，及《安民论》《陶神论》《庄纪》《老纲》《孝经义记》等，讲"经诰禅律，恐杂圣心，《高僧》一传，可为神用"。慧远关于心性缘起之说，尚是染净杂糅。灵裕为坚持心性缘起纯正性，甚至抗声慧远读疏，说其"法事因缘，可是魔说"。灵裕著述，虽"言无华侈"，然"原圣人垂教，教被行人"，"自东夏法流，化仪异等，至于立教施行，取信千载者，裕其一矣"③。灵裕"化仪异"的行教，实属华严宗初创也。此亦其行教的终南山至相寺被视为华严宗祖庭的原因。

但华严宗的创立及其文化精神，主要还是由僧法顺、智俨、法藏、澄观、宗密诸位大师逐渐创造发展起来的。法顺姓杜，雍州万年（今陕西长安县）

---

① 法藏：《华严经探玄记》卷一。
② 〔唐〕道宣：《续高僧传·释慧远传》。
③ 道宣：《续高僧传·释灵裕传》。

人，史称"杜顺和尚"。他十八岁出家，以因圣寺禅师僧珍为师。因此，法顺最初只是禅僧或信徒。后"以《华严》为业，静住终南山，遂准《华严》经义"。他曾被唐太宗所仰慕，赐号"帝心"①。法顺行为赋予了很多神秘的东西，但从其所著《华严五教止观》（简称《五教止观》）来看，所领悟华严法界，还是充满宗教本体思辨及形上精神的。法顺所谓"止观"，乃是"行人修道，简邪入正，止观法门"，即判教的标准。所判五教法门②，是以"华严三昧门"的一乘圆教为最高追求的。法顺认为，"法有我无门"的小乘教，虽"破我执"，但并未破十八法界。十八法界乃依前六识阿赖耶识眼识种子所得，总计十八界都一百八世界。"破我执"，"人我虽去，法执犹存。法执者，谓色心也"。法执色心，"开一身为十一色，开一心为七心等"。因此，虽"破我执"，不破法界，仍有一百八十烦恼，并不能使人超越，获得解脱。此小乘佛教"鉴理未明，犹执众缘以为实有"③者也。同样，法顺认为，大乘始教"生即无生门"的无生观、无相观，实乃"一切皆空"之教。法不空，滞于经验实在，故不可成为止观。但是，"法实非有，妄见为有"，以妄见而谓佛界"真如、涅槃可得，生死有为可拾"，也是非智者。故曰"名法无我智也"④。

已故方东美先生说："大乘佛学诸宗关于大千世界虽发展出种种不同之缘起论，然一旦臻于圆智统观，则莫不泯入理想圆融之境，斯即一真法界，弥贯一切。"⑤法顺乃至华严宗智俨、法藏、澄观、宗密诸人的判教，莫不如此。"一真法界，弥贯一切"，乃整个华严宗的最高精神追求也。法顺讲大乘终教的"事理两门圆融一际"，或谓"空有无二，自在圆融，隐显不同，竟无障碍"⑥；讲大乘顿教的"空摄于有，有而非有；以有摄于空，空而非空。空有即入，全体交彻"，"交彻无碍而不碍，互夺圆融而不废"⑦等，就是对理想

---

① 〔清〕绩法：《法界五祖略记》。
② 法顺所说五教法门为：一为"法有我无门"的小乘教；二为"生即无生门"的大乘始教；三为"事理圆融门"的大乘终教；四为"语观双绝门"的大乘顿教；五为"华严三昧门"的一乘圆教（《华严五教止观》）。
③ 《华严五教止观·第一法有我无门》，见石俊等编《中国佛教思想资料选编》第二卷第 2 册。
④ 《华严五教止观·第二生即无生门》。
⑤ 《中国哲学之精神及其发展》（上），见刘梦溪主编《中国现代学术经典：方东美卷》，河北教育出版社 1996 年版，第 31 页。
⑥ 《华严五教止观·第三事理圆融门》。
⑦ 《华严五教止观·第四语观双绝门》。

圆融之境的追求。但法顺的最高法门境界，乃是一乘圆教的"华严三昧"，即先濯垢心，以登正觉也，即"妄见心尽，顺理入法界也"。此法界，乃"空有圆融，一无二"也；乃"至一不一，亦一亦不一，非一非不一；多不多，亦多亦不多，非多非不多。如是，是多是一，亦是多亦是一，非是一非是多"也；乃"一珠能顿现一切珠影，此一珠既尔，余一一亦然。如是重重无有边际，此即重重无边际珠影，皆在一珠中炳然显现"① 也。实际上，这也就是方东美先生所说"理想之一真法界中，一入一切，一切入一，一多相摄互涵，一切与一切互具，熔融浃化，契合无间，凝成整体统一，一如悟境本身所造"② 的存在。法顺"一真法界"追求启开华严世界，故其谓之初祖。

　　智俨姓赵，天水人，法顺弟子，十二岁追随法顺于终南山至相寺出家，为学追求师顺"一真法界"理想。其讲"明一乘缘起自体法界义者，能离执常断诸过"，讲"一即一切，无过不离，无法不同"；"十佛境界，一即一切"③，就是追求其师"一真法界"者。他不仅追求"一真法界"，更依《华严经》法界缘起之说，十地六相之义，分析一切现象，以解华严一乘法界宗旨，提出了"六相圆融"与"十玄门"④ 境界。所谓法界缘起，就是把"一真法界"看作世界的本原，看作宇宙万象的本体存在，讲万象之发展变化。六相圆融，即总、别、同、异、成、坏六相相互圆融而不相碍。十玄门，即法界缘起，实相之门，亦即形上法门也。六相圆融与诸法玄门，皆是依"一真法界"为本体变化，相融互摄而自在无碍。故曰："若成一，一切即成；若不成一，一切不成。此摄法即无尽复无尽，成一之义。"在智俨看来，法性即佛性，"一真法界"即最高佛性，即本体存在。它一摄他处，无尽复无尽的存在，无不是佛性。即使于一微尘中，亦即法界缘起，无尽复无尽存在，亦是佛性存在。故曰"于一微尘中，现无量佛国"⑤。此实乃以"一真法界"统摄一切存在者也，亦其"一真法界"教理也。

---

① 《华严五教止观·第五华严三昧门》。
② 《中国哲学之精神及其发展》（上），刘梦溪主编，《中国现代学术经典：方东美卷》，第31页。
③ 《华严一乘·十玄门》。
④ 释智俨所说"十玄门"为：一为同时具足相应门；二为因陀罗网境界门；三为秘密隐显俱成门摩；四为微细相容安立门；五为十世隔法异成门；六为诸藏纯杂具德门；七为一多相容不同门；八为诸法相即自在门；九为唯心回转善成门；十为托事显法生解门（《华严一乘·十玄门》）。
⑤ 上引均见《华严一乘·十玄门》。

这发展到法藏，讲"一真法界"及"六相圆融"与"十玄门"相融互摄，则成了华严宗最高判教标准和一乘教体系。法藏姓康，先为康居国（今中亚撒马尔罕一带），祖居长安，十七岁出家，师从智俨。因此，他的华严思想受智俨影响，是以法顺、智俨华严思想延续发展的。其讲"唯是莲华藏庄严世界海，一一皆悉遍周法界，不相障碍"①；"一切法界方便海，充满一切微尘道"②；讲十玄门"即十佛自境界也"；"十门为首，皆各总摄一切法成无尽也"；讲六相圆融义"法界缘起，无尽圆融，自在相即，无碍熔融"；"一切惑，一断一切断"；"法界缘起，六相熔融，因果同时，相即自在，具足逆顺"③；以及讲圆教"为法界自在，具足一切无尽法门，一即一切，一切即一等，即《华严》等经"④，就是以"一真法界"为最高本体论，将"六相圆融"与"十玄门"相融互摄之说，发展成为华严宗最高判教标准和一乘教体系。这一点不仅可以从他讲"会融无二，同一法界"⑤的一乘教之说领悟，更可以从其将十玄门贯通于教义、事理、解行、因果、人法诸多方面看出来：

> 初立义门者，略立十义门以显无尽。何者为十？教义，即摄一乘三乘，乃至五乘等一切教义。二、理事，即摄一切理事。三、解行，即摄一切解行。四、因果，即摄一切因果。五、人法，即摄一切人法。六、分齐境位，即摄一切分齐境位。七、师弟法智，即摄一切师弟法智。八、主伴依正，即摄一切主伴依正。九、随其根欲示现，即摄一切根欲示现。十、逆顺体用自在等，即摄一切逆顺体用自在。此十门为首，皆各总摄一切法成无尽也。⑥

此乃将"一真法界"贯通一切领域，而总摄一切法成无尽也。这发展到法藏弟子澄观，以体大、相大、用大、果大、因大、智大、教大、义大、境大、业大，讲"一真法界"本体、"十玄门"佛境的"事理无碍、周遍含容"

---

① 《华严经旨归·说经处第一》。
② 《华严经旨归·说经众第四》。
③ 《华严一乘·教义分齐章》卷四。
④ 《华严一乘·教义分齐章》卷一。
⑤ 《华严一乘·教义分齐章》卷一。
⑥ 《华严一乘·教义分齐章》卷四。

观，则将发展为"法喻齐举，一经三大，皆大方广，五周因果，并佛华严"①矣。此亦宗密讲华严法界观门："大者，体也；方广，即体之相用。华喻万行，严即大智"② 者也。

"一真法界"乃是华严宗最为根本的佛法创造，讲"六相圆融"，讲"十玄门"佛境，皆是"一真法界"的展开，或者说是讲"一真法界"体用。华严宗所以是中华大乘佛教，所以具中华大乘佛教精神，就在于"一真法界"创造。

那么，"一真法界"的创造，表现为华严宗怎样的创造精神呢？或者说，它在唐代精神史上具有何种地位与大用呢？这首先是它形上本体论的创造，即用"一真法界"代替佛性、法身、真如、涅槃诸多佛教形上本体范畴概念。虽然华严宗也提这些范畴概念，但从根本上说，从本体论上说，"一真"的范畴概念已代替印度佛教法身、真如、涅槃一类说法。华严宗"一真法界"之说，虽是用来说明华严最高本体的，但随着印度大乘佛教适应中国文化发展，本体论已发生根本性转化。南北朝齐时道士孟景翼讲"在佛曰实相，在道曰玄牝；道之大象，即佛之法身"；"随用而施，独立不改，绝学无忧，旷劫诸圣，共遵斯'一'"③，已用玄道妙一说明佛教真如、法身的存在。这发展到唐代华严宗，讲"一真法界，弥贯一切"④；"一切法界方便海，充满一切微尘道"⑤ 等，实乃借道家哲学说明佛教本体存在及流行大用。这用方东美先生借道家的话说，就是"道是无所不在"⑥。是故，"一"者，即"天地一指也，万物一马也"；即"恢恑憰怪，道通为一"也；即"凡物无成与毁，复通为一"⑦ 也；亦即"圣人抱一为天下式"⑧ 也。而曰"真"者，即"审乎无假而不与利迁，极物之真，能守其本，故外天地，遗万物，而神未尝有所困也"⑨；即"审乎无假而不与物迁，命物之化而守其宗也"⑩。因此，"一真法

---

① 《华严法界玄境》卷一。
② 《注华严法界观门》。
③ 《南齐书·顾欢传》引孟景翼《正一论》。
④ 《中国哲学之精神及其发展》（上），见刘梦溪主编，《中国现代学术经典：方东美卷》，河北教育出版社 1996 年出版，第 31 页。
⑤ 《华严经旨归·说经众第四》。
⑥ 《华严宗哲学》下，中华书局 2012 年版，第 818 页。
⑦ 《庄子·齐物论》。
⑧ 《老子》第 22 章。
⑨ 《庄子·天道》。
⑩ 《庄子·德充符》。

界"作为华严宗最高本体论，不过用来说明道体无物不然、万物一然的存在而已。大体者，此体也；大用者，此用也；广者，此广大无际也；行者，此大用流行也；圆融者，此圆融贯通也；无尽者，此周遍无尽也；无碍者，此无碍也；大义大教者，此大义大教也。此华严宗"一真法界"之教，发挥中国文化精神，彰显万有智慧，于形上本体论之创造，亦是其统摄万有、弥贯一切、熔融浃化，契合无间、无尽复无尽所表现的中华文化巨大智慧与崇高精神。

其次是心性本体论的创造，即直接用"心"的概念，代替了印度佛教"阿黎耶""阿赖耶"一类说法。华严宗的心性本体论不仅不再用《地论》的"自性清净心"、《摄论》"阿黎耶"一类概念，而且用"法界缘起"代替了"真如缘起""阿赖耶缘起"。"法界缘起"，即"一真法界"缘起，即"摄法即无尽复无尽，成一之义"①。然华严宗不论是讲"一真法界"，还是讲"六相圆融""十玄门"佛境，皆是立于心性为本体论的。故宗密说"一乘显性教者，皆有本觉真心"②；又说清凉（澄观）注疏《华严经》"统唯一真法界，谓总该万有，即是一心"③。华严宗讲"一真法界"，讲"六相圆融""十玄门"之境，已不仅仅是像《地论》所说的"三界虚妄，但是一心作"，而是人"简邪入正"，排除"妄见为有"，正觉所获得"三昧是法体"④，万法无妄实有存在。即使华严宗讲形上"六相圆融""十玄门"之境，也是心性本体发挥大用，提高升腾出来的精神境界。故澄观说："一念不生，前后际断；照体独立，物我皆如"；"悟则法随于人，人人一致而融万境"⑤。可知华严宗讲"一真法界"，及"六相圆融""十玄门"之境，乃是以自己所创建心性本体论，发挥心性本体大用，融通万有诸法所达到的极高精神境界。

华严宗精神不仅表现在"一真法界"形上本体创造，心性本体发挥大用，在价值论上更表现道德意识觉醒，即判教是道德判教，成佛是德性成佛，而非仅仅是心向佛天，痴于梦幻，走向空寂死灭的世界。这就是华严宗讲的"行德即一成一切成，理性即一显一切显，并普别具足，始终皆齐，初发心时

---

① 《华严一乘·十玄门》。
② 《华严原人论·真显真源第三》。
③ 《注华严法界观门》。
④ 《地经》卷一。
⑤ 《答顺宗心要法门》。

便成正觉"①。成佛，达于"一真法界"存在，达于"六相圆融""十玄门"之境，是正觉明法获得的，是修生正德而入无尽法界，普摄一切诸地功德，并非妄立名色，不立善根，想入非非，陷入邪妄。故曰"良由缘起实德法性海印三昧力用故得然"②。而且华严宗于此处，特别重视发挥《华严经》所说"不改初心成佛"之说。《华严经》说："初发心时，便成正觉，知一切法真实之性，具足慧身，不由他悟。"③ 华严认为，初发心即是佛心、菩萨心。但实际上，初发心，即初心，即善根，即孟子所说仁义礼智"本心"，或人有别于动物的"几希"④ 存在，也就是天理良知之心。这不仅是人修行成佛的根据，也是人成圣成哲成佛的内在根据。有此初心，有此善根，有此天理良知之心，涵养之、扩充之、大化之、神圣之，即可成圣成哲成佛；无此初心，无此善根，无此天理良知之心，只是物性存在，只是血肉之躯，不能涵养德性，是无法成圣成哲成佛的。故法顺说"初心成佛者，非谓不具诸功德"，而是"一生具见佛闻法，即得三昧"者。初心成佛是法顺说的"言久修行善根者，即在三乘教摄，从三乘入一乘"⑤；也就是法藏所说"初心正觉，摄多身于刹那，十信道圆，一念该于佛地"⑥。成佛不是改变初心，改变天理良知存在，而是保持其本色，保持其不变色、不变质，即法藏所说"初发心时，便成正觉；成正觉已，乃是初心"⑦。如果改变了初心，改变初心本质，坠入腐败堕落，那就不仅不能成佛，成就理想，而是陷入"一切惑障，一断一切断，得九世十世惑灭"⑧ 矣。可知华严宗判教成佛之说，乃是一种道德意识觉醒，在价值论上追求正觉明心的最高道德精神世界。

华严宗虽讲初心，讲善根，然若就其宗教信仰与精神追求的本体论而言，仍然是属法相的，属于形而上学存在的。因此，不论是讲"一真法界"，还是讲"六相圆融""十玄门"之境，都是非常抽象、非常玄奥，非常不好理解的。这正是法藏向武则天讲"法界缘起"，讲"六相""十玄"，不能被理解的原因所在。为了使武则天能听懂，法藏曾指着殿前的金狮子座譬喻："一一

---

① 《华严一乘·教义分齐章》卷四。
② 《华严一乘·十玄门》。
③ 《华严经·初发心功德品》。
④ 《孟子·离娄下》。
⑤ 《华严一乘·十玄门》。
⑥ 《修华严奥旨妄尽还源观》。
⑦ 《华严经义海百门·体用显露门第五》。
⑧ 《华严一乘·教义分齐章》卷四。

毛头各有金狮子，一一毛头狮子同时顿入人一毛中，一一毛中皆有无边狮子，如是重重无尽"，如此则天始才开悟①。这就是所作《华严金狮子章》。为了使学者方便领悟华严玄旨，法藏曲镜子十面，"八方安排，上下各一，相去一丈余，面面相对，中安一佛像，然（即燃）一炬以照之，互影交光，学者因晓刹海涉入无尽之义"②。由此也就不难看出华严宗形上法相世界之难懂了。即使李通作《华严经合论》《新华严经论》，试图"使得学者知宗，迁权就实，不滞其行，速证菩提"，以"法界理事，自在缘起，无碍佛乘为宗"③；以及讲佛祖、普贤、文殊的"三圣一体"，将"古今佛之旧法故，合一切皆同"④，也没有改变华严宗玄奥难懂的法界系统。

不论是宗教修养，还是道德精神世界获得，皆是一靠真实无妄之理，二靠人能方便领悟明白。华严宗"法界缘起"，及其"六相""十玄"，既然如此难以理解，人们自然会寻求更为简便易懂的宗教信仰形式，其中最为重要的宗教形式，就是讲"静定"的禅宗。宗密讲"禅定一行，最为神妙，能发起性上无漏智慧，一一切妙，万德万行，乃至神通光明，皆从定发。三乘学人，欲求圣道，必须修禅；离此无门，离此无路"⑤，就是要学佛之人走禅学之路。这种宗教趋势，中唐之后，原来盛行北方的禅学，就发展成为了一个重要教派。其精神发展，这就是下面要讲的"禅宗智慧与精神世界"。

六　禅宗智慧与心性世界

佛教在中国的发展，从形上本体论与心性本体论划分，主要是性相二宗或两种学说。相宗是关于如法身、真如、涅槃诸多形而上学存在之说，属于法则，属于形上之"道"的范畴。性宗主要是心性本体论研究，以明心见性为学。自然，法相亦是心相，离不开心性本体存在，但性宗或心性之学，更强调心性本体大用。禅宗就是这样一个教宗。

关于禅宗佛教，我在本章开始第一节讲佛教心性本体论之立时，就谈到南北朝时期，在如何成佛问题上就讲了禅学性相二说之争论：前者是菩提达

---

① 〔清〕续法：《法界五祖略记》。
② 〔宋〕赞宁：《高僧传三集》卷五。
③ 《华严经合论·会释》。
④ 《新华严经论》卷六。
⑤ 《禅源诸诠集都序》。

摩的以心性本体，证知真如存在，即明心见性，即是涅槃、真如存在，灵明心性与涅槃真如存在不二，修得此心此性，即可成佛；后者是释僧稠（姓孙）的念佛修行说，即通过观身、观受、观心、观法，破除妄想，显示真如法身实相，进入涅槃境界成佛。达摩之说，立于《楞伽经》，显示无相空宗世界；而释僧稠之说，则是本于《涅槃》，坐禅行道，重在澄心。达摩与僧稠在禅学上的争论，也属性相之争，但后来发展为禅宗的，则主要是达摩一派的心性之学。菩提达摩于北魏孝昌三年（527）到达少林寺，首传禅宗。故河南省登封嵩山少林寺被世界佛教界称为禅宗祖庭。

禅宗势力最初本来盛于善解玄义的南方，后来弥漫全国，北方禅法亦盛。达摩游化嵩洛，以"性净之理"为法，"开化魏土，识真之士，奉从归悟"①；僧稠"知奇齐魏，克志禅业，冠绝后尘"②，就是北方禅学盛况。达摩之学，先是传"外览坟索，内通藏典"③ 的慧可（姓姬），后经僧璨、道信（姓司马），传至蕲州黄梅（今湖北黄梅县）双峰山东山寺的弘忍（姓周），逐渐发展为黄梅禅学系。弘忍讲"身心本来清净，不生不灭，无有分别"；讲"凝然守心，妄念不生，涅槃法自然显现，故知自心本来清净"④，即是传达摩禅学"含生同一真性"之教。但禅学真正发展为禅宗，则是从广东韶州僧慧能开始的。

慧能（638~713），又名惠能，姓卢，本贯范阳（今河北涿州一带）人，随父贬官岭南，移居广东，而为新州百姓。慧能虽聪慧，但不识字，能听《涅槃经》，别人怪之，则说："诸佛理论，若取文字，非佛意也。"⑤ 这也许是其开禅宗不读书、不著文字风气之先的原因。但慧能很聪明。据记载，弘忍法师欲传法选人，曾以《金刚经》"凡有所相，皆是虚妄"⑥ 为修行大法，让弟子们为之偈，考察其智慧。神秀以《无相偈》为之偈一首曰："身是菩提树，心如明镜台；时时勤拂拭，莫使有尘埃。"神秀的偈，虽然写得不错，但也只是讲心性修行、拂拭尘埃而已，有悖达摩"含生同一真性"教宗，也与弘忍"身心本来清净"之说不符。与神秀不同，慧能悟得自性本心，乃作一

---

① 道宣：《续高僧传·僧达摩传》。
② 道宣：《续高僧传·释僧稠传》。
③ 道宣：《续高僧传·释慧可传》。
④ 弘忍：《最上乘论》。
⑤ 赞宁：《续高僧传·慧能传》。
⑥ 《金刚经·如理实见分第五》。

偈曰：

> 菩提本无树，
> 明镜亦无台。
> 佛性常清净，
> 何处有尘埃。

又作一偈曰：

> 心是菩提树，
> 身为明镜台。
> 明镜本清净，
> 何处染尘埃。[①]

慧能之偈，识得本心，见得本性，呈自性心，合达摩"含生同一真性"教宗，与弘忍"身心本来清净"说不悖，自然是很聪明的。这就难怪弘忍大师传法于慧能了。慧能得弘忍袈裟南归，于韶州曹溪宝林寺传授禅法，发挥禅学思想，成为禅宗创始人。其弟子有法海、神会、净众等，发展为菏泽（神会）、南岳、青原三系，先后形成五宗，是谓禅教南宗。慧能无什么著作，有的就是他弟子记录其说禅的《坛经》。它最初就是弟子法海记录本，即敦煌收藏的《南宗顿教最上大乘摩诃般若波罗蜜经六祖慧能大师于韶州大梵寺施法坛经》，简称《敦煌写本》。后来有僧惠所改编的《六祖坛经》本，未署编者姓名的《六祖大师法宝坛经曹溪原本》，及元世祖至元末年僧人宗宝改编《六祖大师法宝坛经》本。这些版本以《敦煌写本》最为简朴、自然、真实，其他版本，皆有后人所增补删改之迹。现在中华书局出版的《坛经校释》，是郭朋先生以《敦煌写本》为基础，参照其他版本撰写的。

弘忍禅学所传弟子颇多，后来发展形成诸多宗派。除南宗慧能之后的菏泽（神会）、南岳、青原三系，最为主要的是以荆州当阳山玉泉寺神秀禅师为中心所形成的北宗教派。神秀（606～706）俗姓李，陈留尉氏（河南尉氏县）

---

① 《南宗顿教最上大乘摩诃般若波罗蜜经六祖慧能大师于韶州大梵寺施法坛经》（下注简称《坛经》敦煌写本），见石俊等编《中国佛教思想资料选编》第2卷第3册，第7页。

人。少为诸生，游问江表，"老、庄元旨，《书》、《易》大义，三乘经论，四分律仪，说通训诂"，皆"独鉴潜发，多闻旁施"。二十岁时在东都洛阳天宫寺受戒，四十六岁师从弘忍法师，习修禅学。其间服勤六年，不舍昼夜。及至学成东归，弘忍大师叹曰："东山之法，尽在秀矣。"①　神秀东归后，于荆州当阳山玉泉寺传教，弘扬阐述弘忍禅学，遂发展成为北宗。神秀后住东京洛阳天宫寺，唐开元、天宝年间，传教活动于长安、洛阳之间的河洛一带，故其禅教，又称"两京宗"。弘忍禅学，所传其他弟子，亦各有成就，如传于法如、老安（道安），则创嵩山禅系；传于玄赜、净觉，则发展为京师楞伽禅系等。但唐代最为流行的禅法，则是神秀为首的禅教北宗。其弟子有普寂、义福等。南宗慧能死后，发展到僧神会，以慧能嫡派自居，攻击北宗神秀之学非禅学正宗，因而引起禅学南北二宗的争论。直到唐德宗于贞元十二年（796）朝廷正式确立神会为禅宗七祖，方才结束。

禅宗虽然派系很多，且各派多有争论，但最为根本的教义，还是心性本体论。不论是达摩的"含生同一真性"之教，还是释僧稠的坐禅行道，重在澄心，是顿悟，还是禅修，其为成佛，皆在明心见性，澄明心性存在。故禅宗又名"佛心宗"。这在南北宗都是一样的。南宗慧能讲"悟入顿修，自识本心，自见本性"②；神会讲"入法界者了乎心，达本源者见乎性，性净则法身自现"③；北宗神秀讲"一切佛法，自心本有"④，皆是讲的自性清净心，讲的以清净心体，建立本体论而为禅宗学说的。禅宗讲修行，讲顿悟，讲善恶，讲佛性，讲真如，讲生灭，讲成佛，讲信仰，讲涅槃，无不立于清净心体，立于自性清净心本有而明之的。因此，禅宗在心性存在，在灵明心性世界，表现了极大智慧。

禅宗讲本心，讲自性清净心存在，赋予了它巨大功能，赋予了它创造一切、生化一切的无限本体论性质。这个心性本体，在禅宗大师那里，不仅本然、洁净，亦是生化一切、创造一切者，乃至一切万法名物存在，都是心性本体创造的。慧能讲"一切万法，本元不有，故知万法，本因人兴，一切经书，因人说有"；讲"知一切万法，尽在自身中"，并引《菩萨戒经》云：

---

①　张说：《唐玉泉寺大通禅师碑铭（并序）》，载《全唐文》卷二三一。

②　《坛经》敦煌写本第十六，郭朋《坛经校释》，中华书局 1995 年版，第 30 页。

③　《南阳和尚问答徵义》（石井本）第 56 节，《大乘顿教颂并序》，《神会和尚禅语录》，中华书局 1996 年版，第 113 页。

④　《景德传灯录》卷四。

"我本元自性清净，识心见性，自成佛道"；引《维摩经》所讲"即时豁然，还得本心"①等，皆是讲心性本体之大用。其他像大珠慧海（姓朱），讲心为何成为根本，引《楞伽经》讲"心生即种种法生，心灭即种种法灭"；又引《维摩经》所说"欲得浮土，当净其心，随其心净，即佛土净"②，亦是讲心性本体大用。这就是张说于神秀碑所说的"立万始者，主乎心"③。它实际上说，宇宙万汇，各种名色，都是人赋予的，人心赋予的，依心缘起获得的。没有人的存在，没有人心存在，无此缘起，宇宙万汇，各种名色，不过是浑然一体存在，谈不上万汇名色的。禅宗此说，虽然有点主观色彩，但表明了心性本体之大用及人的主体性地位。故我曾为之诗曰：

> 名色未起浑然是，
> 不名不色自逍遥。
> 天地万物本一例，
> 名色起后各嚣嚣。

心性本体所以有此大用，是因为禅宗所说"心体"，不是心性生物有机体存在，不是肉丸之心，不是心的那块血肉存在，而是佛性之心、真如之体，是道也理也、玄微真妙存在，用神会的话说，就是"心如则道体斯存，天地不能变其常，幽明不能易其理"④的存在。它也就是神会在其他地方讲的"众生心即是佛（心），佛心即是众生心"⑤。其他禅师，如慧能所讲"真如是念之体，念是真如之用"⑥；净觉所讲"所谓心性，不生不灭"；"唯是一心，故名真如"⑦；玄觉所讲"即心为道者，可谓寻流而得源"⑧等，也是在真实佛性、洁净心性上，在真如本体，在人性善根，在先天道德本性上讲的。故"佛性，在凡夫不减，在贤圣不增，在烦恼而不垢，在禅定而不净，不断不

①　《坛经》敦煌写本第 30 节，《坛经校释》，第 57 ~ 58 页。
②　《大珠禅师语录》卷上《顿悟入道要门论》。
③　张说《唐玉泉寺大通禅师碑铭（并序）》，载《全唐文》卷二三一。
④　《南阳和尚问答徵义》（石井本）第 56 节，《大乘顿教颂并序》，《神会和尚禅语录》，第 113 页。
⑤　《南阳和尚问答徵义》（石井本）第 16 节之一，《神会和尚禅语录》，第 75 页。
⑥　《坛经》敦煌写本第 17 节，《坛经校释》，第 32 页。
⑦　净觉：《楞伽师资记》原序。
⑧　《禅宗永嘉集·优毕叉颂第六》。

常，不来不去，亦不中间及内外，不生不灭，性相常住，恒不变易"①。所谓
"众生心即是佛（心），佛心即是众生心"，乃是讲天心道心、佛心众心、形
上形下一致。它就是净觉所讲"真如妙体，不离生死之中；圣道玄微，还在
色身之内。故知众生与佛性，本来共同"②的道理。所谓众生皆有佛性，或谓
佛性遍一切所有存在，也是在众生本然洁净心性上讲的，而非指物性，指动
物草木之性存在。这一点，从神会答牛头山袁禅师之问，可以看出来：

> 牛头山袁禅师问："佛性遍一切处否？"
>
> 答曰："佛性遍一切有情，不遍一切无情。"
>
> 问曰："先辈大德皆言道，'青青翠竹，尽是法身；郁郁黄花，无非
> 般若。'今禅师何故言道，佛性独遍一切有情，不遍一切无情？"
>
> 答曰："岂将青青翠竹同于功德法身，岂将郁郁黄花等般若之智？若
> 将青竹黄花同于法身般若者，如来于何经中，说与青竹黄花授菩提记？
> 若是将青竹黄花同于法身般若者，此即外道说也。何以故？《涅槃经》
> 云，具有明文，无佛性者，所谓无情物是也。"③

　　惟众生有此洁净心性，有此善根，有此道德本性，有此本质规定性，故
其才有成佛愿望，才追求佛性、法身、真如、涅槃信仰，也才能自识佛性，
天机自悟，合得真如，成肉身菩萨，成为圣贤明哲存在。此即弘忍讲入门
"见自本性"④；慧能讲"道由心悟"⑤者也。

　　那么，如何"见自本性""道由心悟"呢？它是怎样一种成佛，一种明
心见性，一种洁净本心、去污去秽、抛却烦恼、实现超越的精神过程呢？这
首先是一种心性自明，而非外在思索。由于禅宗是以《金刚经》所说"凡有
所相，皆是虚妄"⑥而为修行大法的，所以禅宗讲修行，不是呈相，而是离
相，不是思考形上佛性、法身、真如、涅槃存在，而是即体即用，形上形下
无分别，由自我洁净心性，悟得佛性、法身、真如、涅槃实相存在，立证菩

---

①　《曹溪大师别传》。
②　净觉：《楞伽师资记》原序。
③　《南阳和尚问答徵义》（石井本）第 30 节，《神会和尚禅语录》，第 86～87 页。
④　《坛经》敦煌写本第 7 节，《坛经校释》第 14 页。
⑤　《曹溪大师别传》。
⑥　《金刚经·如理实见分第五》。

提。这就是达摩证知真如的禅观法。慧能讲"但离一切相，是无相；但能离相，性体清净"；讲"立无念为宗"，"真如是念之体，念是真如之用。自性起念，虽即见闻觉知，不染万境，而常自在"①；及神会讲"不思一物，即是自心"；"净则境虑不生，无作乃攀缘自息"；"千经万论，只是明心"② 等，也皆是讲的离外境而明自心性成佛之道。所以，禅宗修行讲佛性，乃自身佛性也；讲法身，乃自身也；讲真如，乃心如也，讲涅槃世界，乃自身成佛、成菩提存在也。成佛者，成此自我佛性、法身、真如、涅槃也。此禅宗契合无相真如，立证菩提之佛法智慧也。

禅宗认为，人要成就菩提，成就佛性、法身、真如、涅槃之性，不仅要使自我心性契合无相真如，还必须破除种种妄想，现实真如实相。因为在禅宗看来，"最上乘法，直示正路，是大善知识，是大因缘，所谓化道，令得见性"；"识自心内善知识，即得解脱。若自心邪迷，妄念颠倒，外善知识，即有教授，救不可得"；"自性心地，以智惠观照，内外明彻，识自本心"；"若识本心，即是解脱，既得解脱，即是般若三昧"③。所谓"外善知识"，即善于外在的知识、物的知识、世俗知识等。若只是善于这些知识，只懂得这些知识存在，而不懂得"识自心内善知识"，即使怎样教授你成佛，亦非最上乘法，非大善知识所示化道，必然造成心性迷邪，而不会得救的。

可以看得出来，禅宗是反对一切外在知识的，包括脱离自心性的佛性、法身、真如、涅槃的存在。因此，禅宗获得解脱，不是念佛，不是思考脱离自性心的佛性、法身、真如、涅槃存在，而是无念，什么也不想，直照内心。神会讲"无念为宗，无作为本，真空为体，妙有为用"④；讲"行、住、坐、卧，常行直心是"；引《净名经》"直心是道场""直心是净土"，讲"妄不起心，即是一行三昧"；"看心看净，不动不起，从此置功"⑤ 等，就是讲礼佛而不念佛，以人性中本自具有法性自然显现，获得解脱妙用的。他们认为，心性束缚于外在佛法，若"口说涅槃，心有生灭；口说解脱，心有系缚"，是于"宗不通"⑥ 的。在他们看来，"佛"只是一种觉悟，一种善根，一种自性

① 《坛经》敦煌写本第17，《坛经校释》，第32页。
② 《京菏泽神会大师语》，《神会和尚禅语录》，第124页。
③ 《坛经》敦煌写本第31节，《坛经校释》，第59~60页。
④ 《菏泽大师显宗记》，《景德传灯录》卷三十。
⑤ 《坛经》敦煌写本第14节，《坛经校释》，第27~28页。
⑥ 《南阳和尚问答徵义》（石井本）第43节，《神会和尚禅语录》，第99页。

洁净心存在。因此他们认为，是不能脱离众生心性，脱离性善，脱离自性洁净心，讲佛或佛性存在的。"但识众生，即能见佛；若不识众生，觅佛万劫不得见也"①；它见于心性之用，"若恶用即众生，善用即佛"②。在禅宗看来，惟有无念，不起妄心，无有压力与束缚，自我心性空寂，才能断得烦恼，获得内心解放与人生解脱。故曰"心不生即无念，智不生即无知，慧不生即无见；通达此理者，是即解脱"③。但心性空寂，不是什么也没有，而是自性心法身清净存在。故觉净说："法身清净，犹若虚空。空亦无空，有何得有；有本不有，人自著有；空本不空，人自著空。离有离空，清净解脱，无为无事，无住无着。寂灭之中，一物不作，斯乃菩提之道。"④ 讲"无念为宗，无作为本，真空为体，妙有为用"，即此菩提之道也。他们有时也讲"念"，但"念者，唯念真如"；"所念者，是真如之用；真如者，即是念之体"⑤。故念者，真如本性，它乃心性真如之体，体用不二存在。它仍然是在直照内心，见得心性真如存在上讲的。因此，这个直照，是有内外的。故神会讲："今修定得定者，自有内外照。以内外照故，得见净；以心净故，即是见性。"⑥

总之，禅宗认为，讲成佛，讲佛道知识，应该一切是非，皆不考虑；"一切善恶，总莫思量"，而且不得将心凝住。故问"心有是非不？答：无。心有去来处不？答：无。心有青黄赤白不？答：无。心有住处不？答：心无住处。"凡此，皆是不要把心搞死，搞得心如死灰。它只是讲禅定，讲在禅定中求得自然知。这就是禅宗所讲的定慧，即修禅的大智慧：

> 无住是寂静，寂静体即名为定。从体上有自然智，能知本寂静体，名焉慧。此是定慧等。经云"寂上起照"，此义如是。无住心不离知，知不离无住。知心无住，更无余知。《涅槃经》云："定多慧少，增长无明；慧多定少，增长邪见；定慧等者，明见佛性。"今推心到无住处便立知，知心空寂，即是用处。《法华经》云："即同如来知见，广大深远。"心

---

① 《坛经》敦煌写本第 52 节，《坛经校释》，第 108 页。
② 《坛经》敦煌写本第 45 节，《坛经校释》，第 92 页。
③ 《南阳和尚问答徵义》（巴黎本）第 50 节，《神会和尚禅语录》，第 122 页。
④ 《楞伽师资记·楞伽师资记》。
⑤ 《南阳和尚问答徵义》（石井本）第 20 节，《神会和尚禅语录》，第 79 页。
⑥ 《南阳和尚问答徵义》（石井本）第 11 节，《神会和尚禅语录》，第 72 页。

无边际，同佛广大，心无限量，同佛深远，更无差别。①

此亦神会讲"无念为宗，无作为本，真空为体，妙有为用"；讲"无念无思，无求无得；不彼不此，不去不来。体悟三明，心通八解；功成十力，富有七珍；入不二门，获一乘理；妙中之妙，即妙法身；天中之天，乃金刚慧"② 者也。此是禅宗心性世界，亦是其精神世界也。

人不仅需要心性清净的世界，也需要理想的国度，理想的世界。这种理想国度不仅表现在陶渊明的桃花源世界，以表现在东晋庐山慧远大师的净土追求。它发展到唐时就说净土宗所追求的净土世界。

七　净土宗及其净土世界

中华民族是一个相信真实无妄之理的民族，它终不会为虚妄的存在所迷惑。但这不等于说中华民族不追求美好的存在，不追求理想的国度与世界，特别是当其处于天下混乱、昏暗、迷茫时期，它追求美好存在，追求理想国度与世界的愿望，是非常强烈的；不然，《诗经》就不会有"适彼乐国""适彼乐土"③ 的追求了。这种追求，同样存在于后世。魏晋南北朝之世，中国进入了极度混乱、昏暗、迷茫时期。释慧远于乱世出家，追随道安于北方于太行恒山；后中原大乱，远于是与弟子数十人，南适荆州，避乱襄阳；襄阳陷入战乱，欲往罗浮山，及至浔阳，见庐峰清静，足以息心，住龙泉精舍。为研佛经，"居庐阜三十余年，影不出山"；读《波若经》，豁然而悟，开始了对西方净土世界的追求，与刘遗民等僧俗一百二十三人，结为莲社，集庐山之阴，于般若台精舍阿弥陀佛像前，率以香华敬荐而誓："建斋立誓，共期西方。"④ 这种净土追求，不能说不真诚而强烈！它发展到唐代，有人无限向往西方净土，幻想此美好世界，口念"南阿弥陀佛"，以至于"上柳树表，合掌西望；倒投身下，至地遂死"⑤ 者。这不能说不真诚啊！

禅宗以"无念为宗"，不念佛。净土宗则不然，不仅念佛，而且许愿。道

---

① 《南阳和上顿教解说禅门直了性坛语》，《神会和尚禅语录》，第9页。
② 《菏泽大师显宗记》，《景德传灯录》卷三十。
③ 《诗经·国风·伐檀》。
④ 《高僧传·释慧远传》。
⑤ 《续高僧传·释会通传》。

绰修净土，就是以念佛出名的。念佛以念珠记数。据记载，道绰念佛，"才有余暇，口诵佛名，日以七万为限，声声相注，弘于净业"；"有僧念定之中，见绰缘佛珠数相量如七宝大山"；而其劝人念佛，用麻豆子记数，念一声佛，往器皿放一粒豆子，念佛记数的豆子，累积起来，竟达"数百万斛"①。两斛一斗，十斗一石，"数百万斛"，就是上百石豆子，可知念佛功夫之深！众人念佛，"人各掐珠，口同佛号，每时散席，响弥林谷！"这不仅可知念佛声声之不断，而且同声念佛，非常壮观，可见其净土信仰是多么诚挚！禅宗以《金刚经》为宗经，"凡有所相，皆是虚妄"，故不念佛，不许愿，只是追求内心清净。净土宗则不是这样。他们不仅相信念佛能"定生净土"，而且相信许愿可得实现，故"我建超世愿，必至无上道，斯愿不满足，誓不成等觉"②。所许之愿，各种各样，有四十八项之多。以此宗为信仰者认为，相信凭借"四十八大愿"，可以往生西方净土世界。此信仰可谓相信西方净土世界真实存在与万能矣！

向往追求净土世界，不仅只是东晋慧远至唐代道绰，南北朝时期，也有许多佛教大师都研习净土，特别是弥勒学说的传播，崇信净土，崇信弥勒，愿生兜率净土，成了一时风尚，一种信仰，因此，许多佛学大师相信此说。北魏时期的昙鸾（或峦）就是这样一位大师。他本来是相信陶弘景道教仙术的，后遇菩提流支，告之根本没有长生不死法，人生"纵得年长，少时不死，终更轮回有三"③，授以《观无量寿佛经》，从此改信净土佛教。著有《礼净土十二偈》《安乐集》，极力赞美净土世界。这发展到隋代，就是智顗、吉藏、净影、慧远等，对净土的信仰。智顗虽习禅，然也极信净土，听《无量寿经》，竟赞曰："四十八愿，庄严净土，华池宝树，易往无人。"④ 云云。吉藏虽创三论宗，然亦"树德净土，阐教禅林"⑤。弟子慧远更崇信弥勒，作《无量寿经义疏》《观无量寿佛经义疏》，并著《大乘义章》，设章专讲"净土义"，其上生兜率陀天，愿"我诸弟子，后皆生此矣"⑥。凡此，可知六朝之后，净土理想影响之深远！

---

① 《续高僧传·释道绰传》。
② 《无量寿经》卷上。
③ 《续高僧传·释昙峦传》。
④ 《续高僧传·释智顗传》。
⑤ 《续高僧传·释吉藏传》。
⑥ 《续高僧传·释灵干传》。

但是，弥勒净土发展为净土宗，则是在唐高宗时代。奠基此宗的人物，为释道绰、善导、少康等人。道绰（562～645），姓卫，州文水（今山西文水县）人。《续僧传》说其"承昔昙鸾法师净土诸业，便甄简权实，搜酌经论，会之通衢，布以成化"；命之将尽，临死时还见昙鸾法师在七宝船山，告之"汝净土堂成，但余报未尽"①，可知其净土信仰之虔诚。著有《净土论》两卷。善导（613～681），山东临淄人，《续僧传》说其"周游寰宇，求访道津。行之西河，遇道绰部，唯行念佛弥陀净业"②。为此，写《阿弥陀经》几十万卷，画"净土变"像三百壁。著有《观无量寿佛经疏》四卷及《往生礼赞偈》《净土法事赞》《般舟赞》《观念法门》等。善导弟子有怀感、怀恽、净业等，皆弘扬净土。少康，姓周，缙云山（今浙江缙云县）人。唐贞元初，到洛阳白马寺，读善导著述信仰净土，广为传播。

净土宗的经典主要是《无量寿经》《观无量寿佛经》《阿弥陀经》，即所谓"净土三经"。《无量寿经》译于曹魏时期，最早；《观无量寿佛经》译于刘宋时期；《阿弥陀经》为罗什所译，影响最大。虽然净土宗描述了一个由"金、银、琉璃、珊瑚、琥珀、车渠、玛瑙"七宝构成的"光赫焜耀，微妙奇丽"的佛国世界，一个由"金树、银树、琉璃树、颇梨树、珊瑚树、玛瑙树、车渠树"七宝诸树构成的"行行相值，茎茎相望，枝枝相准，叶叶相向，华华相顺，实实相当，荣色光曜，不可胜视"的世界，一个由"讲堂、精舍、宫殿、楼观"及"真珠、明月、摩尼众宝，以为交露，覆盖其上"③的庄严神圣世界，但这个世界终不过是想象与虚构的。它虽光色晃耀，极尽庄严华丽，然也终不过是一个虚幻的世界，一个"乌托邦"的世界，与文化历史、现实生活之间并不具有真实的逻辑关系与联系。尽管当时长安弘法寺的僧迦才作《净土论》，对净土体性作了法身净土、报身净土、化身净土的解释，讲"众生起行，既有千殊；往生见土，亦有万别"，称赞弥陀净土是"绝妙世界"④，但仍不能解释这个世界与文化历史现实生活之间真实的逻辑关系与联系。因此，净土宗的文化创造，所描述的庄严美好世界，虽然可以给处于黑暗中的人们带来希望，给他们痛苦的心灵以安慰，但是，它的虚无与渺茫、

---

① 《续高僧传·释道绰传》。
② 《续高僧传·释会通传》。
③ 《无量寿经》卷上。
④ 《净土论·第一》。

梦幻与迷惘，在严酷黑暗的社会现实面前，只要一触碰到冰冷严酷的历史岩石，就会被碰撞得粉碎！是靠不住的。因此，我曾在《文化悖论》一书中说过如下一段话：

> 文化的创造，意义的出现，启开了人类的心扉，使其依稀辨得了前方的光明。然而人类待要择径前往，却又忽然雾失楼台，月迷津渡，陷入了一个充满着悖谬和意义混乱的世界；并且，人类愈是沿着这条路径前进，就愈是陷入无穷的文化之网的瓜葛和缠绕，愈是面临各种文化情境的困惑和迷惘，于是痛苦、烦恼、不幸及种种的人生悲剧便接踵而至。……①

净土宗虽然描述了一个庄严、美好、神圣的世界，但它在宗教哲学上并没有高深玄奥的理论，主要是宣传佛国净土和无有痛苦、充满快乐的"极乐世界"，要人信仰阿弥陀佛，往生净土存在，追求那个"极乐世界"。而要往生净土，享受这个世界，一是要人念佛，念"阿弥陀佛"；二是许愿，许"四十八愿"，即可达"庄严净土，华池宝树"世界；三是相信生命轮回，主张业报。讲进入佛国净土世界，净土宗不仅依报讲"十六观"，观德、观相、观思、观想、观前世今生、观上辈现辈下辈等等，而且将人的生命存在，划分为上、中、下的"三品""九级"，使佛国净土之路，变成一种等级森严的存在。在魏晋南北朝的社会混乱、政治昏暗、人生苦难重重的时期，弥勒净土所描述的庄严、美好、神圣世界，的确给苦难的人们带来了希望，希冀佛国净土的存在，以便通过宗教信仰，往生西方净土。进入隋唐之世，特别是盛唐的出现，人们以为那个佛国净土世界就要实现了，甚至连统治者也认为那个世界即将降临，如载初元年有沙门十人伪撰《大云经》，上之，"盛言神皇受命之事"，武则天"制颁天下，令诸州各置大云寺"②，就是相信新的美好社会就要到来了。实际上，这只是以虚幻世界制造虚幻理想，以"乌托邦"的存在说明自己政治的合法性。但是，任何虚妄的价值设定，都是没有力量的。它可以为政治支撑一时的天空，但不能成为"明明德，亲民，止于至

---

① 《文化悖论》第二章，安徽教育出版社 2011 年版，第 32 页。
② 《旧唐书·则天皇后本纪》。

善"① 的为治之道。正是因为这样，所以远在晋时，僧支遁就说过："驰心神国，非敢所望。"②

因为净土宗所追求的神国理想与文化历史之间缺乏真实的逻辑关系与现实联系，尽管道绰、善导之后，净土宗的人也很努力，如善导的弟子怀感作《净土群疑论》，阐述善导净土思想，对往生净土的存疑而作了决疑；再如僧飞锡作《念佛三昧宝王论》《誓往生净土文》，讲"一切众生，即未来诸佛"③，试图降低众生与弥勒佛之间的隔阂。另外，在隋唐儒、道、释合流的发展趋势下，净土宗发展也经历了禅净合流、台净合流等。如禅宗本来就讲"直心是净土"④；讲"人性本净，为妄念故，盖覆真如，不见自性本净"⑤，及至中唐诸宗竞起，诸宗归净土，则认为人间即乐土，自然即佛道，讲"众生即佛，佛即众生，众生与佛，元同一体"⑥；天台宗更以自己的教义理解净土，认为众生心中刹那即是宇宙万象，讲"十方净秽卷怀，同在于刹那"；"回神亿刹，实生乎自己心中；孕质九莲，岂逃乎刹那际内"⑦。信仰净土，为真实无妄的存在。但凡是虚妄梦幻，皆是没有生命力的。道绰、善导之后，尽管净土宗的法师做出了种种努力，但并没有使神国理想与文化历史、社会现实之间建立起真实的逻辑关系与联系，因此中唐之后也就走向了衰微。它的发展，直到晚明云栖大师讲"心净而土净"⑧，净土宗才有了新的起色。不过，这是精神通史第四卷的事，这里就不叙述了。

人生总是希望有一个理想世界的！不论是建立信仰，还是希望在浩浩大化中有一个安身立命之处，理想的世界总是不可或缺的。如果说佛教设定了一个"极乐世界"的天国理想，那么，由道家发展出来的中国道教，则向世人描述了一个由群仙组成的人文世界，一个可以求得永生的神仙世界。这就是本卷精神史从第六章开始所要讲的"南北朝道教兴起与传播"。

① 《礼记·大学》。
② 《阿弥陀佛赞》序，《全晋文》卷一百五十七。
③ 《念佛三昧宝王论》卷上。
④ 《维摩经佛国品第一》。
⑤ 《坛经》敦煌写本第18节，《坛经校释》，第36页。
⑥ 〔唐〕黄檗断际禅师：《宛陵录》。
⑦ 〔唐〕释遵式：《往生净土决疑门》，《乐邦文类》卷四。
⑧ 重刻《净土善人咏》序，《竹窗随笔》，第250页。

第六章　南北朝道教的兴起与发展

内容提要： 中国文化虽然是早熟的，但发展到秦汉，推五德终始，讲天文、历法、星象、阴阳、谶纬、象数等古老天文历法知识，仍然保留着神秘的天空，在社会历史领域，仍存在着重建宗教神学的文化基础。因此，当社会历史领域发生信仰危机、精神危机的时候，宗教神学适应其需要，就会以新的形式恢复重建并得到发展。东汉以后，道教的兴起发展就是这样。道教乃仙教，成仙之教，它以原始道家哲学为支撑，属于黄老新学的仙化形态，但其存在较之原始道家哲学，更具神学色彩：一是以三极之道，贯通天、地、人，讲人的精、气、神存在，为神学提供新的宗教本体论；二是讲化道，为服食养生、炼丹成仙提供神学道术。早期道教，虽多政治色彩，如张道陵以"清廉、洁净、治太平"为旗帜，创立天师道，于吉以"澄清大乱，功高德正，号太平"创立太平教，但其立教建宗，还是有其神学教典的，《老子想尔注》（即《老君道德经想尔训》）和《太平经》，就是他们立教建宗的神学教典。道教发展分期，有各种各样的划分法，若以其不同教理推动道教神学发展而言，南北朝时期，大体经历了葛洪道本儒末互用、陆静修奉老正教、陶弘景以神学弘教理、寇谦之托神道改革宗教的几个发展阶段。

任何宗教产生发展，都是植根于一定文化土壤之中的。国家民族宗教产生，也是如此。它产生于这个阶段，而不是产生在那个阶段，除了当时社会历史发展的特殊情势及政治需要外，乃是植根于国家民族特定历史阶段文化土壤之中，由其文化发展演变而生成的。它虽受其他文化影响，但最为根本的还是源于自己文化的发展，植根国家民族文化发展演变自身，表现为自己文化的精神。道教就是这样一个植根中国文化土壤，表现中国文化精神的宗教。

　　我曾不止一次地说过，中国是一个早熟的民族。当世界其他民族大多尚处于文化蒙昧野蛮阶段时，中华民族开始对天道的思考，对宇宙法则秩序的思考，发展到 4300 多年前的唐虞时代，就不仅讲"天叙有典""天秩有礼"①，已从宇宙法则秩序获得了真理、正义、和平、伦理、道德、自然法、国家观念，而且哲学思考已达到"惟精惟一"② 的高度。它发展到殷周之际，就逐渐隐退"皇天上帝"③"昊天之帝"④，代之以形上"道"的存在。如老子讲"道冲而用之，渊兮似万物之宗""吾不知谁之子，象帝之先"⑤；庄子讲"夫道，自本自根，未有天地，自古以固存"⑥。

　　但这不等于中华民族没有信仰，没有神圣追求，没有先验论、本体论、形而上学思考，没有"人从哪里来，到哪里去"的追思和疑问；不然，屈原就不会发问："遂古之初，谁传道之？上下未形，何由考之？冥昭瞢暗，谁能极之？冯翼惟像，何以识之？明明暗暗，惟时何为？阴阳三合，何本何化？"⑦提出那么多问题了。这就是说，中国文化虽是早熟的，哲学思维达到了"惟精惟一"的高度，大道本体论已提升为纯粹至正存在，但它在宇宙人生诸多问题上，还仍然存在着许多疑问，存在着许多惊恐莫名与神秘思考，存在着信仰与信念上的疑惑不解，甚至存在着上帝鬼神的许多神圣神秘思维。讲"予畏上帝，不敢不正"⑧，说明对神圣的上帝还存在着敬畏的。孔子讲"昔三代明王皆事天地之神明，无非卜筮之用，不敢以其私亵事上帝"⑨；墨子讲三代之圣王及尧、舜、禹、汤、文、武，"率以敬上帝、山川、鬼神"⑩，就是属于三代敬畏上帝神圣存在的神秘思维。即使比较成熟纯正的儒家文化，虽然大道哲学本体论已是从作为筮书的《周易》提升出来，然其弥纶天地之道，观于天文，察于地理，仍欲知"幽明之故""死生之说"，依然讲"精气为物，游魂为变"的"鬼神之情状"⑪；而其于形而上学，仍追求"寂然不

---

① 《尚书·皋陶谟》。
② 《尚书·大禹谟》。
③ 《尚书·召诰》。
④ 《诗经·大雅·云汉》。
⑤ 《老子》第 4 章。
⑥ 《庄子·大宗师》。
⑦ 《楚辞·天问》。
⑧ 《尚书·汤誓》。
⑨ 《礼记·表记》。
⑩ 《墨子·天志下》。
⑪ 《周易·系辞上传》。

动"的至精至神存在。儒家礼教，虽然已由宗教发展出来，对形上神秘思考甚为理性，然其仍讲祭祀"祀昊天上帝"，"祀日、月、星、辰"，"祭社稷、五祀、五岳"及"山林川泽，四方百物"①。这就是说道家文化仍包含着低层次的鬼神巫术了。因此，中国文化即使发展到秦汉，推五德终始，讲天文、历法、星象、阴阳、谶纬、象数一类古老天文历法知识，仍然保留着神秘天空。秦始皇"东游海上，行礼祠名山大川及八神，求仙人羡门之属"；汉高祖下诏讲"吾甚重祠而敬祭，今上帝之祭及山川诸神当祠者，各以其时礼祠之如故"②，就是属于对神秘天空存在的信仰。凡此都说明，三代、秦汉之后，中国社会历史领域还存在着恢复重建宗教神学的文化基础。当社会历史领域发生信仰危机、精神危机的时候，宗教神学适应其需要，以新的形式恢复重建并得到发展就是很自然的事情了。东汉之后，道教的出现就是这样。

道教乃是中国的宗教，是立于中国文化所创造出来的宗教。因此，叙述道教的出现，研究道教所以被创造出来，除讲述当时社会动荡、战争、杀戮、民不聊生等所造成的社会危机及佛教传入、玄学兴起所造成的意识形态危机（包括信仰危机、精神危机）诸多外在原因外，更应该立根于中国文化，从中国文化内在的演变，看儒道两种文化哲学精神是怎样不断互动、互渗，于东汉末年造成一种特殊文化情势和趋势，使道教突变成为一种文化创造，一种新的宗教流行于世的。

道教乃仙教，成仙之教。它依原始道家哲学为支撑，属于稷下黄老新学的发展，黄老新学的仙化形态。因此，道教的出现与兴起，实乃出于道家，出于儒道两种文化在新的历史条件下跌宕起伏的演变：东汉末儒家礼教的衰败，黄老新学以成仙为教，发展为新的文化形态，即原始道家哲学发展黄老新学走向了宗教化。儒家礼教衰败最为典型的表现，就是王肃治经学，"从宋忠读《太玄经》，而更为之解"③。王肃注《礼》，几乎处处反对郑玄。王肃难郑玄，实乃是对儒家传统礼教说"不"。它不仅说明儒家礼教已经衰微，亦说明中国儒道两种文化在发展，正在演变成新的文化形态，表现为新的文化精神。道教的产出，就是儒道两种文化交互发展，道家文化演变成的新形态，表现的新精神。它从根本上说，乃是原始道学的宗教化。因此，叙述道教兴

---

① 《周礼·春官·大宗伯》。
② 《史记·封禅书》。
③ 《三国志·王肃传》。

起及其在精神史上的地位，应该从儒道两种文化内在演变，看其属何种文化创造，表现为何种文化精神？至于与修道、致气、长寿、保生相关的极为神秘的黄白之术，或方士炼丹系统，虽包含着物理、化学知识，但它并不属于形上道体文化精神，本章叙述将不过多涉及。

关于道教发展的分期，有各种各样的划分法，大体上划分为开创期、发展期、教权确立期等，而且时间段划分也不一致。本章及以后几章作为《中国精神通史》第三卷的叙述，关于道教的发展，重在东汉至东晋开创时期的文化创造及隋唐教理时期的精神提升，其他各期发展状况，暂不涉及。

东汉至魏晋南北朝开创时期的道教文化创造，所涉及的内容极为广泛，主要是张陵创教、葛洪服食养生之说和陆静修、陶弘景道教神学论述，发展到北魏，则有寇谦之的宗教改革。但其文化基础，还是道家哲学，道家哲学的宗教化。要理解这一点，就要弄清道教创立之前的宗教神学思想，看其怎样为道教创立奠定文化哲学基础的。本章的叙述就从这里开始。

一 创教前原始道家的神学思想

原始道家哲学产生，就像原始儒家哲学一样久远。我曾在不同著作中多次指出，正如古代希腊艺术中存在着"日神型"与"酒神型"两种文化，表现为不同文化精神一样，中国自古也有两种文化、两种不同文化精神：即刚建的儒家文化和阴柔的道家文化。儒道两种文化各有特性，各得其宜，又相辅相成、相互依托，一阴一阳、一刚一柔、一动一静、一偾一起，互为其声。但刚建的儒家文化与阴柔的道家文化相比，道体大用及文化精神是各不相同的。儒家文化虽仍保留着"昊天上帝"及日月星辰的郊祭活动，但它只是出于"万物本乎天，人本乎祖"的思考。故其以祖先神"配上帝"，郊之祭，乃为"大报本反始也"[①]。它虽仍带有祖先神崇拜的性质，但从根本上说，乃属于国家民族对天地万物本原的文化哲学思考，与宗教神学还是不同的。

与阳刚的儒家文化相比，阴柔的道家文化，不仅具有许多神秘思维，而且保留着原始宗教巫术的神秘成分。原始道家文化主要是在南方发展起来的，不仅文化性质阴柔，而且多宗教巫术成分。《庄子》讲"藐姑射之山，有神人

---

① 《礼记·郊特性》。

居焉，肌肤若冰雪，绰约若处子"，讲"列子御风而行"①，与《山海经》所讲灵山有"巫咸、巫即、巫盼、巫彭、巫姑、巫真、巫礼、巫抵、巫谢、巫罗十巫，从此升降"② 极为相像。巫，即所饰之神也。女巫，所饰女神，即《楚辞》所描述的"灵皇皇兮既降"的云中君③及"灵之来兮如云"④ 等女巫活动。原始道家文化，就是在南方盛行宗教巫术环境中发展起来的。因此可以说，原始道家文化不仅原于宗教巫术者多，它本身就保留着宗教神学成分。这从《庄子》《列子》所描述的宗教巫术神异活动，就可以看出来：

> 至人神矣！大泽焚而不能热，河汉沍而不能寒，疾雷破山、飘风振海而不能惊。若然者，乘云气，骑日月，而游乎四海之外。死生无变于己，而况利害之端乎！⑤
>
> 古之真人，其寝不梦，其觉无忧，其食不甘，其息深深。
>
> 夫道，有情有信，无为无形，可传而不可受，可得而不可见，自本自根，未有天地，自古以固存，神鬼神帝，生天生地……豨韦氏得之，以挈天地；伏羲氏得之，以袭气母；维斗得之，终古不忒；日月得之，终古不息；堪坏得之，以袭昆仑；冯夷得之，以游大川；肩吾得之，以处大山；黄帝得之，以登云天……⑥
>
> 列姑射山在海河洲中，山上有神人焉，吸风饮露，不食五谷；心如渊泉，形如处女；不偎不爱，仙圣为之臣……⑦
>
> 渤海之东不知几亿万里，有大壑焉，实惟无底之谷，其下无底，名曰归墟。其中有五山焉：一曰岱舆，二曰员峤，三曰方壶，四曰瀛洲，五曰蓬莱。其山高下周旋三万里，其顶平处九千里，山之中间相去七万里，以为邻居焉。其上台观皆金玉，其上禽兽皆纯缟；珠玕之树皆丛生，华实皆有滋味，食之皆不老不死，所居之人，皆仙圣之种。……员峤二山流于北极，沈于大海，仙圣之播迁者，巨亿计。⑧

---

① 《庄子·逍遥游》。
② 《山海经·大荒西经》。
③ 《楚辞·九歌·云中君》。
④ 《楚辞·九歌·湘夫人》。
⑤ 《庄子·齐物论》。
⑥ 《庄子·大宗师》。
⑦ 《列子·黄帝篇》。
⑧ 《列子·汤问篇》。

原始道家描述这些神圣仙人存在，乃是出于对至人、真人、神人、圣人世界的精神追求。庄子讲至人"审乎无假而不与利迁，极物之真，能守其本，故外天地，遗万物，而神未尝有所困"①；"乘云气，骑日月，而游乎四海之外，死生无变于己"②；"归精神乎无始而甘冥乎无何有之乡"③；"上窥青天，下潜黄泉，挥斥八极，神气不变"④；讲真人"与天为徒，不一与人为徒"；"不知说生，不知恶死；其出不䜣，其入不距，翛然而往，翛然而来"⑤；讲神人"上神乘光，与形灭亡，致命尽情，天地乐而万物销亡"⑥；讲圣人的"不就利，不违害，不喜求，不缘道；无谓有谓，有谓无谓，而游乎尘垢之外"⑦ 等，就是对至人、真人、神人、圣人世界的精神追求。这种追求，就是要"吾丧我"，除却物欲、情欲、功利一类目的，无私无欲，"死生无变于己"，超越世俗的利害冲突，成为至人、真人、神人、圣人的存在，使精神入无穷之门，以游无极之野，与日月参光，与天地为常，成为神圣自我存在。故原始道家著作充满神圣仙人描述，就不足为奇了。

原始道家著作不仅充满神圣仙人存在的描述，而且对如何成仙成圣提供了化道。为了保全生命，以尽天年，成为至人、真人、神人、圣人的存在，原始道家不仅讲道德精神世界的修养与提升，更讲修道、致气、保生，讲"物壮则老，是谓不道"；"专气致柔，能如婴儿"⑧；讲"若一志，无听之以耳而听之以心，无听之以心而听之以气"⑨；讲人"堕肢体，黜聪明，离形去智，同于大通"⑩ 的精神世界；讲"至道之精，窈窈冥冥；至道之极，昏昏默默。无视无听，抱神以静，形将自正。心静必清，无劳女形，无摇女精，乃可以长生"；"我守其一以处其和，故我修身千二百岁矣，吾形未常衰"⑪；《列子》讲引《黄帝书》"谷神不死，是谓玄牝。玄牝之门，是谓天地之根。

---

① 《庄子·应帝王》。
② 《庄子·齐物论》。
③ 《庄子·列御寇》。
④ 《庄子·田子方》。
⑤ 《庄子·大宗师》。
⑥ 《庄子·天地》。
⑦ 《庄子·齐物论》。
⑧ 《老子》第10、30章。
⑨ 《庄子·人间世》。
⑩ 《庄子·大宗师》。
⑪ 《庄子·在宥篇》。

绵绵若存，用之不勤"，讲"天地含精，万物化生"；讲"精神者，天之分；骨骸者，地之分。精神离形，各归其真。黄帝曰：'精神入其门，骨骸反其根，我尚我存'"①。原始道家著作这些成神成仙的神学论证与描述，无疑给后来道教产生及其神学发展提供了文化哲学基础，特别讲"道"的"无为无形，可传而不可受"，得之者如何如何，更为道教神学提供了哲学本体论。

原始道家著作中的这些神圣仙人描述及神学论证，发展到晚周时期稷下学派黄老新学，更为道教神学的产生增添了本体论色彩：一是以三极之道，贯通天地人的存在，讲人的精、气、神存在，为宗教神学发展提供新的本体论，二是讲化道，为服食养生、炼丹成仙提供神学道术。《黄帝四经》讲"至正者静，至静者圣。绝而复属，亡而复存，孰知其神？死而复，以祸为福，孰知其极？反索之无形，故知祸福之所从生。应化之道，平衡而止②；讲"道者，神明之原也。神明者，处于度之内而见于度之外者也"③ 等，就是以新道学为成为神圣不死提供了形上本体论。《管子》中的《心术》上下、《内业》《白心》四篇，更属稷下学派的创作。它不仅为道学本体论注入了新的内涵，赋予了新的精神，而且讲"气，道乃生"；"精也者，气之精者也"；"凡人之生也，天出其精，地出其形，合此以为人"④ 等，用一套精、气、神的范畴概念，为后来道教产生提供了神学本体论。在它看来，"凡物之精，此则为生：下生五谷，上为列星；流于天地之间，谓之鬼神；藏于胸中，谓之圣人"⑤，皆是得于精、气、神而化生；而"世人之所职者精"，成为神圣，乃是"去欲则宣，宣则静矣；静则精，精则独立矣；独则明，明则神矣"⑥。故司马迁在谈到当时稷下学派黄老新学影响下的仙道之风时说："自齐威、宣之时，邹子之徒论著终始五德之运，及秦帝而齐人奏之，故始皇采用之。而宋毋忌、正伯侨、充尚、羡门子高，最后皆燕人，为方仙道，形解销化，依于鬼神之事。邹衍以阴阳主运显于诸侯，而燕齐海上之方士传其术不能通，然则怪迂阿谀苟合之徒自此兴，不可胜数也。自威、宣、燕昭使人入海求蓬莱、方丈、瀛洲。此三神山者，其传在渤海中，去人不远。患且至，则船风引而去。盖尝

① 《列子·天瑞篇》。
② 《黄帝四经·经法道法》，《马王堆汉墓帛书（壹）》，文物出版社 1974 年版，下同。
③ 《黄帝四经·经法名理》。
④ 《管子·内业》。
⑤ 《管子·内业》。
⑥ 《管子·心术上》。

有至者，诸仙人及不死之药皆在焉。其物禽兽尽白，而黄金银为宫阙。未至，望之如云。及到，三神山反居水下。临之，风辄引去，终莫能至云。世主莫不甘心焉。及至秦始皇并天下，至海上，则方士言之不可胜数。始皇自以为至海上而恐不及矣，使人乃赍童男女入海求之。船交海中，皆以风为解，曰未能至，望见之焉。"加上秦汉方士活跃，此风于秦汉之际延荡不息。直到汉武帝时，尚尊李少君，听其讲"少君言上曰'祠灶则致物，致物而丹沙可化为黄金，黄金成以为饮食器则益寿，益寿而海中蓬莱仙者乃可见，见之以封禅则不死，黄帝是也。臣常游海上，见安期生，安期生食巨枣，大如瓜。安期生仙者，通蓬莱中，合则见人，不合则隐'"①。由上可知，原始道家发展为稷下学派，怎样以自己所创造的黄老新学，为后来道教神学仙道的运作，制定成化法则与神学原理了。

发展到汉代黄老学家，就是河上公以"自然生长"为常道，修此常道，"无为养神，含光藏晖，灭迹匿端"的修道成仙之术。河上公讲精、气、神，讲"万物始生，从道受气"；"万物皆得道〔之〕精气而生"②等，虽曰"受天之精气"③，但它并非形上存在，而是指精气神妙的质料，指所谓"五脏之神：肝藏魂，肺藏魄，心藏神，肾藏精，脾藏志"。人之养精、气、神，就是养此"五脏之神"，就是"除情欲，节滋味，清五脏，则神明居"；就是"守德于中，育养精神"④；"守五性，去六情，节志气，养神明"⑤；"除情去欲，日以空虚"⑥等。可以看出，河上公的精、气、神之修养，虽具养生之道，但已经不是原始道家庄子自我道德修养的提神太虚、飘然远举，不是自我精神的提升与大化，而是禀受天地之道的精、气、神，将其收敛与内聚的养生学矣。在他看来，惟此精、气、神的收敛与内聚，"人能养神则不死也"⑦；"人载魂魄之上得以生，当爱养之，魂静志道不乱，魄安得寿延年也"⑧。这就是汉代黄老道家通过精、气、神的收敛、内聚与修养，排除私欲、情欲与贪心意欲，追求深根固蒂、长生久视之道，追求自我生命不死与永久存在的修道

---

① 上引均见《史记·封禅书》。
② 《老子章句·虚心》。
③ 《老子章句·辩德》。
④ 《老子章句·虚用》。
⑤ 《老子章句·检欲》。
⑥ 《老子章句·显德》。
⑦ 《老子章句·成象》。
⑧ 《老子章句·能为》。

之术，并为此制定了一套鼻息呼吸、藏精气神于心的修道方法。待修到"无有身体，得道自然，轻举升云，出入无间，与道通神"①，就得道成为神仙了。可知河上公养生学并非仅为增生长寿，而是通过精气神收敛、内聚，讲成仙之道。河上公的成仙道术，虽然还没有提出"内丹"学的概念，但其道德精神修养收敛、内聚及讲"得道自然，轻举升云，出入无间，与道通神"等，与道教《老子想尔注》所讲"欲令神不死，当结精自守"；"积精成神，神成仙寿"②的"内丹"之说，则已几乎如出一辙矣。它发展到《淮南子》讲"夫孔窍者，精神之户牖也，而气志者，五藏之使候也"；"精神驰骋于外而不守，则祸福之至"③；"静漠恬澹，所以养性也；和愉虚无，所以养德也。外不滑内，性不动和，养生以经世，抱德以终年，可谓能体道矣"④等，就已具有道教"内丹"学倾向矣。至于讲神仙黄白之术，讲"得道，举家升天，畜产皆仙，犬吠于天上，鸡鸣于云中"⑤等，则为道教"外丹"学之术矣。秦汉以来的黄老道家学术思潮，就是这样由内在道德修养转向道教成仙宗教思维的；同时，它继原始道家之后，直接为道教产生提供了仙化法则与神学原理。由此也就不难理解道教产生与道家哲学的关系了，即它原于道学的神仙化。

二　道教创立与道学的宗教化

汉朝讲"汉绍尧运"，以种种神秘主义说法加强其政权的合法性。因此，汉代星象、阴阳、谶纬、术数一类神秘主义特别盛行。它从西汉初一直延续到整个东汉时期。从光武帝一直到明帝、章帝等，都没有改变这种文化意识形态，其"诸背仁义之正道，不遵《五经》之法言，而盛称奇怪鬼神，广崇祭祀之方，求报无福之祠"，以及言仙人、服药，"奸人惑众，挟左道，怀诈伪，以欺罔世主"⑥，成了当时文化意识形态，并以神秘主义文化弥漫着整个历史的天空。发展到顺帝时，政治危机、社会危机加剧，社会动荡、民不聊生，渴望太平盛世，成了民众的最大祈求与愿望。正是在这种社会文化背景

---

① 《老子章句·厌耻》。
② 饶宗颐：《老子想尔注校证》，上海古籍出版社1991年版，第12页。
③ 《淮南子·精神训》。
④ 《淮南子·俶真训》。
⑤ 《论衡·道虚》。
⑥ 《汉书·郊祀志》。

下，一些道士及带有政治动机的人物，就以清廉、洁净、治太平为旗帜，开始了创教行世。张陵（即张道陵）以《老子五千文》为教典，自称天师，创天师道（入教交五斗米，亦称"五斗米教"）；于吉作《太平经》，以"澄清大乱，功高德正，号太平"① 昭告天下，创太平教及张角宣扬的太平道，就是当时的创教活动。张陵所创太平道，其"教以诚信不欺诈，有病自首其过，大都与黄巾相似"②。关于于吉、张角的创教活动，《后汉书》叙述说："初，顺帝时，琅琊宫崇诣阙，上其师于吉于曲阳泉水上所得神书百七十卷，号《太平清领书》。其言以阴阳五行为家，而多巫觋杂语。后张角颇有其书"③；"初，钜鹿张角自称'大贤良师'，奉事黄老道，畜养弟子，跪拜首过，符水咒说以疗病，病者颇愈，百姓信向之。角因遣弟子八人使于四方，以善道教化天下，转相诳惑。十余年间，众徒数十万，连结郡国，自青、徐、幽、冀、荆、扬、兖、豫八州之人，莫不毕应"④。观此，可知道教兴起之迅猛也。不论是张陵所创天师道，还是于吉所创太平教、张角所创太平道，皆是中国文化隐退上帝，礼教代替宗教后，重新恢复创立的宗教，而且皆有了自己的教典，宣教于民，与农民革命运动相结合发展很快。它们就是早期的道教。

任何宗教的产生，不光凭神圣其说及带有某些政治动机的口号。它必须有宗教神学理论，有立教建宗的神学本体论和最高教理；不然的话，是立不住，站不住脚的。道教的产生也是这样。《老子想尔注》（即《老君道德经想尔训》）和《太平经》，就是他们立教的最高神学教典。张道陵、于吉创教，就是以此为教典著立的。《神仙传》说，张道陵"本太学书生，博通《五经》，晚乃叹'此无益于年命'，遂学长生之道。与弟子入蜀，住鹤鸣山，著作道书二十四篇，乃精思炼志"⑤。可知其有著述能力的。饶宗颐先生所著《老子想尔注校笺》附《张道著述考》，列有《道书》《灵宝》《天官章本》《黄书》及存疑的《中山玉柜神气诀》等十种，陈国符先生《道藏源流考》列有《太平洞极经》144 卷，恐伪托者多。但饶宗颐先生所著《老子想尔注校笺》基于道教创立历张陵、张衡、张鲁三代之史实及唐玄宗《道德真经疏外传》和唐杜光庭《道德真经广圣义》皆称《老子想尔注》为张陵撰，因而

① 《太平经》甲部。
② 《三国志·张鲁传》。
③ 《后汉书·襄楷传》。
④ 《后汉书·皇甫嵩传》。
⑤ 《神仙传·张道陵》。

判断此书"当是张陵之说而鲁述之；或鲁所作而托始于陵，要为天师道一家之学"①；或结论为"成于系师张鲁之手，托始于张陵"②。实际上，《老子想尔注》，应该说是张陵以自己的宗教神学想法注《老子》，以《老子五千文》而为教典。于吉所得《太平经》亦是这样。史说顺帝初，"琅琊宫崇诣阙，上其师于吉所得神书于曲阳泉水上，自素赤界，号《太平青领道》，凡百余卷"③。《太平青领道》，即《太平经》，即于吉以此经"多论阴阳、否泰、灾眚之事"，"云治国者用之，可以长生"④ 者。不论说此书为"老君授予于吉"⑤，还是说天仙神受，皆托之也。而讲于吉得《太平经》，"乃于上虞钓台乡高峰之上，演此经成一百七十卷"⑥，可能比较符合事实，即于吉根据原始道家《老子》思想演成此书。

《老子想尔注》最初为敦煌莫高窟写本残卷。饶宗颐先生作《老子想尔注校笺》，将其与《道藏》太玄部的《传授经戒仪注诀》中的《老君道德经想尔训》互训，并将经注分开，为今人研究早期道教思想提供了方便。《太平经》原书一百七十卷，今本仅存五十七卷。王明先生根据《道藏》的《太平经钞》及其他各种版本文字，加以校对补附，编撰为由中华书局出版的《太平经合校》，亦为研究早期道教思想提供较为完备的版本。

那么，道教是怎样产生的？它的最高教义是什么呢？怎样以其神学教典进行宗教精神追求呢？《魏书·释老志》谈到道教产生及其教义时说：

> 道家之原，出于《老子》。其自言也，先天地生，以资万类。上处玉京，为神王之宗；下在紫微，为飞仙之主。千变万化，有德不德，随感应物，厥迹无常。授轩辕于峨嵋，教帝喾于牧德，大禹闻长生之诀，尹喜受道德之旨。至于丹书紫字，升玄飞步之经；玉石金光，妙有灵洞之说。如此之文，不可胜纪。其为教也，咸蠲去邪累，澡雪心神，积行树功，累德增善，乃至白日升天，长生世上。所以秦皇、汉武，甘心不息；灵帝置华盖于濯龙，设坛场而为礼。及张陵受道于鹄鸣，因传天宫章本

① 《老子想尔注校笺》，中华书局（香港）有限公司2015年版，第8页。
② 《老子想尔注校笺》，第151页。
③ 《三国志·孙策传》注引《志林》。
④ 《神仙传·宫嵩》，见《增订汉魏丛书》本。
⑤ 〔唐〕杜光庭：《太上黄箓斋仪》卷五十二。
⑥ 〔唐〕王松年：《仙苑编珠》卷中。

千有二百，弟子相授，其事大行。斋祠跪拜，各成法道。有三元九府、百二十官，一切诸神，咸所统摄。又称劫数，颇类佛经。其延康、龙汉、赤明、开皇之属，皆其名也。及其劫终，称天地俱坏。其书多有禁秘，非其徒也，不得辄观。至于化金销玉，行符敕水，奇方妙术，万等千条，上云羽化飞天，次称消灾灭祸。故好异者往往而尊事之。

　　这里所讲道教原出的老子，其人已经不是原始道家老子，而是"上处玉京，为神王之宗；下在紫微，为飞仙之主"；"千变万化，有德不德，随感应物，厥迹无常"的存在者，是能"授轩辕于峨嵋，教帝喾于牧德，大禹闻长生之诀，尹喜受道德之旨"，使之成为神圣仙人者；至于"丹书紫字，升玄飞步之经；玉石金光，妙有灵洞之说"，以此为教，更能"咸蠲去邪累，澡雪心神，积行树功，累德增善，乃至白日升天，长生世上"。此"所以秦皇、汉武，甘心不息；灵帝置华盖于灌龙，设坛场而为礼，及张陵受道于鹄鸣，因传天宫章本千有二百，弟子相授，其事大行"者也。从这些说法可以看出，道教所说的老子，已经不是原始道家人物，而是道教教祖的神圣存在。

　　道教为了立教，为了建立宗教的神圣权威与理论根据，不仅把老子立为教祖，而且把原始道家哲学经典《老子》变为了宗教神学之书。可以说，道教的最高本体论，最高信仰，就是以《老子》"道冲而用之不盈，渊似万物之宗"① 为最高存在的。在他们看来，此"道至尊，微而隐，无状貌形像"②，但若能"自勉厉守道真，即得道纲纪"③。可以说，《老子》一书，就是道教建立的最高纲领、最高信条，是最高神学本体论与成神成仙的教科书。道教的根本教义，就是以道的存在，"教人结精成神"④。在他们看来，人在天地间，就是"道"的精、气、神存在，而要"精结为神，欲令神不死，当结精自守"⑤，就得按老子说的"载营魄抱一能无离"⑥。为什么要守一？为什么"营魄抱一能无离"？《太平经》说得更详细："一者，数之始也。一者，生之道也。一者，元气所起也。一者，天之纲纪也。故使守思一，从上更下也。

① 《老子》第4章。
② 《老子想尔注校笺》，第23页。
③ 《老子想尔注校笺》，第24页。
④ 《老子想尔注校笺》，第17页。
⑤ 《老子想尔注校笺》，第14页。
⑥ 《老子》第10章。

夫万物凡事过于大，末不反本者，殊迷不解，故更反本也"①。它在《老子想尔注》，就是"一者，道也"。人若能"神成气来，载营人身，欲全此功，无离一"，无离道，无离道之精、气、神存在；或"奉道诫，积善成功，积精成神，神成仙寿，以此为身宝矣"；或"守静自笃""道气归根""人法道意，便能长久"②。这里，一即道，即根，即神学本体，即人与万物根本存在。故其宣称说："一在天地外，人在天地间，但往来人身中耳，都皮里悉是，非独一处。一散形为气，聚形为太上老君，常治昆仑。"③ 这就是道教创立之初，《老子想尔注》所阐述的最高神学教理。老子作为"太上老君，常治昆仑"者，不仅是道体的存在，亦化身为其教道尊矣。从这些说法可以看出，所谓道教原出的老子，不仅把老子神圣化为教尊，而且把其原始道家哲学经典《老子》，变成了宗教神学，变成了得道升天、成神成仙之学。《太平经》讲"欲自知盛衰，观道可著，神灵可兴也，内有寿证候之，以此万不失一也。此乃神书也"④。神书，即神学之书。

此乃是立教之必要也。任何宗教创立，都必须立自己的教宗，树自己的教典。因此，把老子神圣化为教宗，把原始道家哲学经典《老子》树为宗教神学教典，不只是张陵的《老子想尔注》，更表现在于吉所撰《太平经》中：

> 老子者，得道之大圣，幽显所共师者也。应感则变化随方，功成则隐沦常住。住无所住，常无不在。不在之在，在乎无极。无极之极，极乎太玄。太玄者，太宗极主之所都也。老子都此，化应十方，敷有无之妙，应接无穷，不可称述。近出世化，生乎周初，降迹和光，诞于庶类，示明胎育，可以学真，虽居下贱，无累得道。周流六虚，教化三界，出世间法，在世间法，有为无为，莫不毕究。文王之时，仕为守藏史。或云，处世二百余载，至平王四十三年，太岁癸丑十二月二十八日，为关令尹喜说五千文也。⑤

可以看出，在道教创立的《太平经》教典中，老子已由"周守藏室之

---

① 《太平经》乙部《五事解承负法第四十八》。
② 《老子想尔注校笺》，第18、22、26、27页。
③ 《老子想尔注》。
④ 《太平经》丁部《知盛衰还年寿法》。
⑤ 《太平经》甲部存《老子传授经戒仪注诀》。

史"李耳老聃，变成了"得道之大圣，幽显所共师者"，变成了"应感则变化随方，功成则隐沦常住，住无所住，常无不在，不在之在，在乎无极，无极之极，极乎太玄"的存在者，住"太宗极主之所都"的神圣存在。老子都此，具有"化应十方，敷有无之妙，应接无穷，不可称述"的神圣本领；近出世化，无累得道，更是"周流六虚，教化三界，出世间法，在世间法，有为无为，莫不毕究"。它比《老子想尔注》中作为"太上老君，常治昆仑"者，更为神圣！更具有教宗教尊的地位。但他实际上就是"文王之时，仕为守藏史"者，"为关令尹喜说五千文"者。所以神圣如此，所以具有教宗教尊地位，就在于老子得道，在于他近出世化，成为了"得道之大圣"，获得了"住无所住，常无不在，不在之在，无极之极"的最高存在。

道教以此教理，以此最高本体论与最高信仰，不仅将道学神学化，将原来道家之学变为道教神学体系，而且讲精气絪缊、开天辟地，将道的精、气、神存在及诸多天文、历法、星象、地舆、谶纬中的神圣存在，以及上古以来道家或有道家思想人物，全部化成了神圣仙人存在。如果说创教之初，还有泛神论的倾向，到《云笈七签》所记，则成为一个完整的神圣仙人体系：为首的是元始天王，即元始天尊；继之则为太上道君、上清高圣玉晨大道君、三天君；又继之以青灵始老君、灵丹真老君、中央黄老君、金门皓灵皇老君、五灵玄老君；等等。这个体系的神圣仙人，各有处所、地位、神功。如元始天王，即元始天尊，是最高神圣存在，是"禀天自然之胤，结形未沌之霞，托体虚生之胎，生乎空洞之际"者，受号"玉清紫虚高尚元皇太上大道君"，故"绪编元皇，位在玉清，掌括上皇高帝之真"①。其他上清高圣玉晨大道君，为"二晨之精气，结化含秀，苞凝玄神，寄胎母氏，化育为人"② 者，等等，也皆地位很高，具造化大用者。老子是道教之祖，自然地位亦很高：是"于西那天郁察山浮罗之岳，坐七宝骞木之下，清斋空山，静思神真，合庆冥枢，萧朗自然，拥观万化，俯和众生，是十方大圣，至真尊神，诣座烧香，稽首道前"③ 的太上道君。其他各路神圣仙人，处所、地位、神功，亦都很大。一言蔽之，道教之创，不仅依其教理，将道学神学化，建立了道教神学体系，而且随着道教发展，建立起了一个完整神圣仙人体系，而且道教愈

① 《云笈七签·元始天王纪》。
② 《云笈七签·大道君纪》引《洞真大道真经》。
③ 《云笈七签·太上道君纪》。

发展，这个体系愈庞大。

　　道家人物成了神人，原始道家哲学成了神学，自然，文化精神就变成了宗教精神，大道哲学伦理就发展成为了宗教伦理道德精神。这不论是在《老子想尔注》中，还是在《太平经》中，表现得都是非常充分的。《老子想尔注》讲"天地像道，仁于诸善，不仁于诸恶"；讲"圣人法天地，仁于善人，不仁恶人"；讲"当常相教为善，有诚信"；以及讲"心不正念，故狂"；"勉信道真，弃耶知守本朴"；"我，仙士也。但乐信道守诫，不乐恶事"①等，就属于伦理精神之表述与追求。《太平经》讲"夫神无私亲，善人为效"；"天地调则万物安，县官平则万民治"；"古者圣人治致太平，皆求天地中和之心，一气不通，百事乖错"②；讲"阴阳治道，教及其臣，化流其民，受命于天，受体于地，受教于师，乃闻天下要道"③；讲"其用道德，仁善万里，百姓蒙其恩。父为慈，子为孝，家足人给，不为邪恶"④；以及讲"为人君父，而使其臣子致怨，非慈父贤君也"⑤等，就是其宗教伦理道德精神。

　　道教创立，不仅讲社会伦理，充满宗教伦理道德精神，而且极为关心天下治乱，有很强的政治伦理精神。《太平经》虽然后来被农民革命军所利用，讲"苍天将死，黄天当立，岁在甲子，天下大吉"⑥，但于吉创教之初，它则是上献朝廷的，出于政道与治道之关心，表现为极大政治伦理精神的。如讲"天道无亲，唯善是与。善者修行太平，成太平也"⑦；讲"三纲六纪所以能长吉者，以其守道也，不失其治，故常吉"⑧；讲"夫道，乃深远不可测商矣，失之者败，得之者昌"⑨；讲"道无奇辞，一阴一阳，为其用也，得其治者昌，失其治者乱"⑩；以及讲"欲使善者大兴，恶者立衰也"；"当赏善罚恶，令使其分明□□，即善者日兴，恶者日衰矣"⑪"深得天地意，大灾害将

---

①　《老子想尔注校笺》，第 12、13、16、20、32 页。
②　《太平经》乙部《名为神诀书》。
③　《太平经》乙部《安乐王者法》。
④　《太平经》乙部《解承负诀》。
⑤　《太平经》丙部《兴善止恶法》。
⑥　《后汉书·皇甫嵩传》。
⑦　《太平经》甲部。
⑧　《太平经》乙部◎阙题。
⑨　《太平经》丁部《知盛衰还年寿法》。
⑩　《太平经》乙部《合阴阳顺道法》。
⑪　《太平经》丙部《兴善止恶法》。

断，人必吉善矣"① 等，就是《太平经》所表现出来的政治伦理精神。"今日失道，即致大乱"。《太平经》对如何治理天下，更是表现出极大关心。故不仅讲"阴阳治道，教及其臣，化流其民，受命于天，受体于地，受教于师，乃闻天下要道"②；更讲"今太平气当至，恐人为恶，乱其治，故先觉之也"③。《老子想尔注》讲"人君理国，常当法道为政，则致治"④；"道绝不行，耶文滋起，货赂为生，民竞贪学之，身随危倾"⑤ 等，也是出于对政道与治道之关心所表现出的宗教政治伦理精神。

正是中国宗教具有社会或政治的宗教伦理精神，所以它才会脱离社会人生，只是讲自我超越、追踪神圣存在，或皈依梵天上帝的其他宗教不同。中国宗教虽然反对世俗人生，反对物欲贪婪，主张归根守静、养生长寿、成圣成仙，但并不像佛教那样抛弃社会人生，只是自己追求成佛涅槃境界，因为那样社会人生就没法垂续绵延了。正是出于这样的宗教想法，故《太平经》才讲："夫贞男乃不施，贞女乃不化也。阴阳不交，乃出绝灭无世类也。二人共断天地之统，贪小虚伪之名，反无后世，失其实核，此天下之大害也。"⑥

宗教伦理精神者，实乃儒家礼教精神也。因此，中国宗教的创立与其他宗教不同的地方，乃在于具有一种儒道合流的倾向。这就是道教发展到东晋葛洪时期，所表现出来的儒道合流的创教思想。

三　葛洪道本儒末互用的教理

从曹魏到两晋，是玄风弥漫、神仙盛行的时代，与此相呼应，还存在着一种神仙黄白之术或方士炼丹的神秘系统。这个时期的道教发展，是与此背景分不开的，只是处此背景下的宗教神学家是否清醒理性自觉而已。葛洪就是一个比较清醒理性自觉的宗教神学思想家。他处在玄学时代，畅玄而不苟同于玄学家的"本无"，而通晓丹术，在丹术符水盛行的时代，讲"夫阴阳之术，高可以治小疾，次可以免虚耗而已。其理自有极，安能致神仙而却祸致

---

① 《太平经》丙部《起土出书诀》。
② 《太平经》乙部《安乐王者法》。
③ 《太平经》丙部《兴善止恶法》。
④ 《老子想尔注校笺》，第16页。
⑤ 《老子想尔注校笺》，第10页。
⑥ 《太平经》丙部《一男二女法》。

福乎"①？以及讲"符水禁祝之法，治邪有效，而未必晓于不死之道"；金丹之道，"细验之，多行欺诳世人，以收财利"②等，就是极其清醒理性自觉的论述。

葛洪，字稚川，自号抱朴子，丹阳句容（今属江苏）人。《晋书》说其"少好学，家贫，躬自伐薪以贸纸笔，夜辄写书诵习，遂以儒学知名"；"时或寻书问义，不远数千里崎岖冒涉，期于必得，遂究览典籍，尤好神仙导养之法"。葛洪从祖葛玄，是吴时道学家，学于道教早期丹鼎派创始人左慈，成仙后被道教称为"葛仙公"。陶弘景称葛洪"代载英哲，族冠吴史"；又说葛洪"幼负奇操，超绝伦党，神挺标峻，精辉卓逸，坟典不学而知，道术才闻已了"③。可知葛洪不仅"究览典籍"，有儒家道家学问根底，而且接受了道教炼丹秘术传授。晋元帝司马睿以琅琊王为丞相时，葛洪辟为掾，后赐爵关内侯；晋成帝时，司徒王导召补州主簿，转司徒掾，迁谘议参军。干宝曾举荐葛洪撰写国史，选为散骑常侍，领大著作，洪固辞不就。葛洪以年老，欲炼丹以祈遐寿为由，闻交趾出丹，求为句屚令，得到允许后，遂将子侄俱行，于罗浮山炼丹。在山积年，优游闲养，著述不辍。史说葛洪"博闻深洽，江左绝伦，著述篇章，富于班马，又精辩玄赜，析理入微"④，自号抱朴子，因以名书，著《抱朴子》内外篇，116 篇。今存《外篇》50 卷，《内篇》20 卷。其余所著碑、诔、诗、赋 100 卷，移檄、章表 30 卷，神仙、良吏、隐逸、集异等传各 10 卷，其中《神仙传》10 卷，为道教神学家传记，常被引用。抄《五经》、《史》、《汉》、百家之言、方技杂事 310 卷，另外撰有《金匮药方》100 卷，《肘后要急方》4 卷，为医学著作。葛洪终老罗浮山，著《抱朴子》表其志曰："望绝于荣华之途，而志安乎穷圮之域，藜藿有八珍之甘，蓬荜有藻棁之乐也。故权贵之家，虽咫尺弗从也；知道之士，虽艰远必造也"；认为所著之书，"虽不足藏诸名山"，然"欲缄之金匮，以示识者"⑤。葛洪一生，著作宏富，生卒年代，史家有争论，《晋书》本传说其享年 81 岁。

葛洪对于道教神学的阐述，主要见于《抱朴子》内外篇。既为道教，自然以道为宗。但葛洪处晋世玄风弥漫时代，并没有玄学家以"无"为本的理

---

① 《抱朴子·论仙》。
② 《抱朴子·祛惑篇》。
③ 《吴太极左仙公葛公碑》，《全梁文》卷四七。
④ 《晋书·葛洪传》。
⑤ 《抱朴子》自序，《晋书·葛洪传》。

论，而是对玄道本体的形而上学存在作了自己独到的阐述：

> 玄者，自然之始祖，而万殊之大宗也。眇眛乎其深也，故称微焉。绵邈乎其远也，故称妙焉。其高则冠盖乎九霄，其旷则笼罩乎八隅。光乎日月，迅乎电驰。……因兆类而为有，讬潜寂而为无；沦大幽而下沈，凌辰极而上游。金石不能比其刚，湛露不能等其柔。方而不矩，圆而不规，来焉莫见，往焉莫追。乾以之高，坤以之卑，云以之行，雨以之施。胞胎元一，范铸两仪，吐纳大始，鼓冶亿类，……增之不溢，挹之不匮，与之不荣，夺之不瘁。故玄之所在，其乐不穷。……其唯玄道，可与为永。……夫玄道者，得之乎内，守之者外，用之者神，忘之者器，此思玄道之要言也。得之者贵，不待黄钺之威；体之者富，不须难得之货。高不可登，深不可测。①

这就是说，在葛洪看来，形上之"道"作为最高本体，作为立教之宗，并非玄学家所说的"本无"，更非佛教所说空寂虚无，而是"自然之始祖，万殊之大宗"存在，"因兆类而为有，讬潜寂而为无"的存在，其深微远妙，"高不可登，深不可测"，乃是"方而不矩，圆而不规，来焉莫见，往焉莫追"的存在。它是天地之道、乾坤之理，是"胞胎元一，范铸两仪，吐纳大始，鼓冶亿类"者。惟其为玄道，为形而上学存在，为"吐纳大始，鼓冶亿类"者，它才是宇宙万物本体，才是永恒的存在，才"得之者贵，体之者富"，以此为教宗，为宗教信仰，为精神世界追求，才能"得之乎内，守之者外，用之者神"，才能"玄之所在，其乐不穷"。

这个玄道，这个形而上者，并非歪理邪说，亦非价值设定，而是真实无妄、实有是理的存在，是天地间的至理，微妙难识的存在。故曰"夫道之妙者，不可尽书，而其近者，又不足说"②；故曰"道者涵乾括坤，其本无名"；"强名为道，已失其真"③。宗教必须以最高真理为教宗，信仰必须以无妄之理为皈依！凡此，皆不能建立在价值设定上，不能以虚妄存在为教宗，为信仰，为精神追求。即使讲道体有无的存在，亦非浅薄的知识论存在，而是形

---

① 《抱朴子·畅玄》。
② 《抱朴子·至理》。
③ 《抱朴子·道意》。

而上学的存在，是可以立本行道、元气流通、精神运转者。故其为道，"夫有因无而生焉，形须神而立焉。有者，无之宫也。形者，神之宅也"①；"诱于可欲，而天理灭矣，惑乎见闻，而纯一迁矣"②。

这个玄道，这个形而上者，作为纯一存在，也是在最高本体论上讲的。故曰"玄一之道，亦要法也"③。葛洪像张陵之《老子想尔注》、于吉之《太平经》一样，亦是以老子"圣人抱一为天下式"，为立教法式，教化天下的。《老子想尔注》讲"一，道也"④。《太平经》讲"夫一者，乃道之根也"⑤。葛洪同样认为"道起于一"，一即是"道"的本体论存在。故其讲"人能知一，万事毕。知一者，无一之不知也。不知一者，无一之能知也。……天得一以清，地得一以宁，人得一以生，神得一以灵。老君曰：'惚兮恍兮，其中有象。恍兮惚兮，其中有物'，一之谓也。故仙经曰：子欲长生，守一当明"⑥。葛洪认为"道术诸经，所思存念作，可以却恶防身者，乃有数千法"，但最为根本的方法，是知"守一之道"。人"若知守一之道，则一切除弃此辈，故曰能知一则万事毕者也"。人生最大的危害，是不顾安危，拼命追求，甚至"白刃无所措其锐，百害无所容其凶"，也要不顾安危地追求，也要居败能成，而不知守道。人生的悲剧，常常都是这样发生的。因此，葛洪认为，"人能守一，一亦守人"。为此，他提出来"守玄一"和"守真一"的修道方法。其实，二者都是遵守形上之道的法则，遵守生命之始的根本存在。故曰"玄一之道，与真一同功"。人只要能守道，守住形上之道纯一法则，守住生命的根本存在，则"行万里，入军旅，涉大川，不须卜日择时，起工移徙，入新屋舍，皆不复按堪舆星历，而不避太岁太阴将军、月建煞耗之神、年命之忌，终不复值殃咎也"⑦。这就是葛洪发挥道教玄一之理，教于人生者。其他，如养气、保生、长寿之说，皆立于此。

正因为道教所立之道是最高存在，是玄道至理、玄一真一的存在，所以在葛洪看来，其他学说之道，没有超过道家者。即使儒家之道，也是如此。

---

① 《抱朴子·至理》。
② 《抱朴子·道意》。
③ 《抱朴子·地真》。
④ 《老子想尔注校笺》，第36页。
⑤ 《太平经》乙部《修一却邪法》。
⑥ 《抱朴子·地真》。
⑦ 上引均见《抱朴子·地真》。

故其说："道者，儒之本也。儒者，道之末也。"① 葛洪认为，道体大用，在于"益明所禀有自然之命，所尚有不易之性"，懂得性命本源的所在。在他看来，这是"本源大宗，出乎无形之外，入乎至道之内"的大事，岂是"其所谘受，止于民闲之事而已"？因此他认为，"仲尼虽圣于世事，而非能沈静玄默，自守无为者也"。若不能"禀有自然之命，尚有不易之性"，即使"养性者，道之余也。礼乐者，儒之末也"②。因此他认为，"唯道家之教，使人精神专一，动合无形，包儒墨之善，总名法之要，与时迁移，应物变化，指约而易明，事少而功多，务在全大宗之朴，守真正之源者也"③。

葛洪对究览典籍，精辩玄赜，对儒道两家道学深有研究。他曾比较儒道两家道学难易说：

> 儒者，易中之难也；道者，难中之易也。夫弃交游，委妻子，谢荣名，损利禄，割粲烂于其目，抑铿锵于其耳，恬愉静退，独善守己，谤来不戚，誉至不喜，睹贵不欲，居贱不耻，此道家之难也。出无庆吊之望，入无瞻视之责，不劳神于七经，不运思于律历，意不为推步之苦，心不为艺文之役，众烦既损，和气自益，无为无虑，不怵不惕，此道家之易也，所谓难中之易矣。夫儒者所修，皆宪章成事，出处有则，语默随时，师则循比屋而可求，书则因解注以释疑，此儒者之易也。钩深致远，错综典坟，该河洛之籍籍，博百氏之云云，德行积于衡巷，忠贞尽于事君，仰驰神于垂象，俯运思于风云，一事不知，则所为不通，片言不正，则褒贬不分，举趾为世人之所则，动唇为天下之所传，此儒家之难也，所谓易中之难矣。笃论二者，儒业多难，道家约易，吾以患其难矣，将舍而从其易焉。④

葛洪虽然认为儒道两家道学各有难易，但在他看来，面对着愈来愈复杂的社会发展，认为"儒业多难，道家约易"，简约更好些。因此说"吾以患其难矣，将舍而从其易焉"。其实，这不过是再次强调"唯道家之教，使人精神

---

① 《抱朴子·明本》。
② 《抱朴子·塞难》。
③ 《抱朴子·明本》。
④ 上引均见《抱朴子·塞难》。

专一，指约而易明，务在全大宗之朴，守真正之源"罢了。但葛洪并没有因此贬低、排斥儒家之教，反而认为儒道两家之教，皆圣人之学，皆是有益于社会人生教化的。故其说：

> 仲尼，儒者之圣也。老子，得道之圣也。儒教近而易见，故宗之者众焉。道意远而难识，故达之者寡焉。道者，万殊之源也。儒者，大淳之流也。三皇以往，道治也。帝王以来，儒教也。谈者咸知高世之敦朴，而薄季俗之浇散，何独重仲尼而轻老氏乎？……所以贵儒者，以其移风易俗，不唯揖让与盘旋也。所以尊道者，以其不言而化行，匪独养生之一事也。若儒道果有先后，则仲尼未可专信，而老氏未可孤用。①

葛洪认为，孔子"儒者之圣也"；老子"得道之圣也"。其为学，"道者，万殊之源也。儒者，大淳之流也"，虽有源流之分，儒家毕竟是"大淳之流"，教化之用，是不可舍的。虽然三皇以往，是以道治，自然素朴，然帝王以来，则是以儒家礼教淳世的。他认为，儒家礼教所以被重用，不在于它"揖让与盘旋"的外在形式，而在于它"移风易俗"的淳世大用。因此在他看来，人们"所以尊道者，匪独养生之一事也"，而在于以道淳世教化人生。若从质朴人生，回归人生本初意义上讲，"高世之敦朴，薄季俗之浇散，何独重仲尼而轻老氏乎？"不光礼教，道教亦是非常重要的。这正是历史上"仲尼既敬问伯阳，愿比老彭"的原因所在。因此葛洪认为，"仲尼未可专信，而老氏未可孤用"，两者应该相补互用。

但毕竟道本儒末，孔子是"儒者之圣"，是一家的圣人，老子"得道之圣"，是获得大道本原的圣人。道是"全大宗之朴，守真正之源"的存在，是"所以陶冶百氏，范铸二仪，胞胎万类，酝酿彝伦者也"②，整个人类心性、伦理、道德、礼仪、规范，莫不本原于此。因此，是不能舍弃这个本原，这个最为根本存在，而像孔子那样"栖栖遑遑，务在匡时，仰悲凤鸣，俯叹匏瓜，沽之恐不售，忪慨思执鞭"，亦不舍经世之功业，而放弃养生修行，以为是迂阔的事。正因为孔子忙于经世之功业，而不养生修行，所以葛洪认为，

---

① 《抱朴子·塞难》。
② 《抱朴子·明本》。

此乃"仲尼不免于俗情"① 者也。葛洪认为，人类社会事物是不断发展变化的，许多问题是前人（包括儒家周公、孔子）未曾遇到的，故"夫鲁史不能与天地合德，而仲尼因之以著经；子长不能与日月并明，而扬雄称之为实录"②。在葛洪看来，"夫五经所不载者无限矣，周孔所不言者不少矣"，如："问善易者，周天之度数，四海之广狭，宇宙之相去，凡为几里？上何所极，下何所据？"这类问题周孔未必回答得出来。然则，"人生而戴天，诣老履地，而求之于五经之上则无之，索之于周孔之书则不得，今宁可尽以为虚妄乎？天地至大，举目所见，犹不能了，况于玄之又玄，妙之极妙者乎？"③ 因此他认为，只有得道，只有获得道的源头，才能从根本上解决人类社会所遇到的全部心性伦理教化问题。故曰："凡言道者，上自二仪，下逮万物，莫不由之。但黄老执其本，儒墨治其末耳。"④ 葛洪认为，"圣人不必仙，仙人不必圣"，然"圣人受命，不值长生之道，但自欲除残去贼，夷险平暴，制礼作乐，著法垂教，移不正之风，易流遁之俗，匡将危之主，扶亡征之国，刊诗书，撰河洛，著经诰，和雅颂，训童蒙，应聘诸国，突无凝烟，席不暇暖"，忙碌一世，穷年无已，亦"俗所谓圣人者，非得道之圣人"⑤。

　　葛洪讲养生修行，讲长寿成仙，也是立于道体本原，立于生命源头而说的。因为道是"万殊之源"的存在，是"内以治身，外以为国，能令七政遵度，二气告和，四时不失寒燠之节，风雨不为暴物之灾"者，故"故道之兴也，则三五垂拱而有余焉。道之衰也，则叔代驰骛而不足焉"⑥。此亦《老子想尔注》讲"法道，故能自生而长久也"⑦ 者也。俗人之弊，就是"不能识其太初之本，而修其流淫之末"。因此，葛洪认为，人若能修太初之本，"能淡默恬愉，不染不移，养其心以无欲，颐其神以粹素，扫涤诱慕，收之以正，除难求之思，遣害真之累，薄喜怒之邪，灭爱恶之端，则不请福而福来，不禳祸而祸去矣"⑧。"陶冶造化，莫灵于人"，更应该懂得修道，"修太初之本"

---

① 《抱朴子·论仙》。
② 《抱朴子·论仙》。
③ 《抱朴子·释滞》。
④ 《抱朴子·明本》。
⑤ 《抱朴子·辨问》。
⑥ 《抱朴子·明本》。
⑦ 《老子想尔注校笺》，第15页。
⑧ 《抱朴子·道意》。

的道理。懂得这个道理，"达其浅者，则能役用万物，得其深者，则能长生久视"①。

至于修道成仙长生，不过是"欲静寂无为，忘其形骸"而已。能圆则为哲，寂静则为仙。故修道成仙长生，"诀在于志，不在于富贵"，而是"欲得恬愉澹泊，涤除嗜欲，内视反听，尸居无心"②，追求内心清静。此亦张道陵注《老子》"致极虚，守静笃"句，讲"强欲令虚诈为真甚极，不如守静自笃也"③。将心静下来，守静笃，其实也就是回归生命根底。故曰"道人当自重精神，清静为本"④。道家讲修道成仙，并非"或升太清，或翔紫霄，或造玄洲，或栖板桐，听钧天之乐，享九芝之馔"，那样"当侣狐貉而偶猿狖"，"与逸麟之离群以独往"，也是非常荒唐的，属于"不知而作也"⑤。惟有将心静下来，守静笃，回归生命本原根底，才是老子说的"深根固柢，长生久视之道"⑥。故《老子想尔注》说："自然，道也，乐清静。入清静，合自然，可久也"；"不合清静自然，故不久竟日也。"⑦ 这也就是《抱朴子》所以讲"天地之情状，阴阳之吉凶，茫茫乎其亦难详也，吾亦不必谓之有，又亦不敢保其无也"⑧；讲"外物弃智，涤荡机变，忘富逸贵，杜遏劝沮，不恤乎穷，不荣乎达，不戚乎毁，不悦乎誉，道家之业"⑨ 者也。

葛洪讲"黄老玄圣，深识独见，开秘文于名山，受仙经于神人"的养生之道，有时讲得很神秘。如讲"山川草木，井灶涝池，犹皆有精气。人身之中，亦有魂魄"；讲"善其术者，采玉液于金池，引三五于华梁，令人老有美色，终其所禀之天年"⑩；讲"天地调则万物安"，"一气不通，百事乖错"⑪ 等。其实，他之所讲者，不过是人如何加强内在修养，以善良美好心态适应外部环境问题。这个问题，如果仔细观察生态环境就会发现，为什么洁净、美好环境的动物，都是漂亮的、美丽的，如花间飞翔的蜜蜂、蝴蝶，而在阴

① 《抱朴子·对俗》。
② 《抱朴子·论仙》。
③ 《老子想尔注校笺》，第 26 页。
④ 《老子想尔注校笺》，第 41 页。
⑤ 《抱朴子·明本》。
⑥ 《老子》第 59 章。
⑦ 《老子想尔注校笺》，第 37 页。
⑧ 《抱朴子·登涉》
⑨ 《抱朴子·明本》。
⑩ 《抱朴子·微旨》。
⑪ 《太平经》乙部《名为神诀书》。

暗、污秽环境中爬出的动物，如蝎子、蚰蜒、癞蛤蟆，都是丑陋的、难看的？人体内气血的变化也是这样。如果一个人内心是美好的、祥和的，他（她）内在的气之质（细胞）就会向洁净、美好的方面发展转化；如果一个人整天愤愤不平，内心充满了妒忌、仇恨、恶欲，那么，他（她）体内气血的变化，内在的气之质（细胞），就会向丑陋、畸形、恶毒的方向发展转化，发展为肿瘤、癌，并显示出丑陋、凶恶的外像。此即佛教所说"相由心生"也。所以，道家讲长寿养生，讲神仙养生之道，说人"山川草木，井灶洿池，犹皆有精气"；讲"三气合并为太和也"，"三气不善相通，太平安得成哉"[1]；以及讲"身中有三尸，三尸之为物，虽无形而实魂灵鬼神之属也"[2]，其实就是讲的人及万物内在气之质（细胞）存在及适应环境不同发展变化。这也是《太平经》讲"人之精、神，常居空闲之处，不居污浊之间"[3] 的道理所在也；亦葛洪讲"欲求长生者，必欲积善立功，慈心于物，恕己及人，仁逮昆虫"，善其心，内心要美好也。讲长寿养生，讲神仙养生之道，非"俗人闻黄帝以千二百女升天，便谓黄帝单以此事致长生，而不知黄帝于荆山之下，鼎湖之上，飞九丹成，乃乘龙登天"者也；亦《黄庭内景经》讲"仙人道士非有神，积精累气以为真"[4] 者也。所以，道家讲养生之道，虽然讲得神秘，但就其内在合理性而言，所讲无非要人体质气血适应随环境美好而变化。故曰"所为术者，内修形神，使延年愈疾，外攘邪恶"[5] 而已。

　　葛洪《抱朴子》在道家中，不仅讲求长生，修至道，学仙法，而且是讲服食金丹玉液为要，视此为"仙道之极"者，故其成为道教金丹派创始人。尽管炼丹术包含着一定的物理、化学知识，而且至今有现代人不可理解的东西，尽管他一再讲"盛阳不能荣枯朽，上智不能移下愚，书为晓者传，事为识者贵"；"真人所以知此者，诚不可以庸近思求"；"天下之事万端，而道术尤难明于他事者也"；讲"凡人唯知美食好衣，声色富贵而已，恣心尽欲，奄忽终殁之徒，慎无以神丹告之"[6]；讲"古之得仙者，或身生羽翼，变化飞行，失人之本，更受异形，有似雀之为蛤，雉之为蜃，非人道也。人道当食

---

① 《太平经》乙部《和三气兴帝王法》。
② 《抱朴子·微旨》。
③ 《太平经》乙部◎阙题。
④ 《黄庭内景经·仙人章》。
⑤ 《抱朴子·微旨》。
⑥ 《抱朴子·金丹》。

甘旨，服轻暖，通阴阳，处官秩，耳目聪明，骨节坚强，颜色悦怿，老而不衰，延年久视"；"欲求仙者，要当以忠孝和顺仁信为本。若德行不修，而但务方术，皆不得长生也"① 等等，但炼丹之法，学仙之术，仍然充满着许多神秘主义成分，而且多流于象数之论。故精神史对此不多加讨论。

讲成仙炼丹，一直是中国道教所宣扬的，也是与其他宗教不同的地方。当宗教更为重要的任务是化民淳俗，培育伦理道德精神，是不是停留于象数知识。适应这种要求，发展到南朝刘宋时期就出现了陆静修奉老正教的神学教法和齐梁间陶弘景以玄道为归的神学思想，显示了新的宗教精神。

四　陆静修奉老正教以建神学

陆静修（406～477），字元德，南朝宋吴兴东迁（今浙江吴兴东）人。记载说他"少宗儒氏，坟索谶纬，靡不总该"②；又说其性喜道术，"研精玉书，稽仙圣奥旨。勤而习之，不舍寤寐"③。悟道后，弃绝妻子，入山修行，隐云梦山。此事做得非常决绝。说有一次，他下山寻药，路过故乡，停家数日，有女人忽然暴病，命在晷刻。家人固请救治，先生叹曰："我本委绝妻子，托身玄极，今之过家，事同逆旅，岂复有爱著之心！"于是拂衣而出，直逝不顾④。此可知其理性绝情也。但他隐云梦山修行仙道，却远近闻名，有不远千里而造者。他为了搜集道书，寻访仙踪，足迹寰中，传说其"潜衡、熊、湘，暨九嶷、罗浮，西至巫峡、峨嵋，如云映松风，丽乎山而映乎水。功成，扣玄感神，授灵诀，适然自得，交通于仙真之间"⑤，于是道家仙名远播。

但陆静修毕竟处于乱世。越是乱世，人们越需要信仰；越是信仰得不到满足，越是出现宗教乱象。魏晋南北朝当儒家礼教衰微，于是各种宗教泛滥，乱象丛生。当时，不仅自释氏流教，像周朗所批评的那样："鬼道惑众，妖巫破俗，触木而言怪者不可数，寓采而称神者非可算"⑥，造成了世风混乱，而且当时道教发展，也极为纷繁混乱。陆静修谈及这种纷繁混乱时，曾说：

---

① 《抱朴子·对俗》。
② 《宋庐山简寂先生》，《道藏要籍选刊》第 1 册。
③ 吴筠：《简寂先生陆君碑》，《全唐文》卷九百二十六。
④ 《三洞珠囊》卷一《救导品》引《道学传》，《正统道藏》第 42 册。
⑤ 《宋庐山简寂陆先生》，《道藏要籍选刊》第 1 册，上海古籍出版社 1989 年版。
⑥ 《宋书·周朗传》。

今人奉道，多不赴会：或以远为辞，或以此门不往，甚至舍背本师，越诣他治。唯高尚食，更相炫诱。明科正教，废不复宣，法典旧章，于是沦坠。玄纲既弛，则万目乱溃。①

这种宗教的纷繁混乱，自然既不利于社会安定，也无助于政治统治。所以，刘宋王朝才一而再、再而三地向陆静修请教商讨如何以宗教潜化教民问题。先是元嘉末，陆静修卖药京师建康（南京）时，宋文帝刘义隆闻其道风而邀之入宫，讲理说法，不舍晨夜，文帝服膺尊异其说；再就是宋孝武帝大明五年（461）于庐山东南瀑布岩下为陆静修建立道观（后名简寂观），让其隐居修道；及至宋明帝刘彧即位，"欲稽古化俗，虚诚致礼，至于再三"，请其进京。初，陆静修辞疾不赴，经帝屡诏固请，而赴建康。明帝亲自问道，当时的朝野，"夫若水奔壑，如风应虎，其谁能御之？"于是北郊筑崇虚馆使之居。陆静修在此期间，编撰《三洞经书目录》，著《太上洞玄灵宝众简文》《洞玄灵宝五感文》《陆先生道门科略》《太上洞玄灵宝授度仪》《洞玄灵宝斋说光烛戒罚灯祝愿仪》等，开始了他的奉老正教活动。当时盛况，如《孔德漳与李果之书》所说，陆静修"道冠中都，化流东国。帝王禀其规，人灵宗其法，而委世潜化，游影上玄"；于是，"学悟之美，门徒所归，宜其整缉，遗迹提纲振纪，光先师之余化，纂妙道之遗风，可以导引沐俗，开晓后途者矣"②。后人更赞陆静修当时声望说："大敞法门，深弘典奥，朝野注意，道俗归心，道教之兴，于斯为盛也。"③ 这种正教活动，大约经历十年时间。陆静修于宋废帝元徽五年（477）逝世，享年72岁，谥曰"简寂先生"。

陆静修奉老正教活动，首先是编撰《三洞经书目录》，澄清当时已经出现三皇、上清、灵宝三教教理，为道教发展奠定道教经籍基础。陆静修立崇虚馆时，已得到《上清经》系统的道经，与《灵宝经》《上清经》《三皇经》也有接触。他对这些道教教理教义、教规教戒、修炼方术、斋醮科仪等编辑整理，编成《上三洞经书目录》。虽然现在《三洞经书目录》已佚，但从陆静修所作《灵宝经目序》，亦可看出当时宗教状况及编撰思想。该序说：

① 《陆先生道门科略》，《道藏要籍选刊》第8册。
② 上引均见《宋庐山简寂陆先生》，《孔德漳与李果之书》，亦见此文引。
③ 《三洞珠囊》卷二引《道学传》，《正统道藏》第42册。

顷者以来，经文纷互，似非相乱：或是旧目所载，或自篇章所见，新旧五十五卷，学士宗竞，鲜有甄别。余先未悉，亦是求者一人。既加寻觅，甫悟参差，或删破《上清》，或采博余经，或造立序说，或回换篇目，裨益章句，作其符图，或以充旧典，或别置盟戒，文字僻左，音韵不属，辞趣烦猥，义味浅鄙，颠倒舛错，事无次序。考其精伪，当由为猖狂之徒，质非挺玄，本无寻真之志。……晚学推信弗加澄研，遂令精粗糅杂，真伪混行，视听者疑惑，修味者闷烦，上则损于灵囿，下则耻累学者，进退如此，无一可宜。……余少耽玄味，志爱经书，积累锱铢，冀其万一，若信有可崇，何苟明言，坐取风刀乎？①

南北朝刘宋时的道教，除东晋的金丹派外，又出现了三皇、上清、灵宝三个教派。这些教派的发展演变，不仅"经文纷互，是非相乱"，而且在教理"辞趣烦猥，义味浅鄙"，"质非挺玄，本无寻真"，缺乏形而上学本体论根据。如三皇派以天皇、地皇、人皇之治天下为教，以《三坟》《八索》为经，颇有祖先神崇拜的性质；上清派以"明乎混沌之表，焕乎大罗之天"的"众真所处，大圣所经"②的上清宫为教，亦缺乏大道本体论的真实可靠性。刘宋仍是玄学盛行时期，形下经验实在或流于象数，是不被人欣赏推崇的。这一点，从宋明帝为陆静修建立崇虚馆，也可以看出来。宗教本体论也是这样，要立教建立信仰，以最高存在慰问人的心灵，停留于象数或缺乏无妄之理，是不可能达到目的的。此乃陆静修疑当时教派教义"精粗糅杂，真伪混行"者也。陆静修所说"余少耽玄味"者，就是说自己爱好形上无妄之理，追求道家形上神学精神。此其所以编撰《三洞经书目录》，澄清教理者也。

陆静修奉老正教，追求道家形上神学精神，不仅在于编撰《三洞经书目录》，澄清诸教不纯教理，更在于他汇集古今道家之学，通过创教树典活动与宗教实践，将原始道家老子哲学大道本体论，提高、升腾、神化为至真、至玄、至神的存在，将其宗教神学化或精神化。陆修静认为，"夫大道虚寂，绝乎状貌；至圣体行，寄之言教。太上老君以下古委惹，淳浇朴散，三五失统，人鬼错乱"。他认为，要奉老正教，纂妙道沐浴风俗，教化万民，就要用老子

---

① 《灵宝经目序》，《云笈七签》卷四。
② 《上清源统经目注》序，《云笈七签》卷四。

大道哲学，正教邪僻袄巫之法，改变"三五失统，人鬼错乱"的混乱状态。因此，他提出一系列正教主张：

> 千精万灵，一切神祇，皆所废弃，临奉老君三师，谓之正教。向邪僻袄巫之倒法。祭祀鬼神，祈求福祚，谓之邪。称鬼神语，占察吉凶，谓之袄。非师老科教而妄作忌讳，谓之巫，书是图占、冢宅、地基、堪舆、凶咎之属，须上章驱除。①

可知陆静修正教的范围是相当广泛的，不仅教正一切邪僻袄巫之法，废弃千精万灵的神祇，而且连图占、冢宅、地基、堪舆、凶咎之属，一并驱除，只准信奉老君三师，以此为正教。

如何以信奉老君三师为正教？这是一种怎样的精神追求呢？陆静修曾整理编撰《太上洞玄灵宝授度仪表》。他于此仪表谈及奉老正教，追求道家形上神学精神时，说自己"从叩窃以来一十七年，竭诚尽思，遵奉修研，玩习神文，耽味玄趣，心存目想，期以必通，秉操励情，夙夜匪懈"；最后"考览所受，粗得周遍，自觉神开意解，渐悟理归，宛义妙致"②。陆静修正是通过整理编撰《太上洞玄灵宝授度仪表》，以无上元始太上大道为最高神学本体存在，编纂了"三洞御运，灵宝下教，先度并升，仙官空缺，应须中贤，以充诸天"③之神存在，建立起神学体系的。这个体系，实际上是将原始道家老子大道哲学"肇起自无"本体论，提高、升腾、神化，使其成为至真、至玄、至神的存在。这个体系的"三洞"尊神，就是将道体至真、至玄、至神存在，转化为他所说的"洞真""洞玄""洞神"教主。北宋张君房所编《云笈七签》，关于灵宝经怎样由原始道家老子哲学"道生一，一生二，二生三，三生万物"④的本体论存在，转化提升成为玄极至尊神学体系及道教三洞宗元存在，曾作过极为简要系统描述：

> 原夫道家，由肇起自无先垂迹，应感生乎妙一，从乎妙一，分为三

---

① 《陆先生道门科略》，《道藏要籍选刊》第 8 册。
② 《太上洞玄灵宝授度仪表》，《道藏要籍选刊》第 8 册。
③ 《太上洞玄灵宝授度仪表》，《道藏要籍选刊》第 8 册。
④ 《老子》第 42 章。

元；又从三元变成三气；又从三气变成三才。三才既滋万物斯备。其三元者，第一混洞太无元，第二赤混太无元，第三寂寞玄通元。从混洞太无元生化天宝君，从赤混太无元生灵宝君，从第三寂寞玄通元生神宝君。……此三君各为教主，即是三洞之尊神也。其三洞者，谓洞真、洞玄、洞神也。天宝君说十二经部，为洞真教主；灵宝君说十二经部，为洞玄教主；神宝君说十二经部，为洞神教主。故三洞合成三十六部尊经：第一洞真经为大乘，第二洞真经为中乘，第三洞真经为小乘。……三洞各十二部，合成三十六部，其三气者，玄、元、始三气也。又从玄、元、始变生阴阳和，又从阴阳和变生天地人。故《道德经》云："道生一，一生二，二生三，三生万物。"①

这是中国文化自殷周之际隐退上帝，将上古宗教文明发展为礼教文明之后，因礼教衰微而重建宗教文明，第一次以自己固有的天道形而上学存在，所重新建构出的神学体系。尽管这个神学体系，还包含着祖先神崇拜的成分，以大乘小乘言之，尚有佛教分类模仿，但其将大道本体提高、升腾、神化为至真、至玄、至神的存在，则上古原始宗教崇拜还是具宗教神学理性的；特别是它将千精万灵神祇存在及一切邪僻袄巫之法废弃，连同图占、冢宅、地基、堪舆、凶咎之属，一并驱除，惟以原始道家老子大道哲学"肇起自无"本体论为宗教神学根据，讲"太上大道君，自然无为道"；或讲"妙哉太上道，无为常自然"②，大道即自然，自然即妙道，较之当时三皇教讲"天皇""地皇""人皇"，或上清教讲"天灵妙虚"的上清之法，在宗教神学本体论上，或在宗教教义与宗教精神的提升上，则都要理性纯粹得多。这不能说不是陆静修奉老正教之得法也。但它以道体"肇起自无"本体论为宗教神学根据，其为"洞真""洞玄""洞神"的存在，与道体流行处终缺乏现实的逻辑关系。因此，其为形上精神追求，也终难免流于虚无。

南北朝时期是政治纷争时期，也是宗教纷争时期。"南朝四百八十寺，多少楼台烟雨中"③，可知佛教之盛也。道教兴起，自不让人，虽道观不如佛寺之多，但气势上也是压人的。陆修静奉老正教，不仅强调神思、诵经、礼拜，

---

① 《道教三洞宗元》，《云笈七签》卷三。
② 《太上洞玄灵宝授度仪表》。
③ 〔唐〕杜牧：《江南春绝句》。

而且集会规模、宗教仪式也极为盛大："公私云集，车有数百乘，人将四五千，道俗男女，状如都市之众。"① 礼拜时，不仅弟子长跪伏拜，稽首三十六尊经，三市散花十方，而且"鸣鼓三十六通"②，颇有为天地助威之势。此可知其的天科礼拜仪式之严峻也。但它也包含着一种人文精神，一种天人契合的宗教神学精神。特别是发展到齐梁时期，当陶弘景制定《真灵位业图》（即《洞玄灵宝真灵位业图》，将七百多位神灵以图谱形式一一列出时，也就将陆静修所建神学发展为庞大的神学体系，构成一个诸如繁星似的上天人文精神世界了。

齐梁时，玄学之风稍衰，陶弘景以神学弘宗教真理，似不再强调那么严峻的天科礼拜仪式，因此，其为宗教精神也超越洒脱多了。

五　陶弘景以神学弘宗教真理

陶弘景（456～536），字通明，丹阳秣陵（今江苏南京）人，出生于南朝士族之家，齐梁间道士、宗教神学家、医学家。陶自幼好学，史说其"至十岁，得葛洪《神仙传》，昼夜研寻，便有养生之志"；"读书万余卷，一事不知，以为深耻"；"未弱冠，齐高帝作相，引为诸王侍读"，"虽在朱门，闭影不交外物，唯以披阅为务"；"永明十年，脱朝服挂神武门，上表辞禄"，隐于咸阳茅山，自号华阳陶隐居，"始从东阳孙游岳受符圆经法"，遍历名山。梁代齐后，武帝几度礼聘不至，却每每就朝廷大事咨询，时人称其为"山中宰相"③。梁大同二年（536）卒，享年八十五，赠中散大夫，谥曰贞白先生。

先生一生，学问渊博，"性好著述，尚奇异，顾惜光景，老而弥笃"，故著述丰富。据子侄陶翙所撰《华阳隐居先生本起录》，陶弘景著有《学苑》一百卷、《三礼目录注》一卷、《孝经论语集注并自立意》十二卷、《三礼序》一卷、《注尚书毛诗序》一卷、《三国志赞述》一卷、《抱朴子注》二十卷、《真诰》二十卷、《老子内外集注》四卷、《抱朴子注》二十卷、《本草经集注》七卷、《太清草木集要》二卷、《太清诸丹集要》四卷，及《陶隐居集》④

① 　陶弘景：《真诰》卷十一注。
② 　《太上洞玄灵宝授度仪表》。
③ 　上引均见《南史·陶弘景传》。
④ 　《华阳隐居先生本起录》，见《云笈七签》卷一百七。

等。据有关统计，全部作品达七八十种之多。有些道家著作"秘密不传"；另外，尚有"撰而未讫又十部，唯弟子得之"①。陶弘景的宗教思想，主要见于《真诰》《华阳真灵位业图》；炼丹养生之说，则有《养性延命录》；文章、书信等，保留于《陶隐居集》中。现在《真诰》收于《道藏》太玄部，《华阳真灵位业图》收于《道藏》洞真部谱录类，《陶隐居集》收于《道藏》太玄部，《养性延命录》收于《道藏》洞神部。《陶隐居集》上、下两卷，上海涵芬楼及上海古籍社皆有影印本，《全梁文》亦多有收集。

　　陶弘景的宗教思想，从根本上说，主要源于原始道家老庄。从他十岁"得葛洪《神仙传》就昼夜研寻，便有养生之志"，及"从东阳孙游岳受符圆经法"看，其宗教思想是受当时流行的道教思想影响的。另外，从《华阳隐居先生本起录》所说，陶弘景"九岁十岁读《礼记》《尚书》《周易》《春秋》"及"母东海郝夫人，讳智湛，精心佛法"②等看，可知其思想亦是受儒释两种文化影响的。总体上讲，陶弘景的文化哲学思想并不是太单纯的。他受道家及葛洪宗教影响，故出世求仙炼丹的思想甚重。但梁将代齐，却以"水丑木"为"梁"的图谶歌之，为其制造舆论，及梁武兵至，又遣弟子"假道奉表"，可知其并非完全不热衷政治。他于梁武帝即位后，与之书信往来不绝，亦可证明这一点。但是，当梁武帝屡加礼聘时，他却并不出山为官，"唯画作两牛：一牛散放水草之间，一牛著金笼头，有人执绳，以杖驱之"③，可见其多么不愿意受政治约束了。陶弘景处社会动乱之际，政治危机之时，应该说是很具强隐退自保意识的。这从其与兄弟亲友书，一再讲"今三十六，方作奉朝请，头颅可知，不如早去"④；"畴昔之意，不愿处人间，年登四十，毕志山薮。今已三十六矣，时不我借。知几其神乎！毋为自苦"⑤等，可以看出来。但陶弘景这样做，也有其自我陶冶山水之乐的情志。最初辞官时，就表达了不为待禄，以"灭影桂庭，神交松友"⑥自乐心情。武帝诏书问其山中何所乐，更写诗答曰："山中何所有，岭上多白云。只可自怡悦，不堪持寄

---

①　《南史·陶弘景传》。
②　见《云笈七签》卷一百七。
③　《南史·陶弘景传》，另见《云笈七签》卷一百七《梁茅山贞白先生传》。
④　《与从兄书》，《全梁文》卷四十六。
⑤　《与亲友书》，《全梁文》卷四十六。
⑥　《解官表》，《陶隐居集》卷下。

君①。"这种情趣所隐藏的，就是他寻山所表达的隐居之志：

> 倦世情之易挠，乃杖策而寻山，既沿幽以达峻，实穷阻而备艰。渺
> 游心其未已，方际夕乎云根。欣夫得志者忘形，遗形者神存。于是散发
> 解带，盘旋岩上，心容旷朗，气宇调畅。玄虽远其必存，累无大而不忘，
> 害马之弊既去，解牛之刀乃王。物我之情虽均，因以济吾之所尚也。②

　　陶弘景处社会动乱之际、政治危机之时，有隐退之志是可以理解的。在
此背景下，讲隐居环境之美："高峰入云，清流见底，两岸石壁，五色交晖，
青林翠竹，四时俱备"，及生活之趣："晓雾将歇，猿鸟乱鸣，夕日欲颓，沈
鳞竞跃，实是欲界之仙都。自康乐以来，未复有能与其奇者"③，则不过是逃
避政治的自慰而已。这就是陶弘景内心的矛盾。惟此，他才会吟哦："微寒风
紧，愁心绝，愁泪尽，不胜怨，思来谁能忍！"④

　　尽管陶弘景的处世哲学充满着内心的矛盾，但他始终抱有一种追求宗教
真理的执着。这不仅表现在他十岁昼夜研读葛洪《神仙传》，三十多岁从东阳
孙游岳受符圆经法，遍历名山，寻访仙药，及梁武帝礼聘而不出山，更在于
他对宗教神学哲理的不断探索与思考；特别是齐永明十年（492）归隐茅山之
后，他除对天文历算、地理方物、医药养生、金丹冶炼诸方面做了大量研究
外，在宗教理论方面，整理弘扬上清派经法，撰写了很多重要道教著作，其
中《真诰》就是最为重要的一部。《真诰》，诰，即布告也，即"以天命大
义，告万方之众人"⑤。真诰，即道士仙人所布告天下宗教真理也。陶弘景讲
《真诰》整理编撰及其宗教真理的获得说：

> 昔在人间，已钞撰真经修字两卷。今更反复研精，表里洞洽，预是
> 真学之理，使了然无滞，一字一句，皆有事旨：或论有以入无，或据显
> 而知隐，或推机而得宗，或引彼以明此，自非闲练经书，精涉道教者，
> 率然览之，犹观海尔。必须详究委曲，乃当晓其所以，故道备七篇，义

---

① 《诏问山中何锁月赋诗以答》，《陶隐居集》卷上。
② 《寻山志》，《陶隐居集》卷上。
③ 《答谢中书书》，《全梁文》卷四十六。
④ 《寒夜愁》，《陶隐居集》卷上。
⑤ 《孔安国传》，《尚书·汤诰》。

同高品。……试略问粗处，已自茫然，皆答言经说止如此，但谨依存行耳。乃颇复开动端萌，序导津流，若直智尚许人，脱能欣尔感悟，询访是非。至于愚迷矜固者，便径道君何以穿凿异同，评论圣文，或有自执己见，或云承师旧法，永无启发对扬之怀，此例不少，可为痛心。夫经之为言径也，经者，常也，通也，谓常通而无滞，亦犹布帛之有经耳，必须铨综纬绪，仅乃成功。若机关疏越，杼轴乖谬，安能斐然成文？……凡五经子史，爰及赋颂，尚历代注释，犹不能辨，况玄妙之秘途，绝领之奇篇，而可不探括冲隐，穷思寂昧者乎？既撰此真诀，乃辍书而叹曰：若使顾玄子在此，乃当知我心理所得，几于天人之际，往矣如何，孰与言哉！①

这就是说，东晋末，道士杨羲、许谧，许翙的上清派《真诰》经法已经存在，经过齐时道士顾欢的搜集和整理，已抄撰为"真经修字"的两卷本经典。陶弘景的任务，或者说他的重新编撰，"反复研精，表里洞洽"，乃在于使《真诰》的宗教真理，或他说的"真学之理"，能"了然无滞，一字一句，皆有事旨：或论有以入无，或据显而知隐，或推机而得宗，或引彼以明此"。这"自非闲练经书，精涉道教者，率然览之，犹观海尔"，而是"必须详究委曲，乃当晓其所以"的研精洞洽。这样，才有了陶弘景所编著的"道备七篇，义同高品"的《真诰》经法。当时，陶弘景不仅以宗教神学思想得到了梁武帝的恩宠，而且得到当时很多王公显贵的尊崇。《三洞珠囊》说："梁高祖太子从而受道，梁简文、邵陵诸王、谢览、沈约、阮忻、虞权，并服膺师事之"②；《华阳陶隐居内传》亦说："齐梁间侯王公卿从先生授（受）业者数百人，一皆拒绝，唯徐勉、江佑、丘迟、范云、江淹、任、萧子云、沈约、谢瀹、谢览、谢举等在世日，早申拥彗之礼③。"

那么，是什么《真诰》经法，它怎样"义同高品"，成为道士仙人所布告宗教的真理呢？陶弘景所处梁代，玄学之风已经衰退。他不可能像陆静修那样奉老正教，追求形而上的存在，将原始道家老子哲学大道本体论，提高、升腾、神化为至真、至玄、至神的存在，将其宗教神学化或精神化，而是

---

① 《发真隐诀序》，《陶隐居集》卷上。
② 《太平御览》卷六七九，引《三洞珠囊》。
③ 〔唐〕贾嵩撰：《华阳陶隐居内传》卷中，见《道藏》洞真部记传类。

"开动端萌，序导津流，若直智尚许人，脱能欣尔感悟，询访是非"。陶弘景自己曾写诗说："夷甫任散诞，平叔坐空谈。不言昭阳殿，化作单于宫。"①因此，他建立宗教神学，不可能像嵇康、阮籍那样一味地谈论玄学，追求空寂虚无的形而上学存在，而必须将其变为可感知、可领悟的存在。在他看来，"经者，常也，通也，谓常通而无滞，亦犹布帛之有经耳，必须铨综纬绪，仅乃成功"，而若"机关疏越，杼轴乖谬，安能斐然成文？""凡五经子史，爰及赋颂，尚历代注释，犹不能辨，况玄妙之秘途，绝领之奇篇，而可不探括冲隐，穷思寂昧者乎？"因此，陶弘景整理编著的《真诰》，所宣示弘扬的宗教真理，虽然玄秘，虽然充满神性形而上学，虽然是通过道士神仙布告的，然只要体验之、领悟之、验证之，仍然是人生之理，是天道性命之理，而非超验的、彼岸世界的真理。陶弘景编著《真诰》，引用了大量道经、历史人物、神话故事及仙宫神人，通过他们布告种种天道性命之理，但这不过是重建一种天启神示的宗教哲学而已。

但《真诰》并非经，而是纬，是充满神秘色彩的纬书。从《运题象》到《翼真检》，道备七篇，皆经之纬也。故曰"铨综纬绪"。陶弘景虽"先善稽古，训诂七经，大义备解"，但其所好者，乃是五行阴阳、风角气候、太一遁甲、星历算数一类书。他不仅"戊辰（548）年始往茅山，便得杨许手书真迹，欣然感激"；而且后来东行浙越，处处寻求灵异，于会稽大洪山、余姚太平山等道教处，"得真人遗迹十余卷"②。陶弘景不仅从各地道士那里得书，更说自己的书来自神仙真人，曾极为具体地叙述接受紫微王夫人授书③。它可能在于说明其著述的神圣性与神秘性，但如此神秘荒诞的说法，也说明《真诰》的纬书性质。既是纬书，自然《真诰》就不应视为经天下之大经，立天下之大本的书，它最多是将大经大本敷衍于道士仙人之口者。

---

① 《陶隐居集》卷上，另见《云笈七签》卷一百七《梁茅山贞白先生传》。
② 《华阳隐居先生本起录》。
③ 《真诰·运题象》描述说：紫微王夫人见降，左右又有两侍女，其一侍女著朱衣，带青章囊，手中又持一锦囊，囊长尺一二寸许，以盛书，书当有十许卷也。以白玉检囊口，见刻检上字云《玉清神虎内真紫元丹章》。……少久许时，真妃问某年几，是何月生？某答言："三十六。庚寅岁九月生也。"真妃又曰："君师南真夫人，司命秉权，道高妙备，实良德之宗也。闻君德音甚久，不图今日得叙因缘欢。"某乃称名答言："沉湎下俗，尘染其质，高卑云邈，无缘禀敬，猥亏灵降，欣踊罔极。唯蒙启训，以祛其暗。济某元元，宿夜所愿也。"……又良久，真妃见告曰："欲作一纸文相赠，便因君以笔，运我鄙意，当可尔乎？"某答奉命。即擘纸染笔，登口见授，作诗如左。诗曰："愿为山泽结，刚柔顺以和。相携双清内，上真道不邪。"

陶弘景虽然不愿像嵇康、阮籍那样一味地谈论玄学，但这不等于他不善玄学思考，不追求形而上学存在。所说"两仪所育，三教之境"，即是形而上学的思考与追求也。他曾问于人并说："读《易》乎？读《易》足矣。"① 由此可知，《真诰》所纬者，乃《易》之经也；"各谓知道，参差经术，跌宕辞藻"② 者，乃体悟《易》"六爻之动，三极之道"，以天启神示神秘宗教哲学，纬说《易》经之天道性命之理也。如说：

　　夫沈景虚玄，无途可寻；言发空中，无物可纵。流浪乘忽，化遁不滞者也。……故实中之空，空中之有，有中之无象矣。

　　道柔真虚，守淡交物，安静任栖，神乃启焕耳。要而言之，躁疾非尽理矣。

　　是以古之学者，握玄筌以藏领，匿颖镜于纷务；凝神乎山岩之庭，颐真于逸谷之津，于是散发高岫，经纬我生。

　　高兴希林虚，遐游无员方，萧条象数外，有无自冥同。……内映七道观，可以得兼忘；玄心自宜悟，嘿耳必高踪。

　　玄心空同间，上下弗流停。无待两际中，有待无所营。体无则能死，体有则摄生。

　　心勿欲乱，神勿淫役。道易不顺，灾重不逆。永丧其真，遂弃我适。③

《真诰》中这些天道性命之理，皆是通过所描绘的众多美妙仙真宣示布告的。这看起来有点像《楚辞》中巫觋歌舞娱神之词，难免掺杂巫风神怪之俗。当时，陶弘景等创建的道教人物，多是南方人。那么，应该怎样看待《真诰》所描绘的众多仙子真人布告宗教真理的活动呢？这也许应该像朱熹批评《楚辞》所说的那样："不知学于北方，以求周公、仲尼之道，而独驰骋于变《风》、变《雅》之末流，以故醇儒庄士或羞称之"；但若仔细聆听《楚辞》之所诵，"则于彼此之间，天性民彝之善，岂不足以交有所发，而增夫三纲五

① 〔宋〕高似孙：《真诰》叙，《道藏要籍选刊》第 4 册。
② 《茅山曲林馆铭》，《陶隐居集》卷下。
③ 《真诰·运题象》。

典之重!"① 我们今天若如此看《真诰》，撩开它的神秘主义外衣，那些众多美妙仙子真人，则个个是非常灵性美好的，其怀灵抱识，所宣示布告的宗教真理，则也是极为诚恳善良的，非如《楚辞》中巫风神怪的怨怼激发，生于缱绻恻怛者。《楚辞·九歌》中有云中君、湘夫人、大司命等神人仙公，《真诰》中也有这类众多仙子真人。其出现及布告真理活动的描写，也是极为美好的。如北岳上真山夫人答晋上清教道士"许（翙）长史书，论茅山中事"，写道：

> 自谓"玄响所振，无往不豁。既濯以灵波，实望与物荣庵。既未能畅业骈罗，游岫逐逸，然后知悟言之际，应玄至少"。于是佛驾而旋，偃静葛台。……末书云："伏览圣记，事迹渊妙，金策素著，青录玄定。"遂跨尘俗，逍遥紫阳，何萧萧之清远，眇眇之真贵哉。又云："得道之阶，错厉精神，靖躬信宿，洗诚求籶。如斯而言，道已迩也。"

再如上清教道士杨羲记书九华真妃授书所说的一番话：

> 夫处无用于嚣途，乃得真之挺朴。任凡庸以内观，乃灵仙之根始也。盖富贵淫丽，是破骨之斧锯，有似载罪之舟车耳。荣华矜世，争竞徼时，适足以诲愆要辱，为伐命之兵，非佳事也。是故古之高人，览罪咎之难豫，知富贵之不可享矣。遂肥遁长林，栖景名山。咀嚼和气，漱濯清川。欲远此恶迹，自求多福。超豁绁聘，保全至素者也。君亦奚足汲汲于人间之贵贱，投身于荣辱之肆哉。②

神仙真人的话，终究是人类要说的话；天上的真理，终究是人间的真理，包括那些看似神秘的养生成仙论述，亦是人类养生长寿经验的总结。如陶弘景著《养性延命录》，尽录古代道家养生之说，讲"夫禀气含灵，唯人为贵。人所贵者，盖贵为生。生者神之本，形者神之具；神大用则竭，形大劳则毙"③ 等，就带有历代道家养生长寿经验的总结性质。

---

① 朱熹：《楚辞集注》序，《楚辞集注》，上海古籍出版社 1979 年版，第 2 页。
② 上引均见《真诰·运题象》。
③ 《养性延命录》序，《道藏要籍选刊》第 9 册。

《真诰》虽为纬书，虽以仙女真人布告天道性命之理，然它还是充满宗教精神的。这种精神，就是以阴阳大化为宗，超越人生世俗困境及种种淫欲、贪婪非理性，追求生命本然存在，或涵养大化，成为超然的生命精神。有人问陶弘景，寻问陶弘景说："七尺之体，既同禀太始，俱服五常，以何因缘"，有的"独超青云"，而有的"弊金石者"？陶弘景回答说："凡质象所结，不过形神，形神合时，则是人是物。形神若离，则是灵是鬼；其非离非合，佛法所摄；亦离亦合，仙道所依。今问以何能而致此仙，是铸炼之事极，感变之理通也。"①

陶弘景是通儒道释者，故其说："夫万象森罗，不离两仪所育；百法纷凑，无越三教之境。"② 一切生生化化，一切万象森罗的存在，及百法纷凑、宗教玄理，其实，皆不过是天地之道、两仪之理，不过是阴阳化育的法则见诸神妙者。他甚至说："天地栋宇，万物同于一化，死生善恶，未之能闻。"③他编著《真诰》，布告"以天命大义，万方之众人"者，就是天地之道、阴阳大化的宗教哲学真理，亦即大化流行的宇宙生命精神！在他看来，人只是停留于七尺之体，就像以土埏埴为器存在那样，不能"修道进学，渐阶无穷"，不能"以精灵莹其神，以和气濯其质，以善德解其缠，众法共通，无碍无滞"，其为形器，终究"遇湿犹坏，不久尚毁"④ 的。故他说："世人之思虑，何得事事真审耶？可不事有答其心也。"在他看来，"欲建竖之也，莹实之也"，养心是非常重要的。若"洗心勤迈，宗注理尽，心殚意竭，如履水火，若久如此者，真人亦不得逃矣，仙道亦不得隐矣"。故曰："得道之阶，错厉精神，靖躬信宿，洗诚求矜。如斯而言，道已迩也。"⑤ 即使心觉已至，面对着功名利禄的流俗世界，也看内心是否有迟疑之悟？如果内心仍追求流俗世界的功名利禄，即使做了神仙，"虽同号真人，真品乃有数，俱目仙人，仙亦有等级千亿，若不精委条领，略识宗源者，犹如野夫出朝廷，见朱衣必令史，句骊入中国，呼一切为参军，岂解士庶之贵贱，辨爵号之异同乎？"⑥陶弘景虽然制定了一份《真灵位业图序》，那不过是描绘了一个天上人文精神

---

① 《答朝士访仙佛两法体相书》，《陶隐居集》卷上。
② 《茅山长沙馆碑》，《陶隐居集》卷下。
③ 《答赵英才书》，《全梁文》卷四十六。
④ 《答朝士访仙佛两法体相书》。
⑤ 上引均见《真诰·运题象篇》。
⑥ 《真灵位业图序》，《全梁文》卷四十七。

世界，并非要人带着功利目的追求的那个世界！

　　陶弘景的宗教观在于道德精神世界的修养。他认为，修道"心坚注真，微密灵机，则可矣"；而若"心苟不专，愆念填胸，虽蹑阆山以游步，造圆垄以朝冥，然亦必败也"。故曰"贞则灵降，专则神使矣"①。若修到"万感其已会，亦千念而必谐"，则"反无形于寂寞，长超忽乎尘埃"②。因此，我们读《真诰》，到处飞动着"心豁虚无外，神襟何朗寥"；"玄波振沧涛，洪津鼓万流"；"寥朗远想玄，萧条神心逸"；"坦夷观天真，去累纵众情"一类句子，似乎身心真的"反无形于寂寞，长超忽乎尘埃"③ 的精神境界！因此，陶弘景的宗教论述不在于他制定了一份《真灵位业图序》，描绘了一个天上人文精神世界，而在于他通过自己的大量著作，追求非功利的宗教性真理和灵性飞动的精神世界。不过，当他讲"君子不独居其荣，仁人必与物同泰"；"以诚恳为性，恬澹为情"④；讲"尚德依仁，祈生翊命，且天且地，若凡若圣"；"掩迹韬功，守兹偕老"⑤ 时，尚有魏晋恬淡风韵，而当其讲"守一介之志，非敢蔑荣嗤俗，自致云霞"；只是"保无用以得闲，垄薪井汲，乐有余欢，切松煮术，此外何务"⑥ 时，恬淡风韵已不存，则带有内心的隐痛与不甘矣。特别是讲"生者神之本，形者神之具。神大用则竭，形大劳则毙。若能游心虚静，息虑无为，服元气于子后，时导引于闲室，摄养无亏，兼饵良药，则百年耆寿是常分也"⑦ 等，已专于内丹派修炼矣。这种修炼，内观于心，转向内在精神的感知与凝聚。它发展到隋唐以后，影响了孙思邈、司马承祯、吴筠、杜光庭等人宗教思想与精神哲学。

　　不管怎样，陶弘景作为一位道士，其精神世界还是纯净高尚的。及至发展到北魏时期，当寇谦之以老子清虚大道为宗，以礼拜、诚诵、斋戒、符箓为教义，改革天师教，讲"家有严君，功及上世"⑧ 时，恬淡纯净的宗教精神，则演变为功利之教矣；特别是寇谦之献道书于太武帝，走向政教合一，乃至于演变为反佛斗争，其为宗教，则更具政治色彩矣。

---

① 《真诰·运题象篇》。
② 《寻山志》，《陶隐居集》卷上。
③ 均见《真诰·运题象》。
④ 《授陆敬游十赉文》，《全梁文》卷四十六。
⑤ 《茅山曲林馆铭》，《陶隐居集》卷下。
⑥ 《答赵英才书》，《陶隐居集》卷下。
⑦ 《养性延命录》序。
⑧ 《魏书·释老志》。

六　寇谦之托神道的宗教改革

中国宗教发展，虽然也依赖政治的支持，如南朝宋文帝、武帝、明帝对道教的支持，梁武帝对于佛教的支持，但宗教发展还是有自己独立性的，并没有完全依靠政治力量支持来发展自己；即使统治者笃信某种宗教，如梁武帝晚年信仰佛教，但也没有抛弃其他文化，在政治意识上完全向"政教合一"发展。北魏时期寇谦之所领导的天师教发展，则与南北朝时期其他宗教发展不同。它不仅依靠魏武帝成为了"国教"，而且所信奉的"真君"，几乎成了"权力神授"的最高存在。因此，它在中国宗教史上，的确是一个值得注意的文化现象。

寇谦之（365~448），名谦，字辅真，祖籍上谷昌平（今属北京昌平区），后迁冯翊万年（今陕西临潼）。父修之，字延期，苻坚东莱太守。兄寇赞，字奉国，魏时先后为河南郡太守、南雍州刺史①。寇谦之虽处官宦家庭，但其"早好仙道，有绝俗之心。少修张鲁之术，服食饵药，历年无效"；后入嵩山，从成公兴学道，神神鬼鬼、曲曲折折，非常离奇。如成公兴讲寇谦之修仙"可为帝王师"；讲寇谦之"精诚远通，兴乃仙者谪满而去"，皆不过是寇谦之自我张罗神圣而已。至于讲寇谦之"守志嵩岳，精专不懈，忽遇大神，乘云驾龙，导从百灵，仙人玉女，左右侍卫，集止山顶，称太上老君"，说"天师张陵去世已来，地上旷诚，修善之人，无所师授"，授寇谦之"天师之位"，并赐《云中音诵新科之诫》二十卷，宣称此经诫"自天地开辟已来，不传于世，今运数应出"，要寇谦之"宣吾《新科》，清整道教，除去三张伪法，租米钱税，及男女合气之术"；以及讲自称老君玄孙的上师李谱文来临嵩岳，宣教"嵩岳所统广汉平土方万里，以授谦之"，赐"《天中三真太文录》，劾召百神，以授弟子"；"付汝奉持，辅佐北方泰平真君"② 等，更是自假天命而为天师道领袖，为整顿改革天师道制造神圣舆论。凡此可知，寇谦之不论是修道，还是改革天师道，皆是很自觉的。《云中音诵新科之诫》，及《天中三真太文策》，号《录图真经》，亦乃寇谦之为改革天师道所编著的教典，其讲神授云云，神圣其道其书而已。它较之陶弘景讲《真诰》神授及其天道性命

---

① 见《北史·寇赞传》。
② 均见《魏书·释老志》。

之理，更具有政治神学色彩。

《太上老君乐音诵诫》，又名《老君音诵诫经》，经文三十余条，每条开始，皆以冠以"老君曰"或"君音诵诫曰"。但所引老君的话，并非出于老子《道德经》五千言，而是天师道所信奉的天上神圣老君制定颁布的经典戒律教规。而经文曰"新科"者，即新的办法、新的规定、新的教规、新的戒律。冠以"老君曰"或"君音诵诫曰"者，在于提高其宗教神圣性与权威性。因此，《太上老君乐音诵诫》或《老君音诵诫经》者，乃寇谦之托神道进行宗教改革之书也。

这种宗教改革，并非仅仅是清整道教，除去早期天师道（五斗米教）"三张伪法，租米钱税，及男女合气之术"，更为重要的是清理整顿"世间诈伪，攻错经道，惑乱愚民"；或"诳诈万端，称官设号，蚁聚人众，坏乱土地"的宗教行为，然后以神道"倾天纲，缩地脉，回转天地如回我身"；"天地人民鬼神，令属于我"；"经典故法，尽皆珍灭，更出新正"，建立起"恶人化善，遇我之者，尽皆延年；若国王天子，治民有功，辄使伏杜如故；若治民失法，明圣代之"的宗教政治体系。在这个体系中，民是道民，官是道官，国王天子则是"受治箓"的虔诚"弟子"，其"朝拜之喻，如礼生官妆吏"。这种宗教改革，实际上就是将政治置于宗教之下，以神圣的宗教伦理治理天下，"男女官受治箓，天官叩章"，使之成为"顺诚之人，万邪不惑"的存在。这就是寇谦之托神道改革宗教，所要建立的理想王国。

寇谦之托神道进行宗教改革，无疑是带有神秘主义色彩的；在中国隐退上帝，建立起王道政治之后，寇谦之将政治置于宗教之下，以神权代替人权、以神道代替人道，这种文化上的倒退，是根本不能实现的。但寇谦之的宗教改革，讲"父不慈，子不孝，臣不忠，运数应然当疫毒临之，恶人死尽"；讲"男女箓生及道民，家有奴婢，不得唤奴婢。若有过事，不得纵横朴打"等，还是充满人本精神的。特别是讲"等是天民，统一道治"；讲"若国王天子，治民有功，辄使伏杜如故，若治民失法，明圣代之"；讲"道官祭酒，授人职治符箓，但与其道"；以及讲"礼法等同"[1] 等，还是颇有民主精神的。但它并没有像西方近现代宗教改革那样，为人的解放提供新的宗教伦理道德精神，而仍然是将天德王道置于政治神学之下进行政治设计及讲天下治理的。

---

[1]　上引均见《老君音诵诫经》，《道藏·洞神部·戒律类》。

　　寇谦之宗教改革所设计的政治神学理想，见诸政治实践并不容易。北魏始光元年（424），当寇谦之上疏于太武帝拓跋焘，"赞明其事"，倡导道教改革，建立诵诫新法时，太武帝并没有表现出太大的热情，而是令他"止于张曜之所，供其食物。时朝野闻之，若存若亡，未全信也"。这时候他得到了一个人的支持。这个人就是当时北魏左光禄大夫崔浩，即"凡军国大计，卿等所不能决"，太武帝"皆先谘浩，然后施行"① 者。当时，对寇谦之献书太武帝，虽"朝野闻之，若存若亡，未全信也"，然"崔浩独异其言，因师事之，受其法术"。正是崔浩上疏太武帝，讲寇谦之所献道书为"人神接对，手笔粲然，辞旨深妙，自古无比"，讲"圣王受命，则有天应"，"今清德隐仙，不召自至"；讲这是"陛下俤踪轩黄，应天之符"的大事，切不可"以世俗常谈，而忽上灵之命"②！世祖听了崔浩述说，于是才欣然接受，乃使谒者奉玉帛牲牢，祭嵩岳，迎致其余弟子在山中者。于是崇奉天师，显扬新法，宣布天下，道业大行。太武帝下令，为寇谦之师徒在京城东南修建了五层高的道坛，遵其新经之制，取名"玄都坛"。寇谦之的父亲，也"追赠修之安西将军、秦州刺史、冯翊公，赐命服，谥曰哀公。诏秦、雍二州为立碑墓。又赠修之母为冯翊夫人"③。凡此，可知寇谦之当时是多么荣耀矣！

　　寇谦之为获得太武帝信任，积极参与其政治军事行动。世祖太武帝将讨赫连昌，太尉长孙嵩难之，世祖乃问谦之。谦之对曰："必克。陛下神武应期，天经下治，当以兵定九州岛，后文先武，以成太平真君。"太武帝大悦，御驾亲征，大获全胜。相信寇谦之的说法，太延六年改为太平真君元年。谦之奏曰："今陛下以真君御世，建静轮天宫之法，开古以来，未之有也。应登受符书，以彰圣德。"④ 世祖从之。真君三年春正月甲申，太武帝"亲至道坛，受符录。备法驾，旗帜尽青，以从道家之色也。自后诸帝，每即位皆如之"⑤。这就是说，今后诸帝即位，都要"亲至道坛，受符录"，表示权力属于天命神授！从此，权力属于神权，所授来于宗教上神矣。惟此，国家权力才有神圣性与合法性。这样，政治统治就走向前所未有的"政教合一"矣！这是中国历史由中古走向近古的一场巨大的政治神学变革！在此之前，虽然

① 上引均见《魏书·崔浩传》。
② 上引均见《魏书·释老志》。
③ 《北史·寇赞传》。
④ 《魏书·释老志》。
⑤ 《魏书·世祖纪下》，另见《魏书·释老志》。

权力更替的禅让，也要祭天，但那属于上古以来"万物本乎天，人本乎祖"①的礼教文化传承，并非如此出于宗教神学权力。这场变革，虽然短暂，然它对后来隋唐宗教文化的发展有着深远的影响。

寇谦之能得到太武帝的信任，完成宗教改革的任务，无疑是与崔浩的支持分不开的。那么，该怎么看待崔浩对寇谦之宗教改革的支持呢？它是寇谦之的攀权趋势，抑或崔浩利用寇谦之呢？能成其宗教改革大事，恐并没有那么简单，其中定有其深刻文化政治及历史哲学基础。《魏书》崔浩本传说，崔浩"博览经史，玄象阴阳，百家之言，无不关综，研精义理，时人莫及"；又说其"能为杂说，不长属文，而留心于制度、科律及经术之言"；"性不好《老》、《庄》之书，每读不过数十行，辄弃之，曰'此矫诬之说，不近人情，必非老子所作。老聃习礼，仲尼所师，岂设败法之书，以乱先王之教。韦生所谓家人筐箧中物，不可扬于王庭也'。"此可知崔浩的学术追求，乃是儒学，是"老聃习礼，仲尼所师"，可扬于王庭的原始儒家礼教。虽然崔浩为学并不太醇，然从根本上说，崔浩属于儒学家，属于儒家礼教的追随者。那么，寇谦之呢？寇虽为宗教神学家，然亦熟悉《周髀》算学，"每与浩言，闻其论古治乱之迹，常自夜达旦，竦意敛容，无有懈倦"，可知他亦是非常刻苦地向崔浩学习儒家文化的。但他认为，儒学"斯言也惠，皆可底行，亦当今之皋繇也。但世人贵远贱近，不能深察之耳"，故其才说："吾行道隐居，不营世务，忽受神中之诀，当兼修儒教，辅助泰平真君，继千载之绝统。而学不稽古，临事暗昧。卿为吾撰列王者治典，并论其大要。"② 这里，寇谦之所讲，已经不只是向崔浩学习儒学，而是感觉到崔浩儒学对他宗教改革具有重要性。当初，寇谦之献书太武帝，"朝野闻之，若存若亡，未全信也"，"崔浩独异其言，因师事之，受其法术"；而今，寇谦之讲"吾行道隐居，不营世务，当兼修儒教，辅助泰平真君，继千载之绝统"，而要崔浩"为吾撰列王者治典，并论其大要"。由上可知，寇崔之间的关系，已不是一般的学术研究切磋问题，而是共同"辅助泰平真君，继千载之绝统"的建政树统大事。因此，寇崔关系实乃儒教和道教文化之同盟也。

要建政树统，实现"辅助泰平真君，继千载之绝统"的大治，自然要提出方向性的体统纲领。这个纲领，就是寇谦之对太武帝所说的"陛下以真君

---

① 《礼记·郊特性》。

② 上引均见《魏书·崔浩传》。

御世，建静轮天宫之法，开古以来，未之有也。应登受符书，以彰圣德"，也就是崔浩对太武帝所说的"昔太祖道武皇帝，应天受命，开拓洪业，诸所制置，无不循古"，"纤之所闻，皆非正义"①。两人所讲，虽非宣言，然如此一致，亦可见其彼此配合默契！要实现这个体统纲领，就要回复上古羲农之制，反对一切蛊惑妖孽人心的东西。如前所说，这并非只是清整早期天师道（五斗米教）"三张伪法，租米钱税，及男女合气之术"，更为重要的是清理整顿"世间诈伪，攻错经道，惑乱愚民"；或"诳诈万端，称官设号，蚁聚人众，坏乱土地"的宗教行为。这在当时，一个很重要的任务，就是反对佛教的虚妄荒诞之说。佛教传入，本来就存在着外来文化与中国本土文化的矛盾冲突。这一点远在南齐顾欢作《夷夏论》，提出"舍华效夷，义将安取？"②　就已经表现出来。虽然后来佛教中国化，也极力适应中国文化而发展，但它除本体论上与中国文化道体相结合外，其向社会世俗方面的发展，并未安于淳德教化，而是产生了许多非理性的东西。太武帝发动对盖吴之战时，至于长安，不仅发现长安"沙门饮从官酒，从官入其便室，见大有弓矢矛盾"，"阅其财产，大得酿酒具及州郡牧守富人所寄藏物，盖以万计"，而且屈室发现沙门"与贵室女私行淫乱"。这不仅使太武帝对其伤风败俗感到愤怒，更对沙门有意武装介入政治有了戒心。太武帝对佛教，最初虽无"深求"，但尚有敬义，然及至看到这一切，又"得寇谦之道，帝以清净无为，有仙化之证，遂信行其术。时司徒崔浩，博学多闻，帝每访以大事。浩奉谦之道，尤不信佛，与帝言，数加非毁，常谓虚诞，为世费害。帝以其辩博，颇信之"，也就开始了"诏诛长安沙门，焚破佛像"的反佛行动。后来更诏曰："彼沙门者，假西戎虚诞，妄生妖孽，非所以一齐政化，布淳德于天下也。自王公已下，有私养沙门者，皆送官曹，不得隐匿。限今年二月十五日，过期不出，沙门身死，容止者诛一门"③。这就是太武帝在寇、崔建议下，所做出的反佛行动。它集中起来，就是太平真君五年（444）太武帝所发布禁佛诏书：

　　　　愚民无识，信惑妖邪，私养师巫，挟藏谶记、阴阳、图纬、方伎之书。又沙门之徒，假西戎虚诞，生致妖孽。非所以壹齐政化，布淳德于

---

① 《魏书·崔浩传》。

② 《南齐书·顾欢传》。

③ 上引均见《魏书·释老志》。

天下也。自王公已下至于庶人，有私养沙门、师巫及金银工巧之人在其家者，皆遣诣官曹，不得容匿。限今年二月十五日，过期不出，师巫、沙门身死，主人门诛。明相宣告，咸使闻知。①

这场反佛，行动之快，规模之大，是东汉以来从未有过的，而且作为一次中国文化反对外来文化，对寇谦之、崔浩来说是自觉进行的。它构成了一次政治事件，也构成了一次文化运动。太武帝反佛的政治原因，无疑是出于"壹齐政化，布淳德于天下"的政治需要，但若从寇、崔的立场看，这场反佛运动，实乃是以中国礼教与道教文化反对外来佛教文化的联合行动。寇、崔联盟，本质上就是儒教和道教的文化同盟。它除了"辅助泰平真君，继千载之绝统"的最高建政树统目的，在崔浩那里，就是"齐整人伦，分明族姓"②，建立起北方贵族的伦理道德秩序；而在寇谦之那里，就是"崇奉天师，显扬新法，宣布天下，道业大行"，使道教成为最高宗教信仰。这场反佛运动持续的时间并不长，随着寇谦之于太平真君九年（448）去世，及崔浩录国书"尽述国事，备而不典"③，于太平真君十一年（450）被杀，也就失败了。

这场反佛运动，虽然在文化上并不纯粹，但它的政治文化影响，则是深远的：不仅北周武帝反佛可以看作是这次运动的继续，而且隋唐对宗教尊重的国策，也可视为对这场运动的反思：即宗教信仰问题只能用宗教来解决，而不能靠政治手段强行改变；而宗教问题解决得好，发展出新的宗教精神，才有利于政道与治道。中国东汉之后，随着佛教传入，又发展起了道教。虽然教派很多，且教理相互矛盾冲突，但它并没有发生像西方那样连绵不断的宗教战争。这固然与其皆没有形成政治力量有关，但也是与进入隋唐以后，包容各种宗教，使儒、道、释皆雍容浃化于博大深厚的中国文化，发展出新的文化精神，服务于政道与治道分不开的。这就是下章所要叙述的"隋唐道教发展与政道治道"问题。

---

① 《魏书·世祖纪下》。
② 《魏书·卢玄传》。
③ 《魏书·崔浩传》。

第七章　隋唐道教发展与政道治道

　　内容提要：中国文化早熟，隐退上帝，以礼教代替宗教之后，就没有出现过西方教权大于政权的局面。因此，秦汉之后，中国统治者不太善于处理政治与宗教的关系，加之儒、道、佛三教的矛盾冲突，因此就出现了北魏太武帝、周武帝以政治手段反佛灭佛的历史事件。进入隋唐，统治者对于宗教问题变得比较聪明了。他们不是以政治手段反佛灭佛，而是自觉地利用宗教为其政治服务，并促其向更高阶段发展，使之更具政道治道精神；同时，宗教发展亦变得更加自觉了，它追随政治，为政治服务，但又不完全依附于政治，而是假政治求得独立发展。这就是隋唐道教发展与政道治道的关系。本章所讲唐太宗治道与黄老哲学、魏微参政议政的道家情结、唐玄宗注疏《老子》的玄学精神及道家四书提升与道教精神的建构，就是这一时期文化政治与精神发展的主轴。

　　历史发展总是有某种连续性的。后人在这种连续性中，或者变得更为自觉，使历史朝着更高更理性的方向发展，或者不自觉，继续干出某种愚蠢的事来。北魏太武帝反佛灭佛这件事就是这样。太武帝死后，及至高宗文成皇帝拓跋浚即位，太和十五年（491）下诏，一声"夫至道无形，虚寂为主"[1]，佛教也就恢复了。但文帝恢复佛教并不是盲目的，而是非常理性自觉，是做了许多准备的。如他一方面于延兴二年（472）下诏"自今已后，祭孔子庙"，称"尼父禀达圣之姿，体生知之量，穷理尽性，道光四海"，首先将儒家置于正统地位；另一方面，下诏恢复佛教前，于太和五年（481）昭告天下说：不可"法秀妖诈乱常，妄说符瑞"，并将以此作乱的"兰台御史张求等一

---

[1] 《魏书·释老志》。

百余人，招结奴隶，谋为大逆，司科以族诛"①。这就是说，即使恢复佛教，任何宗教也是不许"法秀妖诈乱常，妄说符瑞"的。此北魏孝文帝于太武帝反佛灭佛之后，总结历史经验，自觉处理宗教问题者也。而北周武帝的反佛灭佛，就是没有像孝文帝那样反思宗教问题的复杂性，因而陷入非理性，又一次干了蠢事。

经过历史的反复，发展到隋唐时代，为政者对于宗教问题就变得比较聪明了。他们不是以政治手段反对某种宗教，而是自觉地利用宗教为政治服务，同时促使宗教向着更高阶段发展，使其更具政道治道精神；而宗教发展亦变得更加自觉了，它追随政治，为政治服务，但不完全依附于政治，而是假政治独立发展，从而使教理提升到更高程度，发展为新的宗教精神，服务于政道与治道。这样，宗教与政治的相互适应，就使唐朝宗教发展走向了更高阶段，同时拓展出了盛唐宗教精神。隋唐佛教的这种发展，已于第五章已经叙述过了。它见于道教发展，这就是隋唐道教发展与政道治道问题。

宗教影响于政治者，一是它常造成一种宗教氛围，影响人心人性及政治取向；二是宗教总包含着某种宗教伦理，常以人伦教化影响于政道与治道；三是宗教总以形上至极本体存在建构人的信仰信念，影响人的不同政治思想与精神世界。此宗教影响于政治隐而显者也。道教影响于为政道者，亦是这样。因此，要研究叙述隋唐道教发展与政道治道问题，就要立于宗教这些基本特性，关注唐代道教发展与为政之道的关系。这一文化政治的主轴，从道教追随隋唐政治的独立发展、唐太宗的治道与黄老哲学、魏徵参政议政的道家情结、唐玄宗疏《老》玄学精神、道家四书提升与道教精神方面，大体可以看出它的发展脉络。现在，先讲第一个问题：道教追随政治的独立发展。

一　道教追随政治的独立发展

不论是宗教、哲学，还是其他文化发展，造成其繁荣发展的原因，常常是多方面：如长期文化积累与其突变趋势、大思想家的出现、某种历史形势发展及特定的、独一无二的文化环境、情景与情势，都会影响到一个时代文化发展的繁荣，或走向衰败。隋唐道教的发展也是这样。它之所以发展，是

---

① 《魏书·高祖纪上》。

和隋唐统一、经济发展、文化繁荣诸多因素分不开的，但还有一条也是值得注意的，那就是隋唐为政者的胸襟宽阔、容雍大度及对当时正在发展的儒、道、释文化，给予前所未有的宽容、接纳与吸收。唐太宗贞观十有二年（638）下诏，讲"道无常名，圣无常体，随方设教，密济群生"①，就是讲治国平天下，要以道随时变、为体屡迁、应天行时、随变设教，实施新的教化，自然也包括接受容纳道教的推新变革。这样讲，这种应变设教建立治道的博大胸襟，无疑显示了唐太宗政治上的开明。

这种政治上的开明，不只是唐太宗，隋唐立国为政者，大都具有这种态度。隋文帝讲"朕伏膺道化，念存清静，慕释氏不贰之门，贵老生得一之义"②；唐高祖武德七年，即"幸终南山，谒老子庙"③，就是对宗教的开明态度。正是有此开明态度，所以才能对宗教采取保护政策与治策。开国之后，隋文帝不仅下诏讲"行仁蹈义，名教所先，历俗敦风，宜见褒奖"；讲"朕君临区宇，深思治术，欲使生人从化，以德代刑"④，尊重儒家礼教，而且对"佛法深妙，道教虚融，凡在含识，皆蒙覆护"，讲"敢有毁坏偷盗佛及天尊像、岳镇海渎神形者，以不道论；沙门坏佛像，道士坏天尊者，以恶逆论"⑤。唐高祖讲"朕膺期驭宇，兴隆教法，志思利益，情在护持"⑥ 等，也是这样。凡此，皆为当时宗教发展创造了良好、宽松的政治环境。此隋唐宗教包括道教所以得以发展的政治原因也。

道教所以能在隋唐时期发展，并非仅仅是因为一般政治环境的宽松与良好，还有一个更为特殊的重要原因，就是道教自觉地适应隋唐政治需要，为其获得政治权力服务。道教的这种自觉，说好一点是关心政治情势发展，说破了，它很大程度上属于政治性投机，即在政治风云变幻中，凭着敏感的政治嗅觉，分析形势，察言观色，作出判断，投靠政治势力，以便取得地位。如道士来和于隋文帝高祖微时，对其说"公当王有四海"，就是属于投机也。隋文帝龙潜时，道士张宾、焦子顺、董子华，私下对高祖说："公当为天子"云云，亦属投机也。对隋盛衰之变如此，对唐之兴起亦是如此。如道士岐晖

---

① 《景教流行中国碑》引，见《全唐文》卷九百六。
② 《五岳各置僧寺诏》，《全隋文》卷一。
③ 《旧唐书·高祖本纪》。
④ 《隋书·高祖纪下》。
⑤ 《禁毁盗佛道神像诏》，《隋书·高祖纪下》。
⑥ 《旧唐书·高祖本纪》。

在李渊起兵反隋，预感其将取天下，散布"当有老君子孙治世"；而当高祖入关，散布李渊为"真君"，"必平定四方"云云，就是投机性行为。投机有时很吃香，道士岐晖之投机，被李渊赞为"忠节可嘉"，后来封其为"紫金光禄大夫"①，给予很高地位，就是对其适应政治需要投机的"报酬"。

唐之有天下，不仅面临着各种政治势力的挑战，文化意识形态也处于极为复杂的局面：

传统的儒家礼教仍然存在，要安上治民，移风易俗，揖让而天下治，就不能不推行礼乐教化；佛教之兴，已被于中华，然神变之理多方，报应之说非一，真教难仰，莫衷一是，更有僧徒溺于流俗：或假托神通，妄传妖怪；或谬称医筮，左道求财；道教兴起，亦有三皇、天师、炼丹、上清、灵宝诸多派别，教理清虚，精微妙义，莫之能穷；加上前文化的阴阳、星象、卜筮、医巫、相术等等发展及其流行，更使文化意识形态领域杂芜繁乱。战后，"人觊当年之福，家惧来生之祸"，人民急需要建立信仰，解决精神世界的问题。当时"滞俗者闻玄宗而大笑，好异者望真谛而争归，波涌于闾里，终风靡于朝廷"②，严重影响了天下教化及风气淳化。当时文化传播流行之速，虽没有网络，然其整个文化天空的繁星闪烁，亦不亚于现在网络时代。凡此，唐之为治，要想化成天下，就必须解决文化意识形态领域所面临的艰难而又繁重的挑战。

要想解决文化意识形态领域所面临的挑战，解决唐朝有天下合法性，就是一个重要问题。中国上古之前，夏、商、周三代的政治权力更替，基本上是一个贵族集团代替另一个贵族集团，只要说明"玄德升闻，乃命以位"③，就可以了，不必从祖先宗族血统上讲政治传承的合法性。但三代之后，从汉代刘邦以布衣取天下，情况就不同了：那就是除了以"五德终始"，讲汉以土德代秦水德，还必须从祖先宗族血统上，讲清自己夺取政权的合法性。此即汉朝宣称自己是尧之后裔者也，亦鲁人公孙臣上书讲"始秦得水德，今汉受之，推终始传，则汉当土德，土德之应黄龙见，宜改正朔，易服色，色尚黄"④ 者也。唐之取天下，实现权力更替也是这样。它除了从神学上讲"李

---

① 《混元圣纪》卷八。
② 《令道士在僧前诏》，《全唐文》卷六。
③ 《尚书·尧典》。
④ 《史记·封禅书》。

氏将兴，天祚有应"①，还必须从祖先宗族血统上阐明自己夺取政权的神圣性与合法性。这就是唐朝利用道教宗于道家老子李耳（名耽）之教，讲李唐政治权力的传承、获得与存在。

在这个问题上，可以说宗教与政治是相互依赖、相互适应的。道教主动服务于李唐政治，为其政治合法性积极制造舆论，而李唐政权积极利用这种舆论，使合法性成为了现实。前者如道士岐晖散布"当有老君子孙治世"；吉善传播老子语："谓吾语唐天子，吾汝祖也，今年平贼后，子孙享国千岁"②云云，就是对李唐政权合法性的舆论。后者如唐高宗（李治）于乾奉元年（666）追尊号老子为"太上玄元皇帝"③；唐玄宗（李隆基）于天宝二年（742）尊老子为"大圣祖玄元皇帝"；天宝八年（749）尊老子为"圣祖大道玄元皇帝"；天宝十三年（754）又追尊老子为"大圣祖高上大道金阙玄元天皇大帝"④。对老子的追尊愈来愈高，层层加码，可以说达到了无以复加的地步；同时，李唐以老子为祖先，其政治合法性与神圣性也得到了确认。李氏宗族考，从"李氏出自赢性……历虞、夏、商，世为大理，以官命族为理氏。至纣，逃难食木子得全，遂改为李氏，家于苦县"；"五世孙乾，娶寿氏女婴敷，生耳，字伯阳，一字聃，周平王时为太史"，其绵延迁徙，以至于考到后魏、后周，唐国襄公⑤，用心可为良苦矣。虽然此《表》出于《新唐书》，但亦应是李唐有国有天下者所认同的。它除了说明李唐已从西北具有夷狄之风的部族归化于华夏文化之外，但更多的是借此以说明李唐政权合法性与神圣性。高祖时虽然颁布过《沙汰佛道诏》，但唐代尊崇道教及早期宗教的政策，还是比较理性的。如果说睿宗（李旦）时讲"释及元宗，理均迹异，拯人救俗，教别功齐"⑥，尚令道释并行，但发展到唐玄宗时尊奉老子为"圣祖大道元元皇帝"，并将老子《道德经》，宜令士庶家藏一本，每年贡举人，加《老子》策，"尊崇道本，宏益化源"⑦，道教的地位已提升到佛教之上了。

凡此说明，道教远比佛教更适合唐代政治需要。高祖、太宗曾分别下诏，

---

① 《旧唐书·高祖本纪》。

② 《唐会要·尊崇道教》。

③ 《旧唐书·高宗本纪下》。

④ 《旧唐书·玄宗本纪》。

⑤ 《唐书·宗室系表上》。

⑥ 《令僧道并行制》，《全唐文》卷十八。

⑦ 《命贡举加老子策制》，《全唐文》卷三十五。

讲佛道二教排列道先释后。道教的地位提高之后，即使后来玄奘奏请高宗，要求改变道释名位，高宗也只是以"事在前朝"①，而加以拒绝。高宗本来就认为佛教"独善之心有限，则济物之理不宏，彼我之意未忘，则他自之情不坦"②。因此，他不仅拒绝了玄奘的奏请，而且采取措施，加紧促进道教的尊奉与发展，如尊老子为"太上玄元皇帝"，赐玉清观道士王远知为"升真先生"，赠"太中大夫"③。及至玄宗执政，不仅一再诏令天下修建玄元皇帝庙，而且为提高道教地位，将国家管理道教事务的机构"崇玄署"，隶属于宗正寺。这样改，实际上乃视道士为家族矣。除此之外，还经常召见道士，拜官赐物，亲受法箓，以道士为师。凡此唐代种种措施，促进了道教大规模地发展。于太宗发布令道士置于僧前诏书之后，为弘扬道教，高宗于乾封元年（666）诏令天下诸州置道观一所；中宗、玄宗时，也一再诏令天下诸州建立道观，置玄远皇帝庙，遂使道观星罗棋布，遍于天下。据当时相关统计，"凡天下观，总一千六百八十七所"④。此可知道教怎样依赖于唐朝政治得以发展了。

自然，隋唐为政者对宗教包括道教的发展，亦是有所要求的，并非仅仅以其神秘主义说教，谋取政治合法性为满足的。若是那样，将宗教降为政治附庸，它就不能发展宗教伦理道德精神，达到淳化天下之目的了。隋唐为政者，并非皆是出身草莽，他们还是有自己的政治判断与宗教见解的。唐时，魏徵等人撰写《隋书》，曾把原始宗教的阴阳、卜筮、医巫、相术等法术发展，视为"艺术"，其中有下面一段话：

> 此皆圣人无心，因民设教，救恤灾患，禁止淫邪。自三五哲王，其所由来久矣。然昔之言阴阳者，则有箕子、裨灶、梓慎……凡此诸君者，仰观俯察，探赜索隐，咸诣幽微，思侔造化，通灵入妙，殊才绝技。或弘道以济时，或隐身以利物，深不可测，固无得而称焉。近古涉乎斯术者，鲜有存夫贞一，多肆其淫僻，厚诬天道。或变乱阴阳，曲成君欲，或假托神怪，荧惑民心。遂令时俗妖讹，不获返其真性，身罹灾毒，莫

① 见《大藏经》卷四九。
② 《答沙门慧净辞知普光寺任令》，《全唐文》卷十一。
③ 《旧唐书·高宗本纪下》。
④ 《唐六典》，见黄剑主编《道家思想史纲》，湖南师范大学出版社1991年版，第352页。

得寿终而死。艺成而下，意在兹乎。历观经史百家之言，无不存夫艺术，或叙其玄妙，或记其迂诞，非徒用广异闻，将以明乎劝戒。①

这段话既包含着对原始宗教精神的探索与肯定，亦充分体现了对道教炼丹、食药、星象、占卜等近乎巫术荒诞作法的提醒与警觉。魏徵如此，隋唐有国有天下者，皆是如此。他们对于道教的发展，并非仅仅停留于炼丹、食药之说，亦非不满足于以神秘主义的说教，而是面对着天下一统的政治需要，更在于宗教化成天下的功能。故隋文帝不仅讲礼法，讲"在昔圣人，作乐崇德，移风易俗，于斯为大"，而且对"竞造繁声，浮宕不归，遂以成俗"的声乐，提出要"宜加禁约，务存其本"②。这发展到唐代，面对着当时"安民之化，实有未宏，刑措之风，以兹莫致"，若要"宁济区宇，永言至治"，就要"补千年之坠典，拯百王之余弊"③。高祖比较佛老二教，对其发展提出的不同要求与限制是："释迦阐教，清静为先，远离尘垢，断除贪欲，所以宏宣胜业，修殖善根，开导愚迷，津梁品庶"，不得"妄为剃度，托号出家，嗜欲无厌，营求不息"；道教以"老氏垂化，本实冲虚，养志无为，遗情物外"为根本，"全真守一，是为元门"，而若"驱驰世务，尤乖宗旨"④。这就是说，佛教发展不得"妄为剃度，托号出家，嗜欲无厌，营求不息"，道教发展不得"驱驰世务，乖其宗旨"。这发展到太宗时期，不仅"惧淳化未敷，名教或替"，以"巡狩之典，黜陟幽明，存省方俗"⑤，更对当时宗教发展提出要求与限制，佛教要"三乘结辙，济度为先，八正归依，慈悲为主"，"天下诸州有寺之处，宜令度人为僧尼，总数以三千为限"⑥，并警告说"诽毁我祖祢，谤讟我先人，如此要君，罪有不恕"⑦；而对道教发展，更是提出了"经邦致治，反朴还淳"⑧的纲领性要求。到高宗时期，不仅尊老子为玄远皇帝，而且将老子之书，视为"大宏雅训，垂范将来"⑨的著作矣。

---

① 《隋书·艺术列传》。
② 《隋书·高祖纪下》。
③ 《颁定科律诏》，《全唐文》卷三。
④ 《沙汰佛道诏》，《全唐文》卷三。
⑤ 《遣使巡省天下诏》，《全唐文》卷五。
⑥ 《度僧于天下诏》，《全唐文》卷五。
⑦ 《诘沙门法琳诏》，《全唐文》卷六。
⑧ 《令道士在僧前诏》。
⑨ 《上老君元元皇帝尊号诏》，《全唐文》卷十二。

同样，道教发展也不是完全依附于政治而没有独立性的。如果道教只是政治附属物，丧失了自己的最高本体论，那也就谈不上宗教真理与宗教精神了。道教发展到隋唐，还是有自己独立性的，道教人物也是有独立性格的，并不是全是投靠政治的。如道士杨百丑就是这样一个人物。杨百丑"好读《易》，隐于华山"。隋开皇初，他被征入朝，"见公卿不为礼，无贵贱皆汝之"。高祖隋文帝"召与语，竟无所答"。此人虽常"开肆卖卜"为生，然文帝赐之衣服，竟然"至朝堂舍之而去"，可见其人生独立性耶！当时的国子祭酒何妥常到他隐处论《易》。杨百丑闻其言，倏然而笑曰："何用郑玄、王弼之言乎！"他"微有辩答，所说辞义，皆异先儒之旨，而思理玄妙，故论者以为天然独得"[1]，可见其为学之独立性耶！隋唐时期，道家出现了一大批注疏老子、庄子的学者，如成玄英、李荣、孙思邈、杜光庭等，都是颇有见解的。此道教（道家）在隋唐之独立发展，具有宗教精神者也。

文化的独立发展，是极为复杂而多样的。宗教发展也是这样。正是道教的独立发展，它才能面对着政治的要求，不断地在理论上有所发挥、有所创造、有所发展；而唐朝为政者，才能吸取道家思想，以各种方式见诸政道与治道。唐太宗治道的黄老思想、魏徵参政议政的道家情结，及唐玄宗为政的玄学精神，就是从不同侧面，反映了当时道教的独立发展及见诸政道与治道的。现在先讲唐太宗治道的道家思想，看道家思想在唐初是怎样影响于政道与治道的，然后再讲魏徵参政议政的道家情结及唐玄宗为政的玄学精神。

二　唐太宗的治道与黄老哲学

南北朝的割据，至隋文帝始得统一。但统一是短暂的，至唐又经过数年的战争。南北割据及连年战争，使自然环境、社会经济、文化生态造成很大破坏。因此，要使自然环境、社会经济和文化生态系统重新恢复，建立起新的平衡，乃是当时为政者所面临的重大政治问题，亦是天文地理和人文科学所必须解决的社会问题。因此，唐朝取得天下不久，高祖李渊就连发《劝农诏》《断屠诏》等，力图"廓清四海，安辑遗民，期于宁济，劝农务本"，而"寻常营造，役使工匠，事非急要，亦宜停止"[2]；为珍惜庶务众生，不再造

---

① 《隋书·杨百丑传》。
② 《劝农诏》，《全唐文》卷一。

成民物凋残，乃诏示"方域未宁，尤须节制，凋敝之后，宜先蕃育"；而对于"耽嗜之族，竞逐旨甘"，则加以抑制，诏令"关内诸州，宜断屠杀"①。高祖反思隋政，对于"大业已来，巡幸过度，宿止之处，好依山水，经兹胜地，每起离宫，峻宇雕墙，亟成壮丽"及将良家子女，充塞其间，所造成的"怨旷感于幽明，靡费极于民产"，诏令"驰道所有宫室，悉宜罢之，其宫人等，并放还亲属"②。凡此种种，皆是唐之有天下，寻求和谐天人、重建生存大计者也。

由此可以说，唐之有天下，不仅面临着复杂的文化意识形态的挑战，而且在政道与治道上也面临着陈隋"张扬时代"所造成的生态危机、社会危机、政治危机。所谓陈隋"张扬时代"，若借用魏徵评陈隋之亡的话说，就是"不崇仁义之本，偏尚淫丽之文，徒长浇伪之风"③，自负富强之资，思逞无厌之欲，一切追求外在形式的显现，而内实藏种种危机。这个"张扬时代"，南朝陈时"淳朴不反，浮华竞扇"④，已显出端倪。及至隋有天下，炀帝时愈来愈张扬："诏尚书令杨素、纳言杨达，将作大匠宇文恺营建东京，徙豫州郭下居人以实之"；为营建显仁宫，"采海内奇禽异兽草木之类，以实园苑，徙天下富商大贾数万家于东京"；"发河南诸郡男女百余万，开通济渠，自西苑引谷、洛水达于河，自板渚引河通于淮"；为巡省风俗，"往江南采木，造龙舟、凤艒、黄龙、赤舰、楼船等数万艘"⑤，极尽张扬之能事。这种张扬，诚如《隋书》史家所说："恃才矜己，傲狠明德，内怀险躁，外示凝简，盛冠服以饰其奸，除谏官以掩其过"⑥，它也就是唐高祖所说"大业已来，巡幸过度"。大凡浮夸张扬，必违背自然法则，伤本离实，造成生态大破坏及社会政治内在危机。但常常因其风气已成，佞谄之辈，承颜候色，讨其所好，以奉承之，即使危机已潜伏存在，也"上下相蒙，莫肯念乱，振蜉蝣之羽，穷长夜之乐"⑦。然及至衰亡，则若下坂以走丸，顺流而决壅，不可阻挡。此陈隋之张扬，造成社稷危、天下亡者也。

---

① 《断屠诏》，《全唐文》卷二。
② 《罢放栎阳离宫女教》，《全唐文》卷一。
③ 《陈书·后主纪》史臣魏徵曰。
④ 《陈书·后主纪》。
⑤ 《隋书·炀帝纪上》。
⑥ 《隋书·炀帝纪上》史臣曰。
⑦ 《隋书·炀帝纪上》史臣曰。

此即"张扬时代"涉及盛衰存亡之理，伤本离实之变者也。唐初，有道家孙思邈者，曾作出过本体论、宇宙论及至知盛知的解释。孙思邈本京兆华原（今陕西耀县孙家塬）人，是隋唐时期的道士，著名医学家。《旧唐书》本传说其"善谈庄、老及百家之说，兼好释典"，自注《老子》《庄子》，撰《千金方》三十卷。孙思邈在答诗人卢照邻问"名医愈疾，其道何如"时，关于天人存在的宇宙论本质及其相互感应变化的法则，曾讲过一段不可违背的大道义理，值得今天所有天文地理学家及人文科学家深思，也是值得后世爱张扬者深刻领悟的。他说：

> 吾闻善言天者，必质之于人，善言人者，亦本之于天。天有四时五行，寒暑迭代，其转运也，和而为雨，怒而为风，凝而为霜雪，张而为虹蜺，此天地之常数也。人有四支五藏，一觉一寝，呼吸吐纳，精气往来，流而为荣卫，彰而为气色，发而为音声，此人之常数也。阳用其形，阴用其精，天人之所同也。及其失也，蒸则生热，否则生寒，结而为瘤赘，陷而为痈疽，奔而为喘乏，竭而为焦枯，诊发乎面，变动乎形。推此以及天地亦如之。故五纬盈缩，星辰错行，日月薄蚀，孛彗飞流，此天地之危诊也。寒暑不时，天地之蒸否也。石立土踊，天地之瘤赘也。山崩土陷，天地之痈疽也。奔风暴雨，天地之喘乏也。川渎竭涸，天地之焦枯也，良医导之以药石，救之以针剂，圣人和之以至德，辅之以人事，故形体有可愈之疾，天地有可消之灾。[1]

若大其视野，以天地万物作一例看，天与人之宇宙，乃是无内无外、浑然一体的存在。其精气往来，阴阳迭变，天质于人，人本于天，互感互应，相互契合，乃一有机整体也：其因也果也，果也因也，生也化也，化也生也，存也亡也，亡也存也，谁也离不开谁，而一切阻隔病变，皆其运行不通也。孙思邈讲"蒸则生热，否则生寒，结而为瘤赘，陷而为痈疽"，人之病变，亦天地之病变也；其讲"石立土踊，天地之瘤赘也；山崩土陷，天地之痈疽也"，乃人之大过错，天地以非常之态，显示于人者也。其归根结底，乃人之张扬于天地间，所造成"奔风暴雨，天地喘乏"之象也。若非"圣人和之以

至德，辅之以人事"，则大破坏、大失衡之灾不可挽救也。此孙思邈以大道哲学警示世人，告于天下，亦见宗教精神者也。

唐太宗无疑是尊重佛教的。他曾作《圣教序》，称玄奘为"法门之领袖"，佛教"妙道凝元，遵之莫知其际；法流湛寂，挹之莫测其源"①。然他对道家人物也是极为崇拜的，曾为之赋曰："余每览巢、许之俦，松、乔之匹，未尝不慨然慕之，思可脱屣长辞，拂衣高谢"②。特别是对老子的崇拜，更有一种深深的情结，讲"老氏之至言，洁净精微，宣尼之妙义，莫不穷理尽性"③。凡此，就构成了唐太宗挥之不去的黄老思想。加之道教宗于老子之学，唐朝政权合法性演绎为老子世系传承，就更使太宗认识到道家老子思想对于李氏政权的重要。因此，他继高祖武德八年（625）颁布《先老后释诏》之后，再次颁布诏书，令道士置于僧前的诏书：

> 老君垂范，义在清虚。释迦贻则，理存因果。求其教也，汲引之迹殊途。穷其宗也，宏益之风齐致。然大道之兴，肇于邃古，源出无名之始，事高有形之外。迈两仪而运行，包万物而亭育，故能经邦致治，反朴还淳。至如佛教之兴，基于西域，逮于后汉，方被中华。神变之理多方，报应之缘匪一。洎乎近世，崇信滋深，人觊当年之福，家惧来生之祸。由是滞俗者闻元宗而大笑，好异者望真谛而争归，始波涌于闾里，终风靡于朝廷，遂使殊俗之典，郁为众妙之先。诸华之教，翻居一乘之后。流遁忘反，于兹累代。朕夙夜寅畏，缅惟至道，思革前弊，纳诸轨物。况朕之本系，出于柱史。今鼎祚克昌，既凭上德之庆。天下大定，亦赖无为之功。宜有改张，阐兹元化。自今以后，斋供行立，至于称谓，其道士女冠，可在僧尼之前。庶敦本之俗，畅于九有。尊祖之风，贻诸万叶。告报天下，主者施行。④

这份诏书，虽比较佛道二教教理之不同，讲道教置于佛教之前的根本理由为"朕之本系，出于柱史"，即所谓"尊祖之风"，借此讲权力获得的神圣

---

① 《大唐三藏圣教序》，《全唐文》卷十。
② 《述圣赋序》，《全唐文》卷十。
③ 《谕普光寺僧众令》，《全唐文》卷十一。
④ 《令道士在僧前诏》，《全唐文》卷六。

性与合法性。然贯彻诏书的一个重要思想，就是"佛教之兴，基于西域"，教理"神变之理多方，报应之缘匪一"，并不能解决"人觊当年之福，家惧来生之祸"的信仰问题，而大兴佛教，"波涌于闾里，终风靡于朝廷"，"流遁忘反，于兹累代"，成为了负担。因此，关于如何治理天下，它透露出太宗一个基于道家哲学的重要理政思想，即"天下大定，亦赖无为之功"。

唐太宗"天下大定，亦赖无为之功"，多大程度上受孙思邈思想影响，不得而知。但孙思邈本传说其"自云开皇辛酉（601）岁生，至今年九十三矣。询之乡里，咸云数百岁人。话周、齐间事，历历如眼见"；又说"魏徵等受诏修齐、梁、陈、周、隋五代史，恐有遗漏，屡访之，思邈口以传授，有如目睹"①。此孙思邈思想流行于世也。《大唐新语》载，太宗曾将孙思邈"召诣京师，嗟其颜貌甚少，谓之曰：'故知有道者诚可尊重，羡门之徒，岂虚也哉！'将授之以爵位，固辞不受。高宗召拜谏议大夫，又固辞"②。据此可知，孙思邈于唐太宗执政时尚在，并亲自召见，其讲天人存在的宇宙论本质及相互感应变化法则不会不知道。孙思邈的思想，乃是作为道家黄老思潮流行于当时的。唐太宗处浮夸张扬弊端百出之世，对孙思邈的道家思想，应是有所感知与领悟的。

唐太宗以弧矢定四方，虽不尚玄妙之理，然他所讲"为君之道，必须先存百姓，若损百姓以奉其身，犹割股以啖腹，腹饱而身毙。朕每思伤其身者不在外物，皆由嗜欲以成其祸。若沈嗜滋味，玩悦声色，所欲既多，所损亦大，既妨政事，又扰生民"③ 等，可知其在驰骋疆场、平定天下的过程中，亦会深切地感受到陈隋以来浮华张扬所带来的巨大失衡与破坏。因此，思考"天下大定，亦赖无为之功"，是可以理解的。此贞观二年，太宗问黄门侍郎王珪问"近代君臣治国，多劣于前古，何也？"王珪对曰："古之帝王为政，皆志尚清静，以百姓之心为心。近代则唯损百姓以适其欲，所任用大臣，复非经术之士。汉家宰相，无不精通一经，朝廷若有疑事，皆引经决定，由是人识礼教，理致太平。近代重武轻儒，或参以法律，儒行既亏，淳风大坏"，而"太宗深然其言"④ 的原因。太宗贞观初，一个很重要的思想，就是"清

① 《旧唐书·孙思邈传》。
② 《大唐新语·隐逸》。
③ 《贞观政要·君道》。
④ 《贞观政要·政体》。

净寡欲，化被荒外"①。道家黄老思想的一个重要哲学思想，就是清静无为。惟"致虚极，守静笃，夫物芸芸，各复归其根"，方是知常之道，才能"乃公，公乃全，全乃天，天乃道，道乃久，没身不殆"；天地万物，皆是"道生之，德畜之，物形之，势成之"，惟"夫莫之命而常自然"，"长之育之，亭之毒之，养之覆之"，方能"生而不有，为而不恃，长而不宰"。治天下亦然。"道常无为，侯王若能守之，万物将自化；不欲以静，天下将自定"。故曰"我好静而民自正，我无欲而民自朴"；故曰"清静为天下正"②。太宗讲"赖无为之功"，能听得进"志尚清静，以百姓之心为心"，实乃受黄老思想，以此治国平天下者也。正是出于这样的治平思想，所以他贞观之初，就讲"自古帝王凡有兴造，必须贵顺物情。昔大禹凿九山，通九江，用人力极广，而无怨讟者，物情所欲，而众所共有故也。秦始皇营建宫室，而人多谤议者，为徇其私欲，不与众共故也。朕今欲造一殿，材木已具，远想秦皇之事，遂不复作也"③；贞观九年又讲"夫治国犹如栽树，本根不摇，则枝叶茂荣。君能清净，百姓何得不安乐乎"④。贞观十六年，太宗对侍臣讲"国以民为本，人以食为命，若禾黍不登，则兆庶非国家所有。朕为亿兆人父母，唯欲躬务俭约，必不辄为奢侈"⑤，亦属俭约无为，不作奢侈的治国思想。总体上看，唐太宗执政，"二十年间，风俗简朴，衣无锦绣，财帛富饶，无饥寒之弊"⑥，基本上是沿着简朴清静无为的黄老哲学见诸政道与治道的。

唐太宗不仅政道与治道受道家黄老思想影响，而且其政策与治策，亦常常是根据道家黄老思想作出的。例如他的务农政策就是这样。贞观二年，太宗谓侍臣曰："凡事皆须务本，国以人为本，人以衣食为本，凡营衣食，以不失时为本。夫不失时者，在人君简静乃可致耳。若兵戈屡动，土木不息，而欲不夺农时，其可得乎？"贞观五年，皇太子将行冠礼，原议二月举行，太宗就因其"恐妨农事，令改用十月"。即使有人说改日不吉利，太宗说亦讲"农时甚要，不可暂失"⑦，可知其以简静之道不伤农。再如贞观二年，关中旱，

---

① 《新唐书·魏徵传》。
② 《老子》第 16、37、45、51、57 章。
③ 《贞观政要·俭约》。
④ 《贞观政要·政体》。
⑤ 《贞观政要·务农》。
⑥ 《贞观政要·俭约》。
⑦ 《贞观政要·务农》。

大饥。太宗闻有鬻男女者，甚是难过，认为"水旱不调，皆为人君失德"，自责"朕德之不修，天当责朕，百姓何罪，而多遭困穷"，乃遣御史大夫杜淹巡检，"出御府金宝赎之，还其父母"①。此即老子讲修德，"修之于邦，修之于天下"② 者也。

"国之大事，在祀与戎。"③ 老子讲"以道佐人主者，不以兵强天下。师之所处荆棘生焉，军之后必有凶年"④。唐太宗说，隋炀帝"东西征讨，穷兵黩武，百姓不堪，遂致亡灭。此皆朕所目见"⑤。因此，他在用兵问题上，亦是非常谨慎的。贞观初，岭南冯盎、谈殿，阻兵反叛。魏徵频谏，怀之以德，必不讨自来。太宗从其计，遂得岭表无事，不劳而定。贞观四年，有司上言说"林邑蛮国，表疏不顺，请发兵讨击之"。太宗说："兵者，凶器，不得已而用之。自古以来穷兵极武，未有不亡者也。苻坚自恃兵强，欲必吞晋室，兴兵百万，一举而亡。隋主亦必欲取高丽，频年劳役，人不胜怨，遂死于匹夫之手。至如颉利（突厥族），往岁数来侵我国家，部落疲于征役，遂至灭亡。朕今见此，岂得辄即发兵。但经历山险，土多瘴疠，若我兵士疾疫，虽克剪此蛮，亦何所补。言语之间，何足介意！"竟不讨之。⑥ 可知太宗用兵决策，乃尊老子"不以兵强天下"者也。

贞观五年，唐太宗曾对侍臣说："治国与养病无异也。病人觉愈，弥须将护，若有触犯，必至殒命。治国亦然，天下稍安，尤须兢慎，若便骄逸，必至丧败。"⑦ 这话乃太宗深感浮华张扬造成失衡与破坏之痛也。唐太宗虽重视儒家礼教，用以解决人与人之间的伦理关系问题，然对于浮华张扬所造成的巨大破坏与失衡，不立于道家清静无为之说，蓄之养之，则不足于建立盛德富有大业之根基有一定认识！故太宗清醒地问道："夫治国犹如栽树，本根不摇，则枝叶茂荣。君能清净，百姓何得不安乐乎？"⑧ 有此清醒，故张舜徽先生说："太宗所真大过人者，在能以道家清静之旨施之政理耳！"⑨ 一代之君，

① 《贞观政要·仁恻》。
② 《老子》第 54 章。
③ 《左传》成公十三年。
④ 《老子》第 30 章。
⑤ 《贞观政要·政体》。
⑥ 《贞观政要·征伐》。
⑦ 《贞观政要·政体》。
⑧ 《贞观政要·政体》。
⑨ 《周秦道论发微》，中华书局 1982 年版，第 90 页。

悟得此理，执之行之，容易！然"五色令人目盲，五音令人耳聋，五味令人口爽，驰骋畋猎令人心发狂，难得之货令人行妨"①，人性有此弱点，有国有天下者一旦富有，及至后代，则骄奢淫逸、腐败堕落，忘此根本矣！这诚如魏徵所说："帝王之起，必承衰乱。然既得之后，志趣骄逸，百姓欲静而徭役不休，百姓凋残而侈务不息，国之衰弊，恒由此起。以斯而言，守成则难。"②因此，治国平天下，有刚正不阿之臣时时以清静无为之道提醒进谏，就显得特别重要了。魏徵参政议政进谏，虽内在于道家情结，然从根本上说，亦乃持道家意识于政道治道者也。

三　魏徵参政议政的道家情结

魏徵（580～643），字玄成，《旧唐书》说其为钜鹿郡（今河北省巨鹿县）人，《新唐书》说其为魏州曲城（唐时它包括今天河北大名、馆陶、魏县，河南南乐、清丰、范县及山东莘县等地）人。故唐代吴兢《贞观政要》说："魏徵，钜鹿人也，近徙家相州之内黄。"③可知，钜鹿，乃魏徵故里。

关于魏徵为学及其思想。《旧唐书》说其"征少孤贫，落拓有大志，不事生业，出家为道士，好读书，多所通涉，见天下渐乱，尤属意纵横之说"④；《新唐书》则说其"少孤，落魄，弃赀产不营，有大志，通贯《书》术。隋乱，诡为道士"⑤。凡此可知，魏徵为学，虽"好读书，多所通涉"，但最初主要是受道家思想影响的。另外，他的"属意纵横之说"，乃是出于"见天下渐乱"的需要，从根本上说，乃是通贯《尚书》的儒学。贞观五年，魏徵撰《群书政要》，"爰自《六经》，讫于诸子，上始五帝，下尽晋年"⑥。可知魏徵思想来源是比较复杂的，虽爰自《六经》，也是受道家诸子思想影响的，但其骨子里还是有着儒家《尚书》大中以正的历史哲学思想的。

魏徵道家思想根于何处，新旧《唐书》皆无记载。然魏徵儒学思想出于王通之学，《中说》则记得清清楚楚：文中子"门人窦威、贾琼、姚义受

①　《老子》第 12 章。
②　《贞观政要·君道》。
③　《贞观政要·君道》。
④　《旧唐书·魏徵传》。
⑤　《新唐书·魏徵传》。
⑥　《唐会要》卷三十六。

《礼》，温彦博、杜如晦、陈叔达受《乐》，杜淹、房乔、魏徵受《书》，李靖、薛方士、裴晞、王珪受《诗》，叔恬受《玄经》，董常、仇璋、薛收、程元备闻《六经》之义"①。魏徵受《书》，与《新唐书》所说"通贯《书》术"是一致的。但魏徵学于王通，并不仅仅局限于贯通儒家历史哲学精神的《尚书》，而且所问所学，对于人生哲学问题，整个宇宙本体论问题，亦表现出极大的关心。魏徵问《易》所涉及的宇宙人生问题就是这样：

> 魏徵曰："圣人有忧乎？"子曰："天下皆忧，吾独得不忧乎？"问疑？子曰："天下皆疑，吾独得不疑乎？"征退，子谓董常曰："乐天知命，吾何忧？穷理尽性，吾何疑？"常曰："非告征也，子亦二言乎？"子曰："徵所问者迹也，吾告汝者心也。心迹之判久矣，吾独得不二言乎！"常曰："心迹固殊乎？"子曰："自汝观之则殊也，而适造者不知其殊也，各云当而已矣。则夫二未违一也。"李播闻而叹曰："大哉乎一也！天下皆归焉，而不觉也。"②

《易传》说："《易》与天地准，故能弥纶天地之道，原始反终，故知死生之说；精气为物，游魂为变，是故知鬼神之情状；知周乎万物，而道济天下，故不过；旁行而不流，乐天知命，故不忧。"③圣人所不忧者，乃在于"能弥纶天地之道，原始反终，故知死生之说"，在于"旁行而不流，乐天知命"。由此可知，魏徵发问所涉及的并非只是一般知识与价值判断问题，也非一般社会历史盛衰问题，而是关乎宇宙万物和人类社会历史本原与最高真理性问题，天道人心最为深层的存在问题。能明白这个最根本问题，穷理尽性，"旁行而不流，乐天知命"，自然无忧！故文中子说："乐天知命，吾何忧？穷理尽性，吾何疑？"天道人心本不二，故李播闻文中子言，才感叹地说："大哉乎一也！天下皆归焉"，人对此只是"不觉"而已。然当时魏徵所问，乃是"圣人有忧乎？"而没问"圣人何以不忧？"故在文中子看来，魏徵所问，仍是停留于事情的表象，没涉及形上本体所贯通的天道人心深层问题。文中子对魏徵所问，答以"天下皆忧，吾独得不忧"，乃是就其表象问题作答。魏徵

---

① 《中说·关朗篇》。
② 《中说·问易篇》。
③ 《周易·系辞上传》。

对老师的回答，自然是不满意的，故"存疑"。这个"存疑"所以发生，在于文中子答魏徵所问，可能忽略了他初学的道家背景，因而没涉及天道人心的深层问题。然这个"存疑"则反映出：魏徵所学并非只是停留于儒家《尚书》的历史盛衰问题，而是对历史所以盛衰的天道人心问题怀有深深的追求。要解决这个"存疑"，自然不能仅仅停留在儒家《尚书》历史盛衰上，必须深入到《易》学，深入到道家"绳绳不可名，复归于无物"；"微妙玄通，深不可识"① 的存在，追求历史所以盛衰的天道人心深层问题。这就是魏徵学植根于道家极为内在的"情结"。这种情结提高升华出来就是一种道家精神。魏徵虽学于儒家，然其一生中，不论是作为谏议大夫参政议政，还是作为良史监修史书，内心则总是常常怀着深深的道家"情结"，以此追问政治得失与历史盛衰深层原因。

魏徵正是有了这份情结，所以他的一生，多了一份不同于俗儒的耿介，不管是议论政治得失，还是讲究历史盛衰存亡，莫不以天道人心问个究竟，说个究竟，而且常常是言别人所不敢言，道别人所不敢道，表现出一种不同世俗的耿直精神。贞观之始，诸贤皆亡，惟魏徵、房玄龄、李靖、文彦博、杜如晦皆得重用，朝廷大事之议未尝不参与。有一次唐太宗临轩谓群臣说："朕自处蕃邸，至今日成就大业，卿等每进谏正色，都说'嘉言良策，患人主不行，若行之，则三皇不足四，五帝不足六'云云。现在，朕诚恳虚心听取进谏，诸公若有长久之策，请一一陈之，不要有所隐晦。"这时，房、杜等人，皆"奉诏舞蹈，赞扬帝德"。唐太宗马上说："停止。"引群公内宴，酒方行，唐太宗又说："设法施化，贵在经久。秦、汉已下，不足袭也。三代损益，何者为当？卿等悉心以对。"当时，群公无敢对者。魏徵在下坐，房、杜目视之。魏徵越席而对曰："夏、殷之礼既不可详，忠敬之化，空闻其说。孔子曰：'周监二代，郁郁乎文哉！吾从周。'《周礼》，公旦所裁，《诗》《书》，仲尼所述，虽纲纪颓缺，而节制具焉。荀、孟陈之于前，董、贾伸之于后，遗谈余义，可举而行。若陛下重张皇《坟》，更造帝《典》，则非驽劣所能议及。若择前代宪章，发明王道，则臣请以《周典》唯所施行。"唐太宗一听大悦。② 这件事说明，惟魏徵之耿介正直，方能对群公之不敢对，或像他们那样只是"奉诏舞蹈，赞扬帝德"。这就是魏徵参政议政与一般俗儒不同的地方，

① 《老子》第 14、15 章。
② 《录唐太宗与房魏论礼乐事》，《中说》附录。

亦是其见精神的地方，亦文中子所说"魏徵之正"① 也。

正因为魏徵有此道家之情结，所以他之参政议政，总是将道家清静无为之说，"去甚、去奢、去泰"；"深根固柢，长生久视之道"②，放在重要地位。贞观十年，唐太宗问侍臣"帝王之业，草创与守成孰难"？房玄龄说："天地草昧，群雄竞起，攻破乃降，战胜乃克"，讲"草创为难"。魏徵则坚持守成之难说："然既得之后，志趣骄逸，百姓欲静而徭役不休，百姓凋残而侈务不息，国之衰敝，恒由此起。"在魏徵看来，天下之太平，国家之根本，在于蓄养，在于通过蓄养建立盛德富有大业的根基，而不是浮夸张扬、骄奢淫逸、腐败堕落。因此，贞观十一年，魏徵上疏曰："求木之长者，必固其根本。欲流之远者，必浚其泉源。思国之安者，必积其德义。源不深而望流之远，根不固而求木之长，德不厚而思国之理，臣虽下愚，知其不可，而况于明哲乎？不念居安思危，戒奢以俭，德不处其厚，情不胜其欲，斯亦伐根以求木茂，塞源而欲流长者也。"他认为，政治之危，国家之难，在于积怨。"怨不在大，可畏惟人，载舟覆舟，所宜深慎，奔车朽索，其可忽乎？"③ 因此，贞观十三年，突厥阿史那族结社率作乱，云阳石然，自冬至五月不雨，魏徵上疏强调说："陛下许臣以仁义之道，守而不失，俭约朴素，终始弗渝。德音在耳，不敢忘也。"然后指出太宗为政始终不一说："陛下在贞观初，清净寡欲，化被荒外。今万里遣使，市索骏马，并访怪珍"，批评说"此不克终一渐也"；"陛下在贞观初，护民之劳，煦之如子，不轻营为"，而现在"顷既奢肆，思用人力"，竟然说"百姓无事则易骄，劳役则易使"，批评说"此不克终二渐也"。对太宗始终不一的做法，魏徵引孔子之言说："懔乎！若朽索之驭六马！"④

或许正是魏徵观察到唐太宗有此始终不一的政治行为，所以才进谏《十思疏》曰：

　　君人者，诚能见可欲，则思知足以自戒；将有作，则思知止以安人；念高危，则思谦冲而自牧；惧满溢，则思江海下百川；乐盘游，则思三

① 《中说·礼乐篇》。
② 《老子》第29、59章。
③ 上引均见《贞观政要·君道》。
④ 《新唐书·魏徵传》。

驱以为度；忧懈怠，则思慎始而敬终；虑壅蔽，则思虚心以纳下；惧谗邪，则思正身以黜恶；恩所加，则思无因喜以谬赏；罚所及，则思无以怒而滥刑。总此十思，宏兹九德，简能而任之，择善而从之，则智者尽其谋，勇者竭其力，仁者播其惠，信者效其忠；文武争驰，君臣无事，可以尽豫游之乐，可以养松乔之寿，鸣琴垂拱，不言而化。何必劳神苦思，代下司职，役聪明之耳目，亏无为之大道哉！

唐太宗曾对魏徵《十思疏》手诏答曰："非公体国情深，启沃义重，岂能示以良图，匡其不及"，并表示"公之所陈，朕闻过矣。当置之几案，事等弦韦"，可算得上一代明君了。直到贞观十五年，太宗再次谈论"守天下难易"，想起魏徵所讲"守成之难"，仍慨然说："任贤能、受谏诤，即可，何谓为难！"① 可知魏徵以道家清静无为之说，以"去甚、去奢、去泰"，建"深根固柢，长生久视之道"所谏多么重要！

魏徵不仅是谏议大夫，还是一代史学家。《旧唐书》说："初，有诏遣令狐德棻、岑文本撰《周史》，孔颖达、许敬宗撰《隋史》，姚思廉撰《梁》、《陈史》，李百药撰《齐史》。征受诏总加撰定，多所损益，务在简正。《隋史》序论，皆征所作，《梁》《陈》《齐》各为总论，时称良史。"② 魏徵不仅作为谏议大夫，参政议政讲道家清静无为之说，讲"去甚、去奢、去泰"的"深根固柢，长生久视之道"，而且他作为史官怀此情结与精神，将其贯彻到了他的监修史书及所作序论中。监修撰定《陈书》，评论陈后主说："生深宫之中，长妇人之手，既属邦国殄瘁，不知稼穑艰难，初惧阽危，屡有哀矜之诏，后稍安集，复扇淫侈之风"；执政期间，"唯寄情于文酒，昵近群小，皆委之以衡轴，谋谟所及，遂无骨鲠之臣，权要所在，莫匪侵渔之吏。政刑日紊，尸素盈朝，耽荒为长夜之饮，嬖宠同艳妻之孽"；自己"以中庸之才，怀可移之性，口存于仁义，心怵于嗜欲"；而"佞谄之伦，承颜候色，因其所好，以悦导之，若下坂以走丸，譬顺流而决壅"，及至"危亡弗恤，上下相蒙，众叛亲离，临机不寤，自投于井，冀以苟生，视其以此求全"。魏徵评后主之亡国说："此所以成、康、文、景千载而罕遇，癸、辛、幽、厉靡代而不

---

① 上引均见《贞观政要·君道》。
② 《旧唐书·魏徵传》。

有，毒被宗社，身婴戮辱，为天下笑，可不痛乎！"①　此魏徵直书后主事，发史家之悲痛也！

魏徵监修总撰《隋书》更是如此。隋史乃唐之前朝事，监修或为之序论，若非不作为政之鉴，必有很多顾虑。然魏徵作为《隋书》总撰定人，怀道家之情结，所损所益，一禀于道家清静无为之说立论，以"去甚、去奢、去泰"，建立"深根固柢，长生久视之道"为根本追求。如评隋炀帝，说其高傲，"南平吴会，北却匈奴，昆弟之中，独著声绩，于是矫情饰貌，肆厥奸回"；说其狭隘自私，"负其富强之资，思逞无厌之欲，狭殷周之制度，尚秦汉之规摹，恃才矜己，傲狠明德，内怀险躁，外示凝简，盛冠服以饰其奸，除谏官以掩其过"；说其腐败堕落，"淫荒无度，法令滋章，教绝四维，刑参五虐，锄诛骨肉，屠剿忠良，受赏者莫见其功，为戮者不知其罪。骄怒之兵屡动，土木之功不息"；说其残暴，"急令暴条以扰之，严刑峻法以临之，甲兵威武以董之，自是海内骚然，无聊生矣"，并且"上下相蒙，莫肯念乱，振蜉蝣之羽，穷长夜之乐"。如此浮夸，如此靡费，如此张扬，如此相互欺瞒，最后"土崩鱼烂，贯盈恶稔，普天之下，莫匪仇雠，左右之人，皆为敌国，终然不悟，同彼望夷，遂以万乘之尊，死于一夫之手"②。这不只是秉笔直书，可视为向唐朝有国有天下者所发出的警示！魏徵作为《隋书》总撰定人，作此史评，足见其史学家耿直之精神！此评与唐太宗造飞仙宫，魏徵上疏，劲直谏于太宗，所说"彼炀帝者，岂恶治安，喜灭亡哉！恃其富强，不虞后患也。驱天下，役万物，以自奉养，子女玉帛是求，宫宇台榭是饰，徭役无时，干戈不休，外示威重，内行险忌，谗邪者进，忠正者退，上下相蒙，人不堪命，以致殒匹夫之手，为天下笑"，几乎文字毫无差别！此可知魏徵道家情结及精神贯彻为史与参政议政之始终也。特别是他对唐太宗直谏说："今宫观台榭，尽居之矣；奇珍异物，尽收之矣；姬姜淑媛，尽侍于侧矣；四海九州岛，尽为臣妾矣"，而有国有天下者不知王业之艰难，认为"天命可恃"，继续腐败堕落，使人"不见德而劳役"没完没了，甚至"以暴易暴"，"夫作事不法，后无以观"，造成"人怨神怒，灾害生，祸乱作"，讲如此作为，"能以身名令终鲜矣"③，值得后世所有国有天下者思考！宋之曾巩说："古之所谓

---

① 《陈书·后主纪》史臣魏徵曰。
② 《隋书·炀帝纪下》史臣曰。
③ 《新唐书·魏徵传》。

良史者，其明必足以周万事之理，其道必足以适天下之用，其智必足以通难知之意，其文必足以发难显之情，然后其任可得而称也。"① 魏徵之谓良史，岂不亦如是乎！

　　魏徵是良史，也是尽职尽责的谏议大夫。史书评其"前代诤臣，一人而已"，其赞曰："智者不谏，谏或不智。智者尽言，国家之利。"② 魏徵是谏之智者，是有智慧、谏官精神的一代诤臣，而且一生坚守着道家清静简朴的精神。魏徵死时年仅六十四岁。太宗亲临恸哭，废朝五日，并给羽葆鼓吹、班剑四十人，赙绢布千段、米粟千石，使其陪葬昭陵。但魏徵夫人则说："征平生俭素，今以一品礼葬，羽仪甚盛，非亡者之志"，悉辞不受，竟以布车载柩，无文彩之饰送葬。太宗登苑西楼，望丧而哭，为之诗"望望情何极，浪浪泪空泫"③，并诏百官送出郊外。真一代君臣情怀也！后来太宗亲制碑文，并为书石，尝临朝谓侍臣曰："夫以铜为镜，可以正衣冠；以古为镜，可以知兴替；以人为镜，可以明得失。朕常保此三镜，以防己过。今魏徵殂逝，遂亡一镜矣。"魏徵死后，太宗派人至其宅第，于书函中得一表草，字皆难识，唯前有数行，稍可分辩云："天下之事，有善有恶，任善人则国安，用恶人则国乱"，公卿之内，情有爱憎，告之曰："若爱而知其恶，憎而知其善，去邪勿疑，任贤勿贰，可以兴矣！"④ 此魏徵鉴于历史盛衰，留于后人之政治真谛，亦其坚贞、清静、简朴的精神，昭明于天地之间者也。

　　魏徵初为道家，转而从文中子入学儒。虽道家清静无为之学深深地扎根于他的内心，然对道家根本之学，对老子道体形而上学，却是缺乏深层了解与领悟的，特别是原始道家老子所讲道体"深不可识，微妙玄通"的存在，以及这种存在怎样"绵绵若存，用之不勤"，怎样"有之以为利，无之以为用"，怎样"以古之道，御今之有"⑤ 等，并没有从最高本体论上真正解决。不仅魏徵如此，即使当时的道教人物，亦多是将老子原始道家哲学转化为道教神秘主义存在，而对老子的根本哲学，亦是缺乏深刻理解与阐释的。这自然不能满足当时文化政治发展的需要。特别是李唐统治者，既已以老子为祖先，为神圣思想创立者，要想使其文化哲学成为政治意识，成为社会认同的

----

① 《南齐书》附《曾巩南齐书目录序》。
② 《旧唐书·魏徵传》史臣赞。
③ 《望送魏徵葬》，《全唐诗》卷一。
④ 《旧唐书·魏徵传》。
⑤ 上引见《老子》第6、11、14、15章。

意识形态与最高理论，就不能仅仅满足于道教神秘主义的解释，而必须给这个理论学说予以更加高深、更加博大、更加玄远的理解与阐释，发展出为盛唐所需要的文化哲学精神。这种文化哲学理论上的诉求与发展，当时不仅产生了成玄英等一批"重玄"道学家，而且在统治者上层，也产生了唐玄宗作为帝王的《道德经》注疏。

四 玄宗发挥《道德经》注疏

唐朝是儒、道、释三教，皆能包容的时代。印度大乘佛教适应中国文化哲学，虽然变成了中华大乘佛教，但它并没有像犹太教为适应希腊罗马文化哲学从而变为基督教，成为罗马帝国的国教，并影响西方中世纪几百年的发展那样，它只是成为了与中国儒家、道家文化并存的一种文化，而且中唐之后走向了衰微。魏晋之后，虽然儒家礼教文化走向了衰微，但它在唐代的复兴，并没有失去主流地位。当时参政主政者，如房玄龄、文彦博、杜如晦等，皆是儒家人物。最为需要确定文化地位的是道教，及为它提供哲学基础的道家。

道教本来是新兴的宗教，仅从立教时间长短上看，它要与佛教、儒教相比，无疑是有些浅薄。但它立教的基础是黄老之学，是原始道家老子哲学，而这个学说的渊源，是和儒家文化一样源远流长、博大精微的。道教在唐代求发展，举原始道家老子的旗帜，自然是极聪明的做法。特别是借老子姓李，从宗族绵续上附会李唐政治神圣性与合法性，得到唐统治者的认同与支持，道教（包括道家）文化地位，自然就得到了极大地提高。先是高宗尊老子为"太上玄元皇帝"，然后是唐玄宗接二连三地尊老子为"大圣祖玄元皇帝""圣祖大道玄元皇帝""大圣祖高上大道金阙玄元天皇大帝"。可以说，对老子的追尊达到了无以复加的地步。但仅仅这样追尊自然不够，有一个重要的问题，就是怎样看待老子思想？他的哲学本体论是否玄远高深、博大精微，这才是尊崇老子的根本问题，才是抬高老子地位的关键。这正是晋唐以来注疏老子《道德经》数十家的原因所在。现存《道藏》的《唐玄宗御注道德真经》四卷和《唐玄宗御制道德真经疏》十卷，就是唐玄宗作为最高统治者注疏老子《道德经》的著作。唐玄宗谈及他注疏《老子》的动机说：

昔在玄圣，强著玄言，权舆真宗，启迪来裔。遗文诚在，精义颇乖。撮其指归，虽蜀严而犹病，摘其章句，自河公而或略。其余浸微，固不足数。则我玄元妙旨，岂其将坠？朕诚寡薄，尝感斯文，猥承有后之庆，恐失无为之理，每因清宴，辄叩玄关，随所意得，遂为笺注。①

老子者，太上玄元皇帝之内号也。玄玄道宗，降生伊亳，肃肃皇祖，命氏我唐。垂俗之训，无疆之祉，长发远祥，系本瓜瓞。其出处之迹，方册备记。道家以为玉晨应号，马迁谓之隐君子，而仲尼师之。……经，径也，言通径也，又常也，言通径常行之道。每惟圣祖垂训，贻厥孙谋，听理之余，伏勤讲读，今复一二诠疏其要妙者，书不尽言，粗举大纲，以裨助学者尔。②

从《御注》序和《御疏》题解看，不论是讲"昔在玄圣，强著玄言，权舆真宗，启迪来裔"，还是讲"老子者，太上玄元皇帝之内号也。玄玄道宗，降生伊亳，肃肃皇祖，命氏我唐"，唐玄宗注疏老子《道德经》，都是作为李唐祖先遗著，恐人不解或误解而进行的。但是，仅作此解，未免看轻了唐玄宗注疏《道德经》的政治目的。如果联系唐玄宗的种种举措来看，如开元二十一年敕命"老子《道德经》，宜令士庶家藏一本，每年贡举人，量减《尚书》、《论语》策一两条，准数加《老子》策，俾尊崇道本，宏益化源"③；二十九年诏制"两京及诸州，各置元元皇帝庙一所，兼置崇玄学，生徒于当州县学生，令习《道德经》及《庄子》、《文子》、《列子》，待习业成，每年准明经举送至省"④，及诏命编录经义，"宜以《道德经》列诸经之首"⑤ 等，唐玄宗注疏《道德经》的目的，实乃是将老子之学置于诸家文化之首，使之成为主流文化，成为政治意识形态的作为。《御疏》题解尊老子为"太上玄元皇帝"，乃袭高宗之尊封。然《御注》序尊老子为"玄圣"，则乃玄宗天宝二年追尊老子"大圣祖玄元皇帝"的简称。因此可以认为《御注》应为玄宗天宝之后所作。《注》简《疏》详，著述先简后详，乃是一般规律。因此亦可判

---

① 《唐玄宗御制道德真经序》，《唐玄宗御注道德真经》卷一。
② 《唐玄宗御制道德真经疏释题》，《正统道藏》洞神部玉诀类。
③ 《命贡举加老子策制》，《全唐文》卷二十三。
④ 《命两京诸路各置元元皇帝庙诏》，《全唐文》卷三十一。
⑤ 《尊道德南华经诏》，《全唐文》卷三十二。

断《御疏》作于天宝之后。因此可以认为，《御注》《御疏》，皆为玄宗晚年文化哲学思想较为成熟的著述。唐玄宗的《御注》《御疏》，可简称为《老子》注疏。

唐玄宗注疏《老子》，并非为注而注，为疏而疏，而是为了解决他那个时代所面临的天下治理难题，寻找最高哲学理论根据。因此他对汉代黄老学家河上公、严君平注疏《老子》是非常不满意的。在他看来，"撮其指归，虽蜀严而犹病，摘其章句，自河公而或略"，因而造成了"遗文诚在，精义颇乖"；后来"浸微"，更造成了"玄元妙旨"的"将坠"①。唐玄宗注疏《老子》，就是为了挽救老子"玄元妙旨"的"将坠"而著作的。

唐玄宗注疏《老子》，当时还面临着一种挑战，就是佛家对儒道文化哲学本体论的贬损，认为中国儒家、道家文化哲学本体论低下，不像大乘佛教那样高远精微。如玄奘就对唐太宗讲"八卦垂文，六爻发系，观乌制法，泣麟敷典，圣人能事，毕见于兹"②；"六爻探赜，局于生灭之场；百物正名，未涉真如之境"③。玄奘认为，"造化之功，既播物而成教；圣人之道，亦因辞以见情，然则画卦垂文，空谈于形器；设爻分象，未逾于寰域"，未若佛教"理穷天地之表，情该日月之外"，在他看来，宗教本体论"较其优劣，斯为盛矣！"④ 更有沙僧狂傲地宣称，佛教菩萨为"天上天下，唯我独尊"⑤ 的存在。既然如此，还如何确立老子"大道玄元皇帝"的尊崇地位？因此，唐玄宗注疏《老子》所面临的一个重要任务，就是在大道本体论上阐述老子哲学高远精微的存在。只有在本体论上讲清老子哲学，它才能成为修身治国之大理。故玄宗讲老子之著书说：

> 明道德生畜之源，罔不尽此，而其要在乎理身理国。理国则绝矜尚华薄，以无为不言为教，故经曰："道常无为而无不为，侯王若能守，万物将自化。"又曰："我无为而人自化，我无事而人自富，我好静而人自正，我无欲而人自朴。"理身则少私寡欲，以虚心实腹为务。故经曰"常无欲以观其妙"；又曰"不贵难得之货，不见可欲"；又曰"塞其兑，闭

---

① 《唐玄宗御制道德真经序》。
② 《谢敕送大慈恩寺碑文表》，《全唐文》卷九百六十。
③ 《谢御制三藏圣教序表》，《全唐文》卷九百六十。
④ 《谢御制大慈恩寺碑文表》，《全唐文》卷九百六十。
⑤ 《禅林妙记前集序》，《全唐文》卷九百八十。

其门，挫其锐，解其纷"，而皆守之以柔弱雌静。故经曰"柔胜刚，弱胜强"；又曰"知其雄，守其雌"。此其大旨也。及乎穷理尽性，闭缘息想，处实行权，坐忘遗照，损之又损，玄之又玄，此殆不可得而言传者矣。①

　　唐玄宗认为，道为天地之本，若要以道立教，"阐教以化人，必深究于微旨"②。因此他说："古者操皇纲执大象者，何尝不上稽天道，下顺人极，或变通以随时，爰损益以成务。"③ 同样，要立老子之学为教，使其成为教化天下之学，也必须讲清老子哲学之为天地之大道，无妄之真理，讲清它并非佛教"空寂"本体，非其不生不化如佛、如涅槃者，而是周流宇宙、贯通万物本体存在，生生化化的宇宙原理。故玄宗御疏"道可道"，一再讲"明妙本之由起，万化之宗源"；讲"道可名者，明体用也；无名有名者，明本迹也"；讲可道者，"言妙本通生万物，是万物之由径"；讲非常道者，"妙本生化，用无定方，不可遍举"④。其他像疏"道冲而用之，或不盈，渊兮似万物之宗"，讲"夫和气冲虚，故为道用；用生万物，物被其功"；讲"论功则物疑其光大，语冲则道曾不盈满，而妙本深静，常为万物之宗"⑤；疏"有之以为利，无之以为用"，讲"有之所利，用必资无，故有以无为利也。无之所用，体必资有，故无以有为利"⑥；疏"万物恃之以生而不辞，功成不名有"，讲"天地万物，皆恃赖大道通生之功，以全其生理，而大道化生，妙本无心，虽则物恃以生，而道不辞以为劳倦"⑦，以及题解"大道"，讲"大道者虚极妙本之强名，名其通生也。得生为德，故经曰'道生之，德畜之'，则知道者德之体，德者道之用也"⑧ 等。凡此，皆讲大道本体之用，讲其无为无所不为之功用，而且是在"至虚而应，其应不穷"⑨ 的意义上，在"原天下之动用，本天下之生成"⑩ 上，在"妙本生化，运动无穷"，"物物而不物，生生而不生，

① 《唐玄宗御制道德真经疏释题》。
② 《颁示道德经注孝经疏诏》，《全唐文》卷三十二。
③ 《旧唐书·玄宗纪上》。
④ 《御疏·道可道章》。
⑤ 《御疏·道冲章》。
⑥ 《御疏·三十辐章》。
⑦ 《御疏·大道泛兮章》。
⑧ 《唐玄宗御制道德真经疏释题》。
⑨ 《御疏·谷神不死章》。
⑩ 《御疏·三十辐章》。

妙本湛然，未曾有物"① 的形上本体论上讲的。这较之佛教讲"空寂"存在，抑或魏晋玄学家"以无为本"，讲"夫唯无名，故可得遍以天下之名名之"②；讲"夫道之而无语，名之而无名"③，无疑清晰明白地讲述了老子玄妙大道本体真实无妄、实有是理的存在。唯此理不谬，精神无妄，才可以为天下立教。此玄宗注疏《老子》之务先解决者也。

要立老子之学为教，不仅要讲清老子玄妙大道为真实无妄的本体论性质，更要讲清此道贯通人之心性，可为人的生存提供性命之理的存在。惟此，才可以老子之学才可以立教，才可以持之以成教化天下之大用。故玄宗注"常无欲以观其妙，常有欲以观其徼"句，说"人生而静，天之性。感物而动，性之欲。若常守清静，解心释神，返照正性，则观乎妙本矣。若不正性，其情逐欲而动，性失于欲，迷乎道原，欲观妙本，则见边徼矣"④。唐玄宗注疏老子，虽然仍承认"人之受生，冲气为本"⑤，具有气质之性，但这里讲"天之性"，讲"若常守清静，解心释神，返照正性，则观乎妙本"，讲"若不正性，其情逐欲而动，性失于欲，迷乎道原，欲观妙本，则见边徼矣"，则已是以天道为性命之理，为心性本体的存在了。惟此，有国有天下者持此道以为教化，才能"令万物各遂其生，不为己有，各得所为，而不负恃，如此即太平之功成矣"⑥。唐玄宗疏"常无欲以观其妙，常有欲以观其徼"，讲"从本起用，因言立教，应物遂通，化成天下，则见众之所归趋矣"⑦；疏"不尚贤，使民不争"，讲"不若陶之玄化，任以无为，使云自从龙，风常随虎，则唐虞在上，不乏元凯之臣，伊吕升朝，自得台衡之望。各当其分，人无觊觎，则不争也"⑧，等等，全是建立在天道性命之理基础上的。有此心性本体，立之为教，才能以成教化天下之大用。此其他注疏《老子》说"天地所以能长且久者，以其覆载万物，长育群材，而皆资察于妙本，不自矜其生成之功用，以是之故，故能长久"⑨ 者也。此玄宗注疏《老子》超越气质之性，发挥天

---

① 《御疏·视之不见章》。
② 《列子·仲尼篇》注引。
③ 《列子·天瑞篇》注引《道论》。
④ 《御注·道可道章》。
⑤ 《御疏·载营魄章》。
⑥ 《御注·天下皆知章》。
⑦ 《御疏·道可道章》。
⑧ 《御疏·不尚贤章》。
⑨ 《御疏·天长地久章》。

道本性者也。这一发挥，对于以老子之学立教，无疑是很重要的。试想，若人生只是气质之性，只是物的存在，不具此天道本性，那么，立天道性命之理以为教，还与人何干？与人不相干，自然，立教就无以教化天下了。这就是玄宗注疏《老子》发挥天道性命之理的重要性所在。

老子之学，不论是讲万物之生，还是讲人性之化，全是立于天道本体论的。天道本体论者，自然本体论也。因此，老子之学，乃天道自然本体论之哲学也。它不论是讲万物之宗，还是讲心性本体，皆是立于天道自然本体论基础上的，为学所持者，皆是自然无为之道。因此，以老子之学立教，最为根本的就要弄清它的这一主旨，这一根本哲学思想。玄宗注疏《老子》也是这样。惟有弄清老子的根本哲学思想，以老子之学立教，才能发挥本体大用。这就是故玄宗注疏《道德经》反复讲解老子清静无为思想的原因所在。如他疏"常无欲以观其妙，常有欲以观其徼"，讲"人常无欲，正性清静，反照道源，则观见妙本矣。若有欲，逐境生心，则性为欲乱。以欲观本，既失冲和，但见边徼矣"①；如疏"为无为，则无不治矣"，讲"绝尚贤之迹，不求难得之货，人因本分，物必全真，于为无为，复何矜徇化？既无馨而无臭，人故不识而不知，淳风大行，谁云不理？"②疏"为天下谷，常德乃足，复归于朴"，讲"归朴则妙本清净，常德则应用无穷，非天下之至通，其孰能与于此者？"③疏"清静为天下正"，讲"躁为趣死之源，静为发生之本，理人事，育群生，持本以统末，务清净之道，则可以为天下之正尔"④；疏"损之又损，以至于无为"，讲"前损忘迹，后损忘心，心迹俱忘，可谓造极，则以至于无为矣"⑤等，全是以自然之道，发挥老子清静无为思想的。

以自然之道建立政治哲学与人生哲学，不论政治行为还是人的生存，自然都要求抱朴守淳，遵守自然法则，清静无为，反对持人力物欲，干预自然法则。它见于政道与治道，就是老子政治哲学，亦是玄宗注疏《老子》的政治理想。故其疏"爱民治国，能无为乎"，讲"爱民者，使之不暴卒，役之不伤性。理国者务农而重谷，事简而不烦，则人安其生，不言而化也"；疏"生而不有，为而不恃，长而不宰，是谓玄德"，讲"生而不有者，令物各遂其

① 《御疏·道可道章》。
② 《御疏·不尚贤章》。
③ 《御疏·知其雄章》。
④ 《御疏·大成若缺章》。
⑤ 《御疏·为学日益章》。

生，君不以为己有也；为而不恃者，令物各得其动用，而不自负恃为己功也。长而不宰者，居万民之上，而不恃其功，如是是谓深玄妙之德矣"①；疏"执古之道，以御今之有"，讲"古先帝王常以无为道化，以化于人，故戒今能执守古之所行无为之教，以御理今之有为之事，则不言而化矣"；疏"能知古始，是谓道纪"，讲"抱守淳朴，爱清爱静者，是知无为之理，是道之纲纪"②；疏"侯王若能守，万物将自化"，讲"侯王若能守道清净，无为无事，则万物将自感化，君之善教而淳朴矣"；疏"不欲以静，天下将自正"，讲"君无为而上理，人遂性而下化，不烦教令，而天下自正平"③；以及疏"上德不德，是以有德"；讲"上古淳朴，无为而理，体道之主，任物自然，是上古之淳德，故云上德"④ 等，全是讲老子清静无为的政治哲学，亦玄宗所表达之政治理想也。

　　老子认为，政治的腐败堕落，人生的沉沦失败，皆在于人驰情逐物，迷失心性。因此，他在政治哲学和人生哲学上，总是一再要求人守住本真心性而不迷失。唐玄宗注疏《老子》，无疑注意到了这一点。故其注"致虚极，守静笃"，说"欲令虚极妙本必致于身，当须绝弃尘境染滞，守此雌静笃厚"⑤；注"绝圣弃智，民利百倍"，说"弃凡夫智诈之用，则人淳朴。淳朴则巧伪不作，无为则矜徇不行"；注"绝巧弃利，盗贼无有"，更说"人矜偏能之巧，必有争利之心，绝巧则人不争，弃利则人自足，则不为盗贼矣"⑥。但人性是有弱点的，有物性贪婪自私一面的，克服这一点是不容易的。老子讲"五色令人目盲，五音令人耳聋，五味令人口爽，驰骋畋猎，令人心发狂，难得之货，令人行妨"⑦，就是讲的人性的弱点及极易陷入非理性的行为。正因如此，所以如何使人坚守真淳本性，在形色货利面前，在纸醉金迷面前，不受其诱惑，不矫性妄求，乖失天然本性，乃是哲学防止政治腐败、人性堕落的重要任务，也是唐玄宗在政道和治道上所面临的重要问题。故老子讲"不见可欲，使心不乱"，玄宗疏之曰："希慕聪明，是见可欲。欲心兴动，非乱而何？"老

---

① 《御疏·载营魄章》。
② 《御疏·视之不见章》。
③ 《御疏·道常无为章》。
④ 《御疏·上德不德章》。
⑤ 《御注·致虚极章》。
⑥ 《御注·绝圣弃智章》。
⑦ 《老子》第 12 章。

子讲"是以圣人之治，虚其心"，玄宗疏之曰："夫役心逐境，则尘事汩昏，静虑全真，则情欲不作。"① 如果不能守其心性，非理性地追求形色货利、名誉地位，那自然就会陷入社会人生悖谬。故老子说"揣而锐之，不可长保"，玄宗疏之曰："凡情滞溺，贪求荣利，故揣量前事，铦锐欲心，鬼瞰人怨，坐招殃咎，不可长保"；老子讲"金玉满堂，莫之能守"，玄宗疏之曰："假使贪求不已，适令金玉满堂，象有齿而焚身，鸡畏牺而断尾，且失不贪之宝，坐贻政寇之忧，其以贾害，岂云能守？"老子讲"富贵而骄，自遗其咎"，玄宗疏之曰："因骄获咎，骄自心生，故云自遗尔。"② 凡此可以看出，玄宗已清醒地意识到政治腐败源于人生的堕落，只是不知他为何不能觉醒，清除当时在繁荣背后已经开始蔓延的政治腐败堕落？

玄宗虽然企慕自然无为之道，但立于人有"天之性"，立于人性可以教化，人性"若常守清静，解心释神，返照正性，则观乎妙本"，他注疏《老子》，并不像老子那样讲"失道而后德，失德而后仁，失仁而后义，失义而后礼"，讲"夫礼者，忠信之薄，而乱之首也"③，一味地反对儒家礼义教化，而是认为礼义教化具有教化人性的为治之大用。故其疏老子"失道而后德"句，只是说"礼于淳朴之世，非狂则悖，忘礼于浇漓之旦，非愚则诬。是故圣人救世之心未尝有异，而夷险之迹，不得一尔"；疏老子"夫礼者，忠信之薄，而乱之首"句，则讲"末代圣人行于礼教者，由救忠信之衰薄尔，若使人怀忠信，复奚假于礼法乎？"疏老子"上礼为之，而莫之应，则攘臂而仍之"，更讲"礼，履也，谓可履而行之也"，并引《庄子》"以礼为翼，所以行于世也"④，讲"失制礼者，所以救衰弊也"；引《礼记》"礼经三百，威仪三千"⑤，讲"曲为之防，事为之制，淳源一失，众务争驰，且存检外之迹，非曰由中之数"⑥，以及疏"人之所教，亦我义教之"，讲人君"为政教之首，一国之风，系乎一人而化。人君欲行言教以化人者，当须用我冲虚柔弱之义以教之尔"⑦ 等，就是对儒家礼教的肯定。这也是他于开元七年诏敕"周公

① 《御疏·不尚贤章》。
② 《御疏·持而盈之章》。
③ 《老子》第 38 章。
④ 《庄子·大宗师》。
⑤ 《礼记·礼器》，另见《大戴礼记·本命》。
⑥ 上均见《御疏·上德不德章》。
⑦ 《御疏·道生一章》。

制礼，历代不刊。子夏为传，孔门所受。逮及诸家，或变例。与其改作，不如好古。诸服纪宜一依旧文"① 的原因所在。玄宗能够重视礼教，无疑是很重要的。只是他并没深刻理解道家"以礼为翼"的道理，忽视了礼只是道之华，德之翼，而道与德，才是最为根本的存在。礼失却道与德，只是外在的形式，华而不实的存在，是不能为人生大用的。此亦乃老子讲"失道""失德"而后有礼义者也。

玄宗注疏《老子》，不像河上公、严君平出于黄老之学，也不像王弼立于玄学立场，而是儒、道、释一块上，集诸家之所长，为我所用，一并注疏之。如前面注疏老子"上礼为之，而莫之应，则攘臂而仍之"，既引道家《庄子》之言以辩之，以引儒家《礼经》以证之。再如疏"天地不仁，以万物为刍狗。圣人不仁，以百姓为刍狗"，引《庄子》师金谓颜回所说："夫刍狗之未陈，巾以文绣。及其已陈，则苏者取而爨之"，讲"圣人在宥天下，视彼百姓，亦当如此尔"②。又引孔子答子贡问，所说养的狗死了"蔽盖不弃，为埋狗也"③，说明怜悯之心。最后以《礼记·礼运》之文"不独亲其亲"，说明"仁者，兼爱"④ 的道理。玄宗注疏《老子》不仅儒家、道家并用，而且常常引释解老。如疏"有无之相生"，解释为"此明有无性空也"；疏"难易之相成"，解释为"此明难易法空也"⑤。不仅如此，而且常常是合儒、道、释而注疏之。如疏"玄之又玄，众妙之门"，以佛教"摄迹归本，谓之深妙"，讲"玄以遣玄"，说"欲令不滞于玄，本迹两忘，是名无住，无住则了出矣"；最后以道家《老子西升经》所说"同出异名色，各自生意因"，讲明"不生意因，同于玄妙"⑥ 的道理。而疏"上善若水"，以释家"至人虚怀，于法无住"解之；疏"心善渊"，以道家"至人之心，善于安静，如水之性，湛尔泉渟"解之；疏"言善信"，则引儒家《周易》坎卦辞"行险而不失其信"解之⑦。一章《道德经》，可以分别以儒、道、释阐释注解，可知唐明皇并非只是风流天子，乃是通儒、道、释三教的学者式皇帝。这对不读书的草莽英

① 《旧唐书·玄宗纪上》。
② 《庄子·天运篇》。
③ 《孔子家语·子贡问》。
④ 《御疏·天地不仁章》。
⑤ 《御疏·天下皆知章》。
⑥ 《御疏·道可道章》。
⑦ 《御疏·上善若水章》。

雄来说，是做不到的。

玄宗享年七十八岁，在位四十三年，史书说其为治，"开元之初，贤臣当国，四门俱穆，百度唯贞，而释、老之流，颇以无为请见。上乃务清净，事熏修，留连轩后之文，舞咏伯阳之说，虽稍移于勤倦，亦未至于怠荒"①。然玄宗晚年，毕竟经安史之乱陷入悲惨，而且唐由此走向了衰败。那么，究竟应该怎样看待唐朝政治及其历史盛衰呢？它究竟与贞观、开元之后尊崇道教（道家）是何种关系呢？其实，这个问题，最终还是与唐朝立国思想联系在一起的。佛教龙朔中住京兆崇义寺道宣，曾吹捧说"惟夫大唐之有天下也，将四十载，淳风洽而浇俗改，文德修而武功畅"②。而王船山谈及唐朝贞观、开元、元和的政治，则谓之"三不终"，特别是开元至天宝"治乱之相差为尤玄绝"时，曾明确指出："唐以功立国，而道德之旨，自天子以至学士大夫不讲"；"以立功为心，而不知德在己而不在事兴"，虽在求治，然"志大而求盈，则贪荒远之功；心满而自得，则偷宴安之乐"，上之为治，变成了"邪佞进，女宠兴，酣歌恒舞，而曰与民同乐；深居宴起，而曰无为之正"，及至天下"厝火积薪之说者，无可见之征，抱蚁穴金堤之虑者，被苛求之责"③，唐政由盛转衰，则成势之必然。"深居宴起，而曰无为之正"，则不过是以黄老之学，掩盖社会矛盾而已。由此可知玄宗为何不能深慎理解老子"失道""失德"而后有礼的真正意义了。这亦唐文化虽然豪华盛大，而精神并不深厚者也。

但这不等于说玄宗不理解原始道家哲学的根本精神。玄宗铭纪老子，讲其学"建宗于常无有，立行于不曒昧。知雄守雌，为天下溪。知白守黑，为天下谷"④；或下诏为老子设像，讲其学"不离于精，不离于真，以天为宗，以道为门，兆于变化"⑤，都是比较深刻理解老子哲学根本精神的。特别是天宝元年，玄宗尊庄子号为南华真人，文子号为通玄真人，列子号为冲虚真人，庚桑子号为洞虚真人，并将四子所著书尊为"真经"，设崇玄学，置博士⑥，不仅表现了他对道教的重视，也透露出他对道家形而上学深邃的理解与领悟。

① 《旧唐书·玄宗纪下》史臣曰。
② 《释迦方志序》，《全唐文》卷九百九十。
③ 《读通鉴论》卷二十二。
④ 《庆唐观纪圣铭》并序，《全唐文》卷四十一。
⑤ 《为元元皇帝设像诏》，《全唐文》卷三十一。
⑥ 《旧唐书·玄宗纪下》。

将道家四书提升为"真经",这在精神史上,是空前未有的做法。它对道家哲学精神发展起何种作用,是不可不关注的。

五 道家真经提升与精神发展

唐玄宗诏封庄子为南华真人、列子为冲虚真人、文子为通玄真人、庚桑子为洞虚真人,并将四子之书尊为"真经",不仅在唐朝,即使魏晋六朝以来,也是空前未有的事。为什么这样做?当然与唐太宗的道家玄学修养和悟性有关。但它仅仅是唐玄宗个人爱好与尊老行为吗?他这样做的政治动机是什么?或者说,究竟出于何种政治需要做此决定呢?它对道教(包括道家)精神发展有何影响?并怎样影响于儒释两教精神发展呢?这些问题乃是撰写精神史所关注的。

这首先是与唐尊道家老子为祖先之学有关。庄子、列子、文子、庚桑子,皆宗于老子之学,发挥老子之学者。如庄子虽"其学无所不窥,然其要归于老子之言"①;列子之学,刘向《列子序录》说"其学本于黄帝、老子"。《列子》所引《黄帝书》"谷神不死,是谓玄牝。玄牝之门,是谓天地之根。绵绵若存,用之不勤"②,即属于《老子》第 6 章。文子,《汉书艺文志》说其为"老子弟子"。《文子》就是法《老子》而为言的著作。庚桑子又称"亢仓子",乃"偏得老子之道"③者。成玄英说其为"老君弟子"④。凡此可知,庄子、列子、文子、庚桑子,皆是老子之学的继承者与传播者,而且皆是形而上学高度,阐述发挥老子大道哲学本体者。如庄子"依老子之旨,著书十万余言,以逍遥、自然、无为、齐物而已"⑤。庄子讲"恢恑憰怪,道通为一"⑥;"通于一而万事毕"⑦,就是老子所讲的"载营魄抱一";"圣人抱一为天下式"⑧。《列子》引《黄帝书》"谷神不死,是谓玄牝。玄牝之门,是谓天

---

① 《史记·老庄·申韩列传》。
② 《列子·天瑞篇》。
③ 《亢仓子》序,《百子全书》第 8 册,浙江人民出版社 1984 年版。
④ 〔唐〕成玄英:《庄子·庚桑楚篇》疏。
⑤ 〔唐〕陆明德:《经典释文序录》。
⑥ 《庄子·齐物论》。
⑦ 《庄子·天地》。
⑧ 《老子》第 10、22 章。

地之根。绵绵若存，用之不勤"①，就是《老子》第 6 章。列子所讲，宇宙间"有生不生，有化不化"者；讲"不生者能生生，不化者能化化"，无时不生，无时不化，"往复其际不可终，疑独其道不可穷"② 者，就是老子所讲道体"寂兮廖兮，独立而不改，周行而不殆，可以为天地母"③ 的存在。文子之学讲大道本体生化，亦是与《老子》一脉相承的。故王充说："老子、文子似天地者也。"④ 庚桑子引老子之说，教于弟子南荣趎讲："卫生之经，能抱一乎？能勿失乎？"成玄英疏此说"守真不二"，"自得其性"⑤，可知讲庚桑子所教者，亦宗于老子"营魄抱一"之说。庄子、列子、文子、庚桑子之学，皆是继承老子之学而发展的。可知李唐尊崇四子为真人，将其学提尊为真经，实乃提升老子祖宗之学为高尚纯粹者也。真经者，经纶天下，真实无妄之理也。唐玄宗这样做，乃是以继承老子祖学之道家学说，为治国之正者也。此乃玄宗讲"元元皇帝，仙圣宗师，国家本系"⑥。

　　玄宗的做法，并非心血来潮，而是由尊老发展为尊四子之学的。尊老，乃尊老氏之学也。高宗尊老子为"太上玄元皇帝"，玄宗就为之设像，称老子是"以天为宗，以道为门，兆于变化"的圣人，其学"以为道德者百家之首，清净者万化之源，务本者立极之要，无为者太和之门"⑦，已将老子及学说提升到形上道德本体论高度。天宝二年玄宗尊老子为"大圣祖玄元皇帝"，更讲"伏惟象帝启元，犹龙表圣，应代降迹，立言垂范，冲用之功，覆帱于天地，救济之德，荼毒于生灵"⑧；而且玄宗称自己"吾久勤庶务，常奉至真，特好清虚"⑨。这就难怪他高度称赞推崇《道德经》说："化之原者曰道，道之用者为德，其义至大，非圣人孰能章之？"⑩ 由尊老、推崇老子之学，发展为尊崇道家四子之学，是符合逻辑发展的。老子及四子之学，"虽理归绝学，信无取于筌蹄，然垂代作程，义必存乎文字"，因此下诏敕命，凡"坟籍中有载元

---

① 《列子·天瑞篇》。
② 《列子·天瑞篇》。
③ 《老子》第 25 章。
④ 《论衡·自然篇》。
⑤ 《庄子·庚桑楚篇》疏。
⑥ 《崇礼元元皇帝制》，《全唐文》卷二十二。
⑦ 《为元元皇帝设像诏》，《全唐文》卷三十一。
⑧ 《圣祖大道元元皇帝加号册文》，《全唐文》卷三十八。
⑨ 《答皇帝让尊号诰》，《全唐文》卷三十八。
⑩ 《分道德为上下经诏》，《全唐文》卷三十一。

元皇帝、南华等真人犹称旧号者，并宜改正"，"宜以《道德经》列诸经之首，其《南华经》等不须编在子书"①。这样，将"庄子、文子、列子、庚桑子，列在真仙，体兹虚白。师元元之圣教，洪大道于人寰。观其微言，究极精义，比夫诸子，谅绝等夷。其庄子依号曰南华真人，文子号曰通元真人，列子号曰冲虚真人，庚桑子号曰洞灵真人，其四子所著改为真经"②，就是玄宗由尊老到推崇四子之学的自然发展。老子之学，为"仙圣宗师，国家本系"，有将四子之学奉为"师元元之圣教，洪大道于人寰"的著作，则整个唐代道家哲学构成一个四星捧月体系矣。

玄宗尊老及四子之学，亦是和唐代玄学思维发展联系在一起的。这种思维，不是魏晋玄学崇尚"本无"思维，亦非大乘佛教空宗追求，而是对道体形而上学理解与领悟，所获得悟性能力及形而上学思考。这种思维是经唐几代人发展起来的。这从太宗"幼聪睿，玄鉴深远"③；长而讲"观世俗之飘忽，鉴存亡于宇宙"④；房玄龄等进所修《五礼》，太宗诏引庄子"劳我以形，息我以死"的话，讲"岂非圣人远鉴，通贤深识"⑤ 等，可知唐开国之君，即悟性很高及形上思维就是很高的。发展至玄宗，更是一个善形上思维，追求玄远的国君。他注疏《老子》，不仅处处讲玄妙本体，而且非常强调悟性及形上思维。如疏"希言自然"句，讲忘言"在乎悟道"，"悟道则忘言"；讲"悟证精微，不滞荃蹄"⑥；疏"使我介然有知，行于大道"句，讲"使我介然矜其有知，欲行无为大道于天下者，有知则与道相乖"⑦；疏"窈兮冥兮，其中有精"句，讲"虚极降生，修性反本，摄迹归本，妙物或存，窈冥深昧，不可量测"⑧ 以及在其他地方讲"则窈冥之精，可以寻象求，不可以名言得"⑨，都是强调悟性及形上思维的。从这一点出发，他甚至认为，物的知识越多，越是不能领悟形上之道的存在，而越是通过悟性及形上思维，愈能获得道体窈冥精妙的存在。从太宗到玄宗的这种玄学思维，是在唐朝几代人之

① 《尊道德南华经诏》，《全唐文》卷三十二。
② 《加庄文列庚桑四子为真人敕》，《全唐文》卷三十六。
③ 《旧唐书·太宗纪上》。
④ 《感旧赋》并序，《全唐文》卷四。
⑤ 《旧唐书·太宗纪下》。
⑥ 《御疏·希言自然章》。
⑦ 《御疏·使我介然章》。
⑧ 《御疏·孔德之容章》。
⑨ 《为元元皇帝设像诏》，《全唐文》卷三十一。

间发展起来的。自然，任何社会文化发展的因素都是复杂的，精神及思维方式的发展更是如此。它能发展起来，虽然与隋唐统一、南学北移、大乘佛教发展及道教玄学追求有关，但从根本上说，乃是唐代经济发展、社会稳定、文化哲学发展所造成的。另外，释家宣扬佛教文化"理穷天地之表，情该日月之外"，贬斥中国文化"画卦垂文，空谈于形器；设爻分象，未逾于寰域。羲皇之德，尚见称于前古；姬后之风，亦独高于后代"①等，虽是太宗时期玄奘说，但它却反映着隋唐时期佛教对儒道文化的挑战，因此也刺激中国文化哲学向着玄学及形上精神发展。因而隋唐时期出现了成玄英、王玄览、司马承祯等一大批讲"重玄"道家人物。此乃唐朝玄风之盛也。高宗尊老子为"太上玄元皇帝"，玄宗尊老子为"大圣祖玄元皇帝"，尊四子为"真人"，其书为"真经"，皆是唐代于玄风大盛背景下，在宗教文化哲学上乘风就势的举措，但它本质实乃宗教文化哲学发展趋势之必然，所显示的则是中国文化哲学道体形而上学的精神发展。

自然，唐代尊老及四子之学，并非为玄而玄，而是为追求道家玄远的宗教哲学精神。在唐统治者看来，老子及四子真人真经，虽然"词高而旨远"，然若能理解领悟，则是"可以理国，可以保身"的。这种大用，不是为"行邃古之化，非御今之道"，而是"适时之术，陈其所宜"②。这个至极本体大用，亦就是玄宗"令写元元皇帝真容分送诸道"时所说的"大道混成，乃先于天地。圣人至教，用明其宗极，故能发挥妙品，宏济生灵，使秉志者悟往，迷方者知复"。这也是"有能明《道德经》及《庄》《列》《文子》者，委所由长官访择，具以名闻，朕当亲试，别加甄奖"③的原因所在。

这也正是唐代宗教哲学大发展的原因，特别是道教哲学，出现了成玄英、李荣、司马承祯、吴筠、杜光庭等一大批道学家。他们不仅追求"玄而又玄"的"重玄"存在，而且将道体最高存在转向内在道德精神修养。这就是唐玄宗称王屋山道士司马承祯为"真一先生"，讲其"心依道胜，理会玄远，遍游名山，密契仙洞，存观其妙，逍遥自得之场；归复其根，宴息无何之境"④的精神发展。这种发展，虽为满足唐朝贵族上层的精神需求，但它从文化发展

---

①　玄奘：《谢御制大慈恩寺碑文表》，《全唐文》卷九百六十。

②　《策道德经及文列庄子问》，《全唐文》卷四十。

③　《令写元元皇帝真容分送诸道并推恩诏》，《全唐文》卷三十一。

④　《赠司马承祯银青光禄大夫制》，《全唐文》卷二十二。

上来说，则标志着盛唐文化精神所达到的高度。这就是下面两章所要叙述的内容：先讲隋唐早期成玄英、李荣"重玄"哲学精神提升与发展，然后再叙述中唐后期司马承祯、吴筠、杜光庭等道家内在精神的转换。

第八章　成玄英注疏老庄的重玄精神

内容提要：若从大道哲学看世界则是：岁月无痕，大象无迹，廖然无穷宇宙。生命匆匆，烟波渺茫，浩然一片大化。茫茫寰宇，至极无极，问三教宗主，何处是帝，何处是神？时空无际，绵绵无期，何必问我生几许，来源何处，身归何处？然这在唐朝归宗老子李姓之后，则不是这样：三教宗主谁更久远，谁更高明，出于狭隘政治需要，则成了必究的问题，必作的解释，必给出的回答。佛家看不起中国道体文化，认为"六爻探赜，局于生灭之场；百物正名，未涉真如之境"；甚至认为中国道体文化"统其要也，未达生死之源；陈其理也，不出有无之域"。这就造成了唐代道释之争，造成了中国精神史发展的大关节，产生了精神史上一个追求高明玄远精神的重要学派，即"重玄"学派。它的一个重要任务，就是必须阐述揭示中国道体文化精神的深厚、博大、高明、悠远。"重玄"说，始于魏隐士孙登，隋唐时期的《妙真经》《太玄经》《自然经》《正一经》《玄门大义》等，皆有玄学倾向。王玄览所撰《玄珠录》、张惠超所撰《道德真经玄疏》、通玄先生撰《道体论》等，皆是以"重玄"为宗旨的道家著作。唐朝道士成玄英、蔡子晃、黄玄颐、李荣、车玄弼、张惠超、黎元兴，皆明重玄之道。成玄英为成就最卓著者。故本章通过讲述成玄英以玄道本体注疏老庄"重玄"精神，并附录《李荣注老的玄学精神》，使读者明白此派"重玄"精神大旨。

　　若从大道哲学看世界则是：岁月无痕，大象无迹，廖然无穷宇宙。生命匆匆，烟波渺茫，浩然一片大化。茫茫寰宇，至极无极，问三教宗主，何处是帝，何处是神？时空无际，绵绵无期，何必问我生几许，来源何处，身归何处？然这在唐朝归宗老子李姓之后，则不是这样：三教宗主谁更久远，谁更高明，出于狭隘政治需要，则成了必究的问题，必作的解释，必给出的回答。这就造成了唐代道释之争，造成了中国精神史发展的大关节；同时，也形成了唐代宗教哲学史、精神史上一个重要学派，即"重玄"学派。

"重玄"学派发展，虽在唐代文化背景下进行，但"重玄"思辨出现，则是与魏晋玄学联系在一起的。早在魏晋时即有以"重玄"为教宗的道士，如著名隐士孙登就是。他就是阮籍于苏门山遇到的那位隐士。阮籍与之"商略终古及栖神导气之术，登皆不应，籍因长啸而退。至半岭，闻有声若鸾凤之音，响乎岩谷，乃登之啸也。遂归著《大人先生传》"①。商略终古及栖神导气之术，孙登所以不应者，可能是因为此术不符合他的玄旨与兴趣。"重玄"之旨，魏晋时期的《太上老君说常清静经》《太上老君内观经》《无上内秘真藏义》《本际经》皆有所追求。

"重玄"追求，乃是一种文化思潮。它不仅与魏晋玄学发展相关，亦是与汉魏以来整个文化哲学发展联系在一起，源远流长。蒙文通先生曾经指出："齐、梁而后，孟、臧之徒，以重玄为说，始益深远也。寻诸双遣之说，虽资于释氏，而究之《吕览》之论圜道，《淮南》之释无为，知重玄之说最符老氏古义，而王、何清谈，翻成戏论，孟、臧胜义，方协至言，固《吕览》、《淮南》之旧轨，何嫌释氏之借范也。"②

不过，"重玄"成为一个道家学派，一种宗教哲学思辨理论体系，则是隋唐时期发展起来的。隋唐时期的《妙真经》《太玄经》《自然经》《正一经》《玄门大义》等，都具有玄学思想追求。唐时，王玄览所撰《玄珠录》、张惠超所撰《道德真经玄疏》、通玄先生撰《道体论》及敦煌所出各种老子注残卷、《道教诠理答难》《大道论》等，皆是以"重玄"为宗旨的道家著作。杜光庭《道德真经广圣义》就曾叙述"重玄"发展说，"始于魏隐士孙登，此后梁道士孟智周、臧玄静，陈朝道士诸柔，隋朝道士刘进喜，唐朝道士成玄英、蔡子晃、黄玄颐、李荣、车玄弼、张惠超、黎元兴，皆明重玄之道"③。成玄英最有成就，故居其首。

成玄英，隋唐初道士，陕州（今河南陕县）人，生卒年不详，曾隐居东海，为隋唐之初道士。唐太宗贞观五年（631），召至京师，加号"西华法师"。高宗永徽年间（650～655），被流放到郁州（今江苏连云港市云台山），

---

① 《晋书·阮籍传》。
② 《校理老子成玄英疏叙录》，《蒙文通文集》第 6 卷，第 362 页。
③ 《道德真经广圣义》卷五。

流放原因不详。《新唐书·艺文志》仅载"道士成玄英注《老子道德经》二卷，又《开题序诀义疏》七卷，注《庄子》三十卷，《疏》十二卷"，于此条后注云："玄英，字子实，陕州人，隐居东海。贞观五年，召至京师。永徽中，流郁州。书成，道王元庆遣文学贾鼎就授大义，嵩高山人李利涉为序，唯《老子注》、《庄子疏》著录"，并没有讲"流郁州"的原因。多推测与成玄英：《周易流演穷寂图》的图谶触犯了禁忌，但只是推测，没有实据。但成玄英由加号"西华法师"到流放郁州，则是人生巨变。这事作为天降吉凶祸福，几多欢愉，几多痛苦，几多纠结，自不必问，但它对成玄英来说，则未必不是一个人生机缘，即使他有机会静下心来思考天地性命之理，思考宇宙万物何以存在的终极真理，回答他那个时代所提出的问题。若无此人生巨变，每天在京城只是忙忙碌碌地应付社会人生，是很难静下心来进入形上世界，思考这些问题的。这就是成玄英能在流放期间，能够以极玄之道，重玄之理，注疏《老》《庄》的原因所在。唐人韦述、杜宝所作《两京新记》说："垂拱中（685~688），有道士成玄英，长于言论，著《庄》《老》数部，行于时也。"① 《唐选举志》则说："开元七年（719），注《老子道德经》成，诏天下藏其书。"② 韦述《两京新记》作于玄宗开元十年（722）。由上可知，成玄英完成注疏《老》《庄》流行于世，在开元十年之前。成玄英若其生于隋仁寿年间，卒于开元七年至十年间，则享年已八九十岁矣。

但成玄英生平及著述，或因其宗教地位卑微，或因其政治遭贬流放，其人其学，当时并未得到重视。因此，除《新唐书·艺文志》的小注外，不论是正史，还是宗教史，皆未为其人其学立传。《新唐书》为宋时欧阳修所撰，小注所载成玄英生平著作，也只是根据残留的片段记述而已。然成玄英在隋唐文化史、精神史上的地位，则非一般道士所可比的，他乃是一位承前启后的大道哲学思想家、精神史学家。所以这样说，主要是由他所著作《道德经注》《庄子疏》决定的。他的《道德经注》，阐述老子道学的"重玄"精神，启开了《老子》研究从成玄英、李荣、唐玄宗到杜光庭《道德经》注疏的宗教哲学主轴，不仅以最高本体论奠定了老子在道教的宗主地位，也将老子哲学精神提升到了至精玄极的高度，使儒、道、释三教一体并驱浩流，成为盛

---

① 《两京新记辑校》卷三，三秦出版社 2006 年版。
② 见蒙文通校理《老子成玄英疏》叙录引，《蒙文通文集》卷六，巴蜀书社 2001 年版，第 343 页。

唐精神的重要光环。而他的《庄子疏》，则上衔接魏晋玄学，遨游郭象《庄》注"独化玄冥"之域，下结合道教养生之说，汲取大乘佛教"中道"精神，以"重玄"之道以为至极本体，阐述了一种达于天命，妙体真元，随变任化，无不至当的生命精神，它不仅知天知人，与造化同功，将庄子大道哲学精神再一次推向了人类智慧之巅，而且为道教追求神仙真人的精神性存在，提供了一种契合内外、会通玄极的生命哲学。故研究撰述隋唐精神史，成玄英注疏老庄的地位是不可忽视的。

　　成玄英著述有《道德经注》、《度人经注疏》、《道德真经义疏》、《周易流演》、《庄子疏》（即《南华真经注疏》）、《九天生神章经注》、《道德经开题序诀义疏》等，但至宋末元初大多亡佚。《新唐书·艺文志》所载"道士成玄英注《老子道德经》二卷，又《开题序诀义疏》七卷，注《庄子》三十卷，《疏》十二卷"，只是根据流传记载，并不完全正确。如《老子道德经》与《开题序诀义疏》，本是同一部著作，只是为携带方便的注经与序分抄；同样，而《庄子》的注与疏也是同一部书，而非独立的两书。这一点强昱先生所著成氏评传，说的颇有道理①。

　　成玄英的著作，现在《正统道藏》收藏有《南华真经注疏》三十三卷，清人郭庆藩将其收入《庄子集释》一书。现在此书出版，有中华书局1998年作为"道教典籍选刊"的《南华真经注疏》上下两册，及上海古籍出版社1989年作为"道藏要籍选刊"（第2册）的《南华真经》。成玄英注疏的《老子》，《新唐书·艺文志》载有所注《道德经》二卷，及《开题序诀义疏》七卷，也已佚失，散见于晚唐强思齐《道德真经玄德纂疏》和署名顾欢《道德真经注疏》中。近代敦煌所出旧籍中有《老子义疏》一种，仅存六十章至八十一章。蒙文通合辑遗存文本，辑校成《老子成玄英疏》六卷，1946年由四川省立图书馆石印，后来蒙辑编校为《道德经义疏》上下卷，纳入《道书辑校十种》，由巴蜀书社2001年版收入《蒙文通文集》第六卷出版。台湾学者严灵峰先生也有辑校成玄英：《道德经开题序诀义疏》五卷，收入其《无求备

---

① 强昱所著《成玄英评传》基于葛洪祖父手笔的《道德经序诀》是对《道德经》序文，认为成玄英：《开题序诀义疏》，亦是其所注《老子道德经》的序文，两者是同一部作品，"是由于卷帙浩繁，把注序与注经加以分抄，宜于携带、方便诵读而已"；"《庄子疏》全文俱在，不存在《庄子疏》之外还有独立存在《庄子注》的可能"，因此认为，欧阳修所记"注《庄子》三十卷，《疏》十二卷"之说，显然是出自误传。见匡亚明主编"中国思想家评传丛书"《成玄英评传》卷上，南京大学出版社2011年版，第19、21页。

斋老子集成》初编（三），由台湾艺文印书馆印行。另外，日本藤原高男作《辑校赞道德经义疏》，对蒙、严两种辑校本指正辩难。

要叙述成玄英注疏老庄在精神史上的地位，就要首先知道注疏是在何种文化背景下进行的，是适应何种政治需要，迎着当时学术挑战，反思庄学郭注的本体论而作为的。自然，最为根本的还是应弄清何谓重玄之道；弄清它的最高精神是什么；这种精神是一种怎样微妙玄极本体存在；以及它在本体论上如何高于大乘佛教，在宗教哲学史上具有何种价值转换和精神发展意义；以及人是怎样通过道德领悟与生死参悟获得这种精神境界的；怎样虚怀无执、洞见妙道，将自我生命精神与天地精神契合在一起的；返照心源，是怎样一种良知明觉存在；如此等等，不一而足。只有将这些问题弄清楚，才能明了成玄英注疏老庄在精神史上地位。本章将围绕这些问题进行叙述，它依次为：一、李唐尊老所引起的道释高下论争；二、成玄英对庄学郭注的本体论反思；三、注疏老庄所阐述的玄学最高精神；四、成注疏老庄玄学本体怎样高明于佛学；五、虚怀无执是怎样一种道德精神世界；六、成之注疏乃一曲道家生命精神的赞歌，此乃成玄英注疏老庄精神史之价值，亦盛唐精神最为玄畅高妙者也。另外，早期隋唐道家，以重玄注疏老子者，首推成玄英、李荣。成玄英有《道德经义疏》，李荣则有《道德经注》。因此本章最后，将附录叙述李荣注老的玄学精神。现在，先讲李唐尊老所引起的道释高下论争，然后再叙述成玄英迎战佛学挑战而注疏老庄的诸多问题。

一　李唐尊老与道释高下论争

孟子讲到理解人的品质与作品时，曾说："颂其诗，读其书，不知其人，可乎？是以论其世也，是尚友也。"[①] 这就是有名的"知人论世"观点。欲知人，必论其世；惟论其世，方能真正知其人。对于成玄英注疏老庄在精神史上地位的认识也应是这样。欲知其地位，必先认识了解其注疏时的唐朝文化背景。

佛教特别是大乘佛教传入中国之后，最高佛学之理深刻地渗透到中国文化各个领域，对中国传统儒家道家文化造成了很大冲击，因而在哲学思想与

---

① 《孟子·万章下》。

文化精神之邻域，也引起了巨大变化。虽然佛教文化也在不断地适应中国文化而发展，逐渐被中国化，但是在最高本体论上，在文化哲学及建立信仰信念所依赖的最高本体及其真理性问题上，依然保留着各自不同的认知。因此，儒、道、释之三教，本体论上谁最高明，谁最具有最高真理性，这类争论，并没有完全解决。它远在南朝之世就已存在。第三章所讲南宋时期，僧慧琳作《白黑论》抑佛扬儒，所引起的儒家三极之道与佛教涅槃法身之争；宋齐之际，顾欢作《夷夏论》，所引起的夷夏之辩，及齐时周颙反对张融《门律》所讲释道二教"逗极无二"的"通源论"等，就是属于儒、道、释三教在本体论上的争论。这类争论所涉教宗问题，就是"化胡""胡化"之争。这类争论，一来一往，起伏不断，发展到隋唐，虽然形式有变，但问题本质犹存。此可知文化精神上的真正融合并非易事，特别是牵涉到形上本体论问题，更是如此。

这发展到唐朝，出于政治合法性需要，讲李唐祖于老子李氏，以此为宗，张扬道家文化，更是引起了道释两教的激烈论争。这肇起于太史令傅奕武德七年（626）[①]上疏请除去释教，讲"佛在西域，言妖路远，汉译胡书，恣其假托。故使不忠不孝，削发而揖君亲，游手游食，易服以逃租赋。演其妖书，述其邪法，伪启三途，谬张六道，恐吓愚夫，诈欺庸品"；"泊于苻、石，羌胡乱华，主庸臣佞，政虐祚短，皆由佛教致灾"；而今"天下僧尼，数盈十万，翦刻缯彩，装束泥人，而为厌魅，迷惑万姓"。因此，请求敕令除去释教。傅奕乃仁厚率直之人，而且是中国儒道文化维护者，注《老子》，集魏晋已来驳佛教者为《高识传》十卷，行于世。享年八十五岁，临终诫其子曰："老、庄玄一之篇，周、孔《六经》之说，是为名教，汝宜习之。"[②]傅奕上疏请除去释教后，又接连上疏十一首，词甚切直。高祖将从奕言，会传位而止。

傅奕上请除去释教疏，引起佛教界极大愤怒与不安。当时济法寺僧人法

---

① 《旧唐书·傅奕传》说傅奕上请除去释教疏为"武德七年"；《全唐文》卷九百三介绍僧法琳上疏上秦王《破邪论》为"武德二年"，而法琳上疏上秦王《破邪论》，最后落款题为"武德四年九月十二日启"。这里，"武德七年"之记可能有误。依安事理而言，应先有傅奕上请除去释教疏，而后有法琳上疏上秦王《破邪论》。因此，傅奕上请除去释教疏，应为傅奕武德三年进《漏刻新法》之后。

② 上引均见《旧唐书·傅奕传》。

琳（俗姓陈氏）作《破邪论》"三十余纸"①，上秦王李世民。"破邪论"除攻击傅奕去释教疏为"诽毁之事"外，更说傅疏"公然远近流布，人间酒席，竞为戏谈"；说此"有累清风，实秽华俗，长物邪，见损国福"。因此，请求秦王"伏愿折邪见，幢然正法炬"。但《破邪论》最为根本的，是对中国千百年传统文化的彻底否定，抬高佛教文化。如说：

> 缅寻三元五运之肇，天皇人帝之兴，龟图鸟策之文，金版玉筒之典，六衡九光之度，百家万卷之书，莫不导人伦信义之风，述勖华周孔之教。统其要也，未达生死之源；陈其理也，不出有无之域。岂若五分法身，三明种智，湛然常乐，何变何迁；邈矣真如，非生非灭。而能道资万有，慈被百灵，启解脱彼岸之津，开究竟无为之府，拔群生于见海之外，救诸子于火宅之中。②

法琳在秦王李世民"膺大宝之期"上此论，是属政治投机，还是"情主玄机，触觉千载"③，且不去管它。但所上《破邪论》讲"三元五运之肇，天皇人帝之兴"，诸多文化创造，至"周孔之教"，皆"统其要也，未达生死之源；陈其理也，不出有无之域"，未如佛教"邈矣真如，非生非灭，而能道资万有，慈被百灵，启解脱彼岸之津，开究竟无为之府，拔群生于见海之外，救诸子于火宅之中"；或讲"《前汉·艺文志》所纪众书一万三千二百六十九卷，莫不功在近益，俱未畅远途，诚自局于一生之内，非拔于三世之表者"，而佛教"狮子一吼，则外道摧锋；法鼓暂鸣，则天魔稽首。是故号佛为法王，岂与衰周李耳比德争衡，末世孔丘辄相联类者矣"④，则是从本体论上完全彻底贬低否定中国传统文化，抬高佛教文化的，严格点说，是用佛教文化挑战整个中国传统文化的！

文化争论本为常事，但在政治敏感时期，傅奕上疏高祖，法琳则上《破邪论》于秦王，则是非常之事。法琳上论之旨不仅与傅奕针锋相对，也有悖于高祖武德九年以京师寺观不甚清净所颁诏书所说："释迦阐教，清净为先，

---

① 《续高僧传·释法琳传》。
② 《上秦王破邪论启》，《全唐文》卷九百三。
③ 《续高僧传·释法琳传》。
④ 《续高僧传·释法琳传》。

远离尘垢，断除贪欲"，而今佛教流行，"猥贱之侣，规自尊高，浮惰之人，苟避徭役，妄为剃度，托号出家，嗜欲无厌，营求不息"①。法琳并不仅以上《破邪论》行事为止，而是到处奔波卖弄自己的见解：一会儿致书权贵，讲"今《破邪论》不逢君子，谁肯为珍?"② 一会儿发表启事，愤愤不平地讲："傅奕所上之事，披览未遍，五内分崩，寻读始周，六情破裂"③；又是作《辩正论》，讲"道家伪说，无迹可观，如欲正名，理须详悉"④；又是作《析疑论》，讲"学综九流，才映千古，咸言性灵真要，可以持身济俗者，莫过于释氏之教"⑤，好像天下不以佛教治理，中国不全盘佛教化，就无以为治似的。在当时政治敏感时期，法琳如此作为，上以法琳《破邪论》语涉谤讪下狱，就是可以理解的了。

撇开政治因素，仅就法琳《破邪论》学理而言，也是极为偏颇的。法琳所破之"邪"，乃在于傅奕疏论佛教"演其妖书，述其邪法，伪启三途，谬张六道"，张中国文化"老、庄玄一之篇，周、孔《六经》之说，是为名教"。在法琳看来，傅奕所张的中国文化在本体论上是很低下，比不上佛教文化高明的。这不仅从《破邪论》，所讲中国文化创造及"周孔之教"，皆"统其要也，未达生死之源；陈其理也，不出有无之域"可以看出，更表现在他讲"仰寻如来智出有心，岂三皇能测；力包造化，非二仪可方"⑥；佛教"至道绝言，岂九流能辨；法身无像，非《十翼》所诠"⑦；及引三国吴国学者阚泽（字德润）所说"孔老法天，诸天法佛"的话，讲"洪范九畴，承天制用；上方十善，奉佛慈风。若将孔老，以匹圣尊，可谓子贡贤于仲尼，跛鳖陵于骏骥"⑧ 一类说法上。这些说法集中到一点，就是中国文化低下，没解决三界之外的形而上学存在问题，而佛教之说，则是超越三皇能测、二仪可方、《十翼》所诠的最高真理。法琳坚信佛法，是其信仰自由，但拿佛教文化诋毁中国数千年传统文化，贬低礼教，蔑视道教，甚至拿老子胡化一类说法为之辩护，则不知天高地厚，狂妄至极！

---

① 《旧唐书·高祖纪下》。
② 《与尚书右仆射蔡国公书》，《全唐文》卷九百三。
③ 《对傅奕废佛僧事启》，《全唐文》卷九百三。
④ 《辩正论》并序，《全唐文》卷九百三。
⑤ 《广析疑论》，《全唐文》卷九百三。
⑥ 《对傅奕废佛僧事启》，《全唐文》卷九百三。
⑦ 《答诏问释教利益对》，《全唐文》卷九百三。
⑧ 《广析疑论》，《全唐文》卷九百三。

　　这场争论涉及的人很多，持续的时间也很长。有与法琳同修《辩正论》下狱者，如出家益州严远寺，后入京师的释道会（俗姓史）；有为法琳辩护，与傅奕废佛僧事对决，骂其"忽肆狂言，上闻朝听，轻辞蔑圣，利口谤贤，出语，专欲破灭佛法，毁废众僧；割断衣粮，减省寺塔"①者。贞观初，沙门寺的僧明嶍就是这样的一个人物。直到唐玄宗即位后，玄奘上表致谢《谢御制三藏圣教序表》，仍然讲"六爻探赜，局于生灭之场；百物正名，未涉真如之境"②；即使高祖颁布《先老后释诏》后，玄宗继之再次颁布《令道士在僧前诏》，到高宗时，玄奘仍奏请要求改变佛道名位。高宗不得已，只得以"事在前朝"拒绝之。凡此，可知关于傅奕废佛僧疏的争论持续时间之长了；同时，它也说明这场争论涉及问题的严重性。

　　成玄英就是在这场争论中于贞观五年，被唐太宗召至京师，加号"西华法师"的。至于召至京师的理由，史书无载。但从《旧唐书·经籍志》载"《老子》二卷，成玄英注"；"《庄子疏》十二卷，成玄英撰"看，可知成玄英以注疏《老》《庄》知名当时的。虽然《庄子疏》最后完成，在成玄英于流放郁州之后，但从其对《庄子》一书所讲"不揆庸昧，少而习焉，研精覃思三十年矣"③，可知其对《庄子》的研究，实与注《老子》同时进行并知名于世的。法琳既是一个"游猎儒释，博综词义"者，亦是个"素通老庄，谈吐清奇"④者，所上《破邪论》及争辩所著，不仅贬老孔之教，亦涉及《庄子》形而上学问题。如讲庄周云"六合之内，圣人论而不议；六合之外，圣人存而不论"；老子云"域中有四大，而道居其一"⑤；再如通人引庄周所说"察其始而无生也。非徒无生，而本无形；非徒无形，而本无气；恍惚之间，变而有气；气变而有形，形变而有生"，而讲"人之生也气之聚，聚则为生，散则为死，故曰有。有无相生也，万物一也。何谓一也？天下一气也。推此而谈，无别有道高"⑥；再如辩论庄子《齐物论》与佛教般若智慧，讲"般若者，乃无智之大宗"，而庄子《齐物论》"小智不及大智，小年不及大年"之说，"惟彭祖之特闻，非众人之所逮也"，因此认为"圣立因果，凡夫有得圣

----

①　僧明嶍：《决对傅奕废佛僧事表》，《全唐文》卷九百四。
②　《谢御制三藏圣教序表》，《全唐文》卷九百六。
③　成玄英：《南华真经疏》序，清郭庆藩《庄子集释》题为《庄子》序。
④　《续高僧传·释法琳传》。
⑤　《破邪论》，《续高僧传·释法琳传》。
⑥　《辩正论》并序。

之期；道称自然，学者无成道之望"①，凡此等等，皆涉及大道本体问题，涉及道体形而上学问题。唐之朝堂，虽有不少渊深学者，但对老庄形而上学问题，则未必皆通。当初，高祖将傅奕上请除去释教疏交朝廷附议，唯太仆卿张道源称赞奕奏合理，其他人则无支持此疏者，就是证明。不仅不懂、不支持，中书令萧瑀反而与傅争论说："佛，圣人也。奕为此议，非圣人者无法，请置严刑。"傅奕不得不抗争说："礼本于事亲，终于奉上，此则忠孝之理著，臣子之行成；而佛逾城出家，逃背其父，以匹夫而抗天子，以继体而悖所亲。萧瑀非出于空桑，乃遵无父之教。臣闻非孝者无亲，其瑀之谓矣。"萧瑀无言以对，反而合掌说："地狱所设，正为是人。"② 朝廷诸人如此不通老庄，不懂道体形而上学，太宗召成玄英进京，加号"西华法师"，就可以理解了。

至于加号"西华法师"是否与龙兴观道士秦英有关，似关系不大。秦英，《续高僧传》称秦世英。龙兴观虽因秦英为太子承乾有病祈祷获愈而建，《两京新记》亦在此条下，记注"垂拱中，有道士成玄英，长于言论，著《庄》《老》数部，行于时"，但观秦英祈祷治病之说，则其道学比较低下，尚带巫术性质，而成玄英注疏《老》《庄》，则属纯正道体形而上学，根本不在一个层次上，两人不具师承关系。可知成玄英加号"西华法师"与秦英关系不大。且《续高僧传》法琳本传对秦英人格多有贬责，说其"挟方术以邀荣"，"阴陈琳《论》，谤讪皇宗"③ 云云。成玄英注疏《庄》《老》，参与当时学术争辩，则不是这样。这一点连佛教内部也极为称赞玄英说：

> 老子云："杳兮冥兮，其中有精，其精甚真。"庄子云："有真君存焉。"如是等文，后儒皆以言词小同。不观前后，本所建立，致欲混和三教。现如今时成（玄）尊师，作《庄》、《老》疏，广引释教，以参彼典。但见言有小同，岂知义有大异。后来浅识，弥复惑焉。④

由此赞评可知，成玄英被召至京师，是参与了当时学术争论的。但成玄英不论是参加争论，还是注疏《老》《庄》，皆不偏颇，而是"广引释教，以

---

① 《广析疑论》。
② 上引均见《旧唐书·傅奕传》。
③ 《续高僧传·释法琳传》。
④ 《大方广佛华严经随疏演义钞》卷十四。

参彼典"，"义有大异"，大见解的。后人认为注疏吸收佛典教义，只是见其"小同"处，而不识其大见解，乃是学识浅薄所致。而成玄英这样做，乃是迎着当时佛教形而上学挑战而进行的。这无疑促进了他注疏《老》《庄》的形而上学思考。成玄英学术成就，虽然以注疏《老》《庄》著名，但就其学术大宗而言，则是基于郭象：《庄子注》的三十三卷《南华真经注疏》。这个注疏的完成，是建立在对庄学郭注本体论反思基础上的。

二　对庄学郭注的本体论反思

成玄英疏《庄子》，离不开郭象：《庄子》注，而郭象注《庄子》，离不开魏晋玄学发展；易言之，成玄英疏《庄子》是以郭象：《庄子》注为基础的，而郭象注《庄子》，是以魏晋玄学发展为哲学背景的。从源头上说，魏晋玄学发展不仅奠定了郭象注《庄子》的哲学基础，也是魏晋以来《庄》学发展的哲学根基所在。因此，要理解成玄英疏《庄子》的玄学思想，就应该深入到《南华真经注疏》，看成玄英是怎样反思魏晋以来《庄》学郭《注》的玄学思考及本体论追求的。

那么，成玄英是怎样看待《庄子》一书的呢？它最根本的玄学思想及形而上学追求是什么呢？成玄英疏《庄子》，为之序说：

> 夫庄子者，所以申道德之深根，述重玄之妙旨，畅无为之恬淡，明独化之窅冥，钳揵九流，括囊百氏，谅区中之至教，实象外之微言者也。[①]

这就是说，在成玄英看来，《庄子》乃是一本"申道德之深根，述重玄之妙旨"的著作；"重玄妙旨"所在，就是它那"畅无为之恬淡，明独化之窅冥"。所说"申道德之深根，述重玄之妙旨"，就是阐释老子《道德经》的精神，追求"玄之又玄"的形上本体存在。而讲《庄子》"畅无为之恬淡，明独化之窅冥"，不仅是说其书畅叙《老子》恬淡无为之旨，更是揭示郭象之《注》所说"神器独化于玄冥之境"[②]。此境"玄之又玄""源深流长""钳揵

---

① 《南华真经疏》序。
② 郭象：《南华真经》序，清郭庆藩：《庄子集释》题为《庄子》序。

九流，括囊百氏"。若体察它立以为至教的中枢之道，就说明它"象外之微言"的形而上学存在。这就是《庄子》的根本精神，亦是成玄英疏《庄子》所畅谈叙述的精神。因此，揭示郭《注》所描述的"独化于玄冥之境"，就成了成玄英疏《庄子》的最高形而上学追求。而"独化于玄冥之境"、形而上学的"象外之微言"，就是魏晋玄学"本无"新的阐释。

魏晋以来，注释《庄子》者甚多。陆德明《经典释文序录》列有崔譔、向秀、司马彪、郭象、李颐、孟氏、王叔之等人的注疏或集解，并有徐先民、李弘范等作《音》。研究注释《庄子》如此众多，称为庄学并不为过矣。特别是《集解》《义疏》及注《音》的出现，庄学研究已相当广泛深入矣。自然，这些研究注疏的取向及水平，是不尽相同的。陆德明说"《汉书·艺文志》《庄子》五十二篇，即司马彪、孟氏所注也。言多诡诞，或似《山海经》，或类《占梦书》，故注者以意取。其《内篇》众家并同，自余或有《外》而无《杂》。惟子玄所注，特会庄生之旨，故为世所贵"①。

子玄，即郭象。在这些《庄子》研究注疏中，"惟子玄所注，特会庄生之旨"。这也正是成玄英疏《庄子》以郭注为基础者也。成玄英认为，《庄子》内外篇是一个整体："《内》则谈于理本，《外》则语其事边。事虽彰著，非理不通；理既幽微，非事莫显"；"《内篇》虽明理本，不无事迹；《外篇》虽明事迹，甚有妙理"；即是《杂篇》，也是"杂明于理事"的。可知成玄英疏《庄子》，虽重在《内篇》妙理，在于《内篇》本体论追求，但他并没有忽视《外篇》所透露出来的幽微妙理，显示的本体论存在，即使疏《杂篇》，也是如此。

尽管如此，成玄英应对当时佛教挑战的，乃是至极本体论问题，形而上学至极存在问题。因此，成玄英疏《庄子》，反思《庄》学郭《注》者，亦重在其玄学思考及本体论追求。这就是他对具《内篇》之首、妙有玄理的《逍遥游》最为在意的原因。他的反思，就是从往昔不同言《逍遥游》之意开始的。他说：

> 所言《逍遥游》者，古今解释不同。今泛举弦纲，略为三释。所言三者：

---

① 吴承仕：《经典释文序录疏证》，中华书局 2008 年版，第 141 页。

第一，顾桐柏云："逍者，销也；遥者，远也。销尽有为累，远见无为理。以斯而游，故曰逍遥。"

第二，支道林云："物物而不物于物，故逍然不我待；玄感不疾而速，故遥然靡所不为。以斯而游天下，故曰逍遥游。"

第三，穆夜云："逍遥者，盖是放狂自得之名也。至德内充，元时不适；忘怀应物，何往不通。以斯而游天下，故曰逍遥游。"

顾桐柏、穆夜，生平不详。支道林，乃东晋高僧、佛学家。成玄英认为，不论是顾桐柏解"逍遥游"，为"销尽有为累，远见无为理"而游；支道林解"逍遥游"为"物物而不物于物，故逍然不我待；玄感不疾而速，故遥然靡所不为"；还是穆夜解"逍遥"，为"放狂自得之名"，内心"至德内充，元时不适；忘怀应物，何往不通"，"以斯而游天下"，虽解释不同，皆是"泛举弦纲"而言之，属于达道之士对于《逍遥游》玄妙之理的理解与领悟。在成玄英看来，这正是《庄子·内篇》以为首篇的原因所在。

成玄英认为，《内篇》皆讲玄妙之理，讲形上本体论，故其特别重视。他依次讲解其玄妙之理及其内在联系说：

> 所以《逍遥》建初者，言达道之士，智德明敏，所造皆适，遇物逍遥，故以《逍遥》命物。夫无待圣人，照机若镜，既明权实之二智，故能大齐于万境，故以《齐物》次之。既指马天地，混同庶物，心灵凝澹，可以摄卫养生，故以《养生》主次之。既善恶两忘，境智俱妙，随变任化，可以处涉人间，故以《人间世》次之。内德圆满，故能支离其德，外以接物，既而随物升降，内外冥契，故以《德充符》次之。止水流鉴，接物无心，忘德忘形，契外会内之极，可以匠成庶品，故以《大宗师》次之。古之真圣，知天知人，与造化同功，即寂即应，既而驱驭群品，故以《应帝王》次之。[1]

这就是说，在成玄英看来，作为《庄子》"明理"的《内篇》，不论是"所造皆适，遇物逍遥"的《逍遥游》，大齐于万境的《齐物论》，"混同庶

---

[1]　上引均见成玄英《庄子》序。

物，心灵凝澹"，可"摄卫养生"的《养生篇》；还是"善恶两忘，境智俱妙，随变任化，处涉人间"的《人间世》，"内德圆满，故能支离其德，外以接物，随物升降，内外冥契"的《德充符》；抑或"止水流鉴，接物无心，忘德忘形，契外会内之极"的《大宗师》，"古之真圣，知天知人，与造化同功，即寂即应，驱驭群品"的《应帝王》，都是怀有极高玄理，接物应世而无不适，无不处极高形上境界。它在本体论上，在形而上学存在上，哪一点也不低于佛教文化。这就是成玄英整体上反思《庄》学郭《注》，所获得的极高道体精神。

成玄英不仅从整体上反思《庄》学郭《注》，说明中国文化具有极高道体精神，更在于疏《庄子》时，不时反思《庄》学郭《注》的精神：既有继承处，也有发挥处。成玄英在其描绘表述《庄子》形上本体高妙精微时，虽然也吸收佛教文化高明的地方，但从总体上讲，成玄英疏《庄子》，则在于通过反思《庄》学郭《注》，从大道本体论上提升中国文化精神的。

例如郭注《逍遥游》"若夫乘天地之正，而御六气之辩，以游无穷者，彼且恶乎待哉"句说：

> 天地者，万物之总名也。天地以万物为体，而万物又以自然为正。自然者，不为而自然者也。故大鹏之能高，斥鷃之能下，椿木之能长，朝菌之能短，几此皆自然之所能，非为之所能也。不为而自能，所以为正也。故乘天地之正者，即是顺万物之性也；御六气之辩者，即是游变化之涂也；如斯以往，则何往而有穷哉！所遇斯乘，又将恶乎待哉！此乃至德之人，玄同彼我者之逍遥也。苟有待焉？则虽列子之轻妙，犹不能以无风而行，故必得其所待，然后逍遥耳，而况大鹏乎！夫唯与物冥而循大变者，为能无待而常通，岂独自通而已哉！又顺有待者，使不失其所待，所待不失，则同于大通矣。故有待无待，吾所不能齐也；至于各安其性，天机自张，受而不知，则吾所不能殊也。夫无待犹不足以殊有待，况有待者之巨细乎！①

成玄英疏此句，肯定了郭注"天地者，万物之总名"的说法，除引李颐

---

① 郭象：《庄子·逍遥游注》。

讲"平旦"，引杜预、支道林讲"六气"，更从形上大道本体论上，讲"无待圣人，虚怀体道，故能乘两仪之正理，顺万物之自然，御六气以逍遥，混群灵以变化。苟无物而不顺，亦何往而不通哉。明朝彻于无穷，将于何而有待者也"①。虽然郭象、成玄英皆是注疏"恶乎待"，郭注讲"乘天地之正者，顺万物之性"，讲"与物冥而循大变，能无待而常通"，以自然之道立论，固然有大气象，但成疏则更强调"虚怀体道"，讲"乘两仪之正理，顺万物之自然"②，则较之郭象只是强调自然之道，讲"有待无待，吾所不能齐也"，强调前注一再讲的"物各有性，性各有极"，放于自得之场的自由，强调"各安其性，天机自张，受而不知，则吾所不能殊也"，则更具有形上大道本体论精神！

再如郭注《齐物论》"夫吹万不同，而使其自己也"句说：

　　此天籁也。夫天籁者，岂复别有一物哉？即众窍比竹之属，接乎有生之类，会而共成一天耳。无既无矣，则不能生有；有之未生，又不能为生。然则生生者谁哉？块然而自生耳。自生耳，非我生也。我既不能生物，物亦不能生我，则我自然矣。自己而然，则谓之天然。天然耳，非为也，故以天言之。以天言之，所以明其自然也，岂苍苍之谓哉！而或者谓天籁役物使从己也！夫天且不能自有，况能有物哉？故天也者，万物之总名也，莫适为天，谁主役物乎？故物各自生而无所出焉，此天道也。③

成玄英疏此句则说：

　　夫天者，万物之总名，自然之别称，岂苍苍之谓哉！故夫天籁者，岂别有一物邪？即此竹众窍接乎有生之类是尔。寻夫生生者谁乎，盖无物也。故外不待乎物，内不资乎我，块然而生，独化者也。是以郭注云，自己而然，则谓之天然。故以天然言之者，所以明其自然也。而言吹万不同。且风唯一体，窍乃万殊，虽复大小不同，而各称所受，咸率自知，

---

① 成玄英：《庄子·逍遥游疏》。
② 同上注。
③ 郭象：《庄子·齐物论注》。

岂借他哉！此天籁也。故知春生夏长，目视耳听，近取诸身，远托诸物，皆不知其所以，悉莫辨其所然。使其自己，当分各足，率性而动，不由心智，所谓亭之毒之，此天籁之大意者也。①

　　这里，郭注成疏所讲，皆是万物生化，属于自然者。这是他们对天之为道的共同看法。且成疏非常同意郭注"夫天籁者，岂复别有一物"的说法，反对"自然"之外，有役于物的存在，接受了郭注"外不待乎物，内不资乎我，块然而生，独化者也"的说法，故讲"是以郭注云，自己而然，则谓之天然"。然成玄英疏此，讲"自然而然"，则在"自己而然，则谓之天然"之前，加了"所以"二字。疏谓之"以天然言之者，所以明其自然也"。加"所以"二字者，在于名理也，在于讲自然之理，自然本体存在也。惟此，天之谓道，才是本体论存在。有此自然之理存在，风号依此本体，才能"窍乃万殊，虽复大小不同，而各称所受，咸率自知"；万物才能"使其自己，当分各足，率性而动，不由心智，亭之毒之"。此成玄英疏《庄子》继承郭象、反思郭象，将其本体论向前推进者也。

　　再如郭象注《大宗师》"彼特以天为父，而身犹爱之，而况其卓乎"句说：

　　　　卓者，独化之谓也。夫相因之功，莫若独化之至也。故人之所因者，天也；天之所生者，独化也。人皆以天为父，故昼夜之变，寒暑之节，犹不敢恶，随天安之。况乎卓尔独化，至于玄冥之境，又安得而不任之哉！②

　　郭象此注，把"玄冥独化"之说发挥到了极致。谈生化，谈动因，只是讲 A 因为 B，B 因为 C，C 因为 D，D 又因为 A，这样循环讲因果关系，是永远讲不清的。故郭象讲"夫相因之功，莫若独化之至也"。"独化之至"何也？天也。故曰"人之所因者，天也；天之所生者，独化也"。这样，郭象讲"卓尔独化，至于玄冥之境"本体存在，即为天道存在矣。成玄英无疑是非常欣赏郭象"玄冥独化"之说的。但他疏此，于"至道窈冥之乡，独化自然之

---

① 成玄英：《庄子·齐物论疏》。
② 郭象：《庄子·大宗师注》。

境"，则加了"生天生地，开辟阴阳，适可安而任之，何得拒而不顺也"① 一句，这就把郭象所讲"独化之至"存在，"天"为"因"存在，提升到了"生天生地，开辟阴阳"的本体论高度，成为"适可安而任之"，不可抗拒的存在。

　　成玄英疏《庄》，对《庄》学郭《注》的本体论反思与提升，几乎处处可以体现，特别是疏《天下篇》老庄之说，更为明显突出。如郭象注老子之学"建之以常无有，主之以太一"句，只是讲"建之以常无有，则明有物之自建也"；"自天地以及群物，皆各自得而已，不兼他饰，斯非主之以太一邪！"② 而成玄英疏此则说："太者广大之名，一以不二为称。言大道旷荡，无不制围，括囊万有，通而为一，故谓之太一也。建立言教，每以凝常无物为宗，悟其指归，以虚通太一为主。"③ 把"太一"本体存在解释为"大道旷荡，无不制围，括囊万有，通而为一"的存在，以"无物为宗"，显然超越了郭注。郭象对"以濡弱谦下为表，以空虚不毁万物为实"句，无注。而成玄英则疏此说："以柔弱谦和为权智外行，以空惠圆明为实智内德也"④，显然弥补了郭《注》不足，并把老子"空虚不毁万物"大道本体论，化解为"空惠圆明"的道德精神。再如郭象注庄子之学"独与天地精神往来而不敖倪于万物"，只是注"其言通至理，正常万物之性命"⑤ 一句，而成玄英则疏此说："抱真精之智，运不测之神，寄迹域中，生来死往，谦和顺物，固不骄矜"⑥，显然把庄学精纯道德精神提升到了"廖天一"的高度。这些都是郭象注《庄子》所没有达到，而成玄英通过对《庄》学郭《注》的本体论反思，将其精神提升到了新的高度。

　　成玄英疏《庄》所以能如此，乃在于他在唐代玄学发展的新历史条件下，对老子庄子大道哲学有了新的体验、领悟与认知，特别是他在应对佛教形而上学挑战中，对老庄学说"玄而又玄"的大道本体论和最高精神，有了更新的理解。这也成就了成玄英注疏老庄哲学的新水平，其中最为重要的，就是对老庄玄学的最高精神阐释。

---

① 成玄英：《庄子·大宗师疏》。
② 郭象：《庄子·天下篇注》。
③ 成玄英：《庄子·天下篇疏》。
④ 成玄英：《庄子·天下篇疏》。
⑤ 郭象：《庄子·天下篇注》。
⑥ 成玄英：《庄子·天下篇疏》。

三　老庄玄学的最高精神阐释

宗教最高精神，在于它的最高本体存在；易言之，宗教本体存在多高，它的精神也就多高。因此，讲宗教最高精神，首先要弄清它的本体存在。

什么是老庄玄学的最高精神？它的最高本体存在是什么？它在本体论上与佛教本体存在有何不同？成玄英是怎样通过注疏老庄玄学，解释这种精神的？这不仅是关乎老庄玄学精神的存在，亦是当时应对佛教本体论挑战必须回答的问题。

成玄英认为，道学最高经典，是老子的《道德经》。关于此经的性质、地位及本体论存在，他说：

> 此经是三教之冠冕，众经之领袖，大无不包，细无不入，穷理尽性，不可思议，所以题称"道德"。道是虚无之理境，德是志忘之妙智，境能发智，智能克境，境智相会，故称道德。①

把《道德经》称之为"三教之冠冕，众经之领袖"，则可知此经在三教中的地位矣。成玄英这样讲本身，就具有挑战佛教诸经最高本体的意味。那么，这部经典"大无不包，细无不入，穷理尽性，不可思议"的地方在哪里呢？最高本体与最高精神是什么呢？这就是《道德经》首章所提出的"玄之又玄"的"重玄"之道。因此，能理解领悟"重玄"之道，也就知道教的最高本体与最高精神了。

何谓"玄之又玄"的"重玄"之道？本来，形上之道无形无象、看不见、摸不着，就已经够难理解的了。现在讲"重玄"之道，玄而又玄，究竟是怎样一种存在，就更让人难以理解了，特别是站在物的知识论立场，愈想知识之、理解之、领悟之，就愈是不能知识、理解、领悟了。然它偏是最高存在，最高精神存在。因此，怎样理解领悟"重玄"之道，就成为知道成玄英注疏《老》《庄》根本精神的关键问题。

何谓"重玄"之道？成玄英注疏老子《道德经》首章"同谓之玄"句

---

① 成玄英：《道德经义疏》，《道书辑校十种》，巴蜀书社 2001 年版，第 375 页。

说：

> 玄者深远之义，亦是不滞之名。有无二心，彻妙两观，源乎一道，同出异名，异名一道，谓之深远。深远之玄，理归无滞，既不滞有，亦不滞无，二俱不滞，故谓之玄。

又疏"玄之又玄"句说：

> 有欲之人，唯滞于有，无欲之士，又滞于无故说一玄，以遣双执，又恐行者滞于此玄，今说又玄，更祛后病，既而非但不滞于滞，亦乃不滞于不滞，此则遣之又遣，故曰玄之又玄。①

这就是说，在成玄英看来，老子所说"玄之又玄"的"重玄"之道，既不是"有"的存在，亦不是"无"的存在，而是"既不滞有，亦不滞无"，"不滞于滞，亦不滞于不滞"，"遣之又遣"的存在。所谓"遣之又遣"，就是抽象了再抽象，提升了再提升，抽象提升到非有非无、亦有亦无，既非空寂、亦非物在，旷然无系，玄同彼我，至极深远，玄妙精微而不可名、不可道的存在，才是老子所说的"玄之又玄"的"重玄"之道。故成玄英疏《道德经》"为道日损，损之又损，以至于无为"句，说"欲去此两执，有再损之文，既而前损损有，后损损无，二偏双遣，以至于一中之无为也"②；疏《庄子·知北游》"损之又损之以至于无为，无为而无不为"句，说"夫修道之人，日损华伪，有无双遣，以至于非有非无之无为也，寂而不动，无为故无不为也"③。"双遣"，就是"损之又损""遣之又遣"，就是抽象了再抽象，提升了再提升，就像庄子那样，站在"廖天一"的高处，"旁日月，挟宇宙"，透视整个宇宙生命的奥秘，去其有，去其无，去其杂，去其芜，去掉一切时空的具体存在，去掉心智的一切偏见、偏执，"参万岁而一成纯，万物尽然而以是相蕴"④，那才是极其精微玄妙的"重玄"之道，即是不偏不倚的"一

---

① 成玄英：《道德经义疏》,《道书辑校十种》, 第 377 页。
② 《道德经义疏》第 48 章。
③ 《庄子·知北游疏》。
④ 《庄子·齐物论》。

中"之道。

因为这个"重玄"之道，这个"玄之又玄"存在，是不可名、不可道的，故老子称其"微妙玄通，深不可识"①。成玄英疏此道体玄深微妙存在说："微妙是能修之智，玄通是所修之境，境智相会，能所俱深，不可以心识知。"② 所以"不可以心识知"，因为它不是物的存在，感官材料的存在，故只可以智慧领悟，不可以心知识，不可停留于物的知识。故成玄英疏《大宗师》"闻之玄冥"句，说"玄者，深远之名也。冥者，幽寂之称。既德行内融，芳声外显，故渐阶虚极，以至于玄冥故也"；疏"玄冥闻之参廖"句，说"一者绝有，二者绝无，三者非有非无，故谓之三绝也。夫玄冥之境，虽妙未极，故至乎三绝，方造重玄也"；疏"参廖闻之疑始"句，说"三绝之外，道之根本，谓重玄之域，众妙之门，意亦难得而差言之矣"③；疏《阳则篇》"言之所尽，知之所至，极物而已"句，说"夫真理玄妙，绝于言知。若以言诠辩，运知思想，道可极于有物而已，固未能造于玄玄之境"④。

玄妙道体如何存在？成玄英疏《老子》时，给予了各种解释，如疏《道冲章》"渊似万物宗"句，说"圣智能照万法，众生宗极于圣人，明无宗而宗，宗不定宗也"；疏"湛似常存"句，说"明非应非寂，而寂而应，寂不定寂、应不定应也"；疏"吾不知谁子，象帝之先"句，说"至道幽玄，寂寥恍惚，不生不灭，不先不后，欲明先而不先、不先而先也"⑤。再如疏《视之章》，综说"此章则显妙体希夷，劝令修学，义分为六：第一，明不一而一，散一为三；第二，明不三而三，混三归一；第三，明道非愚智，妙绝名言；第四，明体非色声，而无方应物；第五，明非无非有，不古不今；第六，明而古而今，为纲为纪"，把整个"玄之又玄"的道体存在之义，概括阐释得极为分明。疏"视之不见名曰夷"句，曰"至道微妙，体非五色，不可以眼识求，故视之不见"；疏"听之不闻名曰希"句，曰"体非宫商，不可以耳根听"；疏"抟之不得名曰微"句，曰"体非形质，不可搏触而得"；疏"此三者不可致诘，故混而为一"句，曰"真而应，即散一以为三，应而真，即混三以归一。一三三一，不一不异，故不可致诘也"；疏"其上不皦，其下不

---

① 老子：《道德经》，第 15 章。
② 《道德经义疏》，第 15 章。
③ 《庄子·大宗师疏》。
④ 《庄子·阳则篇疏》。
⑤ 《道德经义疏》，第 4 章。

昧"句，曰"至道幽微，非愚非智。升三清之上，不益其明；坠九幽之下，不加其闇"；疏"绳绳不可名，复归於无物"句，曰"至道运转天地，陶铸生灵，而视听莫寻，故不可名也"；"应机降迹，即可见可闻，复本归根，即无名无相，故言复归于无物也"；如此等等，把老子整个"玄之又玄"的大道本体，及其"微妙玄通，深不可识"的存在，阐释得一清二楚：它既不可名色，以物的知识求，感官材料知觉，又是"真而应，应而真"，可以"运转天地，陶铸生灵"的存在。故疏"惚恍"句，曰"妙本非有，应迹非无，非有非无，而无而有，有无不定"①。这就是老子所讲"执古之道，以御今之有"的大道，就是那个"迎之不见其首，随之不见其后"，"是谓道纪"② 的存在。故成玄英疏此，讲"圣人持太古无名之道"，"无始无终，而终而始，不今不古，而古而今，用斯古道，以御今世者，谓至道之纲纪"③。这个道，这个"微妙玄通，深不可识"的存在，这个无始无终，"迎之不见其首，随之不见其后"的大道本体存在，就是中华民族几千年生存绵续之道，就是中国几千年来立教化民、平治天下的大道本体，亦即《史记》所说大禹"亹亹穆穆，为纲为纪"④ 者。

　　《史记》说，庄子"其学无所不窥，然其要本归于老子之言"⑤。因此，成玄英不仅作《道德经义疏》，对老子"重玄"之道，作了极其玄妙的阐释，而且还通过疏《庄子》，将老子所说玄妙大道本体存在，作了极为美好描述，使"玄之又玄"的"重玄"之道，真实无妄地展现于三教盛行的唐代文化历史天空。如疏《齐物论》"劳神明为一而不知其同"句，说"夫玄道妙一，常湛凝然，非由心智谋度而后不二"；疏"大道不称"句，说"大道虚廓，妙绝形名，既非色声，故不可称"；疏"不缘道"句，说"夫圣智凝湛，照物无情，不将不迎，无生无灭，固不以攀缘之心行乎虚通至道者也"⑥；疏《人间世》"夫道不欲杂"句，说"夫灵通之道，唯在纯粹"⑦；疏《大宗师》"夫道，有情有信，无为无形"句，说"明鉴同照，有情也，赴机若响，有信

---

①　上引均见《道德经义疏》，第 14 章。

②　老子：《道德经》，第 14 章。

③　《道德经义疏》，第 14 章。

④　《史记·夏本纪》。

⑤　《史记·老子韩非子列传》。

⑥　《庄子·齐物论疏》。

⑦　《庄子·人间世疏》。

也。恬淡寂寞，无为也，视之不见，无形也"；疏"自本自根，未有天地，自古以固存"句，说"虚通至道，无始无终，从古以来，未有天地，五气未兆，大道存焉"①；疏《天地篇》"夫道，覆载万物者也，洋洋乎大哉"句，说"虚通之道，包罗无外，二仪待之以覆载，万物得之以化生，何莫由斯，最为物本"；疏"夫道，渊乎其居也，浮乎其清也"句，说"至理深玄，渺犹渊海，胶然清洁，明烛鬓眉"②；疏《刻意篇》"精神四达并流，无所不极，上际于天，下蟠于地"句，说"能通达四方，并流无滞。即而下蟠薄于厚地，上际逮于玄天，四维上下，无所不极，动而常寂，非轻用之者也"；疏"纯素之道，唯神是守；守而勿失，与神为一"句，说"纯精素质之道，唯在守神。守而不丧，则精神凝静，既而形同枯木，心若死灰，物我两忘，身神为一也"③；疏《秋水篇》"且彼方跳黄泉而登大皇，无南无北，奭然四解，沦于不测；无东无西，始于玄冥，反于大通"句，说"大皇，天也。玄冥，妙本也。大通，应迹也。夫庄子之言，穷理性妙，能仰登昊苍之上，俯极黄泉之下，四方八极，奭然无碍。此智隐没，不可测量，始于玄极而其道杳冥，反于域中而大通于物也"④。总之，在成玄英看来，庄子所说大道本体，就是老子所讲的"玄之又玄"的"重玄"之道：此道虚廓，"妙绝形名，既非色声，故不可称"；此道不杂，"灵通之道，唯在纯粹"；此道虚通，"无终无始，执滞之物"；"于大不终，于小不遗"。它以"大道虚廓"言，就是老子所说"不可名、不可道"者；以"虚通至道"言，就是老子所说"玄之又玄"的存在；以"至理深玄"言，就是老子所说"微妙玄通，深不可识"者；以"无终无始"言，就是老子所说"迎不见其首，随不见其后"者。

从成玄英疏《老子》《庄子》，可知中国文化的大道本体，"玄之又玄"的"重玄"之道，抽象、提高、升腾到何种高度矣！此道"既不滞有，亦不滞无"，既已"于大不终，于小不遗"，怎么可以说中国文化的"统其要也，未达生死之源；陈其理也，不出有无之域"呢？既已"无始无终，从古以来，未有天地，五气未兆，大道存焉"，怎么可以说"《前汉·艺文志》所纪众书一万三千二百六十九卷，莫不功在近益，俱未畅远途，诚自局于一生之内，

①《庄子·大宗师疏》。
②《庄子·天地篇疏》。
③《庄子·刻意篇疏》。
④《庄子·秋水篇疏》。

非拔于三世之表者"呢？既已"参万岁而一成纯，万物尽然而以是相蕴"；既已"湛似常存"，"真而应，应而真"，既已"二仪虽大，犹在道中，不能穷道之量"，怎么能说中国文化"六爻探赜，局于生灭之场；百物正名，未涉真如之境"呢？佛教总是把佛、法身、真如的存在，看作是"非二仪可方""《十翼》所诠"至高无上的存在，嘲讽中国儒道文化没有超越"二仪""六爻"，超越"生灭之场"之外，探索讲究其"至道绝言"的最高真理。对此，成玄英不仅疏《大宗师》"神鬼神帝，生天生地"句，讲"大道能神于鬼灵，神于天帝，开明三景，生立二仪，至无之力，有兹功用。斯乃不神而神，不生而生，非神之而神，生之而生"①，给予了最高本体论回答，而且疏《庚桑楚篇》"学者，学其所不能学也；行者，行其所不能行也；辩者，辩其所不能辩也"句，讲"夫为于分内者，虽为也不为，故虽学不学，虽行不行，虽辩不辩，岂复为于分外，学所不能邪"；疏"知止乎其所不能知，至矣"句，讲"率其所能，止于分内，所不能者，不强知之，此临学之至妙。若有不即是者，天钧败之"②。在中国圣贤明哲看来，"率其所能，止于分内，所不能者，不强知之"，就是"临学之至妙"了。故讲"知止乎其所不能知，至矣"。庄子讲"六合之外，圣人存而不论；六合之内，圣人论而不议"③。这是古代圣贤明哲很聪明的做法。超出这个范围，不知道道体存在至大无外、至小无内，而不止于分内，一定要辩其所不能辩，探索其不能探索的领域，那是非常愚蠢的！那只能遭受失败。故曰"天钧败之"。这个警告，不仅是对佛教徒自夸与嘲讽的最高答复，亦是对后人"知止乎其所不能知"，一个劲儿向外求索、向内析物不止的警告！

中国文化的道体存在，虽然"玄之又玄"，虽然"微妙玄通，深不可识"，然它并不是佛教本体空寂的存在，不生不化的存在，而是可生可化的宇宙万物本体，是"道冲而用之，或不盈，渊兮似万物之宗"的存在。故成玄英疏《道德经·有物章》"有物混成，先天地生。寂兮寥兮独立不改，周行而不殆，可以为天下母"，说"开化阴阳，安立天地，亭毒群品，子育合灵，生之畜之，故可为母"④；疏《大道章》"大道泛兮，万物恃之以生而不辞，可

①　《庄子·大宗师疏》。
②　《庄子·庚桑楚疏》。
③　《庄子·齐物论》。
④　《道德经义疏》第 24 章。

名于小；万物归焉而不为主，可名为大"句，说"一切万物恃赖至道而得生成"；"生化群品，至功潜被而归功于物故不有功名"；"大海虚谷百川竞凑至道寥廓万物归之"①。

这个大道本体，这个"玄之又玄"的存在，不管怎样"微妙玄通，深不可识"，它都是天道自然法则，而非主观设定的神秘存在。故郭象注《庄子·山木篇》"有人，天也；有天，亦天也"句，说"凡所谓天，皆明不为而自然"；成玄英疏此句，更说"夫人伦万物，莫不自然，爰及自然也，是以人天不二，万物混同"②。一切生化，一切道体流行不息，皆属阴阳化育的法则。故成玄英疏《田子方篇》"至阴肃肃，至阳赫赫；肃肃出乎天，赫赫发乎地"句，说"两者交通成和而物生焉，或为之纪而莫见其形"；疏"始终相反乎无端而莫知乎其所穷"句，说"死生终始，反复往来，既无端绪，谁知穷极"；疏"非是也，且孰为之宗"句，说"若非是虚通生化之道，谁为万物之宗本乎？"③

从整个大千世界驰骛不息的运动变化看，宇宙运演永远是无穷无尽的。在这样无穷宇宙，无穷运化中，"有始也者，有未始有始也者，有未始有夫未始有始也者。有有也者，有无也者，有未始有无也者，有未始有夫未始有无也者"。因此，整个宇宙乃是一个"夫道未始有封"④ 的存在。正因为这样，所以"六合之外，圣人存而不论；六合之内，圣人论而不议"。佛教在三界之外，寻求最高神圣的存在，虽有其高明处，然总显得不着边际。中国文化则不这样。它是以能生能化的至极之道，界定最高神圣存在的。《易传》讲"神也者，妙万物而为言者也"⑤；"一阴一阳之谓道，阳不测之谓神"；"无思也，无为也，寂然不动，感而遂通"，谓之"天下至神"⑥，就是以感通能生能化至极之道，讲至神存在，讲最高精神的。成玄英疏《老》《庄》，正是在这个意义上阐释中国文化最高精神的。他疏《逍遥游》"圣人无名"句，说"至言其体，神言其用。诣于灵极，故谓之至，阴阳不测，故谓之神"⑦；疏《齐

---

① 《道德经义疏》第 35 章。
② 《庄子·山木篇疏》。
③ 《庄子·田子方篇疏》。
④ 《庄子·齐物论》。
⑤ 《周易·说卦传》。
⑥ 《周易·系辞上传》。
⑦ 《庄子·逍遥游疏》。

物论》"至人神矣"句，说"至者，妙极之体；神者，不测之用。夫圣人虚己，应物无方，知而不知，辩而不辩"①，就是道体至极存在而为最高精神存在的。成玄英通过疏解《老》《庄》至极之道，不仅明白无误地阐释了中国文化的最高精神，也是对佛教嘲讽中国文化本体低下的积极回应。

　　成玄英通过疏解《老》《庄》至极之道，不仅阐释了中国文化最高精神，而且认为获得此道具有无穷大用。在成玄英看来，仅以物的知识，感官材料的知识，不仅不能达道体玄妙之境，而且对天下万事万物的认识，也是极为有局限，不足于以此知识定天下的。故其疏《知北游》"圣人故贵一"，说"夫体道圣人，智同万物，故贵此真一，而冥同万境"②；疏《缮性篇》"心与心识，知而不足以定天下"句，说"夫心攀缘于有境，知分别于无崖，六合为之烟尘，八荒为之腾沸，四时所以愆序，三光所以彗孛。斯乃祸乱之源，何足以定天下也"；疏"然后附之以文，益之以博，文灭质，博溺心"句，说"使心运知，不足以定天下，故后依附文书以匡时，代增博学而济世，不知质是文之本，文华则隐灭于素质；博是心之末，博学则没溺于心灵。唯当绝学而去文，方会无为之美也"③。只有"贵身贱利，内我外物，保爱精神，不荡于世者"，方可"寄坐万物之上，托化于天下"④。此成玄英疏解《老》《庄》强调获得玄道本体于文化历史之重要地位者也。

　　老子《道德经》上经言道，下经言德。德虽指天地之道"大哉乾元，万物资始"，"至哉坤元，万物资生"⑤ 的大功用，亦指人领悟天地之道，"与天地合其德"⑥ 的道德修养及精神世界建立。故德者，得也，义者，宜也。至极之道的存在，"玄之又玄"的道体存在，要想成为人的精神存在，成为国家民族最高精神存在，是离不开人的道德体验领悟的，是以人的道德感而存在的。因此，讲道体最高精神存在，还应弄清中国古代圣人是怎样获得道德感，建立虚怀无执道德精神世界的。这是成玄英疏解《老》《庄》的一个重要方面。

①　《庄子·齐物论疏》。
②　《庄子·知北游疏》。
③　《庄子·缮性篇疏》。
④　《庄子·在宥篇疏》。
⑤　《周易·彖上传》。
⑥　《周易·文言传》。

四　虚怀无执的道德精神世界

精神不是物的存在，不是感官材料的知觉，因此，也不是物的知识、感官材料的知识，而是对形上之"道"的体验领悟所得，特别是最高精神，乃是对天地之道及其至极存在，体验领悟所获得的精一纯粹极为美妙的精神世界。人生只有获得这种精神世界，才能大其心以体天下万物，才能心有定力，随变任化，在世俗物化世界不失去自我。故成玄英疏《齐物论》"参万岁而一成纯"句说：

> 夫圣人者，与二仪合其德，万物同其体，故能随变任化，与世相宜。虽复代历古今，时经夷险，参杂尘俗，千殊万异，而淡然自若，不以介怀，抱一精纯，而常居妙极也。

圣人所以随变任化，能与世相宜，在世俗变化及风险中，能够"淡然自若，不以介怀"，就是内心"抱一精纯"之道，而"常居妙极"存在，获得了定力。这种内心定力，就是成玄英疏《齐物论》"其有真君存焉"句，所说的"直置忘怀，无劳措意，真君妙道，存乎其中"。人生所以物情颠倒，所以荣毁之际俯仰失措，所以在生存中物丧其真，人亡其本，就在于内心无有真君妙道，丧失了道体纯一精神。人内心没有道的存在，就没有了定力与主宰，就丧本失性，外化成为世俗存在、单纯物欲存在。这样的人生，在圣人看来，则是心随境迁、情为欲染，无真情性、真精神者。故成玄英疏《齐物论》"如求得其情与不得，无益损乎其真"句，说"斯言凡情迷执，有得丧以撄心；道智观之，无损益于其真性者也"。此乃建立道德精神世界之重要也。

那么，人怎样"直置忘怀，无劳措意"，获得真君妙道，获得道体纯一精神呢？大道本体作为一阴一阳之道，作为化生万物的大法则，于流行处说，虽然周流宇宙、贯通万物，但就其至极本体存在而言，不是物的存在，不是世俗事物存在，亦不是形名存在，不滞于有无是非的。因此，要想获得至极之道，获得"玄而又玄"的存在，就必须将物的存在、形名存在虚化淡化，用心灵体悟那道体无形无象存在，领悟那贯通天地万物形上存在。故成玄英疏《齐物论》"圣人不由，而服之于天"句，说"圣人达悟，不由是得非，直置虚凝，照以自然之智"①；疏《逍遥游》"定乎内外之分"句，说"内外双遣，物我两忘"；疏"彼于致福者，未数数然也"句，说"虚怀任运，非关役情取拾，汲汲求之。欲明为道之要，要在忘心，若运役智虑，去之远矣"②；疏《齐物论》"居其枢要而会其玄极，以应夫无方也"句，更说"体夫彼此俱空，是非两幻，凝神独见而无对于天下者，可谓会其玄极，得道枢要也"③；疏《人间世》"托不得已以养中，至矣"句，说"寄必然之事，养中和之心，斯真理之造极，应物之至妙者矣"④。凡此，皆是说体悟形上之道，领悟最高精神存在，不可执着于是非，执着于物的具体存在也。只有忘物忘我、忘却一切具体存在，凝神玄鉴，会其玄极，才能得道体之枢要，亦应四方，或像郭象注《齐物论》"有以为未始有物者，至矣，尽矣，不可以加矣"句，所说的那样："忘天地，遗万物，外不察乎宇宙，内不觉其一身，旷然无累，与物俱往，而无所不应"⑤，才能获得道体纯粹存在，建立起纯粹至正的道德精神世界，而若被物蔽形役，为世俗事物所累，陷入浅薄的知识论，役情取拾，汲汲求之，则道之不得，纯粹精神不得建矣。

中国文化的形上之"道"，不管怎样变幻莫测，怎样至精至神，但都不是西方宗教主宰一切的上帝或至上神，更不是要人一切听命于上帝或至上神的存在，而是"衣养万物而不为主"⑥。故成玄英疏此说："衣被万物，陶铸生灵，而神潜被，不为主宰。"⑦正因为道的存在"不为主宰"，所以建立道德精神世界，不是匍匐在上帝或至上神的脚下，而是得道之后，建立寥廓高远精神世界，获得无限的自由，站在"廖天一"，上下四方、往来古今，任我驰骋，而又不傲物。故成玄英疏《庄子·天下篇》"独与天地精神往来而不敖倪于万物"句，说"抱真精之智，运不测之神，寄迹域中，生来死往，谦和顺物，固不骄矜"⑧。不傲物，不骄矜，就是一种谦和的精神，众生平等的态度。这种态度，不是以宣传口号装出来的伪善，而是获得道德的谦卑精神。故成

---

① 　上引均见《庄子·齐物论疏》。
② 　《庄子·逍遥游疏》。
③ 　《庄子·齐物论疏》。
④ 　《庄子·人间世篇疏》。
⑤ 　上引均见《庄子·齐物论疏》。
⑥ 　《老子》第 34 章。
⑦ 　《道德经义疏》第 34 章。
⑧ 　《庄子·天下篇疏》。

玄英疏《道德经》"含德之厚比于赤子"句，说"含怀道德，甚至淳厚，欲表其状，故取譬婴儿"①。

　　获得道德而不为主宰，有一种谦和的精神，众生平等态度，那么，它在精神上是何状态呢？成玄英：《齐物论》"圣人和之以是非而休乎天均"句，说"天均者，自然均平之理也。夫达道圣人，虚怀不执，故能和是于无是，同非于无非，所以息智乎均平之乡，休心乎自然之境也"②。所谓"虚怀不执"，就是得道而不执着于道的存在，不死抱着道崇拜它、畏惧它、听命于它，就像西方宗教崇拜、畏惧、听命上帝或至上神那样，而是以道体至极存在，去此去彼、去杂去芜，抱定一种无物不然、万物一然的纯正态度，泯灭有无，和同是非，以自然无为的心境，看待一切生生化化，一切存在与不存在。因为一切存在，皆处于然与不然、可与不可的变化状态中，若执着于有，执着于无，执着于可与不可，就会陷入偏颇和迷惑，就不具有最高真理性，所获得的道就不具有最高精神。故成玄英疏《齐物论》"各然其所然，各可其所可"句，说"物情执滞，触境皆迷，必固为有然，必固谓有可，岂知可则不可，然则不然邪！"疏"恶乎然？然于然。恶乎不然？不然于不然"句，说"心境两空，物我双幻，于何而有然法，遂执为然？于何不然为不然也？"③疏"是非之彰也，道之所以亏也"句，说"夫有非有是，流俗之鄙情；无是无非，达人之通鉴。故知彼我彰而至道隐，是非息而妙理全矣"；疏《养生主》"顺中以为常也"句，说"夫善恶两忘，刑名双遣，故能顺一中之道，处真常之德，虚夷任物，与世推迁"④。只有站在道体至极处，和于是非，无我两忘，心境两空，以至极纯粹法则，即最高真理性，看待一切生生化化，一切存在与不存在，而不偏颇和迷惑，那才是中国文化的最高道德精神。故成玄英疏《人间世》"托不得已以养中，至矣"句，说"寄必然之事，养中和之心，斯真理之造极，应物之至妙者矣"。"真理之造极"，就是绝对真理与最高精神存在。此乃成玄英以"虚怀不执"的至极之道，疏《庄子》，得其真谛也。

　　这种"虚怀不执"的精神，乃圣人获得大道至极存在，以无限的广阔胸

---

① 《道德经义疏》第55章。
② 《南华真经疏》卷二。
③ 上引均见《庄子·齐物论疏》。
④ 《庄子·养生主篇疏》。

怀与纯真美好的心灵，淡然泊然，怡然焕然，无为为之，优游自得的最高精神境界。因此，它是一种极为美好的心灵与精神境界。不得大道之真纯者，执着于知觉有无是非者，则此心灵与精神境界不得也。故成玄英疏《人间世》"无听之以心而听之以气"句，说"心有知觉，犹起攀缘；气无情虑，虚柔任物，故去彼知觉，取此虚柔，遣之又遣，渐阶玄妙也"；疏"虚而待物"句，说"其心寂泊忘怀，方能应物"；疏"唯道集虚，虚者，心斋"句，更说"唯此真道，集在虚心。故知虚心者，心斋妙道也"①。惟心灵空虚，不为物所充塞，不为世俗事物所纠缠，亮亮堂堂、洁净无物，方能通妙道，方能知却美妙精神境界。故成玄英疏《人间世》"虚室生白"句，说"观察万有，悉皆空寂，故能虚其心室，反照真源"；疏"夫徇耳目内通而外于心知，鬼神将来舍，而况人乎"句，更说"能令根窍内通，不缘于物境，精神安静，志外于心知者，斯则外遣于形，内忘于智，则集体黜聪，虚怀任物，鬼神冥附而舍止"。但这并不是说此精神与世隔绝，不能应世；恰恰相反，社会人生，皆大道流行者也。惟具此"虚怀不执"的精神，达观天下万事万物，才能看得更明白、更通透彻底。故郭象注《人间世》"万物之化也，禹舜之所纽也，伏羲几蓮之所行终，而况散焉者乎"句，说"心神奔驰于内，耳目竭丧于外，处身不适而与物的不冥矣。不冥矣，而能合乎人间之变，应乎世世之节者，未之有也"；成玄英疏此句，更说"心斋等法，能造化万物，孕育苍生也"②。

正因为"虚怀不执"的精神能通妙道，能反照真源，能达观天下万事万物，才能看得明白、通透彻底，所以才具有无限大用。故成玄英疏《齐物论》"为是不用而寓诸庸，此之谓以明"句说：

> 夫圣人者，与天地合其德，与日月齐其明。故能晦迹同凡，韬光接物，终不炫耀群品，乱惑苍生，亦不矜己以率人，而各域限于分内，忘怀大顺于万物，为是寄用于群才，而此运心，可圣明真知也。③

所谓圣人"晦迹同凡，韬光接物，终不炫耀群品，乱惑苍生"，就是得道而不显示自己，不以偏颇边执"炫耀群品，乱惑苍生"，更不以高傲态度"矜

---

① 上引均见《庄子·人间世篇疏》。
② 《庄子·人间世篇疏》。
③ 《庄子·齐物论疏》。

己以率人"，而是让万物各尽其性，放任于自得之场，以骋其能，各当其分，达于极致。这就是圣人"运心"大道，于最高真理处"忘怀大顺于万物，为是寄用于群才"的道德精神，亦乃圣人不傲视群生，于道体至极处"明真知"，寓道体至极真理与绝对精神不用之大用，即圣人获得大道"不用而寓诸庸"的道德精神。亦此即《易传》所说"夫大人者，与天地合其德，与日月合其明"① 者也。玄英疏《人间世》"犹师心者"句，所说"夫圣人虚己，应时无心，譬彼明镜，方兹虚谷"②，也是讲的这个道理。

以大道本体至极存在建立"虚怀不执"的精神，就站在了人生至高点上，看待社会人生，就无处通透，无处不彻底，淡然泊然，怡然焕然，优游自得，无为而无不为。因此，人就具有了最高生命精神境界。达此境界者，就是成玄英疏解《老》《庄》，最为称赞的人生精神。

五　一曲道家生命精神的赞歌

支道林在白马寺，与人共语。谈及庄子《逍遥游》，独标新理于向秀、郭象二家之表，立异义于众贤之外。支氏讲《逍遥论》说：

> 逍遥者，明至人之心也。庄生建言大道，而寄指鹏鷃。鹏以营生之路旷，故失遗于体外；鷃以在近而笑远，有矜伐于心内。至人乘天正而高兴，游无穷于放浪，物物而不物于物，则遥然不我得；玄感不为，不疾而速，逍然靡不适。此所以为逍遥也。若夫有欲，当其所足，足于所足，快然有似天真，犹饥者一饱，渴者一盈，岂忘烝尝于糗粮，绝觞爵于醪醴哉？苟非至足，岂所以逍遥乎？③

支氏所说《逍遥游》"明至人之心"，就是站在大道本体至极高度，以"虚怀不执"的精神，看待社会人生：既不要像大鹏那样"以营生之路旷，失遗于体外"，也不要小鸟鷃雀那样"近而笑远，矜伐于心内"，而是要像至人那样，"乘天正而高兴，游无穷于放浪，物物而不物于物，则遥然不我得；玄

---

① 《周易·文言传》。
② 《庄子·人间世篇疏》。
③ 《世说新语·文学篇》注。

感不为，不疾而速，逍然靡不适"。所谓"物物而不物于物"，就是物物而不被物所拖累，不为物蔽，不为形役，以灵性超然之心，玄感那天地之至理，大道本体之存在，获得"逍然靡不适"感受，而不要像小私有者那样，满足于"饥者一饱，渴者一盈"。支氏此论，显然超越了向秀、郭象注《逍遥游》"蜩与学鸠笑之曰"句，所说"苟足于其性，则虽大鹏无以自贵于小鸟，小鸟无羡于天池，而荣愿有余矣。故小大虽殊，逍遥一也"；也超越了他们注《庄子》，一再强调的"物各有性，性各有极"；"放于自得之场，则物任其性"一类说法。故《世说新语·文学篇》注，说支道林《逍遥论》所讲为"向、郭之注所未尽"。

成玄英疏解《庄子》，无疑吸收郭象注的大道玄学哲理，是在此基础上展开的，特别是郭象注《庄》的"玄冥独化"之说，使成玄英疏《庄》的道体解释，更加深邃精微。但他并没有局限于郭注，而是吸收了魏晋玄学有无之辩和大乘佛教本体宏大阐释，在疏解道体至极存在及其精神世界存在时，更具有大道玄理和广阔视野。佛家说成玄英"作《庄》《老》疏，广引释教，以参彼典"，可知其对佛经之研究精熟也。但这只是"言由小同"，从根本上说，乃是"义有大异"①的。成玄英疏解《庄》《老》，阐释中国文化生命精神，并没有离开中国儒道文化哲学的大道本体论。但在隋唐玄学发展大背景下，他所阐释中国文化生命精神，已不是原始道家的生命精神，而是新道家的精神追求。因此，成玄英疏解《庄》《老》，实乃根据隋唐面临的诸多文化人生现实，吸收融合魏晋玄学思辨和大乘佛教本体阐释，创造性地赋予原始道家哲学自然、寥廓、虚静、高远的生命精神以新的内涵，将其推向时代精神的顶峰，谱写一曲新道家生命精神的赞歌！

这是怎样一种生命精神呢？它首先是一种立于大道本体，体玄妙理，会通万物之性，明彻大通，自然无待，游于无穷的精神。成玄英疏《逍遥游》"乘天地之正，而御六气之辩，以游无穷者"句，所说"无待圣人，虚怀体道，故能乘两仪之正理，顺万物之自然，御六气以逍遥，混群灵以变化"②，就是讲的这种精神。这是一种超越精神，一种"物物而不物于物"的精神，一种至德之人玄同物我、与物冥而循大变的精神，亦即支道林所说"乘天正而高兴，游无穷于放浪，物物而不物于物，遥然不我得"的精神。所谓"顺

---

① 《大方广佛华严经随疏演义钞》卷十四。
② 上引皆见《庄子·逍遥游疏》。

万物之自然"者，即明彻"自然之理通生万物，不知所以然而然"者。在成玄英看来，"盈虚聚散，生死穷通，物理自然，不得不尔，岂有是非臧否于其间哉！"只有明自然之理，虚通至道，才能"使其自己，当分各足，率性而动，不由心智"，才能"达理圣人，冥心会道"，使精神世界无所不在、无所不存。故成玄英疏《齐物论》，讲"虚怀体道"的圣人精神世界（天府），"注焉而不满，酌焉而不竭"，"至理之来，自然无边"，及弘大坚毅说：

> 夫巨海深宏，莫测涯际，百川注之而不满，尾闾泄之而不竭。体道大圣，其义亦然。万机顿起而不挠其神，千难殊对而不怖其虑，故能囊括群有，府藏含灵。又譬悬镜高堂，物来斯照。能照之智，不知其所由来，可谓即照而忘，忘而能照者也。①

　　成玄英所疏解的《老》《庄》的道家生命精神，是"虚怀体道"，立于至极之道建立起来的，所以它不仅是明彻大通、无穷无际、弘大坚毅，而且体天地，冥变化，万物玄通，与天地精神相往来，大齐万境，广大高远。它为隋唐文化精神发展提供了广阔视野。如疏《大宗师》"安排而去化，乃入于寥天一"句，讲"所在皆适，故安任推移，未始非吾，与化俱去，如此之人，乃能入于寥廓之妙门"②；疏《天下篇》"独与天地精神往来"句，讲"抱真精之智，运不测之神，寄迹域中，生来死往"③；疏《齐物论》"至人乘云气，骑日月，而游乎四海之外"句，讲"动寂相即，真应一时，端坐寰宇之中，心道四海之外"④；疏《列御寇》"彼至人者，归精神乎无始而甘冥乎无何有之乡"句，讲"至德之人，动而常寂，虽复兼济道物，而神凝无始，故能和光混俗而恒寝道乡也"⑤；以及疏《田子方》"夫至人者，上窥青天，下潜黄泉，挥斥八极，神气不变"句，讲"夫至德之人，与太空等量，故能上阀青天，下隐黄泉，譬彼神龙，升沉无定，纵放八方，精神不改，临彼万仞，何足介怀"⑥；疏《达生篇》"藏乎无端之纪，游乎万物之所终始"句，讲"大

---

① 《庄子·齐物论疏》。
② 《庄子·大宗师疏》。
③ 《庄子·天下篇疏》。
④ 《庄子·齐物论疏》。
⑤ 《庄子·列御寇疏》。
⑥ 《庄子·田子方疏》。

道无端无绪，不始不终，用此混沌而为纪纲，故圣人藏心晦迹于恍惚之乡也"；"圣人于任乎自然之境，遨游乎造化之场"①等，都是讲的圣人亦即道家体天地，冥变化，万物玄通，与天地精神相往来，广大高远心神存在。这种精神，乃是人获得天地之道、至极本体，涵养、扩充、大化、提升，至德内充，所发展起来的道体宏大、运心无累、旨高神远的存在。因此，它乃是一种大道至德精神，一种知天知人、玄通宇宙万物的精神。它体大而博，旨深而远，风高而清，源深而渊。获得这种精神，离开大道本体的领悟，是不可能的。故成玄英疏《德充符》"德者，成和之修也"句，说"夫成于庶事，和于万物者，非盛德孰能之哉！"唯"游于道德，能穷阴阳之妙要，极至理之精微"者，方能获此天地之道，至极之德。此乃成玄英疏"夫子为天地"句，所谓"夫天地亭毒，覆载无偏，而圣人德合二仪，固当弘普不弃"②者也。

成玄英所疏解的《老》《庄》的道家生命精神，不仅体天地，冥变化，万物玄通，大齐万境，寥廓、高远，而且是虚静、恬淡、纯正、美好的。如疏《在宥篇》"无视无听一，抱神以静，形将自正"句，说"耳目无外视听，抱守精神，境不能乱，心与形合，自冥正道"③；疏《知北游》"德将为汝美，道将为汝居"句，讲"深玄上德，盛美于汝，无极大道，居乎汝心中"④；疏《田子方》"夫得是，至美至乐也，得至美而游乎至乐，谓之至人"句，说"证于玄道，美而欢畅，既得无美之美而游心无乐之乐者，可谓至极之人也"⑤等，都是讲的道家生命精神虚静、恬淡、纯正、美好。这种精神世界的获得，乃是人外息攀缘，内心凝静，运心用志，不离至道的心境，亦即成玄英疏《人间世》"唯道集虚，虚者，心斋也"句，所说"唯此真道，集在虚心"，"虚心者，心斋妙道"的存在。人只有不缘于境物，拘于象数，凝思玄鉴，会通玄极至道，耳目内通而外于心知，虚室纯白独生，吉祥善福，皆凝静于心，内心才是一片洁净美好的精神世界！若争名于朝，争利于野，心驰骛不息，性变动不居，惶惶不知所止，自然也就不能获得此心境与精神世界了。故成玄英疏《人间世》"德荡乎名，知出乎争"句，说"夫德之所以流荡丧真，为矜名故也；智之所以横出逾分者，争善故也。夫惟善恶两忘，名

---

① 《庄子·达生篇疏》。
② 上引均见《庄子·德充符疏》。
③ 《庄子·在宥篇疏》。
④ 《庄子·知北游疏》。
⑤ 《庄子·田子方疏》。

实双遣者，故能至德不荡，至智不出者也"。心之静者，不驰于外物也；性之洁者，不染于污也；精神世界虚静、恬淡、纯正、美好者，心性纯洁，出于天然，禀于至道，不流荡丧其真也！故成玄英疏《人间世》颜回所说"回之家贫，唯不饮酒不茹荤者数月矣"句，讲"心迹俱不染尘人也"①；疏《在宥篇》"慎守汝身，物将自壮"句，说"慎守汝身，一切万物，自然昌盛，何劳措心"；疏"我守其一以处其和，故我修身千二百岁矣，吾形未常衰"句，说"保恬淡一心，处中和妙道，摄卫修身，虽有寿考之年，终无衰老之日"②。这些说法，虽是疏解《庄子》，何尝不是新道家对唐世人生提出的道德精神修养要求耶！

新道家所追求的生命精神，不仅是寥廓、高远、虚静、纯正、美好的，而且是自由的、快乐的。这种自由，不是西方文化所说个性解放的自由，而是获得道的自由，不依赖因果关系的自由，无待的自由，绝对的自由，忘物忘我的自由，是身心的逍遥、自在与自适，就是庄子"逍遥游"所说"乘天地之正，而御六气之辩，以游无穷"的自由，不过成玄英疏解《庄子》时，赋予更多新的精神。他疏《逍遥游》"乘天地之正，而御六气之辩，以游无穷者，彼且恶乎待哉"句，所讲"无待圣人，虚怀体道，故能乘两仪之正理，顺万物之自然，御六气以逍遥"；疏《齐物论》"南郭子綦隐几而坐，仰天而嘘，嗒焉似丧其耦"句，讲人"怀道抱德，虚心忘淡"；"凭几坐忘，凝神遐想，仰天而叹，妙悟自然，离形去智，嗒焉坠体，身心俱遣，物我兼忘，故若丧其匹耦也"③；疏《大宗师》"与造物者为人，而游乎天地之一气"句，讲"达阴阳之变化，与造物之为人；体万物之混同，游二仪之一气"④；疏《天地篇》"乘彼白云，至于帝乡"句，讲"精灵上升，与太一而冥合，乘云御气，届于天帝之乡"⑤；疏《天道篇》"通乎道，合乎德"句，讲"淡泊之心，通乎至道，虚忘之智，合乎上德，斯乃境智相会，能所冥符也"⑥；疏《田子方》"夫至人者，上窥青天，下潜黄泉，挥斥八极，神气不变"句，所讲"夫至德之人，与太空等量，故能上阀青天，下隐黄泉，譬彼神龙，升沉

---

① 上引均见《庄子·人间世篇疏》。
② 《庄子·在宥篇疏》。
③ 《庄子·逍遥游疏》。
④ 《庄子·大宗师疏》。
⑤ 《庄子·天地篇疏》。
⑥ 《庄子·天道篇疏》。

无定，纵放八方，精神不改，临彼万仞，何足介怀"①；疏《天下篇》"上与造物者游，而下与外死生、无终始者为友"句，讲"乘变化而遨游，交自然而为友，故能混同生死，冥一始终"② 等，皆是属于新道家体道悟道的精神自由追求。在成玄英看来，人要获得无待的自由、绝对的自由，只有体悟大道，提升精神，离形去智，忘物忘我，放弃现实的一切利害冲突，凝神玄鉴，进入道体境界方可；同样，人只有进入道体境界，与之冥合，获得无待的自由，绝对的自由，也才是快乐人生、美好人生。故其疏《田子方》"得至美而游乎至乐，谓之至人"句，说"夫证于玄道，美而欢畅，既得无美之美而游心无乐之乐者，可谓至极之人也"③。"证于玄道"，即获得玄道也。获得此道，是为获得无待自由、绝对自由，而非受外在的主宰。故他疏《齐物论》"吾所待又有待而然者邪"句，说"若使影待于形，形待造物，请问造物复何待乎？"④ 在成玄英看来，自由不自由，快乐不快乐，是自我身心问题，道的体验领悟问题，若有待于造物的主宰，依赖种种因果关系，就没有无待自由、绝对自由了。故其疏"恶识所以然！恶识所以不然"，说"夫待与不待，然与不然，天机自张，莫知其宰，岂措情于寻责而思虑于心识者乎？"⑤ 凡此，皆可见成玄英处隋唐之世，对待人生问题，对待精神问题，疏解《庄子》，胸怀是非常开阔，精神是非常解放的。

但成玄英讲生命精神，是受道家修道养生，追求长生之道影响的。因此，他是提倡无欲无为静养方法的。他认为，"静是长生之本，躁是死灭之原"⑥；"静则无为，躁则有欲。有欲生死，无为长存"⑦。因此他认为，人要长生，保持生命精神，获得长生之道，就应当"善恶两忘，刑名双遣，故能顺一中之道，处真常之德，虚夷任物，与世推迁"⑧。它也就是疏《道德经》所讲的"得虚玄极妙之果者，须静心守一中之道"⑨。特别是讲修道要"修道之初，先须拘魂制魄，使不驰动"；"次须守三一之神，虚夷凝静"等，不仅受佛教

---

① 《庄子·田子方疏》。
② 《庄子·天下篇疏》。
③ 《庄子·田子方疏》。
④ 《庄子·齐物论疏》。
⑤ 《庄子·齐物论疏》。
⑥ 《道德经义疏》，第 45 章。
⑦ 《道德经义疏》，第 26 章。
⑧ 《庄子·养生主篇疏》。
⑨ 《道德经义疏》，第 16 章。

中道思想影响，亦多道家守静去躁、修炼长生思想矣。这些思想，影响了唐代后来道家司马承祯、吴筠等内修派的发展，在精神史上具有承先启后的作用。

还有一点应该说及的，就是成玄英并不是完全立足于中国文化道体无形无象、真实无妄、实有是理存在，疏解《老子》《庄子》玄学的，而常常陷入以空寂虚无讲道体存在。这在精神上显然受佛教影响。如疏《齐物论》"已乎，已乎"句，讲"世间万法，虚妄不真，推求生死，即体皆寂"；疏"有有也者"句，讲"夫万象森罗，悉皆虚幻"；疏"万世之后而一遇大圣，知其解者"，讲"世历万年而一逢大圣，知三界悉空"等，都是以佛教虚幻、空寂本体，解释中国文化道体存在的。把中国文化道体真实无妄之理，解释为本体空寂虚无存在，文化精神就不具有无妄真理性了。但成玄英以佛教空寂虚无疏解《老子》《庄子》玄学，也并非完全"以释解玄"，有时是在抽象了又抽象、虚无了再虚无的意义上，讲玄道本体存在的。如疏《齐物论》"道恶乎隐而有真伪"句，讲"虚通至道，非真非伪"；疏"彼是莫得其偶，谓之道枢"句，讲"体夫彼此俱空，是非两幻，凝神独见而无对于天下者，可谓会其玄极，得道枢要也"①，就是在极为抽象的意义上，讲道体至极存在的。可知成玄英疏解《老子》《庄子》道体形而上学，并非一味停留在佛教空寂虚无上说道体存在，在大多情况下，不过是借鉴佛教本体阐释极为抽象的玄道本体而已。这正如佛教讲"菩萨者，大道之人也"② 一样，在大乘佛教中国化的过程中，不仅道家文化在本体论解释上吸收了佛教文化精神，佛教本体论解释也借鉴移植中国文化大道本体论的范畴概念。隋唐时期，儒家以心性讲道体存在，亦是受佛教心性论影响。凡此皆说明，儒、道、释在文化精神上已经相互融合。正是这种文化融合，成玄英在隋唐时期疏解《老子》《庄子》道体形而上学，才将道家文化精神推向了新的高峰。蒙文通先生称赞此成玄英：《老子疏》"集重玄之大成，综六代之奥论"③，不为过也。

在整个唐代"重玄"派发展中，除成玄英卓有成就外，还有许多专注老子《道德经》，以"重玄"为教宗者。特别是巴蜀之地，此风尤盛。岷山道士张君相、绵竹道士李荣、剑南道士文如海、眉山道士任太玄、成都道士李

---

① 上引均见《庄子·齐物论疏》。
② 《世说新语·文学篇》注引《华法经》。
③ 《校理老子成玄英疏叙录》，《蒙文通文集》第6卷，第259页。

元兴，就是巴蜀之地道家"重玄"人物。但应唐高宗之诏入京，荣耀一时，风行一时，被称为"老宗魁首"，又被佛教徒讥笑为"区区蜀地老，窃号道门英"①的，则是绵竹道士李荣。蒙文通先生认为李荣为成玄英弟子②。李荣于道家"重玄"哲学上，虽不如成玄英成就卓著，然其《道德经注》及《升玄经注》的玄道精神，亦是精神史应该重视的。现作附录简述如下：

六　附：李荣注老的玄学精神

李荣，道号任真子，史书无传。《集古今佛道论衡》卷丁《上以西明寺成召僧道入内论义》及《大慈恩寺沙门灵辩与道士对论》载李荣自称："荣在蜀日，已闻师名"；"道门英秀，蜀郡李荣"。《全唐诗》收李荣《咏兴善寺佛殿灾》注说："荣，巴西人。"③ 凡此，可知李荣为绵州巴西人（今四川绵阳市）。骆宾王《代女道士王灵妃赠道士李荣》诗，其中讲李荣"自言少小慕幽玄，只言容易得神仙"；"漫道烧丹止七飞，空传化石曾三转"④，略可想见其早年学道及苦修丹术的一些生活情况。李荣生卒年不详，主要活动于唐高宗时期。诗人卢照邻有《赠李荣道士》诗，叙述其被高宗诏见进京的盛况，其中两句说："锦节衔天使，琼仙驾羽君"；"敷诚归上帝，应诏佐明君"⑤。李荣进京后，极为活跃，一时成为京师道教领袖。显庆三年（658）四月，高宗敕召僧道各七人入内，讲论教宗义，李荣就是其中之一。李荣以"主道生万物义"，与大慈恩寺僧慧立争辩⑥。显庆五年（660）八月，敕召僧静泰与李荣于洛阳宫中就《老子化胡经》进行辩论。李荣在论战中"屡遭劲敌，仍参胜席"，不料败于静泰，"由是失厝，令还梓州。形色摧恶，声誉顿折。道士之望，唯指于荣，既其对论失言，举宗落采"⑦。尽管有此辩论失败，李荣在京的宗教讲述活动，还是赢得了声誉。故《旧唐书》说："罗道粽每与太学助教康国安，道士李荣等讲论，为时所称。"⑧

---

① 〔唐〕道宣：《集古今佛道论衡》卷丁。
② 蒙文通：《古学甄微》，巴蜀书社 1987 年版，第 347 页。
③ 《全唐诗》卷八六九。
④ 陈熙晋：《骆临海集笺注》卷4，《全唐诗》卷七十七。
⑤ 《卢照邻集》卷1，《全唐诗》卷四十一。
⑥ 《今上召佛道二宗入内详述名理事第一》，《集古今佛道论衡》卷丁。
⑦ 《今上在东都有洛邑僧静泰，勅对道士李荣叙道事第五》，《集古今佛道论衡》卷丁。
⑧ 《旧唐书·罗道粽传》。

　　李荣在京不仅参与高层宗教会议，与硕儒、名士经常谈道论学，而且与入道的公主、妃子亦有往来，女道士灵妃就是其中的一位。从骆宾王《代女道士王灵妃赠道士李荣》诗，所说"台前镜影伴仙娥，楼上箫声随凤史"；"双童绰约时游陟，三鸟联翩报消息"；"不能京兆画蛾眉，翻向成都骋骅引"① 等，不仅可知其在长安时往来极为亲密，而且可以看出李荣被贬离京后，灵妃对他的怀念。

　　李荣能诗，很敏捷，有才性。《太平广记》李荣条，引《启颜录》说："唐有僧法轨，身材短小，在寺中开讲。李荣往共论议，往复数番。僧有旧作诗咏荣，于高座上诵之云：'姓李应须李，言荣又不荣。'此僧未及得道下句，李荣即应声接曰：'身长三尺半，头毛犹未生。'四座欢喜，伏其辩捷。"② 但不适当显示才性，也会遭人厌恶，特别是宗教间的事更是如此。高宗总章（668～670）间，中兴善寺为火灾所焚，尊像尽烧。李荣为此则作诗曰："道善何曾善，云兴遂不兴，如来烧亦尽，唯有一群僧"③，虽为时人称道，但涉及佛道两教关系，在"京城流俗，僧、道常争二教优劣，递相非斥"④ 之时，李荣此作为，必为佛教徒所憎恶。这自然有损李荣声誉。

　　李荣著有《老子注》《庄子注》及《西升经注》。《庄子注》已佚失。其玄学思想，主要见于《老子注》。《旧唐书·经籍志》载《老子道德经集解》（四卷〔任真子注〕），今已不见。杜光庭《道德真经广圣义序》存录"任真子李荣注上下二卷"；《宋史·艺文志》载有"李荣《道德经注》二卷"。今《正统道藏》残存李荣《老子注》。敦煌发见有李荣《老子注》唐高宗时写本，现藏于法国巴黎国立图书馆。蒙文通先生于 20 世纪 40 年代据《道藏》残本、北京图书馆和巴黎图书馆所藏敦煌本，辑成李荣《老子注》四卷，曰《道德真经注》，1947 年由四川省立图书馆石印刊行。此辑本，后附记晋唐旧注四十余家《老子注》，虽别于原书，但对研究晋唐以来《老学》，资料比较完备。

　　李荣像成玄英一样，也是以重玄思想注疏《老子》的著名道家。李荣上书皇帝，讲自己注《道德真经》之旨说："荣闻冥寂先天，络天无以昭其景，

　　① 陈熙晋：《骆临海集笺注》卷四，《全唐诗》卷七十七。
　　② 《太平广记》卷二百四十八。
　　③ 《咏兴善寺佛殿灾》，《全唐诗》卷八百六十九。
　　④ 《大唐新语·谐谑第二十八》。

混成有物，周物不足洞其微，此则超系象而玄玄，邈筌蹄而杳杳，运陶钧之邃迹，理归虚应，恢匠导之幽路，义在灵图"；并引《道德经》文"是以圣人治，处无焉之事，行不言之教"；"圣人治，虚其心，实其腹"，讲"今古师资，不详灵旨"，他要"发挥百代之前，勒无为之至功"，讲清"其言谈而妙，其理幽而远"①的存在。可知李荣注疏《道德真经》，虽是要讲清玄妙悠远的道体存在，但从根本上说，还是"义在灵图"，解决道教所修神仙灵性的存在。

那么，李荣怎样看待老子"玄而又玄"的道体存在呢？这在精神史有何意义呢？他注《老子》第一章"道可道，非常道。名可名，非常名"句，解释"道"与"名"说："道者，虚极之理也"；"名者，大道之称号也"。注"同谓之玄"句，不仅说"道"，亦说"德"，以道德说"玄"义："虚寂之道，深妙之德，恍惚非易测，冥默本难言，无能名也，寄曰同玄。玄之妙也，无物可逮，唯道与德，可与言玄，故曰玄德深远，至道玄寂。"这就是说，只有深远玄寂的道德境界，方是玄境。故其注"玄之又玄，众妙之门"句说：

> 道德杳冥，理超于言象，真宗虚湛，事绝于有无。寄言象之外，托有无之表，以通幽路，故曰玄之。犹恐迷方者胶柱，失理者守株，即滞此玄，以为真道，故极言之，非有无之表，定名曰玄。借玄以遣有无，有无既遣，玄亦自丧，故曰又玄。又玄者，三翻不足言其极，四句未可致其源，寥廓无端，虚通不碍，总万象之枢要，开百灵之户牖，达斯趣者，众妙之门。

在李荣看来，"玄而又玄"的存在，乃是一种"道德杳冥，理超于言象，真宗虚湛，事绝于有无"的道德境界。曰"玄"，为"寄言象之外，托有无之表，以通幽路"；曰"又玄"，不仅"以遣有无"，而且"玄亦自丧"，及至达到"寥廓无端，虚通不碍，总万象之枢要，开百灵之户牖"的神妙境界，方是"众妙之门"。人生道德，要达此妙境，内心就要去掉一切物欲，排除各种情欲干扰，达于"真宗虚湛"之境。这就是他注"无欲以观其妙，有欲以观其徼"句所说：

---

① 《道德真经注》序，《蒙文通文集》第 6 卷，第 562 页。

人之受生，咸资始于道德，同禀气于阴阳，而皎昧异其灵，静躁殊其性。若也夷心寂路，濯志玄津，可欲不足乱其神，纷锐无能滑其意，灵台皎而静，玄镜湛而明，则可以照希微、通要妙，此无欲行也。①

可知，李荣注老子《道德经》，要在道德精神世界追求，获得心灵皎而静，湛而明存在，达到"可以照希微、通要妙"境界，而非只是讲"重玄"道体，讲道体形而上学存在。

为了心灵皎而静、湛而明存在，为可以"照希微、通要妙"，实现道德精神世界追求，李荣一再强调排除物欲情欲及贪婪、腐败的重要。如注《道德经》第二章"天下皆知美之为美，斯恶已"句，说"乐不可极，乐极则哀来；欲不可纵，纵欲伤性；人皆以色声滋味为上乐，不知色声滋味祸之大朴"；注"知善之为善，斯不善已"句，说"纵欲纵情，情性之爱，虽复一复不同，各任性情"；"以利为善，求利不以其道，以名为善，徇名以致亡身"；注第三章"不见可欲，使心不乱"句，说"耳不闻郑卫丝竹之声，眼不见褒姒妲己之色，洗心洁己，遗情去欲，岂有乱乎"？注"虚其心"句，说"除嗜欲，绝是非，遗万虑，存真一"；注第四章"和其光，同其尘，湛然常存"句，说"光而不耀，涅而不缁，和而不眩于体，同而不累其真，故知湛然清静而常存也"；注第九章"金玉满堂，莫之能守"句，说"知贪而聚者失理也，积而散者合道也"；注"富贵而骄，自遗其咎"，说"积货不能散，乘贵以陵人，咎自内生，非自外得"；注第十二章"驰骋田猎，令人心发狂"句，说"纵之于畋渔，太康失业；猎之于名声，张毅发病，身亡国失，狂之大也"②。凡此，皆可见李荣注《老子》在于追求道德理性亦即价值理性，达于"湛然常存"之精神境界。这在李唐政权愈来愈追求声色物欲，走向腐败堕落之际，不能不说是清醒理性之警告！

李荣统道德而言"玄而又玄"存在，并非不注重道体形而上学，不注重大道本体论存在；恰恰相反，他对道体存在还是非常重视的，因为德毕竟本于道，原于道，体验领悟道的存在而发生。故其注《道德经》第六章"玄牝门，天地根"句，说"道之静也，无形无相，及其动也，生地生天，象从此而出，名之曰门。天地因之得生，号之曰根也"；注"绵绵若存"句，说

---

① 上引均见《道德真经注》上，《蒙文通文集》第 6 卷，第 565、566 页。
② 《道德真经注》上，《蒙文通文集》第 6 卷，第 566、567、569、571、576、579 页。

"玄牝之道，不生不灭，雌静之理，非存非亡，欲言有也，不见其形，欲言亡也，万物以生，不盛不衰，不常不断，故曰绵绵也"；注第十四章"视之不见名曰夷，听之不闻名曰希，抟之不得名曰微。此三者不可致诘，故混而为一"，讲道体形而上学，给其"玄而又玄"存在，作了如下解释：

> 希、夷、微，三者也，俱非声色，并绝形名，有无不足诘，长短莫能议，混沌无分，寄名为一。一不自一，由三故一，三不自三，由一故三。由一故三，三是一三，由三故一，一是三一。一是三一，不成一，三是一三，三不成三。三不成三则无三，一不成一则无一，无一无三，自叶忘言之理，执三执一，翻滞玄通之教也。①

这种解释听起来有点弯弯绕，但是乃讲道体"俱非声色，并绝形名"的存在，讲此道体"玄而又玄"怎样"翻滞玄通之教"，成为贞一存在的。此乃李荣以虚极之理，求万象纯一存在。它也就是李荣所说"道玄，不可以言象诠"，"玄道实绝言，假言以诠玄。玄道或有说，玄道或无说，微妙至道中，无说无不说"② 者也。

正因为道体是无形无象的贞一存在，所以它才具有本体大用。故其注第十四章"无状之状，无物之象，是谓惚恍"句，说"无状之状，此乃从体起用；无物之象，斯为息应还真。自应还真，摄迹归本也；从体起用，自寂之动也"③。这种道体动寂体大用，就是宋儒周濂溪讲"无极而太极，动而生阳，静而生阴，一动一静，互为其根"④ 的道理。在李荣看来，这种贞一本体，虽然无形无象，然其具有生化万物大用。故其注《道德经》《第二十一章》"孔德之容，惟道是从"句，说"大德不由他至，唯从道来也"；注"恍惚中有象，恍惚中有物"句，说"非有非无之真，极玄极奥之道，剖一元而开三象，和二气而生万物也"；注"杳冥中有精，其精甚真"句，说"至理唯一故言精，妙体无变故言真"⑤；注第三十四章"万物归之不为主"句，说

---

① 上引均见《道德真经注》上，《蒙文通文集》第 6 卷，第 572、573、581 页。

② 《大慈恩寺沙门灵辩与道士对论第六》，《集古今佛道论衡》卷丁。

③ 《道德真经注》上，《蒙文通文集》第 6 卷，第 582 页。

④ 《太极图说》。

⑤ 《道德真经注》上，《蒙文通文集》第 6 卷，第 593 页。

"万象轮回，不出无形之表，品汇终始，会依虚寂之中，故曰归之"①；注第四十章"天下万物生于有，有生于无"句，说"有者，天地也，无者，道也。道非形相，理本清虚，故曰无。虚者天地之根，无者万物之源"②。凡此皆是说，整个宇宙万物的生灭，无不原于无形无象的大道本体存在。此道不仅无形无象，非声色，绝形名，而且广大玄通、至真虚湛、贞一纯粹。将中国文化大道本体存在提升到很高的程度，亦李荣对佛教批评积极的回应也。

正因为大道本体如此广大玄通、至真虚湛、贞一纯粹，所以它具有生化宇宙万物的功能，而且其为道德精神境界，才远大玄通、灵明不滞，既深奥玄妙，又真实无妄。故其注《道德经》第三十五章"执大象，天下往"句，说"身于玄德之境，专心于幽寂之门"③；注第三十八章"上德不德，是以有德"句，说"内明德与道合，厥义可尊，故云上德。道既无象，德亦虚玄，韬光藏用，故云不德"；注第三十九章"昔之得一者，天得一以清，地得一以宁，神得一以灵，谷得一以盈，万物得一以生，侯王得一以为天下贞"句，说"天地虽大，所禀者元一，万物虽富，所资者冲和，王侯虽贵，所赖者真道。是以清澄以广覆，宁静以厚载，变化以精灵，虚豁以盈满，安乐以全生，无为而正定，何以致其然，皆得于一道也"；注第四十一章"大方无隅"句，说"环寓有象，有方也；至道无形，无隅也"；注第四十五章"大盈若冲，其用不穷"句，说"四达有是而俱照，六通无幽而不烛，斯大满也。不以照为照，不以盈为盈，若冲也。用不以心，故无极也"④。得于大道广大玄通、至真虚湛、贞一纯粹的道德及精神世界，是这样广大、宁静、玄幽、虚豁、精灵，然其道德之光又四达俱照、无幽不烛使人安乐、正定！

李荣在描述这个道德精神世界时，是有很强的政治感与现实感的。这从他注第十六章"不知常，妄作凶"句，讲"知常信道，所行皆善，天佑人助，故云吉。背道从邪，纵情任意，触涂妄作，所为失当，人诛鬼责，故云凶也"；注"天能道，道能久"句，讲"与天合德，共道齐真，疏通无滞，动皆合理"，"道则自古以固存，圣则永享无期寿也"；注第十七章"畏之侮之"句，讲"不能因万物之化，任自然之性，设刑法以威之，令繁而下欺，此下

---

① 《道德真经注》上，《蒙文通文集》第6卷，第609页。
② 《道德真经注》下，《蒙文通文集》第6卷，第619页。
③ 《道德真经注》上，《蒙文通文集》第6卷，第609页。
④ 《道德真经注》下，《蒙文通文集》第6卷，第614、617、620、625页。

古之化也"；注"信不足，有不信"句，讲"夫为上也，化之以道，示之以信，上能信下，下亦信上，上若不能信下，下亦不信于上"。凡此，皆是对有国有天下者之提醒也。而注第十九章"为文不足，故令有所属"句，讲"文，教也。属，继也。夫大人之设教也，莫不修凡以成圣，从愚以归智，去害而之利，今皆弃之，于教不足"①，则近乎对当时教育不足的批评了。凡此可知，李荣注解《道德经》还是很有政治责任感的。

李荣处佛教盛行的唐代，其注解《道德经》大道本体论时，虽然强调了它生化万物的本体大用，然在讲"虚寂之道""至道玄寂""理冥真寂""理唯虚寂"等等时，可以看出是受佛教本体"虚无寂灭"论述影响的。但李荣注解虚通至道、贞一之理，也从积极方面吸收了天台宗一乘圆教、华严宗一真法界及三论宗"通圣心，开真谛"②的某些论述；特别是讲"息动于心而神自静"；"以一心攀缘万境"等，其论述已接近禅宗矣。这也体现了唐代宗教精神融合的倾向。

唐代道家讲"重玄"，已接受了佛教修心定性之法。李荣讲"凡情幽滞，灵识不通"；"人心虚而鉴"；"圣人虚心，亿兆归之"③等，也是受佛教影响所作修心定性之法表述。这在道教发展上反映出一种倾向，即唐代道教从外丹向内丹心性学的转化。它在精神上由外求转向了内修，形成唐代内丹心性学发展，使心性发展转向了内在精神追求，使精神世界具有了更加深邃的内涵。这在精神史上是一个新的发展，是不可不研究叙述的。这就是下一章所要讲的"道家精神追求的转换与超越"。

---

① 《道德真经注》上，《蒙文通文集》第6卷，第586、587、589页。
② 僧肇《百论》序，见《佛藏要籍选刊》第9册。
③ 《道德真经注》上，《蒙文通文集》第6卷，第574、578页。

第九章　道家精神追求的转换与超越

内容提要：整个外部世界存在，是"有始也者，有未始有始也者，有未始有夫未始有始也者。有有也者，有无也者，有未始有无也者，有未始有夫未始有无也者"，其为道也，也是"未始有封"的，是至大无外，至小无内的，是不可无限向外求的。故程子说："立清虚一大为万物之源，恐也未安。"无限外求，以"清虚一大"本原，无限外求，不仅遥远洪荒，也会造成人生精神虚脱，使自我生命失去把握。用干宝的话说，就是以"浮华之学，强支离道义之门，求入虚诞之域"。因此，向内回归，回归自我，回归到自我本心，涵养于此、大化于此、神化于此，才是根本。这在道教史上，就是外丹学向内丹学的转变。它在精神上，就是由追求外部世界形而上学存在，转变为反观内在精神，体验领悟生命的意义，寻求内在形而上学根据，通过内修实现生命超越。它较之外丹派讲修道、致气、长寿、保生的黄白飞仙之术，不仅具有内在形而上学合理性，也为生命精神超越提供了心性本体论的内在根据。这是道家史上的一大转变，也是精神史上的一大转变。它始自黄老道家的生命精神追求，发展至唐代，则有司马承祯、吴筠、杜光庭等内丹派。司马承祯讲坐忘遗照之道、吴筠讲宗玄高蹈的心性超越、杜光庭论以清静心性理国，都是通过内在修炼追求生命精神超越，具有精神史意义的。

精神不是物质的派生物，不是欲望、要求、目的、动机、情感、情绪一类本能心理存在，而是人将这些本能心理提升到无欲状态，凭着虚灵不昧之心，提神太虚，飘然高举，将生命的意义与先验论、本体论、形而上学存在相联系，不断超越自我生命本能，所获得的真理、正义、纯真、至善、大公、无私、大美、崇高、庄严、神圣一类价值思维形式。但是，任何精神都是人的精神，都是人凭着虚灵不昧之心对外部世界的感知形式与思维形式，包括

"梵天""道"上帝或"逻格斯"一类神圣本体存在，都是人对本原追求，赋予外部世界的感知形式与思维形式。因此，一切精神的存在，皆是人的生命精神；一切精神世界的存在，皆是人对外部世界本原追求的形而上学感知形式与思维形式。它是离不开人的存在，离不开人的生命精神的。因此，最为根本的存在，还是人的心灵与良知，是人凭着怎样的内心感知外部世界，知却外部世界最为本质存在，并与之契合，使自我生命精神"与天地合其德，与日月合其明，与四时合其序，与鬼神合其吉凶"①。这也就是老子所讲"人法地，地法天，天法道，道法自然"② 的道理。

正是因为这样，所以中国古代圣贤明哲，一方面追求外部世界形而上学存在；另一方面又不断反观自我良知，反观内心最为本质的精神源头存在。对外部世界"渊渊其渊，浩浩其天"的存在，"玄而又玄"的追求，已达于"微妙玄通，深不可识"的高度，特别是回应佛教对中国道体文化低下的批评，"重玄"研究已经达到"大无不包，细无不入，穷理尽性，不可思议"③ 的程度，用"损之又损""有无双遣"，及"虚寂""玄寂""真寂"等去描述它的存在。对自我良知的反观，对内心精神源头的反观，从原始道家老子讲"归根""复命"，庄子讲"心斋""灵府"，原始儒家孔子讲"洗心""藏密"，孟子讲"良知""良能"等，都是最为根本的内在反观。这外在与内在的两个方面反观，最终还是使自我的生命精神不断涵养、扩充、大化、神化，成为大我、真我、神我，成为最高生命精神的存在。

但整个外部世界存在是"有始也者，有未始有始也者，有未始有夫未始有始也者。有有也者，有无也者，有未始有无也者，有未始有夫未始有无也者"，其为道也，也是"未始有封"④ 的，是至大无外，至小无内的，是不可无限向外求的。这用宋儒程子的话说，就是"立清虚一大为万物之源，恐也未安"⑤。无限外求，以"清虚一大"为万物本体，不仅会造成人生精神虚脱，也会使自我生命失去把握。因此，向内回归，回归自我，回归到自我本心，涵养于此、大化于此、神化于此，才是最为根本的。这在道教史上，就是外丹学向内丹学的转换。它在精神上，就是由追求外部世界形而上学存在，

① 《周易·文言传》。
② 《老子》第 25 章。
③ 成玄英：《道德经义疏》，《蒙文通文集》卷六，第 375 页。
④ 《庄子·齐物论》。
⑤ 《河南程氏遗书》卷二上，《二程集》第 21 页。

转变为反观内在精神的存在，体验领悟生命的意义，寻求内在形而上学根据。

这是道家学说史上的一大转变，也是精神史上的一大转变。它始自黄老道家的生命精神追求，及至发展为唐代司马承祯、吴筠、杜光庭等内丹派，则成为精神史上一股重要文化力量。本节的任务，就是在叙述了成玄英、李荣的"重玄"追求之后，研究叙述唐代是怎样由外求向内求转变的，它在精神史上的意义何在。为叙述这种转变，回顾一下黄老道家生命精神是必要的。惟做此回顾，才可知外丹学向内丹学转换的脉络与内在逻辑发展。因此，本节将首先叙述黄老道家生命精神追求和道家内丹修行的精神转向，然后再具体研究叙述司马承祯、吴筠、杜光庭等人的内在精神追求，探讨内在精神发展与深邃内涵，从而描绘显示出这段精神史发展的脉络。这就是本章精神史叙述的任务。现在先从叙述黄老道家的生命精神追求开始，看看这种追求包含着怎样文化转变的趋向。

一　黄老道家的生命精神追求

中国文化认为，人是宇宙的精华，万物的灵长，是天地间第一个可宝贵的。故曰"天聪明，自我民聪明"[1]；故曰"惟天地万物父母，惟人万物之灵"[2]。惟此，中国文化才把人的生命放在第一位。这发展到道家，就是把人的生命、自我生命的天地间存在，视为最宝贵的，其他功名利禄、权力富贵，皆是不值得留恋的；在他们看来，恋此，忘却自我生命、牺牲自我生命，是非常愚蠢的。故其特别注意养生，追求生命精神存在，讲究内在道德精神修养。

但是，追求生命精神，讲究内在道德精神修养，并不是道家某人或某派的发明，而是有其远古文化精神源头的。正如居住在泰山周围的伏羲氏族从日月的沐浴轮转中发现天道的法则一样，居住在黄河中上游的黄帝氏族，则从大地的蓄养生化中发现了"造化发育之真机"存在。前者就是伏羲《八卦》之易，后者就是黄帝的《归藏》之易。道家的生命精神追求及内在道德修养，就是原于黄帝的《归藏》之易，像大地一样蓄养"造化发育之真机"。此即老子讲"致虚极，守静笃，万物并作，吾以观复"；讲"归根曰静，是谓

---

① 《尚书·皋陶谟》。
② 《尚书·泰誓上》。

复命；复命曰常，知常容，乃公，公乃全，全乃天，天乃道，道乃久，没身不殆"① 者也。后来黄老学派讲"静则得之，躁则失之"；讲"爱欲静之，遇乱正之，勿引勿推"，才"福将自归"②；讲"至正者静，至静者圣"③；讲"静而不移，动而不化"的"神明"④；讲"圣人能察无刑（形），能听无［声］，上虚下静，而道得其正"⑤ 等，就是发挥黄帝《归藏》易的蓄养"造化发育之真机"，及老子"致虚极，守静笃""归根复命""没身不殆"的思想。而通过这种修养，体验领悟"道"的存在与及生生化化的生命意义，获得内在道体形而上学存在，就是老子所讲的"知常容，乃公，公乃全，全乃天，天乃道"。

　　黄老学派发挥原始道家思想，在道体哲学上注入新的内涵，赋予新的精神，就是建立一套新的范畴概念，将"微妙玄通，深不可识"的道体存在，将"道之为物，惟恍惟惚。惚兮恍兮，其中有象；恍兮惚兮，其中有物；窈兮冥兮，其中有精"⑥ 的存在，变为可修之道，变为精、气、神的存在。稷下学派就是最初黄老学派。《心术上》《心术下》《内业》《白心》四篇，就是稷下黄老学派最为精要的著作。在他们看来，人与万物所以能化生出来，在于气与精气的存在。故曰："气，道乃生"；"精也者，气之精者也"；"凡人之生也，天出其精，地出其形，合此以为人"⑦。可知"精"或"精气"并不是一般的气或气体，而是由气或气体变化提升出来，属于精与神的存在，是带有本体论性质的。它不仅支配宇宙万物的生化，也是支配人，使之成为人之本质的存在。故曰"世人之所职者精也"；"神者至贵也，故馆不辟除，则贵人不舍焉"⑧。故稷下学派把"精"或"精气"看作是畅通神明人内心的精神气质，认为人若能摆脱各种欲望，使心安静下来，精或精气的世界，就畅通了、神明了，此即所谓"去欲则宣，宣则静矣；静则精，精则独立矣；独则明，明则神矣"⑨。这就是黄老学派讲修道的哲学根据。它实际上仍是继承原

----

① 《老子》第 15、21 章。
② 以上均见《管子·内业》。
③ 《黄帝四经经法道法》。
④ 《黄帝四经经法名理》。
⑤ 《黄帝四经原道法》。
⑥ 《老子》第 21 章。
⑦ 《管子·内业》。
⑧ 《管子·心术上》。
⑨ 《管子·心术上》。

始道家老子所讲"致虚极，守静笃。归根曰静，是谓复命；复命曰常，知常曰明"；庄子所讲"虚而待物""唯道集虚"① "真君存焉"② 等养生哲学及内心道德修养方法。

这种养生和道德修养，在黄老道家看来，是具有生命意义的。因为他们认为，人与天地万物，皆是以精、气、神为生命存在的。故稷下学派讲："凡物之精，此则为生：下生五谷，上为列星；流于天地之间，谓之鬼神；藏于胸中，谓之圣人。"它作为人生命之气的流行，是"杲乎如登于天，杳乎如入于渊，淖乎如在于海，卒乎如在于己"的。因此他们认为，此气是"不可止以力，而可安以德；不可呼以声，而可迎以音；敬守勿失，是谓成德，德成而智出，万物果得"③。这就是说，人与万物一样，接受天地之气，接受精、气、神存在，"敬守勿失"，变为养生智慧，把天地之气，把宇宙间精、气、神存在，变为生命精神，就可延长寿命、颐养天年。帛书《黄帝四经》所讲"道生法，法者，引得失以绳，而明曲直者殹（也）。故执道者，生法而弗敢犯殹（也），法立而弗敢废（也）"④；"抱凡守一，与天地同极，乃可以知天地之祸福"⑤，就是这种养生思想。黄老道家这种讲养生哲学，实际上仍是继承原始道家老子所讲"致虚极，守静笃，归根曰静，是谓复命；复命曰常，知常曰明"的说法。庄子所讲"虚而待物""唯道集虚"⑥ "真君存焉"⑦ 等，也是属于这种道德修养方法。特别是庄子讲"至道之精，窈窈冥冥；至道之极，昏昏默默。无视无听，抱神以静，形将自正；心静必清，无劳女形，无摇女精，乃可以长生"；讲"目无所见，耳无所闻，心无所知，女神将守形，形乃长生"；讲"慎女内，闭女外，多知为败。天地有官，阴阳有藏，慎守女身，物将自壮。我守其一以处其和，故我修身千二百岁矣，吾形未常衰"⑧等，可以说通过道德修养，将生命精神推到了极高境界！黄老道家的养生哲学与原始道家说法的不同处，在于以精、气、神贯通天、地、人，以人与天地万物、与宇宙法则、与"道"的统一性，追求人在天地间的存在，追求人

① 《庄子·人间世》。
② 《庄子·齐物论》。
③ 《管子·内业》。
④ 《黄帝四经经法道法》。
⑤ 《黄帝四经十大经成法》。
⑥ 《庄子·人间世》。
⑦ 《庄子·齐物论》。
⑧ 《庄子·在宥篇》。

的生命精神。这就使老子"人法地，地法天，天法道，道法自然"① 的说法，通过精、气、神的存在，落实到了人的道德修养与生命精神追求上。这样做，不仅使天人之间真正建立起道体形而上学联系，也使"天人合一"获得了大道本体论的统一性与合理性。

那么，天人之间为什么能够建立起道体形而上学联系，实现"天人合一"大道本体论的统一性与合理性呢？这自然首先是道贯天地人。道作为精、气、神的存在，作为本体论存在，不仅支配宇宙万物生化，也支配人的生命。但更为主要的是道是精神的源头，人心道德感是能够获得道体存在的。故曰"道者，神明之原也"②；故曰"德者，道之舍"③；故曰"心者，智之舍也"；"心术者，无为而制窍者也"④。道体作为"神明之原"存在，乃是"处于度之内而见于度之外者也。处于度之内者，静而不可移也；见于度之外者，动而不可化也"；因其是"静而不移，动而不化"，故其神明存在，是"见知之稽"⑤ 者，是可以感知到的。而心之道德作为"道之舍"，它实际上就是庄子所说"心斋""灵府"，即精神之宅的存在。在黄老学派看来，"形不正德不来，中不静心不治"；只要静下心来，"正形摄德"，思考那"天仁地义"存在，使万物皆备于我，那么，道的"谋乎莫闻其音，冥冥乎不见其形"存在，就"卒乎乃在于心，淫淫乎与我俱生"，就"淫然而自至，神明之极，照乎知万物"⑥。这种静心道德修养，"有神自在身，一往一来，莫之能思"，看起来有点神秘，但它实际上乃是排除物欲，调动自我内心道德涵养，运作精神世界。这种修养，毕竟是内心世界的事。惟有静下心来，才能"精存自生，其外安荣"；惟有"内藏以为泉原，浩然和平，以为气渊，渊之不涸，四体乃固"，才能"泉之不竭，九窍遂通"。人之生也，"忧则失纪，怒则失端"，忧悲喜怒，则"道乃无处"；领悟道在，"静则得之，躁则失之"；惟有"爱欲静之，遇乱正之，勿引勿推"，才能"福将自归"；惟有"灵气在心，一来一逝，其细无内，其大无外"，才能获得广大精神世界！此乃"穷天地，被四海，中无惑意，外无邪灾，心全于中，形全于外，不逢天灾，不遇人害，谓

---

① 《老子》第 25 章。
② 《黄帝四经经法名理》。
③ 《管子·心术上》。
④ 《管子·心术上》。
⑤ 《黄帝四经经法名理》。
⑥ 《管子·内业》。

之圣人"① 者也，亦圣人生命精神之追求与获得者也。

稷下黄老学派发展到汉代，能够贯通上古大道真脉，讲养生学及生命精神追求的，主要由河上公撰写的《老子章句》、淮南王宾客编撰的《淮南鸿烈》即《淮南子》、严君平撰写的《老子指归》三本道家著作。它在河上公那里，主要是体道养生思想。在河上公看来，"始者道本也，吐气布化，出于虚无，为天地本始"②；"万物始生，从道受气"；"万物皆得道〔之〕精气而生，动作起居，非道不然"③。此气者，精气也，元一之气也，生化万物的本元之气也。惟此精气，才是宇宙万物生化之本。故曰"道育养万物精气，如母之养子"④。因此河上公所谓体道，就是体自然之道，体"自然长生之道"⑤。所谓养生，就是"湛然安静"，体得此道存在，"长存不亡"。这就是河上公所说的"当念道无为"⑥。河上公认为，"圣人怀通达之知，托于不知者，欲使天下质朴忠正，各守纯性。小人不知道意，而妄行强知之事以自显著，内伤精神，减寿消年也"⑦。因此他认为，要想长生，只能蓄养大德，"不命召万物，而常自然应之"，"长养、成孰、覆育，全其性命"⑧。河上公著《老子章句》，正是以气贯通天人，使"天道与人道同，天人相通，精气相贯"⑨，讲治身之道，讲生命精神追求的。河上公认为，"治身者爱气则身全"⑩；"治身不害神明，则身安而大寿也。治身则寿命延长，无有既尽时也"⑪。治身长寿，心静神安非常重要。河上公认为，"人所以生者，以有精神。〔精神〕托空虚，喜清静，饮食不节，忽道念色，邪僻满腹"，乃是"伐本厌神"的事；"唯独不厌精神之人，洗心濯垢，恬泊无欲"，才能"精神居之不厌"⑫。

《淮南子》讲养生，讲人的生命精神，也是继承了黄老道家一贯思想，极

---

① 以上均见《管子·内业》。
② 《老子章句·体道》。
③ 《老子章句·虚心》。
④ 《老子章句·象元》。
⑤ 《老子章句·体道》。
⑥ 《老子章句·无源》。
⑦ 《老子章句·知病》。
⑧ 《老子章句·养德》。
⑨ 《老子章句·远鉴》。
⑩ 《老子章句·能为》。
⑪ 《老子章句·仁德》。
⑫ 《老子章句·爱己》。

为注重人的精、气、神的蓄养与保护，重视形、气、神的关系。它说："夫形者，生之舍也。气者，生之充也。神者，生之制也。一失位，则三者伤矣。"在淮南看来，形、气、神三者，是不可不各得所安的："形者非其所安也而处之则废，气不当其所充而用之则泄，神非其所宜而行之则昧。此三者，不可不慎守也。"① 河上公以天人为鼻，以地人为口，讲"通天地之元气所从往来"。淮南亦拿"天有风雨寒暑，人亦有取与喜怒"相喻，讲"胆为云，肺为气，肝为风，肾为雨，脾为雷"；讲"耳目者，日月也。血气者，风雨也"，将人的形体"与天地相参"，讲五藏及人的精、气、血、神的蓄养与保护，说"血气者，人之华也；而五藏者，人之精也"。若夫"血气能专于五藏而不外越，则胸腹充而嗜欲省矣。胸腹充而嗜欲省，则耳目清、听视达矣"；"精神盛而气不散则理，理则均，均则通，通则神，神则以视无不见，以听无不闻也，以为无不成也"②。

严君平《老子指归》也认为，人是原于天，本于天的，人之"性、命、情、意、志、欲"，"凡此六者，皆原道德，千变万化，无有穷极，唯闻道德者，能顺其则"③。在他看来，"本我之生，在于道德"④；"我性之所禀而为我者，道德也；其所假而生者，神明也"⑤。因此，他认为，获得道德，获得道体大用，乃是人安身立命的所在，吉凶祸福的所在。人惟有"知道以太虚之虚无所不禀，知德以致无之无无所不授；道以无为之为品于万方而无首，德以无设之设遂万物之形而无事"，才能"陶性命，冶情意，造志欲，化万事"⑥。人若"道德不居，神明不留"，则"大命以绝，天不能救；若"魂魄浮游，神明去矣"，则"身死名灭，祸及子孙"矣⑦。在严君平看来，大道旷荡，品物流形，玄玄苍苍，无不归复。人惟"捐聪明，弃智虑，返归真璞"，惟"喜怒不婴于心，利害不接于意"；才能"若闭若塞，独与道存"⑧。这就是他所说的圣人"虚心以原道德，静气以存神明"⑨ 状态。人若能"生之以

① 《淮南子·原道训》。
② 《淮南子·精神训》。
③ 《老子指归·道生篇》。
④ 《老子指归·不出户篇》。
⑤ 《老子指归·名身孰亲篇》。
⑥ 《老子指归·道生篇》。
⑦ 《老子指归·名身孰亲篇》。
⑧ 《老子指归·上士闻道篇》。
⑨ 《老子指归·至柔篇》。

道，养之以德，导之以精神，和之以法式"，则"言于不言，神明相传；默然不动，天下大通"；若能"进而万物存，退而万物丧，天地与之俯仰，阴阳与之屈伸"，则"道盛无号，德丰无谥，功高无量，德弥四海"① 矣。

河上公《老子章句》、淮南《鸿烈》之书、严君平《老子指归》，如同稷下学派一样，虽在形而上学、先验论、本体论上完成了一次转换，即将形而上学大道本体论转换为了元气论或精气论，但其讲养生，讲生命精神追求，并没有放弃道体形而上学，而是要人执守大道，从那里获得生命精神。河上公认为，"人能知道之常行，则日以明达于玄妙也"②；"玄，天也。人能行此上事，是谓与天同道也"③。故曰"圣人守大道"，"治身则天降神明，往来于己也。治身不害神明，则身安而大寿也"④。淮南认为，惟"达于道者，不以人易天，外与物化，而内不失其情"⑤ 者，才能有利于人的生存。在淮南看来，"夫喜怒者，道之邪也。忧悲者，德之失也。好憎者，心之过也。嗜欲者，性之累也"。人的一生，万感万应，惟有"肃然应感，殷然反本"，获得无形纯一至道，然后才能"卓然独立，块然独处，上通九天，下贯九野，员不中规，方不中矩，大浑而为一"，怀囊天地，方是"为道开门"；惟有"反于清静，究于物者，终于无为，以恬养性，以漠处神"，方能"入于天门"⑥。故曰"圣人不以人滑天，不以欲乱情"，"精通于灵府，与造化者为人"⑦。而在严君平看来，天地万物，千变万化，始于一，归于一，其他都是过程，变化流形，终归于一。因此，在严君平看来，"一为纲纪，道为桢干"。惟"因道而动，循一而行"，才能"审于反复，归于玄默，明于有无，反于太初"，才能"贵而无忧，贱而无患，高而无殆，卑而愈安"。这就是他讲的"得一而存，失一而没"⑧ 的道理。

讲养生，讲生命精神追求，注意精气神修养，而不失道体形而上学，可以说是黄老学派的基本理论。但及至发展到淮南讲"真人之所游，若吹呴呼吸，吐故纳新，不以滑心，使神滔荡而不失其充，日夜无伤而与物为春，则

①　《老子指归·上士闻道篇》。
②　《老子章句·玄符》。
③　《老子章句·玄德》。
④　《老子章句·仁德》。
⑤　《淮南子·原道训》。
⑥　《淮南子·俶真训》。
⑦　《淮南子·原道训》。
⑧　《老子指归·得一篇》。

是合而生时于心也"；讲至人"生不足以挂志，死不足以幽神，屈伸俯仰，抱命而婉转，若此人者，抱素守精，蝉蜕蛇解，游于太清，轻举独往，忽然入冥"①；《旨归》讲"人能入道，道亦入人，我道相入，沦而为一"；"守静至虚，我为道室"②，及"建道抱德，摄精畜神"③ 一类内心道德精神蓄养，等等，则已接近道家内丹派道德修养与生命精神追求矣。

这种追求，向内反观，回到人自身，从身心修养以求其道，发展为南北朝时期道家道教追求长生不灭，与道合真，寻求生命本源为及长生之道，就是当时的内丹学修行。它原原始道家老子、列子，南北朝时期则有道家葛洪道、陶弘景等人发挥昌明，至唐代则发展为司马承祯、吴筠、杜光庭等人内在精神修养与追求。这是一次道家修道的内在精神转向，也是精神史上向内寻求精神发展的一次转变。叙述这种精神转向，认识精神的内在发展，对认识理解唐代精神史是非常必要的。

二　道家修行的内在精神转向

人要延长自己的生命，获得生命精神，就要克服自身的弱性，克服为满足物欲情欲，驰骛不息，奔腾不羁，甚至丧本失命，狂恶不止的追求。因为这种追求不仅消耗生命力，也使人陷入非理性，远离大中之道，丧失生命根本精神而走向衰亡。故老子警告人："强梁者，不得其死！"老子认为："清静为天下正！"因此，要人"致虚极，守静笃""归根复命"；而讲道德修养，不仅要追求外在的天地之道、宇宙法则，更认为应转向人自身，"修之于身，其德乃真"，因而要人"以身观身"，进行道德修养。其目的就是要清除人内心纷杂驰骋的物欲情欲，"挫其锐，解其纷，和其光，同其尘"④，以一种超越世俗的旷达精神，修得内心世界清静虚默、无为自然。

这发展到列子就是内观的思想。内观，即内视，即观照内心，即静下心来保持一种内在的清醒意识。列子批评"务外游，不知务内观"，讲"外游者，求备于物；内观者，取足于身。取足于身，游之至也；求备于物，游之

---

① 《淮南子·精神训》。
② 《老子指归·天下有始篇》。
③ 《老子指归·建善篇》。
④ 《老子》第16、42、54、56章。

不至也"，就是所讲内观思想。在列子看来，惟"取足于身"，观看内心世界，方是"游之至也"，方是最高的"至游"。惟此才看得清楚。故曰"至游者，不知所适；至观者，不知所眂，物物皆游矣，物物皆观矣"。良医文挚乃命宋国人龙叔背光明而立，在他后向光明而望之曰："嘻！吾见子之心矣，方寸之地虚矣。几圣人也！"就是通过内观，透视人内心世界，看到"几圣人"之心境的。

这种内观所达到的"游之至"境界，就是《列子》引亢仓子所说的："我体合于心，心合于气，气合于神，神合于无，其有介然之有，唯然之音，虽远在八荒之外，近在眉睫之内，来干我者，我必知之。"它也就是列子学道九年所达到的"心凝形释，骨肉者融；不觉形之所倚，足之所履，心之所念，言之所藏，如斯而已，则理无所隐矣"① 境界。"理无所隐"，即道无所隐，即通过内观观照得道之所在也。

列子所以内观可见"理无所隐"，道之所在，是和他的贵虚思想联系在一起的。有人问列子为什么贵虚？他说："虚无所谓贵贱"；若"非其名也，莫如静，莫如虚。静也虚也，得其居矣；取也与也，失其民矣。事之破为而后有舞仁义者，弗能复也"②。这就是说，只有清静虚默，才能见"理无所隐"，道之所在；若处处是物的实在，"求备于物"，物蔽形役，就"游之不至"了；若处处竞于名利，追求物欲情欲，丧失人的本质，再对他讲仁义道德，其人性本质也就不能归复了。列子虽以一切生化流转，"穷数达变，因形移易"，皆"谓之化，谓之幻"，皆谓之"随起随灭"③ 的虚幻，但其贵虚，实乃是将万物虚化，将生死、有无、是非、成败，皆化为虚无存在，然后顺乎自然，于虚静之境，见道之所在及整个世界本质，并与之合一。列子这种"清虚无为，及其治身接物"④ 的为道之要，就是原始道家的虚化静默内观说。

魏晋南北朝时期的内视论，乃是由原始道家老子、列子的内观说启开的，或者说是对原始道家内观说的阐释与深化。为什么会出现这种情况？这一方面与魏晋玄学发展有关，但更为重要的是佛教挑战的压力：道教不仅要证明

① 上引均见《列子·仲尼篇》。
② 《列子·天瑞篇》。
③ 《列子·周穆王》。
④ 刘向：《目录》。

"微妙玄通，深不可识"道体存在的玄远；同时也必须证明此道可为人心之道，对心性有灵通教化大用。道教是以老子为教宗的。因此，要证明道体玄远与心性大用，就必须从阐释老庄之学着手，于此处下功夫。于是，证明道体玄远的阐释，从《抱朴子》讲"玄者，自然之始祖，而万殊之大宗也"[①]，到成玄英、李荣、唐玄宗、杜光庭等人注疏《道德经》，皆是将老子"重玄"之道提升到至精玄极高度的；而证明道体心性大用的阐释，就产生了《太上老君内观经》《洞玄灵宝定观经》《老君清净心经》三部道教经典著作。《抱朴子》曾著录《内观经》[②]，可知，此经典远在魏晋时期已经产生。《洞玄灵宝定观经》《老君清净心经》可能晚些，但也大都产生于道教发展的南北朝时期。张君房编撰《云笈七签》，同时将《太上老君内观经》《洞玄灵宝定观经》《老君清静心经》三部经典同时收录于该书"三洞经教部"，不仅可见其将三部经典视为道教内观典籍，亦可见其视三部经典，皆为道教早期经典著作。

　　三部道教经典皆是讲内视，重视道的内心存在及大用的。《太上老君内观经》讲"道者，有而无形，无而有情，变化不测，通神群生，在人之身则为神明，所谓心也。所以教人修道，则修心也，教人修心，则修道也。道不可见，因生而明之；生不可常，用道以守之。若生亡则道废，道废则生亡，生道合一，则长生不死，羽化神仙。人不能长保者，以其不能内观于心故也。内观不遗，生道长存"；讲"心则神也，变化不测，无定形也，所以五藏藏五神也"；讲"道以心得，心以道明；心明则道降，道降则心通"；"人常能清净其心，则道自来居"。《洞玄灵宝定观经》讲"内观心起，若觉一念，起须除灭，务令安静"；讲"制而不著，放而不动，处喧无恶，涉事无恼者，此是真定"；讲"无所挂碍，回脱尘笼，行而久之，自然得道"。《老君清净心经》讲"夫道，一清一浊，一静一动，清静为本，浊动为末"；讲"心既自静，神既无扰。神即无扰，常清静矣。既常清静，及会其道，与真道会，名为得道"；讲"道所以能得者，其在自心"；"既见有心，则见有身。既见其身，则见万物"；认为"人常清静，则自得道"，人生切不可贪婪，若"既生贪

---

①　《抱朴子·畅玄篇》。
②　《抱朴子·内篇·地真篇》说："吾闻之于师云，道术诸经，所思存念作，可以却恶防身者，乃有数千法，……思见身中诸神，而内视令见之法，不可胜计，亦可有效也。"此处所说"内视令见之法"，即该书《遐览篇》所著录《内视经》之法也。《内视经》即《内观经》。

著，则生烦恼。既生烦恼，则生妄想。妄想既生，触情迷惑，便归浊海，流浪生死，受地狱苦，永与道隔"①。凡此，皆是讲反观道心存在及其大用。特别是《太上老君内观经》讲道之"通神群生，在人之身则为神明"；讲"道不可见，因生而明之"；"道以心得，心以道明"；《洞玄灵宝定观经》讲"内观心起，若觉一念，起须除灭，务令安静"；《老君清净心经》讲"道者，一清一浊，一静一动，清静为本，浊动为末"；"与真道会，名为得道"等，不仅使心在精神世界存在获得了本体论地位，而且对心如何获道，精神如何发生与存在，有了更深层次地阐释与说明。此魏晋道家反观于心，讲修心修道，转向内在精神世界，于精神史上所发挥者也。

　　这种反观于心，阐释精神世界发生与存在的方法，就是《太上老君内观经》所说"内观之道，静神定心，乱想不起，邪妄不侵，周身及物，闭目思寻，表里虚寂，神道微深，外观万境，内察一心，了然明静，静乱俱息，念念相系，深根宁极，湛然常住，窈冥难测，忧患永消，是非莫识"。《老君说常清净经》将这种方法归纳为三观：即"内观于心，心无其心；外观于形，形无其形；远观于物，物无其物。三者莫得，唯见于空，空无所空，无无亦无，湛然常寂。无寂寂无，欲安能生。欲既不生，心自静矣。心既自静，神既无扰。神即无扰，常清静矣。既常清静，及会其道，与真道会，名为得道"②。可知这种方法要在于寂静中排除欲念，进入忘物忘我、忘忘状态，在心静神无扰境界中，"与真道会，名为得道"。这种方法，实乃是建立在道的"通神群生""道不可见，因生而明"基础上的，是以生命的存在见道，见道"因生而明"存在。列子所说"一体之盈虚消息，皆通于天地，应于万类"③，意即"一体之盈虚消息"，可见天地之道，发见万类生命精神也。故反观于心，实乃一种生命精神体验，通过这种体验获得道的存在，精神的存在。它虽意在养生长寿，但已不是一般的养生，而是以内在的先天精气神契合形上大道本体，求得精神上的超越。因此，它于精神深层发展是不无真切见地的。

　　反观道心存在，所以能发生大用，从根本上说，乃是此说符合人的道德本性。人不仅驰骛不息地追求外部世界的存在，更具有追求安静质朴的本性。故从原始道家老子开始，就讲"致虚极，守静笃"，文子更引老子的话说：

---

① 上引均见《云笈七签》卷十七。
② 《云笈七签》卷十七。
③ 《列子·周穆王》。

"夫人从欲失性，动未尝正也"，认为"清静者，德之至也，虚无恬愉者，万物之祖也"①。这种质朴、安静的本性，在道家成玄英那里被说成"静是长生之本，躁是死灭之原"②；而陶弘景那里，被称之为"清净道性"存在。故他说："所论一理者，即是一切众生身中清净道性。道性者，不有不无，真性常在，所以通之为道。道者有而无形，无而有情，变化不测，通于群生，在人之身为神明，所以为心也。所以教人修道也，教人修道即修心也。道不可见，因生以明之；生不可常，用道以守之。生亡则道废，合道则长生也。"③ 正是人有此道德本性，所以道家及道教才可以讲修道修心，通过反观，见天心道心之所在。从心之修道、心合于道的意义上讲，实乃是纳天地万物于心，以心体天地万物也。这种反观，这种以心修道、心合于道的精神世界的修养，乃是道教由外丹修炼转向内丹修炼发展出来的。

道教由外丹修炼转向内丹修炼，实际上乃是一种内在精神修养的转变。这种转变，放弃了外丹修炼的舍本逐末，改为《黄庭经》所说的"仙人道士非有神，积精累气以为真"④。它的修炼方法已不是炼药物之丹获得长生，而是通过存思、内视、咽津、叩齿、留胎止精、辟谷食气等内在精神气血之养，收敛、涵养、内化天地之气，与道契合，亦即后来司马承祯所说的"禀习经法，精思通感，调运丹液，形神炼化，归同一致"⑤。张伯端的《悟真篇》、李道纯的《中和集》等著作，就是讲内丹学修炼的。它见于内在精神的收敛、提升、内化修炼，精微入神，就是司马承祯所说的"黜聪隳体，嗒焉坐忘，不动于寂，几微入照"⑥。虽然修炼的目的仍在延命、成仙，求长生之道，但它在精神发展方面，显示了一种精神的内在性开拓与发展。

这种反观于心的修养方法，这种内在精神修养的转变，于魏晋南北朝时期，已广泛见于道家及道教著作中。葛洪讲"夫玄道者，得之乎内，守之者外，用之者神"；"含醇守朴，无欲无忧，全真虚器，居平味澹，恢恢荡荡，与浑成等其自然；浩浩茫茫，与造化钧其符契"⑦；讲"夫求长生，修至道，

① 《文子·原道》。
② 《道德经义疏》，第45章。
③ 《登真隐诀集校》。
④ 《黄庭经·内景经·仙人章》。
⑤ 司马承祯：《陶弘景碑阴记》，《全唐文》卷九百二十四。
⑥ 司马承祯：《坐忘论·泰定》。
⑦ 《抱朴子·畅玄篇》。

诀在于志，不在于富贵也。学仙之法，欲得恬愉澹泊，涤除嗜欲，内视反听，尸居无心"①；讲养精神"守雌抱一，专气致柔，反听而后所闻彻，内视而后见无朕，养灵根于冥钧，除诱慕于接物，削斥浅务，御以愉慎，为乎无为，以全天理尔"②；讲"所为术者，内修形神，使延年愈疾，外攘邪恶"③ 等；陶弘景讲"内累既消，魂魄亦柔。守之不倦，积之勿休"；"凝心虚形，内观洞房。抱玄念神，专守真一"④；讲"真人归心于一正，道焉摽任于永信，心归则正神和，信顺则利贞兆"⑤；以及讲"坐常欲闭目内视，存见五藏肠胃。久行之，自得分明了了"；讲"常欲闭目而卧，安身微气，使如卧状，令旁人不觉也。乃内视远听四方，令我耳目注万里之外。久行之，亦自见万里之外事，精心为之，乃见百万里之外事也"⑥ 等，皆是道家及道教讲反观于心之修养方法。

　　不论是葛洪讲"玄者，自然之始祖，而万殊之大宗也"，还是陶弘景讲"抱玄念神，专守真一"，皆可知内丹派返观内视的修养方法，并没有离开形而上学，离开唐代盛行的重玄思想，内观不过是收玄道于心、观照之而已。而反观者内心，还是有个玄道，有个道体形而上学存在的。但返观内视，追求道的存在，以求长生不老，在魏晋南北朝时期，道家及道教思维已经成为一种倾向，一种思潮，一种道德追求与精神追求。它不仅从宗教哲学上发展出了新的心性本体论，也积累一套内观修行方法。这种方法与形而上学相结合，与重玄思想相结合，就形成了唐代司马承祯、吴筠、杜光庭等人进行内在道德精神的追求，发展出了深邃的精神世界，将唐代文化精神推向了更深层次的发展。这是研究叙述精神史不可忽视的。为了研究叙述唐代这一精神转变，现在先叙述司马承祯的坐忘思想，看其是怎样以坐忘归复的道德真性的，然后再研究叙述吴筠宗玄高蹈，追求仙性超越及晚唐集道家大成的杜光庭穷清静无为、坐忘遗照之道的。

① 《抱朴子·论仙篇》。
② 《抱朴子·至理篇》。
③ 《抱朴子·微旨篇》。
④ 《运题象》，《真诰》卷二。
⑤ 《甄命授》，《真诰》卷七。
⑥ 《协昌期》，《真诰》卷九。

三　司马承祯的清静坐忘之道

司马承祯（639～727），字子微，法号道隐，自号"白云子"，人称"白云先生"，河内温（今属河南温县）人，生于官宦世族之家，晋宣帝司马懿之弟司马馗的后人，曾祖司马裔，为北周晋州刺史，封琅琊公；祖父司马晟，隋亲侍都督，其父司马仁最，历任唐襄、滑二州长史。司马承祯自少笃学好道，无心仕宦之途，拜嵩山道士潘师正为师，受上清派经法、符箓、导引、服饵等道术，隐居在天台山玉霄峰。上清派自陶弘景以后，茅山宗人才辈出，王远知、潘师正、司马承祯、李含光等皆为茅山道士。陶弘景传潘师正，潘师正传司马承祯，故司马承祯为陶弘景三传弟子，是唐代茅山宗最负盛名的道教学者。司马承祯后来遍游天下名山、其人文修养极深，与陈子昂、卢藏用、宋之问、王适、毕构、李白、孟浩然、王维、贺知章称为"仙宗十友"。司马承祯虽负盛名，但史书说其"则天、中宗朝，频征不起"①。其实也不尽然，就史书所记，司马承祯一生，至少应唐朝三位最高权位者之召入京，并受到过极大礼遇：

第一位是"则天闻其名，召至都，降手敕以赞美之。及将还，敕麟台监李峤饯之于洛桥之东"②。这次召见，又是手敕赞美，又是敕台监饯行，初次召见就够风光的。

第二位是唐睿宗（李旦），于景云二年（711），令其兄承祎就天台山追之至京，引入宫中，问以阴阳术数之事。承祯对曰："道经之旨，为道日损，损之又损，以至于无为。且心目所知见者，每损之尚未能已，岂复攻乎异端，而增其智虑哉！"睿宗曰："理身无为，则清高矣。理国无为，如何？"对曰："国犹身也。《老子》曰：'游心于淡，合气于漠，顺物自然而无私焉，而天下理。'《易》曰：'圣人者，与天地合其德。'是知天不言而信，不为而成。无为之旨，理国之道也。"③睿宗对司马承祯的说法甚为满意，赐为"天师"，称其"广成以来，一人而已"；"道风独峻，真气孤标"④。司马承祯极为怀念

---

① 《大唐新语·隐逸》。
② 《旧唐书·司马承祯传》。
③ 《旧唐书·司马承祯传》，另见《大唐新语·隐逸》。
④ 《赐天师司马承祯三敕》，《全唐文》卷十九。

"白云悠悠"的山林隐居生活①，固辞还山，睿宗赐以宝琴及霞纹帔，中朝词人赠诗百余首，可知其风光矣。

第三位是唐玄宗（李隆基），于开元九年（721）派遣使者迎入宫，亲受法箓，前后赏赐甚厚；十年（722），玄宗驾还西都，承祯请还天台山，玄宗赋诗以遣之。开元十五年（727），司马承祯再次召入宫。玄宗请他在王屋山自选佳地，建造阳台观以供居住，并按照他的意愿，在五岳各建真君祠一所②。司马承祯颇善篆隶书，玄宗令以三体写老子《道德经》。承祯刊正文匍，刻为石经。承祯王屋所居为阳台观，上自题额，遣使送之；又令玉真公主及光禄卿韦縚至其所居，修金箓斋，"是岁，卒于王屋山，时年八十九"③。玄宗追赠为银青光禄大夫，称其"心依道胜，理会玄远"；讲其一生"遍游名山，密契仙洞，存观其妙，逍遥自得之场；归复其根，宴息无何之境"，谥称"正一先生"④。

司马承祯生卒年，因史记不同，难以确定。《旧唐书·司马承祯传》所说承祯"是岁，卒于王屋山，时年八十九"，是在"十五年，又召至都"后面作此叙述的。《新唐书·司马承祯传》说得更笼统，司马承祯"开元中，再被召至都"，在叙述"帝命以三体写《老子》"之后，讲承祯"卒，年八十九"⑤的。若以《旧唐书》的说法，司马承祯生卒年，应为公元638年～727年。而宋人张君房撰《王屋山贞一司马先生》传，则在叙述"敕于先生所居置阳台观，帝自书额，并相续赐赉甚厚"后，说司马承祯"至二十三年告化时八十九"⑥。卫凭《贞一先生庙谒》也称承祯于"己亥夏六月十八日""蜕形"⑦，己亥岁即开元二十三年。若以此计算，司马承祯的生卒年应为公元646年～735年。

司马承祯著述颇多，现载于各典籍的有《坐忘论》《修真秘旨》《修身养

---

① 司马承祯有《答宋之问》诗说："时既暮兮节欲春，山林寂兮怀幽人。登奇峰兮望白云，怅缅邈兮象欲纷。白云悠悠去不返，寒风飕飕吹日晚。不见其人谁与言，归坐弹琴思逾远。"（《全唐诗》卷八百五十二）

② 司马承祯上玄宗疏，请五岳别立斋祠说："今五岳神祠，山林之神，非正真之神也。五岳皆有洞府，有上清真人降任其职。山川风雨，阴阳气序，是所理焉。冠冕章服，佐从神仙，皆有名数。请别立斋祠一所。"（《全唐文》卷九百二十四）

③ 《旧唐书·司马承祯传》。

④ 《赠司马承祯银青光禄大夫制》，《全唐文》卷二十二。

⑤ 《新唐书·司马承祯传》。

⑥ 《云笈七签》卷五"经教相承部"。

⑦ 陈垣等：《道家金石略》，文物出版社1988版，第120页。

气诀》《服气精义论》《修真精义杂论》等。正如司马承祯生卒年记载说法不一一样，他的著作也会由于道教不同教派长期群体参与、互动、互渗、交互作用，被弄得混乱不清，如《坐忘论》就是如此。《新唐书·艺文志》载司马承祯《坐忘论》一卷，《修生养气诀》一卷；唐末五代杜光庭《天坛王屋山圣迹记》载"（司马承祯）未神化时，注《太上升玄经》及《坐忘论》，亦行于世"；《正统道藏》太玄部录《坐忘论》一卷；《道枢》卷二摘录该书两卷、《云笈七签》卷九十四、《全唐文》卷九二四皆全文收录此书。这样看来，司马承祯著《坐忘论》应该是没问题了。但是到南宋时就出现了两种《坐忘论》：一种是《正统道藏》太玄部录《坐忘论》，主要讲信敬、断缘、收心、简事、真观、泰定、得道的过程，另一种是王屋山《贞一先生庙谒》碑后的石刻《坐忘论》①。碑文记载此《坐忘论》为女道士柳凝然、赵景玄于唐长庆元年（821）遇"真士徐君云游于桐柏山"得传，因碑文说"近有道士赵坚，造《坐忘论》一卷七篇，事广而文繁，意简而词辩，苟成一家之著述，未可契玄真，故使人读之，但思其篇章句段，记其门户次序而已，可谓坐驰，非坐忘也"，因此南宋以来，关于两种《坐忘论》，何者为司马承祯所作，何者为道士赵坚所撰，也就记载不一了。

　　真觉不惑，通悟不滞。如何看待司马承祯的著作，知人论世，应从当时文化历史大局及精神发展上观察，不应被枝节所遮蔽。司马承祯虽属上清派道士，居王屋山，传陶弘景养生之学，抄录陶弘梁《登真隐诀》，自著《修真秘旨》，可以说他写《修真秘旨》、著《坐忘论》，是直接受陶弘梁《登真隐诀》养生学影响的。但司马承祯毕竟处唐朝重玄盛行时代，其为养生之道，成仙之说，不可能离开道家形而上学，离开道体形上精神。这从他回答睿宗之问，讲"为道日损，损之又损，以至于无为"，反对阴阳术数"异端"之说，已可以看出来。另外，从《天隐子》影响于司马承祯，亦可以看出《坐忘论》是如何写作的。称《天隐子》为司马承祯所述，是不对的。因为是书唐朝早期已存在，司马承祯为之序，也说得明白："天隐子，吾不知其何许人。"② 从该书末尾所讲"承祯诵天隐子之书三年，恍然有所悟，乃依此五门渐渐进习。又三年，觉身心之闲，而名利之趣淡矣"等，可以看出，司马承祯撰《坐忘论》，受《天隐子》形而上学影响是很清楚的。《天隐子》讲斋

---

① 陈垣等《道家金石略》收录，题为《白云先生坐忘论》。
② 《天隐子·序》，见《正统道藏》太玄部。

戒、安处、存想、坐忘、神解，岂不是《坐忘论》讲信敬、断缘、收心、简事、真观、泰定、得道吗？《天隐子》讲"归根曰静，静曰复命，成性存存，众妙之门"①，岂不正是《坐忘论》所讲"守根不离，名曰静定，静定日久，病消命复"② 的"收心复性"吗？《天隐子》讲"何谓坐忘？曰：遗形忘我。何谓神解？曰：万法通神"③，岂不就是《坐忘论》所讲"黜聪隳体，嗒焉坐忘，不动于寂，几微入照"④；"智照无边，形超有际"；"心与道同，则无法而不通"吗？司马承祯撰写《坐忘论》，不仅直接受《天隐子》的影响，更是从原始道家老子"致虚极，守静笃"；"归根曰静，是谓复命"⑤ 思想，及庄子忘物忘我、"吾丧我"⑥，"堕肢体，黜聪明，离形去智，同于大通"的"坐忘"⑦ 思想获得哲学根据的，他甚至糅合了儒家《中庸》的正心诚意和佛家的止观禅定等等学说。这也正可以看出司马承祯《坐忘论》由内在养生修行开出道体形而上学精神的地方。

从唐朝文化发展的这种大趋势及司马承祯思想发展脉络看，讲信敬、断缘、收心、简事、真观、泰定、得道的《坐忘论》，属于司马承祯的作品，是不应该质疑的。它既然于唐已"行于世"，必然是非常流行的作品，不可能另有《坐忘论》私藏于道士之中。王屋山《贞一先生庙谒》碑后石刻《坐忘论》，可能是道士牢记此作品根本真精神而流传者，但并非原作文本。至于另篇题"正一先生（司马子微）曰：吾近见道士赵坚造《坐忘论》七篇"云云的《坐忘论》，只能视为道教群体参与、互动、互渗所衍生的东西，更不应该视为司马承祯的作品。道士赵坚是否造过《坐忘论》？史料不多，在此不作推测考证。至于"坐驰"与"坐忘"之别，司马承祯《坐忘论》，本来就是讲心由驰到不驰"安心坐忘之法"的，以此辨别《坐忘论》之是非，更是妄求！

那么，应该怎样看待司马承祯《坐忘论》"安心坐忘之法"呢？它反映一种怎样的内在精神发展，有何精神史意义呢？《坐忘论》说："夫人之所贵

---

① 《天隐子·存想》。
② 《坐忘论·收心》。
③ 《天隐子·渐门》。
④ 《坐忘论·泰定》。
⑤ 《老子》第 16 章。
⑥ 《庄子·齐物论》。
⑦ 《庄子·大宗师》。

者，生也。生之所贵者，道也。"① 可知，司马承祯作《坐忘论》，在于对生命精神的追求。其最高的生命精神追求，就是使人成为道体精神存在。《坐忘论》讲信敬、断缘、收心、简事、真观、泰定、得道的"安心坐忘之法"，就是讲通过坐忘的道德修养，把人由情欲生命转化为道体精神生命，它的根本要义，就是道体精神的涵养、内化与提升。司马承祯虽然认为人之追求生存，追求生命精神长久存在，是天然合理的，符合天地法则的："生者，天之大德也，地之大乐也，人之大福也"；但同时认为，生命长是短，乃"道人致之，非命禄也"，故引《西升经》云："我命在我不由天。"② 因此，在他看来，生命是寿是夭，精神是长短，在于道德修养，并非上天注定的。为了生存，为了颐养生命精神，是离不开衣食住行物质条件的，这就像为渡海需要船只一样。故曰："夫人事衣食者，我之船舫。我欲渡海，事资船舫。渡海若讫，理自不留，何因未渡，先欲废船？衣食虚幻，实不足营。"③ 但是，"食有酒肉，衣有罗绮，身有名位，财有金玉"，这些"情欲之余好，非益生之良药"，若过度追求，则"自致亡败"。人的寿命长短，"岂待酒食罗绮，然后为生哉！"这就警告地提出："于生无要用者，并须去之！"而且他总结人生经验，理性地认为财气伤人，积之愈多，伤害愈大。这就是他所说的"财有害气，积则伤人"。因此，他认为，"名位比于道德，则名位假而贱，道德真而贵"；"能知贵贱，应须去取，不以名害身，不以位易道"④。人若要长寿，若要长久保持生命精神，惟有克己勤行，进行道德修养。他认为，道体存在，虽然虚而无象，然却是灵而有性者。人之修道，若空心谷神，道之自来。获得道，有极大的感染力，可以改变人的形神。待到"形随道通，与神为一，神性虚融，体无变灭，"隐则形同于神，显则神同于形"，则"形与之同，无生死"矣。故其引《灵宝经》云"身神共一则为真身"；又引《西升经》云"形神合同，故能长久"⑤。形与神为一，形神交融，形同于神，神同于形，人的存在也就由情欲生命涵养、发展、提升为道德精神生命了。此司马承祯《坐忘论》之追求也，亦其内在养生开出的道体精神者也。

这种道体精神的开出，这种生命精神的转换，是和心体联系在一起的，

---

① 《坐忘论·序》，《云笈七签》卷九十四。
② 《坐忘论·序》。
③ 《坐忘论·真观》。
④ 《坐忘论·简事》。
⑤ 《坐忘论·得道》。

是由人内心道德精神追求自觉起作用的。司马承祯认为，"夫心者，一身之
主，百神之帅，静则生慧，动则成昏"；人之精神发展，"源其心体，以道为
本"。因此，"学道之初，要须安坐，收心离境，住无所有，不著一物，自入
虚无，心乃合道"。但是，现实生活中，人的心神被染，蒙蔽渐深，流浪日
久，已经与道隔绝；特别是"或身居富贵，或学备经史，言则慈俭，行乃贪
残，辩足以饰非，势足以威物，得则名己，过必尤人。此病最深，虽学无
益"。因此，"今若能净除心垢，开释神本"，即开释被遮蔽心性本体存在。这
就是他所说的"修道"。在他看来，要想开释被遮蔽的心性本体，就要心不受
外部事物的干扰，"心不受外，名曰虚心。心不逐外，名曰安心。心安而虚，
则道自来止"。当心"无复流浪，与道冥合"，能"安在道中，名曰归根；守
根不离，名曰静定，静定日久，病消命复"①，自然也就获得了道体，恢复了
生命精神。这实际上仍是老子"归根复命"的思想。司马承祯作《坐忘论》
的发挥于老子者，在于点出修道的内在精神归复与转换的方法与过程。这概
括起来讲，就是他所说的如下三点：第一，"收心简事，日损有为，体静心
闲，方能观见真理"②；第二，"心为道之器宇，虚静至极，则道居而慧生"③；
第三，"神与道合，谓之得道"；"练神入微，与道冥一"；"智照无边，形超
有际"④。在他看来，正如道是生生之体一样，心作为精神的本原，也是生生
之体，是"病消命复""出离生死"⑤ 的存在。但人心是不能胡乱起灭的。
"若心起皆灭，不简是非，永断知觉，入于盲定。若任心所起，一无收制，则
与凡人元来不别"⑥。心为道之器宇，人要养生，要获得长久生命精神，就要
心不受外，心不逐外，就要"慎勿失道"，"慎勿失生"。惟有心的存在，"道
与生相守，生与道相保，二者不相离，然后乃长久"⑦。待到像庄子说的"隳
肢体，黜聪明，离形去智，同于大通"，或《坐忘论》所说"内不觉其一身，
外不知乎宇宙，与道冥一，万虑皆遗，同于大通"时，则"道之可望"⑧ 矣。
若"神不出身，与道同久。身与道同，无时而不存；心与道同，则无法而不

① 《坐忘论·收心》。
② 《坐忘论·真观》。
③ 《坐忘论·泰定》。
④ 《坐忘论·得道》。
⑤ 《坐忘论·收心》。
⑥ 《坐忘论·收心》。
⑦ 《坐忘论·序》。
⑧ 《坐忘论·信敬》。

通"时，则"至论玄教，为利深广"矣。此即司马承祯作《坐忘论》，讲"六根洞达"①，以清静坐忘之道，开出精神世界者也。

司马承祯《坐忘论》讲清静坐忘之道，虽未出老子"归根复命"、庄子忘物忘我的思想，但讲"道居慧生"，讲"智照无边，形超有际"的"六根洞达"等，对于开出道体精神，还是有创建的。至于为不使人伤智力、毙形神，陷于声色情欲，讲染色为"色想外空，色心内妄，妄心空想"，讲色者"非身心之切要，适为性命之雠贼，何乃击恋，自取销毁"②等，虽然受佛教色空思想的影响，但其在形上之道的本体论上，还是坚持中国文化无形实有是理存在的。故讲"息乱而不灭照，守静而不著空，行之有常，自得真见"③。他的泰定心性论，特别是讲心之不能胡乱起灭等，对后来宋明心学发展是有一定影响的。

司马承祯之学宗于嵩山潘师正。《旧唐书》亦说吴筠入嵩山，亦"依潘师正为道士，传正一之法，苦心钻研，乃尽通其术"④。此说是否属实，虽有待考证，但此说亦可见吴筠道教思想与嵩山道教有联系，其学亦属上清内丹学一派。它在精神开拓上，亦像司马承祯一样，主张通过内在修养得道，获得生命精神的。但他较之承祯，更倡导玄学，具有道体形而上学精神，主张以精神实现心性生命的超越。这就是下面所要讲的"吴筠宗玄高蹈的心性超越"。

四　吴筠宗玄高蹈的心性超越

吴筠，字贞节，唐代著名道士。《旧唐书》本传称其为"鲁中之儒士也"；《新唐书》本传，则称其为"华州华阴人"（今陕西华阴县），并说其"通经谊，美文辞，举进士不中。性高鲠，不耐沈浮于时，去居南阳倚帝山"。吴筠可能原籍为鲁人，后移居华阴。关于他的学术渊源及师承关系，说法也不尽同。《旧唐书》本传说其"少通经，善属文，举进士不第，性高洁，不奈流俗，乃入嵩山，依潘师正为道士，传正一之法，苦心钻研，乃尽通其术"。

---

① 《坐忘论·得道》。
② 《坐忘论·真观》。
③ 《坐忘论·收心》。
④ 《旧唐书·吴筠传》。

依此说，吴筠乃是直接师承潘师正的。而《新唐书》本传则说："天宝初，召至京师，请隶道士籍，乃入嵩山依潘师正，究其术。"① 这就是说，吴筠只是天宝年初被召至京师，"请隶道士籍"，被问及属何教派时，才承认"入嵩山依潘师正，究其术"的，并非说自己一开始即师承潘师正。这和他谈及《玄纲论》时所讲"予四十年方遂一第，既知命寡，遂慕寻真，讨究仙经，莫得生理。因南访茅君修真之迹，登茅巅，入石室，先得《元道真经》，即太上道君归根复本号而不嘎之理也。乃执其理十余年，惟攻胎息"② 等说法是一致的，即他是经过自学，后来归于道士潘师正所属上清派的。《新唐书》本传说吴筠"大历十三年（778）卒，弟子私谥为'宗玄先生'"，没说其享年。因此，吴筠死于公元778年，生年不详。

《新唐书》本传说，吴筠"开元中（即公元 713～741 年），南游金陵，访道茅山。久之，东游天台。筠尤善著述，在剡（即浙江剡县一带，有水，名剡溪）与越中文士为诗酒之会，所著歌篇，传于京师。玄宗闻其名，遣使征之"。吴筠被召之京师后，玄宗与之语，谈得很高兴，令其待诏翰林。帝问以道法，吴筠对曰："道法之精，无如五千言，其诸枝词蔓说，徒费纸札耳！"又问神仙修炼之事，对曰："此野人之事，当以岁月功行求之，非人主之所宜适意。"③ 由此可知，吴筠的道教思想，主要是以《老子》五千言为根本的，其他说法，都是"枝词蔓说，徒费纸札"；神仙修炼，则视为"野人之事"。这和他讲"每寻诸家气术，及见服气之人，不逾十年五年，身已亡矣"；或讲"或食从子至午，或饮五牙之津，或吐故纳新，仰眠伸足，或餐日月，或闭所通，又加绝粒。以此寻之，死而最疾"等是一致的。因为在他看来，道教仙道修养，在于内在元气的涵养、保护与扩充，而非是"攻内受外"的修炼。故其说："气者，神也。人者，神之车也，神之室也，神之主人也。心人安静，神则居之。躁动，神则去之。神去则身死者矣。"因此，那些气术，"攻内受外，故速死也"④。此可知，吴筠讲仙道修养还是比较理性的，与当时流行的诸家神仙气术是不同的。

吴筠在京师并不太顺利。原因主要是受到李林甫、杨国忠的排挤。《旧唐

---

① 《新唐书·吴筠传》。
② 《玄纲论》后序，《全唐文》卷九百二十五。
③ 《旧唐书·吴筠传》。
④ 《服气》，《全唐文》卷九百二十六。

书》本传说："天宝中（即742～750），李林甫、杨国忠用事，纲纪日紊。筠知天下将乱，坚求还嵩山。"《新唐书》亦说："筠每开陈，皆名教世务，以微言讽天子，天子重之。群沙门嫉其见遇，而高力士素事浮屠，共短筠于帝。"看来吴筠在京师，是受到排挤的，原因一是太过问政治了，"以微言讽天子，天子重之"，受到了"群沙门嫉其见遇"；二是"高力士素事浮屠"，在玄宗面前与佛教徒一起"共短筠于帝"，说吴筠的坏话。不过，吴筠当时对佛教的批评，也是相当厉害的。其讲"华夏之礼废，边荒之风扇，沴气悖以兴行，人心疯以倾变"，在于"孝明之匪德，为祆梦之所眩，创戎神之祠宇，遵恍惚之妄见"；讲"至真隐，大伪出"，在于"重贝叶讹谬，轻先王典籍"；讲"自古初以逮今，未有若斯之弊，逆天暴物，干纪乱常"，在于"爰自晋宋，迄于齐梁，靡不兴之者灭，废之者昌"等，批佛语之激烈，在唐时是很少见的。他甚至连有功于佛教中国化的大师也不放过，如讲"道安讨论于河洛，惠远润色于江湘，图澄挟术以鼓舞，罗什聚徒以张皇"[①] 等。这显然有些过了。故《旧唐书》本传说其"所著文赋，深诋释氏，亦为通人所讥"。

不过，吴筠对政治形势观察还是很敏感的，能进则进，不能进则退。《旧唐书》本传说吴筠"知天下将乱，坚求还嵩山。累表不许，乃诏于岳观别立道院。禄山将乱，求还茅山，许之。既而中原大乱，江淮多盗，乃东游会稽。尝于天台剡中往来，与诗人李白、孔巢父诗篇酬和，逍遥泉石，人多从之。竟终于越中。文集二十卷，其《玄纲》三篇、《神仙可学论》等，为达识之士所称"；又说其"所著文赋，词理宏通，文彩焕发，每制一篇，人皆传写。虽李白之放荡，杜甫之壮丽，能兼之者，其唯筠乎！"可以看得出，吴筠不仅是个道士，而且是能与诗人李白、孔巢父相酬和的诗人、文学家。李白的诗"天姥连天向天横，势拔五岳掩赤城。天台四万八千丈，对此欲倒东南倾。我欲因之梦吴越，一夜飞度镜湖月。湖月照我影，送我至剡溪"，就是游天姥山剡溪所作，可见其超越旷达之豪情；特别是末句"且放白鹿青崖间，须行即骑访名山。安能摧眉折腰事权贵，使我不得开心颜！"[②] 与吴筠见李林甫、杨国忠用事，坚求还山的道家思想，及游仙诗讲"依依远人寰，去去迩帝乡；上超星辰纪，下视日月光"[③] 的超越性追求，是非常一致的。

---

① 《思还淳赋》，《全唐文》卷九百二十五。
② 《梦游天姥吟留别》，《全唐诗》卷一百七十四。
③ 《游仙二十四首》，《全唐诗》卷八百五十三。

吴筠的著作，除有名的《玄纲论》《神仙可学论》外，尚有《心目论》《复淳论》《形神可固论》《明真辨伪论》《辅正除邪论》《契真刊谬论》《道释优劣论》《辨方正惑论》等著作，《正统道藏》太玄部收录《宗玄先生玄纲论》，《四库全书·集部别集类》附有《宗玄集》。今中华道藏收录《宗玄先生文集》上中下三卷，内有《神仙可学论》《心目论》《形神可固论》及诗词赋赞等。所著《玄纲论》，上篇明道德，中篇辩教法，下篇析凝滞，是吴筠最为重视的。他谈及此书时说："重玄深而难赜其奥，三洞秘而罕窥其门，使向风之流，浩荡而无据，遂总括枢要，谓之《玄纲》。"①《玄纲论》收入《正统道藏》太玄部。《通志·艺文略》著录《玄纲论》为三卷。茅山道教协会1993年出版有《玄纲论》。这些著作，虽然是吴筠阐述道教上清派修炼教义的，但在崇玄中透露出了极强的生命精神超越追求。

吴筠既以《老子》五千言为"道法之精"，其他皆为"枝词蔓说"，自然其为学，离不开《老子》"微妙玄通，深不可识""玄而又玄"的道体存在，自然尊道贵德，以悟得道体存在为根本理论学说。是故他于《玄纲论》说：

> 道者何也？虚无之系，造化之根，神明之本，天地之元。其大无外，其微无内，浩旷无端，杳冥无际。至幽靡察而大明垂光，至静无心而品物有方，混漠无形，寂寥无声。万象以之生，五行以之成，生者无极，成者有亏，生生成成，今古不移，此之谓道也。

> 德者何也？天地所禀，阴阳所资，经以五行，纬以四时，牧之以君，训之以师，幽明动植，咸畅其宜，泽流无穷，群生不知谢其功，惠加无极，百姓不知赖其力，此之谓德也。②

吴筠的《玄纲论》是立于大道本体论的。这个本体论存在，他称之为"自然"。故他说："大道之要，元妙之机，莫不归于虚无者矣。虚无者，莫不归于自然矣。自然者，则不知然而然矣"③；又说"天地人物，灵仙鬼神，非道无以生，非德无以成。生者不知其始，成者不见其终，探奥索隐，莫窥其宗，入有之末，出无之先，莫究其朕，谓之自然。自然者，道德之常，天地

---

① 《进元纲论表》，《全唐文》卷九百二十五。
② 《玄纲论·道德章》。
③ 《形神可固论》，《全唐文》卷九百二十五。

之纲也"①。但吴筠所说的"自然"，不是指生物物理世界，而是"不知然而然"的存在，是老子所说"道法自然"②，庄子所讲"无物不然""道通为一"③ 的大道本体存在。故其又说："是以自然生虚无，虚无生大道，大道生氤氲，氤氲生天地，天地生万物。"④ 可知吴筠所说的"道"，乃是在宇宙本体论上说。它既是造化之根，神明之本，天地之元，又是"混漠无形，寂寥无声"存在。然它却是"生生成成，今古不移"者，而非不生不化的"空寂"存在。这就把中国文化道体与佛教空寂之体区分了开来。"混漠无形，寂寥无声"，那么，得之为德，"幽明动植，咸畅其宜，泽流无穷，惠加无极"，自然"群生不知谢其功，百姓不知赖其力"了。有此大功用，是"天地所禀，阴阳所资，经以五行，纬以四时，牧之以君，训之以师"者，自然是万万不可少、不可丢掉的。故曰"自然者，道德之常，天地之纲也"⑤。

因此吴筠认为，人要长寿，要获得精神，成为长寿的神仙，就要遵守"道"的法则。"夫道者，无为之理体，玄妙之本宗，自然之母，虚无之祖。高乎盖天，深乎包地，与天地为元，与万物为本"；"大道者，多损而少益，多失而少得。益之得之，至真之士也。益者益形，得者窈冥，得此窈冥，感通神明"。故引《说苑》曰："山之高，云雨起。水之深，鱼鳖归。人守道，福自至。"⑥ 他不仅要求人守道，亦要求人守神。因为"夫人生成，分一气而为身，禀一国之象，有气存之，有神居之，然后安焉。身者道之器也，知之修炼，谓之圣人。奈何人得神而不能守之，人得气而不能采之，人得精而不能反之？已自投逝，何得怨天地而不佑？"⑦

守道守神，就要将心安静下来。惟心安神静，才能得神而不能守之，人得气而不能采之，才能守神固气，修炼而得长生，获得神仙的道德精神境界。吴筠描述守道守神固气，静心修道成仙说：

> 故静者，天地之心也；动者，天地之气也。心静气动，所以覆载而

---

① 《玄纲论·道德章》。
② 《老子》第 25 章。
③ 《庄子·齐物论》。
④ 《形神可固论》。
⑤ 《玄纲论·道德章》。
⑥ 《守道》，《全唐文》卷九百二十六。
⑦ 《守神》，《全唐文》卷九百二十六。

不极。是通乎道者，虽翱翔宇宙之外，而心常宁，虽休息毫厘之内而气自运。故心不宁，则无以同乎道；气不运，则无以存乎形。形存道同，天地之德也。①

本无神也，虚极而神自生。本无气也，神运而气自化。气本无质，凝委以成形；形本无情，动用以亏性。……故生我者道也，灭我者情也。情亡则性全，性全则形全，形全则气全，气全则神全，神全则道全，道全则神王，神王则气灵，气灵则神超，神超则性彻，性彻则反复通流，与道为一，可有为无，使实为虚，与造物者为俦矣。②

道不欲有心，……故我心不倾，则物无不正；动念有属，则无物不邪。邪正之来，在我而已。③

惟炼凡至于仙，炼真合乎妙，合妙同乎神，神与道合，即道为我身。所以升玉京、游金阙，能有能无，不终不殁矣。④

"神与道合，即道为我身"，达到"升玉京、游金阙，能有能无，不终不殁"的神仙境界，是吴筠修道养生的最高境界与精神追求。但他所谓神仙或仙境，不过是一种形神俱静的境界，一种神气到位的心性。故其说："气与神并，故曰神仙。"⑤人生做圣贤明哲，能圆则为哲，寂静则为仙。成仙，关键是修道能静下来，养得精神与气质。故曰："道虽无方，学则有序。故始于正一，次于洞神，栖于灵宝，息于洞真，皆以至静为宗，精思为用，斋戒为务，慈惠为先。故非至静则神不凝，非精思则感不彻，非斋戒则真不应，非慈惠则功不成。神凝感彻、真应功成者，是谓陟初仙之阶矣。然后吐纳以炼脏，导引以和体。"⑥在吴筠看来，"混漠无形，寂寥无声"的大道，不仅是"神明之本"精神的主宰，而且是生氤氲一气者。因此，人之修道养生成仙，"含道以炼气，气清则合于神。体与道冥，谓之得道"⑦；人要得道，要养得精神与气质，心之安静乃是关键。故曰："人者，神之车也，神之室也，神之主人

---

① 《玄纲论·超动静章》。
② 《玄纲论·同有无章》。
③ 《玄纲论·虚明合玄章》。
④ 《玄纲论·以有契无章》。
⑤ 《玄纲论》后序，《全唐文》卷九百二十五。
⑥ 《玄纲论·学则有序章》。
⑦ 《神仙可学论》，《全唐文》卷九百二十六。

也。心人安静，神则居之。躁动，神则去之。神去，则身死者矣。"① 人心若不能安静，被各种欲望所驱使，心动神荡，欲纵神伤，败身逆道，那也就修不得道，成不了神仙了。在吴筠看来，情欲是最有害的，是侵蚀人性本质的东西。故曰"燕赵艳色，性之冤也。郑卫淫声，神之喧也。珍馔旨酒，心之昏也。缙绅绂冕，体之烦也。此四者，舍之则静，取之则扰，忘之则寿，耽之则夭。故为道家之至忌也"②。故曰"灭我者情也"。在吴筠看来，若能安静下来，体得道之所在，"识玄命之所在，知正气之所由，虚凝淡漠怡其性，吐纳屈伸和其体，高虚保定之，良药匡辅之，使表里兼济，形神俱超，虽未得升腾，吾必知挥翼丹霄之上矣"③。神仙之修，不过是"神与道合，即道为我身"。

要"道为我身"，就要修道反观于心。所讲"通乎道者，心宁以同于道"；"人者，神之车也，神之室也"，此即吴筠修道反观于心。所观者何？ 道也，神也，内心精神世界也。心者神灵之府，神栖于其间。在吴筠看来，心就是精神的居所，神栖息于心的精神，心惟修得道德精神，才是灵性的存在，精神气质的存在。吴筠用许多诗赋句子，描述这种内心道德精神世界。如讲：

　　览无见以收视，听无声以黜聪，和非专于旨酒，乐奚必于丝桐。焚清香以炼气，启玉检而击蒙，期遣滞于昭旷，庶近真于感通，鉴太虚之有象，覆妙用之非空。④

　　凝而为有，散而为宗，见不以察，闻不以聪，视极于无际，听周于无穷。⑤

　　始崇崇于可久，终寂寂而何成。唯闻松乔之高流，超乎世表以永贞，意禀受之使然，固修炼之所得，奚稽疑以究理，庶仿佛乎遗则。斯乃御太易之祖先，体虚和之宗极，出变化之机范，离阴阳之动息。⑥

　　粤真隐先生者，体旷容寂，神清气冲，迥出尘表，深观化宗。偃太和之室，咏元古之风，收人之所不宝，弃人之所必崇，以道德为林囿，

① 《服气》，《全唐文》卷九百二十六。
② 《玄纲论·道反于俗章》。
③ 《神仙可学论》。
④ 《岩栖赋》，《全唐文》卷九百二十五。
⑤ 《登真赋》，《全唐文》卷九百二十五。
⑥ 《洗心赋》，《全唐文》卷九百二十五。

永逍遥于其中。"①

建立这种精神世界，自然是不容易的。它实乃修道者"悟世促而道永，知名疏而体亲，遂忘机而灭迹，方炼骨而清神"② 获得的，是他们"抱不易之纯粹，含自然之孤贞"③，韬精保真的结果。没有这种道德修养，不能领悟"微妙玄通，深不可识"的道体存在，不能领悟"玄之又玄"至极存在，达"众妙之门"，是不可能了悟宇宙万物大化流行的玄妙之机，生生之理，而后形立神居，达于美妙的道德境界，使自我生命精神飞腾太虚、寿齐天地的。此吴筠以玄纲论修道，以玄命讲神仙可学者也。吴筠正是通过这种内心道与神的反观，涵养、扩充、提升出了自我形而上学的大道生命精神，所以才具有道风仙骨，当世俗社会逆天暴物，乾纪乱常，大伪出，至真隐时，他才能"闻松乔之高流，超乎世表以永贞"，表现出极强的超越精神，也才能"拂衣长林，从其夙尚，近宗仙经，远禀真匠"④ 而成为出家道士。这就不难理解天宝中，李林甫、杨国忠用事，纲纪日紊，吴筠知天下将乱，坚求还嵩山了；同样也不难理解中原大乱，江淮多盗，吴筠东游会稽，尝于天台剡中往来，与诗人李白、孔巢父诗篇酬和，逍遥泉石上了。吴筠写了许多《高士咏》的诗，赞颂专心玄道，至真无为，修道成仙，生命精神走向超越的人物。如赞商山四皓⑤ "万方厌秦德，战伐何纷纷，四皓同无为，丘中卧白云"；赞河上公"邈邈河上叟，无名契虚冲，灵关畅玄旨，万乘趋道风"；赞严君平"汉皇举遗逸，多士咸已宁，至德不可拔，严君独湛冥"；以及赞颂严子陵谢绝光武帝禄位邀请，"禄位终不屈，云山乐躬耕"；赞颂管宁避乱辽东，曹魏几代帝王征召而不应命，"乐道隐岩穴，栖真养高节"⑥ 等。从这些诗不难看出，吴筠将处乱世，怎样追求脱俗超越的精神了。这种精神既是道家玄道修养的必然，亦是时势发展使然。

吴筠养生修道成仙之说，虽然像司马承祯一样，是沿着上清派内丹思想

---

① 《逸人赋》，《全唐文》卷九百二十五。
② 《登真赋》，《全唐文》卷九百二十五。
③ 《逸人赋》，《全唐文》卷九百二十五。
④ 《洗心赋》，《全唐文》卷九百二十五。
⑤ "商山四皓"是秦朝末年四位博士：东园公唐秉、夏黄公崔广、绮里季吴实、角（lù）里先生周术。他们隐居于商山，后人称其为"商山四皓"。
⑥ 所引均见《全唐诗》卷八五三。

发展的，但与司马承祯的精神追求并不尽同。司马承祯处于唐之盛世，虽留恋"白云悠悠"的山林生活，但尚没有躲避乱世之想。吴筠则不是这样。他已处于唐朝由盛转衰的时期，乱世已经开始。这不仅使他产生避世思想，追求避乱脱俗的精神生活，也使他感到治世的急迫与必要。因此，他反对佛教，把社会混乱归罪于佛教的"逆天暴物，乾纪乱常"，但并不反对儒家，希望将儒家礼教伦理道德纳入道家大道体系中。故其说

> 仁义礼智者，帝王政治之大纲也，而道家独云：遣仁义，薄礼智者何也？道之所尚存乎本。故至仁，合天地德；至义，合天地之宜；至礼，合天地之容；至智，合天地之辩。皆自然所禀，非企羡可及，矫而效之，斯为伪矣。伪则万诈萌生，法不能理也。所以，贵淳古而贱浇季，内道德，而外仁义；先素朴，而后礼智。将敦其本，以固其末，犹根深条茂，源溶则流长，非弃仁义薄礼智也。故道丧而犹有德，德衰而犹有仁，仁亏而犹有义，义缺而犹有礼，礼坏则继之以乱，而智适足以凭陵天下矣。礼智者，制乱之大防也；道德者，抚乱之宏纲也。然则道德为礼之本，礼智为道之末。执本者，易而固；持末，难而危。故人主以道为心，以德为体，以仁义为车服，以礼智为冠冕，则垂拱而天下化矣。①

"道德者，抚乱之宏纲也"，"以道为心，以德为体，以仁义为车服，以礼智为冠冕"，将儒家仁义礼智之教纳入道家体系以治天下，就是吴筠的政治理想与为治之道。故其说："吾方将反汗漫，师玄玄，黜生死，同乾坤，当愈幽忧之疾，所以秉斯道而弥敦也。"② 这从他修道洗心，讲"尝甄道以谋己，考往哲之所经，资忠孝兴仁义，保存殁之令名。伊周功格于皇天，孔墨道济于生灵，始崇崇于可久，终寂寂而何成"③，及修道成仙讲"身居禄位之场，心游道德之府，以忠贞而奉上，以仁义而临下，弘施博爱。内莹清澈，外混嚣尘，恶杀好生，近于仙道三也"④，也可以看出来。可知一个时代文化精神如何，不仅原于宗教内在修养，更是与时代变革联系在一起，适应时代需要而

---

① 《玄纲论·明本末章》。
② 《逸人赋》。
③ 《洗心赋》。
④ 《神仙可学论》。

发展的。这一点，发展到晚唐司马承祯五传弟子杜光庭那里，则显得更为突出。

五　杜光庭论以清静心性理国

杜光庭（850～933），字宾圣，号东瀛子，处州缙云（今属浙江）人。青少年时代，勤奋好学，博览群书。唐懿宗时应举不中，弃儒入道，师从天台道士应夷节出家。应夷节（字适中），汝南人，师冯惟良受上清法。冯惟良师从田虚应（字良逸），田虚应受上清大洞法薛季昌。薛季昌为司马承祯再传弟子。司马承祯传薛季昌，薛传田虚应，田传冯惟良，冯传应夷节。因此，杜光庭应为司马承祯五传弟子。杜光庭有《题空明洞》诗一首说：

> 窅然灵岫五云深，落翮标名振古今。芝术迎风香馥馥，松桂蔽日影森森。
> 从师只拟寻司马，访道终期谒奉林。欲问空明奇胜处，地藏方石恰似金。①

"从师只拟寻司马"，即是说追寻司马承祯之道。此可知杜光庭乃为道教上清派传人。不过，杜光庭已处唐末，历史情势发生了很大变化，盛唐文化精神已经衰微，此时宗教发展，自然也缺乏大的精神性创造。但杜光庭既通儒学，又立志发挥司马承祯所传上清派道学，因此，不仅学有所成，而且名映当时。僖宗（李儇）登基之初，需要宗教维护自己的地位，于是对杜光庭"召而问之，一见大悦，遂令披戴，仍赐紫衣，号曰广成先生"②；一说经"郑畋荐其文于朝，僖宗召见，赐以紫服象简，充麟德殿文章应制"③。此说无"号曰广成先生"。当时黄巢起义，已是天下大乱，中和元年（881），僖宗避难成都，杜光庭遂随之，遂留于蜀，受到前蜀王建赏识，"以道士杜光庭为金紫光禄大夫、左谏议大夫，封蔡国公，进号广成先生"④（按：杜为王建

---

① 《全唐诗》卷八百五十四。
② 《五代史补》卷一。
③ 《历世真仙体道通鉴》卷四十。
④ 《资治通鉴》卷二百六十八。

所推崇，赐"广成先生"之号，较之僖宗赐此号更为可能）。王建死后，子王衍即位，赐杜光庭为传真天师、崇真馆大学士。唐朝懿、僖二宗，本是"昏庸相继"① 者，王建亦是"少无赖，以屠牛、盗驴、贩私盐为事"的"贼王八"②，在混乱中获得军权，妄自称帝的。王衍亦"年少荒淫"③，即位"作怡神亭，与诸狎客、妇人日夜酣饮其中"④。杜光庭对这样的统治者，这样的帝王，给予的封赐感恩戴德，上表致谢，称其恩德"泽深滇海，恩重嵩衡，顾惭鹪燕之微，何报圣明之奖"⑤；称其功勋"披图创历，握纪继天，明逾两曜之悬，德合二仪之普"⑥；"举三代之颓纲，兴百王之坠典"⑦；称其治"大明御历，至圣宣功，贤良入辅，庭多命世之臣；夷夏归仁，府积殊方之贡"⑧ 等，可以说千恩万谢，极尽阿谀奉承之能事。不仅如此，还以谶纬之学，为其统治制造舆论，见城上有黄云两片，则上表祝贺，宣称"尧之诞生，常有黄云垂覆；舜之御宇，常有黄云凝空"，"今者德动天休，瑞呈云物，华夷共仰，海岳同欢"⑨；有人获白鹊进献，则立即上表说："瑞冠百王，功超三古，亭毒万方，再树乾坤之本；照临下土，重悬日月之光"⑩ 等，其歌功颂德、粉饰太平达到了极致。这与司马承祯"则天、中宗朝，频征不起"，吴筠见李林甫、杨国忠用事，坚求还山，"依依远人寰，去去迩帝乡"的超越性追求相比，显然人格精神有逊。大凡善阿谀奉承者，政治上多是不可靠的。僖宗避难成都，杜光庭随之，遂留蜀不归，见唐大势已去，授传真天师、崇真馆大学士，"未几解官，隐青城山"⑪，其如是乎？前蜀乾德六年（924）唐兵临成都，王衍上表乞降，前蜀亡。长兴四年（933），杜光庭在青城山去世，终年八十四岁，葬清都观后。

杜光庭一生，治学还是很用功的。他尝谓蜀相徐光溥说："余初学于上库，书笈皆备，一月之内，分日而习，一日诵经书，二日览子史，三日学为

① 《新唐书·本纪第九》。

② 《新五代史·前蜀世家》

③ 《新五代史·前蜀世家》

④ 《新五代史·前蜀世家》

⑤ 《谢新殿修金箓道场表》，《全唐文》卷九百二十九。

⑥ 《谢恩除户部侍郎兼加阶爵表》，《全唐文》卷九百二十九。

⑦ 《谢恩奉宣每遇朝贺不随二教独引对表》，《全唐文》卷九百二十九。

⑧ 《谢独引令宣付编入国史表》，《全唐文》卷九百二十九。

⑨ 《贺黄云表》，《全唐文》卷九百二十九。

⑩ 《贺雅州进白鹊表》，《全唐文》卷九百二十九。

⑪ 《十国春秋》卷四十七《杜光庭传》。

文，四曰记故事，五曰燕闲养志，一月率五日始，不五七年经籍备熟。"① 治学用功，熟读经书，精通典籍，又勤于思考，故著作颇多，收入《正统道藏》的就有二十七种，《全唐文》收录赋、表、记、序等三百余篇。其主要著作有《道德真经广圣义》《老子说常清静经注》《道门科范大全集》《广成集》《洞天福地岳渎名山记》《青城山记》《武夷山记》《西湖古迹事实》等，连著名传奇小说《虬髯客传》相传也为他所作。2013 年中华书局出版有《杜光庭记传十种》（包括《录异记》《道教灵验记》《历代崇道记》《洞天福地岳渎名山记》《天坛王屋山圣迹记》《神仙感遇传》《墉城集仙录》《仙传拾遗》《王氏神仙传》《洞玄灵宝三师记》；另有附录两种，即《青城山记》和《毛仙翁传》）等著作。近人对杜光庭学术成就颇为重视，已出版的著作有孙亦平女士的《杜光庭评传》、蔡堂根先生的《道门领袖——杜光庭传》、罗争鸣先生的《杜光庭道教小说研究》、金兑勇先生的《杜光庭道德真经广圣义的道教哲学研究》。

杜光庭宗教史意义的著作，主要是《道门科范大全集》，该书对道教教义、斋醮科范、修道方术等多方面的研究和整理，对后来道教发展具有影响；而对精神史有意义的著作，主要是《道德真经广圣义》（简称《广圣义》）《老子说常清静经注》等。《道德真经广圣义》原书三十卷，五十卷为《道藏》析本。该书卷首有杜光庭序，列举历代注解《道德经》者，凡六十余家。此书前五卷为总论，概述全经宗旨，介绍老子生平事迹，并对唐明皇御制《道德真经》注疏序的逐句加以疏解。第六至五十卷，为御制《道德真经》注疏八十一章经文疏释，皆首列经文，次列唐明皇注，再次列明皇疏，最后为杜光庭的疏义，分别标"注""疏""义"加以区别。故所谓《道德真经广圣义》，即阐述老子经文及其唐明皇注疏之义者也。《常清静经》全称《太上老君说常清静经》，传说为葛玄托神人所授，是一部道教讲天地起源和修道成仙的书。杜光庭《老子说常清静经注》，即此书经文之注释，从中也可以看出杜氏的一些宗教哲学思想。

杜光庭处晚唐末世，作《广圣义》，自然也不能不考虑当时所面临的社会人生问题。考虑这些问题，解决这些问题，就要知古鉴今，就要总结前人研究老子的经验，从前人的研究中寻找理论根据。因此，他对《道德经》问世

---

① 见《道藏》卷五十七。

以来历代圣贤明哲六十余家的诠疏笺注，进行了考察研究①，并对各家诠疏笺注的倾向与禀学立宗做了研究比较，概括其不同倾向与旨趣。他叙述这些倾向与旨趣说：

> 《道德》尊经，包含众义，指归意趣，随有君宗。河上公、严君平，皆明理国之道；松灵仙人、魏代孙登、梁朝陶隐居、南齐颐欢，皆明理身之道；符坚时罗什、后赵图澄、梁武帝、梁道士窦略，皆明事理因果之道；梁朝道士孟智周、臧玄静、陈朝道士诸糅、隋朝道士刘进喜、唐朝道士成玄英、蔡子晃、黄玄赜、李荣、车玄弼、张惠超、黎元兴，皆明重玄之道；何晏、钟会、杜元凯、王嗣、张嗣、羊祜、卢氏、刘仁会，皆明虚极无为、家理国之道。此明注解之人意不同也。又诸家禀学立宗

① 《广圣义·道德真经广圣义序》说："此《道德经》自函关所授，累代尊行，哲后明君，鸿儒硕学，诠疏笺注六十余家，则有节解上下（老君与尹喜解）、内解上下（尹喜以内修之旨解注）、想尔二卷（三天法师张道陵所注）、河上公章（汉文帝时降居陕州河滨，今有庙见存）、严君平指归十四卷（汉成帝时蜀人名遵）、山阳王弼注（字嗣，魏时为尚书郎）、南阳何晏（字平叔，魏驸马都尉）、河南郭象（字子玄，向秀弟子，魏晋时人）、颍川钟会（字士季，魏明帝时人）、隐士孙登（字公和，魏文、明二帝时人）、晋仆射太山羊祜（字叔子，注为四卷）、沙门罗什（本西胡人，符坚时白玉门关入中国，注二卷）、沙门图澄（后赵时西国胡僧也，注上下二卷）、沙门僧肇（晋时人，注四卷）、隐居陶弘景（武帝时人，贞白先生，注四卷）、范阳卢裕（后魏国子博士，一名白头翁，注二卷）、草莱臣刘仁会（后魏伊州梁县人，注二卷）、吴郡征士顾欢（字景怡，南齐博士，注四卷）、松灵仙人（隐青山，无名氏，年代）、晋人河东裴楚恩（注二卷）、秦人京兆杜弼（注二卷）、宋人河南张凭（字长宗，明帝太常博士，注四卷）、梁武帝（萧衍，注《道德经》四卷，证以因果为义）、梁简文帝（肖纲，作《道德述义》十卷）、清河张嗣（注四卷，不知年代）、梁道士臧玄静（字道宗，作疏四卷）、梁道士孟安排（号大孟，作经义二卷）、梁道士孟智周（号小孟，注五卷）、梁道士窦略（注四卷，与武帝、罗什所宗无异）、陈道士诸糅（作玄览六卷）、隋道士刘进喜（作疏六卷）、隋道士李播（注上下二卷）、唐太史令傅奕（注二卷并作音义）、唐嵩山道士魏微（作要义五卷，为太宗丞相）、法师宗文明（作义泉五卷）、仙人胡超（作义疏十卷，西山得道）、道士安丘（作指归五卷）、道士尹文操（作简要义五卷）、法师韦录（字处玄，注兼义四卷）、道士王玄辩（作河上公释义十卷）、谏议大夫肃明观主尹愔（作新义十五卷）、道士徐邈（注四卷）、直翰林道士思远（作指趣二卷，玄示八卷）、衡岳道士薛季昌（作金绳十卷，事数一卷）、洪源先生王鞨（注二卷，玄珠三卷，口诀二卷）、法师赵坚（作讲疏六卷）、太子司议郎杨上善（高宗时人，作道德集注真二十卷）、吏部侍郎贾至（作述义十一卷，金钮一卷）、道士车玄弼（作疏七卷）、任真子李荣（注上下二卷）、成都道士黎元兴（作注义四卷）、太原少尹光庭（作契源注二卷）、道士张惠超（作志玄疏四）、龚法师（作集解四卷）、通义郡道士任太玄（注二卷）、道士冲寂先生殿中监申甫（作疏五卷）、岷山道士张君相（作集解四卷）、道士成玄英（作讲疏六卷）、汉州刺史王真（作论兵述义上下二卷）、道士符少明（作道谱策二卷）、玄宗皇帝所注道德二卷（讲疏六卷），即今所广疏矣。所释之理，诸家不同：或深了重玄，不滞空有；或推因果，偏执三生；或引合儒宗；或趣归空寂，莫不并探骊室，竞掇珠玑。"（《道藏要籍选刊》第2册，上海古籍出版社1989年版。）

不同：严君平以虚玄为宗，顾欢以无为为宗，孟智周、臧玄静以道德为宗，梁武帝以非有非无为宗，孙登以重玄为宗。宗旨之中，孙氏为妙矣。①

　　每个时代的哲学思想家，都面临着独特的历史情势与社会人生问题。因此，他们所阐发的哲学宗旨及所要解决的问题各不相同。杜光庭处晚唐末世也是这样。既然诸家禀学立宗不同，所释之理不同，那么，杜光庭怎么办呢？他以何为宗，释为何理，致力何种社会人生之道呢？他认为，诸家诠疏笺注倾向及禀学立宗，虽"并探骊室，兢掇珠玑"，然"诸家染翰，未穷众妙之门；多士研精，莫造重玄之境"；"总内外之要，兼天人之能者"，未有高于唐玄宗《道德经》注疏的。称其注疏"内则修身之本，囊括无遗；外即理国之方，洪纤毕举"，因此，要以唐玄宗《道德经》注疏所引经文，包括《周书》《鲁史》及漆园或申属类，"采摭众书，研寻篇轴"，编纂成《广圣义》。他把唐玄宗《道德经》注疏抬得很高，说"大明在上而爝火不休，巨泽溥天，灌浸不息"②，但从根本上说，他编纂《广圣义》，还是以唐玄宗《道德经》注疏的"修身之本，理国之方"为其根本宗旨的。这是杜光庭的选择，也是他编纂《广圣义》用意所在。

　　不管是修身之本，还是理国之方，解决这些社会人生问题，具不具有文化精神，首先是本体论问题，首先或最终还是看其怎样讲道体形而上学存在，讲大道本体论、价值论、心性论。研究看待杜光庭著作也是这样。他作为道教人物，其哲学思想如何，文化精神如何，首先是看他怎样解释老子道体存

---

① 《广圣义·释疏题明道德义》。
② 《广圣义·道德真经广圣义序》。

在。杜光庭《道德经》，总结前人的研究，调理叙述为三十八条教义[①]，但若就老子玄道本体大用而言，他还是立于道体形而上学，讲“玄而又玄”本体大用的。故其广义“道可道，非常道”句，说“道者，至虚至极，非形非声，圆通澄寂，不始不终，圣人以通生之用，故以通生之德，强名为道也”；“经首‘道’一字，标举为宗也。标宗一字，是无为无形之道体也；可‘可道’二字，是有生有化道之用也”；广义“玄之又玄”句，说“夫摄迹忘名，已得其妙于妙，恐滞，故复忘之，是本迹俱忘，忘之又忘，此忘腤合乎道”；广义“众妙之门”句，说“众妙之门者，天门也。天门者，万法所生之总名也”[②]；广义“有之以为利，无之以为用”句，说“形而上者道之本，清虚无为，故处乎上也；形而下者道之用，禀质流行，故处乎下”[③]；以及讲“道，通也，通以一气生化万物，以生物故，故谓万物之母”[④]。从这些广义及讲述不难看出，杜光庭作《广圣义》乃是以重玄之道立义，讲以玄道本体大用的。所谓“通生之德”，就是道体通生万物大用；所谓“通以一气生化万物”的“万物之母”，就是承认玄道为宇宙万物本体存在。从这些释义看，杜光庭作《广圣义》还是坚持老子道体形而上学精神的。

但是，当杜光庭讲“大道吐气布于虚无，为天地之本始”[⑤]；或讲“道

① 《道德真经广圣义·叙经大意疏解序引》说：“夫此‘道德’二字者，宣道德生畜之源，经国理身之妙，莫不尽此也。昔葛玄仙公谓吴王孙权曰：《道德经》者乃天地之至妙，有天道焉，有人道焉，有神道焉，大无不包，细无不入，宜尊之焉，就此门中大略宗义，有三十八别。”删其各条所引经文，则条目如下：第一教以无为理国；第二教以修道于天下；第三教以道理国；第四教以无事法天；第五教不以尊高轻天下；第六教不尚贤、不贵宝；第七教化人以无事无欲；第八教以等观应物不滞功名；第九教以无执无滞；第十教以谦下为基；第十一教诸侯以正理国；第十二教诸侯政无苛暴；第十三教诸侯以道佐天子，不尚武功；第十四教诸侯守道化人；第十五教诸侯不翫兵黩武；第十六教诸侯不尚淫奢，轻徭薄赋以养于人；第十七教诸侯权器不可以示人；第十八教以理国修身尊行三宝（一曰慈、二曰俭、三曰不敢为天下先）；第十九教人修身，曲己则全，守柔则胜；第二十教人理身，无为无欲；第二十一教人理身，保道养气，以全其生；第二十二教人理身崇善去恶；第二十三教人理身积德为本；第二十四教人理身勤志于道；第二十五教人理身忘弃功名，不耽俗学；第二十六教人理身不贪世利；第二十七教人理身外绝浮竞，不衒己能；第二十八教人理身不务荣宠；第二十九教人理身寡知慎言；第三十教出家之人道与俗反；第三十一教人出家，养神则不死；第三十二教人体命善寿不亡；第三十三教人修身外身而无为；第三十四教人理心虚心而会道；第三十五教人处世和光于物；第三十六教人理身绝除嗜欲，畏慎谦光；第三十七教人裒多益寡；第三十八教人体道修身，必获其报。（《道藏要籍选刊》第 2 册，上海古籍出版社 1989 年版。）

② 《广圣义：道可道章》。

③ 《广圣义：三十辐章第》。

④ 《老子说常清静经注》。

⑤ 《广圣义：道可道章》。

者，虚无之气"①时，则将道体形上存在流于形而下矣。自然，道不与气结合，不与气之质相结合，就不能生化万物，但是，将大道本体直接说成是"吐气"的存在，"虚无之气"的存在，则形而上学大道本体变成为形器存在，而非形上本体矣。这不仅没有将原始道家大道本体向上提高升腾，反而降为了气体流行存在。这显然是与老子形上大道本体论之精神不合的。特别是讲"道之身，即老君也"②，更是以宗教神学解释道体存在。这种解释与佛教讲涅槃即佛，即法身，即化生万物者，已没什么区别了。至于讲"空相亦非空相，空相是道之妙用"③，则更是将玄道本体恍惚的"有物""有精"的存在，视为佛教空寂本体矣。凡此，皆可以看出杜光庭受佛教影响。这就给杜光庭研究讲述玄道本体大用，在理论上带来了矛盾性与模糊性。

杜光庭处唐朝末世，面对着社会弊端丛生，各种危机接踵而至，是不能不考虑"修身之本，理国之方"一类急迫问题的。但不论是修身之本，还是理国之方，就杜光庭而言，除了宗教哲学本体论问题，还必须解决心性论、气质论及理治论诸多方面的问题。特别是心性问题，与修身理国是紧密联系在一起的。解决不了心性本体论问题，修身也好，理国也好，皆落不到实处。故杜光庭广义"涤除玄览，能无疵乎"句说："心之照也，通贯有无，周遍天地。因机即运随境，即驰不以澄净制之，则动沦染欲。既滞染欲，则万恶生焉。老君戒令，洗涤除理蔤去欲心，心照清静，则无疵病。《西升经》曰'生我者神，杀我者心'，故使志意远思虑者，是谓教人修其心也。"④

由于杜光庭通晓研究老子的诸家之说，明了诸家根本宗旨与追求，因此在深切思考"修身之本，理国之方"时，综合前人之说，在心性论、气质论及理治论等方面，还是不乏见解的。解释论述这些问题时，他基本上还是立于道体形而上学，立于大道本体论的。但如前所说，他在本体论上存在着矛盾性与模糊性，因此他在讲心性论时，也存在这方面的问题，即一方面立于"通以一气生化万物"，讲人的气质之性；另一方面，立于道体形而上学，讲人的道德之心、道德本性。

杜光庭广义"不贵难得之货，使民不为盗"句，说"人之生也，秉天地

---

① 《老子说常清静经注》。
② 《广圣义：释老君事迹氏族降生年代》。
③ 《老子说常清静经注》。
④ 《广圣义：载营魄章》。

之灵，得清明冲朗之气，为圣为贤；得浊滞烦昧之气，为愚为贱。圣贤则神智广博，愚昧则性识昏昧。是有性分之不同也"①，就是立于"通以一气生化万物"，讲人气质之性生而不同的。其他像广义"不见可欲，使民心不乱"句，说"希慕羡望也，性识有限，而羡望聪明，是为越分名之为欲"，也是"通以一气生化万物"，讲人"希慕羡望，性识有限"，易为"可欲为境所牵"的。正是从这种心性论出发，唐明皇疏"是以圣人之治"句，说"圣人理国理身以为教本。夫理国者复可为乎？但理身尔"；而杜光庭则广义之说："未闻身理而国不理者"，并解释说"夫人之一身一国之象也。胸腹之位，犹宫室也；四肢之别，犹郊境也；骨节之分，犹百官也；神，犹君也；血，犹臣也；气犹民也。知理身则知理国矣"②。以身喻国，颇似进化论者将社会比作生物有机体。但杜光庭这里乃是从"通以一气生化万物"出发，讲气质之性，讲性识之分的。

　　但杜光庭并没有忘记形上之道，没有忘记大道本体为修身理国之本。故其广义"虚其心"句，说"惟道集虚，虚心则道集于怀也。道集于怀，则神与化游，心与天通，万物自化于下"。因此，杜光庭讲修身理国，还是讲心与道、形与神的。他认为，"教人修道，即修心也；教人修心，即修道也。心不可息念，道以息之；心不可见，因道以明之。善恶二趣，一切世法，因心而灭，因心而生"。此乃将道心置于了本体大用地位也。因此他认为："定心者，令不惑也；息心者，令不为也；制心者，令不乱也；正心者，令不邪也；净心者，令不染也；虚心者，令不著也。明此七者，可与言道，可与言修其心也。"③ 其他，像广义"载营魄抱一，能无离乎"句，曰"抱一者，守道也，拘魂制魄，守道为基"④；广义"圣人抱一为天下式"，曰"修道之法，则有万殊，其致道者，在于守一尔"⑤ 等，皆是强调修心于道的。惟修心于道，心的存在才是精神世界。故其广义"自见者不明"句说："圣人之明也，精神四达，无所不极，上际于天，下蟠于地，犹泛然若无不以为有也。"⑥

　　杜光庭作《广圣义》，讲理身理国，全是建立在"通以一气生化万物"

---

① 《广圣义：不尚贤章》。
② 《广圣义：不尚贤章》。
③ 《广圣义：不尚贤章》。
④ 《广圣义：载营魄章第》。
⑤ 《广圣义：孔德之容章》。
⑥ 《广圣义：希言自然章》。

的气质之性和"修心，即修道"的道德本性基础上的。这颇似宋人张载讲"气质之性"与"天命之性"。在杜光庭看来，人正是有"希慕羡望，性识有限"的气质之性，易为"可欲为境所牵"，成为疯狂的贪婪者，容易丧失理性，走向腐败堕落，所以才要修心修性，心修身理，才能理国，平治天下；正是有道教形而上学，有大道本体论，人才可以修道，通过修道，将心性提升到道体形而上学高度，克服人性弱点，将自我超越到神圣高度，做圣贤明哲或长生不死的神仙。心既修矣，身既理矣，理国则有何难！杜光庭作《广圣义》，讲理身理国，就是立于人的气质之性和道德本性，以天地之道，道体形而上学存在，讲心性道德修养，讲道德精神获得，而谓理身理国之道的：

> 　　人君理国，当法天行化，任物无为，众庶熙熙，自臻平泰。理身无劳心役虑之事，无矜名徇欲之功，神安，于中气和于内，如此则国祚长远，身寿遐延，亦如天地无私，乃长久也。①
>
> 　　生民者，国之本也；无为者，道之化也。以无为之化，爱育于国人本固矣。政虐而苛，则为暴也；赋重役烦，则伤性也；使之不以时，则妨农也；不务简约，则贱穀也。此教以理国也，为君之体，以道为基，以德为本。失道丧德，何以君临？此老君教以理国之要也。②
>
> 　　古道易行，弘之在人，岂惟浇淳之异？理国纲纪，其在此乎？故曰"引其纲，万目张；引其纪，万目起"。理身理国，亦犹此欤？爱清爱静者，《太玄经》之辞也。理国执无为之道，民复朴而还淳；理身执无为之行，则神全而气王。气王者，延年；神全者，升玄，理国修身之要也。③
>
> 　　常者，垂久不移之义也。天地日月得常而清宁久照，人君理国得常而贞正。无为人能守常，则终始不易。故常者，道德之纪也。去欲守静，复命得常，可照明了达矣。④
>
> 　　……

要获得此道，理身理国，使身长寿，国长运，就要静心修道。故一再地

---

① 《广圣义：天地长久章》。
② 《广圣义：载营魄章》。
③ 《广圣义：视之不见》。
④ 《广圣义：致极虚章》。

讲"修道之士，当须息累欲之机，归静笃之趣"；"欲其妙道却复于身者，当须守雌柔贞静之行笃厚，恬和之性以制其情"① 等。凡此，皆是持道家静修之法，获自然无为之道，获天地贞正中和之精神，内化于身心，用以理身理国者也。

杜光庭讲此理身理国，虽未出原始道家《道德经》根本精神，但也吸取了当时流行的儒家、释家文化精神。如引《周易·系辞传》"开闭相循，阴阳递至"倚伏之义，讲"天门"的一阖一辟②；引《周易·复卦象》"雷在地中，雷以动物"，以"《复卦》动息之义，以复其本"③；而讲"大道好生，诱人垂法，十门炼性，万行修心"④，则以佛法讲心性修行矣。这也说明，儒、道、释三教发展到晚唐，已进一步相互融合、彼此互用矣。而这种儒、道、释三教发展及相互融合、彼此互用，影响到宋明理学发展：不仅杜光庭援儒入道，融合了儒道文化，缓解了两种文化的对立，而且他吸收佛教心性论，讲修道修心、修道定心及以道息念、正心、净心的理身理国论，影响到整个宋明理学包括心学的发展。但杜光庭处唐之末世，整个文化宗教发展，毕竟式微矣。他有"云古今，感事伤心，惊得丧，叹浮沈"⑤ 的情怀，是可以理解的。当大势已去，无奈时，他在那个时代，作为一个宗教大师，"亡吴霸越功已全，深隐云林始学仙"，或"也有扁舟归去兴，故乡东望思悠悠"⑥，就是合情合理的去处了。

隋唐文化，儒道释三家，虽然佛为大宗，道释互摄亦极荣，然终没有成为隋唐文化主流。儒家文化发展，于隋唐之世，虽不繁茂，然就其政道与治道而言，则仍然是处于主流地位。因此，叙述隋唐文化精神发展，仍必须讲儒家文化发展，看看它怎样由南北不同的儒学，发展为隋唐儒家文化精神的。这就是本卷讲完释道两种文化精神发展之后，所要转向的儒家文化精神叙述。

---

① 《广圣义：致极虚章》。
② 《广圣义：载营魄章》。
③ 《广圣义：致极虚章》。
④ 《广圣义：视之不见》。
⑤ 《纪道德赋》，《全唐文》卷九百二十九。
⑥ 杜光庭：《题鸿都观》，《全唐诗》卷八百五十四。

第十章　南北儒学精神的发展

　　内容提要： 儒家文化虽然经历了魏晋后的衰退期，但从南北朝到隋唐，并没有中断，仍是在不断发展的。这种发展，除受南北割据环境影响，亦受制于南北经学不同传统。晋时太傅褚裒①曾对孙盛说：“北人学问渊综广博。”孙盛则说：“南人学问清通简要。”名僧支道林闻之，则说：“北人看书如显处视月，南人学问如牖中窥日。”②《北史》更评论南北经学好尚不同说：“抵南北所为章句，好尚互有不同。江左，《周易》则王辅嗣，《尚书》则孔安国，《左传》则杜元凯。河洛，《左传》则服子慎，《尚书》《周易》则郑康成。《诗》则并主于毛公，《礼》则同遵于郑氏。南人约简，得其英华。北学深芜，穷其枝叶。考其终始，要其会归，其立身成名，殊方同致矣。”本章所讲皇侃《论语注疏》的以玄注经、周弘正《周易义疏》的含微体极，就是体现南朝以玄学义理治经风尚的；而所讲北魏徐遵明，周时熊安生，隋初刘焯、刘炫，就是兼览博综治经精神，具“北学”大家气象者。

　　关于南北经学的不同，晋时太傅褚裒曾对当时学者孙盛说：“北人学问渊综广博。”孙盛则说：“南人学问清通简要。”名僧支道林闻之，则说：“北人看书如显处视月，南人学问如牖中窥日。”这里，褚裒所说“北人学问渊综广博”，孙盛所说“南人学问清通简要”，就是南北经学不同。支道林所讲，乃是形象比喻孙、褚二人所说不同。它的意思是说：“学广则难周，难周则识暗，故如显处视月；学寡则易窍，易窍则智明，故如牖中窥日。”③《北史》

---

①　《世说新语·德行篇》注引《晋阳秋》说：“褚裒字季野，河南阳翟人。祖父，安东将军。父治，武昌太守。裒少有简贵之风，冲默之称。累迁江、兖二州刺史，赠侍中、太傅。”

②　《世说新语·文学篇》。

③　《世说新语·文学篇》注。

更具体评论南北经学好尚不同说："抵南北所为章句，好尚互有不同。江左，《周易》则王辅嗣，《尚书》则孔安国，《左传》则杜元凯。河洛，《左传》则服子慎，《尚书》《周易》则郑康成。《诗》则并主于毛公，《礼》则同遵于郑氏。南人约简，得其英华。北学深芜，穷其枝叶。考其终始，要其会归，其立身成名，殊方同致矣。"①

南北经学所以造成如此之不同，首先是当时南北割据造成的。从南北朝时期，由北方夷狄南侵，造成了政治割据和北方士族大规模南迁，及北方文化（主要是中原文化）南移。南方士族受魏晋玄学影响，于是经学研究由玄学释经代替章句之学；而北方士族治儒家经典者，则基本上是沿着汉代章句之学向前发展的。长时期南北社会文化历史分裂及政治割据，使南北儒家经学研究就形成各自不同道路：南方以玄学阐述儒家文化精神，北方则坚持章句之学研究，固守汉代儒学根本精神。随着隋唐时的南北统一，儒家文化研究适应新的政治与时代需要，南北融合，相互涵化，始才释放出新的文化精神，走向复兴。这就是儒家文化从南北朝到隋唐时期大体的发展方向和发展道路。

南北经学所以不同的另一个原因，是原始典籍不断被重新阐释。大凡古老民族传统文化精神绵延，他们原始文化典籍要适应时代需要，总要不断被重新阐述、重新解释的，所谓创新，不过是阐释时赋予新的内容与形式、新的说法与见解。一个时代占主导地位的文化哲学精神，如南方玄学，北方宗教，不仅影响那个时代社会人生及价值取向，而且它的根本精神与思维方式，也影响着文化哲学精神发展，包括他们对典籍的阐释、看法与判断。南北各自以不同文化精神重新阐释经学典籍，就形成不同释经传统：南方以玄学释经，北方固守儒家基本教义。

中国文化由伏羲、炎黄、唐虞、夏、商、周三代的远古上古时期，发展到两汉、魏晋的中古时期，虽然也出现过诸家之说，百家之言，然就其根本文化精神而言，终不过是儒道两种文化一阴一阳、跌宕起伏之变。然而，中国文化从南北朝发展到隋唐的近古时期，则增加了一个变数，就是佛教文化传入。于是，中国文化精神发展，由儒道家两种文化跌宕起伏的交响曲、大合唱，变成了儒、道、佛三种文化发声的变奏曲，而且发展到隋唐，佛教居

———————

① 《北史·儒林传上》序。

然成为了大宗。这个时期，由于儒家文化衰退，其相互争锋，主要是道释两种文化。但不管佛教怎样成为隋唐文化大宗，或道家文化怎样与之争锋，它们在政道与治道上，终不占主导地位，占主导地位的仍然是儒家文化。因此，撰写隋唐精神史，叙述了道释两种文化精神发展之后，现在必须回过头来，讲述隋唐儒家文化精神发展。

讲述南北朝到隋唐儒家文化精神史，必须有个总体考虑与思路，考虑各种变量关系及承转起合变化发展。儒家文化虽然经历了魏晋之后的衰退时期，但从南北朝到隋唐，它本身仍然是在不断发展的。即使南北朝时期，儒家文化也没有中断，南北儒学也是在不同文化历史条件下，各自发展着儒家文化精神。发展到隋唐，由于政道与治道的需要，终于带来了儒家文化复兴。但中唐之后，随着政治经济衰败，复兴的儒家文化，则又走向了衰败。儒家文化盛衰之变，并非是独立隔绝进行的，而是在儒、道、释三种文化相互融合、吸取与涵盖中发展演变的。这种发展演变，则以道体形而上学存在，为宋明理学精神创造与发展，奠定了哲学本体论、心性论基础。综上所述，这就是讲述南北朝隋唐精神史所必须把握的总体思路。南北朝到隋唐精神史，最终归宿是隋唐精神。因此，叙述这段精神史发展，重点仍是隋唐精神。但它是由南北朝发展而来的，追根溯源，还是应该从南北朝讲起。

自然，研究叙述隋唐精神发展史，不能停留在大路径上，而必须深入到文化发展的内在脉络及其不同研究方法，揭示儒学精神的阐释与传承。这自然要首讲南朝以玄学义理治经的风尚。它作为一种精神追求，涉及晋及宋、齐、梁、陈多位以玄学释经各家，如干宝、孙盛、荀谚、顾欢、明僧绍、沈麟士、刘瓛、伏曼容等人，而皇侃的《论语注疏》以玄注经精神和周弘正的《周易义疏》含微体极的精神，是值得列专题叙述的。北方固守章句之学的经学研究，以博综兼览为特点，属另一种儒学精神。北魏的刘昞、姚规、崔靓、卢景裕等，皆是卓有成就、具儒学精神者，徐遵明渊深广博的经学思想及熊安生、刘焯、刘炫等人的治经精神，是需要专题叙述的。

南北经学研究与阐释，虽然路径不同，方法不同，但总体上看，则显示出南北儒家文化精神的不同发展。现在，先从南朝以玄学义理治经传统讲起，然后再分述南北各家的经学研究与儒学精神。

一　南朝以玄学义理治经的风尚

魏晋玄学代替两汉经学，并非仅仅是一种思潮，一种时髦追求或爱好，而是一种新的社会人生思考，一种思维方式变革，一种文化哲学发展，一种精神追求。因此，它影响于当世的，并非仅仅是魏晋时期的社会人生追求，而是作为一种文化哲学思维方式，一种精神追求，影响了当时人们对整个社会人生和世界本质的看法，特别是当它造成了一种风气，形成了一种风尚，一种传统，一种文化趋势或思维定式时更是这样。魏晋之后的解经释经，皆是受其玄学风气影响的。东晋之干宝、孙盛，刘宋之荀谚，南齐之顾欢、明僧绍、沈麟士、刘瓛，梁之皇侃、伏曼容及陈之周弘正等，就是在玄学传统影响下阐释儒家经典的。这种阐释既立于玄学背景，又各有其独立见解，显示出不同的精神追求。

干宝，字令升，祖籍新蔡（今河南省新蔡县），后迁居海宁。干宝很年轻，就因才器被召为著作郎，晋元帝时领国史，著《晋纪》二十卷；又撰集古今神祇灵异人物变化，撰《搜神记》三十卷。当时，雅善言理的刘惔，观此书曾说"卿可谓鬼之董狐"[1]，此可知其书真精神矣！干宝因此名于世。但干宝不仅著史书、写小说，更作经学研究，著有《周易注》《周官礼注》《周易爻义》《周易问难》《周易玄义》及《春秋左氏义外传》等。

干宝处东晋之世，是孟喜、京房、郑玄、王弼四家之《易》流行的时代。因此，干宝注释《易》象，本孟喜、京房之说，亦采郑玄、马融之见。但当时正是王弼玄学鼎盛时期，因此，干宝注释《周易》，采弼注本者颇多，亦有取于费氏《易》者。但干宝处玄学时代，注释《易》义，多于本体论、形而上学高度，发挥见解，显示出道德精神。如注《乾》卦《文言》"君子行此四德者，故曰乾元亨利贞"句，说：

> 夫纯阳，天之精气；四行，君之懿德。是故乾冠卦首，辞表篇目。明道义之门，在于此矣；犹《春秋》之备五始也。故夫子留意焉。然则体仁正己，所以化物；观运知时，所以顺天。器用随宜，所以利民；守

---

[1] 《晋书·干宝传》。

正一业，所以定俗也。逾乱则败礼，其教淫；逆则拂时，其功否；错则妨用，其事废；忘则失正，其官败。四德者，文王所由兴；四愆者蔓商纣所由亡。

再如注《乾》卦《象》"天行健，君子以自强不息"句，曰"言君子，通之于贤也。凡勉强以进德，不必须在位也。故尧舜一日万机，文王日昃不暇食，仲尼终夜不寝，颜子欲罢不能。自此以下，莫敢淫心舍力，故曰自强不息矣"；注《文言传》"利贞者，性情也"句，曰"以施化利万物之性，以纯一正万物之情"；注"君子以成德为行"句，曰"君子之行，动静可观，进退可度，动以成德，无所苟行也"。其他像注《坤》卦《文言传》"含万物而化光，坤道其顺乎！承天而时行"句，谓"坤含藏万物，顺承天施，然后化光也"；注《贲》卦《象传》"观乎天文，以察时变；观乎人文，以化成天下"句，曰"四时之变，悬乎日月；圣人之化，成乎文章。观日月而要其会通；观文明而化成天下"①；注《系辞上传》"神无方而易无体"句，曰"否泰盈虚者，神也；变而周流者，易也。言神之鼓万物而无常方，易之应变化无定体也"；注"精义入神以致用也"句，曰"能精义理之微，以得未然之事，是以涉于神道而逆祸福也"；注"昔者圣人之作《易》也，幽赞于神明而生蓍"句，曰"伏羲用明于昧冥之中，以求万物之性，尔乃得自然之神物，能通天地之精而管御百灵者，始为天下生用蓍之法者也。"② 等，凡此干宝注《易》之道体纯法则及道德精神！

干宝注《易》，无处不是一方面讲道体纯粹法则；另一方面讲本体大用，追求道德精神，而非只是讲空寂虚无存在。即使引典籍注《易》，亦非就事论事，而是从形而上学、本体论和最高知识论，讲《易》玄学义理及伦理道德精神。如注《序卦传》"有天地然后万物生焉"句，曰"物有先天地而生者矣，今止取始于天地；天地之先，圣人弗之论也。故其所法象，必自天地而还"；先后引《老子》"有物混成，先天地生，吾不知其名，强字之曰道"；引《系辞上传》"法象莫大乎天地"；引《庄子》"六合之外，圣人存而不论"；引《春秋穀梁传》"不求知所不知者，智也"，说明"天地之先，圣人弗之论"的道理，批评"而今后世浮华之学，彊支离道义之门，求入虚诞之

---

① 上引均见《周易干氏注》卷上，《玉函山房辑佚书》"经编易类"。
② 上引均见《周易干氏注》卷下，《玉函山房辑佚书》"经编易类"。

域，以伤政害民"①，凡此，皆干宝以玄学义理致力于儒家经典研究而见形上精神者。

孙盛，字安国，太原中都（今山西平遥县西北）人。祖楚，为冯翊太守。父恂，为颍川太守。恂在郡遇贼被害。孙盛年十岁，避难渡江，自少至老，手不释卷，著《魏氏春秋》二十卷、《晋阳秋》三十二卷，并造诗赋论难复数十篇。《晋阳秋》"词直而理正，咸称良史焉"；孙盛博学，"善言名理，于时殷浩擅名一时，与抗论者，惟盛而已"，著《易象妙于见形论》，"浩等竟无以难之，由是遂知名"②。

简文帝为会稽王时，殷浩、孙盛、王濛与谢尚诸贤，集其家做客。殷浩与孙盛共论《易》象，妙于见形。孙盛作《易象妙于见形论》，简文帝曾"使殷浩难之，不能屈"③，可知此论不仅当时著名，且重要矣。此事《世说新语·文学篇》叙述颇详。孙盛《易象妙于见形论》概略如下：

> 圣人知观器不足以达变，故表圆应于蓍龟；圆应不可为典要，故寄妙迹于六爻。六爻周流，唯化所适，故虽一昼而吉凶并彰，微一则失之矣。拟器托象，而庆咎交著，系器则失之矣。故设八卦者，盖缘化之影迹也。天下者，寄见之一形也。圆影备未备之象，一形兼未形之形。故尽二仪之道，不与《乾》《坤》齐妙；风雨之变，不与《巽》《坎》同体矣。④

孙盛所说"圣人知观器不足以达变，故表圆应于蓍龟；圆应不可为典要，故寄妙迹于六爻"等，乃重道轻器之言也。在孙盛看来，论《易》停留于形器，则不能见《易》"唯化所适"的真精神，而且会丧失其微妙处。故其认为，观器不及六爻不知其妙。此论大底本于《系辞上传》"形而上者谓之道，形而下者谓之器"，主张于形而上学高度，讲万事万物之变化的《易》真精神，不可泥于形器一事一物的存在。孙盛立于玄学背景，固然追求《易》道形上微妙处，然还是对尊重典籍孔子之说，发挥儒家《易》道精神的。

---

① 《周易干氏注》卷下，《玉函山房辑佚书》"经编易类"。
② 《晋书·孙盛传》。
③ 《晋书·刘惔传》，另见《世说新语·文学篇》。
④ 《世说新语·文学篇》注引。

这正是论《易》尊重孔子之说，所以孙盛对王弼援《老》入《易》，持批评态度。他说："《易》之为书，穷神知化，非天下之至精，其孰能于此。世之解，殆皆妄也。况弼以附会之辩，而欲笼统玄旨者乎！故其叙浮义，则丽辞溢目，造阴阳妙赜无闲。至于六爻变化，群象所效，日时岁月，五气相推，弼皆摈落，多所不开。虽有可观者焉，恐将泥夫大道。"① 尊重儒家典籍，发挥《易》的玄道精神，但不等于泥古，不等于陷入《老子》之学。故孙盛作《圣贤同轨老聃非大贤论》说："道之为物，唯恍与惚，因应无方，唯变所适。值澄渟之时，则司契垂拱；遇万动之化，则形体勃兴。是以洞鉴虽同，有无之异陈；圣教虽一，而称谓之名殊目。唐虞不希结绳；汤武不拟揖让。夫岂异哉？时运故也。"②

追求道体形而上学存在与精神，又不援《老》入《易》，走向本体虚无空寂，可以说逐渐发展成了南朝治经的风尚。南朝儒学的这种发展，刘宋则有荀谚（字柔之）的《周易系辞》注、南齐则有顾欢（字景怡）的《周易系辞》注、明僧绍（字休烈）的《周易系辞》注、沈麟士（字云桢）的《易经要略》、刘瓛（字子珪）的《周易乾坤义疏》《周易系辞义疏》等。

《系辞》乃《周易》大传，是讲大哲学、大法则，讲大性命之理的，是系乎卦之《彖》《象》二传引申之，"无数外之象，无象外之辞，即理数之藏"③ 的著作，属于王弼所说"得意忘言，得言忘象"④ 者。此乃韩伯康注《系辞传》要义也。荀谚、顾欢、明僧绍注《周易系辞》，或刘瓛义疏《周易系辞》，自然不会忘记形上存在、玄学义理。如顾欢《周易系辞》注"大衍之数五十，其用四十有九"，说"立此五十数以数神，神虽非数，因数而显，故虚其一数，以明不可言之义"⑤；刘瓛《周易系辞》义疏"生生之谓易"句，说"自无出有曰生，生，得性之始也"；以及《周易乾坤》义疏《文言》"至哉坤元，万物资生"句，曰"自无出有曰生；生，得性之始也"⑥，皆是尊儒家之说，于形上义理说变化、讲有无的。其他像沈麟士《易经要略》讲《乾》卦词"初九，潜龙勿用"，说"称龙者，假象也。天地之气有升降，君

①　《三国志·钟会传》注。
②　《广弘明集》卷五。
③　王船山：《周易内传》卷。
④　《周易例略·明象》。
⑤　《周易正义》卷十一引。
⑥　《周易刘氏义疏》，《玉函山房辑佚书》"经编易类"。

子之德有行藏。龙之为物，能飞能潜，故借龙比君子之德也。初九既尚潜伏，故言勿用"①，亦是以象讲儒家道德，讲价值判断的。

宋齐时期的这些人，大都有着很强的儒家文化意识。如明僧绍"明经有儒术"，"宋、齐之儒仲也"②；宋元嘉末，文帝令抄撰《五经》，访举学士，沈驎士是应选者，不仅撰《易经要略》，尚有注《礼记》《春秋》《尚书》《论语》《孝经》《丧服》数十卷③；刘瓛博通训义，齐高帝问政道，答曰"政在《孝经》"。帝说曰"儒者之言，可宝万世"④；顾欢著《夷夏论》，讲"夫辨是与非，宜据圣典"⑤，亦持儒家文化态度批评于释者，不过，宋、齐儒学毕竟处于衰弱时期，他们所撰写的著作保留下来者亦很少。

儒学发展到梁代则大不相同了。梁武帝（萧衍）虽晚年陷入佛教迷狂，但是在即位之初，下诏求硕学，治五礼，定六律，改斗历，正权衡，还是极重视儒学的。天监元年即下诏说："朕夕惕思治，念崇政术，斟酌前王，择其令典，有可以宪章邦国，罔不由之。"⑥于是诏修礼乐，讲"礼坏乐缺，故国异家殊，实宜以时修定，以为永准"⑦。天监四年，更下诏说："二汉登贤，莫非经术，服膺雅道，名立行成。魏、晋浮荡，儒教沦歇，风节罔树，抑此之由。朕日昃罢朝，思闻俊异，收士得人，实唯酬奖。可置《五经》博士各一人，广开馆宇，招内后进。"⑧于是，置五经博士馆，平原明山宾（字孝若）、吴兴沈峻（字士嵩）、建平严植之（字孝源）、会稽贺场（字德琏），皆补博士，各主一馆。天下通经明策之士闻之，"十数月间，怀经负笈者云会京师"⑨。当时还分遣博士祭酒，州郡立学。天监七年，又下《立学诏》，讲"建国君民，立教为首，砥身砺行，由乎经术。宜大启庠序，博延胄子"⑩。于是皇太子、皇子、宗室、王侯，皆就儒学。梁武帝亲屈舆驾，释奠于先师先圣，济济焉，洋洋焉，儒学大兴焉。伏曼容（字公仪）、何佟之（字士

①《易经要略》，《玉函山房辑佚书》"经编易类"。
②《南齐书·明僧绍传》。
③《南齐书·沈驎士传》。
④《南史·刘瓛传》。
⑤《南齐书·顾欢传》。
⑥《定赎刑条格诏》，《梁书·武帝纪中》。
⑦《答何佟之等请修五礼诏》，《全梁文》卷二。
⑧《置五经博士诏》，《梁书·儒林传》序。
⑨《梁书·儒林传》序。
⑩《梁书·武帝纪中》，及《梁书·儒林传》序。

威），讲道于齐季，不为时改，为旧时名于世者，梁时崇儒重道，则有严植之、贺玚立于当时，尽稽古之力，咸至高官。

梁武帝不仅崇儒重道，而且他本身亦是通经学者，"正先儒之迷，开古圣之旨"，著有《周易大义》《周易讲疏》《尚书大义》《中庸讲疏》《毛诗答问》《春秋答问》《礼记大义》《孝经义疏》《孔子正言》及《老子讲疏》等。这些著作是否皆为梁武帝亲自撰写，虽有疑焉，然凡"王侯朝臣奉表质疑，高祖皆为解释"①，可知其通经为不假。周弘正曾疑义梁武帝《周易》五十条，又请释《乾》《坤》《二系》。梁武帝诏答说："设《卦》观象，事远文高，作《系》表言，辞深理奥，东鲁绝编之思，西伯幽忧之作，事逾三古，人更七圣，自商瞿禀承，子庸传授，篇简湮没，岁月辽远。田生表菑川之誉，梁丘擅琅琊之学，代郡范生，山阳王氏，人藏荆山之宝，各尽玄言之趣，说或去取，意有详略。近搢绅之学，咸有稽疑，随答所问，已具别解。知与张讥等三百一十二人须释《乾》《坤》《文言》及《二系》，万机小暇，试当讨论。"② 从这个答复亦可以看出，梁武帝《周易》之研究具有怎样的学术渊源与功夫了。不过，周弘正称武帝于《周易》"凝心妙本，常自得于天真"，"自制旨降谈，裁成《易》道"③，亦可知梁武帝于《周易》，凭天资纵横，亦多独立见解之言，所讲"《文言》是文王所制"④，其如是乎？但其讲"经礼大备，政典载弘"⑤；讲"乾道变化，资始之德成"⑥；以及讲"设《卦》观象，事远文高，作《系》表言，辞深理奥"等，还是可见其治儒家经学之精神的。自然，梁武帝的儒学是不纯的，常常杂于道家玄学及释家之说。如讲"机事未形，六画得其悔吝；玄象既运，九章测其盈虚，斯则鬼神不能隐其情状，阴阳不能遁其变通。至如《摩诃般若波罗蜜》者，洞达无底，虚豁无边，心行处灭，言语道断，不可以数术求，不可以意识知"⑦ 云云，乃是借《易》解说佛经之道理。至于讲"《易》曰'随时之义大矣哉'！今真形舍利复见于世，逢希有之事，起难遭之想"⑧ 云云，更是以儒家《易》道解释佛法。但

①　《梁书·武帝纪下》。
②　《陈书·周弘正传》。
③　《诏答周弘正》，《陈书·周弘正》。
④　梁武帝《周易大义》，《玉函山房辑佚书》"经编易类"。
⑤　《答徐勉表上五礼诏》，《梁书·徐勉传》。
⑥　《南郊大赦诏》，《梁书·武帝纪下》。
⑦　《注解大品经序》，《全梁文》卷六。
⑧　《幸阿育王寺赦诏》，《全梁文》卷四。

整体上讲，梁武帝还是通儒学，见精神的。

齐梁时期，其他人像严植之少善《庄》《老》，能玄言，然又能精解《丧服》《孝经》《论语》，治《礼》《周易》《毛诗》《左氏春秋》①；贺玚兼《五经》博士，著《礼》《易》《老》《庄讲疏》《朝廷博议》《宾礼仪注》，弟子明经封策至数十人②；太史叔明，少善《庄》《老》，兼治《孝经》《礼记》，三玄尤精解，当世冠绝。③ 由上可以看出，梁世儒家学者，皆是既受玄学影响，又致力经学研究者。当时还有北方来的儒家学者，如崔灵恩、孙详、蒋显等，一并聚徒讲学，但大多音辞鄙拙，惟有晋时从中原旧族来的卢广，明经，有儒术，"言论清雅，不类北人"④。

南朝以玄学义理治理经学者，有两个人是最有代表性的：一个是梁时注疏《论语》的皇侃；另一个是陈时义疏《周易》的周弘正。皇侃著《论语注疏》，以玄注经，最能反映那个时代注经的特点；周弘正《周易义疏》，则含微体极，追求玄极本体，亦注经不安玄理，两者皆反映了当时以玄学义理治理儒家经典的精神追求。因此，欲了解南朝注经精神，不可不对二书注疏以专题叙述。现在先讲皇侃《论语注疏》的以玄注经，下一节再讲周弘正《周易义疏》含微体极。

二　皇侃《论语注疏》的以玄注经

皇侃（488～545），吴郡（今江苏苏州市）人，青州刺史皇象九世孙。皇侃少好学，师事名儒贺玚，精通儒家经学，尤明《三礼》《孝经》《论语》。皇侃善于讲学，任国子助教时，讲学听者就有数百人。撰《礼记讲疏》五十卷，书成奏上，诏付秘阁；不久，又召入寿光殿讲《礼记义》，为梁武帝欣赏，拜为员外散骑侍郎。史说皇侃"性至孝，常日限诵《孝经》二十遍，以拟《观世音经》。丁母忧，解职还乡里。因感心疾，大同十一年（545），卒于夏首，时年五十八。所撰《论语义》十卷，与《礼记义》并见重于世，学者传焉"⑤。但《礼记讲疏》及《丧服文句义疏》《丧服问答目》《孝经义

---

① 《梁书·严植之传》，《全梁文》卷六。
② 《梁书·贺玚传》。
③ 《梁书·叔明传》。
④ 《梁书·卢广传》。
⑤ 《梁书·皇侃传》。

疏》，皆已佚失。现惟存《论语义疏》十卷，及《玉函山房辑佚书》所辑《礼记皇氏义疏》四卷。但皇侃的经学思想，主要见于十卷《论语义疏》。

《论语义疏》于南宋乾道、淳熙后亦亡佚，现在该书是清乾隆年间由日本传回中国的。然其内容、文字，皆是被《四库全书》编纂者篡改过。但清儒汪鹏由日本所带回来的《论语义疏》，经由浙江巡抚王亶望在上交四库馆时，多了个心眼，留存底本另行刻印了一套巾箱本。后来，出版家鲍廷博改动《四库全书》部分内容，收入自编的"知不足斋丛书"刊行。所以，现在的《论语义疏》，有《四库全书》本，民间流转的有王亶望初刻本和鲍廷博"知不足斋"本。

但清乾隆年间由日本传回中国的《论语义疏》，是由日本根本逊志根据足利学校抄本整理刊印的。根本逊志的整理，改变了原书体式，臆改许多文字，后来日本武内义雄参照各种版本，进行编校，出版了怀德堂本。一般学者认为怀德堂本基本反映了皇侃《论语义疏》的内容与面貌。北大 2007 年出版的《儒藏》本，就是陈苏镇等先生以怀德堂本为底本编辑整理的；2009 年由江西人民出版社出版的《论语集解义疏》，则是由徐望驾先生以"知不足斋丛书"为底本编辑整理的。2013 年中华书局出版有高尚榘先生点校的皇侃《论语义疏》。该版本点校，以怀德堂本为底本，参照《四库全书》本、"知不足斋丛书"本，基本上保留了皇侃《论语义疏》内容与原貌，不失为较好的单行读本。

现存《论语义疏》，为魏何晏注，皇侃疏。正始年间，何晏与孙邕、郑冲、曹羲、荀顗四人集两汉诸家对《齐论》《鲁论》《古论》的解释，共同撰成《论语集解》。皇侃就是在何晏《集解》基础上，作《论语义疏》十卷的；又列晋卫瓘、缪播、栾肇、郭象、蔡谟、袁宏、江淳、蔡系、李充、孙绰、周瑰、范宁、王珉等十三家爵里于前。此为晋江熙《论语集解》所集。[①] 皇侃作《义疏》，"先通何《集》，若江《集》中诸人有可采者，亦附而申之。其又别有通儒解释，于何《集》无妨者，亦引取为说，以示广闻"[②]。此《梁书》所说皇侃"所撰《论语义》十卷，与《礼记义》并见重于世，学者传

---

① 吴承仕《经典释文序录疏证》于《诗》注释说：江熙，字太和，济阳人，东晋兖州别驾，有《毛诗注》二十卷；于《论语》说：江熙《论语集解》十二卷。江氏所集各家姓氏，皇《疏》具列之。

② 皇侃《论语义疏》自序，见高尚榘点校《论语义疏》附录，中华书局 2013 年版。

焉"者也。因为当时讲学之风尚未甚炽，儒者说经亦尚未尽废古义，所以此书不仅梁时"重于世，学者传"，唐时亦受尊重。唐太宗曾诏"以梁皇侃、褚仲都，周熊安生、沈重，陈沈文阿、周弘正、张机，隋何妥、刘焯、刘炫等前代名儒，学徒多行其义，命求其后"①。宋时亦还重视此书。宋《国史志》称"侃《疏》虽时有鄙近，然博极群言，补诸书之未至，为后学所宗"②，就是证明。但及至南宋邢昺剪取侃《疏》，以为《正义》；朱熹辨之义理，作《集注》，"邢《疏》出而皇《疏》废，朱《注》行而邢《疏》又废"③，皇侃《论语义疏》于乾道、淳熙以后，则亡佚矣。

皇侃《论语义疏》在精神史上的地位，不仅在于它集上古诸家之说，保存了儒家《论语》的本色与风貌，更在于它以玄学义理注疏《论语》，所表达的儒学形上精神。该书为何晏注，皇侃疏。何晏与夏侯玄、王弼等人倡导玄学，援老入儒，讲"以无为本"，主张无为而治。皇侃撰《论语义疏》，以何晏《集解》为基础，自然不能不受何晏玄学影响。但皇侃既为儒家，撰《论语义疏》，亦不可能完全接受玄学家的看法，最多是以玄学方法论看待解释儒家《论语》而已。如引王弼"本无"之说，释孔子所说"大哉尧之为君也！巍巍乎！唯天为大，唯尧则之。荡荡乎！无能名焉"句：

> 王弼曰："圣人有则天之德，所以称'唯尧则之'者，唯尧于时全则天之道也。荡荡，无形无名之称也。夫名所名者，生于善有所章而惠有所存，善恶相倾，而名分形焉。若夫大爱无私，惠将安在？至美无偏，名将何生？故则天成化，道同自然，不私其子而君其臣，凶者自罚，善者自功，功成而不立其誉，罚加而不任其刑，百姓日用而不知所以然，夫又何可名也？"④

皇侃引王弼之说，不仅以"无形无名"解释天道本体，而且以"道同自然"，表达无为而治道的思想。但讲尧"则天之道"，具有"大爱无私""至美无偏""不私其子而君其臣"的美德，还是表达了儒家天德王道理想与政治

---

① 《旧唐书·太宗本纪下》。
② 《国史志》序。
③ ［日］武内义雄：《论语义疏校勘记序》。
④ 《论语义疏·泰伯》。

精神的。但皇侃所阐释的天德王道理想与政治精神，乃在于自然无为，在于使人不失其自然本性。故其义疏"为政以德，譬如北辰，居其所而众星共之"句，说"德者，得也。言人君为政，当得万物之性，故云'以德'也"，并引郭象的话"万物皆得性谓之德。夫为政者奚事哉？得万物之性。故云德而已也"；"得其性则归之，失其性则违之"①，加以解释。可知，皇侃所阐释的儒家天德王道理想与政治精神，已带有"自然无为"玄学化的性质，而非原始儒家所强调的"为政以德"，仁爱天下之说矣。

侃疏《论语》，不仅将儒家政治理想玄学化，而且对整个儒家政治哲学与礼教观念，也给予了玄学化解释。例如引王弼的话，解释孔子"吾道一以贯之"说："贯，犹统也。夫事有归，理有会。故得其归，事虽殷大，可以一名举；总其会，理虽博，可以至约穷也。譬犹以君御民，执一统终之道也。"这实际上乃是用王弼"统之有宗，会之有元"②之说统贯儒家政治哲学的，用一道贯统天下万理。这自然比"众星共之"的譬喻，更具大道本体论哲理。但这不等于违背自然之道与人性本然。故皇侃紧接着引王弼的话，解释曾子所讲"夫子之道，忠恕而已矣"说："忠者，情之尽也；恕者，反情以同物者也。未有反诸其身而不得物之情，未有能全其恕而不尽理之极也。能尽理极，则无物不统。极不可二，故谓之一也。推身统物，穷类适尽，一言而可终身行者，其唯恕也。"③可知皇侃注疏《论语》，乃在于用玄学义理给儒家政治哲学和礼教观念提供形上本体论根据。但这种玄学义理，这种形上本体论，仍然是立于玄学家自然无为与自然本性之说的。故曰"能尽理极，无物不统"；故曰"极不可二，谓之一也"。惟以此"推身统物，穷类适尽"，方可"一言而终身行"。其他像引郭象的话，解释孔子"道之以政，齐之以刑，民免而无耻；道之以德，齐之以礼，有耻且格"说："德者，得其性者也"；"礼者，体其情也"；"情有所耻，而性有所本，得其性则本至，体其情则知耻；知耻则无刑而自齐，本至则无制而自正，是以导之以德，齐之以礼，有耻且格"④。凡此种种，皆侃疏《论语》玄学化，使儒家政治哲学和礼教观念贯通玄学精神。

---

① 《论语义疏·为政》。
② 《周易略例·明象》。
③ 《论语义疏·里仁》。
④ 《论语义疏·为政》。

　　但皇侃毕竟是儒学家，从根本上说，他义疏《论语》，还是固守儒家政治精神和礼教思想体系的。这首先是他肯定儒家立教的人性基础。如皇侃疏《里仁》，讲"凡人之性易为染者，遇善则升，逢恶则坠，故居处宜慎，必择仁者之里也"，引缪播（字宣则）的话讲"仁者，人之极也，能审好恶之表也，故可以定好恶"①；疏《泰伯》孔子所说"三年学，不至于谷不易得也"，讲"谷，善也。言学三年者，必至于善道也。若三年学而不至善道者，必无此理也"，引孔安国的话说："人三岁学不至于善，不可得。"凡此，皆是肯定儒家先天道德本性说的，认为人是向善的，有可教化本性的。此乃儒家明伦立教之人性论根据。有此人性论根据，立教治人，垂教后世，自然是合理的。此孔子明伦礼教而为万世师表者也。皇侃疏孔子所说"兴于诗，立于礼，成于乐"，引汉代鸿胪卿苞咸（字子良）话讲："礼者，所以成身也。"引孔安国的话讲："乐所以成性也。"② 这些讲法，不仅肯定了人有向善、可教化的道德本性，而且肯定了儒家诗、书、礼、乐立身成德的教化大用。儒家礼教有此人性根据，有此教化大用，所以皇侃疏《为政》孔子所说"殷因于夏礼，所损益可知也；周因于殷礼，所损益可知也"时，引马融的话说："所因，谓三纲五常也，此是周所因于殷，殷所因于夏之事也。三纲，谓夫妇、父子、君臣也。三事为人生之纲领，故云三纲也。五常，谓仁、义、礼、智、信也。……虽复时移世易，事历今古，而三纲五常之道不可变革，故世世相因，百代乃相袭也。"③ 讲"时移世易，事历今古，而三纲五常之道不可变革"，可知皇侃怎样固守儒家政治精神和礼教思想体系矣。

　　皇侃疏《论语》，虽吸取诸家之长，然其不论是哲理还是语言，他还是有自己追求的。对这种追求，他曾表述说：

　　　　今字作"论"者，明此书之出，不专一人，妙通深远，非论不畅。而音作"伦"者，明此书义含妙理，经纶今古，自首臻末，轮环不穷。依字则证事立文，取音则据理为义，义文两立，理事双该。圆通之教，

---

① 《论语义疏·里仁》。
② 《论语义疏·泰伯》。
③ 《论语义疏·为政》。

如或应示，故蔡公①为此书为圆通之喻，云"物有大而不普，小而兼通者，譬如巨镜百寻，所照必偏，明珠一寸，鉴包六合"。以蔡公斯喻，故言《论语》小而圆通，有如明珠，诸典大而偏用，譬如巨镜。诚哉是言也！②

皇侃处梁代玄风佛风极盛时代，所以他义疏《论语》，不仅带有玄学化倾向，使儒家政治哲学和礼教观念贯通诸多玄学精神，而且其思维方式和语言表达，亦或多或少地受佛教影响。如疏《论语》"子四绝：毋意，毋必，毋固，毋我"之"毋意"时，讲"圣人无心，泛若不系舟，豁寂同道，故无意也"；疏颜渊感叹孔子之德"仰之弥高，钻之弥坚，瞻之在前，忽焉在后"末句，引孙绰的话讲："驰而不及，待而不至，不行不动，孰能测其妙所哉？"③这种似道似佛的扑朔迷离语言，其追求义理"圆通"者乎？显然受玄风佛风影响。

但皇侃作为梁代儒家学者，更多是坚守维护儒学传统。如疏《为政》孔子所说"攻乎异端，斯害也已"，对苞（亦写作"包"）氏所注"善道者有统，故殊途而同归。异端，不同归者"，解释说"善道，即《五经》正典也。有统，统，本也，谓皆以善道本也。殊途，谓《诗》《书》《礼》《乐》为教也，途不同。同归，谓虽所明各异端，同归于善道也"；"诸子百家并是虚妄，其理不善，无益教化，故是不同归也"④；疏《子张》子夏所说"虽小道，必有可观者焉，致远恐泥，是以君子不为也"句，讲"君子之人秉持正典，不学百家也"⑤；他疏《先进》"季路问事鬼神"事，更批评"外教无三世之义"⑥，即没有过去未来、三世赓续绵延之说。凡此，可知皇侃是怎样坚守维护儒家文化精神矣。这在梁代玄风佛风极盛时代是很难得的。梁陈时，周弘正疏《周易》，追求含微体极的精神存在亦是这样。

---

① 《晋书·蔡谟传》说：蔡谟，字道明，陈留考城（今河南省民权县）人。晋元帝时为丞相，康帝即位为侍中、司徒，博学，礼仪宗庙制度多所议定，著《汉书集解》。《全晋文》说蔡谟著有《丧服谱》一卷、《集》四十三卷。蔡谟注《论语》佚失，《玉函山房辑佚书》辑有《论语蔡氏注》。

② 皇侃《论语义疏》自序。

③ 《论语义疏·子罕》。

④ 《论语义疏·为政》。

⑤ 《论语义疏·子张》。

⑥ 《论语义疏·先进》。

三　周弘正《周易义疏》含微体极

周弘正，字思行，汝南安城（在今河南汝南东）人。祖父周顒，即晋时长于佛理，著《三宗论》者。周弘正幼孤，与弟弘让、弘直俱为伯父周舍所养。史说他年十岁，通《老子》《周易》，伯父周舍每与谈论，辄异之，曰："观汝神情颖悟，清理警发，后世知名，当出吾右。"南朝著名史学家裴子野对弘正极为赏识，曾请以女妻之。周弘正年十五，补国子生，于国学讲易，"年未弱冠，便自讲一经"①。梁太学博士起家，累迁国子博士。太平初，授侍中，领国子祭酒。陈文帝即位，迁侍中、国子祭酒，迁太常卿、都官尚书。周弘正生于齐明帝建武三年（496），卒于陈宣帝太建六年（574），时年七十九，追赠侍中、中书监，谥号"简子"。著有《周易讲疏》十六卷，《论语疏》十一卷，《庄子疏》八卷，《老子疏》五卷，行于代。《周易讲疏》，《隋书·经籍志》作《周易义疏》，《玉函山房辑佚书》辑为《周易周氏义疏》，其他著作，仅存残文九篇及十几首诗，大多散佚。

史说周弘正"特善玄言，兼明释典，虽硕学名僧，莫不请质疑滞"②；又说其"善清谈，梁末为玄宗之冠"③。周弘正去世时，陈宣帝下《赠谥周弘正诏》，评价其一生品德及学术威望说：

> 追远褒德，抑有恒规。故尚书右仆射、领国子祭酒、豫州大中正弘正，识宇凝深，艺业通备，辞林义府，国老民宗，道映庠门，望高礼阁，卒然殂殒，朕用恻然。可赠侍中、中书监，丧事所须，量加资给。④

从这个赠谥诏书不难看出周弘正当时的学术地位及其影响。周处乱世，虽有求自保、避乱世的林泉之思，但总体看，其一生为人，莫不抗直守正。这从朝议迁都回建邺一事上可以看出来。当时，朝士家在荆州者，皆不欲迁，唯有周弘正与仆射王衮对元帝说："若束脩以上诸士大夫微见古今者，知帝王

---

①　《陈书·周弘正传》。

②　《陈书·周弘正传》。

③　《南史·周弘正传》。

④　《陈书·周弘正传》。

所都本无定处，无所与疑。至如黔首万姓，若未见与驾入建邺，谓是列国诸王，未名天子。今宜赴百姓之心，从四海之望。"时荆陕人士咸云王，周皆是东人，志愿东下，恐非良计。弘正面折之说："若东人劝东，谓为非计，君等西人欲西，岂成良策？"元帝乃大笑之，竟不还都。① 从这事可以看出周弘正治学为人的刚正品质。

周弘正不仅在政治上是这样，学术上也是如此。若论周弘正儒学研究及精神史上的地位，不能不讲它的《周易讲疏》含微体极追求。这种追求，历史上曾发生过有名的周弘正启奏梁武帝《周易》疑义五十条，请释《乾》《坤》二《系》，及武帝亦复诏答之的事情。周弘正启奏说：

> 臣闻《易》称立以尽意，系辞以尽言，然后知圣人之情，几可见矣。自非含微体极，尽化穷神，岂能通志成务，探赜致远。而宣尼比之桎梏，绝韦编于漆字，轩辕之所听莹，遗玄珠于赤水。伏惟陛下一日万机，匪劳神于瞬息，凝心妙本，常自得于天真，圣智无以隐其几深，明神无以沦其不测。至若爻画之苞于《六经》，文辞之穷于《两系》，名儒剧谈以历载，鸿生抵掌以终年，莫有试游其籓，未尝一见其涘。自制旨降谈，裁成《易》道，析至微于秋毫，涣曾冰于幽谷。臣亲承音旨，职司宣授，后进诜诜，不无传业。但《乾》《坤》之蕴未剖，《系》表之妙莫诠，使一经深致，尚多所惑。臣不涯庸浅，轻率短陋，谨与受业诸生清河张讥等三百一十二人，于《乾》《坤》《二系》《象》《爻》未启，伏愿听览之闲，曲垂提训，得使微臣钻仰，成其笃习，后昆好事，专门有奉。自惟多幸，欢沐道于尧年，肄业终身，不知老之将至。天尊不闻，而冒陈请，冰谷置怀，罔识攸厝。②

梁武帝"少而笃学，洞达儒玄，虽万机多务，犹卷不辍手，燃烛侧光，常至戊夜，造《制旨孝经义》，《周易讲疏》，及六十四卦、《二系》、《文言》、《序卦》等义"③。不管这些著作是否完备，是否完全符合《周易》的真义，但它毕竟是当时皇帝的著作。周弘正穷其义理，追求含微体极的存在，敢于

① 《陈书·周弘正传》。
② 《陈书·周弘正传》。
③ 《梁书·武帝纪下》。

对皇帝的著作提出疑义，凡五十条之多，并请释《乾》《坤》二《系》，这依今人的眼光看是够大胆的。但抗直守正的周弘正，毫无顾忌的这样做了；而武帝居然复诏答之，并没怪罪之。对此，谁又能说古代政治专制、学术不民主呢？

周弘正启奏梁武帝的《周易》疑义，所说"《乾》《坤》之蕴未剖，《系》表之妙莫诠"，就是说其不够精微，没有揭示《乾》《坤》二卦及《系辞》的玄学义蕴。但现在《周易》疑义五十条已失，《玉函山房辑佚书》所辑《周易周氏义疏》很简略凌乱，只有章名秩序而无详细内容；梁武帝诏答，也只是讲"设《卦》观象，事远文高，作《系》表言，辞深理奥，东鲁绝编之思，西伯幽忧之作，事逾三古，人更七圣，自商瞿禀承，子庸传授，篇简湮没，岁月辽远。田生表菑川之誉，梁丘擅琅琊之学，代郡范生，山阳王氏，人藏荆山之宝，各尽玄言之趣，说或去取，意有详略。近搢绅之学，咸有稽疑，随答所问，已具别解"①，并没详答。因此，周弘正启奏梁武帝《周易》疑义，说其《乾》《坤》二卦及《系辞》没有揭示玄学义蕴，已无法详细探究叙述。但从陈元帝著《金楼子》讲"余于诸僧重招提琰法师，隐士重华阳陶贞白，士大夫重汝南周弘正，其于义理情转无穷，亦一时之名士也"②，将其与佛教法师招提琰、道教隐士陶弘景相比，讲其为学"于义理情转无穷"，则大体可以看出周弘正儒学研究之倾向：带有很浓厚的玄学色彩。

这种玄学色彩，并非是周弘正一个人的，而是魏晋以来南朝儒学研究的总体倾向与精神追求。他们为学，虽各有偏重，但大多是通《五经》，明《三礼》，颂《孝经》，兼治《论语》，又是炳然佛理，玄学《老》《庄》的。若就其精神追求与学术造诣方面而言，他们既固守儒家风范，有稽古之力，又多尚玄言清谈，标识新理。周弘正之学大体如此。因此，南方儒学研究，固然有贯通兼容者，如皇侃《论语义疏》，然更多是一时才识之见，虽卓见映发、一时新颖，然终究是纵横漫流，真正见儒家大道哲学精神方正圆通者少。而北方儒学发展，则与此相异。它以汉学兼览博综的章句之学为特色，追求着一种古朴、通识、圆融的经学精神。这就是北朝儒家兼览博综的治经精神。

---

①　《陈书·周弘正传》。
②　《陈书·周弘正传》。

四　北朝儒家兼览博综的治经精神

中国自晋永嘉之后，天下陷于战乱，宇内分崩，群凶肆祸，"生民不见俎豆之容，黔首唯睹戎马之迹"，到处是战乱祸端，礼乐文章，几乎扫地将尽。儒道虽存，亦不过是"高才有德之流，自强蓬荜；鸿生硕儒之辈，抱器晦已"①。由此可知儒教破坏及其精神衰败矣。

北方诸族入侵中原，时君世主，虽生于边朔，长于戎马之间，然及至欲平天下，以正君臣，以齐上下，就不能皈依巍巍华夏文明，以儒家思想明天道、正人伦，以求大治。北魏太祖道武帝拓跋珪即位，于天兴元年即下诏，讲"处百代之季，天下分裂，诸华乏主，民俗虽殊，抚之在德"②；天兴二年即令《五经》群书各置博士，增国子太学生员三千人③。孝文帝拓跋宏太和十有七年幸洛阳，观洛桥，幸太学，观《石经》；太和十九年下诏迁洛之民，死葬河南，不得还北，依《周礼》制度，班之天下，讲"诸有禁忌禳厌之方非典籍所载者，一皆除罢"④，就是属于北方氏族入主中原，皈依华夏文明，欲以儒家思想明天道、正人伦而治天下者。

他们在皈依华夏文明的过程中，本身也被华夏化了，成了儒家典籍爱好者、宣扬者及儒家执行者。北魏明元帝拓跋嗣的"礼爱儒生，好览史传，以刘向所撰《新序》、《说苑》于经典正义多有所阙，乃撰《新集》三十篇，采诸经史，该洽古义，兼资文武"⑤；孝文帝的"雅好读书，手不释卷，《五经》之义，览之便讲，学不师受，探其精奥，史传百家，无不该涉"⑥，就是归化华夏文明而被华夏化的北方时君世主。有了儒家教育，其为政化民，自然要依靠儒家文化。

因此，北朝虽有北魏、北齐、北周及隋的权力更替，然每遇时君世主欲平天下时，莫不思想儒家礼教之治。这除了他们归化华夏文明，一个更为主要的原因，是他们认为儒家礼教具有佛教盛行、道教发展所不能代替的为治

---

① 《魏书·儒林传》序。
② 《魏书·太祖纪》。
③ 《魏书·太祖纪》。
④ 《魏书·高祖纪下》。
⑤ 《魏书·太宗纪》。
⑥ 《魏书·高祖纪下》。

大用，特别是当时面对着被战乱所扭曲的人性及社会关系，非儒家礼乐之教，不能明天道，正人伦，求得大治。故《北齐书》引班固《汉书·艺文志》的话说："'儒家者流，盖出于司徒之官，助人君顺阴阳，行教化者也。'圣人所以明天道，正人伦，是以古先哲王率由斯道。"①　《周书》更讲儒家经传有"宪章其教，作范于百王"②的大用。

正是儒家经典及礼教有此大用，所以北魏太武帝拓跋焘于太平真君五年下诏讲："自顷以来，军国多事，未宣文教，非所以整齐风俗，示轨则于天下也。今制自王公已下至于卿士，其子息皆诣太学，其百工伎巧、驺卒子息，当习其父兄所业，不听私立学校。"③北魏孝文帝太和十一年下诏说："乡饮礼废，则长幼之叙乱。孟冬十月，民闲岁隙，宜于此时导以德义。可下诸州，党里之内，推贤而长者，教其里人父慈、子孝、兄友、弟顺、夫和、妻柔。"④此乃太武帝面对着被战乱所扭曲的人性及社会关系，"思崇政化，敷洪治道"⑤者也，亦孝文帝"淳风行于上古，礼化用乎近叶"；"思易质旧，式昭惟新"⑥者也。

其他像北齐文宣帝高洋天保元年，诏"郡国修立黉序，广延髦俊，敦述儒风"，要其国子学生服膺师说，研习《礼经》，并将往日石经五十二枚移置学馆，依次修立⑦；隋文帝开皇三年下诏讲"行仁蹈义，名教所先"⑧；仁寿元年又先后下诏讲"君子立身，虽云百行，唯诚与孝最为其首"；"儒学之道，训教生人，识父子君臣之义，知尊卑长幼之序，升之于朝，任之以职，故能赞理时务，弘益风范"，于是改国子之学为太学⑨等，也皆是面对着被战乱所扭曲的人性及社会关系，以儒家礼乐之教，明天道，正人伦，以求大治者。故《周书》总结秦汉魏晋文化历史经验说："秦承累世之基，任刑法而殄灭；汉无尺土之业，崇经术而长久；雕虫是贵，魏道所以陵夷；玄风既兴，晋纲于焉大坏。"因此讲："考九流之殿最，校四代之兴衰，正君臣，明贵贱，美

---

① 《北齐书·儒林传》序。
② 《周书·儒林传》序。
③ 《魏书·太武帝纪下》。
④ 《魏书·高祖纪下》。
⑤ 《魏书·太武帝纪上》。
⑥ 《魏书·高祖纪下》。
⑦ 《北齐书·文宣纪》。
⑧ 《隋书·高祖纪上》。
⑨ 《隋书·高祖纪下》。

教化，移风俗，莫尚于儒。"① 正是儒家经学及礼教有此经世大用，所以儒家经籍才于北朝得到保存，儒家礼教精神才适应于北朝文化历史需要而得到发展。

北朝儒学继承了汉代章句经学传统，以章句注经为特色。当时中国北方处于丧乱之中，儒家经学传承基本上是沿着汉代师说路子向前发展的。这自然不像南朝立于玄学背景有创造性。即使稍有不同汉代注经的做法，亦会遭人反对。当时，北魏河北的陈奇（字脩奇），一生爱玩经典，博通坟籍，常非马融、郑玄解经失旨，因而志著述《五经》。他所注《孝经》《论语》，颇传于世，亦为搢绅所称赞。但秘书监有个河间来的同僚叫游雅，经常与陈奇谈论典诰及《诗》《书》，总是赞扶马融、郑玄注经的观点。一个批评马融、郑玄解经失旨，一个赞扶马融、郑玄注经观点，这就难免发生矛盾。游雅护短，因此以为嫌，尝当众毁辱陈奇。有人劝游雅说："君朝望具瞻，何为与野儒办简牍章句？"这下把游雅惹火了，于是取陈奇所注《论语》《孝经》焚于坑内。而陈奇则说："公贵人，不乏樵薪，何乃燃奇《论语》？"于是游雅更愤怒了，因告京师后生不得听陈奇传授经学。② 游雅所为，颇有闹义气的味道。但它也说明当时注经存在的问题，即维护固守马融、郑玄注经观点，反对有违于此的创造性注经。

《周书》曾批评北朝当时治儒家经学说："近代守一经之儒，多暗于时务，故有贫且贱之耻。近代之政，先法令而后经术，其沉默孤微者，亦笃志于章句，以先王之道，饰腐儒之姿，达则不过侍讲训胄，穷则终于敝衣箪食。"③ 自然，这是站在"先法令而后经术"立场说话的。其实，当时的北方儒学，非"守一经之儒"，许多人注释经典，还是很有见解的。如刘献之善《春秋》《毛诗》，每讲《左氏传》，尽隐公八年便止，说"义例已了，后面不须解了"。当时，"《五经》大义虽有师说，而海内诸生多有疑滞，咸决于献之。《六艺》之文，虽不悉注，然所标宗旨，颇异旧义"，其撰《三礼大义》《三传略例》《注毛诗序义》，皆行于世④，可知其并非"守一经之儒"也。其他人像河内的常爽（字仕明）述《六经略注》，不仅制作条贯，其序讲"立天

---

① 《周书·儒林传》序。
② 《魏书·陈奇传》。
③ 《周书·儒林传》史臣曰。
④ 《魏书·张献之传》。

之道曰阴与阳，立地之道曰柔与刚，立人之道曰仁与义。然则仁义者人之性也，经典者身之文也，皆以陶铸神情，启悟耳目，未有不由学而能成其器，不由习而能利其业"① 等，讲《易传》与人性教化联系起来，还是颇有见地的。范阳涿人卢景裕（字仲儒，小字白头），注《周易》《尚书》《孝经》《论语》《礼记》，其注《毛诗》《春秋左氏》未讫，齐文襄王入相，于第开讲，招延时隽，令景裕解所注《易》。景裕"理义精微，吐发闲雅。时有问难，或相诋诃，大声厉色，言至不逊，而景裕神采俨然，风调如一，从容往复，无际可寻。由是士君子嗟美之"。故卢景裕虽不聚徒教授，所注《易》大行于世。② 此亦可知其亦非"守一经之儒"也。即使前面提到的陈奇，所注《论语》，矫之传掌，未能行于世，其义多异于郑玄。他与游雅谈论《周易·讼卦》天与水运行的不同。游雅根据"自葱岭以西，水皆西流，推此而言，《易》之所及自葱岭以东耳"。而陈奇则说："《易》理绵广，包含宇宙。若如公言，自葱岭以西，岂东向望天哉？"③ 此乃陈奇解释《易》理之义蕴之广阔耶！由上可知，北朝人注释儒家经典，并非皆是"守一经之儒"，他们对于前人注经，倒是颇具兼览博综的治经精神。

至于说"暗于时务"，也非尽然。乐逊（字遵贤），赵、魏间，师从徐遵明，学《孝经》《丧服》《论语》《诗》《书》《礼》《易》《左氏春秋》大义。魏恭帝二年，乐逊授太学助教。他不仅教授经术，训导之方，而且具有政务之才。周明帝武成元年，霖雨经时，曾诏百官上封事。乐逊陈时宜一十四条，其中最为切于政要者有五条。其一曰"崇治方"，讲"兴邦致治，事由德教"；其二曰"省造作"，讲"世逐浮竞，终使祸乱交兴，天下丧败"，"广劝农桑，以衣食为务，使国储丰积，大功易举"；其三曰"明选举"，讲"选曹赏录勋贤，补拟官爵，必宜与众共之"；其四曰"重战伐"，讲"彼行暴戾，我则宽仁；彼为刻薄，我必惠化，使德泽旁流，人思有道，然后观衅而作，可以集事"；其五曰"禁奢侈"，讲"使用之有节，品类之有度"，不要"作车后容仪，服饰华美，眩曜街衢"④。此"上彻天听"所陈政务之条也。乐逊著《孝经》《论语》《毛诗》《左氏春秋序论》及《春秋序义》，通贾逵、服

---

① 《魏书·常爽传》。
② 《魏书·卢景裕传》。
③ 《魏书·陈奇传》。
④ 《周书·乐逊传》。

虔之说，发杜预之违，辞理并可观，又能陈此"上彻天听"的政务之条，谁能说当时儒家"暗于时务"呢？

其他人像隋时何妥（字栖凤），虽西城人，然撰《周易讲疏》十三卷，《孝经义疏》三卷，反苏绰教子反圣人之训，上书上八事以谏①，皆针对时弊。其明于礼乐之治，上表讲"乐至则无怨，礼至则不争，揖让而治天下"；讲"乐有奸声、正声：夫奸声感人而逆气应之，逆气成象而淫乐兴焉。正声感人而顺气应之，顺气成象而和乐兴焉。故乐行而伦清，耳目聪明，血气和平，移风易俗，天下皆宁"②，亦乃知儒家礼乐之治者也，非为"暗于时务"。

北朝儒学以汉学为是，较之南学，亦比较重视师说传统。如北魏徐遵明师屯留王聪，受《毛诗》《尚书》《礼记》；周熊安生师从陈达受《三传》，又从房虬受《周礼》。但他们皆不像汉儒那样终身师从某人，而是每每转益多师。如徐遵明初师屯留王聪，一年，便辞聪诣燕赵，师事张吾贵，又先后师从范阳孙买德、平原唐迁等。熊安生也是这样。他初师从陈达受《三传》，从房虬受《周礼》，后师事徐遵明数年，东魏天平中，又受《礼》于李宝鼎。

以汉学为是，重视师说传统，故北朝儒学较之南朝儒学，坚守儒家经学精神，以先王之道，笃志于章句，而不像南朝儒学那样崇尚玄言清谈，标识新理，更不想曲学阿世，逢迎时君世主，宁可穷终于"敝衣箪食"。正北朝儒学所以不失儒家本色，具有经学精神者，也在于此。自然，北朝儒学也受佛学、道教影响，如刘献之善《春秋》《毛诗》，撰《三礼大义》《三传略例》《注毛诗序义》，然亦注《涅槃经》（未就而卒）；卢景裕注《周易》《尚书》《孝经》《论语》《礼记》，然亦注《老子》，"又好释氏，通其大义。天竺胡沙门道悕每论诸经论，辄托景裕为之序"③，其他周时卢光（字景仁）"博览群书，精于《三礼》，善阴阳，解钟律，又好玄言"；"性崇佛道，至诚信敬"④，撰《道德经章句》，行于世。但总体说来，北朝儒学则是固守儒家经学精神，不失儒家本色的。一代代下来，就形成了大家辈出、群星灿烂的北学气象。

---

① 何妥上书所谏八事：其一曰："知人则哲，惟帝难之"；其二曰：孔子云"是察阿党，则罪无掩蔽"；其三曰："舜举十六族，所谓八元、八恺也。计其贤明，理优今日，犹复择才授任，不相侵滥，故得四门雍穆，庶绩咸熙"；其四曰：《礼》云"析言破律，乱名改作，执左道以乱政者杀"。其余文多不载。（《隋书·何妥传》）

② 《隋书·何妥传》。

③ 《魏书·卢景裕传》。

④ 《周书·卢光传》。

五　北学儒学治经的大家辈出气象

重视师说传统，而又转益多师，使北朝儒学发展出了兼览博综的大家气象，亦不时形成儒学大群体，呈现出群星灿烂的局面。如北魏经学诸生，多出自徐遵明门下；隋时王通聚徒讲学，往来受业者，不可胜数。这种群学局面，与非南朝儒学于形而上处，转义理不穷，争做一时之名士，是非常不同的。北朝儒学发展，造就了许多博学通儒与大气象学术儒家，并影响了北方文化精神不同于南方的发展。北魏徐遵明，周时熊安生，隋初刘焯、刘炫，就是这样一些通儒的大家。这构成了北学儒学气象，也构成北朝精神史的发展。为使读者对北朝儒学气象与精神发展更深刻全面的理解，下面分别叙述徐遵明、熊安生、刘焯与刘炫的儒学思想。先讲徐遵明转益多师的治学传经精神。

徐遵明（475～529），字子判，华阴（今陕西渭南）人。北魏儒家学者，经学家。徐遵明从小好学，从十七岁开始，四处求学，一生转益多师。先是随乡人诣山东求学，至上党，师屯留王聪，受《毛诗》《尚书》《礼记》。一年，便辞王聪至燕赵，师事张吾贵（字吴子）。当时吾贵门徒甚盛，徐遵明伏膺数月，私谓其友人说："张生名高而义无检格，凡所讲说，不惬吾心，请更从师。"于是遂就范阳孙买德受业。一年，复欲去之。同来的学人谓遵明说："君年少从师，每不终业，千里负帙，何去就之甚？如此用意，终恐无成。"徐遵明说："吾今始知真师所在！"问曰"何在？"徐遵明乃指自己的心说："正在于此！"于是去平原被人接纳之，居于蚕舍，读《孝经》《论语》《毛诗》《尚书》《三礼》，不出门院，凡经六年，平时以弹筝吹笛自娱。后来，又知阳平馆陶赵世业家有服氏《春秋》，是晋世永嘉旧本，徐遵明乃往读之，反复阅读，经数载，撰《春秋义章》三十卷。从徐遵明求学经历不难看出，他所以能够成为渊深广博的经学大师，是和他的转益多师分不开的。转益多师，有了渊深广博经学知识，故徐遵明教授讲学，"每临讲坐，必持经执疏，然后敷陈，其学徒至今浸以成俗。遵明讲学于外二十余年，海内莫不宗仰"[①]。

徐遵明虽经学知识渊深广博，然仕途并不顺利。他曾被广平王怀征用，

---

① 《魏书·徐遵明传》。

因不好京辇，至而寻退。孝昌末年（527），徐遵明南渡河，客于任城，后以兖州有旧，因徒居焉。永安初年（528），东道大使元罗表荐之，竟无礼辟。永安二年（529），世袭北海王的元颢怀异谋入洛，任城太守李湛将举义兵，徐遵明同其事，夜至民间，为乱兵所害，时年五十五岁。

徐遵明一生，讲学二十余年，并没有留下重要的著作，即使所撰《春秋义章》，后也失传。但他在北朝的学术地位却是很高的。这种学术地位，不在于著书立说，而在于讲授传承汉代儒家经学精神。关于这种传承及传承关系，《北齐书》曾作过极为详细的叙述：

凡是经学诸生，多出自魏末大儒徐遵明门下。河北讲郑康成所注《周易》，遵明以传卢景裕及清河崔瑾，景裕传权会，权会传郭茂。权会早入京都，郭茂恒在门下教授。其后能言《易》者多出郭茂之门。河南及青、齐之间，儒生多讲王辅嗣所注《周易》，师训盖寡。齐时儒士，罕传《尚书》之业，徐遵明兼通之。遵明受业于屯留王总，传授浮阳李周仁及渤海张文敬及李铉、权会，并郑康成所注，非古文也。下里诸生，略不见孔氏注解。武平末，河间刘光伯、信都刘士元始得费甝《义疏》，乃留意焉。其《诗》、《礼》、《春秋》尤为当时所尚，诸生多兼通之。《三礼》并出遵明之门。徐传业于李铉、沮俊、田元凤、冯伟、纪显敬、吕黄龙、夏怀敬。李铉又传授刁柔、张买奴、鲍季详、邢峙、刘昼、熊安生。安生又传孙灵晖、郭仲坚、丁恃德。其后生能通《礼经》者多是安生门人。诸生尽通《小戴礼》，于《周》、《仪礼》兼通者十二三焉。通《毛诗》者多出于魏朝博陵刘献之。献之传李周仁，周仁传董令度、程归则，归则传刘敬和、张思伯、刘轨思。其后能言《诗》者多出二刘之门。河北诸儒能通《春秋》者，并服子慎所注，亦出徐生之门。张买奴、马敬德、邢峙、张思伯、张雕、刘昼、鲍长暄、王元则并得服氏之精微。又有卫觊、陈达、潘叔度虽不传徐氏之门，亦为通解。又有姚文安、秦道静初亦学服氏，后更兼讲杜元凯所注。其河外儒生俱伏膺杜氏。其《公羊》、《穀梁》二传，儒者多不措怀。《论语》、《孝经》，诸学徒莫不通讲。诸儒如权会、李铉、刁柔、熊安生、刘轨思、马敬德之徒多自出义疏。虽曰专门，亦皆粗习也。①

由此可知，北朝所传郑玄所注《孝经》《论语》《毛诗》《尚书》《三礼》，及服虔所注《春秋三传》，乃多出于徐遵明门下也。《魏书》说其"读《孝经》、《论语》、《毛诗》、《尚书》、《三礼》，不出门院，凡经六年"，及"知阳平馆陶赵世业家有服氏春秋，是晋世永嘉旧本，遵明乃往读之"②，即讲徐遵明求学期间于这些儒家经典所下功夫。北朝虽盛经学，但在徐遵明之前，占主导地位的不是郑玄所注儒家经典，而是夹杂着许多异说。如前边谈到的陈奇爱玩经典，博通坟籍，常非马融、郑玄解经失旨；卢景裕解所注《易》"理义精微，吐发闲雅，时有问难，或相诋诃"，就是非马融、郑玄注经之旨，或与其旨有相抵触者。徐遵明之后，郑玄所注儒家经典，服虔所注《春秋》三传，始成为汉代儒家经学主流。徐遵明一生，虽然不能说人格无暇，治学无曲解处，如史说其"颇好聚敛，有损儒者之风"；见郑玄《论语序》云"书以八寸策"，误作"八十宗"③，但在北朝诸家争鸣的讲学中，传承汉代儒家经学精神之功，则是不可泯灭的。故永熙二年（533），他的弟子通直散骑常侍李业兴上表，为其乞赠谥表说：

> 臣闻行道树德，非求利于当年；服义履仁，岂邀恩于没世。伏见故处士兖州徐遵明，生在衡泌，弗因世族之基；长于原野，匪乘雕镂之地，而托心渊旷，置情恬雅，处静无闷，居约不忧。故能垂帘自精，下帷独得，缵经纬之微言，研圣贤之妙旨，莫不入其门户，践其堂奥，信称大儒于海内，擅明师于日下矣。……特乞加以显谥，追以好爵，仰申朝廷尚德之风，下示学徒稽古之利。④

此表虽有溢美之词，但其对徐遵明在北朝讲授传承经学，"研圣贤之妙旨，莫不入其门户，践其堂奥，信称大儒于海内"的学术地位及所作评价，则大体上是对的。

---

① 《北齐书·儒林传》序。
② 《魏书·徐遵明传》。
③ 《北史·徐遵明传》。
④ 《魏书·徐遵明传》。

熊安生，字植之，长乐阜城（今河北阜城）人。通《五经》，精《三礼》，北朝经学家，亦"北学"代表人物。史说熊安生少好学，励精不倦，"初从陈达受《三传》，又从房虬受《周礼》，并通大义，后事徐遵明，服膺历年。东魏天平中（534～537），受《礼》于李宝鼎，遂博通《五经》。然专以《三礼》教授，弟子自远方至者千余人"①。

熊安生与徐遵明相比，仕途较为顺畅，也较能适应政治需要。当时，北周以《周礼》改官制，公卿以下多习其业，但对《周礼》亦有数十条疑滞，莫能详辨。天和三年（568）周使访齐，语及《周礼》，齐廷无人能对。当时，即北齐武成帝河清中（562～565），熊安生为阳休之特奏为国子博士。于是齐乃令熊安生至宾馆论对，周使嗟服，还朝后告于周武帝，武帝大为钦重。及周武帝入邺，熊安生令家人扫门，称周帝重道尊儒，必将见我。果然，宇文邕亲幸其宅，亲执其手，引与同坐，宣称灭齐得一贤人为最大收获，随即与之问对治国之道及儒家经义。问毕，随驾入长安，令于大乘佛寺参议五礼。宣政元年（578）拜露门博士，时年已八十余，致仕不久，卒于家。

熊安生为当时儒宗，弟子著名者有马荣伯、张黑奴、窦士荣、孔笼、刘焯、刘炫等，沿袭东汉儒家经说，撰有《周礼义疏》二十卷、《礼记义疏》四十卷、《孝经义疏》一卷，并行于世，后来这些义疏，均已佚失。现存《玉函山房辑佚书》辑其《礼记熊氏义疏》四卷。

《周礼》乃周公治平之书，涉及邦国建制、政法文教、礼乐兵刑、赋税度支、寝庙车马、农商医卜及各种名物、典章、制度。熊安生对周使尹公正讲"礼义弘深，自有条贯"，并为其问疑"一一演说，咸究其根本"，使之"深所嗟服"，说明他对《周礼》还是颇有研究的。但其"讨论图纬，捃摭异闻，先儒所未悟者，皆发明之"②，以图谶异闻解《周礼》，恐失根本。现存四卷《礼记熊氏义疏》也多在解释古代礼乐典章制度，阐述礼教精神者则不多。

熊安生儒学上事徐遵明，其后受其业者有马荣伯、张黑奴、窦士荣、孔笼、刘焯、刘炫等。他"在山东时，岁岁游讲，从之者倾郡县"③。可知其讲学规模之大。熊安生作为"北学"一代儒宗，应该说于讲授传承汉代儒学精神方面还是发生过影响的。

①　《周书·熊安生传》。
②　《周书·熊安生传》。
③　《北史·熊安生传》。

　　刘焯、刘炫，皆为隋代经学家，时人并称"二刘"。刘焯（544～610），字士元，信都昌亭（今河北省冀县）人。刘炫（546～613），字光伯，河间景城（今河北省献县东北）人。《隋书》说：刘焯"少与河间刘炫结盟为友，同受《诗》于同郡刘轨思，受《左传》于广平郭懋常，问《礼》于阜城熊安生，皆不卒业而去。武强交津桥刘智海家素多《坟》籍，焯与炫就之读书，向经十载，虽衣食不继，晏如也"①。可知两人治学是很用功的，但学成后，仕途道路及经学成就，则是各不相同旳。

　　刘焯以儒学知名，为州博士；开皇中，为刺史赵煚引为从事，举秀才，与著作郎王劭同修国史，兼参议律历；后与诸儒于秘书省考定群言。因假还乡里，复入京后，与左仆射杨素，吏部尚书牛弘，国子祭酒苏威、元善，博士萧该、何妥，太学博士房晖远、崔宗德，晋王文学崔赜等，于国子共论经籍古今文滞义前贤所不通者。"每升座，论难锋起，皆不能屈，杨素等莫不服其精博"②。隋开皇六年（586），洛阳《石经》文字磨灭，没有人能够辨认。朝廷便下诏请刘焯、刘炫进行考证，他们经过努力，一一辨清。后来，国子监举行祭祀典礼时，辩论经学中的一些问题，刘焯、刘炫舌战群儒，引起群儒的忌恨，遭到流言蜚语中伤，被革职还乡为民。于是，刘焯优游乡里，专以教授著述为务，孜孜不倦，对贾、马、王、郑所传章句，多有不同异议。由于刘焯学识渊博，不仅对儒家经学多所述义，而且对自然科学《九章算术》《周髀》《七曜历书》等十余部，"推步日月之经，量度山海之术"③，"莫不核其根本，穷其秘奥"。著《稽极》十卷，《历书》十卷，《五经述议》，并行于世。这些著述后来大多失传。《玉函山房辑佚书》辑有《尚书刘氏义疏》一卷，《隋书·律历志》载有刘焯《皇极历》。

　　刘炫以聪明见称，曾与刘焯闭户读书，十年不出。他虽为隋时著名经学家，但仕途极为不顺，且命运多舛。周武帝平齐后，由人引荐，做过"从事"类小官吏。后来，刘炫奉敕与王劭同修国史，参加修定天文律历，兼于内史省考定群言。他虽先后值班于尚书、门下、内史三省，竟然没有官职。没官

---

① 《隋书·刘焯传》，另见《北史·刘焯传》。

② 《北史·刘焯传》。

③ 刘焯据《周官》夏至日影，尺有五寸。张衡、郑玄、王蕃、陆绩先儒等，皆以为影千里差一寸。刘焯考之算法，认为千里一寸，非其实差。于是持浑天说，以道〔里〕为率，道里既定，得差乃审。天地无所匿其形，辰象无所逃其数，超前显圣，效象除疑，于仁寿四年（604），造《皇极历》，上启于东宫（《隋书·天文志上》）。

职，就没薪俸；没薪俸，怎么有饭吃？于是刘炫陈述于内史，内史将其陈述送至吏部。吏部尚书问刘炫有什么本事。刘炫自为状说：

> 《周礼》、《礼记》、《毛诗》、《尚书》、《公羊》、《左传》、《孝经》、《论语》孔、郑、王、何、服、杜等注，凡十三家，虽义有精粗，并堪讲授。《周易》、《仪礼》、《穀梁》，用功差少。史子文集，嘉言美事，咸诵于心。天文律历，穷核微妙。至于公私文翰，未尝假手。

或许吏部听刘炫说话，口气太大，有些自我吹嘘，不详试，竟不信任。其实，刘炫所陈学问及才能，并不虚。后经在朝知名之士十余人举荐，得到一个"殿内将军"的职衔。当时，经吏部尚书牛弘奏请，朝廷购求天下遗逸之书。炫遂伪造书百余卷，题为《连山易》《鲁史记》等，录上送官，取赏而去。后有人发现刘炫所送百余卷书是假的、伪造的，而将其诉讼。后来，虽赦免死罪，但职衔被除名，于是刘炫归家，以教授为务。但因"造假书案"则蒙上鄙俗的恶名。刘炫与刘焯本来就曾于素多《坟》籍的刘智海家，就读书十载，"虽衣食不继，晏如也"。可知他对民间《坟》籍类书是有所接触的。但伪造为逸书而索取金钱，则属品格鄙俗也。人或归之国家不重儒，儒穷所致。其实，此乃人性发展使然。历史纯正，法则纯粹，人性至正单纯，此周公后而生孔子、颜渊者也。历史愈复杂，法则愈不纯正，人性愈不纯粹至正，此"爰自汉、魏，硕学多清通，逮乎近古，巨儒必鄙俗"[①] 者也。

刘焯、刘炫回乡，以教授为务时，"天下名儒后进，质疑受业，不远千里而至者，不可胜数"[②]。废太子勇闻而召之，未及进谒，又诏令事蜀王，因非其好也，久之不至。蜀王闻而大怒，竟遣人将其枷送于蜀，刘炫为此，拟屈原《卜居》而为《筮途》以自寄。直到蜀王以罪被废，刘焯、刘炫，才回到京都。刘焯与诸儒修定礼律，刘炫与诸儒修定《五礼》。炀帝即位，刘焯迁太学博士，俄以疾去职。开皇二十年（600），废国子，置太学博士。刘炫经杨达荐举，授太学博士。开皇之末，国家殷盛，朝野皆以辽东为意。刘炫以为辽东不可伐，作《抚夷论》以讽焉。而炀帝即位，刘炫经吏部尚书牛弘引荐修律令。当时多刀笔吏类小人，常年相互攻讦。吏部尚书牛弘每遇制度性问

---

① 《隋书·儒林传》序。

② 《隋书·刘焯传》。

题，常问刘炫，刘炫总以《周礼》答之。牛弘甚善其言而不能用，以刘炫品卑去任，或言其无行，帝遂罢之，归于河间。当时，群盗蜂起，诣郡城下，长吏闭门不纳，刘炫因此冻馁而死，时年六十八，后门人谥曰"宣德先生"。此乃刘炫悲剧一生也。

刘炫内省生平，顾循终始，曾以《自赞》总结一生，说自己"其大幸有四，其深恨有一"：

> 性本愚蔽，家业贫窭，为父兄所饶，厕搢绅之末，遂得博览典诰，窥涉今古，小善著于丘园，虚名闻于邦国，其幸一也。隐显人间，沉浮世俗，数忝徒劳之职，久执城旦之书，名不挂于白简，事不染于丹笔，立身立行，惭恧实多，启手启足，庶几可免，其幸二也。以此庸虚，屡动神眷，以此卑贱，每升天府，齐镳骥騄，比翼鹓鸿，整缃素于凤池，记言动于麟阁，参谒宰辅，造请群公，厚礼殊恩，增荣改价，其幸三也。昼漏方尽，大耋已嗟，退反初服，归骸故里，玩文史以怡神，阅鱼鸟以散虑，观省野物，登临园沼，缓步代车，无罪为贵，其幸四也。仰休明之盛世，慨道教之陵迟，蹈先儒之逸轨，伤群言之芜秽，驰骛坟典，厘改僻谬，修撰始毕，图事适成，天违人愿，途不我与。世路未夷，学校尽废，道不备于当时，业不传于身后，衔恨泉壤，实在兹乎？其深恨一也。①

刘炫虽不敢与历史上司马相如、扬雄、马融、郑康成等相比，自叙风徽，但认为自己一生，"从绾发以来，迄于白首"，学而不厌，诲而不倦，虽幽情寡过，心事多违，还是很荣幸的。暮年，故面临着"日迫桑榆，大命将近，故友飘零，门徒雨散，溘死朝露，埋魂朔野，亲故莫照其心，后人不见其迹"的境况，为使"将来俊哲知余鄙志"，还是以《自赞》表达了"大幸"与"深恨"。其实，刘炫一生太过聪明、太过自负，其幸也如此，其悲也如此！

不管怎么说，刘焯、刘炫在隋代不失为经学大师。刘焯所著《五经述议》，刘炫所著《论语述议》《春秋攻昧》《五经正名》《孝经述议》《春秋述议》《尚书述议》《毛诗述议》及《注诗序》，皆并行于世，当时对儒学发展

---

① 《隋书·刘炫传》。

是起了很大推动作用，发生过重大影响的。《北史》评价二人说，开皇之初，旧儒多已凋亡，"惟信都刘士元（焯）、河间刘光伯（炫）拔萃出类，学通南北，博极今古，后生钻仰。所制诸经义疏，缙绅咸师宗之"①；《隋书》具体评价二人说："至若刘焯，德冠缙绅，数穷天象，既精且博，洞究幽微，钩深致远，源流不测。数百年来，斯一人而已。刘炫学实通儒，才堪成务，九流七略，无不该览。虽探赜索隐，不逮于焯。裁成义说，文雅过之。"② 他们所撰诸经《述义》，为当世士人奉为师宗。著作于唐代，尚广泛流传。孔颖达撰写《五经正义》时，就采用了他们不少说法。孔颖达撰《尚书正义》序说："近至隋初，始流河朔，其为《正义》者，……惟刘焯、刘炫，最为详雅。"③ 其撰《毛诗正义》序说："其近代为义疏者，有全缓、何胤、舒瑗、刘轨思、刘丑、刘焯、刘炫等。然焯、炫并聪颖特达，文而又儒，擢秀干于一时，骋绝辔于千里。固诸儒之所揖让，日下之无双，于其所作《疏》内特为殊绝。……今奉勑删定，据为定本。"④ 刘焯、刘炫受南学影响，变朴实说经之风，而为凭己意改释前文，文辞也华丽；特别是刘炫《述义》，荡弃家法，不拘旧说，经学解释，对后世有很大影响。自然，凭己意改释前文，也会使释经丧失原始儒家经学精神，甚至出现任意说经的混乱局面。

---

① 《北史·儒林传上》序。
② 《隋书·儒林传》《史臣曰》。
③ 《尚书正义》，《十三经注疏》上册，中华书局 1980 年影印版。
④ 《毛诗正义》，《十三经注疏》上册，中华书局 1980 年影印版。

第十一章　王通的王道理想与经世精神

内容提要： 心以迹而灭，名因教而传。北朝经学，真正集大成而影响后世者，乃是杜淹所说"隋季，文中子之教兴于河汾，雍雍如"者。文中子，即王通，字仲淹，隋代季世之大儒。《隋书》虽未为其立传，然从杜淹《文中子世家》所说王通"续《诗》《书》，正《礼》《乐》，修《玄经》，赞《易》道，九年而《六经》大就。门人自远而至，河南董常，太山姚义，京兆杜淹，赵郡李靖，南阳程元，扶风窦威，河东薛收，中山贾琼，清河房玄龄，巨鹿魏徵，太原温大雅，颍川陈叔达等，咸称师北面，受王佐之道焉"，可知其以王道之教，经世之思，影响到唐代盛治矣。因此，讲隋唐儒学精神发展，不能不叙述王通的王道理想与经世致用思想；特别是他以王道至仁推达天下心，以礼乐教化重建人伦的儒家思想，此乃其启开唐代之盛治者也，不可不叙述。

人不能没有信仰信念，没有高远精神世界。但人毕竟存在于当世，面对着诸多活生生的现实问题。人要生存，要垂续绵延，首先就要解决现实人生问题。此乃救世者必须考虑的。六朝时期，社会人生已混乱至极，不仅人民生活困苦不堪，精神的虚无亦无法解决。至隋世，虽"以恭俭定天下"，然其道不行，"大业之政甚于桀、纣"①。因此，诸多人生及精神世界问题并未解决，有些问题甚至比六朝更虚无荒诞。佛、道二教行于六朝，寻根问神，乃在于为众生精神上慰其寂寥。而文中子之教兴，于隋之季世，其志勤，其言征，昌言王道之治，发挥儒家经世致用思想，解决严峻的现实人生问题，乃"以苍生为心"②者也。此王通弟子所说其"《续诗》《续书》为朝廷，《礼

---

① 《中说》附录《录关子明事》。
② 《中说·天地篇》。

论》《乐论》为政化,《赞易》为司命,《元经》为赏罚。夫子所以生"① 者也。

有人问王通对佛教的看法。王通说:"圣人也。"又问"其教何如?"王通回答说"西方之教也,中国则泥。轩车不可以适越,冠冕不可以之胡"②。另外有人问道教长生神仙之说,王通说: "仁义不修,孝悌不立,奚为长生?"③ 王通认为,儒、道、佛三教流行, "政恶多门久矣",不利于天下之治。有人问"废除三教如何?"王通也不同意,认为"三教可一",归"真君建德之事",即以儒家至极之道获得道德感与根本精神,教于天下,则可以"使民不倦"④。此王通处隋三教流行之际,以独立不已的治学精神所进行的担当。

王通,字仲淹,生于隋文帝开皇四年(584),卒于隋炀帝大业十三年(617),河东郡龙门(今山西省万荣县通化乡)人。据杜淹所撰《文中子世家》说,王通十八代祖王殷,为云中太守,家于祁地, "以《春秋》《周易》训乡里";十四代祖王述,继承家学传统,著《春秋义统》;九代祖王寓, "遭愍怀之难,遂东迁焉";六代祖王玄仕宋,曾任太仆、国子博士,"所贵者礼乐,不学者军旅", "大称儒门,世济厥美";父亲为王隆,字伯高,为铜川府君,传先生之业,教授门人千余,承诏著《兴衰要论》七篇。凡此可知,王通的家学渊源是很深厚的,而且皆是以儒学关心天下大事的。王通曾"受《书》于东海李育,学《诗》于会稽夏琠,问《礼》于河东关子明,正《乐》于北平霍汲,考《易》于族父仲华,不解衣者六岁"⑤。此王通精志于学也。仁寿三年(603),王通20岁,冠礼成人,慨然有济苍生之心,西游长安,见隋文帝,奏《太平策》十有二,策尊王道,推霸略,稽今验古,恢恢乎运天下于指掌矣。帝大悦,下其议于公卿,公卿不悦。时将有萧墙之衅,文中子知谋之不用,作《东征之歌》而归。其歌曰:

我思国家兮,远游京畿。
忽逢帝王兮,降礼布衣。

① 《中说·魏相篇》。
② 《中说·周公篇》。
③ 《中说·礼乐篇》。
④ 《中说·问易篇》。
⑤ 杜淹:《文中子世家》。

遂怀古人之心乎，将兴太平之基。

时异事变兮，志乖愿违。

吁嗟！道之不行兮，垂翅东归。

皇之不断兮，劳身西飞。

帝闻而再征之，不至，退而在家乡的白牛溪聚徒讲学，著书以志其道，乃续《诗》《书》，正《礼》《乐》，修《元经》，赞《易》道，往来受业者，不可胜数。"河南董常，太山姚义，京兆杜淹，赵郡李靖，南阳程元，扶风窦威，河东薛收，中山贾琼，清河房玄龄，巨鹿魏徵，太原温大雅，颍川陈叔达等，咸称师北面，受王佐之道焉。"此即"隋季，文中子之教兴于河汾，雍雍如"① 者也。

杜淹字执礼，京兆杜陵（今陕西西安）人，杜如晦的叔父。贞观二年，杜淹序撰《文中子世家》，所说与董常、姚义、李靖、程元、窦威、薛收、贾琼、房玄龄、杜如晦、魏徵等，皆师于文中子，应该非出于杜撰。但《中说》作为弟子回忆追录其师言行之书，则是由弟子姚义、薛收汇编而成的。它传到王通之子王福畤手里，经过重新分类编排，是否加进不实之词，不得而知。杜淹《文中子世家》之说，虽难详证，但房玄龄、杜如晦、魏徵、李靖等作为唐初筹谋帷幄的定社稷之臣，谋猷致升平者，特别是"房知杜之能断大事，杜知房之善建嘉谋"②，其政道与治道之术，受王通"王佐之道"影响，是说得通的；《中说》一书所记王通思想及河汾兴教活动，亦应是可靠的。惟此，朱熹才说《中说》一书，虽有后人假托，但"不会假得许多，须具有个人坯模，如此方装点得成"③。

王通教于河汾，政道上影响了房玄龄、杜如晦、魏徵、李靖诸人，隋时属知名大儒，但令人奇怪的是，《隋书》并没有为其立传，甚至片言只语也未提及。这就产生一个令人迷惑不解的问题，即《隋书》为什么不给王通立传？贞观七年，孔颖达、许敬宗撰《隋史》，魏徵"受诏总加撰定"，属总编之职，且《隋史》序论，亦为魏徵所作。④ 贞观十六年，房玄龄与中书侍郎褚

① 《文中子世家》，见《中说》附录。
② 《旧唐书·房玄龄杜如晦传》史评。
③ 《朱子语类》卷一百三十七《战国汉唐诸子》条。
④ 《旧唐书·魏徵传》。

遂良受诏重撰《晋书》。① 魏徵、房玄龄既师于王通，为何不扬其师之道，为老师立传？杜淹乃杜如晦叔父。杜淹作《文中子世家》，杜如晦应熟知此事。他太宗时为文学馆学士，贞观初为吏部尚书，参议朝政，也没有理由不为其师立传。那么，究竟是什么原因《隋书》不给王通立传呢？王福畤把此事归罪于长孙无忌。王福畤说："季父（王绩）与陈尚书叔达相善。陈公方撰《隋史》，季父持《文中子世家》与陈公编之。陈公亦避太尉之权，藏而未出。"② 太尉即指长孙无忌。高宗即位，长孙无忌进拜太尉，永徽二年，监修国史。③ 陈叔达撰《隋书》，"避太尉之权，藏而未出"，即是说畏于长孙无忌权势。陈叔达撰《隋史》的事，新旧唐书本传皆未载。陈叔达畏长孙无忌之权，不敢把王绩《文中子世家》编入《隋史》，亦难考证。但从王福畤所讲围绕杜淹劾奏侯君集有反状一事，太宗不信，反反复复，最后黜为姑苏令，诸大臣的态度，如"太尉闻之怒，魏公适入奏事"，魏公见太尉曰"君集之事果虚邪。御史当反其坐果实邪"云云，于是太尉"意稍解"，以及杜淹、王绩"抗志不屈，魏公亦退朝默然"④ 等，则透露出当时政坛上存在着一种极为复杂微妙的政治关系。王通不入《隋书》，实乃这种复杂微妙政治关系的牺牲品。还有一点，《隋书》撰写、定稿，有一个很长过程：陈叔达"方撰《隋史》"，可能是初撰；孔颖达、许敬宗撰《隋史》于贞观七年，则是奉诏正式撰写；贞观十六年，房玄龄与中书侍郎褚遂良受诏"重撰《晋书》"，说明初撰及孔颖达、许敬宗所撰《隋史》，上皆有不满意的地方。现存《隋书》题长孙无忌撰，可知无忌由监修国史，最后已成为定稿人矣。《旧唐书·王绩传》说王通"隋大业中名儒，号文中子，自有传"。由此推断，《隋书》原稿也可能有《王通传》，只是长孙无忌定稿时把它删掉了。综上可以看出，官方修史，谁入史，谁不入史，不是由学问大小、地位高低决定的，而是由符合不符合政治需要、统治者喜欢不喜欢而定的。

王通乃隋大业中名儒，唐初诸名臣之师。先秦之后学术史上，诚如宋人高似孙所说，《六经》之学，著于世者，"盖自孟子历两汉数百年而仅称扬雄，历六朝数百年而仅称王通，历唐而三百年而唯一韩愈"⑤，王通在经学史上的

---

① 《旧唐书·房玄龄传》。

② 王福畤撰：《东皋子答陈尚书书》，见《中说》附录。

③ 《旧唐书·长孙无忌传》。

④ 王福畤撰：《东皋子答陈尚书书》，见《中说》附录。

⑤ 《史略子略》，《万有文库》，辽宁教育出版社1998年版，第64页。

地位可知矣。尽管唐世司空图有《文中子碑》、皮日休《文中子碑》，宋时有司马光为王通补传，并于《资治通鉴》中明明白白地讲仁寿三年九月王通"献《太平十二册》，上不能用罢归，教授于河汾之间"①，但因《隋书》没有为王通立传，后人仍疑王通其人及教于河汾的存在。特别是在疑古思潮影响下，更使近人疑其存在，作史不肯录其一字，如周谷成《中国通史》、范文澜《中国通史简编》、岑仲勉《隋唐史》、侯外庐主编《中国思想通史》等皆不录。这不能说不是一个缺失。王通不仅是隋之大儒，而且是近古隋唐儒家文化精神的开拓者。这缺失是不应该的。

王通著有《礼论》《乐论》《续诗》《续书》《元经》《赞易》，合称《王氏六经》，今仅存《中说》，其他著作皆佚。《中说》一书，《新唐书·艺文志》著录为五卷，《文献通考》作十卷。依附录王福畤撰《王氏家书杂录》所说，《中说》成于贞观二十三年，辨类分宗，编为十编，亦为十卷。《中说》今本卷首有宋阮逸序，附叙篇及《文中子世家》等五篇。近代桐城汪吟龙著的《文中子考信录》，王立中著的《文中子真伪汇考》，两书皆收入王云五主编的"国学小丛书"。近年则有王冀民、王素先生著的《文中子辨》，徐朔方先生作的《王通门人考辨》，段熙仲作《王通王凝资料正伪》。黑龙江人民出版社于2003年出版有郑春颖作的《文中子中说译注》，可供参考。

那么，《中说》反映了王通怎样的儒家政治思想呢？它在佛教、道教盛行之际，显现为儒家怎样的经世致用精神呢？《中说》一书，虽涉及天地之道、春秋之史诸多问题，但最为根本的，则是皇纲帝道精神。它大体上是以王道理想为中心，讲以王道至仁，推达天下之心，同时涉及礼乐教化重建人伦、归会有极的历史哲学和儒教人格的精神重建问题。现在先讲以王道至仁推天下之心。

一 以王道至仁推天下之心

王通的王道思想，并非是自己随意提出来的，而是有家学渊源与治道传统的，是继承"铜川六世"祖辈先人政治思想，经过比较、研究、综合，而后获得自己王道思想的。他是这样讲述自己家学渊源与政治传统的：

---

① 《隋纪三》仁寿三年，《资治通鉴》卷一百七十九。

文中子曰："甚矣！王道难行也。吾家顷铜川六世矣，未尝不笃于斯，然亦未尝得宣其用，退而咸有述焉，则以志其道也。盖先生之述，曰《时变论》六篇，其言化俗推移之理竭矣。江州府君之述，曰《五经决录》五篇，其言圣贤制述之意备矣。晋阳穆公之述，曰《政大论》八篇，其言帝王之道著矣。同州府君之述，曰《政小论》八篇，其言王霸之业尽矣。安康献公之述，曰《皇极谠义》九篇，其言三才之去就深矣。铜川府君之述，曰《兴衰要论》七篇，其言六代之得失明矣。余小子获睹成训，勤九载矣。服先人之义，稽仲尼之心，天人之事，帝王之道，昭昭乎！"①

这就是说，王通是继承"铜川六世"祖辈先人著述的《时变论》《五经决录》《政大论》《政小论》《皇极谠义》《兴衰要论》学术思想，服义先人所阐述的"化俗之理""圣贤制述""帝王之道""王霸之业"，稽察孔子"三才去就"之心，明于先君所讲"六代之得失"之理，昭昭乎"天人之事，帝王之道"，而提出自己王道思想的。

王通的王道思想，不仅有其家学渊源与治道传统，而且是立于儒家教典，继承孔子王道思想，所阐述的政治思想体系。《文中子》附录《叙篇》是这样讲述《中说》诸篇次第及其王道政治思想体系的：

文中子之教，继素王之道，故以《王道篇》为首。古先圣王，俯仰二仪，必合其德，故次之以《天地篇》。天尊地卑，君臣立矣，故次之以《事君篇》。事君法天，莫如周公，故次之以《周公篇》。周公之道，盖神乎《易》中，故次之以《问易篇》。《易》者，教化之原也。教化莫大乎礼乐，故次之以《礼乐篇》。礼乐弥文，著明则史，故次之以《述史篇》。兴文立制，燮理为大，惟魏相有焉，故次之以《魏相篇》。夫阴阳既燮，则理性达矣，穷理尽性以至于命，故次之以《立命篇》。通性命之说者，非《易》安能至乎！关氏《易》之深者也，故次之《关朗篇》终焉。

---

① 《中说·王道篇》。

　　"文中子之教，继素王之道"，是说王通的王道之教乃是继承儒家孔子政治思想而来的。继承儒家教典王道思想，就是杜淹所说王通"续《诗》《书》，正《礼》《乐》，修《元经》，赞《易》道，九年而六经大就"① 的体系。这个体系就是王福畤所说王通"大考《六经》，缮录《礼论》《乐论》，《续诗》《续书》，推《元经》《赞易》，分为六部，号曰'王氏六经'"② 者。儒家"六经"是非常神圣的，在儒家传统看来，它是不可胜学，而不能续写的，因为续之则出乎其外，"出则非经矣"③。实际上，所谓续"六经"，就是继承儒家孔子"六经"圣治思想。续，即继承也，延续也，发挥也。王通之学的续"六经"，即其继承、延续、发挥、创新儒家"六经"精神者也。此乃王通王道之学源头所在。

　　而且这个王道之教体系不是孤立断绝的知识，或支离破碎的知识碎片，而是继承、延续、发挥、创新儒家"六经"精神，所建立起来的新儒家政治思想体系。这个体系以王道为根本，涉及天地之道、礼乐之教、盛衰之变，及一整套君臣关系、性命之理及兴文立制之本体论根据。它的次第就是以《王道篇》为首，然后讲"俯仰二仪，必合其德"的天地之道，讲"天尊地卑"的君臣之位，讲"事君法天"的周公之道，讲"教化之原"的《易》道本体，然后讲大化之教的礼乐、盛衰之变的历史、"兴文立制"的魏相，及"穷理尽性"立命之理。王通整个王道之教体系，都是以《易》道至极本体为根据，以师承关朗精深《易》学哲理而展开的。故终于《关朗篇》。

　　那么，什么是王通的王道之教的根本精神呢？它是一种怎样的政治形态与王道制度呢？王通之论王道，涉及礼乐教化、纲常伦理、政治制度、文化历史诸多问题，但最为根本的，乃在于以天德王道仁爱天下，即他所说的"至德为道本"④ 的天下之制。在这方面，"二帝三王"及两汉是做得最好的。故他说："二帝三王，吾不得而见也，舍两汉将安之乎？大哉七制之主！其以仁义公恕统天下乎？其役简，其刑清，君子乐其道，小人怀其生。四百年间，天下无二志，其有以结人心乎？终之以礼乐，则三王之举也。"⑤ 在王通看来，天道至德乃是王道政治之本的存在。故曰"至德，其道之本。要道，其德之

---

① 《文中子家世》，《中说》附录。
② 《王氏家书杂录》，《中说》附录。
③ 司马光：《文中子补传》，《永乐大典精编》卷六千八百三十八，九州岛图书出版社1998年版。
④ 《中说·王道篇》。
⑤ 《中说·天地篇》。

行"。惟"至德为道本",才能显示出王道的道德精神,即他所说的"显道神德行"①。有此天道至德,才能以至公无私之心仁爱天下,也才能放弃自我之身,以至公之心为天下之心,而行爱民之道。故房玄龄问正主庇民之道。王通说:"先遗其身";"夫能遗其身,然后能无私,无私然后能至公,至公然后以天下为心矣,道可行矣"②。以此至公之心行之天下,推己及人,人人皆"仁以为己任",则形成一种普遍的仁爱之心,一种人人皆具的恕人之道。这样,人与人的关系建立在仁爱的基础上,则天下可治,王道实现矣。故贾琼问君子之道,王通说"必先恕"。若能"为人子者,以其父之心为心;为人弟者,以其兄之心为心",以此"推而达之于天下",在王通看来,王道之治"斯可矣"③。

王通对于古代三皇五帝所建立起来的王道制度,是非常向往赞赏的!他说:

> 帝者之制,恢恢乎其无所不容!其有大制,制天下而不割乎!其上湛然,其下恬然。天下之危,与天下安之。天下之失,与天下正之。千变万化,吾常守中焉。其卓然不可动乎!其感而无不通!此之谓帝制矣。④

他甚至说:"先王之制不可越也。"但是,"王泽竭而诸侯仗义矣,帝制衰而天下言利矣"。因此他认为,后世称王称帝者,单纯建立一套帝制,是不能保证王道之治实行的。关键是有国有天下者,要以天德王道仁爱天下。故其弟子薛收问"帝制其出王道乎"? 王通说:"不能出也。后之帝者,非昔之帝也。其杂百王之道,而取帝名乎? 其心正,其迹谲,其乘秦之弊,不得已而称之乎? 政则苟简,岂若唐、虞三代之纯懿!"在王通看来,"唯道所存,以天下之身,受天下之训,得天下之道,成天下之务,民不知其由也","其惟明主"⑤,才能真正实行王道之治。

王通认为,天下所以乱,王道之治所以不能实现,就在于人不能"仁以

① 《中说·王道篇》。
② 《中说·王道篇》。
③ 《中说·天地篇》。
④ 《中说·周公篇》。
⑤ 上引均见《中说·问易篇》。

为己任"，背弃天道至仁的本体存在和价值法则，凭着自己那点小知小识，任智而行。其结果就是"小人任智而背仁为贼，君子任智而背仁为乱"。因此，王通要人做"天人"，成为"旷哉大乎！独能成其天"① 的存在。所谓"天人"，即是天道至德之人也，做推己及人、"仁以为己任"之人也。惟此人也，才可以王天下，也才可以托天下。王通认为，无天道至德，不能推己及人，不能"仁以为己任"，而欲得天下者，则不可也。故李密见王通而论兵，王通说："礼信仁义，则吾论之。孤虚诈力，吾不与也。"而李密问王霸之略，王通则毅然对曰："不以天下易一民之命！"李密出，王通对身边弟子说："乱天下者必是夫也。"② 这也正是王通批评杨素"作福作威玉食，不知其他"③ 的原因所在。

王通认为，"君侯正身以统天下"④，无疑是非常重要的。王道之治，虽要以天道至德仁爱天下，要有一颗仁爱之心推达至于天下，但要建成一个王道社会，也不是仅仅有仁爱之心即可实现的。它不仅牵涉到礼乐之兴、人性教化、人伦重建、人格培养的性命之理问题，更涉及王道哲学及一系列社会经济制度与历史发展问题。人不化，天下野蛮无礼，不能建成王道社会；君不君、臣不臣、父不父、子不子、夫不夫、妇不妇，人伦混乱，皆不守其道，不能建成王道社会；民不守序，官不任职，悠悠素餐者，天下皆是，不能建成王道社会；天下无道，物欲横流，人人皆争利弃义，不能建成王道社会；不能建立一套无所不容的恢宏制度，危能安之，失能正之，使天下湛然恬然，而是混乱无序，不能建成王道社会；无中正之道，政治不守常道，治道偏颇极端，社会历史总是陷入混乱无序，自然也不能建成王道社会。因此，王通的王道理想并不是一个空想的乌托邦，而是有教人成化、体用之道及一系列建制，贯通儒学经世致用精神的，其中最为重要的就是礼乐教化、重建人伦道德。

二　以礼乐教化重建人伦

不论是佛教讲虚无，还是道教讲寂静，皆是要人超越现实的痛苦与烦恼，

---

① 《中说·天地篇》。
② 《中说·天地篇》。
③ 《中说·事君篇》。
④ 《中说·事君篇》。

实现人生的解脱。此即宗教之化人者也。儒家礼乐之教，则并非只是要人解脱痛苦与烦恼，而是以仁义礼智大化、扩充人的先天道德本性，化掉蒙昧、野蛮与无知，使之走向至善与美好，实现社会人生之理想。此王通讲王道理想而申之以礼乐教化者也。

王通认为，要建立王道社会，实现王道之治，最重要的途径，是以礼乐教化人心性，以道化醇，使之成为淳朴至善存在。此"唐虞之道直以大，故以揖让终焉"① 者也；亦其 "《昭德》之舞闲而泰，其和神定气，绥天下"②者也。王通认为，人类社会"治乱相易，浇淳有由；兴衰资乎人，得失在乎教"；而其曰"太古不可复，是未知先王之有化也"；不然，设 "《诗》《书》《礼》《乐》，复何为哉？"③ 在王通看来，王道之治，在于教化，浇薄化淳，使人心无邪此礼乐之本也。惟有对人实现《诗》《书》《礼》《乐》教化，使其心性淳朴正直，懂得揖让之礼，成为文明人，和神定气，才能建成王道社会；与此相反，若没有《诗》《书》《礼》《乐》教化，人之存在，发声不雅，为文无理，心性顽冥不化，是无法建立起王道理想的。因此，王通在长安时，参与朝政的杨素、苏夔、李德林皆请见。但王通与交谈，归而则有忧色。门人问其故？王通说："素与吾言终日，言政而不及化。夔与吾言终日，言声而不及雅。德林与吾言终日，言文而不及理。"门人说："这有何忧虑的呢？"王通说："非尔所知也。二三子皆朝之预议者也，今言政而不及化，是天下无礼也；言声而不及雅，是天下无乐也，言文而不及理，是天下无文也。王道从何而兴乎？吾所以忧也。"在王通看来，惟有以《诗》《书》《礼》《乐》教化人心性，使之成为"无邪"的存在，成为文雅、高尚、理性之民，才能实现王道之治。故曰"化至九变，王道其明乎！故乐至九变，而淳气洽矣"④。王通说："《小雅》尽废而《春秋》作矣。小化皆衰，而天下非一帝。"⑤ 因此，在王通看来，非礼乐大化，不足以建天下王道之治也。

王通在谈到人类社会穷达之变及吉凶祸福时说："治乱，运也，有乘之者，有革之者。穷达，时也，有行之者，有遇之者。吉凶，命也，有作之者，

---

①　《中说·天地篇》。

②　《中说·周公篇》。

③　《中说·立命篇》。

④　《中说·王道篇》。

⑤　《中说·礼乐篇》。

有偶之者。一来一往，各以数至，岂徒云哉!"① 礼乐兴废，教化不同，自然，社会历史道路亦不同，由此也就会造成人生的穷通、吉凶、邪正之命运亦不同。梁时刘峻作《辩命论》，讲圣人"立教以进庸怠，言命以穷性灵"；讲文化历史"祸福异其流，废兴殊其迹"，就是讲的礼教之立与不立及善恶不同，所造成的穷达、吉凶、祸福的不同历史情景。故曰"士之穷通，无非命也"；"邪正由于人，吉凶在乎命"②。惟此，王通阅刘峻《辩命论》，才说"人道废矣"③。

王通认为，人类社会，若礼教不立，不以纯正的《诗》《书》《礼》《乐》教化人心，以道化醇，而是物欲汹汹、驰骛不息，就会造成人道废，人伦毁，纲常坠，野蛮复归。因此，他批评当时礼坏乐崩，造成的社会混乱与野蛮复归说：

> 冠礼废，天下无成人矣。昏礼废，天下无家道矣。丧礼废，天下遗其亲矣。祭礼废，天下忘其祖矣。④

王通认为，礼教能以道化醇，在于包含着天地大义，能正人道之失。人道废，人伦毁，纲常坠，野蛮复归，惟以礼教教化天下，方能归复王道之正。故他说："王道之驳久矣! 礼乐可以不正乎。大义之芜甚矣!《诗》《书》可以不续乎?"又说："《续诗》可以讽，可以达，可以荡，可以独处，出则悌，入则孝，多见治乱之情。"⑤ 此亦其对隋秘书郎窦威讲"既冠读《冠礼》，将婚读《婚礼》，居丧读《丧礼》，既葬读《祭礼》，朝廷读《宾礼》，军旅读《军礼》，君子终身不违《礼》"⑥ 者也。凡此，皆恐人失礼教而失其正也。惟礼教不失其正，教化天下，才能使社会人生归化于正道。故房玄龄问"化人之道?"王通说"正其心"⑦。隋张玄素问礼? 王通说"直尔心，俨尔形，动思恭，静思正"；而其问道? 王通说"礼得而道存矣"；又说"道废久矣，如

①　《中说·立命篇》。
②　〔梁〕刘峻《辩命论》（并序），《全梁文》卷五十七。
③　《中说·王道篇》。
④　《中说·礼乐篇》。
⑤　《中说·天地篇》。
⑥　《中说·魏相篇》。
⑦　《中说·事君篇》。

有王者出，三十年而后礼乐可称也，斯已矣"；"十年平之，十年富之，十年和之，斯成矣"①。此皆以礼教正理教化天下，以救人道之失者也。周公之际，《豳》之变风作，亦是以礼乐教之，归于正的。此即周公"变而克正，危而克扶，始终不失于本"者也。故曰"惟周公乎，系之豳远矣哉"②。

人类社会，离开礼教，离开《诗》《书》《礼》《乐》教化人心，是不行的；但若续《诗》《书》《礼》《乐》，若只是讲清浊，讲音韵，讲格律，失却教化大用，也是不可为礼乐的。故当时有个叫李伯药的人，说诗"上陈应、刘，下述沈、谢，四声八病，刚柔清浊，各有端序"，王通就是不搭理，他感到非常不理解。王通弟子薛收对此回答说："吾尝闻夫子之论诗矣：上明三纲，下达五常，征存亡，辩得失。故小人歌之以贡其俗，君子赋之以见其志，圣人采之以观其变。今子营营驰骋乎末流，是夫子之所痛也，不答则有由矣。"③ 可知王通是多么重视《诗》《书》《礼》《乐》教化，及其正失之大用。他认为，学者匡世的任务，就在于用礼教以正天下之失，使之归于正道。故曰"学者，博诵云乎哉！必也贯乎道。文者，苟作云乎哉！必也济乎义"。此亦王通倡导礼教之目的。故曰"吾于礼乐，正失而已"④。

正因为《诗》《书》《礼》《乐》教化可以道化醇，淳朴人的心性，可以人伦攸叙，使人类社会走上一条符合道德本性的道路，所以王通特别重视礼教重建伦理道德的大用，并把它提升为天道至极的神圣存在，曰："礼其皇极之门乎！圣人所以向明而节天下也；其得中道乎！故能辩上下，定民志。"⑤ 王通正是基于这样的认识，所以游孔子之庙，出而歌曰："大哉乎！君君臣臣、父父子子、兄兄弟弟、夫夫妇妇，夫子之力也，其与太极合德，神道并行乎！"在王通看来，孔子所建君臣、父子、夫妇之伦理道德，乃是与天地合德，最为神圣的社会人生道理："天地生我而不能鞠我，父母鞠我而不能成我，成我者夫子也。道不啻天地父母，通于夫子，受罔极之恩，吾子汩彝伦乎！"⑥

人类的社会关系，这关系，那关系，归根结底，最为根本的是伦理关系，

① 《中说·魏相篇》。
② 《中说·周公篇》。
③ 《中说·天地篇》。
④ 《中说·礼乐篇》。
⑤ 《中说·礼乐篇》。
⑥ 《中说·王道篇》。

而不是物质关系或利害冲突关系。这不论是古代社会还是现代社会都是一样的。因此，社会关系究竟建立在什么基础上，是建立在仁义礼智基础上，还是物质利益基础上，乃是伦理学的一个根本的问题。王通认为，要想实现王道理想，建立起熙和的太平社会，维系仁义礼智的关系，最为重要的，就是用《诗》《书》《礼》《乐》之教，重建伦理纲常。故有人问"太平可致乎？"王通回答说："五常之典，三王之诰，两汉之制，粲然可见矣！"① 在他看来，周公为政，制礼作乐，以教天下，乃是千古以来的典范，而继承发扬周公礼乐之教者，则是孔子。他说：

> 吾视千载已上，圣人在上者，未有若周公焉。其道则一，而经制大备，后之为政，有所持循。吾视千载而下，未有若仲尼焉，其道则一，而述作大明，后之修文者，有所折中矣。千载而下，有申周公之事者，吾不得而见也。千载而下，有绍宣尼之业者，吾不得而让也。②

王通把此礼教传统，视为周、孔之道。他认为，惟有沿着周孔之道，恢复礼教，重建伦理道德，才能实现王道之治。在王通看来，《六经》备，礼教朝服祭器不假，"三纲五常，自可出也"；今腐败堕落，"悠悠素餐者，天下皆是，王道从何而兴乎？"③ 晋、宋、齐、梁、陈所以亡者，乃是"弃先王之礼乐以至是"④。

王道离不开礼教，但实现王道最为根本的，还在于有国有天下者是否兴天德王道。有国有天下者不能获得天道至德，以此仁爱天下，王道不兴，只是靠礼乐，也是不能实现王道之治的。故王通说："先师以王道极是也，如有用我，则执此以往。通也宗周之介子，敢忘其礼乎！"⑤ 房玄龄问礼乐？王通似觉其王道有缺，因而说："王道盛则礼乐从而兴焉，非尔所及也。"⑥ 正是因为这样，房玄龄与魏徵议礼，才当着唐玄宗的面说："玄龄与公竭力辅国，

① 《中说·问易篇》。
② 《中说·天地篇》。
③ 《中说·王道篇》。
④ 《中说·述史篇》。
⑤ 《中说·魏相篇》。
⑥ 《中说·事君篇》。

然言及礼乐，则非命世大才。昔文中子不以《礼》《乐》赐予，良有以也。"①
王通认为，王道之治，有国有天下者以天德王道、仁爱天下，才是根本！无
王道至德盛行天下，礼乐何以能兴！王通说"王泽竭而诸侯仗义矣，帝制衰
而天下言利矣"②，其所讲也是这个道理。王通认为，"有德易以兴，无德易
以衰"。惟有具周公之大德者，才能宁天下，厚苍生，实现王道之治。故其赞
美曰："美哉！公旦之为周也。外不屑天下之谤而私其迹，内实达天下之道而
公其心，深乎深乎！安家者所以宁天下也，存我者所以厚苍生也。"③　王通面
对着当时的人道废，人伦毁，纲常坠，野蛮复归，高唱王道理想，主张恢复
礼教，实际上乃是为人类社会除却蒙昧遮蔽，为人类文明行为重新制定规范。

　　王通不论是讲王道之治，还是讲礼乐教化，皆是有本体论根据的，而非
浮游之说。这种本体论存在，就是"皇极"大中之道。它贯通于王道之治的
历史叙述，构成王道理想的历史形态，也构成王通的历史哲学。因此，讲王
通《中说》的王道理想，是不可不讲他的历史哲学本体论的。有此本体论，
才构成了王通归会有极的历史哲学及王道理想的文化历史形态。

三　归会有极的历史哲学

　　王通认为，历史是有它内在的法则、客观的规律及价值目的论存在的，
有支配它的大中之道、至极之理存在的，而不是随意打扮的嫁娘、装饰的门
厅，或任意诅咒的恶魔。因此，他对以骂为史的做法极为反对，说"太熙之
后，述史者几乎骂矣，故君子没称焉"④。不仅如此，他对司马迁、班固斑驳
为史，文淹其志的做法，也是不满意的，说"吾视迁、固而下，述作何其纷
纷，帝王之道，其暗而不明"⑤。他甚至对《春秋》三传也不满意，称"九师
兴而《易》道微，三传作而《春秋》散"⑥。这并不是说王通不要历史叙述之
详与文辞之美，而是说为史不要因华丽美好文辞掩盖圣人之道，淹没历史法
则及其大中之道、至极之理存在。这就是他所讲"古之史也辩道，今之史也

① 《中说》附录：《录唐太宗与房魏论礼乐事》。
② 《中说·问易篇》。
③ 《中说·事君篇》。
④ 《中说·述史篇》。
⑤ 《中说·王道篇》。
⑥ 《中说·天地篇》。

耀文";"古之文也约以达，今之文也繁以塞"① 的道理。

后人批评王通续《六经》，认为《六经》只可胜读，不可续。实际上，王通之续《六经》者，乃续其道也，非徒增益内容与文字。王通所续《六经》，包括"缮录《礼论》《乐论》，《续诗》《续书》，推《元经》《赞易》"，皆为续先王之道、圣人之理，寻求文化历史的大中之道、至极之理存在，为他的王道理想提供哲学本体论，铺叙其文化历史形态。王通所续《六经》，虽然已经遗失不在，但从《中说》所保留片片断断叙述，亦可看出他的追求的。如说：

> 昔圣人述史三焉：其述《书》也，帝王之制备矣，故索焉而皆获。其述《诗》也，兴衰之由显，故究焉而皆得。其述《春秋》也，邪正之迹明，故考焉而皆当。此三者，同出于史而不可杂也，故圣人分焉。②
>
> 《春秋》《元经》于王道，是轻重之权衡，曲直之绳墨也，失则无所取衷矣。③
>
> 诸侯不贡诗，天子不采风，乐官不达雅，国史不明变。呜呼！斯则久矣。《诗》可以不续乎？④
>
> 子谓薛收、贾琼曰："《春秋》《元经》，其衰世之意乎？义直而微，言曲而中。"⑤
>
> 文中子曰："《春秋》其以天道终乎？故止于获麟。《元经》其以人事终乎，故止于陈亡，于是乎天人备矣！"⑥
>
> 文中子曰："《元经》有常也，所正以道，于是乎见义。《元经》有变也，所行有适，于是乎见权。权义举而皇极立矣。"董常曰："夫子《六经》，皇极之能事毕矣！"
>
> 子曰："《书》以辩事，《诗》以正性，《礼》以制行，《乐》以和德，《春秋》《元经》以举往，《易》以知来，先王之蕴尽矣。"⑦

---

① 《中说·事君篇》。
② 《中说·王道篇》。
③ 《中说·事君篇》。
④ 《中说·问易篇》。
⑤ 《中说·礼乐篇》。
⑥ 《中说·述史篇》。
⑦ 《中说·魏相篇》。

王通之续《六经》，其为历史哲学本体论，一言以蔽之，就是贯通"皇极"大中之道。阮逸解《中说》曰："大哉！中之为义，在《易》为二五，在《春秋》为权衡，在《书》为皇极，在《礼》为中庸。谓乎无形，非中也。谓乎有象，非中也。上不荡于虚无，下不局于器用。惟变所适，惟义所在。此中之大略也。《中说》者，如是而已。"① 可知，王通之学是贯通"皇极"大中之道，贯通儒家经典最高本体论的。故曰"夫子《六经》，皇极之能事毕矣"。在王通看来，不论是《书》述帝王之制，还是《诗》显兴衰之由，《春秋》明邪正之迹，三者同出于史，皆是贯通天道本体，以"皇极"大中之道而立的。虽然"义直而微，言曲而中"，其"皇极"大中之义，是不可杂的。故其说："学者，博诵云乎哉！必也贯乎道。文者，苟作云乎哉！必也济乎义。"② 一切为学为史也，述《诗》《书》也，论《礼》《乐》也，推《元经》也，赞《易》也，不管多么博学，多么富于文采，都必须"贯乎道""济乎义"，必须道一贯之，并且达到至精至神高度。故其曰"《元经》之专断，盖蕴于天命，吾安敢至哉！"而赞《易》至《观卦》，曰"可以尽神矣！"③

正是从这点出发，王通讲"史传兴而经道废矣，记注兴而史道诬"④；讲"陈寿有志于史，依大义而削异端；谓范宁有志于《春秋》，征圣经而诘众传"，而"史之失，自迁、固始也，记繁而志寡；《春秋》之失，自歆、向始也，弃经而任传"的。他讲"盖九师兴而《易》道微，三《传》作而《春秋》散"；讲"齐、韩、毛、郑，《诗》之末也。大戴、小戴，《礼》之衰也。《书》残于古、今，《诗》失于齐鲁"⑤，也是这个道理，即记繁志寡，淹没了圣人之道、至极之理。王通这样讲，这样批评，并非不要《诗》《书》文辞，《春秋》三传的叙述，及《礼》《乐》的阐释，而是为寻回《六经》之根本精神，以圣人之旨，为重建王道之治及其社会形态，提供文化历史存在的本体论根据。此即王通所说"中国之道不坠"者也；亦贾琼请问《六经》之本，曰"吾恐夫子之道或坠"⑥ 者也。

---

① 〔宋〕阮逸《中说》序。

② 《中说·天地篇》。

③ 《中说·魏相篇》。

④ 《中说·问易篇》。

⑤ 《中说·天地篇》。

⑥ 《中说·周公篇》。

在王通看来，天下之治，盛衰治乱，皆是系乎"皇极"大中之道，皆是此道不断回归与演变。故曰"变万化，吾常守中焉"①；故曰"游仲尼之门，未有不治中者也"②。这个"皇极"大中之道，即"惟精惟一，允执厥中"者，亦即"一以贯之"者。故薛收说："大哉！夫子之道，一而已矣。"③ 它就是王通历史哲学本体论存在，而其为大用，就他弟子所说"皇极所以复建，而斯文不丧"④ 者。它在王通历史哲学中，乃是其王道思想体系的主轴与核心。故阮逸说：

> 大哉！中之为义，在《易》为二五，在《春秋》为权衡，在《书》为皇极，在《礼》为中庸。谓乎无形，非中也。谓乎有象，非中也。上不荡于虚无，下不局于器用。惟变所适，惟义所在。此中之大略也。《中说》者，如是而已。⑤

这个"皇极"大中之道，这个形上至极的存在，乃是看不见、摸不着的存在。故弟子闻其语，叹曰："大哉乎一也！天下皆归焉，而不觉也。"⑥ 虽然"皇极"大中之道，看不见、摸不着，然它却是真实无妄之理，是不可违背的历史法则，支配历史盛衰存亡者。故曰"卓哉！周、孔之道，其神之所为乎！顺之则吉，逆之则凶"⑦。持此至极之道，观天下万殊，阴阳、动静、开合之变，有无、进退之消息，盛衰、存亡之理，明察之，体会之，领悟之，则"大哉！时之相生也，达者可与几矣"；"旁行而不流，守者可与存义矣"。明此大哲理的几微幽深变化，"稽之于天，合之于人，谓其有定于此而应于彼，吉凶曲折，无所逃乎？非圣人，孰能至之哉！"在王通看来，不懂这个至极法则，不懂其几微幽深的变化，是不可以昭明治理，诏令天下的。故他说："一言而天下应，一令而不可易。非仁智博达，则天明命，其孰能诏天下乎！"这个形上之道，这个至极法则，虽然无形无象，只要体会之、领悟之，仍然

---

① 《中说·周公篇》。
② 《中说·事君篇》。
③ 《中说·天地篇》。
④ 《中说·王道篇》。
⑤ 〔宋〕阮逸《中说》序。
⑥ 《中说·述史篇》。
⑦ 《中说·王道篇》。

是可感觉到它存在的。故其论《易》，谓门人曰"默而成之，不言而信，存乎德行"①。

但这个大中之道，这个至极本体存在，并不是空悬着的。它作为形上至极本体，乃是至精至神者，而其向下落实，于形下处，其为道体流行大用，则是日用不息的存在，贯通王通道体哲学，落实到社会人生，就是人格理想与经世精神。

四　人格理想与经世精神

天地之间，宇宙之内，万物虽殊，物各有性，性各有极，林林总总，各放于自得之场，极为复杂，但王通认为，天地万物，包括大法则、大哲理的存在，皆是有其主体性的。这个主体性，就是人的存在。故曰"天地之中非他也，人也"②。即使天地之道及其阴阳消长、动静阖辟、往来开合、剥复损益之理、盛衰存亡之道之类为几微幽深的法则，"神而明之，存乎其人"，也是可以理解、领悟、掌握的。没有人的存在，一切盛衰之道，存亡之理，皆成为无主体性存在。故曰"苟非其人，道不虚行"③。不管多么几微幽深的法则，多么至精至神的存在，以及动静开合、盈虚消长变化，它都是可以为人用来通晓人类历史变化，实行变法的。立于此，"通其变，天下无弊法"；于此相反，而若执着于小知小识，则"执其方，天下无善教"矣。这正是王通的文化历史哲学，反复讲"存乎其人"④ 的道理。

这种主体性乃是人生于天地间，得天地之理所获得的一种精神性存在。王通一生，谈天下之治，谈王道理想，皆在追求一种人的精神性存在。故其讲："安得圆机之士，与之共言九流哉！安得皇极之主，与之共叙九畴哉！"⑤获得"圆机之士，皇极之主"者，就是获得天地之理，具伟大人格精神者。只有获得这种精神性存在，才能"与之共言九流"，"与之共叙九畴"，谈天地人生的大道理，也才算是天地大人生。由此可以看出，王通所追求的人之精神性存在，乃是一种人格理想，一种获得天地之理的生命精神存在。这种

---

① 上引均见《中说·问易篇》。
② 《中说·魏相篇》。
③ 《中说·天地篇》。
④ 《中说·周公篇》。
⑤ 《中说·周公篇》。

精神是伟大的而不是渺小的，是开阔的而不是狭窄的，是超越的而不是低俗的，是一种可与之"言九流""叙九畴"的道德之士，而非世俗小人。这种精神性哪里来的？就是薛收问《易》于老师感悟社会人生所说的那句话："天地之理得矣。"①

自然，并不是任何人都能获得这种精神，成为天地间主体性存在的。例如北魏的崔浩就是这样。他虽然"才艺通博，究览天人"，著书"上推太初，下尽秦汉变弊之迹"，思想可谓开阔！然著作令史闵湛、郗标等刊《国记》，崔浩"尽述国事，备而不典"②，却让其刊刻在石碑上，任过往行人品评，此事岂不太仓促急迫？结果事发被杀。因此杜淹、王通问："崔浩何人也？"答曰："迫人也。执小道，乱大经。"做事如此仓促急迫，"执小道，乱大经"，如何成为天地间主体性存在？它自然不是王通的理想人格。北魏文学家温子升的"智小谋大"，王通谓之"险人也"③，也是这样。其他像六朝时期的一些文士，如讲"谢灵运小人哉！其文傲，君子则谨。沈休文小人哉！其文冶，君子则典。鲍照、江淹，古之狷者也，其文急以怨。吴筠、孔珪，古之狂者也，其文怪以怒。谢庄、王融，古之纤人也，其文碎。徐陵、庾信，古之夸人也，其文诞"；"谢朓，浅人也，其文捷。江揔，诡人也，其文虚，皆古之不利人也"等，人性皆偏执古怪，精神世界皆狭小浅薄，算不上理想人格。在他看来，只有"颜延之、王俭、任昉，有君子之心焉"，"其文约以则"④，还算得有点人格精神者。

王通的人格理想是很高的。即使像魏晋时期嵇康、阮籍、刘伶那样的人，他也认为并非理想的人格。这从他回答文彦博的一段问话，可以看出来：

> 温彦博问："嵇康、阮籍何人也？"
> 子曰："古之名理者，而不能穷也。"
> 曰："何谓也？"
> 子曰："道不足而器有余。"
> 曰："敢问道器？"

① 《中说·魏相篇》。
② 《魏书·崔浩传》。
③ 均见《中说·周公篇》。
④ 均见《中说·事君篇》。

子曰："通变之谓道，执方之谓器。"

曰："刘伶何人也？"

子曰："古之闭关人也。"

曰："可乎？"

曰："兼忘天下，不亦可乎。"

曰："道足乎？"

曰："足则吾不知也。"①

在王通看来，嵇康、阮籍固然是"古之名理者"，然人格上所以不够完美，就在于不能穷理，追求"道"的最高存在。因此，他们两人的人格就显得内在道德修养不足，外在气质有余。这就是王通所讲的"道"与"器"问题。道即道德修养，即穷理所获得的精神世界；器即形器，即人的仪表，"器宇轩昂"之类的气质。因为道德精神修养是通达不通达、圆满不圆满问题，形器是执规矩方圆的知识问题。故曰"通变之谓道，执方之谓器"。在王通看来，嵇康、阮籍于通达圆满的道德精神，还是有欠缺的，并非理想人格存在者。至于刘伶，更是一个精神上自我封闭的人。饮酒不辍，醉后可以忘天地，遗忘物，然终究让人看起来道德精神世界不足。凡此，可知王通人格理想追求之高也。他甚至认为，他的弟子"姚义之辩，李靖之智，贾琼、魏徵之正，薛收之仁，程元、王孝逸之文，加之以笃固，申之以礼乐"，才可以成为一种完美人格，即"可以成人矣"②。

王通对于人格理想，无疑尊崇古代顺乎美好天道法则者，如"唐、虞之际，斯为盛。大禹、皋陶，顺天休命"③。然其最为尊崇者，则是周公、孔子之道及其精神存在。故曰"卓哉！周、孔之道"④。他尊崇周、孔，不仅是他们人格高尚，更在于他们有一种经世之道，一种化成天下的自觉与价值关心，一种很强的经世精神。王通讲"唐虞之道直以大，故以揖让终焉，其道甚阔，不可格于后"；讲"夏、商之道直以简，故以放弑终焉，其道亦旷，不可制于下"，就是这样的经世之道与经世精神。其讲道，所谓"不可格于后""不可

---

① 《中说·周公篇》。

② 《中说·魏相篇》。

③ 《中说·礼乐篇》。

④ 《中说·王道篇》。

制于下"，就是说，他们化成天下的"直以大""直以简"的道，是其旷兮阔兮的大道，非形下器物小道，因而不是以浅薄的小知小识可以认识把握的。此其可以兴化，天下有揖让之礼，熙和之风者也。此道只有圣人，方可承之扶之。王通很自负，认为自己是其可承扶者，曰"如有用我者，吾其为周公所为乎！"①

王通虽然只活了三十多岁，然其一生是很有抱负的。这不仅见于仁寿三年"献太平十二策"，提出"尊王道，推霸略，稽今验古"方略，更在于他立于自己的人格理想，以济天下苍生为念，慨然以济世之志，推行经世精神。这对王通来说，并不只是志向、兴趣问题，而是道德使命问题，是天命领悟或使命自觉问题。在王通看来，淳漓朴散人生，可不可归，古代淳朴社会可复不可复，全在于人是否能弘道：若"人能弘道，苟得其行"。人类历史上，"治乱相易，浇淳有由；兴衰资乎人，得失在乎教"，关键是以何道教化天下。他认为，说"太古不可复，是未知先王之有化也"；孔、孟不存在了，若其存在而行其道，以《诗》《书》《礼》《乐》教化天下，动之以和平，"孰云淳朴不可归哉！"②

这种天命领悟或使命自觉，就是王通讲的"立命"，即以天道义理存在，获得性命之理及自觉道德使命。这就是《易传》讲的"乾道变化，各正性命"③。王通认为，讲"立命"，称人事，"无远近高深而不应也，无洪纤曲直而不当"，皆"归之于天"，似乎是很令人畏惧的事情。但他认为，人对天道的领悟，获得道德感、使命感，不过是穷其理、冥诸心而已，对于神秘莫测的存在，则是敬而远之的。故其讲道周公时说："大哉！周公，远则冥诸心也。心者非他也，穷理者也。故悉本于天。推神于天，盖尊而远之也。"④ 能不能获此道德感、使命感，成为经世精神，并不是年龄大小、地位高低决定的，而在于能否领悟获得天道性命之理。王通"十五为人师焉"，衔命自负，的确很年轻，然其弟子则说"德不在年，道不在位"⑤。

虽然道德感、使命感，并不是由年龄大小、地位高低决定的，但能不能负此使命化成天下，成为经世精神，内心怀何道德，是极为重要的。在王通

---

① 《中说·天地篇》。
② 《中说·立命篇》。
③ 《周易·象上传》。
④ 《中说·立命篇》。
⑤ 《中说·立命篇》。

看来，惟怀道大临天下，方能"进退消息，不失其几乎。道甚大，物不废，高逝独往，中权契化，自作天命！"① 而且其化成是一个自然过程，并非外在强制行为。故曰"圣人之道，其昌也潜，其弊也寝，矗矗焉若寒暑进退，物莫不从之，而不知其由也"②。所谓"自作天命"，就是自己掌握自己的命运。而这只有立于大道，立于天地之正，遵守常道法则方可，搞歪门邪道是不行的。故王通说："不以伊尹、周公之道康其国，非大臣也。"③ 又说周公之道，"曲而当，私而恕"，故其"穷理尽性以至于命"④。他看来京房、郭璞之学，区区于象数及其神秘存在，则"古之乱常人也"⑤。

王通虽然年寿不长，又处隋大业不竟之世，无法将其学说推广治世，以康济时艰，创立盛世，然文中子之学，"圣人之修者也"。一种学说，不能为人所理解，不能用于世，非学无用也，时也，势也。"夫道之深者，固当年不能穷。功之远者，必异代而后显。"⑥ 王通之学传至唐初，影响了房玄龄、杜如晦、魏徵、李靖诸人，展其大成，建纲立制，佐王而治，则成为经世大学问，创建唐代盛世，发挥大用矣。这就是王通以经世之学，启开唐代盛治问题。

五　以经世之学启开唐代盛治

文中子谈及所献《十二策》时说："《十二策》若行于时，则《六经》不续矣。"然王通毕竟做了《续经》这件事。他对于所续《六经》的功用，是很自信的，曾讲"如有用我者，当处于泰山矣"⑦。但是，现实毕竟是现实，一种理论，一种学说，能不能被人理解，为世所用，是与时代相关，与时代情势相关的。正是因为这样，所以杜淹问及王通的《续经》能否行于世时，王通亚弟太原府君王凝说："天下有道，圣人推而行之；天下无道，圣人述而藏之。"⑧

---

① 《中说·问易篇》。
② 《中说·周公篇》。
③ 《中说·立命篇》。
④ 《中说·周公篇》。
⑤ 《中说·魏相篇》。
⑥ 〔宋〕阮逸《中说》序。
⑦ 《中说·述史篇》。
⑧ 《中说·关朗篇》。

　　王通对《续经》能否行于世，为世所用，可能后来有了比较深刻的理解。故其赞《易》，至《序卦》曰"大哉！时之相生也，达者可与几矣"；至《杂卦》曰"旁行而不流，守者可与存义矣"①。著作能不能行于世，为世所用，是"达者可与几"，还是"守者可与存义"，皆是与时代相关的。这大概正是他讲"至人天隐，其次地隐，其次名隐"②的原因。

　　学者关心自己的著作及理论学说能否行于世，为世所用，是可以理解的，不然他写那么多书干什么。但是，一种理论，一种学说，能不能被人理解，为世所用，并不是学者个人的问题，也不仅仅是其理论学说有用无用问题，而是与整个时代相关，与整个时代情势相关的。这种时代情势，不仅是指王者有道无道，更是包括当时政治力量、政治情势在内的。王通所奏十二《太平策》，本来得到隋文帝的欣赏，是要实行的，然由于"下议于公卿，公卿不悦"，加上"将有萧墙之衅"，其"尊王道，推霸略，稽今验古，恢恢乎运天下于指掌"的谋略，就不为其所用了③。由此可知，一种理论，一种学说，能不能被人理解，为世所用，不仅要得到有权者的欣赏，还必须有一定的政治力量，得到一定政治势力的支持。没有政治力量，没有政治势力的支持，即使王者见赏，给你一定职位，其学说也是不能见于世用的。王通献《太平策》的失败，大概对官场失去了信心。故杨素派人问王通愿意出仕吗？王通说："疏属之南，汾水之曲，有先人之敝庐在，可以避风雨，有田可以具粖粥，弹琴著书，讲道劝义自乐也。愿君侯正身以统天下。时和岁丰，则通也受赐多矣，不愿仕也。"④但王通对于授其学，培养人才，培植行其道的政治力量，则是非常重视的。这就是他奏《太平策》不见用后，见"时异事变"，再征不至，"遂怀古人之心乎，将兴太平之基"⑤，教兴于河汾，努力培养人才的原因。

　　秦汉以来，以儒家经典治学，能提出自己政治见解，并希冀以自己的学说影响于后世者，莫过于汉之扬雄、隋之王通。扬雄虽然入圣道，卓绝于世，但他只是一个纯粹的学者，一个默然独守自己精神世界的人，贫居长安，归葬于蜀，没有授徒传教，不论是其在世还是身后，其学影响，皆很有限。但

---

① 《中说·问易篇》。
② 《中说·周公篇》。
③ 《文中子家世》。
④ 《中说·事君篇》。
⑤ 《文中子家世》。

王通就不一样了。他虽奏十二《太平策》不见用，退而在家乡讲学，教于河汾，聚徒之众，及学说践行，影响治世者，皆是扬雄所不能比的。特别是王通以经世之学及"王佐之道"，教于房玄龄、杜如晦、魏徵诸人，见诸唐初之治，可以说是开出唐代盛治的理论学说。

这对王通来说，乃是一种意识到的理性自觉。惟此，王通教于河汾，聚徒授学，不仅因材施教，如"门人窦威、贾琼、姚义受《礼》，温彦博、杜如晦、陈叔达受《乐》，杜淹、房乔、魏徵受《书》，李靖、薛方士、裴晞、王珪受《诗》，叔恬受《元经》，董常、仇璋、薛收、程元备闻《六经》之义"，而且才非常认真："不专经者，不敢以受也。"① 因为"史传兴而经道废矣，记注兴而史道诬矣"②。治学不能回到它的源头上，只是在传注上用功，则必废圣人之道，而流于支离。在王通看来，"稽之于天，合之于人，有定于此而应于彼，吉凶曲折，无所逃"的最高学问，"非君子，孰能知而畏之乎！非圣人，孰能至之哉！"故贾琼问"太平可致乎？"王通说："五常之典，三王之诰，两汉之制，粲然可见矣。"及至"王泽竭而诸侯仗义矣，帝制衰而天下言利矣"③，也就无太平可言了。此王通教人专诸于经典者也。

关于王通之学及其讲授，王福畤曾引王凝的话说，王通之述，"言乎皇纲帝道，则大明矣，以言乎天地之间，则无不至焉。自春秋以来，未有若斯之述也"又说其谓门人"不可使文中之后不达于兹也，乃召诸子而授焉"④。王福畤引此话，有可能有夸其父，矫示人的地方，但也大体看出王通聚徒授学，教于河汾的原因，即王通之学，乃是明乎皇纲帝道，春秋以来最为重要的学问，事关王道之治，不可不传。但观《中说》记述，王通最为重要的思想，就是将周公、孔子天德王道之说及其一套经世致用礼教制度传承下去，实现皇纲帝道之制。此其王通讲"卓哉！周孔之道，其神之所为乎！顺之则吉，逆之则凶"⑤ 者也，亦其讲"唐虞之道直以大，故以揖让终焉，必也有圣人承之"⑥ 者也。在王通看来，周孔之道及其制度是非常完美神圣的，自己聚徒授学的使命，就是把周孔之道及其礼教制度传承下去，使天道至德的王道政

---

① 《中说·关朗篇》。
② 《中说·问易篇》。
③ 《中说·问易篇》。
④ 《王氏家书杂录》，见《中说》附录。
⑤ 《中说·王道篇》。
⑥ 《中说·天地篇》。

治理想得以实现。故他说：

> 吾视千载以上，圣人在上者，未有若周公焉。其道则一，而经制大备，后之为政，有所持循。吾视千载而下，未有若仲尼焉，其道则一，而述作大明，后之修文者，有所折中矣。千载而下，有申周公之事者，吾不得而见也。千载而下，有绍宣尼之业者，吾不得而让也。①

王通认为，周孔之道，即天道，即王者之道，即以天道至德，仁爱天下之道。"唯道所存，以天下之身，受天下之训，得天下之道，成天下之务，民不知其由也，其惟明主乎"②；而周孔礼教制度，即取诸"皇极"大中之道的制度，即是"礼其皇极之门"，圣人"得中道，能辩上下，定民志"③ 的制度，亦即明乎天道至德，仁爱天下的王道之制、帝道之制。"帝者之制，恢恢乎其无所不容！其有大制，制天下而不割乎？其上湛然，其下恬然。天下之危，与天下安之。天下之失，与天下正之。千变万化，吾常守中焉。其卓然不可动乎！其感而无不通乎！"④ 经世致用之道，此道也；明王之制，此制也。凡此，可知王通对周孔之道及其礼教制度之崇尚矣！然他认为，此"道废久矣！"但他仍然乐观地认为，"如有王者出，三十年而后礼乐可称也"；而且在他看来，传承周孔之道，恢复礼教制度，"十年平之，十年富之，十年和之，斯成矣"。要传承周孔之道，恢复礼教制度，实现天道至德的政治理想，除要有英明之君主，还有一个重要的方面，就是要培养具有"王佐之道"的人才。因为在王通看来，"天地之中非他也，人也"⑤。只要培养出"王佐之道"的人才，人事修，天地之理得，自然周孔之道可复，礼乐之教可成，天道至德的王道理想就可实现。

王通正是按照这种想法，授徒传教，试图实现自己理想的。教育贵知性，贵通其心灵。人各性，因材施教，培育之、扶持之，自然将来各有不同作为。王通在所收门人中，已看到不同才性及其发展的可能性，如"姚义之辩，李靖之智，贾琼、魏徵之正，薛收之仁，程元、王孝逸之文"，只要"加之以笃

---

① 《中说·天地篇》。
② 《中说·问易篇》。
③ 《中说·礼乐篇》。
④ 《中说·周公篇》。
⑤ 上均引自《中说·魏相篇》。

固，申之以礼乐，可以成人矣"①。王通正是根据门人不同才性，传授儒家经典，培养教化的，如对门人"窦威、贾琼、姚义受《礼》，温彦博、杜如晦、陈叔达受《乐》，杜淹、房乔、魏徵受《书》，李靖、薛方士、裴晞、王珪受《诗》"② 等。根据不同才性，点化之、导向之，自然所学者易会，所教者易通。房玄龄问"善则称君，过则称己，可谓忠乎？"王通点化之说"让矣"，即属于礼让矣。杜如晦问政？王通导向之说："推尔诚，举尔类，赏一以劝百，罚一以惩众。"杜如晦出，对窦威说："党人容其计，佞人杜其渐，赏罚在其中。吾知乎为政矣。"③ 魏徵问"议事以制，何如？"王通导向之说："苟正其本，刑将措焉。如失其道，议之何益！"这些门人后来发展及其为政，也的确按照王通"王佐之道"的人才培养教化，成为唐初治国名臣的。史书讲"房、杜二公，皆以命世之才，遭逢明主，谋猷允协，以致升平"；讲"肇启圣君，必生贤辅。文含经纬，谋深夹辅。笙磬同音，唯房与杜"④；讲魏徵"根于道义，发为律度，身正而心劲，上不负时主，下不阿权幸，中不侈亲族，外不为朋党，不以逢时改节，不以图位卖忠。所载章疏四篇，可为万代王者法"；"前代净臣，一人而已"⑤ 等等，可知王学门人对唐初盛治之贡献矣，亦可知王通经世致用之学，怎样通过培养"王佐之道"人才而为大用，启开唐代盛治矣。

　　一种理论，一种学说，不能被人理解是很正常的；特别是高深的理论学说，人们忙于功利之求，是顾不得关注和静心理解的，它只有经过一定阶段，一个历史时期之后，才能发挥大用。故阮逸注《中说》说："夫道之深者，固当年不能穷；功之远者，必异代而后显。"⑥ 王通之学，续《诗》《书》，正《礼》《乐》，修《元经》，赞《易》道，远比不上原始儒家孔孟之学，但它能于隋后唐初发挥大用，较之孔孟之学经春秋战国五六百年用于两汉，已算是幸运的了。然王通为学，自任太重，子弟誉之也太过，故世人讥其僭而累其美，于《隋书》有缺，就不难理解了。然王通开古圣贤之道于当时，聪明人之耳目于隋世，其学在精神史上之地位是不可淹没的。王通之学，虽见识高

---

① 《中说·礼乐篇》。
② 《中说·关朗篇》。
③ 《中说·立命篇》。
④ 《旧唐书·房玄龄、杜如晦传》。
⑤ 《旧唐书·魏徵传》。
⑥ 《中说》序。

明，但也只是政道治体，而于形上本体处，则显得欠缺。因此关于大哉圣人之道，峻极于天的存在，关于天道至德的高明修养以及明德、新民、达于至善处等，皆不见其广大精微之论。此王通之学不足也。

第十二章　唐代盛治与儒学精神

内容提要： 一个强大的时代，需要强大的哲学。这种哲学不是虚无缥缈的景象，不是小溪流水的任意东西，而是通天通地的大哲理，是位天地、生万物的本体论，是直上直下、刚正中正、仁爱天下的彝伦法则与为治之道！没有这种哲学就要寻找。佛教以心起灭天地万物，攀缘于不能测之真际，不能穷之妙门，非位天地、生万物之道也；道教宗《老子》，玄之又玄，虽极高明，然仅讲自然无为，不可以天德王道化成天下。唐太宗虽为一代明君，通观体察，经史不失手，但并非集圣贤明哲于一身，可定天道性命之理于天下者。因此，唐初，太宗主政为治，开设文学馆，聚集儒学复兴人才，称赞陆德明和孔颖达，以为文学多门，章句繁杂，思想混乱，要孔颖达正义《五经》，颜师古考经治礼，复兴儒家天德王道哲学。这就是本章所要讲的太宗恢复儒学，建典立法，实现盛唐大治。

一个强大的时代，需要强大的哲学。这种哲学不是虚无缥缈的景象，不是小溪流水的任意东西，而是通天通地的大哲理，是位天地、生万物的本体论，是直上直下、刚正中正、仁爱天下的彝伦法则与为治之道！没有这种哲学就要寻找，有这种哲学就要回复。这就是唐代对儒学的归复。

唐代虽儒道释三教并立，而且以佛教为大宗，但佛教并不能真正为天下之治提供强大的政治哲学，提供真实无妄的治道与治理。唐太宗在有名的《圣教序》中就明确地讲，儒家《易》"二仪有像，显覆载以含生；四时无形，潜寒暑以化物，是以窥天鉴地，庸愚皆识其端；明阴洞阳，贤哲罕穷其数"，皆是人生可以把握的真理。故曰"像显可征，虽愚不惑"。然而"佛道崇虚，乘幽控寂，宏济万品，典御十方，举威灵而无上，抑神力而无下，大之则弥于宇宙，细之则摄于毫厘。无灭无生，历千劫而不古。若隐若现，运百福而长今", 说其 "妙道凝元, 遵之莫知其际; 法流湛寂, 挹之莫测其源", 皆是虚无缥缈、不可把握的真理。故曰 "蠢蠢凡愚, 区区庸鄙, 投其旨趣, 能无疑惑者哉!"① 这看似对佛家的恭维, 实乃是对其宗教真理的怀疑。正是带着这种怀疑, 贞观八年, 唐太宗对长孙无忌说: "在外百姓, 大似信佛, 上封事, 欲令我每日将十个大德, 共达官同入, 令我礼拜。观此乃是道人教上其事!" 侍中魏徵则对曰: "佛道法本贵清净, 以遏浮竞", 抑制人心不节制的欲望, 是有用的, 但 "陛下纵欲崇信佛教, 亦不须道人日到参议"②, 即不准佛教参与到人事政治中来也。由此可知唐朝对佛教的真实态度矣。正是唐朝对佛教有此基本态度, 所以僧法琳武德二年 (619) 上《破邪论》给秦王李世民, 讲 "三元五运之肇, 天皇人帝之兴, 龟图鸟策之文, 金版玉笥之典, 六衡九光之度, 百家万卷之书, 莫不导人伦信义之风, 述勋华周孔之教, 统其要也, 未达生死之源; 陈其理也, 不出有无之域" 云云, 并且纠缠不休, 要 "道资万有, 慈被百灵, 启解脱彼岸之津, 开究竟无为之府, 拔群生于见海之外, 救诸子于火宅之中"③ 时, 李世民以 "诽毁我祖祢, 谤讟我先人, 如此要君, 罪有不恕"④, 而杀之。不是僧法琳不聪明, 而是太聪明, 要求过分了。此可知唐虽尊佛, 然并非真要以佛教治天下也。

　　唐朝对道教的态度也是这样。唐之尊奉道教, 用高祖李渊的话说, 不过是 "谓吾语唐天子, 吾汝祖也"⑤, 借道教宗老子李耳, 增加唐朝政治合法性而已。用唐太宗李世民的话说, 不过是因为 "朕之本系, 出于柱史"⑥。若就他们真实信仰而言, 则是根本不相信道教那套神秘的真理。太宗登基之初的贞观元年, 就明确地对臣下说: "神仙事本虚妄, 空有其名。秦始皇非分爱好, 遂为方士所诈, 乃遣童男女数千人随徐福入海求仙药, 方士避秦苛虐, 因留不归。始皇犹海侧踟蹰以待之, 还至沙丘而死。汉武帝为求仙, 乃将女嫁道术人, 事既无验, 便行诛戮。据此二事, 神仙不烦妄求也。"⑦ 对于道教信奉的原始道家老子哲学, 虽然讲 "老氏垂化, 本实冲虚, 养志无为, 遗情

---

① 《大唐三藏圣教序》,《全唐文》卷十。
② 《唐会要》卷四七。
③ 《上秦王破邪论启》,《全唐文》卷九百三。
④ 《诘沙门法琳诏》,《全唐文》卷六。
⑤ 《唐会要》卷五十。
⑥ 《令道士在僧前诏》,《全唐文》卷六。
⑦ 《旧唐书·太宗本纪上》。

物外，全真守一，是为玄门，驱驰世务，尤乖宗旨"，但在高祖看来，"长存妙道"，只是"永固福田，正本澄源"①，养生之用。关于治国平天下，他还是认为儒教礼教重要，讲"安人静俗，文教为先"②；"说《礼》敦《诗》，本仁祖义，建邦立极，咸必由之"③。唐太宗更明确表示："朕所好者，唯尧舜周孔之道！"④ 至于说发展到唐玄宗注疏《道德真经》，虽想以此为解决他那个时代所面临的治理难题，但正如王船山所批评的那样，讲"深居宴起，而曰无为之正"⑤，则不过是以黄老之学，掩盖社会矛盾而已，并不能真正解决唐朝开始走向衰败的历史现实，不要说开国之初，建盛治，兴隆大业了。

唐统一南北，体制上下，要想王天下，解决当时复杂的社会伦理关系，求得大治，并建盛德富有大业，无疑需要一种强大的哲学。但当时的佛教、道教，或法流空寂，或立于虚幻，皆不能提供这种强大哲学。因此，唐欲平治天下，并建此大业，只有复兴有唐虞之隆、殷周之盛的儒家文化。然儒家文化，魏晋六朝以来已经衰败了。唐朝为复兴已经衰败的儒家文化，采取了一系列重大举措，其中最为重要的，就是开文学馆，聚集儒学人才。

一　开设文学馆聚集儒学复兴的人才

班固立于百家学术源流本于先王设官，故讲"儒家者流，盖出于司徒之官，助人君顺阴阳，明教化者也"。仅仅这样讲，似乎降低了儒家学术地位。其实，以孔子为代表的儒家，编《诗》《书》，正《礼》《乐》，著《春秋》，传《周易》，祖述尧舜，宪章文武，金声玉振，其为学也，乃以形而上学大道精神贯通了整个上古文化历史，集上古文化之大成者。惟此，宗师仲尼，才"于道最为高"。而且儒家之学，乃是"唐虞之隆，殷周之盛，已试之效者也"。班固正是立于此，批评当时"惑者既失精微，而辟者又随时抑扬，违离道本，苟以哗众取宠。后进循之，是以《五经》乖析，儒学寝衰，此辟儒之患"⑥。班固这个批评，对于由魏晋南北朝发展过来的儒学，也同样是存在的。

---

① 《沙汰佛道诏》，《全唐文》卷三。

② 《阅武诏》，《全唐文》卷一。

③ 《令诸州举送明经诏》，《全唐文》卷三。

④ 《资治通鉴》卷一百九十二。

⑤ 《读通鉴论》卷二十二。

⑥ 《汉书·艺文志》。

这种"《五经》乖析"的局面，对于统一天下的唐朝来说是不允存在的。因为它不仅要实现政治上的统一，更要复兴儒学，实现文化意识上的统一，建立起强大统一的文化意识形态。而复兴儒学，建立统一文化意识形态，就要纠正典籍解释中的错误或歧义。这正是太宗贞观二年"以经籍去圣久远，文字多讹谬，诏前中书侍郎颜师古考定《五经》，颁于天下，命学者习焉；又以儒学多门，章句繁杂，诏国子祭酒孔颖达与诸儒撰定《五经》义疏，名曰《五经正义》，令天下传习"① 的原因所在。

但复兴儒学，谈何容易！不仅佛教攻儒家浅薄，典籍"六爻探赜，局于生灭之场；百物正名，未涉真如之境"②，而且道家也批评儒家说："仲尼知老氏玄妙贵异，而不能挹酌清虚，本源大宗，出乎无形之外，入乎至道之内，其所谘受，止于民闲之事而已。"③ 然三皇五帝以来，国所以治，天下所以平，雝雝穆穆，为纲为纪，立于天地间而为中国文化主流者，正是儒家文化。惟此，高祖才说："六经茂典，百王仰则。四学崇教，千载垂范！"④ 唐太宗才说："今宜依据《礼》典，务从简约，仰效先哲，垂法将来！"⑤

复兴儒家文化，若要落到实处，开出一条复兴之路，不仅要有组织机构、人员安排，而且要有一批真正懂儒学的人，充实其组织，统领其机构。唐朝为治者无疑明白这一点。因此，武德三年（620），"太宗讨平东夏，海内无事，就锐意经籍，于秦府开文学馆，广引文学之士，下诏以府属杜如晦等十八人为学士"⑥。武德九年（626），太宗即位，于是"大阐文教，于宏文殿聚四部群书二十余万卷，于殿侧置宏文馆，精选天下贤良文学之士，虞世南、褚亮、姚思廉、欧阳询、蔡允恭、萧德言等，以本官兼学士，令更宿直，听朝之隙，引入内殿，讲论文义，商量政事，或至夜分方罢"⑦。文学馆设置及人员录用，唐太宗亲自制文以教说之：

　　　　昔楚国尊贤，崇道光于申穆；梁邦接士，楷德重于邹枚，咸以着范

① 《旧唐书·儒学传》序。
② 玄奘：《谢御制三藏圣教序表》，《全唐文》卷九百六十。
③ 《抱朴子·塞难》。
④ 《令诸州举送明经诏》，《全唐文》卷三。
⑤ 《二名不偏讳令》，《全唐文》卷四。
⑥ 《旧唐书·儒学传》序。
⑦ 《唐会要》卷六十四。

前修，垂芳后烈。顾惟菲薄，多谢古人，高山仰上，能无景慕。……故侧席无倦于齐庭，开筵有待于燕馆。属以大行台司勋郎中杜如晦、记室考功郎中房玄龄、于志宁、军谘祭酒苏世长、天策府记室薛收、文学褚亮、姚思谦、太学博士陆德明、孔颖达、主簿李道元、天策仓曹李守素、王府记室参军虞世南、参军事蔡允恭、薛元敬、颜相时、宋州总管府户曹许敬宗、太学助教盖文达、谘议典签苏勖等，或背淮而至千里，或适赵以欣三见。咸能垂裾邸第，委质藩维，引礼度而成典则，畅文词而咏风雅，优游幕府。是用嘉焉。宜令并以本官兼文馆学士。①

这里所说"文学"，非今天所讲文学艺术，乃指儒家"六艺"之学。"文学之士"，即研究儒家《诗》《书》《礼》《乐》《易》《春秋》"六艺"之学而有成就者。唐代所设文学馆的名称，虽然不断更改变化，如最初于秦府所开为文学馆，武德四年（621）于门下省所置为修文馆，太宗即位于殿侧所置为宏文馆，唐中宗神龙元年（705）改为昭文馆，神龙二年（706）改为修文馆，景龙二年（708）复改为昭文馆，玄宗开元七年（719）依旧改为宏文馆，是年十二月于门下省设宏文、崇文两馆。于是就有最初的文学馆和现改设的宏文、崇文两馆②不同名称。尽管名称不断改，机构亦有变化，但若就唐太宗开置文学馆或宏文馆之初的性质来看，它已不仅仅是个学术机构或文化部门，而几乎是集中了当时所有通儒学的智能之士，其中杜如晦、房玄龄、薛收，皆出于文中子之学，受王通"王佐之道"影响，属于唐初筹谋帷幄的社稷之臣，谋献致升平者。这些人集中于宏文、崇文馆内，"听朝之隙，引入内殿，讲论文义，商量政事，或至夜分方罢"，哪里仅仅是研究学问？乃谋治国之道也。因此，这样的机构将贤良文学之士聚集在一起，实乃当时儒家最高执政

---

① 《置文馆学士教》，《全唐文》卷四。
② 文学馆与崇文馆之不同，据《唐会要》记载，文学馆是武德四年（621），秦王李世民既平天下，锐意经籍，于宫城之西开设（《旧唐书·儒学传》序将此事定为武德三年于秦王府），当时以僚属大行台司勋郎中杜如晦，记室、考功郎中房玄龄及于志宁，军谘祭酒苏世长，安策府记室薛收，文学褚亮、姚思廉、太学博士陆德明、孔颖达，主簿李道元，天策仓曹李守素，记室参军虞世南，参军事蔡允恭、颜相时，著作佐郎、摄天策记室许敬宗、薛元敬，太学助教盖文达，军谘典签苏勖等，并以本官兼文学馆学士。而崇文馆则是唐高宗显庆元年（656），皇太子李宏，请于崇贤馆置学士，并置生徒，诏许之而开设的。始置二十员，其东宫三师、三少、宾客、詹事、左右庶子、左右卫率及崇贤馆三品学士子孙，亦宜通取。至上元二年（675）为避章怀太子李贤讳，改崇贤馆为崇文馆。由上可知，复兴儒学真正起大作用的主要是太宗所建文学馆。

集团或当国致平儒家群体。若以历史作比较，唐之有杜如晦、房玄龄、薛收、褚亮、姚思谦、陆德明、孔颖达、虞世南、欧阳询等贤良文学之士，实乃如帝舜时之有大禹、皋陶、契、后稷、伯夷、夔、龙、垂、益、彭祖，殷商时之有伊尹、仲虺、义伯、仲伯，周武王时之有太公、周公、召公、鬻子、太颠、闳天、散宜生、南宫适也。这个比喻尽管不确切，但它说明任何时代要做成一件大事，都必须聚集一大批人才！唐朝儒学复兴也是这样。有此大批圣贤明哲，儒学何以不复兴耶！

　　唐朝为复兴儒学，不仅建文学馆、宏文馆，还采取一系列其他举措，扩大儒学的影响，提高儒学的地位。如贞观二年，停以周公为先圣，始立孔子庙堂于国学，以宣父为先圣，颜子为先师①；贞观十四年诏以梁皇侃、褚仲都，周熊安生、沉重，陈沈文阿、周弘正、张机，隋何妥、刘焯、刘炫等前代名儒，学徒多行其义，命求其后②；贞观二十一年诏以左丘明、卜子夏、公羊高、穀梁赤、伏胜、高堂生、戴圣、毛苌、孔安国、刘向、郑众、杜子春、马融、卢植、郑康成、服子慎、何休、王肃、王辅嗣、杜元凯、范宁等21人，代用其书，垂于国胄，自今有事于太学，并命配享宣尼庙堂③。这些举措，对扩大儒学影响，提高儒学地位，皆是行之有效的。除此之外，人才征集使用、待遇提升及扩大国学设施等方面所采取的教育行政举措，更是激励了儒学人才的聚集、培养、造就。儒学讲授之风的盛行，影响所及，高丽及百济、新罗、高昌、吐蕃等诸国酋长，亦遣子弟，请入于国学之内。于是贞观期间，造成了儒学复兴空前未有的盛况。《旧唐书》描述这种盛况说：

　　　　大征天下儒士，以为学官。数幸国学，令祭酒、博士讲论。学生能通一大经已上，咸得署吏。又于国学增筑学舍一千二百间，太学、四门博士亦增置生员，其书算合置博士、学生，以备艺文，凡三千二百六十员。其玄武门屯营飞骑，亦给博士，授以经业，有能通经者，听之贡举。是时四方儒士，多抱负典籍，云会京师。俄而高丽及百济、新罗、高昌、吐蕃等诸国酋长，亦遣子弟请入于国学之内。鼓箧而升讲筵者，八千余

---

① 《旧唐书·儒学传》序。
② 《旧唐书·太宗本纪下》。
③ 《旧唐书·太宗本纪下》。

人。济济洋洋焉，儒学之盛，古昔未之有也。①

为何复兴儒学？它属何性质？这恐怕并非是唐高祖"颇好儒臣"，抑或太宗"海内无事，锐意经籍"。究竟原因何在？根据《旧唐书·儒学传》所说，固然有太宗"以经籍去圣久远，文字多讹谬"的原因，但恐怕更为重要的原因，乃在于"儒学多门，章句繁杂"②。"儒学多门"，自然不利于唐朝以儒学建立统一文化意识形态。让颜师古考定《五经》，诏孔颖达与诸儒撰定《五经》义疏，就是要解决"儒学多门"的问题。《五经》即原始儒家《诗》《书》《礼》《易》《春秋》，被汉儒称之为"经"的著作。考定《五经》，或正义《五经》，就是恢复《诗》《书》《礼》《易》《春秋》经书的根本精神。故唐之儒学复兴，就是复兴儒家经学根本精神！目的，就是以此根本精神建立唐代统一的文化意识形态。

中国历史上，夏、商、周三代之后，最为强盛的莫若汉、唐；汉、唐所以强盛，皆是以复兴儒学，使之成为主流文化，建立起刚健中正的文化精神而实现的。但汉、唐复兴儒家文化所处的环境、走的道路是不一样的：汉代复兴儒学，文、景之前，占主导地位的乃是黄老之学，杂以韩、申之术！而儒家学说，经秦"焚书坑儒"，潜入地下之后，在汉代文、景之前，在文化思想上，则是处于缺位的境地。文、景时期即使尝试儒学复兴，也付出了很大代价，直到武帝时期，儒学才得以重新复兴。而唐代复兴儒学则不是这样。唐初参与国家政权的杜如晦、房玄龄、温彦博、魏徵、长孙无忌等，皆是通儒学的，而以杜如晦为首，又有虞世南、褚亮、姚思廉、欧阳询等文学馆十八学士，参政议政。这些人聚集在一起，在唐朝开国之初，不仅构成了一个儒家最高执政集团，同时也有了一个儒家参政群体；特别是不让佛道"参议"政事，更保证了儒家最高执政集团和儒家参政群体的稳定性。因此，唐代儒学复兴，实乃是儒家执政集团和儒家参政群体主导下的复兴，是该集团和群体的集体意识实现，而吴兢编撰的《贞观政要》，就集中地反映了儒家执政集团和儒家参政群体意识，反映了唐初的政道精神。

因此，唐代儒学复兴，不仅表现为个人的行为，亦是集团意志、群体意识的表现。文学馆的杜如晦、房玄龄、薛收、褚亮、姚思谦诸公，皆是有贡

---

① 《旧唐书·儒学传》序。

② 《旧唐书·儒学传》序。

献的。但唐初，从学术上为儒学精神复兴与发展奠定基础的，则不能称赞当时太学博士陆德明和孔颖达。陆德明的《经典释文》、孔颖达的《五经正义》，就是为唐朝儒学精神发展起奠基作用的著作。其间，则有颜师古考定《五经》和治《五礼》等。要理解唐代儒学精神发展，陆德明以《经典释文》明经学源流，孔颖达以《五经正义》统一经学，颜师古考经治礼儒学真精神，是不可不叙述的，《贞观纪要》作为儒家执政集团和儒家治平群体治道精神集中体现，也是不可忽视的。唐文学馆陆德明、孔颖达并列，现在先叙述陆德明撰《经典释文》明经学源流和孔颖达撰《五经正义》统一经学，然后再叙述颜师古考经治礼问题。

二　陆德明以《经典释文》明经源流

陆德明，本名陆元朗，字德明，以字名于世，苏州吴县人。《旧唐书》本传说其"初受学于周弘正，善言玄理。陈大建中，太子征四方名儒，讲于承先殿。德明年始弱冠，往参焉。国子祭酒徐克开讲，恃贵纵辨，众莫敢当。德明独与抗对，合朝赏叹。解褐始兴王国左常侍，迁国子助教"。这是陆德明第一次出仕。陈亡后，归于故里。"隋炀帝嗣位，召为秘书学士，授国子助教"。这是陆德明第二次出仕。它说明，陆德明未入唐前，曾两为学官：一是在陈，一是在隋。

《新唐书》本传说："王世充僭号，封子玄恕为汉王，以德明为师，即其庐行束脩礼。德明耻之，服巴豆剂，僵偃东壁下。玄恕入拜床垂，德明对之遗利，不复开口，遂移病成皋。"世充被平，秦王辟为文学馆学士，以经授中山王承乾，补太学博士。本传又说"唐高祖释奠，召博士徐文远、浮屠慧乘、道士刘进喜各讲经论，德明驳难，随方立义，遍析其要，众人为屈"。贞观初年，迁国子博士，封吴县男，寻卒。

《旧唐书》本传所说"初受学于周弘正，陈大建中，太子征四方名儒，讲于承先殿，德明年始弱冠，往参焉"。据吴承仕先生考证，"弘正之卒在太建六年，德明受业，疑在太建之初；弱冠应征，或当太建六七年间；至德癸卯，年近三十矣"[1]。太建六七年间，即公元 574 ~ 575 年，此陆德明弱冠之年也。

---

① 吴承仕：《经典释文序录疏证》中华书局 2008 年版，第 9 页。

"贞观初年（627），迁国子博士，封吴县男，寻卒。"若以推算，陆德明生卒年，在555年~627年。

陆德明撰有《经典释文》三十卷、《老子疏》十五卷、《易疏》二十卷，并行于世。其中最名世者，是三十卷《经典释文》。该书作为经典本文训诂阐释，不仅共收录汉魏六朝二百三十余家音切和训诂资料，具有儒家经典的文字、音训、义训价值，而且该书首卷《序录》部分，阐释儒家经学发展师承源流方面，具有经学史、精神史的价值。《经典释文序录》，首先是《序》《条例》、经典次第，分别为《周易》《古文尚书》《毛诗》《周礼》《仪礼》《礼记》《春秋左氏传》《公羊传》《穀梁传》《孝经》《论语》《老子》《庄子》《尔雅》。唐代《孟子》尚不视为经书，故未收入。《老子》、《庄子》二书，受魏晋玄学推崇，影响很大，故其收入。

为什么撰写《经典释文》？撰写的目的、动机是什么？它表现为怎样的内容安排和传授源流？陆德明于《经典释文序录》序中说：

> 余少爱坟典，留意艺文，虽志怀物外，而情存著述。粤以癸卯之岁，承乏上庠，循省旧音，苦其太简，况微言久绝，大义愈乖，攻乎异端，竞生穿凿。不在其位，不谋其政，既职司其忧，宁可视成而已？遂因暇景，救其不逮，研精六籍，采摭九流，搜访异同，校之《苍》《雅》，辄撰集《五典》《孝经》《论语》及《老》《庄》《尔雅》等音，合为三袟三十卷，号曰《经典释文》。古今并录，括其枢要，经注毕详，训义兼辩；质而不野，繁而非芜。示传一家之学，用贻后嗣，令奉以周旋，不敢坠失，与我同志，亦无隐焉。

从该《序》可以看出，陆德明撰写《经典释文》的最初动机，在于经典传承中的"微言久绝，大义愈乖"，及相互批评"攻乎异端，竞生穿凿"，使经典丧失了原有文本意义与根本精神。即《条例》所说"一经之学，数家竞爽，章句既异，蹢驳非一"。这于儒家经典文本意义及根本精神丧失，尤为不能容忍。故《条例》引班固的话说："后世经传既已乖离，传学者又不思多闻阙疑之义，而务碎义逃难，便词巧说，安其所习，毁所不见，终以自弊，此学者之大患也。"为使经典文本意义与根本精神不至于坠失，故其"研精六籍，采摭九流，搜访异同，校之《苍》《雅》，辄撰集《五典》《孝经》《论语》及《老》《庄》《尔雅》等音，合为三袠三十卷"，撰写了《经典释文》。由此可以看出，不管陆德明撰写此书是否意识到它后来的价值，但《经典释文》如此自觉撰写，则是符合唐朝儒学复兴大方向的。惟此，它才能得到唐太宗的赞誉。

关于《经典释文》的撰写成书时间，《序》文只是说"粤以癸卯之岁，承乏上庠"。吴承仕先生《经典释文》序疏证说："德明撰《释文》时，身仕南朝，其所征引，殆无北方学者。若谓作贞观癸卯，则刘焯、刘炫诸子实北方名士，孔颖达、贾公彦撰《五经正义》多所取资，《释文》不应摈弃。"因此，吴先生经多方考证认为，"至德癸卯"，不应是陆德明唐贞观拜为博士之年，而是陈太建之初。因此，《经典释文》撰写成书的"承乏上庠"，应是陈后主"至德纪元之年"①，即公元583年之后。

《经典释文》现存最早的版本是宋代刻本，元、明没再有刻印本，清初则根据钱谦益绛云楼所藏宋刊本的重刻。清乾隆年间，卢文弨以宋抄本为底本，广采各家校勘成果，著成该书《考证》30卷，与已经精校的《经典释文》一并刻入《抱经堂丛书》。直到1985年上海古籍出版社才将其影印出版。2006年中华书局排印出版有黄焯先生的《经典释文汇校》。该书释文充分运用可以见到的旧钞残卷（包括敦煌写本）、单刻本以及30卷残本进行校勘的，颇为精细。2008年中华书局出版有吴承仕先生的《经典释文序录疏证》。该书对《经典释文序录》涉及的经学发展沿革及其重大事件、人物、著作所作叙述与考证，颇为详备，是理解《经典释文序录》一本较为有益的著作。

《经典释文序录》犹如唐代之前的一部学术史，特别是儒家经学，发展脉络及传承源流尤为清晰。如果说《序录》的《序》《条例》《次第》是这部学术史的总体框架及其说明，那么，《序录》的《注解讲述人》一篇，关于儒家各经典的缘起、传承源流、注疏版本及相关资料，做了极为详细的叙述。例如《易》学的发展，发端从伏羲作《八卦》，文王作卦辞，周公作爻辞，孔子作《十翼》讲起，然后讲《易》学讲授传递：自商瞿八传而至杨何，又从杨何、丁宽、施雠、孟喜、梁丘贺，一直讲到费直之《易》及汉代马融、荀爽、郑玄、宋衷、虞翻、王弼等人之传注，材料梳理得极为详备。就其括枢要义，训义兼辩而言，可以说自汉代刘向《别录》、刘歆《七略》之后，

---

① 《经典释文序录疏证》，第10页。

如此周全完备者，尚属首次。其他像《尚书》《诗》《三礼》《春秋》的缘起、传承、源流、注疏等，也皆极为详备。经学缘起、传承、源流、注疏史，亦经学精神史也。正因为《经典释文序录》有此经学史、精神史的价值，所以"贞观十六年四月甲辰，太宗阅德明《经典音义》，美其弘益学者，赐其家布帛百匹"[1]。此乃是陆德明死后，太宗对其著述的赞誉及家人之奖励。

　　陆德明《经典释文序录》不仅以儒家经学发展脉络及传承源流的详备叙述，构成了一部唐代之前的儒学史、精神史，而且在叙述儒家经学发展脉络及传承源流时，贯通大道真脉，处处以儒家正学判断是非，使该书成为了一种立于中正的学术史体系。正如《序录》序及《条例》说的那样，秦火之后，汉代恢复儒家经学，但在传承中的"攻乎异端，竞生穿凿"，或"一经之学，数家竞爽，章句既异，蹖驳非一"，造成整个儒家经学的"微言绝，大义乖"，因此，何者为正，何者为非，乃是作经学史亟待解决的问题。陆德明作《经典释文序录》无疑也面临着这样的问题。他在作《注解讲述人》时，不仅处处寻根溯源，而且叙述儒家经学发展脉络时贯通大道真脉，处处立于儒家正学，"刚中而应，大亨以正"，不偏不颇，判断经典传承源流的本源与流变、中正与逸出，使之符合儒家正学发展的内在逻辑。如《诗》初有《鲁诗》《齐诗》《韩诗》之分。《序录》不仅叙述三家《诗》的讲授传承，而且引《艺文志》，指出问题所在：齐、韩《诗》"或取《春秋》，采杂说，咸非其本义。鲁最为近之"。而待《毛诗》出，叙述讲授传承之后，评之说："前汉，鲁、齐、韩三家《诗》列于学宫。平帝世，《毛诗》始立。齐诗久亡；鲁诗不过江东，韩诗虽在，人无传者。唯《毛诗》郑《笺》独立国学，今所遵用。"由此可知陆德明《序录》是怎样以《毛诗》为儒家正学，摈弃《齐诗》《韩诗》的"取《春秋》，采杂说，咸非其本义"了；即使《鲁诗》与儒学"最为近之"，然亦非正学。这就难怪"齐诗久亡；鲁诗不过江东，韩诗虽在，人无传者"了。

　　陆德明《序录》叙述《毛诗》立于儒家正学，叙述其他儒家经典，如《三礼》的叙述、《春秋》三传的叙述，也无不是立于儒家正学，而判断是非。《周礼》《仪礼》《礼记》之为《三礼》，乃儒家以礼教天下的根本著作。所以陆德明叙述《三礼》，首先肯定礼之"天之经，地之义，民之行"，及

---

① 《玉海》卷四十二，引《旧唐书·陆德明》别本。

"经国家，定社稷，序民人，利后嗣"的大用，然后讲周公居摄，曲为之制，"经礼三百，威仪三千"，《周礼》大备；讲《士礼》即《仪礼》十七篇、古《礼》五十六篇之得与传授；讲孔子门徒撰其所闻，后人各有损益的《礼记》来源。《周礼》即虽为孔子删定，经秦乱而失，取《考工记》以补《事官》，为王莽时刘歆所立，《仪礼》虽有《士礼》有十七篇与古《礼经》五十六篇传承之变，及大小戴删古《礼》而有《礼记》与《大戴礼记》之分，但最后"唯郑玄所注《周礼》《仪礼》《礼记》并列学官"。故《序录》肯定"今《三礼》俱以郑为主"。

《春秋》三传的叙述也是这样。《公羊》《穀梁》《左传》虽都是传《春秋》经的，但《公羊》出于齐，多附会之说，非常异义可怪之论；《穀梁》出于鲁，虽比较可靠，但多停留于名物注疏，而不见《春秋》大义。《春秋》之作，乃孔子"与鲁君子左丘明观书于太史氏，因史记而作"。故《春秋》乃孔子"上遵周公遗制，下明将来之法，褒善黜恶，勒成十二公之经，以授弟子"的大经大法。《左传》之出，乃孔子《春秋》经成，丘明"恐弟子各安其意以失其真，故论本事而为之传，明夫子不以空言说经"的传著。因此，《春秋》三传，惟《左传》最为符合《春秋》本义。然汉兴，先是立《公羊》博士，继之宣帝立《穀梁》博士，而到平帝时始立《左传》博士。但直到东汉建武年间，《左传》立不立博士，群儒仍争论不休。到和帝元兴之年，《左传》才真正立于学官。而后，《左传》用杜预注，《公羊》用何休注，《穀梁》用范宁注，始为《春秋》三传而才行于世。此陆德明《序录》出于儒学之正，而张《左传》之学者也。

儒家典籍的讲授传承，在社会变迁、群体参与、互动、互渗及远距离作用中，因是因非，因非因是，因循流变，人物、事件，皆是弄得极为复杂的，并不是一下子能说清楚的。陆德明《序录》对此则持实事求是的态度：当判断即判断，当存疑即存疑。例如今古文《尚书》的是是非非，就是这样。《今文尚书》取之于伏生，然其"失其本经，口诵二十九篇传授"。宣帝时河内女子得《泰誓》一篇，与伏生所诵合为三十篇。然《泰誓》年月不与《书序》相应，又不与《左传》《国语》《孟子》众书所引《泰誓》同，因此，马融、郑玄、王肃皆疑之。《古文尚书》乃经秦火时，孔子之孙孔惠壁藏，鲁恭王毁孔子旧宅所得。除《尚书》，还有《礼》《论语》《孝经》，皆科斗文字。孔安国以伏生所诵校之，写为隶书，增多伏生所诵二十五篇。伏生误合五篇，即以《舜典》合于《尧典》，《益稷》合于《皋陶谟》，《盘庚》三篇合一，《康王之诰》合于《顾命》，加上《序》，凡五十九篇，为四十六卷。此安国所上《古文尚书》也。武帝末，值巫虫事件，经籍道息，上奏不获，藏之私家。然司马迁从孔安国学，故《史记》多《古文尚书》；刘向也曾以中古文校欧阳、大小夏侯《今文尚书》，可知《古文尚书》存在为不假。及至东汉扶风杜林传《古文尚书》，贾逵为之训，马融作传，郑玄注解，《古文尚书》方显于世。然《序录》认为，"马、郑所注并伏生所诵，非古文也。孔氏之本绝，是以马、郑、杜预之徒，皆为之《逸书》。王肃亦注《今文》，而解大与《古文》相类，或肃私见《孔传》而祕之乎？"如此等等，皆《序录》存疑者也。"近唯崇《古文》，马、郑、王《注》遂废。今以孔氏为正，其《舜典》一篇，仍有王肃本。"① 此《序录》肯定《古文尚书》者也。事虽曲折多变，然陆德明《序录》，判断存疑之是非，叙述还是相当清楚的。此史家之本事也。

佛教、道教之流传，虽也有派别与纷争，但皆未有儒学遭秦火，典籍破坏损失如此之重，学说讲授传承如此之分歧者。汉魏六朝以来，未有如陆德明《序录》，以儒家正学明经源流、辨八百年之是非者。如果说陆德明《序录》为唐朝复兴儒学奠定了经典正学的方向，那么，发展到孔颖达则以正义《五经》，以儒家正学为唐代政治立法矣。这就是下一节所要叙述的重要内容。

三　孔颖达正义《五经》为唐治立法

任何朝代想要维持持久永恒的统治，都不能不寻求一种文化，建立一种有利于自己的政治意识形态。唐朝也是这样。向哪里寻呢？向外来文化吗？唐代只有一种往来文化，佛教。尽管佛教"理穷天地之表，情该日月之外"②，虽然高明，然终因本体论的空虚，与现实世界不具有真实的逻辑关系，故难以建立永恒的信仰；特别是对于已经隐退上帝，崇尚实理的华夏民族来说，更不可能以虚妄之理建立现实世界的信仰。梁武帝崇尚浮屠所造成的亡国之痛尚隐隐发作，唐之为治是不会感觉不到的。

同样，道教宗老子，为唐之本系所出，尊崇道教，增加了政治合法性。但若就建立真实信仰及政治文化意识而言，则不可避免地流入仙道神秘境地。

---

① 以上引文皆见《经典释文序录·注解传述人》。
② 玄奘：《谢御制大慈恩寺碑文表》，《全唐文》卷九百六十。

其讲自然无为之治，虽有遏制浮竞之用，但与建盛德富有大业，"民之秉彝"，终缺人伦道德一环；建邦立极，平治天下，无《诗》《书》《礼》《乐》之教，则无必由之路。

从唐虞及夏商周的政治经验来看，惟刚健中正的儒家之道，为国家民族盛衰治乱根本。然经晚周"天下大乱，贤圣不明，道德不一，天下多得一察焉以自好"，一曲之士，不能"判天地之美，析万物之理，察古人之全"，百家往而不反，遂使"后世之学者，不幸不见天地之纯，古人之大体"，造成了"道术将为天下裂"① 的局面；特别是经秦火之后，今文古文之争，新学旧学之辩及佛教传入，玄学兴起，更使儒家经典"师训纷纭，无所取正"②，更使如何以纯正儒学建立政治理想与文化意识形态，带来了困难。因此，唐太宗于贞观四年（630），因"经籍去圣久远，文字讹谬"③，命颜师古于秘书省考定《五经》文字；唐太宗又以"儒学多门，章句繁杂"，诏国子监祭酒孔颖达与诸儒撰定《五经正义》。④ 这看似是儒家经典师训纷纭、章句繁杂的原因，实乃唐朝复兴儒家正学，建立政治理想与文化意识形态的必要，所采取的政治举措。

国家民族的发展，固然要吸收其他民族的优秀文化营养，但就政治理想的建立与历史道路的开出而言，若要不违背历史内在目的论，使之符合国家民族历史发展内在逻辑的话，是决不可以离开自己文化纯正之学与历史教典的。孔颖达撰定《五经正义》，颜师古考定《五经》文字，及后来奉诏与长孙无忌、房玄龄、魏徵、李百药、令狐德棻、于志宁等撰定《五礼》，就是以儒家正学为唐代政治理想建立与历史道路开出奠定文化哲学基础，提供历史纯正精神的功勋行为。孔颖达正义《五经》，在于为唐朝政治建立大法，而颜师古考定《五经》文字及撰定《五礼》，则在于为唐制建立礼教制度。这些皆是唐代儒学复兴奠基性工作。现在先叙述孔颖达正义《五经》为唐朝政治立法，然后再叙述颜师古考经治礼，为唐制建立法典。

孔颖达，字仲达，冀州衡水人。《旧唐书》本传说，颖达八岁就学，日诵千余言；及长，尤明《左氏传》《郑氏尚书》《王氏易》《毛诗》《礼记》，兼

---

① 《庄子·天下篇》。
② 《北史·儒林传序》。
③ 《贞观政要·崇儒学》。
④ 《旧唐书·儒学上》序。

善算历。同郡刘焯名重海内，颖达造其门。焯初不之礼，颖达请质疑滞，多出其意表，焯改容敬之。颖达固辞归，焯固留不可。还家，以教授为务。

隋大业初，举明经高第，授河内郡博士。隋炀帝时，征诸郡儒官集于东都，令国子秘书学士与之论难，颖达最为突出，为众人之冠。当时，孔颖达少年，而先辈宿儒耻为之屈，竟然潜遣刺客图之。幸亏礼部尚书杨玄感让其住于家中，获免于难。补太学助教。隋乱，避地于洛阳东武牢关一带。

唐太宗平洛阳王世充，孔颖达授文学馆学士，迁国子博士。贞观初，太宗新即位，颖达数以忠言进。帝问："孔子称以能问于不能，以多问于寡，有若无，实若虚，何谓也？"对曰："此圣人教人谦耳。己虽能，仍就不能之人以咨所未能；己虽多，仍就寡少之人更资其多。内有道，外若无；中虽实，容若虚。非特匹夫，君德亦然。故《易》称《蒙》以养正，《明夷》以莅众。若其据尊极之位，衒聪耀明，恃才以肆，则上下不通，君臣道乖。自古灭亡，莫不由此。"① 太宗称善。此问答，不难看出孔颖达政治历史哲学见解。贞观中，孔颖达为祭酒，开讲《五经》。② 后来，与诸儒议历及明堂事，多从其说；又与魏徵撰成《隋史》。孔颖达先是太子右庶子，兼国子司业，此时加散骑常侍。贞观十一年，又与朝贤修定《五礼》，所有疑滞，咸谘决之。属成，进爵为子。孔颖达先为太子右庶子，后承乾不循法度，孔颖达所以免罪，乃因其每犯颜进谏。此可知孔颖达为学为人之正直。

孔颖达于唐代儒学复兴的最大贡献，是与颜师古、司马才章、王恭、王琰受诏撰《五经》义训，凡一百八十卷。它包括《周易正义》十四卷、《尚书正义》二十卷、《毛诗正义》四十卷、《礼记正义》七十卷、《春秋左传正义》三十六卷。此书包贯异家详博，然其中不免有谬冗。当时，博士马嘉运驳正其失，甚至相讥诋。唐太宗诏更令裁定，但孔颖达于贞观二十二年（648）卒，功未就。到唐高宗永徽二年（651），诏令中书门下与国子三馆博士、弘文馆学士考证之，经过尚书左仆射于志宁、右仆射张行成、侍中高季辅的增损，是书始才公布天下。

孔颖达为什么义疏《五经》？仅仅是为了文字训诂、庶务注释吗？当然不是。一个时代需要建立什么文化理想、政治法则，以及用什么文化意识形态统理政道与治道，统一天下人的意志，孔颖达复兴儒家文化，疏理经典大义，

---

① 《旧唐书·孔颖达传》。
② 《唐会要》卷六十六。

义疏《五经》，内心是极为清醒理智的，完全是一种历史使命的自觉。这种使命若用一句话概括，那就是以儒家正学为唐朝大治立法，建立新的政治法典。这一点《尚书正义》表达的最为清楚明白，特别是义疏孔安国《尚书序》，表达的极为清楚。他说：

> 道本冲寂，非有名言。既形以道生，物由名举，则凡诸经史，因物立名。物有本形，形从事着，圣贤阐教，事显于言，言惬群心，书而示法，既书有法，因号曰"书"。……五经六籍皆是笔书，此独称"书"者，以彼五经者非是君口出言，即书为法，所书之事，各有云为，遂以所为别立其称。称以事立，故不名"书"。至于此书者，本书君事，事虽有别，正是君言，言而见书，因而立号，以此之故，名异诸部。但诸部之书，随事立名，名以事举，要名立之后，亦是笔书，故百氏六经总曰"书"也。①

道虽形而上者，不可以形名言。但它见诸事物，则道生名举，凡诸经史，"形从事著，圣贤阐教，事显于言，言惬群心，书而示法"。可知，凡诸经史，皆是圣人为治所立大法则。在孔颖达看来，《尚书》与其他经史不同者，虽然五经六籍，也皆是"笔书"，因为"彼五经者非是君口出言，即书为法，所书之事，各有云为，遂以所为别立其称"；而《尚书》则"本书君事，事虽有别，正是君言，言而见书，因而立号，以此之故，名异诸部"。这就是说，《尚书》"本书君事"，是直接为政治立法，而其他诸部之书，"非是君口出言"，然其道之存在，"随事立名，名以事举，要名立之后，亦是笔书"，亦是圣人为天下大治立法的。就《尚书》而言，不论是典、谟，还是训、诰、誓、命、歌、贡、征、范，其归一揆，皆圣人立教之理，"所以恢弘至道，示人主以轨范也。帝王之制，坦然明白，可举而行"②。孔颖达义疏此句说："此论孔子正理群经已毕，总而结之，故为此言。"

那么，这个政治大法是什么样的呢？自然不是"理穷天地之表，情该日月之外"之法，也不是"义在清虚"，虚无缥缈的存在，而是儒家所说的大道与常道。《书》序说："伏羲、神农、黄帝之书，谓之《三坟》，言大道也。

---

① 见《十三经注疏》上册，中华书局 1979 年影印本，第 113 页。

② 《尚书》序。

少昊、颛顼、高辛、唐、虞之书，谓之《五典》，言常道也。"孔颖达义疏之说："坟，大也。以所论三皇之事，其道至大，故曰'言大道也'。以'典'者，常也，言五帝之道，可以百代常行，故曰'典言常道也'。"在孔颖达看来，大道与常道是有区别的："'常道'所以与'大道'为异者，以帝者公平天下，其道可以常行，故以'典'言之"；而"皇优于帝，其道不但可常行而已，又更大于常"，"虽少有优劣，皆是大道，并可常行。故《礼运》云：'以大道之行'，为五帝时也"。大道，即万物生化大法则，即宇宙原理。大道旷荡，万物生化，参差不齐，故有优劣，但大道作为形而上学本体存在，宇宙万物生化原理，则是高于常道法则的。常道，即宇宙万物运行有常的法则。《尚书》讲"天叙有典，敕我五典五惇哉！"① 就是讲的这个法则。这个法则，不论是人类社会，还是万物生存，皆是违背不得的。故荀子讲"天行有常，不为尧存，不为桀亡"②。中国文化，就是追求常道法则的文化；中华民族就是追求常道法则的民族。故《左传》讲"惟彼陶唐，帅彼天常"③。在中国文化看来，故曰"不知常，妄作凶"④。一旦失去常道法则，必然造成灭亡。故《尚书》讲："惟彼陶唐，有此冀方。今失厥道，乱其纪纲，乃底灭亡。"⑤ 这与印度佛教文化把天道法则、人类社会看成无常存在，因而出家，放弃人生一切，是非常不同的。三皇五帝，不论是以大道行天下，还是以常道治天下，皆是中国圣贤明哲总结上古远古经验提出来的。唐之治天下，要想长治久安、绵延世泽，也是必须遵守这条大法则的。

但大道与常道的大法则，作为形而上学存在，虽无形无象，不可以形名言，然它不是空悬着的，而是周流宇宙、贯通万物的。于道体流行处看，或在道体大用上讲，其分布落实，则是贯通社会人生与宇宙万物存在，无处不体现大道与常道法则。因此，行此大法则，是可体现于社会人生与万物存在的。故孔颖达于《周易正义》序说：

> 夫易者，象也。爻者，效也。圣人有以仰观俯察，象天地而育群品；云行雨施，效四时以生万物。若用之以顺，则两仪序而百物和；若行之

① 《尚书·尧典》。
② 《荀子·田论》。
③ 《左传》哀公六年。
④ 《老子》第十六章。
⑤ 《尚书·五子之歌》。

以逆，则六位倾而五行乱。故王者动必则天地之道，不使一物失其性；行必协阴阳之宜，不使一物受其害。故能弥伦宇宙，酬酢神明。宗社所以无穷，风声所以不朽，非夫道极玄妙，孰能与于此乎？斯乃乾坤之大造，生灵之所益也。①

《易》之为道，广大悉备，兼三才而两之，大哉！至哉！周流不息，生化无穷，即是大道；无极而太极，一阴一阳，互为其根，一阖一辟，盈虚消长，往来不穷，就是常道。这是宇宙的原理，天地的大法则，是谁也违背不得的。故曰"用之以顺，则两仪序而百物和；行之以逆，则六位倾而五行乱"。为王者，"动必则天地之道，不使一物失其性；行必协阴阳之宜，不使一物受其害"，才是最高政治法则。此乃"乾坤之大造，生灵之所益"者也，亦孔颖达义疏《五经》来告诉唐王朝最高统治的。

从大道与常道出发，在孔颖达看来，还可以引出另外两条最为根本的政治法则：第一条从生化无穷的大道本体论出发，天之生民，天必养之，"民之所欲，天必从之"②，引出"德惟善政，政在养民"③ 的法则。这是为政者的第一条根本法则。故孔颖达义疏此句说："所谓德者，惟是善于政也。政之所为，在于养民；正身之德，养身之德、利民之用、厚民之生，此三事惟当谐和之。是德能为善政之道，终当不得怠惰。"④ 义疏《皋陶谟》"在知人，在安民"句，更说："君行此道者，在于知人善恶，择善而信任之，在于能安下民，为政以安定之也。"⑤ "德惟善政，政在养民"，不论谁当皇帝，谁当总统，谁执政于天下，都必须解决养民问题。这个问题解决得好，安民惠民，民众皆归之，就是有德，就可以长治久安，绵延世泽；解决不好，就是缺德，虽巧言令色，不能为政天下，求得长治久安。而要有此德，建此政绩，就要知道人民想什么，要求什么，人民生存的根本大计是什么。此即"知人善恶，择善而信任之"者也，亦是"为政以安定"最为根本者。这是孔颖达提醒唐朝新统治者的，也是他从大道本体论出发，所阐述"乾坤大造，生灵所益"的第一条政治法则。

---

① 《周易正义》序，见《十三经注疏》上册，中华书局 1979 年影印本，第 6 页。
② 《尚书·泰誓上》。
③ 《尚书·大禹谟》。
④ 《尚书正义》卷四。
⑤ 《尚书正义》卷四。

而"饥者歌其食，劳者歌其事"① 的诗歌，则不过是民之心声，欲望追求的反映；而通过诗歌则可以知民心之所向，为政之得失，检验政治法则执行是否醇和。故孔颖达《毛诗正义》序说：

> 夫《诗》者，论功颂德之歌，止僻防邪之训，虽无为而自发，乃有益于生灵。六情静于中，百物荡于外，情缘物动，物感情迁。若政遇醇和，则欢娱被于野；时当惨黩，亦怨刺形于咏歌。作之者所以畅怀舒愤，闻之者足以塞违从正。发诸性情，谐于律吕，故曰："感天地、动鬼神，莫近于《诗》。"此乃诗之为用，其利大矣！②

第二条政治法则，就是从常道出发，建立彝伦大法与社会秩序。自然界的阴阳之道、盈虚消长、寒暑变化，是常道；人类社会的"父子有亲，君臣有义，夫妇有别，长幼有序，朋友有信"，也是常道，即孟子所说的五常。③"天叙有典，敕我五典五惇哉！天秩有礼，自我五礼有庸哉！"④ 儒家的礼教，从根本上说，就是以天之常道，建立彝伦大法与社会秩序的。《礼记》所谓"礼义以为纪，示民有常"⑤，就是讲的礼教之本质。故孔颖达《礼记正义》序说：

> 礼者，经天纬地，本之则大一之初；原始要终，体之乃人情之欲。郁郁乎文哉！三百三千，于斯为盛。纲纪万事，雕琢六情，非彼日月照大明于寰宇，类此松筠负贞心于霜雪。顺之则宗祐固，社稷宁，君臣序，朝廷正；逆之则纪纲废，政教烦，阴阳错于上，人神怨于下。故曰："人之所生，礼为大也。非礼无以事天地之神，辩君臣长幼之位。"是礼之时义大矣哉！⑥

大旱不雨，或大水汪洋，天道之失常也；社会混乱，或战争连绵，政道

---

① 何休：《公羊传》宣公十五年注。
② 《周易正义》序，见《十三经注疏》上册，中华书局 1979 年影印本，第 261 页。
③ 《孟子·滕文公上》。
④ 《尚书·皋陶谟》。
⑤ 《礼记·礼运》。
⑥ 《礼记正义》序，《十三经注疏》上册，中华书局 1979 年影印本，第 1222 页。

之失常也。在孔颖达看来，此乃背儒家礼教，"纪纲废，政教烦，阴阳错于上，人神怨于下"者也；而要"宗祐固，社稷宁，君臣序，朝廷正"，就必须以儒家礼教示民以常，以天之常道，建立彝伦大法与社会法则秩序。因此，孔颖达义疏《五经》，为唐朝建立的第二条政治法则，就是以儒家礼教，建立彝伦法则与社会秩序。这用《管子》的话说，就是"天有常象，地有常形，人有常礼，一设而不更，谓此三常兼而一之，人君之道也"①。

由上不难看出，孔颖达义疏《五经》，乃以儒学大道和常道法则，为唐朝建立政治大法，根治魏晋六朝以来社会混乱、政道失常之弊，以求得彝伦攸叙、社会稳定、长治久安之目的，从而使儒学在唐朝政道与治道中处于文化主流地位。因此，这既是以儒家正学为唐朝政治建立大法，亦是以儒家正学为唐朝建立有利于政道治道、社会人生的文化意识形态。在孔颖达看来，儒家《五经》所蕴大道与常道，乃宇宙之原理，天地之大法，不论是三皇五帝，还是后世之君，皆是违背不了的；惟以此建立政治法则，才能"弥纶宇宙，酬酢神明"，使天下建立起真诚无妄的信仰，才能物不失性，人不失序，万物醇和，五行不乱，才能天下治，民生安，才能"乾坤之大造，生灵之所益"，赓续绵延，利天下，育群生，长治久安。正是孔颖达义疏《五经》有此大用，所以唐太宗才下诏，说孔颖达等所撰《五经》义训"博综古今，义理该洽，考前儒之异说，符圣人之幽旨，实为不朽"②，付国子监施行了。孔颖达等义疏《五经》，本为《义赞》，唐太宗下诏改其为《正义》，虽为褒奖，亦说明其在儒家经学史上义理严正之地位也。《五经正义》的撰写，虽有颜师古、司马才章、王恭、王琰诸人参与，并且唐高宗时经尚书左仆射于志宁、右仆射张行成、侍中高季辅的增损，才公布天下，但孔颖达义疏《五经》，阐述儒家正学及经典之根本精神之功，是不可磨灭的。贞观十八年，孔颖达被图形于凌烟阁，赞曰"道光列第，风传阙里。精义霞开，谈辞飚起"，贞观二十二年（648）卒，陪葬昭陵，赠太常卿。《孔颖达碑》即《孔祭酒碑》，未载颖达卒时年寿，新旧《唐书》本传亦阙。

孔颖达义疏《五经》，虽然也吸收了前人的一些见解，如义疏删定《周易》"考察其事，必以仲尼为宗；义理可诠，先以辅嗣为本"③，吸收了王弼

---

① 《管子·戒》。
② 《旧唐书·孔颖达传》。
③ 《周易正义》序。

《易》注的许多思想；义疏《毛诗》，讲"近代为义疏者，有全缓、何胤、舒瑗、刘轨思、刘丑、刘焯、刘炫"等，而"焯、炫并聪颖特达，文而又儒，擢秀干于一时，骋绝辔于千里，固诸儒之所揖让，日下之无双，于其所作疏内特为殊绝。今奉敕删定，故据以为本"①；甚至在排除佛老、捍卫儒家正学的幌子下，悄悄地吸收了佛老的许多思想，因为在孔颖达看来，玄学、形上本体论是个"易理难穷"，极为复杂的问题，"至于垂范作则，便是有而教有。若论住内住外之空、就能就所之说，斯乃义涉于释氏，非为教于孔门也，既背其本，又违于注"②，然孔颖达义疏《周易·复卦》王弼注"复者反本之谓也"至"未获具存矣"句，还是讲"言静之为本，自然而有"，"天地虽大，富有万物"，"寂然至无是其本矣"，并对此解释说："万物虽运动于外，而天地寂然至于其内也。外是其末，内是其本，言天地无心也"；二者虽"雷动风行，千化万变，若其雷风止息，运亦停住之后，亦寂然至无也"③。这显然是用佛老思想解释儒家《周易》玄学本体论存在。它在一定程度上反映了唐初所出现的一种儒、道、释三教文化合流的倾向。

自然，孔颖达义疏《五经》，从根本上说，还是"考察其事，必以仲尼为宗"，坚持"疏不破注"的儒家正学方向的。这不仅表现在义疏删定《周易》，其他经典义疏删定也是这样。义疏《毛诗》，虽然讲刘焯、刘炫"聪颖特达，文而又儒，擢秀干于一时"等，但对其"负恃才气，轻鄙先达，同其所异，异其所同"之类，还是"削其所烦，增其所简，唯意存于曲直，非有心于爱憎"④的。特别是义疏《尚书》，对今文古文是非之争，近人受疑古思潮影响，虽以《古文尚书》为假造，然孔颖达立于儒家正学，从孔子设教本义出发，则认为孔安国《古文尚书》，虽"晚始得行，其辞富而备，其义弘而雅，故复而不厌，久而愈亮，江左学者，咸悉祖焉"⑤，肯定其富有儒家学术思想，符合孔子设教本义，具有文化价值精神的。

孔颖达义疏《五经》的根本精神，也许不如原始儒家纯正，因为它不仅吸收了汉魏以来诸家注释经典的思想，而且毕竟加上了他自己的体验与领悟，还杂有参与者颜师古、司马才章、王恭、王琰诸人的意见。但他在坚持儒家

---

① 《毛诗正义》序。
② 《周易正义》序。
③ 《周易注疏》卷五。
④ 《毛诗正义》序。
⑤ 《尚书正义》序，见《十三经注疏》上册，中华书局 1979 年影印本，第 110 页。

正学的方向下，创造性地义疏《五经》，在唐代复兴儒学新的历史条件下，还是将儒学精神发展向前推进了，并影响于当时与后世。特别是《五经正义》成，太宗付国子监施行，发展为以经取士的考试制度，对于促进儒学精神极大普及、广泛传播与普遍发展，更是起了很大作用。如太宗八年时，《五经正义》未颁布，进士只试读一部经史①，及至高宗永徽四年，颁《五经正义》于天下，令每年明经，则令依此考试②。后来考试内容虽有变化，如高宗调露二年，依刘思立除考功员外郎奏请，进士考试帖经及试杂文，自后成为常式；玄宗开元二十年，依礼部侍郎姚奕奏请，进士帖《左氏传》《周礼》《仪礼》，通五者与及第，此乃《五经正义》之外，又加《左传》及《二礼》；文宗太和七年，礼部奏"进士举人先试帖经，并略问大义，取经义精通者，次试议论各一首，文理高者，便与及第，其所试诗赋并停者，伏请帖大小经各十帖，通五通六为及格"③，但试经的规定并没有改变。唐把孔颖达《五经正义》列为国家正式考试制度，不仅促进天下学子之读经风气及儒学精神普及与广大，也使儒学成为了唐代的国家政治意识形态。它在汉代之后，又一次将儒学精神发展推向了高峰。

孔颖达立于儒学之正又创造性义疏《五经正义》的文化精神，不仅促进唐朝儒学精神极大普及、广泛传播与普遍发展，而且《五经正义》的编定与流传，从哲理上影响了后来宋明理学发展的根本理念。如孔颖达义疏《尚书·大禹谟》"人心惟危，道心惟微，惟精惟一，允执厥中"句，讲"民心惟甚危险，道心惟甚幽微。危则难安，微则难明，汝当精心，惟当一意，信执其中正之道，乃得人安而道明耳"④，成了后来宋代理学家以"天理"建立本体论的根据。再如孔颖达义疏《礼记·中庸》"喜怒哀乐之未发谓之中，发而皆中节谓之和。中也者，天下之大本也；和也者，天下之达道也。致中和，天地位焉，万物育焉"句，讲"'喜怒哀乐之未发谓之中'者，言喜怒哀乐缘事而生，未发之时，淡然虚静，心无所虑而当于理，故'谓之中'；'发而皆中节谓之和'者，不能寂静而有喜怒哀乐之，虽复动发皆中节限，犹监悔相得，性行和谐，故云'谓之和'。'中也者天下之大本也'者，言情欲未

---

① 《唐会要》卷七十六。
② 《旧唐书·高宗本纪上》。
③ 《唐会要》卷七十六。
④ 《尚书正义》卷四。

发，是人性之初，故曰'天下之大本也'；'和也者，天下之达道也'者，言情欲虽发而能和合道理，可通达流行，故曰'天下之达道也'。'致中和，天地位焉，万物育焉'者，言人君所能，至极中和，使阴阳不错，则天地得其正位焉，生成得理，故万物其养育焉"①，不仅为宋代理学家建立本体论、心性论的根据，亦是宋明心学家发挥"天理人心"学术渊源，此皆《五经正义》的编定与传布，以其宏深疏义，影响于后世者也。

颜师古不仅是孔颖达义疏《五经》的参与者，而且是考经治礼、注《汉书》、参加修《隋史》者。故其对唐代儒学复兴，是有多方面贡献的。若就其根本方面而言，如果说孔颖达义疏《五经》在于为唐朝政治建立大法，那么，颜师古考经治礼，更在于以儒家教典为唐代政体礼仪制度建立，提供法理根据。此亦唐代儒学复兴的重要组成部分，是不可不叙述的。

四 颜师古考经治礼为唐制建立法典

颜师古，名颜籀，字师古，隋唐以字行，故称颜师古，雍州万年（今陕西西安）人。名儒颜之推之孙、颜思鲁之子。其先本居琅琊（今山东临沂），世仕江左。至颜之推，历事周、齐，齐灭后，始居关中。唐高祖武德初，颜师古曾为秦王府记室参军。《旧唐书》本传说，颜师古"少传家业，博览群书，尤精诂训"，可知其儒家典籍训诂是有家学渊源的。隋仁寿中，曾为尚书左丞李纲推荐，授安养县尉。尚书左仆射杨素见师古年弱貌羸，因对其说："安养，剧县，何以克当？"师古说："割鸡焉用牛刀？"② 杨素奇其对，到官果以干理闻。由此可知，师古是有一定政治管理才干的，而且很傲视仕途之事，尽管他后来不断在仕途上犯错误。

唐高祖起义，师古至长春宫谒见，授朝散大夫。从高祖平京城，拜敦煌公府文学，转起居舍人，再迁中书舍人，专掌机密，始进入政治高层。当时军国多务，凡有制诰，皆成于师古之手。师古达于政理，册奏之工，时无及者，可以说是唐初军政要文起草者与制定者。太宗即位，擢拜中书侍郎，亦参与政事者。但颜师古一生，仕途周折，命运多舛，有三次被黜之罪。贞观十五年，所作《封禅仪注书》被采用后，始迁秘书监、弘文馆学士。贞观十

---

① 《尚书正义》卷十六。
② 《旧唐书·颜师古传》。

九年（645），从驾东巡，道病卒，年六十五。以卒年推算，颜师古生平应为公元581～645年。师古一生，撰著颇多，有集六十卷，其所注《汉书》及《急就章》，曾大行于世。永徽三年，其子颜扬廷为符玺郎，表上师古所撰《匡谬正俗》八篇。

颜师古一生成就，不在于政事，而在于考定《五经》、撰定《五礼》。关于考定《五经》，《旧唐书》本传叙其事说：

> 太宗以经籍去圣久远，文字讹谬，令师古于秘书省考定《五经》，师古多所厘正，既成，奏之。太宗复遣诸儒重加详议，于时诸儒传习已久，皆共非之。师古辄引晋、宋已来古今本，随言晓答，援据详明，皆出其意表，诸儒莫不叹服。于是兼通直郎、散骑常侍，颁其所定之书于天下，令学者习焉。

从《旧唐书》所说，太宗令师古考定《五经》，在于"经籍去圣久远，文字讹谬"，而师古考定《五经》，面对诸儒非议，"辄引晋、宋已来古今本，随言晓答，援据详明，皆出其意表，诸儒莫不叹服"。可知师古所考定的《五经》，虽然涉及经义，但主要还是在文字方面"引晋、宋已来古今本"，"随言晓答"，于《五经》"多所厘正"，而非经义的阐释与发挥。但若依《新唐书》所说"帝尝叹《五经》去圣远，传习浸讹，诏师古于秘书省考定，多所厘正"[1]，颜师古考定《五经》，则涉及经义"传习浸讹"问题，并非纯文字方面的。文字表述经义，考定《五经》，完全不涉经义是不可能的。不管唐史说法怎么有差异，但师古考定《五经》，应该说为后来孔颖达义疏《五经正义》打下了基础。唐太宗令师古考定《五经》，为贞观四年，及至以"儒学多门，章句繁杂"，诏孔颖达等撰修《五经义疏》，颜师古作为撰修成员，自然会参与《五经》义疏。因此，颜师古关于政体礼仪方面的某些阐释，是可见于《五经正义》义疏的。

关于撰定《五礼》，较之考定《五经》要晚，也颇费周折。《旧唐书》本传说，颜师古考定《五经》之后，贞观七年（633），拜秘书少监，专典刊正，所有奇书难字，众所共惑者，随疑剖析，曲尽其源。但师古引后进之士

---

[1] 《新唐书·颜师古传》。

为雠校时，"抑素流，先贵势，虽富商大贾亦引进之，物论称其纳贿"，由是出为郴州刺史。虽太宗惜其才，未行，但师古"频有罪谴，意甚丧沮。自是阖门守静，杜绝宾客，放志园亭，葛巾野服，然搜求古迹及古器，耽好不已"①。后来又奉诏与长孙无忌、房玄龄、魏徵、李百药、令狐德棻等撰定《五礼》。贞观十一年（637），《五礼》成，师古晋升为子爵。关于师古定《五礼》，史家说："师古家籍儒风，该博经义，至于详注史策，探测典礼，清明在躬，天资有格"，至于仕途周折，史家则是抱着同情态度的："三黜之负，竟在时讥，孔子曰'才难'，不其然乎？"②

不论是考定《五经》，还是撰定《五礼》，颜师古的志向，皆是要以儒家教典精神，建立唐代政体礼仪制度。它最为集中的见解，是关于政治体制、礼仪制度之建立。其实，这不光是表现在考定《五经》、撰定《五礼》，即使《汉书注》，亦非只是文字庶务解释，只有看一看《汉书》的《礼乐志》《食货志》《郊祀志》等注，就可以看出师古最为关注的，仍然是儒家教典精神。如注《律历志》"周衰官失，孔子陈后王之法，曰：'谨权量，审法度，修废官，举逸民，四方之政行矣'"句，说"此《论语》载远古帝王之政，以示后世"③，就是颜师古对政治体制的关注。

例如是否实行封建制，就是牵涉政治体制的一个重要问题，也是秦汉以来一直有争论的问题。中国自秦时起，就已经废除封建制，实行郡县制。但后世帝王，如汉高祖，见秦实行郡县制灭亡之迅速，出于权力地位之永固，亦携带着为儿孙私利之考虑，重新实行封建制。但到后来，异姓诸侯被灭，同姓诸侯亦反。唐之有天下，亦存在这个问题。太宗虽讲"以天下之广，岂可独断一人之虑。朕方选天下之才，为天下之务，委任责成，各尽其用"，然随后又"封皇弟元裕为邻王，元名为谯王，灵夔为魏王，元祥为许王，元晓为密王。庚戌，封皇子愔为梁王，贞为汉王，恽为郯王，治为晋王，慎为申王，嚣为江王，简为代王"④ 等。因此，如何建立有利于王道政治的政治体制，当时仍然是一个的重要问题。颜师古出于政治体制建制的关心，仍上《论封建表》说：

①　《新唐书·颜师古传》。
②　《旧唐书》卷七十三。
③　《汉书·律历志》注。
④　《旧唐书·太宗本纪下》。

　　臣愚以为当今之要，莫如量其远近，分置王国，均其户邑，强弱相济，画野分疆，不得过大；间以州县，杂错而居，互相维持，永无倾夺。使各守其境，而不能为非，协力同心，则足扶京室。陛下然后命分诸子，各就封之，为置官僚，皆一省选用。法令之外，不得擅作威刑。朝贡礼仪，具为条式。一定此制，万世永久。则狂狡绝暴慢之心，本朝无怵惕之虑。①

　　颜师古无法完全反对封建制，但主张限制分封的权力范围："分置王国，均其户邑，强弱相济，画野分疆，不得过大"，而且要"间以州县，杂错而居，互相维持，永无倾夺，使各守其境，而不能为非"，并且"法令之外，不得擅作威刑"，作出各种限制。这就不难理解义疏《尚书·武成》"列爵为五，分土惟三"句，对孔传讲"列地封国，公、侯方百里，伯七十里，子、男五十里"，表示怀疑了："未知周公制礼亦然以否？"对《周礼·大司徒》所说"诸公之地，封疆方五百里，侯四百里，伯三百里，子二百里，男一百里"之说，则批评之说："盖是周室既衰，诸侯相并，自以国土宽大皆违礼文，乃除去本经，妄为说耳。"② 为什么作此批评？义疏《大诰》说："子孙成父祖之业"，虽是"古道当然"，但政治是极为敏感的，稍微不慎，就会引起怀疑与纷争，威胁中央政治权力安全："周公以臣代君，天下未察其志，亲弟犹尚致惑，何况疏贱者乎？"③ 这也是义疏《康诰》，讲"若享有国土，明汝服行之教令使可法"④ 的原因所在。由此不难看出，《尚书正义》透露出颜师古通过探求儒家经典精神，建立政治体制的想法了。

　　再如明堂设置问题也是这样。明堂，这在现代人看来，不过是一个建筑，然而它在古代，不论是上古、中古还是近古，皆是一个牵涉到政治信仰、文化理想、祖宗崇拜的最高议题。怎样设置、设置何处，则是一个长期有争议的问题，杂以术数，更使之变得更加神秘。在唐朝亦然。贞观五年，太宗将造明堂，让诸儒立议，有讲"从昆仑道上层祭天"者，有讲"左右阁道，登楼设祭"者，更有讲"上层祭天，下堂布政，欲使人神位别，事不相干"者，

---

① 《论封建表》，《全唐文》卷一百四十七。
② 《尚书正义》卷十。
③ 《尚书正义》卷十二。
④ 《尚书正义》卷十三。

说者纷纭，皆悖古义，乖离故实。虽有孔颖达上表讲"基上曰堂，楼上曰观，未闻重楼之上，而有堂名"，主张"明堂法天，圣王示俭，贵在朴素"；魏徵批评"诸儒持论，异端蜂起，是非舛互，靡所适从"，主张"凡圣人有作，义重随时，万物斯睹，事资通变"，建"五室重屋，上圆下方，既体有则象。下室备布政之居，上堂为祭天之所，人神不杂，礼亦宜之"，但对明堂的性质，其根本要义何在，皆未讲清楚，且久议而不决。到贞观十七年，及至颜师古考诸典籍及诸家之说，关于明堂的政治性质、儒学古义、建筑设置、文化象征意义等，始才讲清。他说：

> 窃以明堂之制，爰自古昔，求诸简牍，全文莫睹。肇起黄帝，降及有虞，弥历夏、殷，迄于周代，各立名号，别创规模。众说舛驳，互执所见，巨儒硕学，莫有详通，斐然成章，不知裁断。究其指要，实布政之宫也。今之所存，记传杂说，用为准的、理实芜昧。然《周书》之叙明堂，纪其四面，则有应库、雉、门，据此一堂，固是王者之常居耳。其青阳、总章、元堂、太庙及左个、右个，与《月令》四时之次相同，则路寝之义，足为明证。又文王居明堂之篇，带以弓韣，祠于高禖。观其所为，皆在路寝者也。《礼记》云：昔者周公朝诸侯于明堂之位，天子负斧扆，南乡而立。明堂也者，明诸侯之尊卑也。《周官》云：周人明堂，度九尺之筵，东西九筵，堂一筵。据其制度，即太寝也。《尸子》亦曰：黄帝曰合宫，有虞曰总章，殷曰阳馆，周曰明堂。孔牢等以为明堂、辟雍、大学，一实三名，蔡邕作论，复云：明堂、太庙，一物二名。颖容《释例》亦曰：明堂太庙，凡有八名，其体一也。区区碎议，皆略而不论也。

这就是说，经颜师古考证，古代的明堂，乃是由帝王路寝之室发展为布政之宫，赋予诸侯觐见、尊卑地位诸多政治意义的。至于明堂各种设置、规模大小及各种名号说法，在颜师古看来，皆"区区碎议"，可以略而不论。但最为本质的，是它由帝王路寝之室发展为布政之宫。这和义疏《尚书·康诰》孔传说周公"五年营成洛邑，八年制礼作乐"句，而讲"昔者周公朝诸侯于明堂之位，即云颁度量而天下大服"；"明堂者，《礼记》后儒所录，《书传》

伏生所造，皆孔所不用"①，是非常一致的。因此，在颜师古看来，明堂设置、规模大小及建筑样式，后世帝王不必相袭，但它只要作为"布政之宫"的本质不失即可。因此，他又上表说：

> 明堂之制，陛下已发德音，久令详议。但以学者专固，人人异言，损益不同，是非莫定。臣愚以为五帝之后，两汉以前，高下方圆，皆不相袭。惟在陛下圣情创造，即为大唐明堂，足以传于万代，何必论户牖之多少，疑阶庭之广狭。若恣儒者互说一端，久无断决，徒稽盛礼。臣之愚诚，亦望陛下斟酌繁省，自为节文，不可谦让，以淹大典。②

明堂之建，虽然高宗永徽二年（652）之后，又经过有关所司与礼官学士多次考核故事、详议得失，商讨明堂样式、规模大小，到高宗德封之年始建，但就其根本性质及儒学古义而言，则是依师古考据而明确的。此亦师古探求儒家教典精神，建构唐代政体礼仪制度又一例也。

其他像封禅大礼，也是颇为争议的。贞观五年，朝臣请求封禅，后来又多次请求于泰山举行封禅大典。唐太宗则很明智地说"如朕本心，但使天下太平，家给人足，虽阙封禅之礼，亦可比德尧、舜。若百姓不足，夷狄内侵，纵修封禅之仪，亦何异于桀、纣？昔秦始皇自谓德洽天心，自称皇帝，登封岱宗，奢侈自矜。汉文帝竟不登封，而躬行俭约，刑措不用，人皆称始皇为暴虐，汉文为有德之君，以此而言，无假封禅。《礼》云：'至敬不坛。'扫地而祭，足表至诚，何必远登高山，封数尺之土也？"③ 对此，只有侍中王珪、秘书监魏徵同意，其他人并未赞同。及至贞观中，百官再次上表请封禅，太宗只好允许。唯有魏徵切谏，以为不可。拖延至贞观十一年，群臣复劝封禅，始议其礼。贞观十五年，太宗下诏，将有事于泰山，所司与公卿并诸儒博士详定仪注。太常卿韦挺、礼部侍郎令狐德棻为封禅使，参考其仪，时论者竞起异端。师古奏曰："臣撰定《封禅仪注书》在十一年春，于时诸儒参详，以为适中"，于是诏公卿定其可否，多从师古之说，然而事竟不行。④ 颜师古贞

---

① 《尚书正义》卷十三。
② 上引均见《唐会要》卷十一。
③ 《唐会要》卷七。
④ 《新唐书·颜师古传》。

观十一年的《封禅仪注书》，主要讲"将封先祭，义在告神"，处理好天人关系。其他"非稽古之文，本无义训可寻，赢缩之间，贵在折中，不烦纷议"。"封禅大礼，旧典不存"，"究《六经》之妙旨，毕天下之能事，纳于圣德，禀自宸衷，果断而行，文质斯允"①，就可以了。此颜师古深究《六经》微旨而建封禅仪礼者也。其他，像礼乐制度等，颜师古也皆有建树。

颜师古除考《经》定《礼》注《汉书》，还参与过《隋书》的撰写。这在下章讲"唐代历史哲学精神"时再叙。师古死后，其子颜扬庭曾整理其未完成著作《匡谬真俗》八卷，上奏朝廷。前四卷凡五十五条，皆论诸经训诂、音释；后四卷凡一百二十七条，皆论诸书字义、字音及俗语相承之异，皆具考据精神。师古一代通儒，而且有家学渊源，祖父颜之推以来就很重视对文献的整理校订和古书文字音义训诂考释。这虽对发掘典籍古义，无疑是有意义的，但于形而上处讲，则乏儒家政道精神。这种精神乃唐代儒学复兴根本，建立盛治所需要的。在这方面，反映唐朝儒家执政集团和儒家参政群体意识的《贞观政要》，就显得更为重要了，因为它集中地反映了唐初儒家政道精神。

五　从《贞观政要》看儒家政道精神

《贞观政要》是唐玄宗时史臣吴兢（670～749）编撰的一部政论性著作。它是对贞观之治的历史经验总结，也是一部历史文献，因为它记载了贞观之治完整系统的政治史实，体现唐朝儒家执政集团意志和儒家参政群体意识，集中地反映了贞观时期的政道精神。

吴兢，汴州浚仪（今河南开封）人。《旧唐书》本传说其"博通经史"，武周时入史馆，修国史。神龙年间，吴兢与韦承庆、崔融、刘子玄撰《则天实录》。开元三年（715）吴兢因犯颜直谏，曾一度"停职还家"，后依前修史，兼修文馆学士，居职殆三十年。吴兢以梁、陈、齐、周、隋五代史繁杂，别撰《梁》《齐》《周史》各十卷、《陈史》五卷、《隋史》二十卷。吴兢老年衰耗，犹希史职，李林甫以其年老不用，天宝八年（749），卒于家，时年八十余。吴兢死后，其子进其所撰《唐史》八十余卷。由上可知，吴兢乃是

① 《封禅议》，《全唐文》卷一百四十七，另见《唐会要》卷七。

一个兢兢业业、忠于职守的史官。《贞观政要》，就是他作为一个史官所编辑整理的一部政治史。

为何编撰《贞观政要》？吴兢上《贞观政要》表与唐玄宗，说"惟太宗文武皇之政化，自旷古而来，未有如此之盛者也。虽唐尧、虞舜、夏禹、殷汤、周之文武、汉之文景，皆所不逮也。至如用贤纳谏之，垂代立教之规，可以弘阐大猷，增崇至道者，并焕乎国籍"。这些话，自然对太宗政教有些推崇，甚至过誉，但也说明太宗贞观之治，确有过前人之处。吴兢所以编撰《贞观政要》，就是要玄宗"钦奉祖先之义"，择善而行，引而伸之，触类而长，"行之而有恒，思之而不倦"，使"贞观巍巍之化，可得而致"。此吴兢所以编撰《贞观政要》者也。但吴兢却因上《贞观政要》表，"座书事不当"被贬，其书虽未被禁毁，然自玄宗至顺宗四帝，均不见记载。《旧唐书·吴兢传》也未涉及此事。直到唐宪宗时，《贞观政要》始才流传。后来，《贞观政要》有钞本及元、明刻本等，现在则有中华书局、上海古籍出版社等出版的《贞观政要》集校本。

且撇开这些纠葛不论，若仅就吴兢编撰《贞观政要》而论，目的很清楚，就是要使"贞观巍巍之化"可以传承。吴兢所作《贞观政要》序，这一点，表达得更为清楚：

> 太宗时，政化良足可观，振古而来，未之有也。至于垂世立教之美，典谟谏奏之词，可以弘阐猷，增崇至道者，爰命不才，备加甄录，体制大略，咸发成规。于是缀集所闻，参详旧史，撮其指要，举其宏纲，词兼质文，义在惩劝，人伦之纪备矣，军国之政存焉。

这就是说，《贞观政要》是为缀集唐太宗"政化良足可观""垂世立教之美"而编撰的。所谓"典谟谏奏之词，可以弘阐猷，增崇至道"，就是说它体现着当时政道的最高精神。若将这些"政化可观""典谟谏奏"，放到唐初儒学复兴的背景下解读，不仅具有"人伦之纪备，军国之政存"的文化历史价值，更反映了贞观时期儒家执政集团的意志和儒家参政群体意识及其所体现的儒家政道精神。

那么，将《贞观政要》的"政化可观""典谟谏奏"的历史事实，放到唐初儒学复兴的背景下解读，可以看出怎样的儒家政道精神呢？如果撇开

《贞观政要》恭维之话，过誉之辞，看太宗为政的根本要旨，最为要紧的就是如何养民、保民问题。"德惟善政，政在养民"①；"德惟治，否德乱"②；"保民而王"③；"惟民归于一德"④。可知养民保民，乃是以天德王道的根本问题，儒家文化根本精神所在。贞观君臣为政，无疑体现了这种精神。唐太宗讲"为君之道，必须先存百姓，若损百姓以奉其身，犹割股以啖腹，腹饱而身毙"⑤；讲隋炀帝"征求无已，兼东西征讨，穷兵黩武，百姓不堪，遂致亡灭"；朕"夙夜孜孜，惟欲清净，使天下无事，遂得徭役不兴，年谷丰稔，百姓安乐"；讲"夫治国犹如栽树，本根不摇，则枝叶茂荣。君能清净，百姓何得不安乐乎"⑥；讲"朕每闲居静坐，则自内省。恒恐上不称天心，下为百姓所怨"⑦；讲"吾心如秤，不能为人作轻重，况我今理大国乎。今所以择贤才者，盖为求安百姓也"⑧；以及讲"凡事皆须务本，国以人为本，人以衣食为本，凡营衣食，以不失时为本。夫不失时者，在人君简静乃可致耳"⑨；讲"凡理国者，务积于人，不在盈其仓库。如其不肖，多积仓库，徒益其奢侈，危亡之本也"⑩；"若百姓不足，夷狄内侵，纵有芝草遍街衢，凤凰巢苑囿，亦何异于桀、纣"⑪ 等，就是太宗接受儒家养民保民思想所表现出来的政道治道精神，亦乃贞观之治，每有大政事、大议论，太宗接受儒家文化，"从谏如流，雅好儒术，孜孜求士，务在择官，改革旧弊，兴复制度"⑫ 者。其他像魏徵讲"彼炀帝岂恶天下之治安，不欲社稷之长久，故行桀虐，以就灭亡哉"⑬；侍御史马周上疏陈时政，讲"自古以来，国之兴亡，不由蓄积多少，唯在百姓苦乐"⑭ 等，亦乃唐初复兴儒家文化，所表现出来的儒家养民保民思想及精神也。这种精神的本质，就是孔子讲的："古之为政，爱人为大。不能

① 《尚书·大禹谟》。
② 《尚书·太甲下》。
③ 《孟子·梁惠王上》。
④ 《尚书·咸有一德》。
⑤ 《贞观纪要·君道》。
⑥ 《贞观纪要·政体》。
⑦ 《贞观纪要·求谏》。
⑧ 《贞观纪要·公平》。
⑨ 《贞观纪要·务农》。
⑩ 《贞观纪要·辩兴亡》。
⑪ 《贞观纪要·灾祥》。
⑫ 《贞观纪要·政体》。
⑬ 《贞观纪要·君道》。
⑭ 《贞观纪要·仁恻》。

爱人，不能有其身。不能有其身，不能安土。不能安土，不能乐天。"① 为政的根本，就在于安土乐天下；而要安土乐天下，就要爱人，就要实行仁政，就要养民保民。此即唐初复兴儒家之学，以其王道政治根本精神，求得天下大治者也！它是李唐贞观时期最高的政治思想，亦是当时儒家执政集团的意志和儒家参政群体意识见诸政道与治道者。一部《贞观纪要》所极力陈述者，就是这种最高政道精神！

　　孔子说："为政以德，譬如北辰，居其所而众星共之。"② 一部《贞观纪要》，乃是纪以唐太宗为核心的儒家执政集团和儒家参政群体所作大政事的大议论。其为政的最高目的与政道精神，就是"德惟善政"，养民保民，使民归于一德，建立唐朝长治久安的盛治。因此，唐太宗与群臣的关系，与尚书左仆射房玄龄、吏部尚书杜如晦、秘书监魏徵、黄门侍郎王珪、秘书少监虞世南、著作郎姚思廉、右仆射封德彝、御史大夫韦挺、谏议大夫褚遂良、太常卿萧瑀、司空裴寂以及侍御史马周等人的关系，不仅是君臣关系，更是为政以德的关系。在这种关系中，太宗譬如北辰，而儒家执政集团和儒家参政群体，则如众星共之。它构成一个群星灿烂的夜空，一个为政以德的大唐儒家政治群体，一群为大唐长治久安提供为治之道者。因此，他们是忠臣，亦是诤臣，所诤者，所追求者，不是个人的荣耀，不是政治台阶，而是天下的和平、公正、法则秩序与大唐盛治。

　　太宗谓侍臣所说"惟君臣相遇，有同鱼水，则海内可安"③ 者何？为天下和平也；谓侍臣所说"朕所以不敢恃天下之安，每思危亡以自戒惧，用保其终"④ 者何？为天下和平也；谓侍臣所说"朕闻太平后必有大乱，大乱后必有太平。大乱之后，即是太平之运也。能安天下者，惟在用得贤才"⑤ 者何？以为天下和平也。而魏徵讲"总此十思，宏兹九德，简能而任之，择善而从之。则智者尽其谋，勇者竭其力，仁者播其惠，信者效其忠。文武争驰，君臣无事，可以尽鱼游之乐，可以养松、乔之寿，鸣琴垂拱，不言而化"⑥ 者何？为天下和平也；中书侍郎岑文本上封事所说"开拨乱之业，其功既难。

---

① 《礼记·哀公问》。
② 《论语·为政》。
③ 《贞观纪要·求谏》。
④ 《贞观纪要·慎终》。
⑤ 《贞观纪要·择官》。
⑥ 《贞观纪要·君道》。

守已成之基，其道不易。故居安思危，所以定其业也。有始有卒，所以崇其基"① 者何，亦为天下和平。天下和平，是百姓之心，千年之盼！唐朝开创天下，欲求长治久安，自然要以天下和平为根本理念，此亦儒家为治之根本精神！此《贞观政要》所首纪者也。

太宗讲"古称至公者，盖谓平恕无私。丹朱、商均，子也，而尧、舜废之。管叔、蔡叔，兄弟也，而周公诛之。故知君人者，以天下为公，无私于物"者何，追求天下公平也；讲"昔诸葛孔明，小国之相，犹曰吾心如秤"；讲"朕以天下为家，不能私于一物"者何，追求天下公平也；讲"法者非朕一人之法，乃天下之法，何得以无忌国之亲戚，便欲挠法耶"② 者何，追求天下公平也；太宗以周封子弟，八百余年，秦罢诸侯，二世而灭，吕后欲危刘氏，终赖宗室获安，欲封建亲贤，以为长久之道，褚遂良等陈之不可，以为"古嫡庶无良佐，何尝不倾败家国"③。为塞嫌疑之渐，除祸乱之源，"太宗并嘉纳其言，于是竟罢子弟及功臣世袭刺史"④ 者何，追求天下公平也；而房玄龄讲"理国要道，在于公平正直，故《尚书》云'无偏无党，王道荡荡。无党无偏，王道平平'；又孔子称'举直错诸枉，则民服'。尽至公之要，囊括区宇，化成天下"⑤ 者何，亦追求天下公平也。惟公才平，才能建立社会公平。不平则倾，倾极则危；危极则覆，覆则灭矣。唐之君臣其心如秤，"以天下为家，不能私于一物"，乃立于儒家为政大法则也，亦乃《贞观政要》所能体悟者也。

《贞观政要》所推贞观巍巍之化者，乃在于建立大唐法则秩序。此乃贯通《贞观政要》的根本思想，亦其根本精神所在。太宗与秘书监魏徵从容论自古理政得失，讲"当今大乱之后，造次不可致化"；讲"善人为邦百年，然后胜残去杀。大乱之后，将求致化，宁可造次而望"者何？思天下建立法则秩序也；讲"以天下之广，四海之众，千端万绪，须合变通。岂得以一日万机，独断一人之虑也。岂如广任贤良，高居深视，法令严肃，谁敢为非"者何？欲以广任贤良建立法则秩序也；讲"朕看古来帝王以仁义为治者，国祚延长，任法御人者，虽救弊于一时，败亡亦促。今欲专以仁义诚信为治，望革近代

① 《贞观纪要·灾祥》。
② 上引均见《贞观纪要·公平》。
③ 《贞观纪要·太子诸王定分》。
④ 《贞观纪要·封建》。
⑤ 《贞观纪要·公平》。

之浇薄"① 者何？欲以仁义建天下法则秩序也；讲"佛道设教，妄自尊崇，损害风俗，悖乱礼经"；"自今已后，明加告示，使识嫁娶之序，务合礼典"② 者何？欲以礼教建立法则秩序也。而秘书监魏徵讲"五帝、三王，不易人而化。行帝道则帝，行王道则王，在于当时所理，化之而已"；"若言人渐浇讹，不及纯朴，至今应悉为鬼魅，宁可复得而教化耶"③；黄门侍郎王珪讲"古之帝王为政，皆志尚清静，以百姓之心为心。近代则唯损百姓以适其欲，所任用大臣，复非经术之士。汉家宰相，无不精通一经，朝廷若有疑事，皆引经决定，由是人识礼教，理致太平。近代重武轻儒，或参以法律，儒行既亏，淳风大坏"④ 等，亦皆以儒家经典教化天下建立法则秩序也。古今为政者，欲使天下大治，无不极欲建法则秩序。然建立法则秩序的根本问题是什么？不是设卡子、塞欲流，而是人心人性教化；而礼乐教化，乃淳朴天下之心者也，建立法则秩序之根本所在。太宗所讲，魏徵、王珪所论，贵在于此！亦《贞观纪要》的根本精神所在！

追求和平、公正、法则的秩序，最终是追求盛德富有大业，缔造大唐盛治。太宗讲隋炀帝"征求无已，兼东西征讨，穷兵黩武，百姓不堪，遂致亡灭"；讲自己"夙夜孜孜，惟欲清净，使天下无事，遂得徭役不兴，年谷丰稔，百姓安乐"；讲"治国犹如栽树，本根不摇，则枝叶茂荣"⑤，即欲建盛德富有大业，缔造大唐盛治也；魏徵讲"求木之长者，必固其根本；欲流之远者，必浚其泉源；思国之安者，必积其德义。源不深而望流之远，根不固而求木之长，德不厚而思国之理，知其不可"⑥；以"人君当神器之重，居域中之大，将崇极天之峻，永保无疆之休，不念居安思危，戒奢以俭，德不处其厚，情不胜其欲，斯亦伐根以求木茂，塞源而欲流长者也"⑦，规劝太宗者，亦欲为唐建盛德富有大业，缔造盛治之世也。其他像中书侍郎岑文本上封事，讲"开拨乱之业，其功既难。守已成之基，其道不易。故居安思危，所以定其业也。有始有卒，所以崇其基"⑧ 者，亦是欲为唐建盛德富有大业，缔造盛

① 《贞观纪要·仁义》。
② 《贞观纪要·礼乐》。
③ 《贞观纪要·政体》。
④ 《贞观纪要·政体》。
⑤ 《贞观纪要·政体》。
⑥ 《贞观纪要·君道》。
⑦ 《贞观纪要·君道》。
⑧ 《贞观纪要·灾祥》。

治之世也。一部《贞观纪要》所纪政教之化，盛衰之由，及儒家执政集团和参政群体兢兢业业，不敢恃天下之安，思危亡以自戒惧，讲为君之道，为政之体，追求和平、公正、法则秩序者，皆是纪唐太宗欲建盛德富有大业，缔造唐朝帝国盛治之迹也！这既是太宗时政化，良足可观者，亦儒学复兴，于贞观之治，推崇至道，所显现的政道之精神！

唐朝儒学复兴，重释儒家经典，唤醒为政意识，不仅造就一个清正刚健的儒家执政集团和参政群体，也为盛唐建立盛德富有大业，提供了一种立于天地之道的强大哲学，一种偃革兴文、布德施惠的相安之道，一种为政之道的强大精神。此唐朝所以天下大宁、景象清明，而绝域君长，皆来朝贡，九夷重译，相望于道者也。

唐朝儒学复兴，重释儒家经典，所唤起的不仅是政治意识与政道精神，而且鉴于盛衰治乱，还表现为一种清醒的历史意识与哲学精神。此亦唐代儒学复兴之重要内容，它于精神史上是具有特殊时代意义的。故下章独立叙述。

第十三章 唐代历史哲学精神

内容提要：一个时代的精神，不仅表现在它对真理、正义、大美、崇高、庄严、神圣的形而上学追求，亦表现在它对社会历史的深沉思考。因为这种思考背后，隐藏着帝道王道的大法则，隐藏着对历史变革、盛衰存亡、人性致化的洞察，以及建立道德功业的当行之理与为治之道。故历史哲学精神，乃中国文化根本精神，贯通几千年历史血脉的人文精神。唐朝取天下之后，君臣上下为政，集中精力所思考的根本问题，就是兴亡之道、盛衰之理，支撑历史变动不居的真正原因，以及能否把握变动不居的轴心与支撑点，以便长治久安，一匡天下！此唐太宗所以讲"朕所以不敢恃天下之安，每思危亡以自戒惧，用保其终"者也，也是其大唐建国之初，就敢于正视前朝盛衰成败，修撰魏、周、隋、梁、齐、陈六代之史者也。唐朝考论得失而修前代史，以求实精神褒贬是非，不仅表明它具有清醒的继法承统意识，亦表明唐初治政者具有大政治家、大思想家、大史学家之精神。

一个时代的精神，不仅表现在那个时代对真理、正义、大美、崇高、庄严、神圣的形而上学追求，亦表现在它对社会历史的深沉思考。因为这种思考背后，隐藏着帝道王道的大法则，隐藏着对历史变革、盛衰存亡、人性致化的洞察，以及建立道德功业的当行之理为治之道。因此，历史哲学精神亦乃中国文化的根本精神，贯通几千年历史血脉的人文精神。

中国历史哲学，即道体哲学，即大道本体论的哲学，即道体流行见诸历史盛衰治乱的哲学。历史现象，虽复杂纷纭、变动不居，然终有个轴心，有个支配点，有个左右其变动不居的根本存在。这个存在，就是天道人心，就是隐藏于变动不居背后的历史法则。它刚中而应、大亨以正，不为尧存，不为桀亡，超越个别历史人物与时代而存在。这个存在，就是《尚书》所讲

"会其有极，归其有极"的"皇极"① 大中之道，就是孔子所说的"执其两端，用其中于民"② 的中庸之道，亦老子所说"寂兮寥兮，独立不改，周行而不殆"，"曰大、曰逝、曰远、曰反"③ 者。有国有天下者，惟有持此道为政，"无偏无陂"，才是"遵王之义"；"无有作好"，才是"遵王之道"；"无有作恶"，才是"遵王之路"；持此道而王天下，方能"无偏无党，王道荡荡；无党无偏，王道平平；无反无侧，王道正直"④。这就是"会其有极，归其有极"的"皇极"大中之道，就是"执其两端，用其中于民"的中庸之道，就是"曰大、曰逝、曰远、曰反"的历史法则，也就是历史变动不居的轴心与支撑点，还是中国历史哲学的道体存在与根本精神！

唐代的历史哲学精神，就是这样一种道体存在的根本精神。唐朝取天下之后，君臣上下为政，集中精力所思考的根本问题，就是兴亡之道，就是支撑历史变动不居的真正原因，以及能否把握变动不居的轴心与支撑点，长治久安，一匡天下。因此，他们所思考的根本问题是道，为继为续的存在，是道，为政天下的大格局、大框架是道，他们修史，总结历史经验所追求的是道，用于批评的历史准则，也是道。所以唐朝存在着一种道的精神，一种大道本体论的历史哲学精神！它是历史的血脉，也是文化精神命脉！这在秦汉之后精神史上是极为罕见的，是不可不叙述的。虽然这种精神中唐之后走向衰微，但在唐初，特别是贞观之世，则表现为一种极大的文化哲学觉醒，一种盛衰治乱的历史清醒！本章的叙述，就从这里开始。

一　得天下者的历史意识

中国有五千多年文化历史，亦有五千多年文化历史意识。从《尚书》开始，讲帝尧"乃命羲和，钦若昊天，历象日月星辰，敬授民时"⑤；讲为帝"在知人，在安民"；"知人则哲，安民则惠，黎民怀之"⑥，就开始了历史哲学的思考。其后有孔子《春秋》及《公羊》《穀梁》《左传》的思考，太史公

---

① 《尚书·洪范》。
② 《礼记·中庸》。
③ 《老子》第二十五章。
④ 《尚书·洪范》。
⑤ 《尚书·尧典》。
⑥ 《尚书·皋陶谟》。

《史记》、孟坚《汉书》的思考。到魏晋南北朝时期，这种思考已成为一种意识到的文化历史意识，核心问题就是历史背后所隐藏的盛衰治乱之理。但那时主要表现为个体历史意识，而非政治集团意识。故当时的议政，只是私下议论与商讨；当时修史，主要是私人修史，如陈寿《国志》、范晔《后汉书》、李延寿《南北史》、司马彪《续汉志》等，皆是私人所修之史。沈约《宋书》，虽为敕修，亦乃出一人之手，亦带有私人修史性质。然这发展到唐朝就大不一样了。不论当时修《魏史》《周史》《隋史》《晋书》，还是修《梁史》《齐史》《陈史》，皆是唐朝得天下者所要修的史书。修这些史书，不仅要记盛衰治乱、兴亡成败之由，更是充满修史者的深层历史哲学思考的。不只修史，即使参政议政，所思考的也是深层历史哲学问题。因此可以说，唐代的参政议政，官修史书，乃是唐朝得天下君臣一种新的历史觉醒，一种儒家执政集团和参政群体的文化历史意识觉醒。

　　唐太宗所提出的"草创与守成孰难"问题，就是唐朝君臣历史意识觉醒，是他们讨论兴亡成败之由的历史哲学思考：

　　　　贞观十年，太宗谓侍臣曰："帝王之业，草创与守成孰难？"尚书左仆射房玄龄对曰："天地草昧，群雄竞起，攻破乃降，战胜乃克。由此言之，草创为难。"魏徵对曰："帝王之起，必承衰乱。覆彼昏狡，百姓乐推，四海归命，天授人与，乃不为难。然既得之后，志趣骄逸，百姓欲静而徭役不休，百姓凋残而侈务不息，国之衰弊，恒由此起。以斯而言，守成则难。"太宗曰："玄龄昔从我定天下，备尝艰苦，出万死而遇一生，所以见草创之难也。魏徵与我安天下，虑生骄逸之端，必践危亡之地，所以见守成之难也。今草创之难，既已往矣，守成之难者，当思与公等慎之。"①

　　草创与守成之由，皆道也，皆天道人心也。唐太宗虽然调和房玄龄、魏徵难易不同之说，然他在得天下之后，提出二者"孰难"的问题，显然是意识到守成不易！因为他不能不想，魏晋之后，南北诸朝之君，为何旋起旋灭？例如宋武帝刘裕"地非桓、文，众无一旅，曾不浃旬，夷凶翦暴，祀晋配天，

---

　　①　《贞观纪要·君道第一》。

不失旧物，诛内清外，功格区宇"①，为何到明帝时"遂成灭亲之大祸"②？梁武帝"兴文学，修郊祀，治五礼，定六律，四聪既达，万机斯理，治定功成，远安迩肃。征赋所及之乡，文轨傍通之地，南超万里，西拓五千。三四十年，斯为盛矣！自魏、晋以降，未或有焉"，为何"及乎耄年，朝经混乱，赏罚无章"，"遂使滔天羯寇，承间掩袭，鹫羽流王屋，金契辱乘舆，涂炭黎元，黍离宫室"③？高祖陈霸先"拔起垄亩，有雄桀之姿！始佐下藩，奋英奇之略，弭节南海，职思静乱；援旗北迈，义在勤王，扫侯景于既成，拯梁室于已坠；天网绝而复续，国步屯而更康，百神有主，不失旧物"，为何到陈后主"毒被宗社，身婴戮辱，为天下笑"④？其他像太祖周文帝宇文泰"田无一成，众无一旅，驱驰戎马之际，蹑足行伍之间。属与能之时，应启圣之运，鸠集义勇，纠合同盟，一举而殄仇雠，再驾而匡帝室"⑤，为何到静帝时，"太祖之克隆景业，未逾二纪，不祀忽诸"⑥？隋文帝"虽晋武之克平吴会，汉宣之推亡固存，比义论功，不能尚也"；有天下之后，"躬节俭，平徭赋，仓廪实，法令行，君子咸乐其生，小人各安其业，强无凌弱，众不暴寡，人物殷阜，朝野欢娱。二十年间，天下无事，区宇之内晏如也"⑦，为何到炀帝时，"土崩鱼烂，贯盈恶稔，普天之下，莫匪仇雠，左右之人，皆为敌国。终然不悟，同彼望夷，遂以万乘之尊，死于一夫之手"⑧？凡此旋起旋灭，太宗作为得天下之君，欲长治久安，岂能不考虑其根本原因何在？太宗提出"草创与守成孰难"问题，实乃追问草创与守成之由，清醒思考天下兴亡成败的历史哲学根本问题也。无历史清醒意识，何以能提出这样的问题？此贞观六年，太宗所以讲"看古之帝王，有兴有衰，犹朝之有暮，皆为蔽其耳目，不知时政得失，所以至于灭亡"⑨ 者也。

　　不论是唐太宗，还是唐朝大臣，其清醒的历史意识，皆是起于南北诸朝旋起旋灭历史变革的历史，是一种意识到的历史哲学意识。贞观二年，太宗

---

① 《宋书·武帝纪下》史臣曰。
② 《宋书·明帝本纪》史臣曰。
③ 《梁书·武帝纪下》史臣曰。
④ 《陈书·后主纪》史臣侍中郑国公魏徵曰。
⑤ 《周书·文帝纪下》史臣曰。
⑥ 《周书·静帝纪》史臣曰。
⑦ 《隋书·高祖下》史臣曰。
⑧ 《隋书·炀帝下》史臣曰。
⑨ 《贞观纪要·政体》。

讲"隋炀帝好自矜夸，护短拒谏，诚亦实难犯忤"①；贞观九年讲"往昔初平京师，宫中美女珍玩，无院不满。炀帝意犹不足，征求无已，兼东西征讨，穷兵黩武，百姓不堪，遂致亡灭。此皆朕所目见。故夙夜孜孜，惟欲清净，使天下无事。遂得徭役不兴，年谷丰稔，百姓安乐。夫治国犹如栽树，本根不摇，则枝叶茂荣。君能清净，百姓何得不安乐乎"②，就是对隋朝灭亡的清醒历史意识。魏徵讲炀帝"恃其富强，不虞后患，驱天下以纵欲，罄万物而自奉，采域中之子女，求远方之奇异。宫苑是饰，台榭是崇，徭役无时，干戈不戢。外示严重，内多险忌，上下相蒙，君臣道隔，民不堪命，率土分崩，遂以四海之尊，殒于匹夫之手，子孙殄绝，为天下笑"③，其为清醒的历史意识，也是对隋朝灭亡的清醒认识。其他像侍御史马周讲"自魏、晋已还，降及周、隋，多者不过五六十年，少者才二三十年而亡，良由创业之君不务广恩化，当时仅能自守，后无遗德可思。故传嗣之主政教少衰，一夫大呼而天下土崩矣"④，御史大夫杜淹讲"前代兴亡，实由于乐。陈将亡也为《玉树后庭花》，齐将亡也而为《伴侣曲》，行路闻之，莫不悲泣，所谓亡国之音"⑤等，也都是对前代兴亡的历史意识。这些意识虽然未必皆属中正，但其对前代兴亡的意识，则是清醒的。

唐代君臣这些历史意识，特别是历史哲学意识，并非只是关注前代征伐无度、横征暴烈、腐败堕落，更涉及天道人心等历史深层的存在，涉及以何教化天下，建立何种社会人生的问题。贞观七年，唐太宗与魏徵、封德彝等关于大乱之后如何施政教化的争辩，就属于深层的历史哲学意识。

贞观七年，太宗与秘书监魏徵从容论自古理政得失，因曰"当今大乱之后，造次不可致化"。徵曰："不然，凡人在危困，则忧死亡。忧死亡，则思化。思化，则易教。然则乱后易教，犹饥人易食也。"太宗曰："善人为邦百年，然后胜残去杀。大乱之后，将求致化，宁可造次而望乎？"徵曰："此据常人，不在圣哲。若圣哲施化，上下同心，人应如响，不疾而速，期月而可，信不为难，三年成功，犹谓其晚。"太宗以为然。

---

① 《贞观纪要·求谏》。
② 《贞观纪要·政体》。
③ 《贞观纪要·君道》。
④ 《贞观纪要·奢纵》。
⑤ 《贞观纪要·礼乐》。

封德彝等对曰："三代以后，人渐浇讹，故秦任法律，汉杂霸道，皆欲理而不能，岂能化而不欲。若信魏徵所说，恐败乱国家。"征曰："五帝、三王，不易人而化。行帝道则帝，行王道则王，在于当时所理，化之而已。考之载籍，可得而知。昔黄帝与蚩尤七十余战，其乱甚矣，既胜之后，便致太平。九黎乱德，颛顼征之，既克之后，不失其化。桀为乱虐，而汤放之，在汤之代，即致太平。纣为无道，武王伐之，成王之代，亦致太平。若言人渐浇讹，不及纯朴，至今应悉为鬼魅，宁可复得而教化耶？"德彝等无以难之，然咸以为不可。太宗每力行不倦，数年间，海内康宁，突厥破灭。因谓群臣曰："贞观初，人皆异论，云当今必不可行帝道、王道，唯魏徵劝我。既从其言，不过数载，遂得华夏安宁，远戎宾服。突厥自古以来，常为中国勍敌，今酋长并带刀宿卫，部落皆袭衣冠，使我遂至于此，皆魏徵之力也。"①

天下大乱之后，究竟建立怎样的国体政体，怎样治天下，是用刑法杀戮，还是实行仁政，是实行帝道王道政治，还是任法律，行霸道？这不仅牵涉到理政得失，而且涉及国体政体之建立的根本问题，也是中国历史哲学必须回答的政治历史法则问题。在魏徵看来，天下大乱之后，人心思治，希冀天下太平，更容易教化，就像饥饿的人对饮食容易满足一样，只要"上下同心，人应如响，不疾而速，期月而可，信不为难，三年成功，犹谓其晚"矣；并且回顾历史，上古以来，虽有五帝三王之变，但国民还是原来的国民，人性还是原来的人性，人心还是原来的人心，但五帝三王无不是"行帝道则帝，行王道则王"，无不是以帝道王道之治，化成天下，无不是大乱之后，不失时机教化天下，以致太平。封德彝等试图以"三代以后，人渐浇讹"为根据，讲"秦任法律，汉杂霸道"的合理性，实际上乃是拒绝帝道王道政治和儒家礼乐教化，以权术刑律建立国家政治统治。而唐太宗能够坦诚公平地讲"贞观初，人皆异论，云当今必不可行帝道、王道，唯魏徵劝我"，讲实行王道政治后，"不过数载，遂得华夏安宁，远戎宾服"，"使我遂至于此，皆魏徵之力也"，不仅历史意识觉醒，而且是通晓中国历史哲学本质，获得中国历史哲学精神的表现，此后世帝王之难得者也。

---

① 《贞观纪要·政体》。

可以看出，唐代历史哲学，不仅涉及人道人心的根本问题，也涉及为主者的心性及如何为政问题。贞观四年，唐太宗曾问房玄龄、萧瑀"隋文何帝等主？"对曰："克己复礼，勤劳思政，每一坐朝，或至日昃。五品已上，引之论事；宿卫之人，传餐而食。虽非性体仁明，亦励精之主也。"而唐太宗则提出了自己不同的看法，并讲了一个涉及隋文帝心性如何危及政道治道的历史哲学大问题。他说：

> "公得其一，未知其二。此人性至察而心不明。夫心暗则照有不通，至察则多疑于物。自以欺孤寡得之，谓群下不可信任，事皆自决，虽劳神苦形，未能尽合于理。朝臣既知上意，亦复不敢直言；宰相已下，承受而已。朕意不然：以天下之广，岂可独断一人之虑？朕方选天下之才，为天下之务，委任责成，各尽其用，庶几于理也。"因令有司"诏敕不便于时，即宜执奏，不得顺旨施行"①。

隋文帝就其为政勤勉而言，并不失为"励精之主""克己复礼，勤劳思政"的帝王，然就公然坦然的内心世界而言，则是晦暗不通、自私多疑的。这用王船山的话说，就是"制之于外，示彝伦之则；伏之于内，任喜怒之私"② 者。此即太宗所说"至察而心不明"者也。故其多疑，故其不信任群下，一味"事皆自决"。以如此自私晦暗的心性，怎么可以治天下呢？"以天下之广，四海之众，千端万绪，须合变通，皆委百司商量，宰相筹画，于事稳便，方可奏行。岂得以一日万机，独断一人之虑也？"③ 这不是说唐太宗有多少民主思想，而是说治天下非出于公心不可。惟出于公心，惟怀一颗光明正大之心，内心光明而宏通天下之理，方可为帝道王道而平治天下。所谓民主，在于内心光明，怀有天下之民。这用老子的话说，就是"圣人无常心，以百姓心为心"④。离开公心，离开"以百姓心为心"，离开心性之善及怀天下之民的明通之心，不论用什么纲领、宣言、口号，讲所谓的民主，都是虚伪的，不能尽合于理的，终不能除争夺之害，塞祸乱之源，而是好恶之情相

---

① 《旧唐书·太宗纪下》。
② 《读通鉴论》卷十九。
③ 《贞观纪要·政体第二》。
④ 《老子》第四十九章。

激，最后导致天下乱。此我所以讲"好的政治制度应该建立在性善论基础上"①者也。中国历史哲学乃是天道至公的哲学，是怀天下大公之心立国建政的哲学。太宗惟"以天下为家，不能私于一物"②，岂能不明通此理？批评隋文帝为政"性至察而心不明"，乃太宗明大道历史哲学至公之理者也。太宗自"贞观以来，手不释卷，知风化之本，见政理之源"③，对史上盛衰治乱之理，兴废存亡之道，及如何建本立源，岂能没有清醒的意识！

这种意识，不仅高祖、太宗是非常清醒的，史官也是非常清醒的，而且后者的清醒是非常重要的。惟史官们具有继法承统的修史意识，才能继法承统而修史。唐朝史官，不仅具有渊博的史学知识与道德修养，许多人本身就是从前朝过来的，对其盛衰存亡有着深刻的体验与领悟。惟其如此，唐修之史，才具有很大的独立自主性见解。房玄龄、杜如晦、魏徵、陈叔达、王珪、褚遂良、姚思廉、令狐德棻等，就是这样一批身居史官且具有独立自主性见解的史学思想家。

二 清醒理性的唐朝史官

一个时代的史学精神，不仅决定于有国有天下者的清醒意识，更在于有一批对历史盛衰治乱得失头脑清醒的史官。唐朝房玄龄、杜如晦、魏徵、陈叔达、王珪、褚遂良、姚思廉、令狐德棻等，就是这样一批头脑清醒的史官。他们是一批有学识、有胆略、有见解的史官，是唐朝初期史学的开创者与担当者，也是唐代道统法统的存续者和大道历史哲学精神的追求者。叙述他们的史学思想与精神追求，才能看出唐代史学精神的开创与发展，看出儒学精神的复兴与缔造。为此，就不能不研究他们的身世、经历、学识，研究他们的史学担当与开创精神，研究他们在唐初史学创立中的地位与作用。

如果把唐初史官看作是一个史学群体，那么，房玄龄就是这个群体中的领袖人物。房玄龄（579~648），名房乔，字玄龄，齐州临淄（今天山东临淄市）人。他不仅是唐太宗的心腹大臣，亦是股肱重臣，唐初儒家执政集团的首要人物。太宗曾把他视为汉之萧何，讲"玄龄等有筹谋帷幄、定社稷之

---

① 《论文化复兴》，社科文献出版社 2013 年版，第 210 页。
② 《贞观纪要·公平》。
③ 《贞观政要·慎终》。

功"，而玄龄"功居第一"。贞观十八年，与司徒长孙无忌等图形于凌烟阁，赞为"才兼藻翰，思入机神。当官励节，奉上忘身"① 者。房玄龄居端揆十五年，不仅综理朝政，监修国史，而且贞观十六年，与姚士廉等同撰《文思博要》，十八年，加太子太傅，监修国史，撰《高祖太宗实录》。唐太宗任命这样一个人物，与中书侍郎褚遂良等领修《晋书》，不仅极为信任，而且他在史官群体里边也是极有威望的。

还有一点特别值得注意的，那就是唐朝史官群体，除姚思廉、令狐德棻外，其他人物，如房玄龄、杜如晦、魏徵、陈叔达、王珪、褚遂良等，皆是隋朝文中子王通的学生。这一点，从《文中子》所记，不仅可以看出他们皆学于文中子，而且可以看出房玄龄为学时所关注的问题：

> 门人窦威、贾琼、姚义受《礼》，温彦博、杜如晦、陈叔达受《乐》，杜淹、房乔、魏徵受《书》，李靖、薛方士、裴晞、王珪受《诗》，叔恬受《元经》，董常、仇璋、薛收、程元备闻《六经》之义。②
>
> 房玄龄问："善则称君，过则称己，可谓忠乎？"子曰："让矣。"
>
> 杜如晦问政。子曰："推尔诚，举尔类。赏一以劝百，罚一以惩众。夫为政而何有！"如晦出，谓窦威曰："说人容其讦，佞人杜其渐，赏罚在其中，吾知乎为政矣。"③
>
> 房玄龄问正主庇民之道。子曰："先遗其身。"曰："请究其说。"子曰："夫能遗其身，然后能无私，无私然后能至公，至公然后以天下为心矣，道可行矣。"玄龄曰："如主何？"子曰："通也不可究其说，萧、张其犹病诸？噫。非子所及，姑守尔恭，执尔慎，庶可以事人也。"④

我们从《文中子》所记，不仅可以看出房玄龄、杜如晦、魏徵、王珪、陈叔达等，皆学于王通，而且可以看出他们所关心的"善则称君，过则称己"的臣道，及"正主庇民之道"诸多问题。房玄龄、魏徵、陈叔达、褚遂良等，皆是参与修史，属于史官群体的；杜如晦虽未参与修史，受于《乐》，问政文

---

①　《旧唐书·房玄龄传》。
②　《中说·关朗篇》。
③　《中说·立命篇》。
④　《中说·述史篇》。

中子，与房玄龄同为揆阁首脑，也是能影响于史书撰写的。王珪受于《诗》，贞观十一年，是与诸儒正定《五礼》①。礼，史也。可知唐初史学，乃源于文中子之学也。

正是因为房玄龄、杜如晦、魏徵、陈叔达等，皆学于文中子，所以他们作为史官群体或群体参与者，才有共同的学识与意识。文中子是"不专经者，不敢以受"②的，所以这个群体中人，大都通经史，明道体。如房玄龄"龄幼聪敏，博览经史"③，杜如晦"少聪悟，好谈文史"④，魏徵"好读书，多所通涉"⑤"博涉文史"⑥等，就是其通经明道者。惟通经明道，其为史官，撰修史书，才能贯通天道义理的史学精神。

正是房玄龄关注为臣之道，所以他才是唐太宗心腹大臣、股肱重臣；正是他的关注"正主庇民之道"，文中子告之以"夫能遗其身，然后能无私，无私然后能至公，至公然后以天下为心矣，道可行矣"，房玄龄监修史书，统领史官群体，其为史也，才能贯通无私至公的道统精神，才能成为唐初史学的开创者与担当者，才能成为唐代道统法统的存续者和史书编撰者。此唐代史学精神所以能开创，儒学精神所以能复兴、重新缔造者也。

在唐代史官群体中，有个对唐初史学创建和发展有过贡献的史学家，是值得注意的。这个人就是令狐德棻（又名德芬，583～666），宜州华原（今陕西耀县）人。说其值得注意，不仅是因为他年龄最大，享年八十四岁，更为主要的是，令狐德棻是唐朝建立之后，第一个从周、隋、唐三朝道统法统的相继相续，向高祖李渊提出修撰魏、周、隋、梁、齐、陈六代之史的人。这不仅开了唐代修史之端，也开了唐代以道统法统修史之绪。其后，贞观三年，令狐德棻不仅应太宗之令，复修周史，而且总知类会梁、陈、齐、隋诸史撰写。贞观十八年，太宗诏修《晋书》，房玄龄奏德棻令预修撰，当时同修一十八人，并推德棻为首。虽然《晋书》撰写，以臧荣绪《晋书》为主，参考诸家，但预修体制，多取决令狐德棻。从这些修史活动及经历不难看出，令狐德棻怎样有贡献于唐初史学创建与发展了。故《唐书》说："武德已来创修撰

---

① 《旧唐书·王珪传》。
② 《中说·关朗篇》。
③ 《旧唐书·房玄龄传》。
④ 《旧唐书·杜如晦传》。
⑤ 《旧唐书·魏徵传》。
⑥ 《旧唐书·褚遂良传》。

之源，自德棻始也。"①

　　唐初史学开出，虽得益于房玄龄揆阁领袖地位、令狐德棻的史学导师地位，其他史官如魏徵、陈叔达、姚思廉、褚遂良等，也是起了很大作用的。魏徵于史学上地位，第七章讲"魏徵参政议政的道家情结"已经叙述。这里需要强调的是，魏徵不仅是刚直不阿的谏官，而且是史学坚持刚健中正精神的重要人物。魏徵受文中子于《书》。《书》者，史也。《礼记》讲："疏通知远，《书》教也。"② 魏徵对于修史的贡献，《旧唐书》说，初，太宗"诏遣令狐德棻、岑文本撰《周史》，孔颖达、许敬宗撰《隋史》，姚思廉撰《梁》、《陈》史，李百药撰《齐史》，徵受诏总加撰定，多所损益，务在简正。《隋史》序论，皆征所作，《梁》、《陈》、《齐》各为总论，时称良史"③。魏徵于史，那么熟知，那么通达，那么具有历史感和现实感，不能说其得益于受《书》。魏徵为《陈史》《隋史》总论，不论是讲陈后主为政期间"危亡弗恤，上下相蒙"④，还是讲炀帝时"上下相蒙，莫肯念乱"⑤，皆可见其洞察历史的敏锐视觉及为史的清醒意识。因此可以说，唐代史学的历史感和现实感，依魏徵而存在；刚健中正的精神，由魏徵而得以发挥！

　　其他人，亦多具史学资质。如陈叔达，字子聪，唐立国之初，即与令狐德棻、太史令庾俭受诏可修《周史》，武德五年与令狐德棻等受诏撰《艺文类聚》；姚思廉，字简之，隋时即诏许其续成《梁史》《陈史》，贞观初，迁著作郎、弘文馆学士，贞观三年，又受诏与魏徵同撰梁、陈二史，撰成《梁书》五十卷、《陈书》三十卷；褚遂良，虽未具体参与修史，然兼知起居事，面对太宗问"朕有不善，卿必记之耶？"褚遂良则对答说："守道不如守官，臣职当载笔，君举必记。"⑥ 他们作为史官，陈叔达明辩有才学，姚思廉"志苦精勤，纪言实录"⑦，可知陈、姚不愧为唐初史家也。太宗说"立身之道，不可无学，遂良博识，深可重也"⑧，说"姚思廉不惧兵刃，以明大节，求诸古

---

① 《旧唐书·令狐德棻》。
② 《礼记·经解》。
③ 《旧唐书·魏徵传》。
④ 《陈书·后主纪》史臣魏徵曰。
⑤ 《隋书·炀帝纪下》史臣曰。
⑥ 《旧唐书·褚遂良传》。
⑦ 《旧唐书·姚思廉传》。
⑧ 《旧唐书·褚遂良传》。

人，亦何以加也"①，可知姚、遂为史官，具古人博大深厚之气魄也。

李淳风为太史丞，参与《晋书》编纂，撰《天文》《律历》《五行》志，也是一位博大深厚的史学家。天文、历算之学，天学也，渊渊其渊之学，浩浩其天之学也。讲"《尚书》曰'天聪明自我人聪明'。此则观乎人文以成化者也。是故政教兆于人理，祥变应乎天文，得失虽微，罔不昭著"②，虽有某些神秘主义成分，然天人浑然一体，将天人雍容协化于史书中，人文精神彰著矣。其他讲"《易》曰'形而上者谓之道，形而下者谓之器'。夫神道广大，妙本于阴阳；形器精微，义先于律吕"③，讲"《河图》《洛书》相为经纬，《八卦》《九章》更为表里"④，以及讲天文、历算之学的发展，"验冬至极南，夏至极北，而赤道当定于中，全无南北之异，以测七曜，岂得其真，黄道浑仪之阙，至今千余载矣"⑤ 等，可知李淳风虽非儒家，但决非仅仅凭一点自然知识为史，而是以自己深厚渊博的天文历算知识，一脉千古，会通诸家，记古今成败祸福存亡之道的史学家。

大道哲学，大道本体论的历史哲学，并非只是于流行处讲社会历史现象，而是以道体一理之纯粹，知阴阳，推古今，通大道，存兴废，求大道之真脉的，在形而上学高度，讲至公至正的历史法则，讲为继为续为公精神的。这个大法则，这个为公精神，不为尧存，不为桀亡，历千秋而至万代！朝代的相续，权力的更替，不论姓王姓李，还是姓慕容氏、拓跋氏，国号为魏为晋，为周为隋，皆不过是符号！而国家权力本质，仍然是天下为公、至公至正的存在。正是在这个意义上，孟子讲"先圣后圣，其揆一也"⑥，讲"唐虞禅，夏侯、殷、周继，其义一也"⑦。因为历史本质，国家权力本质，皆是为公而不为私，是天与之，民与之，以天道人心为转移的。故曰"天子不能以天下与人"⑧，故曰"圣人之有天下也，受之也，非取之也"⑨。因此，唐朝有天下，若想为继为续、绵延世泽，如何继承获得这个大法则，获得道统法统，

①　《旧唐书·姚思廉传》。
②　《晋书·天文志上》。
③　《晋书·律历志上》。
④　《晋书·五行志上》。
⑤　《旧唐书·李淳风传》。
⑥　《孟子·离娄下》。
⑦　《孟子·万章上》。
⑧　《孟子·万章上》。
⑨　《慎子·威德》。

获得为政的正统性与合法性，乃是必须向天下交代的大问题；不然，谁会承认唐代政权的正统性与合法性？谁会承认唐朝几百年统治？但这个道统法统问题，不是董仲舒所讲的三代所受符命，而是涉及国家权力天下为公的根本性质问题、道德精神传承问题、国家权力为继为续的历史合法性问题。这样一个大问题，一个根本性问题，不是用道教宗老子李姓，以家族神圣性辩护所能代替的，而是必须给予大道历史哲学的回答。修史回答这个问题，就是唐代继法承统的修史意识。

三　继法承统的修史意识

唐朝修史，立国之初，就已开治了。为何立国之初，就要忙着修史？这不能不使人想起当时的起居舍人令狐德棻向高祖李渊所提出的如下建议：

> 近代已来，多无正史，梁、陈及齐，犹有文籍，至周、隋，遭大业离乱，多有遗阙。当今耳目犹接，尚有可凭。如更十数年后，恐事迹湮没，无可纪录。陛下既受禅于隋，复承周氏历数，国家二祖功业，并在周时。如文史不存，何以贻鉴令古？如臣愚见，并请修之。[①]

这个建议的要害，不是"近代已来，多无正史"，或"梁、陈及齐，犹有文籍，至周、隋，遭大业离乱，多有遗阙"，而是唐高祖李渊"禅于隋，复承周氏历数，国家二祖功业，并在周时。如文史不存，何以贻鉴令古？"这乃是触动高祖李渊政治神经的大问题！因为国家权力从何而来，不仅涉及权力来源"受与夺"的问题，而且涉及道统法统及历史血脉问题，涉及权力存在的正当性与合法性问题。因此，李渊立即接受了令狐德棻的建议，发布了撰修魏、周、隋、梁、齐、陈六代之史的诏书：

> 司典序言，史官记事，考论得失，究尽变通，所以裁成义类，惩恶劝善，多识前古，贻鉴将来。伏牺以降，周秦斯及，两汉传绪，三国受命，迄于晋宋，载籍备焉。自有魏南徙，乘机抚运，周隋禅代，历世相

仍，梁氏称邦，跨据淮海，齐迁龟鼎，陈建宗祊，莫不自命正朔，绵历岁祀，各殊徽号，删定礼仪。至于发迹开基，受终告代，嘉谋善政，名臣奇士，立言著绩，无乏于时。然而简牍未编，纪传咸阙，炎凉已积，谣俗迁讹，余烈遗风，泯焉将坠。朕握图驭宇，长世字民，方立典谟，永垂宪则。顾彼湮落，用深轸悼，有怀撰次，实资良直。中书令萧瑀、给事中王敬业、著作郎殷闻礼、可修魏史。侍中陈叔达、秘书丞令狐德棻、太史令庾俭，可修周史。兼中书令封德彝、中书舍人颜师古，可修隋史。大理卿崔善为、中书舍人孔绍安、太子洗马萧德言，可修梁史。太子詹事裴矩、兼吏部郎中祖孝孙、前秘书丞魏徵，可修齐史。秘书监窦琎、给事中欧阳询、秦王文学姚思廉，可修陈史。务加详核，博采旧闻，义在不刊，书法无隐。①

从这个诏书不难看出，唐朝立国之始，为何就要修史，以及怎样修史，真正的动机和追求是什么。虽然修史是为了"考论得失，究尽变通，所以裁成义类，惩恶劝善，多识前古，贻鉴将来"，但在高祖李渊看来，更为重要的是"伏牺以降，周秦斯及，两汉传绪，三国受命，迄于晋宋，载籍备焉"，而"自有魏南徙，乘机抚运"以来，只有"周隋禅代，历世相仍"，是道统法统相继承续的，其他像"梁氏称邦，跨据淮海，齐迁龟鼎，陈建宗祊，莫不自命正朔，绵历岁祀，各殊徽号，删定礼仪"，皆是在道统法统之外，而不是相继承续的。高祖说，自"发迹开基，受终告代"以来，虽然"嘉谋善政，名臣奇士，立言著绩，无乏于时"，然而史书"简牍未编，纪传咸阙，炎凉已积，谣俗迁讹，余烈遗风，泯焉将坠"。因此，在高祖看来，这可是道统法统相继承续的大事！在他看来，这是"握图驭宇，长世字民，方立典谟，永垂宪则"的极为重要问题。"顾彼湮落，用深轸悼，有怀撰次，实资良直"，遂诏书中书令萧瑀及诸大臣，撰修魏、周、隋、梁、齐、陈之史。由上不难看出，唐朝之修史，实乃是为道统法统的为继为续。周隋禅代，隋唐亦禅代，周、隋、唐，乃道统法统相继相续者也。"唐虞禅，夏侯、殷、周继，其义一也"，周、隋、唐禅代，历世相仍，亦其义一也，都是道统法统相继相续。修魏、周、隋、梁、齐、陈六国之史，虽在"考论得失，究尽变通"，但最为根

本的乃是续通周、隋、唐禅代之义，使唐朝立国具有道统法统正统性与合法性。惟此，唐朝立国，才是道统法统的存在，才是"天之所受，非取之也"。这实际上，乃是以大道历史哲学法则，注释唐朝为政的道统合法性，而不想作为历史符号，被视为短暂的存在。无此道统的存在，无此"天下为公"的道统精神存在，人民凭什么相信你唐朝可以为政天下几百年呢？可以看得出，唐朝之君为政天下，继法承统的修史意识是非常清醒的！

　　正是出于道统法统为继为续，所以唐朝修史对于前朝历史存在，并没有妖魔化，没有骂个狗血喷头，一无是处，而是究尽变通，考论得失，对其盛衰成败，完全采取一种历史借鉴的态度。周虽已衰败，但对周武帝"虑远谋深，以蒙养正，英威电发，朝政惟新，苦心焦思，克己励精，劳役为士卒之先，居处同匹夫之俭，修富民之政，务强兵之术"①，还是肯定的。隋文帝虽然心胸狭窄，无明通之理，然对其"躬节俭，平徭赋，仓廪实，法令行，君子咸乐其生，小人各安其业，强无凌弱，众不暴寡，人物殷阜，朝野欢娱。二十年间，天下无事，区宇之内晏如"②的政绩，还是给予高度评价的。即使隋炀帝为败亡之君，唐高祖武德元年仍追谥为隋太上皇，五年仍葬隋炀帝于扬州③。凡此，皆是对前朝之君的尊重，而非将其妖魔化为作恶多端的帝王。即使双方战争中的死亡，也视为生命的无辜，收其骸骨埋葬祭祀。太宗贞观四年九月庚午，令收瘞长城之南骸骨，仍令致祭④，就是对死者生命的敬重。所以如此，就是周、隋、唐禅代，其道统法统的为继为续也是前后一致的。

　　高祖之后，"贞观三年，太宗复敕修撰，乃令德棻与秘书郎岑文本修周史，中书舍人李百药修齐史，著作郎姚思廉修梁、陈史，秘书监魏徵修隋史，与尚书左仆射房玄龄总监诸代史。众议以魏史既有魏收、魏彦二家，已为详备，遂不复修。德棻又奏引殿中侍御史崔仁师佐修周史，德棻仍总知类会梁、陈、齐、隋诸史。武德已来创修撰之源，自德棻始也"⑤。由此可以看出，唐代继法承统修史，实乃始于令狐德棻向高祖李渊提出修史建议也。"令狐德棻贞度应时，待问平直。征旧史，修新礼，以畅国风。辨治乱，谈王霸，以资

---

①　《周书·武帝纪下》史臣曰。
②　《隋书·高祖下》史臣曰。
③　《旧唐书·高祖纪》。
④　《旧唐书·太宗纪下》。
⑤　《旧唐书·令狐德棻》。

帝业。'元首明哉，股肱良哉'，其斯之谓欤。"① 令狐德棻在唐代史学上的贡献，不仅是"征旧史，修新礼，以畅国风"，更在于他向高祖提出的继法承统的修史建议，于唐代历史哲学史上的意义：它不仅标志着继法承统修史的自觉，同时，也把上古以来大道历史哲学精神发展推向了更加理性自觉的阶段。

　　唐初，高祖下诏要修的魏、周、隋、梁、齐、陈之史，除魏史已有魏收、魏彦二家，已为详备，遂不复修。贞观十年，则由尚书左仆射房玄龄、侍中魏徵、散骑常侍姚思廉、太子右庶子李百药、孔颖达、礼部侍郎令狐德棻、中书侍郎岑文本、中书舍人许敬宗等，修成周、隋、梁、陈、齐之五代史。贞观二十年，太宗认为，汉魏之后，"惟晋氏膺运，制有中原"，为继法承统者；而关于晋史的十八家文字，"虽存记注，而才非良史，书亏实录"。因此，太宗下诏，"令修国史所更撰《晋书》，诠次旧文，裁成义类，俾夫湮落之诰，咸使发明。其所须，可依修五代史故事"②。《晋书》撰修，由司空房玄龄、中书令褚遂良、太子左庶子许敬宗掌其事。先后参加《晋书》撰修的，有令狐德棻、陆元仕、刘子翼、太史令李淳风等十八人。该书撰修，以臧荣绪《晋书》为底本，捃摭诸家及晋代文集，为十纪、十志、七十列传、三十载纪。《晋书》中有"太宗所著宣、武二帝，及陆机、王羲之四论，称制旨焉。房玄龄已下，称史臣。凡起例皆播独创焉"；此书修成，"赐皇太子及新罗使者各一部"③。太宗亲自为《晋书》著"宣、武二帝，及陆机、王羲之四论"，可见其对该史撰写之重视。

　　唐代修史最为根本的宗旨，就是坚持道统法统的法则，坚持道统法统为继为续的历史哲学精神，但为多识前古，贻鉴将来，也极为重视通变前史、考论得失，特别是前朝兴亡成败之由，是唐朝修前代史极为重要的考辨内容。唐代这种考论得失的史学精神，可以从其所修各卷前代史中看出。

四　考论得失而修前代史

　　历史不是笔直的康庄大道，朝代更替也不是用准尺切割的政治板块，而是涡流旋转、变动不居的历史长河。它有动、有静，有阴、有阳，有晦、有

---

① 《旧唐书·史臣曰》，卷七三。
② 《修晋书诏》，《全唐文》卷八。
③ 参见《唐会要·修前代史》。

明，有露、有藏，有动静、阖辟，有盈虚、消长，有进退、往来，有向背、行藏，其为情势也，有奔流直下、一泻千里，有盘旋迂回、停滞不前，其兴也、灭也、盛也、衰也、存也、亡也、得也、失也，岂是容易说清楚的？叙盛衰存亡，考论为政得失，谈何容易？然而这并不是说历史没有"会其有极，归其有极"的最高法则，没有"无偏无党，王道荡荡"的政治之路，没有"平康正直"的大道伦理，没有"明作哲，聪作谋，睿作圣"的行事准则。不是的。不管历史多么复杂，多么多变，多么隐显晦明，多么出入行藏，但只要有阴、有阳，有动、有静，就有上下表里、尊卑贵贱、逆顺存亡，就可以用"会其有极，归其有极"的历史法则，讲盛衰之理、存亡之由；可以用"平康正直"的大道伦理，讲刚克、柔克，讲不可作威作福的为政之道；可以用"无偏无党，王道荡荡"，讲无反无侧的政治，讲正直王道之路；可以用"明作哲，聪作谋，睿作圣"的行事准则，判断存亡得失、历史是非。

唐史之修，不论是唐太宗，还是史臣，对前朝历史及帝君，皆不是采取简单的肯定与否定的态度，更不是作为政敌，将其妖魔化或丑化，而是将其作为道统法统的延续，以大道伦理、王道政治的历史法则，客观公正地进行撰写论证，深入到为政者内在的人心人性，揭示那段历史深层的结构与本质。在诸多前代史中，最为难以撰写置评的，莫过于《晋书》中高祖宣帝司马懿本纪了，然太宗及史臣为史，却极为深刻地记述了这位政治历史人物。

司马懿并非篡魏者，正如曹操没有篡汉一样。因此，谈不上称帝。而其谓晋宣帝者，乃是晋武帝即位的追尊。但他在魏晋权力更替中，却是旋转乾坤的历史杠杆，是魏晋道统法统延续的承载者，实乃是晋史的真正开创者，亦晋朝帝业为制中原者。然他并非魏室忠贞之臣，而是一个城府很深、谋于权变者，一个深沉的权谋者，一个善于饰忠掩面、隐过是非的伪装者。对这样一个充满矛盾性的历史人物，唐修《晋书》，宣帝乃谋篇之始，史臣如何叙述其人其事，则不能不是一个极大的难题。

房玄龄诸人修《晋书》，无疑看到晋宣帝一生的矛盾性，所以其叙述，既肯定其"少有奇节，聪朗多大略，博学洽闻，伏膺儒教。汉末大乱，常慨然有忧天下心"，肯定其在"汉运方微"、魏武势大的情形下，所表现的政治与军事谋略，但同时亦没有隐瞒其所从事的阴谋性权变，以曹爽与何晏等反事，诛曹爽及其党，"夷及三族，男女无少长，姑姊妹女子之适人者，皆杀之"的残酷性，及竟云"迁魏鼎"的政治野心，并通过一个细节，嘉平三年，司马懿七十三崩于京师时，寝疾仍"梦贾逵、王凌为祟，甚恶之"①，写其内心的不安静。

唐太宗对《晋书》所纪司马懿，似乎认为并没有深入到人性的本质与历史的骨髓。太宗虽认为宣帝"以天挺之姿，应期佐命，文以缵治，武以棱威，用人如在己，求贤若不及"，具有政治家的胸怀，但也同时指出他在历史上具有"情深阻而莫测，性宽绰而能容，和光同尘，与时舒卷，饰忠于己诈之心，延安于将危之命"的一面，即使军事谋略，亦是"雄略内断，英猷外决"，雄图深藏，以诈欲示威，对朝廷"承忍死之托，无殉生之报"。特别是对司马懿"天子在外，内起甲兵，陵土未干，遽相诛戮"兵变，质问"贞臣之体，宁若此乎？""夫征讨之策，岂东智而西愚。辅佐之心，何前忠而后乱？"这在历史上若以"尽善之方"看，都是使人感到很疑惑的，实际上都是"晋明掩面，耻欺伪以成功"的行为。因此引古人语说："'积善三年，知之者少，为恶一日，闻于天下'，可不谓然乎？虽自隐过当年，而终见嗤后代，亦犹窃钟掩耳，以众人为不闻，锐意盗金，谓市中为莫睹。"可知太宗对晋宣帝的评价矣！他于评价后作史论说：

> 故知贪于近者则遗远，溺于利者则伤名。若不损己以益人，则当祸人而福己。顺理而举易为力，背时而动难为功。况以未成之晋基，逼有余之魏祚。虽复道格区宇，德被苍生，而天未启时，宝位犹阻，非可以智竞，不可以力争，虽则庆流后昆，而身终于北面矣。②

这就是说，在唐太宗看来，晋取天下，虽后来"道格区宇，德被苍生"，然"以未成之晋基，逼有余之魏祚"，乃是"祸人而福己"的欺伪；在"天未启时，宝位犹阻，非可以智竞，不可以力争"的；天道人心未归于你，强取之，虽"庆流后昆"，然难逃"身终于北面"的历史命运。此太宗论宣帝取天下之在历史上功过得失也。

太宗评宣帝深入于人性，而论武帝司马炎，则偏于理国之道始终。晋武帝初立，正郊庙，罢禁锢，立谏官，征废逸，禁谶纬，增吏俸，崇雅正之术，行弘宽之道，借以安民，在内乱外逼之际，系天下人心。因此，太宗认为，

---

① 《晋书·宣帝纪》。
② 《晋书·宣帝纪》制曰。

晋武帝承基，"诞膺天命，握图御宇，敷化导民，以逸待劳，以治易乱，绝缣纶之贡，去雕琢之饰，制奢俗以变俭约，止浇风而反淳朴"，是取得了很大成功的。加上武帝"仁以御物，宽而得众，宏略大度，有帝王之量"，"通上代之不通，服前王之未服"，于是"祯祥显应，风教肃清"，几乎"天人之功成矣，霸王之业大矣"。然而武帝却"骄泰之心，因斯以起：见土地之广，谓万叶而无虞；睹天下之安，谓千年而永治"，理国治道，不知"处广以思狭，则广可长广；居治而忘危，则治无常治"，遂使天下之治，丧失常道。加之所用之才，全是一班不知仁义廉耻的贪婪骄奢小人，"贾充凶竖，怀奸志以拥权；杨骏豺狼，苞祸心以专辅"，守国当政者，皆非君子，其为政也，"志欲就于升平，行先迎于祸乱"。惠帝本不堪政事，武帝不废而立之①，怀帝、愍帝不足以图存，相继立，承统继道乱，遂使国家权力陷入危机。及至桓温移天布而自居，刘裕功勋显赫而不能夺，则势已成，局面已定，即使一二君子"回忠而起伪"，也济不了大事矣。于是"曾未数年，纲纪大乱，海内板荡，宗庙播迁。帝道王猷，反居文身之俗；神州赤县，翻成被发之乡"。那么，武帝治国理政，何以造成为天下笑的局面呢？太宗认为，乃是武帝"良由失慎于前，所以贻患于后"，理国之道不能始终；而其核心问题，乃晋朝上下，君臣之义失，父子之道不存，整个伦理体系崩溃，维系国家权力的体统纲领遭到破坏所致。故太宗评武帝理国之道不能始终说："子不肖则家亡，臣不忠则国乱。国乱不可以安也，家亡不可以全也。是以君子防其始，圣人闲其端。元海②当除而不除，卒令扰乱区夏；惠帝可废而不废，终使倾覆洪基。夫全一人者德之轻，拯天下者功之重，弃一子者忍之小，安社稷者孝之大！"③

《晋书》是撰写帝业为制中原者。唐朝所修史书，如前所说，唐高祖要修的魏、周、隋、梁、齐、陈六代史，因魏史已有魏收、魏彦二家，不复撰修；同样，贞观十年所要修的周、隋、梁、陈、齐五代史，梁时已有沈约撰写的

---

① 《晋书·惠帝纪》载：惠帝之为太子也，朝廷咸知不堪政事，武帝疑焉而不废。"及居大位，政出群下，纲纪大坏，货赂公行，势位之家，以贵陵物，忠贤路绝，谗邪得志，更相荐举，天下谓之互市焉。高平王沈作《释时论》，南阳鲁褒作《钱神论》，庐江杜嵩作《任子春秋》，皆疾时之作也。"帝又尝在华林园，闻虾蟆声，谓左右曰："此鸣者为官乎，私乎？"或对曰："在官地为官，在私地为私。"及天下荒乱，百姓饿死，帝曰："何不食肉糜？"其不慧可知。

② 元海，即刘元海，亦即十六国时前赵伪帝刘渊。元海为匈奴首领冒顿单于之后，其父死后接掌兵权，八王之乱时，诸王互相攻伐，乘机自立称帝，建立汉国，后改为赵，亦称前赵。详见《旧唐书·刘元海传》。

③ 《晋书·武帝纪》制曰。

《宋书》、萧子显撰写的《南齐书》，所剩北朝史主要是姚思廉领修的《梁书》
《陈书》，北朝史主要是令狐德芬等撰写的《周书》、魏徵等撰写的《隋书》。
因此，讲唐代考论得失的修史精神，主要是看南朝《梁书》《陈书》和北朝
《周书》《隋书》。

　　梁朝衰亡，主要是武帝晚年陷入佛教迷狂。梁朝初立，武帝虽讲"建国
君民，立教为首"，讲"思阐治纲，每敦儒术"①，并且车驾幸国子学，亲临
讲肆，但及至晚年，行幸同泰寺，升法座，讲《涅槃》《般若》释家教典，
追求佛教真理，承认自己"经迟迷荒，耽事老子"，而要"弃迷知返，归凭正
觉"，甚至愿"童男出家，广弘经教，化度众生，共取成佛"②，则已陷入宗
教迷狂，放弃儒家礼教及平治之理，归于沙门矣。此《南史》讲梁武帝"留
心俎豆，忘情干戚，溺于释教，弛于刑典"，致使"帝纪不立，悖逆萌生"
"卒至乱亡"③者也，亦船山讲梁武帝"沉溺于浮屠氏之教，以迄于亡而不
悟"④者也。弃儒家礼教，归于沙门，实乃背离中国儒家大道精神，抛弃道统
法统者也，亦乃风教兴废，关乎天下存亡者也。然唐初乃佛教盛行时候，儒
家虽不让佛教大师参议政事，然修史亦不好过意贬低佛教。故其修《梁书》，
讲武帝衰亡原因，归于人事失误，而不直说其弃儒家礼教，归于沙门，而是
讲梁武帝"兴文学，修郊祀，治五礼，定六律，四聪既达，万机斯理，治定
功成"，"及乎耄年，委事群幸。朱异之徒，作威作福，挟朋树党，政以贿成，
服冕乘轩，由其掌握，是以朝经混乱，赏罚无章"⑤。《梁书》史评考论得失，
不讲弃儒教、归沙门之变，不能说不是回避治国理政之教风问题。

　　自然，唐代修史者并不一味回避问题，在有鉴得失的重要问题上，他们
还是直书其事。就如第七章所指出的那样，魏徵作为史书监修，于《陈书》
评后主亡陈，说其"生深宫之中，长妇人之手，既属邦国殄瘁，不知稼穑艰
难，初惧贴危，屡有哀矜之诏，后稍安集，复扇淫侈之风"；执政期间，"唯
寄情于文酒，昵近群小，皆委之以衡轴。谋谟所及，遂无骨鲠之臣，权要所
在，莫匪侵渔之吏。政刑日紊，尸素盈朝，躭荒为长夜之饮，嬖宠同艳妻之
孽"；自己"以中庸之才，怀可移之性，口存于仁义，心怵于嗜欲"；而"佞

---

①　《梁书·武帝纪中》。

②　《舍道事佛疏文》，《广弘明集》卷四。

③　《南史·梁本纪中》史评。

④　《读通鉴论》卷十七。

⑤　《梁书·武帝纪下》史臣曰。

谄之伦，承颜候色，因其所好，以悦导之，若下坂以走丸，譬顺流而决壅"，及至"危亡弗恤，上下相蒙，众叛亲离，临机不寤，自投于井，冀以苟生，视其以此求全"。评后主之亡国"此所以成、康、文、景千载而罕遇，癸、辛、幽、厉靡代而不有，毒被宗社，身婴戮辱，为天下笑，可不痛乎！"①

魏徵作为《隋书》监修、总撰定人，于《隋史》评隋炀帝，更说其狭隘自私，"负其富强之资，思逞无厌之欲，狭殷周之制度，尚秦汉之规摹，恃才矜己，傲狠明德，内怀险躁，外示凝简，盛冠服以饰其奸，除谏官以掩其过"；说其腐败堕落，"淫荒无度，法令滋章，教绝四维，刑参五虐，锄诛骨肉，屠剿忠良，受赏者莫见其功，为戮者不知其罪。骄怒之兵屡动，土木之功不息"；说其残暴，"急令暴条以扰之，严刑峻法以临之，甲兵威武以董之，自是海内骚然，无聊生矣"，并且"上下相蒙，莫肯念乱，振蜉蝣之羽，穷长夜之乐"；说其浮夸、靡费、张扬且相互欺瞒，最后"土崩鱼烂，贯盈恶稔，普天之下，莫匪仇雠，左右之人，皆为敌国，终然不悟，同彼望夷，遂以万乘之尊，死于一夫之手"②。

凡此，足见史家之悲痛，耿直之精神也！特别是讲后主为政期间"危亡弗恤，上下相蒙"，炀帝危亡之际"普天之下，莫匪仇雠，左右之人，皆为敌国，终然不悟，同彼望夷"，足见魏徵作为史家的清醒意识！其他史家之讲"自魏正始、晋中朝以来，贵臣虽有识治者，皆以文学相处，罕关庶务，朝章大典，方参议焉；文案簿领，咸委小吏，浸以成俗，迄至于陈。后主因循，未遑改革，故施文庆、沈客卿之徒，专掌军国要务，奸黠左道，以衰刻为功，自取身荣，不存国计"③，讲周文帝"摈落魏晋，宪章古昔，修六官之废典，成一代之鸿规"④ 等，也是唐代史家考论魏晋至周隋以来政道治道得失，所提出的有益于后世为政者如何建章立制的清醒理智见解。

总体上看，唐代修史，考论得失是清醒的、理性自觉的，不失史家卓识见解，但也难免杂有修史、史评者个人意识。太宗讲晋武帝"惠帝可废而不废"，无为自己废太子承乾之辩乎？讲武帝"良由失慎于前，所以贻患于后"，所造成的晋朝君臣义失、父子之道不存的伦理崩溃，是否包含着对玄武门之

---

① 《陈书·后主纪》史臣魏徵曰。
② 《隋书·炀帝纪下》史臣曰。
③ 《陈书·后主纪》史臣曰。
④ 《周书·文帝纪下》史臣曰。

变的醒悟？史书所撰所评的历史内容，虽不好推测，然它也涉及修史者的主观意识及所关注的历史事实问题；易言之，它涉及凡修史都遇到的历史真实与历史评价问题。这就是唐代修史的求实精神与褒贬是非所涉及的内容。

五　求实精神与褒贬是非

史书乃历史之记录，自然要求真实；不真实，伪造作假，也就失其史书的意义了。

中国古代史书，褒贬善恶是非，虽有史家的判断，但为史追求真实，坚持史书的真实精神，则是史官们的追求，不可动摇的使命。惟此，才有在齐之太史简①，晋之董狐笔②，太史公之为《史记》，虽遭厄运，仍秉笔直书。故班固才讲："刘向、扬雄博极群书，皆称迁有良史之材，服其善序事理，辨而不华，质而不俚，其文直，其事核，不虚美，不隐恶，故谓之实录。"③ 此乃中国古代史书之真价值、真精神之所在！

唐初诏修史书的高祖、太宗，对待前朝史的态度还是比较开明的，修史要求也是比较开放的。如高祖诏修魏、周、隋、梁、齐、陈六代史，要求"务加详核，博采旧闻，义在不刊，书法无隐"④；太宗令修《晋书》，批评晋史"十有八家，虽存记注，而才非良史，书亏实录"⑤。不仅诏修史书的高祖、太宗如此，史官也具有独立性，坚持史官地位及为史使命与要求。贞观十六年（642），唐太宗与史臣有下面一段对话，从中可以看出唐初修史太宗的开明及史臣们的为史坚持：

> 太宗谓谏议大夫褚遂良曰："卿知起居，记录何事，大抵人君得观之否？"对曰："今之起居，古之左右史，以记人君言行，善恶必书，庶几人主不为非法，不闻帝王躬自观史。"太宗曰："朕有不善，卿必记之

---

① 齐大臣崔杼弑君后，太史书曰："崔杼弑其君。"崔子杀之。其弟复书，崔杼复杀之。少弟复书，崔杼乃舍之。（《史记·齐太公世家》）

② 赵穿袭杀晋灵公，盾遂奔，未出晋境。晋太史董狐书曰："赵盾弑其君。"盾曰："弑者赵穿，我无罪。"太史曰："子为正卿，而亡不出境，反不诛国乱，非子而谁？"孔子闻之，曰："董狐，古之良史也，书法不隐。"（《史记·晋世家》）

③ 《汉书·司马迁传》。

④ 《修魏周隋梁齐陈史诏》，《全唐文》卷二。

⑤ 《修晋书诏》，《全唐文》卷二。

耶?"遂良曰:"守道不如守官,臣职当载笔,君举必书。"黄门侍郎刘洎曰:"设令遂良不记,天下之人,皆记之矣!"太宗谓房玄龄曰:"国史何因不令帝王观见?"对曰:"国史善恶必书,恐有忤旨,故不得见也。"太宗曰:"朕意不同,今欲看国史,若善事固不须论,若有恶事,亦欲以为鉴诫。卿可撰录进来。"房玄龄遂删略国史,表上。太宗见六月四日事,语多微文,乃谓玄龄曰:"昔周公诛管、蔡,而周室安。季友鸩叔牙,而鲁国宁。朕之所以安社稷,利万人耳。史官执笔,何烦过隐?宜即改削,直书其事。"又谓遂良曰:"尔知起居,记何事善恶?朕今勤行三事,望尔史官不书吾恶。一则远鉴前代败事,以为元龟。二则进用善人,共成政道。三则斥弃群小,不听谗言。吾能守之,终不转也。鹰犬平生所好,今亦罢之,虽有顺时冬狩,不逾旬而返。亦不曾绝域访奇异,远方求珍羞,比日已来,馔无兼味。自非膏雨有年,师行克捷,未尝与公等举杯酒,奏管弦。朕虽每日兢惧,终藉公等匡翊,各宜勉之。"①

可以看出来,史官坚持实录,坚持为史的真实性,不光是一种责任,更有一种协助人君理政的使命。古代史官之设,不仅是记成败存亡祸福古今之道,更要秉要执本,助人君顺阴阳、明教化。因此,史官之设,从一开始,就是为垂法后世,备帝王顾问,非为私设也。后世史官,其左史记事,右史记言,人君言行,善恶必书,亦在记其经世大法,明善恶之迹,垂训后世。故不敢私其事也。这种"善恶必书",自然对人君言行举动,是一种监督。故古代史官,不仅协助人君理政,更具有谏官大用。人君帝王,一言一行,善恶动静,皆天下知之,逃得了史官"君举必书",岂逃得天下人的眼睛?故黄门侍郎刘洎对太宗说:"设令遂良不记,天下之人,皆记之矣!"不过,太宗还是比较开明的,敢于对房玄龄说"史官执笔,何烦过隐?宜即改削,直书其事",已是大公无私矣!更何况"远鉴前代败事,以为元龟",反省自我,讲"进用善人,共成政道。""斥弃群小,不听谗言",而且"守之,终不转",对一个帝王来说,已经是很难得的了。

此对话说明,唐初不仅人君很开明,对修史持一种开放态度,而且确有一批像房玄龄、褚遂良那样坚持修史真实性的史官。此唐代历史哲学所以传

---

① 《唐会要·史馆杂录上》。

历史血脉、具大道精神者也。但人性是复杂的，是很难克服自身某些弱点的，如喜欢人家歌颂赞扬，不喜欢人家批评，对自己说三道四。这一点，即使很开明的唐太宗，也是难免的。贞观十七年，司空房玄龄、给事中许敬宗、著作郎敬播等，上所撰高祖、太宗实录各二十卷。太宗遣谏议大夫褚遂良读之，始读太宗初生祥瑞，遂感动流涕，曰："朕于今日，富有四海，追思膝下，不可复得。"因悲不自止，命收卷，仍遣编之秘阁，并赐皇太子及诸王各一部，京官三品以上，欲写者亦听①，就是其喜欢史官神化自己"初生祥瑞"天命观的表现。后来，武则天时，沙门十人伪撰《大云经》，表上之，盛言神皇受命之事，于是"制颁于天下，令诸州各置大云寺，总度僧千人"②，也是属于这类问题。这不仅是人性的弱点，更是一个关乎权力地位及政治统治的问题。可以说，任何统治者，都希望为史为教，能有利于自己权力地位的巩固与政治统治的稳定，而不是相反。因此，如果说修前代史尚有"书法无隐"的空间，而修国史，修当朝史，这个空间就大大压缩了。中唐之后，这个问题就显得更为突出。

中唐，还有一些史臣坚持修史的真实性，讲究褒贬是非。如武周长安二年（702），凤阁舍人刘允济（字伯华）修国史就尝说："史官善恶必书，言成轨范，使骄主贼臣，有所知惧。此亦权重，理合贫而乐道也。"③ 再如刘知幾讲："夫人禀五常，士兼百行，邪正有别，曲直不同"；"为史之为务，申以劝诫，树之风声。其有贼臣逆子，淫乱君主，苟直书其事，不掩其瑕，则迹彰十一朝，恶各被于千载"④。但总体看来，中唐以后，坚持修史的真实性，讲究褒贬是非，越来越困难了。高宗时，显庆四年（659），中书令许敬宗、中书侍郎许圉师、太史令李淳风、著作郎杨仁卿、著作郎顾允，受诏撰贞观二十三年已后至显庆三年实录，就挑三拣四，说这里不真实，那里张冠李戴，批评"敬宗所纪，多非实录"；所及皆"乖于实录，何以垂之后昆？"而对臣下所奏"先圣仁恩"琐事，却说"此亦须入史"⑤。可知入史不入史，真实不真实，乃是以上之所好为取舍的。当人君的胸襟愈来愈狭隘，想法愈来愈浅薄自私，而不具天下为公之心时，其为修史，讲不讲真实性，则皆不具道体

---

① 《唐会要·修国史》。
② 《旧唐书·则天皇后纪》。
③ 《唐会要·修国史》。
④ 《史通·直书》。
⑤ 《唐会要·修国史》。

精神矣。

因此，中唐以后的修史，只是一些不具道体的历史哲学精神的实录。如高宗永徽元年（650）史官太尉无忌等修《贞观实录》，起贞观十五年至二十三年，勒成二十卷；中宗（李显）神龙二年（708）史官太常少卿徐彦伯等，修《则天实录》二十卷；玄宗开元四年（716），修史官刘子元、吴兢撰《睿宗实录》二十卷、《则天实录》三十卷、《中宗实录》二十卷成。另外，据宰相姚崇奏曰"伏见贞观十七年，监修国史房玄龄与史官给事中许敬宗、著作佐郎敬播，修《高祖实录》二十卷、《太宗实录》二十卷成"等等。所修国史，虽谓"实录"，但仍有人批评其不实。如德宗贞元元年（785），监修国史的宰臣韦执谊[①]奏请说："史臣所有修撰，皆于私家纪录。"[②]

这些国史，其谓"实录"，其实只是"起居录"式的著作，它虽原于古代史官传统，但由于夹杂着史家的私人记录，自然未必都是实录，因此，也就不具有历史真实性，且也不具有道体精神。但唐代史官，总体上说，对为史是否具有道统法统，还是非常注意的。德宗建中元年（780），左拾遗、史馆修撰沈既济[③]，就曾以吴兢所撰《国史》的则天事而为本纪不符合道统法统，奏议驳之说：

> 史氏之作，本乎惩劝，以正君臣，以维邦家，前端千古，后法万代。使其生不敢差，死不忘惧，纬人伦而经世道，为百王准的。不止属辞比事，以日系月而已。故善恶之道，在乎劝诫，劝诫之柄，在乎褒贬。是以《春秋》之义，尊卑、轻重、升降，几微仿佛，一字二字，必有微旨存焉。况鸿名大统，其可以贷乎？伏以则天皇后，初以聪明睿哲，内辅时政，厥功茂矣。及宏道之际，孝和以长君嗣位，而太后以专制临朝。俄又废帝，或幽或徙，既而握图称篆，移运革名，牝司燕啄之踪，难乎备述。其后五王建策，皇运复兴，议名之际，得无降损。必将义以亲隐，

---

① 韦执谊（生卒年不详），京兆（今陕西西安）人，出身于旧族，早年历任翰林学士、南宫郎、吏部郎中等职，顺宗时与宠臣王叔文交好，拜为尚书左丞，后贬为崖州司户参军。（《新唐书·韦执谊传》）

② 《唐会要·修国史》。

③ 沈既济（约750～797），苏州吴人。经学该明。唐德宗时受到宰相杨炎赏识，建中元年（780）授左拾遗、史馆修撰。沈博通典籍，工于史笔，曾撰《建中实录》10卷及《选举志》，今佚。（《新唐书·沈既济》）

礼从国讳。苟不及损，当如其常，安可横绝彝典，超居帝籍。昔仲尼有言，必也正名。夏殷二代，为帝三十世矣，而周人通名之曰"王"。吴楚越之君，为王者百有余年，而《春秋》书之为"子"。盖高下自乎彼，而是非稽乎我！过者抑之，不及者援之。不以弱减，不为僭夺，握中持平，不振不倾，使其求不可得，而盖不可掩，斯古君子所以慎其名也。夫则天体自坤顺，位居乾极，以柔乘刚，天纪倒张，进以强有，退非德让。今史臣追书，当称之为"太后"，不宜曰"上"。孝和虽迫母后之命，降居藩邸，而体元继代，本吾君也。史臣追书宜称曰"皇帝"，不宜曰"庐陵王"。……今安得以周氏年历，而列为唐书帝纪！征诸礼经，是谓乱名。……且君在，虽失位，不敢废也。今请并《天后纪》，合孝《和纪》，每于岁首，必书孝和所在以统之，书曰："某年正月日，皇帝在房陵"，太后行某事，改某制云云，则纪称孝和，而事述太后，俾名不失正，而礼不违常，名礼两得，人无间矣。①

　　沈既济此论，批评武则天执政"握图称箓，移运革名，牝司燕啄之踪"，虽带有男尊女卑的思想，但其讲"《春秋》之义"，讲道统法统的为继为续，讲朝代相续、权力更替的正当性与合法性，还是体现了国家之谓"天下大器"，不得随意而为的道统精神。蔑视国家权力的神圣性，今天姓李，明天姓武，岂不泯灭天道人心，将历史变成了胡乱涂改的符号？天道人心不在，将不知权力从何处来矣！故古为史，必须符合《春秋》大义！必坚持国家权力道统法统的为继为续。正是在这个意义上，沈既济讲将则天"列为唐书帝纪！征诸礼经，是谓乱名"。他认为，若"后姓氏名讳，才艺智略，崩葬日月，宜入皇后传，题其篇曰《则天顺圣武皇后》"②。沈既济这样讲，当时自然是行不通的。但"事虽不行，而史氏称之"③。此事可知，虽然中唐为史已失却道体精神，但这种精神仍有人坚持，并未完全泯灭。

　　其他人如朱敬则④上表，讲择史官"董狐、南史，岂止生于往代，而独无于此时，在乎求与不求，好与不好耳。今若访得其善者，伏愿勖之以公忠，

① 《唐会要·修国史》。
② 《新唐书·沈既济》。
③ 《唐会要·修国史》。
④ 朱敬则（635～709），字少连，亳州永城（今河南永城）人。唐朝史学家，尝采魏、晋以来君臣成败之事，著《十代兴亡论》。（《旧唐书·朱敬则传》）

期之以远大，更超加美职，使得行其道，则天下幸甚"①；刘知幾②讲为史者，要有才、学、识，"夫有学而无才，亦犹有良田百顷，黄金满籝，而使愚者营生，终不能致于货殖者矣。如有才而无学，亦犹思兼匠石，巧若公输，而家无梗楠斧斤，终不果成其宫室者矣。犹须好是正直，善恶必书，使骄主贼臣，所以知惧，此则为虎傅翼，善无可知，所向无敌者矣。脱苟非其才，不可叨居史任"③，皆是追求历史真实及主张褒贬善恶的。

但唐代对坚持史学精神的史官，则越来越加控制。高宗咸亨元年（670）就曾下诏，讲"修撰国史，义存典实。自今已后，宜令所司于史官内简择堪修人，录名进内。自余居史职，不得辄闻见所修史及行用国史等事"④。不仅史官人选要严加挑选，而且为史者也越来越不自由。德宗时，韦执谊不仅批评史臣所撰实录"皆于私家纪录"，而且认为，"褒贬之间，恐伤独见，编纪之际，或虑遗文"诸多乖阙。因此建议："自今已后，伏望令修撰官，各撰日历，凡至月终，即于馆中都会，详定是非，使置姓名，同共封锁。除已成实录撰进宣下者，其余见修日历，并不得私家置本，仍请永为例程。"⑤ 德宗从之，从此也就开始了唐代的史馆制。这不仅给唐代修史带来很大变化，也影响到唐代史学精神发展。

六　史官制度与史学精神

虽然中国自古以来，皆有史官，但是将史官集中于史馆，"令修撰官，各撰日历，凡至月终"，让其修史"于馆中都会，详定是非，使置姓名，同共封锁"，则是没有的。这等于将史官封闭于史馆中，控制其史书撰写。这种史馆制度，不仅是对史官为史的管理，更涉及史官选择、史书监修、史书撰写诸多问题。它是否有利于史学发展是值得注意的。

中国自古皆有史官，中国古代有太史之职。"太史者，天子之史也。"张

---

① 《唐会要·修史官》。
② 刘知幾（661~721），字子玄，彭城（今江苏徐州）人。唐代著名史学家，著有《史通》二十卷，备论史策之体；别撰《刘氏家史》十五卷、《谱考》三卷，合撰有《武后实录》（《旧唐书·刘子玄传》）。
③ 《旧唐书·刘子玄传》。
④ 《唐会要·修史官》。
⑤ 《唐会要·修国史》。

尔田先生道太史之职及其选择说："道君人南面之术，内掌八柄以诏王治，外执六典以逆官政，前言往行无不识，天文地理无不察，人事之纪无不达，必求博闻强识疏通知远之士，使居其位，百官听之以出治焉。"① 可知古代史官乃是最有学问者，其为史并非只是记天子之言行，而是"诏王治，执六典"的大政治家、大史学家，是"天文地理无不察，人事之纪无不达"的哲学思想家。直到司马谈为太史公，"受易于杨何，习道论于黄子"，论六家之要指，讲《易大传》"天下一致而百虑，同归而殊途"，也是大政治家、大思想家、大史学家；而其讲"伏羲至纯厚，作《易》八卦。尧舜之盛，《尚书》载之，礼乐作焉。汤武之隆，诗人歌之。《春秋》采善贬恶，推三代之德，褒周室，非独刺讥而已也"②，乃是一部"六艺"相续的政治史、思想史、精神史。唐代选史官，将其封闭起来，使其"不得辄闻见所修史及行用国史等事"，如何能造就大政治家、大思想家、大史学家？

建史馆制度进行史官选择，将其封闭起来，不仅造就不了大政治家、大思想家、大史学家，有悖于古代史官之义，而且见诸史学实践，也是不利于其发展的。古之国史，皆出自一家，孔子之《春秋》、左丘明之《左传》、司马迁之《史记》、班固之《汉书》，皆史家独立完成。魏晋以来，由个人为主的修史，发展为唐代集体修史，规模之大，史官之多，前所未有。但唐初的集体修史，仍然是分工合作，独立撰写，发挥所长，史书撰写还是有创造性的。如《晋书》撰写，虽然前后参加者有二十八人，但体例则是敬播拟的，天文、律历、五行，则是出于李淳风之手。但中唐以后的史馆制度，将史官封闭起来，与外界隔绝，其为史者，则是完全没有独立性的。不能发挥创造性撰写，史书何以有独立见解？故刘知幾以监修史书多，甚为国史之弊，求罢史职，指出其弊有五，第一条就是讲"古之国史，皆出自一家，未闻借以众功，方云绝笔。唯后汉东观，大集群儒，著述无序，条章靡立"；指出"今者史司取士，有倍东京，人自以为荀、袁，家自称为政、骏，每欲记一事，载一言，皆阁笔相视，含毫不断，故首白可期，而汗青无日"。特别是将史官封闭起来，"皆通籍禁门，幽居九重，欲人不见"，皆不发挥独立见解，而偎依权势："孙盛实录，取嫉权门；王韶直书，见雠贵族。"③ 这样的史书，还

---

①　《史微·原史》，上海书店出版社 2006 年版。

②　《史记·太史公自序》。

③　《旧唐书·刘子玄传》。

有什么独立精神、史学价值？

唐初修史，已有监修史官，如修《晋书》，司空房玄龄、中书令褚遂良、太子左庶子许敬宗掌其事，即是监修史官。但这种监修史官，主要是详其条例、量加考正。正如刘知幾所说，"夫监者盖总领之义耳，如创纪编年，则年有断限；草传叙事，则事有丰约，或可略而不略，或应书而不书，此刊削之务也"，它也只是以"铨配之理"，谋划"某帙某篇，付之此职；某纪某传，归之此官"，谁撰写为宜。其"宜明立科条，审定区域，倘人思自勉，则书可立成"，还是发挥了很大作用的。"今史官注记，多取禀监修，杨令公①则云'必须直词'，宗尚书②则曰'宜多隐恶'。十羊九牧，其命难行；一国三公，适从焉在？"造成了"监之者既不指授，修之者又无遵奉，用使争学苟且，务相推避，坐变炎凉，徒延岁月"③的荒芜局面。史馆之史官，谁也不发挥主动性，只是推诿其实，混饭吃而已。

不论是听从杨令公则云"必须直词"，还是听从宗尚书则曰"宜多隐恶"，为史者皆不能独立思考，判断善恶是非，为史褒贬，只能按照官方指示、人君意志，做伪史撰写。尽管肃宗（李亨）至德二载（757），对史官于休烈讲"君举必书，朕有过，卿宜书之"；肃宗元和七年六月，读《肃宗实录》，见大臣传多浮词虚美，因宣与史官，"记事每要指实，不得虚饰"④。但是，武周长寿二年（693），修时政纪，永徽以后之史，左右史皆是"唯得对仗承旨"⑤；文宗（李昂）时，韩愈撰《顺宗实录》，"说禁中事颇切直，内官恶之，于上前屡言不实，故令刊正"⑥？说来说去，为史还是得听上面的，史官自己是不能直书其事、独立判断。这样的为史，最终不过是按照人君长官意志做伪史而已。

自然，中唐仍有耿直之士坚持为史的真实性，反对虚假的、歌功颂德的伪史。如刘知幾讲"烈士徇名，壮夫重气，宁为兰摧玉折，不作瓦砾长存。若南、董之仗气直书，不避强御；韦、崔之肆情奋笔，无所阿容。虽周身之防

---

① 杨令公即杨再思（634～709），名綝，字再思，郑州原武（今河南原阳西）人，唐朝武周时为宰相。（《旧唐书·杨再思传》）
② 宗尚书即宗楚客（约公元？～710），字叔敖，武后从姊子，蒲州（今山西永济县西）人，唐中宗时大臣、宰相。（《新唐书·宗楚客传》）
③ 《旧唐书·刘子玄传》。
④ 《唐会要·史馆杂录下》。
⑤ 《唐会要·史馆杂录上》。
⑥ 《唐会要·史馆杂录下》。

有所不足，而遗芳余烈，人到于今称之"①；史官李翱讲"夫劝善惩恶，正言直笔，记圣朝功德，述忠贤事业，载奸佞丑行，以传无穷者，史官之任也"，批评"今之作行状者，非门生即其故吏，莫不虚加仁义礼智，妄言忠肃惠和"②；特别是史臣路随③关于立传及记生死卒年，讲"凡功名不足以垂后，而善恶不足以为诫者，虽富贵人，第书其卒而已。无能发明功名者，皆不立传。伯夷、庄周、墨翟、鲁连、王符、徐稚、郭泰，皆终身匹夫，或让国立节，或养德著书，或出奇排难，或守道避祸，而传与周、召、管、晏同列"；讲为史要使"富贵者有所屈，贫贱者有所伸""富贵之人，排肩而立，卒不能自垂于后者，德不修而轻义重利故也"④，在唐代富商权贵阶层已经成为政治势力的时候，讲如此为史，是很勇敢的。

但整体说来，史馆制度建立以后，为史者不虚美，不隐恶，好直笔，无畏惧者少，而不顾史实，虚加妄言者多。特别是"永徽已后，仗下便退，宰臣谋议，外莫得闻"⑤，更使史馆为史者陷入封闭隔绝状态。史馆"通籍禁门，幽居九重，欲人不见"，已够封闭隔绝的了！再加上"宰臣谋议，外莫得闻"，史臣还如何记录其真实作为、判其善恶？即使作实录，恐也不行矣！如此为史，故韩愈说："传闻不同，善恶随人所见，甚者附党，憎爱不同，巧造语言，凿空构立，善恶事迹，于今何所承受取信，而可草草作传记，令传万世乎？"⑥ 李翱更批评说："凡人事迹，非大善大恶，则众人无由得知，旧例皆访于人，又取行状谥议，以为依据"；故"今之作行状者，多是其门生故吏，莫不虚加仁义礼智，妄言忠肃惠和。此不唯其处心不实，苟欲虚美于受恩之地耳。盖为文者，又非游、夏、迁、雄之列，务于华而忘其实，溺于文而弃其理。故为文则失《六经》之古风，纪事则非史迁之实录"⑦。这样，所谓修国史，只能是闭门造车，或者以虚言代替真实的史书，或者虚谀应酬、

① 《史通·直书》。
② 《唐会要·史馆杂录下》。
③ 路随，字南式。阳平（今山东莘县）人。宝历初为承旨学士，后十五年在相位，撰《宪宗实录》史说其"藏器韬光，隆污一致，可谓得君子中庸而常居"者。（《旧唐书·路随传》）
④ 《唐会要·史馆杂录下》。
⑤ 《唐会要·史馆杂录下》。
⑥ 《答刘秀才论史书》，《韩昌黎全集》外集卷二。
⑦ 《旧唐书·李翱传》。

不干实事了。昭宗（李晔）大顺二年（891），曾敕吏部侍郎柳玭①修宣宗、懿宗、僖宗实录。后来丞相、监修国史的杜让能发现，三朝实录根本未修，不得已，乃奏吏部侍郎柳玭、右补阙裴庭裕等五人修之。结果，"逾年，竟不能编录一字。惟庭裕采宣宗朝耳目闻睹，撰成三卷，目曰《东观奏纪》，纳于史馆"。另外，昭宗龙纪中（889），有处士沙仲穆，纂《野史》十卷，起自太和，终于龙纪，目曰《太和野史》②。此即所谓国史也。此可知中唐以后，史馆所谓修国史，实乃是虚有其名，衰败到根本修不得史了。

中唐以后，不仅史学精神衰微了，整个盛唐文化精神都走向衰微了，其中一个重要的方面，即是唐代艺术精神的衰微。艺术乃是中国文化的重要组成部分，艺术精神即道体精神，即道体见于大美与崇高的精神，亦即中华民族的生命精神。盛唐艺术精神衰微，就是这种生命精神的衰微。那么，盛唐艺术精神是怎样发展起来的呢？它是怎样走向衰微的呢？这是构成隋唐精神史的重要内容，是不可不研究叙述的。

---

① 柳玭（生卒年不详），柳仲郢之子，唐僖宗、昭宗时曾为吏部侍郎、御史大夫，著书诫其子弟说："夫门地高者，可畏不可恃。可畏者，立身行己，一事有坠先训，则罪大于他人。虽生可以苟取名位，死何以见祖先于地下。不可恃者，门高则自骄，族盛则人之所嫉。"（《旧唐书·柳玭传》）

② 《唐会要·修国史》。

第十四章　唐代艺术精神

　　内容提要： 唐朝不仅有一批头脑清醒的史官，对历史进行深沉思考，提出有学识、有胆略的见解，为道统法统存续担当，而且有一大批文人学士，综经述，抒情志，联章结句，吐纳胸怀，极灵性、极风雅地创造出了一代空前所未有的文学与艺术。《旧唐书·文苑传》谈及这些文学艺术创造时说："臣观前代秉笔论文者多矣！莫不宪章《谟》《诰》，祖述《诗》《骚》。远宗毛、郑之训论，近鄙班、扬之述作。谓'采采荣菖'，独高比兴之源；'湛湛江枫'，长擅咏歌之体。殊不知世代有文质，风俗有淳醨，学识有浅深，才性有工拙。"这就是说，唐代文学艺术发展，尽管内容"风俗有淳醨，学识有浅深，才性有工拙"，然其采采湛湛的追求，皆是"宪章《谟》《诰》，祖述《诗》《骚》"，与上古《诗》《书》的艺术精神联系在一起的。《新唐书·文艺传》谈及大历、正元年间唐朝文章时，说其"美才辈出，擩哜道真，涵泳圣涯，于是韩愈倡之，柳宗元、李翱、皇甫湜等和之，排逐百家，法度森严，抵轹晋、魏，上轧汉、周，唐之文完然为一王法"；而文学艺术发展，"言诗则杜甫、李白、元稹、白居易、刘禹锡，谲怪则李贺、杜牧、李商隐，皆卓然以所长为一世冠"。其他，音乐、舞蹈、书画、雕塑之创造，也盛极一时，呈现了三代以来空前未有的繁荣局面。这种繁荣，皆是以儒、道、佛发展为背景，植根于深厚博大的文化哲学土壤的。故其诗歌、音乐、书法、绘画、雕塑创作，表现出道体大化流衍生命精神，表现为雄浑豪迈的儒家气象和旷达超越的宗教精神。

　　唐朝三百年，文风三变："高祖、太宗，大难始夷，沿江左余风，缔句绘章，揣合低卬。玄宗好经术，群臣稍厌雕瑑，索理致，崇雅黜浮，气益雄浑。大历、正元间，美才辈出，擩哜道真，涵泳圣涯，于是韩愈倡之，柳宗元、李翱、皇甫湜等和之，排逐百家，法度森严，抵轹晋、魏，上轶汉、周，唐之文完然为一王法，此其极也。"唐代不仅文章极盛，而文学艺术亦是极为发展的："言诗则杜甫、李白、元稹、白居易、刘禹锡，谲怪则李贺、杜牧、李商隐，皆卓然以所长为一世冠。"①　其他，音乐、舞蹈、书画、雕塑之创造，也盛极一时，呈现了三代以来空前未有的繁荣局面。特别是"贞观之风，同乎三代。天子赋横汾之诗，臣下继柏梁之奏。巍巍济济，辉烁古今"②，形成了旷古未有的一代艺术精神。

　　唐代艺术精神，不仅是与上古《诗》《书》艺术精神联系在一起的，更是遵循上古儒道两种文化生命精神发展的。我在《心性灵明论》一书中曾说："正如西方古代希腊存在着日神与酒神两种不同类型的文化精神一样，中国文化一开始也存在着刚健中正与宽静柔美的两种不同精神，即阳刚的儒家文化精神和阴柔的道家文化精神。它是阴阳合德、刚柔同体的两种文化生命精神，也是影响了中华民族几千年心性与品行的两种根本精神力量。它们既相亲相合，又相激相荡，在中国几千年的历史上，不仅构成了迭宕起伏、浩荡不息的精神洪流，也构成了一曲中华民族生命精神的大合唱！"③

　　上古的《谟》《诰》《诗》《骚》，既是以儒道两种文化精神为源头，也包含着中国文化"皇矣上帝"的宗教精神。后世宪章《谟》《诰》，祖述《诗》《骚》，也是沿着上古宗教精神发展的，不过，它是以儒家刚健中正与道家宽静柔美两种不同道体精神呈现而已。这就是说，三代之后的儒道两种文化精神，仍然是包含着上古宗教精神的，而它以道体精神呈现，较之上古宗教精神已具有理性思维形式。

　　如果说三代及两汉的文化艺术创作，是以阳刚的儒家文化精神和阴柔的道家文化精神呈现的话，那么，经魏晋南北朝发展到唐代，随着佛教发展及其渗透介入中国文化，其诗歌、音乐、书法、绘画、雕塑的创作，渗透着儒、道、释三种文化精神。因此，我们观察、研究、叙述唐代艺术，坚持唐代艺术蕴含着宗教精神，蕴含着儒、道、释三教文化精神，是我们必须坚持的基本看法，而不是一般地讲思想性与艺术性；否则，就会流于支离浅薄。

　　讲唐代艺术渗透着儒、道、释三种文化精神，并不是说三教平分天下，

---

① 《新唐书·文艺传上》。
② 《旧唐书·文苑传上》。
③ 《心性灵明论》，华夏出版社 2012 年版，第 204 页。

更不是说它在诗歌、音乐、书法、绘画、雕塑的创作领域皆是同样的。不是的。它在这些艺术领域的渗透之深浅及所体现之神韵高下，是各不相同的：有的强烈，有的淡泊，有的亢奋放纵，有的深沉平静，有的融通老释之道，有的独以儒家精神抗争。但若就整个唐代艺术而言，不论是在天成象，还是在地成形，在人成圣成神，其阴阳不测，幽明之故，死生之说，存亡之难，皆体现着儒、道、释三教的巨大智慧，而其艺术风貌与形上精神，就是其巨大智慧的发挥、提高与升腾。唐诗之盛，就是这样发展起来的。它既充满着宗教精神，也显示为儒家气象。

一　诗歌：宗教精神与儒家气象

讲唐代文学艺术发展，应首推唐诗。文学史讲"唐诗""宋词"，不仅是指两个时期的文学艺术种类，亦表示那个时代文学艺术最为繁荣、最具有代表性的创作。清代康熙年间编纂的《全唐诗》收录两千五百多位诗人之诗作，计四万八千九百余首，加上《全唐诗补编》，整个唐诗已近六万余首，诗家达三千七百多人。任何时代的文学艺术创作，皆未有唐诗如此浩瀚者。

唐朝从帝王将相、权贵大臣，到文人寒士，无不作诗，无不以诗表达情怀。王者之诗，则更显出帝王豪迈气派。唐太宗诗"悠悠卷旆旌，饮马出长城；寒沙连骑迹，朔吹断边声"①，"弱龄逢运改，提剑郁匡时；指麾八荒定，怀柔万国夷"②，就是其翦暴兴废、除凶存亡，为天下苍生争生死的英雄诗篇，颇有刘邦《大风歌》气派。唐朝开国功臣，亦能为诗。王珪的"汉祖起丰沛，乘运以跃鳞；手奋三尺剑，西灭无道秦"③，虽为咏史诗，实乃对他们驰骋疆场、开国建勋的回忆。唐朝君臣有了国家，有了天下，自然思考如何治理，如何守住国家天下。因而思念安边名将，治国能臣，就是可以理解了。唐太宗的"共乐还乡宴，欢比《大风》诗"④，长孙无忌的"灞陵无醉尉，谁滞李将军"⑤，杜淹的"伊吕深可慕，松乔定是虚"⑥，就是这样的诗。唐太宗以神

---

① 《饮马长城窟行》，《全唐诗》卷一。
② 《幸武功庆善宫》，《全唐诗》卷一。
③ 《咏汉高祖》，《全唐诗》卷三〇。
④ 《幸武功庆善宫》，《全唐诗》卷一。
⑤ 《灞桥待李将军》，《全唐诗》卷三〇。
⑥ 《召拜御史大夫赠袁天纲》，《全唐诗》卷三〇。

仙事为虚妄，建国定邦，乃是讲"天地定位，君臣之义以彰。卑高既陈，人伦之道斯著，是用笃厚风俗，化成天下"①的。所以，唐朝开国君臣的诗，大多是追求儒家治平精神的。

唐初诗风，基本上是沿着追求儒家治平精神发展的。王勃的"爰述帝制，大蒐王道。曰天曰人，是祖是考。礼乐咸若，诗书具草。贻厥孙谋，永为家宝"②；杨炯的"帝尧平百姓，高祖宅三秦。子弟分河岳，衣冠动缙绅。盛名恒不陨，历代几相因"③；卢照邻的"武化偃兮文化昌，礼乐昭兮股肱良。君臣已定兮君永无疆，颜子更生兮徒皇皇"④；骆宾王的"平生一顾重，意气溢三军。弓弦抱汉月，马足践胡尘。不求生入塞，唯当死报君"⑤，就属追求儒家天德王道精神的诗。虽然，他们有时也受佛老宗教思想影响，或长吟抱膝，或隐迹自谈玄，或空园独酌，或寄兴抚弦，但从根本上说，主导思想是属于儒家的，对佛理之说是怀疑的。故王勃讲"苍虬不可得，空望白云衢"⑥，骆宾王讲"不学多能圣，徒思鸿宝仙"⑦。王、杨、卢、骆的诗文，固然不够浑厚，但说其"轻薄为文"⑧，过矣。唐初诗人，气质过剩，底蕴不足，然其驰骋当时，还是颇具儒家气象的。陈子昂就是这样。他不仅讲"周公制作，夫子著明，莫不祖述尧、舜，宪章文、武，为百王之鸿烈，作千载之雄图"⑨，其为诗曰"本为贵公子，平生实爱才；感时思报国，拔剑起蒿莱"，"圣人不利己，忧济在元元；黄屋非尧意，瑶台安可论"⑩，即可见其推崇儒学精神，而不信黄老之学矣。

隋唐时期，佛教道教发展，佛老思想已影响到人的心性，并波及社会生活与文化领域，但贞观时期，尚不允许佛教徒介入政治，太宗虽然发布了《令道士在僧前诏》，但总的说来，佛老宗教思想尚未上升到国家政治思想地位，占统治地位的仍是儒家思想。但这发展到唐高宗时，追尊号老子为"太

---

① 《旧唐书·太宗本纪上》。
② 《倬彼我系》，《全唐诗》卷五十五。
③ 《和刘长史答十九兄》，《全唐诗》卷五十。
④ 《中和乐九章·总歌第九》，《全唐诗》卷四十一。
⑤ 《从军行》，《全唐诗》卷七十八。
⑥ 《寻道观》，《全唐诗》五十六。
⑦ 骆宾王：《叙寄员半千》，《全唐诗》卷七十七。
⑧ 杜甫：《戏为六绝句》有"杨王卢骆当时体，轻薄为文哂未休"之句，《全唐诗》卷二百二十七。
⑨ 《旧唐书·陈子昂传》。
⑩ 《感遇诗三十八首》，《全唐诗》卷八十三。

上玄元皇帝"，将道教提升为"国教"，亦信奉尊崇佛教，特别是唐玄宗的尚玄，不仅使唐朝治国思想发生了根本性转变，也使诗风为之转变：蔑视世俗，追求心性超越与人生解脱，遂成了诗的最高境界。从天子、王公、大臣到文人学士，无不以此追求为荣。高宗诗曰"法轮含日转，花盖接云飞"①，"寥廓烟云表，超然物外心"②，和玄宗诗曰"玄玄妙门启，肃肃祠宇清"③，"仙居怀圣德，灵庙肃神心"④，"宗师心物外，为道运虚舟"⑤，"仙客厌人间，孤云比性闲。话离情未已，烟水万重山"⑥ 等，皆是以佛老思想为依托，师心物外，"洗心外俗，予嘉焉重焉"⑦，追求一种玄妙存在，以求得精神上解脱的。这在开元、天宝间，已成为文化领域的主要思想，于是就涌现出了一大批受佛老思想影响，追求思想解放、心性超越、生命解脱的诗人。孟浩然、王维、贺知章、李白等，就是这样的诗人。

孟浩然，字浩然，襄州襄阳（今湖北襄阳市）人。"年四十，乃游京师。尝于太学赋诗，一座嗟伏，无敢抗。张九龄、王维雅称道之"⑧。李白曾写诗赞颂孟浩然说："我爱孟夫子，风流天下闻。红颜弃轩冕，白首卧松云。醉月频中圣，迷花不事君。"⑨ 此诗既是对孟浩然的赞颂，亦是对其人品心性和精神风貌的描绘。"孟浩然，隐鹿门山，以诗自适"⑩。开元、天宝间，孟浩然虽地位不显，然其为诗声誉，还是为人称道的。其为诗作，主要是追求超越世俗的佛老离世生活，有一种很强的宗教精神。在他看来，"世途皆自媚，流俗寡相知"⑪，是不值得留恋的。故其"心驰茅山洞，目极枫树林"⑫，"往来赤城中，逍遥白云外"⑬；而"野老朝入田，山僧暮归寺"的僧道生活，则其极羡慕，故"愿言投此山，身世两相弃"⑭。他对陶渊明的归隐生活，亦极为

① 《谒慈恩寺题玄奘法师房》，《全唐诗》卷二。
② 《谒大慈恩寺》，《全唐诗》卷二。
③ 《经河上公庙》，《全唐诗》卷三。
④ 《过老子庙》，《全唐诗》卷三。
⑤ 《为赵法师别造精院过院赋诗》，《全唐诗》卷三。
⑥ 《送胡真师还西山》，《全唐诗》卷三。
⑦ 《送李含光还广陵诗序》，《全唐文》卷四十一。
⑧ 《新唐书·孟浩然传》。
⑨ 《赠孟浩然》，《全唐诗》卷一百六十八。
⑩ 《旧唐书·孟浩然传》。
⑪ 《晚春卧病寄张八》，《全唐诗》卷一百五十九。
⑫ 《宿扬子津·寄润州长山刘隐士》，《全唐诗》卷一百五十九。
⑬ 《越中逢天台太乙子》，《全唐诗》卷一百五十九。
⑭ 《寻香山湛上人》，《全唐诗》卷一百五十九。

向往："尝读高士传，最嘉陶征君。日耽田园趣，自谓羲皇人。"① 终南翠微寺，虽是佛家之地，然"风泉有清音，何必苏门啸?"② 凡此，足见孟浩然诗的宗教精神追求。

王维，字摩诘，太原祁（山西祁县）人，徙家于蒲，遂为河东（山西运城）人。王维以诗名盛于开元、天宝间，尤长五言诗。于诗之外，"书画特臻其妙，笔踪措思，参于造化"③。王维奉佛，得宋之问蓝田别墅于辋口，与道友往来，弹琴赋诗，啸咏终日，将宗教旨趣与精神追求，寓于洁静美好的田园诗中："江流天地外，山色有无中"④；"明月松间照，清泉石上流"⑤；"空山不见人，但闻人语响"⑥；"人闲桂花落，夜静春山空"⑦；"倚杖柴门外，临风听暮蝉。渡头余落日，墟里上孤烟。复值接舆醉，狂歌五柳前"⑧；"香炉远峰出，石镜澄湖泻。董奉杏成林，陶潜菊盈把。范蠡常好之，庐山我心也"⑨；"穷巷正传呼，故人傥相存。携手追凉风，放心望乾坤"⑩；"寂寞柴门人不到，空林独与白云期"⑪……这些皆王维寓宗教旨趣与精神追求于田园诗者也。

贺知章，字季真，会稽永兴（今浙江杭州萧山区）人。《旧唐书》本传说："知章性放旷，善谈笑，当时贤达皆倾慕之"；又引工部尚书陆象先的话说："贺兄言论倜傥，真可谓风流之士。"贺知章与越州贺朝、万齐融，扬州张若虚、邢巨，湖州包融，俱以吴越之士，文词俊秀，名扬于上京。"晚年尤加纵诞，无复规检，自号四明狂客，又称'秘书外监'，遨游里巷。醉后属词，动成卷轴，文不加点，咸有可观。"⑫ 杜甫诗曾说："知章骑马似乘船，眼花落井水底眠"⑬，亦可知贺知章是如何狂狷！天宝三载（744），贺知章上

---

① 《仲夏归汉南园，寄京邑耆旧》，《全唐诗》卷一百五十九。
② 《题终南翠微寺空上人房》，《全唐诗》卷一百五十九。
③ 《旧唐书·王维传》。
④ 《汉江临泛》，《全唐诗》卷一百二十六。
⑤ 《山居秋暝》，《全唐诗》卷一百二十六。
⑥ 《辋川集·鹿柴》，《全唐诗》卷一百二十八。
⑦ 《皇甫岳云溪杂题五首·鸟鸣涧》，《全唐诗》卷一百二十八。
⑧ 《辋川闲居赠裴秀才迪》，《全唐诗》卷一百二十六。
⑨ 《送张舍人佐江州同薛璩十韵（走笔成）》，《全唐诗》卷一百二十五。
⑩ 《瓜园诗》，《全唐诗》卷一百二十五。
⑪ 《早秋山中作》，《全唐诗》卷一百二十五。
⑫ 《旧唐书·贺知章传》。
⑬ 《饮中八仙歌》，《全唐诗》卷二百一十六。

疏请度为道士。可知贺知章嗜酒狂放，主要是受道家思想支配的。所写"青阳布王道，玄览陶真性""一听南风引鸾舞，长谣北极仰鹑居"① "山源夜雨度仙家，朝发东园桃李花""莫道春花不可树，会持仙实荐君王"② 等，就是受道家思想支配的诗篇。

　　李白，字太白，"少有逸才，志气宏放，飘然有超世之心"。贺知章初见李白，就极为欣赏，说"此天上谪仙人也"③。天宝初，李白客游会稽，与道士吴筠隐于剡中。玄宗诏筠赴京师，筠荐之于朝，俱待诏翰林。杜甫诗说："李白一斗诗百篇，长安市上酒家眠。"④ 可知李白较之贺知章，更加豪迈、狂放。唐玄宗度曲，欲造乐府新词，召之已卧于酒肆矣。以水洒面，即令秉笔，顷之成十余章；而其沉醉殿上，居然引足令高力士脱靴。如此傲视权贵，自然不为其所容。李白是"安能摧眉折腰事权贵"⑤ 之辈，"仰天大笑出门去，我辈岂是蓬蒿人！"⑥ 于是以"飘然有超世之心"，浪迹江湖。李白看不起以孔子为代表的儒家。他说："我本楚狂人，凤歌笑孔丘"⑦，"鲁叟谈五经，白发死章句。问以经济策，茫如坠烟雾"⑧。支配李白"弃天地而遗身"思想的，乃是道家"盘白石兮坐素月，琴松风兮寂万壑"⑨ 的独立遗世生活。因此，李白对古代道家人物极其思慕与向往，对其道体精神更是一往情深。如诗曰"庄周梦胡蝶，胡蝶为庄周。一体更变易，万事良悠悠"，"萧飒古仙人，了知是赤松。含笑凌倒景，欣然愿相从"，"大运有兴没，群动争飞奔。归来广成子，去入无穷门"⑩，就是思慕庄子、赤松子、广成子的飘然超世，向往其道术精神的诗。在他看来，"闲来垂钓碧溪上，忽复乘舟梦日边"⑪，像丹丘子那样"身骑飞龙耳生风，横河跨海与天通，我知尔游心无穷"⑫，才是洒脱豪迈的人生，飘然超世的道家境界。

***

① 《奉和御制春台望》，《全唐诗》卷一百十二。
② 《望人家桃李花》，《全唐诗》卷一百十二。
③ 《旧唐书·李白传》。
④ 《饮中八仙歌》，《全唐诗》卷二百十六。
⑤ 《梦游天姥吟留别》，《全唐诗》卷一百七十四。
⑥ 《南陵别儿童入京》，《全唐诗》卷一百七十四。
⑦ 《庐山谣·寄卢侍御虚舟》，《全唐诗》卷一百七十三。
⑧ 《嘲鲁儒》，《全唐诗》卷一百八十四。
⑨ 《鸣皋歌·送岑徵君》，《全唐诗》卷一百六十六。
⑩ 《古风》，《全唐诗》卷一百六十一。
⑪ 《行路难三首》之一，《全唐诗》卷一百六十二。
⑫ 《元丹丘歌》，《全唐诗》卷一百六十六。

不论是孟浩然的"心驰茅山洞，目极枫树林"，王维的"携手追凉风，放心望乾坤"，还是贺知章的"青阳布王道，玄览陶真性"，李白的"身骑飞龙耳生风，横河跨海与天通"，其为佛老宗教精神追求，皆是浩渺超然、宏大玄远的。特别是李白追求思想解放、个性自由、人生超越的诗篇，旷达豪迈、屏无尘累，其思想之旷达、豪放、洒脱、飘逸，于唐代道家诗篇登峰造极，成天宝间一种文化象征。唐朝若无李白超然的诗篇，无道家飘然超世的精神追求，而曰"盛唐"，则不过是用形器堆积的庞然大物矣。正是有李白在，有道家超越的诗篇在，"兴酣落笔摇五岳，诗成笑傲凌沧洲"①，"横河跨海与天通，我知尔游心无穷"②，唐朝才显得那样宏达、豪迈而具有超越精神。

唐朝佛老的诗，李白的诗，虽有空幻迷茫、逃离现实的一面，但诗的道家精神，如"蜀僧抱绿绮，西下峨眉峰。为我一挥手，如听万壑松"③，仍然是积极向上的。李白虽反对儒家，但并非绝弃整个古代文化，而是感到"《大雅》久不作，吾衰竟谁陈"④，因而"将欲继《风》《雅》，岂徒清心魂"⑤，"道与古仙合，心将元化并"⑥。他的超越性追求，实乃现实社会不能满足其道家理想化道路，若"贤圣既已饮，何必求神仙。三杯通大道，一斗合自然"⑦，现实社会满足了他的理想化道路，自然也就不必飘然超世、去做神仙了："手舞石上月，膝横花间琴。过此一壶外，悠悠非我心。"⑧ 但是，唐代有关佛老的诗，道家的诗，发展到李贺的"嗷嗷鬼母秋郊哭"⑨，"谁似任公子，云中骑碧驴"⑩ 和李商隐的"庄生晓梦迷蝴蝶"⑪，"海底觅仙人，香桃如瘦骨"⑫ 一类诗，则不仅冷峭、幽隐，而且其精神追求，失道家浩渺超然、宏大玄远，而陷于诡谲、险怪矣。

一阴一阳之谓道，两两而立，相对而出。文学艺术的造就似乎也是这样。

---

① 《江上吟》，《全唐诗》卷一百六十六。

② 《元丹丘歌》，《全唐诗》卷一百六十六。

③ 《听蜀僧濬弹琴》，《全唐诗》卷一百八十三。

④ 《古风》，《全唐诗》卷一百六十一。

⑤ 《入彭蠡经松门观石镜——缅怀谢康乐题诗书游览之志》，《全唐诗》卷一百八十一。

⑥ 《题随州紫阳先生壁》，《全唐诗》卷一百八十四。

⑦ 《月下独酌四首》，《全唐诗》卷一百八十二。

⑧ 《独酌》，《全唐诗》卷一百八十二。

⑨ 《春坊正字剑子歌》，《全唐诗》卷三百九十。

⑩ 《苦昼短》，《全唐诗》卷三百九十二。

⑪ 《锦瑟》，《全唐诗》卷五百三十九。

⑫ 《海上谣》，《全唐诗》卷五百四十。

当李白以旷达、豪放、洒脱、飘逸的道家诗篇登峰造极的时候，而另一位诗人——杜甫，则以浑厚、质朴、缜密、高雅的儒家气象，登上了唐诗造诣的高峰。

杜甫，字子美，本襄阳人，后徙河南巩县，肃宗时拜右拾遗，故称"杜拾遗"；上元二年（761），郑国公严武镇成都，奏为节度参谋、检校尚书工部员外郎，故又称"杜工部"。杜甫在成都浣花里种竹植树，结庐枕江，纵酒啸咏，与田夫野老相狎荡，无拘检。严武死后，杜甫避乱荆楚，扁舟下峡，江陵乱，溯沿湘流，游衡山，寓居耒阳。永泰二年（766），卒于耒阳，时年五十九岁。天宝末的诗人，杜甫与李白齐名，李白自负放达，讥讽杜甫龌龊。元稹比较李、杜之诗的不同，尊杜甫诗之美说：

> 至于子美，盖所谓上薄《风》、《骚》，下该沈、宋，言夺苏、李，气吞曹、刘，掩颜、谢之孤高，杂徐、庾之流丽，尽得古今之体势，而兼人人之所独专矣。使仲尼考锻其旨要，尚不知贵其多乎哉。苟以为能所不能，无可无不可，则诗人已来未有如子美者。
>
> 是时山东人李白，亦以文奇取称，时人谓之李、杜。予观其壮浪纵恣，摆去拘束，模写物象，及乐府歌诗，诚亦差肩于子美矣。至若铺陈终始，排比声韵，大或千言，次犹数百，词气豪迈，而风调清深，属对律切，而脱弃凡近，则李尚不能历其藩翰，况堂奥乎？[①]

《新唐书》述唐代诗歌创作，评价杜甫诗的地位，更说：

> 唐兴，诗人承陈、隋风流，浮靡相矜。至宋之问、沈佺期等，研揣声音，浮切不差，而号"律诗"，竞相袭沿。逮开元间，稍裁以雅正，然恃华者质反，好丽者壮违，人得一概，皆自名所长。至甫，浑涵汪茫，千汇万状，兼古今而有之，它人不足，甫乃厌余，残膏剩馥，沾丐后人多矣。故元稹谓"诗人以来，未有如子美者"。甫又善陈时事，律切精深，至千言不少衰，世号"诗史"。昌黎韩愈于文章慎许可，至歌诗，独推曰"李杜文章在，光焰万丈长"诚可信云。[②]

---

① 见《旧唐书·杜甫传》。
② 《新唐书·文艺传上》赞曰。

元稹说杜甫诗"上薄《风》、《骚》，下该沈、宋，言夺苏、李，气吞曹、刘，掩颜、谢之孤高，杂徐、庾之流丽，尽得古今之体势，而兼人人之所独专矣"；《新唐书》说唐诗至杜甫，"浑涵汪茫，千汇万状，兼古今而有之"，可知杜甫的诗，是怎样别裁风雅，转益多师，浩荡古今，同为一体，成就史诗般儒家气象了。只要读一读"功盖三分国，名高八阵图"①，"上有明哲君，下有行化臣"②，"先朝纳谏诤，直气横乾坤"③，以及"三顾频烦天下计，两朝开济老臣心。出师未捷身先死，长使英雄泪满襟"④ 等诗篇，就会感到杜甫有一种多么强烈的儒家治平精神了。诗人当时处于"三吏""三别"⑤ 的动乱时代，希望"致君尧舜上，再使风俗淳"⑥，就是其儒家理想的集中表现。杜甫一生，"向来忧国泪，寂寞洒衣巾"⑦，"国破山河在，城春草木深。感时花溅泪，恨别鸟惊心"⑧，可知其忧乱心之深！诗人处于战乱之中，"穷年忧黎元，叹息肠内热"⑨，"少陵野老吞声哭，春日潜行曲江曲"⑩，多么期盼和平！期盼"安得壮士挽天河，尽洗甲兵常不用"⑪，"安得务农息战斗，普天无吏横索钱"⑫ 啊！和平到来，"安得广厦千万间，大庇天下寒士俱欢颜，风雨不动安如山。呜呼！何时眼前突兀见此屋，吾庐独破受冻死亦足"⑬，多么博大无私的胸怀啊！当"剑外忽传收蓟北，初闻涕泪满衣裳"，诗人以至于"漫卷诗书喜欲狂"⑭！一派忧国忧民、悲天悯人的儒家气象跃然纸上！

元稹之论，《新唐书》之赞，有点尊杜抑李。应说，李、杜之间不仅有伟大的友谊，而且诗各有所长。李白怜杜甫为诗太苦，说"借问别来太瘦生，

① 《八阵图》，《全唐诗》卷二百二十八。
② 《寄薛三郎中（据）》，《全唐诗》卷二百二十二。
③ 《别李义》，《全唐诗》卷二百二十二。
④ 《蜀相（诸葛亮祠在昭烈庙西）》，《全唐诗》卷二百二十六。
⑤ "三吏"即杜诗《新安吏》《潼关吏》《石壕吏》；"三别"即杜诗《新婚别》《垂老别》《无家别》。
⑥ 《奉赠韦左丞丈二十二韵》，《全唐诗》卷二百一十六。
⑦ 《谒先主庙（刘昭烈庙在奉节县东六里）》，《全唐诗》卷二百二十八。
⑧ 《春望》，《全唐诗》卷二百二十五。
⑨ 《自京赴奉先县咏怀五百字》，《全唐诗》卷二百一十六。
⑩ 《哀江头》，《全唐诗》卷二百一十六。
⑪ 《洗兵马》，《全唐诗》卷二百一十七。
⑫ 《昼梦》，《全唐诗》卷二百三十一。
⑬ 《茅屋为秋风所破歌》，《全唐诗》卷二百一十六。
⑭ 《闻官军收河南河北》，《全唐诗》卷二百二十七。

总为从前作诗苦"①；杜甫亦为李白嗜酒担忧："痛饮狂歌空度日，飞扬跋扈为谁雄？"② 杜甫不见李白，"寂寞书斋里，终朝独尔思"③，称赞李白诗"笔落惊风雨，诗成泣鬼神"④，可"诗卷长留天地间"⑤。李白的诗，以其旷达、豪放、飘逸而具道家精神；而杜甫的诗，以其浑厚、质朴、高雅而呈儒家气象。韩愈说的是对的："李杜文章在，光焰万丈长。"⑥ 可以说，唐朝若没有李白、杜甫的诗，也就不是唐朝了。此可知李诗、杜诗之地位矣。

自然，具唐朝艺术精神者，不仅是李、杜的诗，还有音乐、舞蹈、书画、雕塑等方面的成就。现在讲唐代乐舞盛曲的创造。

二　乐舞：融夷音胡声而造盛曲

"凡音者，生人心者也。情动于中，故形于声。声成文，谓之音。是故，治世之音安以乐，其政和；乱世之音怨以怒，其政乖；亡国之音哀以思，其民困。声音之道，与政通矣。"⑦ 中国自古就重视乐舞教化的作用与地位。唐朝乐舞之盛是空前的。究竟应该怎样看待乐舞的作用和地位，《贞观纪要》载有太宗与大臣争辩的一段对话，从中不难看出他们对乐舞的不同态度。

> 太常少卿祖孝孙奏所定新乐。太宗曰："礼乐之作，是圣人缘物设教，以为撙节，治政善恶，岂此之由？"御史大夫杜淹对曰："前代兴亡，实由于乐。陈将亡也为《玉树后庭花》，齐将亡也而为《伴侣曲》，行路闻之，莫不悲泣，所谓亡国之音。以是观之，实由于乐。"太宗曰："不然，夫音声岂能感人？欢者闻之则悦，哀者听之则悲，悲悦在于人心，非由乐也。将亡之政，其人心苦，然苦心相感，故闻而则悲耳。何乐声哀怨，能使悦者悲乎？今《玉树》《伴侣》之曲，其声具存，朕能为公奏之，知公必不悲耳。"尚书右丞魏徵进曰："古人称，礼云，礼云，玉

---

① 《戏赠杜甫》，《全唐诗》卷一百八十五。
② 《赠李白》，《全唐诗》卷二百二十四。
③ 《冬日有怀李白》，《全唐诗》卷二百二十四。
④ 《寄李十二白二十韵》，《全唐诗》卷二百二十五。
⑤ 《送孔巢父谢病归游江东，兼呈李白》，《全唐诗》卷二百一十六。
⑥ 《调张籍》，《全唐诗》卷三百四十。
⑦ 《礼记·乐记》。

帛云乎哉！乐云，乐云，钟鼓云乎哉！乐在人和，不由音调。"太宗然之。①

　　太宗由"圣人缘物设教，以为搏节，治政善恶"，讲礼乐之影响盛衰，不在于乐曲，而在于人心，在于"将亡之政，其人心苦，然苦心相感，故闻而则悲"；而若非"将亡之政"，人心不苦不悲，即使《玉树后庭花》《伴侣曲》，也不会造成将亡的悲苦效果。太宗此论，强调政治好坏影响人心性，自然是对的。但若看不到乐舞对人心性的影响，亦是偏颇。一个国家，如果唱一个歌，跳一个舞，耍耍嘴皮子、卖卖色相，就能享荣华富贵，而劳苦功高者受贫穷，那岂不颠覆了社会正义？如果整个社会都变得看重这些人，认为唱歌、跳舞、耍嘴皮子、卖色相就能挣大钱，享荣华富贵，"遂令天下父母心，不重生男重生女"②，岂不扭曲了整个社会价值追求与文化意识形态？一个国家，一个民族，没有社会正义，价值追求与文化意识扭曲变形，岂能不陷入乱世而衰亡吗？这就是唐初乐舞之盛所提出的社会伦理大问题，亦贞观六年，监察御史马周上疏讲"致化之道，在于求贤审官，为政之本，必于扬清激浊"③ 的道理。

　　唐太宗自然是很聪明的。他知道"古者圣人沿情以作乐，国之兴衰，未必由此"④。因此，即位之初，就讲"宜依据礼典，务从简约，仰效先哲，垂法将来"⑤，于是颁示礼乐诏，讲前代礼乐，"伤大道之既隐，惧斯文之将坠"，于是"广命贤才，旁求遗逸，探六经之奥旨，采三代之英华"，择善而修新声，"用之邦国，彝伦以之攸叙；施之律度，金石于是克谐"⑥；同时，贞观元年正月，宴群臣，奏《秦王破阵乐》之曲，太宗谓之"示不忘本"⑦；于贞观七年，制《破阵乐舞图》⑧，宴三品以上及州牧蛮夷酋长于宣武门，演示打天下圣功；贞观十四年，所奏《永锡》之舞、《大明》之舞、《大有》之

① 《贞观政要·礼乐》第二十九。
② 《长恨歌》，《全唐诗》卷四百三十五。
③ 《唐会要》卷三十四，《论乐》。
④ 《新唐书·礼乐志》乐礼十一。
⑤ 《贞观政要·礼乐》第二十九。
⑥ 《颁示礼乐诏》，《全唐文》卷六。
⑦ 《唐会要》卷三十三，《唐乐·雅乐下》。
⑧ 《旧唐书·太宗本纪下》。

舞、《大成》之舞①等，皆是歌德颂功之舞。凡此，皆以乐舞加强唐之政权神圣性与合法性也。

自然，太宗所用乐舞，也并非全是加强唐之政权神圣性与合法性的。唐初，郊祭曲还是以与天地同和为根本精神的。它所用的乐曲，乃是沿着隋祖孝孙所制定的《十二和》乐曲，以法天之成数，号《大唐雅乐》：一曰《豫和》，二曰《顺和》，三曰《永和》，四曰《肃和》，五曰《雍和》，六曰《寿和》，七曰《太和》，八曰《舒和》，九曰《昭和》，十曰《休和》，十一曰《正和》，十二曰《承和》②。此亦可见唐初礼乐精神。

高宗一方面延续太宗礼乐制策，根据"国家平定天下，革命创制，纪功旌德"的需要，制定乐舞制度"郊祀四悬，犹用干戚之舞。其郊庙享宴等所奏宫悬，文舞宜用功成庆善之乐"③；永徽七年，名《破阵乐》为《神功破阵乐》演奏之；显庆六年，诣沛王宅设宴礼，奏《九部乐》④；禁幻戏，如"婆罗门胡等，每于戏处，剑刺肚，以刀割舌，幻惑百姓，极非道理"⑤；讲"礼乐之道，其来尚矣"，为"克光正历，思隆颂声，以康至道"，令州县举明习礼乐⑥。另一方面，又不断地制定新曲，如：咸亨四年，制乐章《上元》《二仪》《三才》《四时》《五行》《六律》《七政》《八风》《九宫》《十洲》《得一》《庆云》之曲，诏有司诸大祠享即奏之；调露二年春正月，宴诸王、诸司三品已上、诸州都督刺史于洛城南门楼，奏新造《六合还淳》之舞；二月，诏李延寿所撰《正典》为"一部辞殚雅正"⑦之曲等。

玄宗尚玄，追求形上精神。他"发挥雅音，导达和气"，定制乐舞，将古代"《大咸》、《大韶》、《大濩》、《大夏》，皆以大字表其乐章"，以唐乐名，谓之"《大唐乐》"⑧，开元中，又造三和乐，又制文舞、武舞。文舞朝廷谓之《九功舞》，武舞朝廷谓之《七德舞》。乐用钟、磬、柷、敔、晋鼓、琴、瑟、筝、竽、笙、箫、笛、篪、埙、錞于、铙铎、舞拍、春牍等，谓之"雅

---

① 《唐会要》卷三十三，《唐乐·雅乐下》。
② 《新唐书·礼乐志》乐礼十一。
③ 《定乐舞制》，《全唐文》卷十一。
④ 《旧唐书·高宗本纪上》。
⑤ 《禁幻戏诏》，《全唐文》卷十二。
⑥ 《令州县举明习礼乐诏》，《全唐文》卷十三。
⑦ 《旧唐书·高宗本纪下》。
⑧ 《定大唐乐制》，《全唐文》卷二十四。

乐"①，而且设置专教音声人新曲和演奏新曲的机构"别教院"，追求纯音乐，编导具形上精神的舞蹈，其中最为世人传为美谈的，就是玄宗作《霓裳羽衣曲》，贵妃编《霓裳羽衣舞》。

《霓裳羽衣曲》究竟是何舞曲？《霓裳羽衣舞》又是怎样的舞蹈？它们编成于何时，具有怎样的纯音乐性质，为何种形上精神舞蹈呢？据《唐会要》所说，天宝十三载，太乐署供奉曲名，及改诸乐名，将《婆罗门》改为《霓裳羽衣》②；杜佑《理道要诀》亦说："天宝十三载七月改诸乐名，《婆罗门曲》改为《霓裳羽衣曲》。"③ 婆罗门，即天竺，《婆罗门曲》，即天竺舞曲。由此可知，唐之《霓裳羽衣曲》，是由西域天竺《婆罗门曲》演变而来的，或者说，是中国乐舞融合西域天竺乐舞文化而创作出来的。《霓裳羽衣曲》最初是由河西节度使杨敬忠所献④，及至"开元二十四年，升胡部于堂上"⑤。它说明源于西域的乐舞《霓裳羽衣曲》已融入华夏乐舞，登上了大雅之堂。故元稹诗曰："胡部新声锦筵坐，中庭汉振商音播。"⑥ 乐舞的突破与创新，离不开文化融合；没有西域天竺乐舞文化与唐朝乐舞文化的融合，唐代乐舞盛曲《霓裳羽衣曲》，是不可能创造出来的。"武皇自送西王母，新换霓裳月色裙。"⑦《霓裳羽衣曲》就是唐太宗时期唐朝乐舞文化融合西域天竺乐舞文化创造出来的舞曲。

但玄宗所作《霓裳羽衣曲》，贵妃所编《霓裳羽衣舞》，是唐代乐舞融夷音胡声创作出来的，并非杨敬忠所献的《霓裳羽衣曲》十二遍。因为"开元二十四年，升胡部于堂上"的天宝乐曲，"皆以边地名，若《凉州》、《伊州》、《甘州》之类"⑧，而非具形上精神的纯乐舞曲。玄宗所作《霓裳羽衣曲》，贵妃所编《霓裳羽衣舞》，是具形上精神的纯乐曲。那么，唐玄宗、杨贵妃是怎样融合西域文化创造此具形上精神纯乐曲的呢？自然离不开天宝时期的玄学思想，离不开唐玄宗、杨贵妃的艺术造诣。开元、天宝期间，道家老子玄学思想已成为政治主导思想，玄宗注疏《道德经》，"尊崇道本，宏益

①　《唐会要》卷三十三，《唐乐·雅乐上》。
②　《唐会要》卷三十三，《诸乐》。
③　《碧鸡漫志》卷三引。
④　《新唐书·礼乐志》礼乐十一。
⑤　《新唐书·礼乐志》礼乐十二。
⑥　《和李校书新题乐府十二首·立部伎》，《全唐诗》卷四百一十九。
⑦　王建《霓裳词十首》，《全唐诗》卷三百一。
⑧　《新唐书·礼乐志》礼乐十二。

化源"①，追求玄元妙旨。这见诸乐舞，就是形上精神。唐玄宗"性英断多艺，尤知音律"②。他不仅善击羯鼓，认为"羯鼓，八音之领袖：清乐不可方也"③，还擅长箫笛琵琶管弦乐器，自执丝竹，"皆造诣其妙"④。尚玄学，通音律，又善乐器，见于音乐，自然追求玄妙境界和形上精神。玄宗"喜神仙之事，诏道士司马承祯制《玄真道曲》，茅山道士李会元制《大罗天曲》，工部侍郎贺知章制《紫清上圣道曲》。太清宫成，太常卿韦绍制《景云》《九真》《紫极》《小长寿》《承天》《顺天乐》六曲"⑤，就是乐舞玄妙境界和形上精神的追求。据说《紫云回》仙曲，乃是玄宗梦见十个仙女，御云飘然而下，各执乐器所演奏者，醒来，以玉笛习曲，曲尽其妙而成的。其他像《凌波曲》，也皆是太宗梦中为仙女所赐而成⑥。凡此，可知唐玄宗怎样立于道家玄元妙旨，追求乐舞玄妙境界和形上精神了。另外，从天宝十三载改诸乐名，其中将《急龟兹佛曲》改为《急金华洞真》，《舞仙鹤乞裟婆》改为《仙云昇》⑦，也可以看出，玄宗将《婆罗门曲》改为《霓裳羽衣曲》的宗教精神追求。

　　唐玄宗如此，杨贵妃亦是具乐舞才华者。她不仅"善歌舞，通音律"⑧，能制新词（相传《凉州曲词》就是其所制），而且她擅奏琵琶，其"音韵凄清，飘如云外"⑨，会击磬，使其发出"冷冷然新声"。唐玄宗沉醉于歌舞，而杨贵妃能歌善舞，又通音律，善乐器，可制词，因此，两人婚姻上的结合，虽有悖伦理，然在艺术方面，却是心灵相通的。西域文化与中国文化相融合，玄宗据之作《霓裳羽衣曲》，贵妃据之编《霓裳羽衣舞》，可以说是天然的合作！因此，《霓裳羽衣曲》乃玄宗融夷音胡声所作新曲，《霓裳羽衣舞》曲乃杨贵妃改编婆罗门曲天竺舞曲而成者也。这就是白居易所说"杨氏创声君造谱"⑩。故《碧鸡漫志》说："《霓裳羽衣曲》，说者多异，予断之曰：西凉创

①　《命贡举加老子策制》，《全唐文》卷二十三。

②　《旧唐书·玄宗本纪上》

③　《新唐书·礼乐志》礼乐十二。

④　《唐语林》卷四。

⑤　《新唐书·礼乐志》礼乐十一。

⑥　《杨太真外传》卷上。

⑦　《唐会要》卷三十三，《诸乐》。

⑧　《旧唐书·杨贵妃传》。

⑨　《明皇杂录》。

⑩　《霓裳羽衣歌（和微之）》，《全唐诗》卷四百四十四。

作，明皇润色，又为易美名，其他饰以神怪者，皆不足信。"① 因此《霓裳羽衣曲》《霓裳羽衣舞》，实乃玄宗和贵妃合作，以当时宗教玄学精神为追求，所创造的具形上精神的纯乐舞曲。

所谓具形上精神的纯乐舞曲，自然不是俗乐，不是"呕哑嘲哳难为听"②的山歌与村笛，也不是舞者被甲持戟、着金甲、笛歌鼓颂功德的《神功破阵之乐》，而是合自然之道、具形上精神的乐舞。白居易的诗"忽闻海上有仙山，山在虚无缥缈间。楼阁玲珑五云起，其中绰约多仙子"③，"翔鸾舞了却收翅，唳鹤曲终长引声"，"一落人间八九年，耳冷不曾闻此曲"，"疑从魂梦呼召来，似著丹青图写出"④，以及张祜的诗"天阙沈沈夜未央，碧云仙曲舞霓裳"⑤，王建的诗"一声声向天头落，效得仙人夜唱经"⑥，就是对《霓裳羽衣曲》具形上精神纯乐舞的描绘。

音乐、舞蹈（包括诗、绘画）的最高境界，本来就是通天道法则，与大美、崇高、庄严、神圣联系在一起的。因此，这类艺术追求神圣境界、追求最高本体存在，具有形上精神，乃是天经地义的事情。然这样的追求，必须刚健中正、和谐美好，而不能走向邪恶淫乱。《霓裳羽衣曲》作为纯乐舞，虽纯粹美好，具形上精神，但不够雅正中和，带有仙家追求的神秘色彩。玄宗作为国君，作为一代天子，不关心万民百姓，不以天下之治为务，而陶醉于声色歌舞，以此为满足，像刘禹锡诗所说的："开元天子万事足，唯惜当时光景促。三乡陌上望仙山，归作《霓裳羽衣曲》。"⑦ 也就把天下意识带歪带邪了。唐朝由高宗发展到玄宗，修豪华宫殿别墅，已经腐败堕落。此时玄宗建皇家梨园，集天下乐工美女于帝京，"三百内人连袖舞，一时天上著词声"⑧，"天阙沈沈夜未央，碧云仙曲舞霓裳"⑨，"文武千官岁仗兵，万方同轨奏升平"⑩，"龙虎旌旗雨露飘，玉楼歌断碧山遥。玄宗上马太真去，红树满园香

---

① 《碧鸡漫志》卷三。
② 《琵琶引》，《全唐诗》卷四百三十五。
③ 《长恨歌》，《全唐诗》卷四百三十五。
④ 《霓裳羽衣歌（和微之）》，《全唐诗》卷四百四十四。
⑤ 《华清宫四首》，《全唐诗》卷五百十一。
⑥ 《霓裳词十首》，《全唐诗》卷三百一。
⑦ 《三乡驿楼伏睹玄宗望女儿山，小臣斐然有感》，《全唐诗》卷三百五十六。
⑧ 张祜：《正月十五夜灯》，《全唐诗》卷五百十一。
⑨ 张祜：《华清宫四首》，《全唐诗》卷五百十一。
⑩ 张祜：《元日仗》，《全唐诗》卷五百十一。

自销"①。歌舞升平如此，腐败堕落如此，心中哪里还有天下百姓，还有江山社稷？唱来唱去，舞来舞去，《霓裳羽衣曲》唱倒了江山，《霓裳羽衣舞》旋晕了君心，最终造成唐朝衰败。所以元稹讽刺说："旋得明王不觉迷，妖胡奄到长生殿。"待到天下大乱，马嵬兵变，杨贵妃不得已，宛转蛾眉马前死，"翠华南幸万里桥，玄宗始悟坤维转"，已经悔之晚矣。唐玄宗融夷音胡声而造"盛曲"，则成为败曲矣。不过，天下还是应以此为教训的，故曰"寄言旋目与旋心，有国有家当共谴"②。

艺术创造的最高境界，不仅音乐、舞蹈通神，通天道法则，书法的潇洒变化、奔走驰骋，绘画的磊落造势、雨润风生，亦通神，通天道法则，而且变化起来，阴阳莫测，不见端倪。唐代艺术创作的最高成就，登峰造极，达于巅峰者，不仅表现在诗歌的宗教精神与儒家气象、音舞的融夷音胡声而造盛曲，亦表现在书法的通神入圣、变化无穷和绘画的胸纳山川、润化人生。唐代，书法之盛，先于绘画。现在先讲书法，然后下节再讲绘画。

三　书法：通神入圣，变化无穷

艺术发展，固然是与心性变化、时代追求、宗教精神等联系在一起的，但兴盛什么，怎样兴盛，能不能兴盛，总是和那个时代开国建邦之君的爱好，及他们提倡什么，追求什么相关的。唐代书法艺术发展就是这样。书法所以能于东晋王羲之、王献之后，在唐代舒笺点翰，争相夸尚，竞其工拙，擅美尽善，成为独步当时、冠乎古今的艺术成就，是和唐太宗的爱好、提倡分不开的。

唐太宗不仅是开邦治国之君，而且善诗文，于书法有其独到的见解。如讲"初书之时，收视反听，绝虑怡神，心正气和，则契于玄妙。心神不正，字则欹斜；志气不和，字则颠仆"③，"夫字以神为精魄，神若不和，则字无态度也；以心毫为筋骨，心若不坚，则字无劲健也"，"用指腕不如锋芒，用锋芒不如冲和之气，自然手腕虚，则锋含沉静。夫心合于气，气合于心，神

① 张祜：《元日仗》，《全唐诗》卷五百十一。
② 元稹：《和李校书新题乐府十二首·胡旋女》，《全唐诗》卷四百四十九。
③ 《笔法论》，《全唐文》卷十。

心之用也，心必静而已矣"①，以及讲"学书之难，神采为上，形质次之，兼之者便到古人"，"必使心忘于笔，手忘于书，心手遗情，书不妄想"② 等，就是其独到见解于书法者。书法艺术，运笔之妙，在于心神，心静气和，自然字见中正和美精神。太宗帝王此论，实乃书家精到之说也。他甚至对具体书法运笔写字，皆有悟道见解。如讲"为点必收，贵紧而重；为画必勒，贵涩而迟；为擎必掠，贵险而劲；为竖必怒，贵战而雄；为戈必润，贵迟凝而右顾"③，以及讲运笔"太缓者滞而无筋，太急者病而无骨。横毫侧管，则钝慢而肉多。竖笔直锋，则干枯而露骨"④ 等，非善书法者，何以能领悟于此？

唐太宗作为帝王，不仅对书法有独到的见解，而且修《晋书》，亲自为王羲之作传，这也是少有的。他比较魏晋以来书法家之优劣，批评说：钟繇"虽擅美一时，亦为回绝，论其尽善，或有所疑。至于布纤浓，分疏密，霞舒云卷，无所间然。但其体则古而不今，字则长而逾制"，"献之虽有父风，殊非新巧。观其字势疏瘦，如隆冬之枯树"，"子云近出，擅名江表，然仅得成书，无丈夫之气，行行若萦春蚓，字字如绾秋蛇"，"卧王濛于纸中，坐徐偃于笔下，虽秃千兔之翰，聚无一毫之筋，穷万谷之皮，敛无半分之骨"，独推王羲之，说："此数子者，皆誉过其实。所以详察古今，研精篆素，尽善尽美，其惟王逸少乎！"赞之曰："观其点曳之工，裁成之妙，烟霏露结，状若断而还连；凤翥龙蟠，势如斜而反直。玩之不觉为倦，览之莫识其端，心慕手追，此人而已。其余区区之类，何足论哉！"⑤

唐初书法创作，欧阳询、虞世南、褚遂良，追求王羲之书风，与太宗推崇羲之书法，应该说有很大关系。史书记载说，欧阳询"初学王羲之书，后更渐变其体，笔力险劲，为一时之绝。人得其尺牍文字，咸以为楷范焉"⑥；虞世南"同郡沙门智永，善王羲之书，世南师焉，妙得其体，由是声名籍甚"⑦；褚遂良"博涉文史，尤工隶书，父友欧阳询甚重之"，魏徵说"褚遂良下笔遒劲，甚得王逸少体"⑧。从这些记载，固然可以看出王羲之书法对唐

---

① 《指法论》，《全唐文》卷十。
② 《笔意论》，《全唐文》卷十。
③ 《笔法论》，《全唐文》卷十。
④ 《指法论》，《全唐文》卷十。
⑤ 《晋书·王羲之传》制曰。
⑥ 《旧唐书·欧阳询传》。
⑦ 《旧唐书·虞世南传》。
⑧ 《旧唐书·褚遂良传》。

初的影响，但是，若无太宗对羲之书法的"心慕手追"，推崇与提倡，恐怕羲之书法也未必成风也。

　　唐太宗与唐初欧阳询、虞世南、褚遂良是政治群体、君臣关系，也是书法群体、学术关系。欧阳询书法作品有《九成宫醴泉铭》《皇甫诞碑》《化度寺碑》；虞世南有碑刻《孔子庙堂碑》、行草书《汝南公主墓志铭》等；褚遂良有《雁塔圣教序》《孟法师碑》《房玄龄碑》等；唐太宗亦有行书《温泉铭》《晋祠铭》。他们不仅各有自己的书法作品，而且皆追慕王羲之，研讨以求共识。太宗尝对魏徵说："虞世南死后，无人可以论书。"① 由此可见，他们是经常切磋讨论书法艺术。太宗"方博购王羲之故帖，天下争献，然莫能质真伪。遂良独论所出，无舛冒者"②。可知太宗不仅视褚遂良为羲之书法行家里手，而且将其视为书法艺术知己。他们对书法艺术的看法无疑是有差别的。如虞世南评论魏晋书法家，讲"钟太傅师资德昇，驰骛曹蔡，仿学而致一体，真楷独得精妍"，"逮乎王廙王洽，逸少子敬，剖析前古，无所不工：八体六文，必揆其理，俯拾众美，会兹简易，制成今体，乃穷奥旨"③，略不同于太宗推羲之而抑众人。但其讲"心为君，妙用无穷"④，讲"欲书之时，当收视返听，绝虑凝神，心正气和，则契于妙"⑤，以及讲真、行、草的书写，"迟速虚实，若轮扁斫轮，不徐不疾，得之于心，而应之于手，口所不能言"⑥ 等，与太宗讲"初书之时，收视反听，绝虑怡神，心正气和，则契于玄妙"，则是有共识的。

　　不论是欧阳询的《九成宫醴泉铭》，还是虞世南的《孔子庙堂碑》、褚遂良的《雁塔圣教序》，尽管各有其风格，但就总体书风而言，则是中正和平的，而不是追求邪妄怪癖。这用虞世南的话说，就是"若夫神妙无方，非筹算能测，至理凝邈，岂绳准所知。实乃常道无言，有著斯绝，安可凭诸天纵，窥其窅冥者乎？"其中正和平，则"比地方春，藏用显仁之量；如愚若讷，外暗内明之功。固能智周测海，道亚弥天，岂止掺类山涛，神侔庾亮而已？"⑦

---

① 《旧唐书·褚遂良传》。
② 《新唐书·褚遂良传》。
③ 《书旨述》，《全唐文》卷一百三十八。
④ 《辨应》，《全唐文》卷一百三十八。
⑤ 《契妙》，《全唐文》卷一百三十八。
⑥ 《释真》，《全唐文》卷一百三十八。
⑦ 《破邪论序》，《全唐文》卷一百三十八。

这种追求，是合乎唐初平治天下要求，具有儒家气象的。

唐朝推崇王羲之的，不仅是六书八体的法则，更是追求其玄微美妙、神用无方之深奥精神的。故太宗讲："夫学书者，先须知有王右军绝妙得意处，真书《乐毅论》、行书《兰亭》、草书《十七帖》，勿令有死点画，书之道也。"① 在他看来，"学书之难，神采为上，形质次之"②，书法有神采，有精神，才是最为重要的。虞世南讲，草书"纵心奔放，覆腕转蹙，悬管聚锋，柔豪外拓。左为外，右为内，起伏连卷，收揽吐纳，内转藏锋，既如舞袖，挥拂而萦纡；又若垂藤，樛盘而缭绕。蹙旋转锋，亦如腾猨过树，逸虬得水（一作'跃鲤透泉'），轻兵追房，烈火燎原：或气雄而不可抑；或势逸而不可止，纵狂逸放，不违笔意"；并引王右军诗曰："透嵩华兮不高，逾悬壑兮能越，或连或绝，如花乱飞。"③ 凡此，皆是唐初楷模王羲之书法，通神入圣，以求玄妙无穷之旨。这种追求，经过不断继承、创新、超越、提高、升腾，发展到盛唐，随着经济的繁荣、思想的解放及个性的张扬，于是就产生了张旭和怀素的草书。

张旭，字伯高，吴（今江苏苏州）人，官至金吾长史，故世称"张长史"。书擅长真、草，以草书驰名于世，传世作品有《古诗四帖》《肚痛帖》等。《古诗四帖》前两首书写庾信《步虚词》，后两首写谢灵运的《王子晋赞》和《岩下一老公和四五少年赞》，一气呵成，卷横长195.2厘米，纵高29.5厘米，五色彩笺纸，现收藏于辽宁省博物馆等。张旭书法学于舅父陆彦远，陆彦远为陆柬之之子，皆善书法。所以，张旭书法源于王羲之、隋智永、欧阳询、虞世南。故其真书端正谨严、应规入矩。但其草书，则发挥张芝、王羲之、王献之套路，大开大合、气势磅礴、纵逸飞动，又出神入化、仪态万千、变幻莫测，极富创造精神。故韩愈说"旭之书，变动犹鬼神，不可端倪"④；此亦张旭谓颜真卿所说"夫书道之妙，焕乎其有旨焉。字外之奇，言所不能尽"⑤ 者也。

怀素，字藏真，俗姓钱，永州零陵（今湖南零陵）人。自幼出家为僧，经禅之暇，"草书以畅志。时酒酣兴发，遇寺壁里墙，衣裳器皿，靡不书之。

---

① 《笔意论》，《全唐文》卷十。
② 《笔意论》，《全唐文》卷十。
③ 《释草》，《全唐文》卷十。
④ 《送高闲上人序》，《韩昌黎全集》卷二十一。
⑤ 颜真卿：《张长史十二意笔法记》，《全唐文》卷三百三十七。

贫无纸可书，尝于故里种芭蕉万余株，以供挥洒。书不足，乃漆一盘书之；又漆一方板，书至再三，盘版皆穿"①，可知其练习书法相当刻苦。颜真卿称之说："开士怀素，僧中之英，气概通疏，性灵豁畅，精心草圣，积有岁时，江岭之间，其名大著。"② 怀素传世书法作品有《自叙帖》《苦笋帖》《圣母帖》《论书帖》《小草千文》。《自叙帖》写其"经禅之暇，颇好笔翰"心志往事，纸本，纵 28.3 厘米，横 755 厘米，现藏台北故宫博物院。怀素草书，援毫掣电，随手万变，笔法瘦劲，飞动自然，如骤雨旋风。李白称怀素"草书天下称独步"，说其书写"飘风骤雨惊飒飒，落花飞雪何茫茫。起来向壁不停手，一行数字大如斗。怳怳如闻神鬼惊，时时只见龙蛇走。左盘右蹙如惊电，状同楚汉相攻战"③。

怀素与张旭齐名，于唐朝草书双峰并峙，因其千变万化，皆率意颠逸，故称"颠张狂素"。所以癫狂，不仅是经济发展、生活安逸所致，更是思想解放、个性张扬的内在表现。怀素、张旭皆酣酒。怀素饮酒以养性，草书以畅志；张旭亦嗜酒，醉后号呼狂走，索笔挥洒。杜甫把张旭列为"醉八仙"之一，讲其像李白、贺知章一样饮酒癫狂："知章骑马似乘船，眼花落井水底眠。""李白斗酒诗百篇，长安市上酒家眠。""张旭三杯草圣传，脱帽露顶王公前，挥毫落纸如云烟。"④ 不仅嗜酒，而且心性、爱好亦极为相近。李白"少有逸才，志气宏放，飘然有超世之心"，贺知章称之为"天上谪仙人"⑤；"知章性放旷，善谈笑，当时贤达皆倾慕之"，"晚年尤加纵诞，无复规检，自号四明狂客。醉后属词，动成卷轴，文不加点，咸有可观。又善草隶书，好事者供其笺翰，每纸不过数十字，共传宝之"；而"张旭，亦与知章相善。旭善草书，而好酒，每醉后号呼狂走，索笔挥洒，变化无穷，若有神助，时人号为张颠"⑥。他们有如此癫狂张扬的心性与行为，实乃内心世界有宗教精神支撑：李白、贺知章、张旭属于道家思想，而怀素自幼出家为僧经禅。故其为书法，极有悟性，极富超越精神。张旭讲"孤蓬自振，惊沙坐飞，余师而为书，故得奇怪。凡草圣尽于此"；怀素讲"贫道观夏云多奇峰，辄常师之。

① 陆羽：《僧怀素传》，《全唐文》卷四百三十三。
② 《怀素上人草书歌序》，《全唐文》卷三百三十七。
③ 《草书歌行》，《全唐诗》卷一百六十七。
④ 《饮中八仙歌》，《全唐诗》卷二百十六。
⑤ 《旧唐书·李白传》。
⑥ 《旧唐书·贺知章传》。

夏云因风变化，乃无常势；又遇壁折之路，一一自然"①。可知张、怀成为"草圣"，乃是其有极高悟性，能源于自然之妙。

物有盛衰，时有更续。书法亦然。开元、天宝盛世，经安史之乱而衰。此时，社会需要秩序，国家需要整顿，天下需要治理，而不是癫狂。于是，立于教化的儒学重新兴起，影响于书法的，是新的规矩与法则，而非癫狂奇怪。这就产生了颜真卿和柳公权的真书新体，以刚健俊美的艺术精神，崛起于中晚唐。

颜真卿，字清臣，祖籍琅琊临沂（山东临沂），京兆万年（今陕西西安）人，曾任平原太守，故世称"颜平原"；官至吏部尚书、太子太师，封鲁郡公，故又称"颜鲁公"。德宗兴元元年（784），被叛将李希烈所害。颜真卿一生，"器质天资，公忠杰出，出入四朝，坚贞一志"，以至于"才优匡国，忠至灭身"②。他虽为开元进士，但主要活动则在肃宗、代宗之世。书法有《多宝塔感应碑》《大唐中兴碑》《宋璟碑》《李玄靖碑》《颜家庙碑》《颜勤礼碑》《祭侄文稿》等。颜真卿真体书法，篆隶融合，郁勃强劲，端庄雄健，就像他的为人一样，"立朝正色，刚而有礼"③，没有任何媚骨柔姿。观他的《多宝塔感应碑》帖，就像面对关中大汉，威风凛凛、俨然而立。故欧阳修说颜真卿"为人尊严刚劲，像其笔画"④。但他的行草，如《祭侄文稿》，则浩放流丽，雄健多变。颜真卿书法，也是有所继承的。他在谈到书法传承时说："羲、献兹降，虞、陆相承，口诀手授，以至于吴郡张旭长史。虽姿性颠逸，超绝古今，而楷法精详，特为真正。"⑤ 他为继承书法传统，曾"访金吾长史张公旭，请师笔法"，说"众师张公求笔法，或有得者，皆曰神妙"⑥。虽然颜真卿处安史乱世，但他少即勤学，工书法，又继承前人传统，故他的真书，刚健、正直、质朴，仍不失盛唐气象。

柳公权，字诚悬，唐朝京兆华原（今陕西耀县）人。公权乃兵部尚书柳公绰之弟。公绰"性谨重，动循礼法。家甚贫，有书千卷，不读非圣之

①　陆羽：《僧怀素传》，《全唐文》卷四百三十三。
②　《旧唐书·颜真卿传》。
③　《新唐书·颜真卿传》。
④　《唐颜真卿麻姑坛记》，《欧阳修全集·集古录跋尾》卷七。
⑤　《怀素上人草书歌序》，《全唐文》卷三百三十七。
⑥　《张长史十二意笔法记》，《全唐文》卷三百三十七。

书"①。公权在这样环境下长大，肯定受其影响。公权工书，尤以真著名。唐穆宗尝问公权笔何尽善？公权对曰："用笔在心，心正则笔正。"唐宣宗时召公权升殿，御前展三纸，使人捧砚给笔，让公权书写。公权一纸写真书十字，曰"卫夫人传笔法于王右军"；一纸写行书十一字，曰"永禅师真草《千字文》得家法"；一纸写草书八字，曰"谓语助者焉哉乎也②。可知柳公权的书法，乃是"遍阅近代笔法，体势劲媚，自成一家"的。当时公卿大臣的家碑，"不得公权手笔者，人以为不孝。外夷入贡，皆别署货贝，曰此购柳书"，可知当时公权书法影响之大。特别是西明寺"《金刚经碑》备有钟、王、欧、虞、褚、陆之体，尤为得意"③。柳公权书法是颜真卿后继者，故后世以"颜柳"并称。作品很多，主要有《玄秘塔碑》《金刚经刻石》《冯宿碑》《神策军碑》等。代表作为《玄秘塔碑》，现存西安碑林。柳公权遍阅近代笔法，但主要得力于颜真卿、欧阳询。故其书风遒媚劲健，既有颜体刚健筋骨，亦有欧体挺拔爽健，但刚健端正中，亦见清秀俊逸。

唐代书法艺术，除欧、虞、褚、张、怀、颜、柳之外，还有薛稷、陆柬之、李邕、徐浩、孙过庭等人。薛稷，字嗣通，蒲州汾阳（山西汾阳）人，魏徵的外甥，作品有《信行禅师碑》，碑已久失，宋拓本流入日本。薛与欧、虞、褚，被称为唐初书法"四家"，不过所出较晚。陆柬之，即前边提到的张旭书舅父陆彦远之子，作品有真书《陆机文赋》，现在藏台北故宫博物院。李邕，字泰和，扬州江都人，官至北海太守，人称"李北海"，作品有《叶有道碑》《岳麓寺碑》《云麾将军碑》等，笔力雄健。徐浩，字季海，越州（今浙江绍兴）人，唐时官至太子少师，封会稽郡公，人称"徐会稽"，书法擅真行，作品有《大证禅师碑》《不空和尚碑》等。《大证禅师碑》在河南登封县，已剥落。《不空和尚碑》在西安碑林，笔势沉稳，结构老劲。孙过庭，字虔礼，吴郡富阳（今浙江富阳）人，工真、行、草，尤以草书擅名，代表作是他所撰书的《书谱》，是一篇书法理论著作，落笔俊逸，行文潇洒，现藏台北故宫博物院。另外，张怀瑾著《书议》，推崇草书。但就整个唐代书法艺术而言，则多宗钟繇、羲之，其发展如孙过庭所说："虽学宗一家，而变成多

① 《旧唐书·柳公绰传》。
② 《旧唐书·柳公权传》。
③ 《旧唐书·柳公权传》。

体，莫不随其性欲，便以为姿。"① 因此，唐代书法，不论是篆隶，还是行草，莫不博物穷理，感会无方。是故，镕铸陶均，创造了雄健刚毅、仪态万千的书法艺术，不论是端正谨严，还是潇洒飘逸，皆具极高的人文精神。

唐代书法如此，绘画亦如此。下面讲胸纳山川，润化人生的唐代绘画。

四　绘画：胸纳山川，润化人生

隋唐有天下，不是坚持草莽英雄治世，而是走向贵族化，追求贵族享有的诗歌、音乐、舞蹈、绘画一类的艺术人生，借以向世界证明自己是文化艺术帝国，而不是草莽英雄或边陲部族的天下。故隋文帝即位，就讲"朕君临区宇，深思治术，欲使生人从化，以德代刑"，"朕情存古乐，深思雅道。今欲更调律吕，改张琴瑟"②；隋炀帝"方今宇宙平一，文轨攸同，十步之内，必有芳草，四海之中，岂无奇秀"，寻觅"笃志好古，耽悦典坟，学行优敏，堪膺时务"③ 者，收藏天下书法名画。李氏乃关陇贵族。唐高祖即位，为显示贵族化追求，不仅讲"六经茂典，百王仰则，四学崇教，千载垂范"，要求"说《礼》敦《诗》，本仁祖义，建邦立极，咸必由之"，而且破窦建德、王世充，将其所得炀帝书法名画，尽归唐室，十分爱重。太宗不仅依据《礼》典，仰效先哲，垂法将来，制《破阵乐舞图》，而且旁征博采，加以搜求名画。据《历代名画记》载，"太宗皇帝特所耽玩，更于人间购求。天后朝张易之奏召天下画工，修内库图画"，"玄宗天纵神武，艺冠前王。凡所游畋，必存绘事"④，"贞观、开元之代，自古盛时，天子神圣而多才，士人精博而好艺，购求至宝，归之如云，故内府图书谓之大备"⑤。不仅唐高祖、太宗、武则天、玄宗爱好绘画，收藏绘画艺术，其他王公贵族，亦优游富贵，寄情翰墨，交游文人，慕求书画。如汉王元昌善画马，"笔踪妙绝"；江都王善画雀蝉、驴子；滕王善画蜂蝉、燕雀、驴子、水牛，曾见一本，"能巧之外，曲尽情理"⑥。隋唐王室的贵族化追求，不仅促进了隋唐文学艺术的发展，亦造就

---

① 《书谱》。
② 《隋书·文帝本纪上》。
③ 《隋书·炀帝本纪上》。
④ 《叙画之兴废》，《历代名画记》卷一。
⑤ 《论鉴识收藏购求阅玩》，《历代名画记》卷二。
⑥ 《唐朝名画录·国朝亲王》。

了唐代绘画艺术的繁荣。

唐代绘画繁荣昌盛，为历代所不及，影响或支配其发展的，主要适应了两大需要：一是唐初文教政治的需要，如唐初为崇功褒学，两次致十八学士图；为褒奖功勋之臣，四次图长孙无忌等像二十四人于凌烟阁。其他像贞观十三年扬州长史李袭誉撰《忠孝图》二十卷等，也是适应唐初文教政治需要出现的绘画作品。二是适应唐代宗教壁画发展的需要。唐代佛教、道教迅速发展，佛寺道观之建，规模空前，于是佛寺道观壁画也发展了起来。唐代壁画之盛行，《历代名画记》载两京外州寺观已近三百壁之多。吴道子及僧人壁画，就是应佛寺壁画需要而产生并得到发展的。唐代绘画，名家辈出，画风承前继后，创造变化，各领风骚，故其作品，亦多种多样，人物画、花鸟画，亦独具创造精神。然就唐代绘画主流而言，则主要是政治需要的文教图画，适应佛寺道观需要的宗教壁画和山水画。唐初的阎立德、阎立本，盛唐时期的吴道子、李思训、王维等，就是适应这种需要而出现的唐初画家。

阎立德，雍州万年（在今西安市临潼区）人，父毗，以工艺进为隋殿内少监。故立德亦以工艺知名，与弟立本，继承父亲传统，皆有机械巧思。武德初，为秦王府士曹参军。武德中，迁尚衣奉御，制衮冕六服、腰舆、伞扇，咸有典法。贞观十八年，从太宗征高丽，有功于填道造桥，迁工部尚书。绘画有《职贡图》《文成公主降番图》《游行天王图》《玉华宫图》《诗意图》《斗鸡图》等。所画多为唐初万国来庭，百蛮朝贡，接应之序，奉笏之仪及宫廷游乐情景。

阎立本，阎立德之弟。初，太宗与侍臣泛舟春苑池，见异鸟容与波上，悦之，诏坐者赋诗，召立本俾状。立本俯伏池左，研吮丹粉，望坐者羞怅流汗。归来，戒其子说："吾少读书，文辞不减侪辈，今独以画见名，与厮役等，若曹慎毋习。"立本然性所好，虽被訾屈，亦不能罢，可知其蛮清高的。高宗显庆中代立德为工部尚书，总章元年，迁右相。正如作家当不好部长一样，阎立本作为画家，也是当不好丞相的。故当时说其"应务俗材，无宰相器"。姜恪以战功擢左相，立本为右相，当时有人以"左相宣威沙漠，右相驰誉丹青"[1] 相嘲。阎立本善画人物、山水、鞍马。他的人物，工写真，最有名的作品，是他奉诏为表彰功臣勋业所创作的大型肖像画《秦府十八学士图》

---

[1] 《新唐书·阎立本传》。

《凌烟阁功臣图》，已失。郑振铎所编《中国历史参考图谱》存有《秦府十八学士图》残片①。另外，画有吐蕃王松赞干布迎娶文成公主，仰慕大唐文明的《步辇图》，绢本，设色，纵 38.5 厘米，横 129.6 厘米，现藏故宫博物院；描绘十三位帝王形象的《历代帝王图》，绢本设色，纵 51.3 厘米，横 531 厘米，现藏美国波士顿美术馆。这些画皆是描绘初唐政治事件的，用色浓重，渲染显著，典雅绚丽，线条流畅，富有变化，造诣很高，有珍贵的历史和艺术价值。阎立本不仅善于刻画帝王的气质仪容，还以道释人物画著称。他曾为长安大慈恩寺两廊作画壁，创作了许多佛道人物绘画作品，如《三清像》《行化太上像》《延寿天尊像》《宣圣像》《维摩像》《醉道图》等。《宣和画谱》所载宋代收藏阎氏作品，道释类题材占多数，可知其所画这类画之多。

这发展到开元、天宝间，"圣唐至今二百三十年，奇艺者骈罗，耳目相接"，画家如群星璀璨，其为画艺术，各显神通，蔚为大观。若不必取六法俱全，取一技可采（谓或人物，或屋木，或山水，或鞍马，或鬼神，或花鸟）者，人物更多，"自史皇至今大唐会昌元年，凡三百七十余人"②。但若就上乘神品论之，则吴道子、李思训、王维等人绘画，则别开生面，由唐初的细润而发展为遒劲雄健，遂成为开元、天宝间绘画的崭新气象。

吴道子，又名道玄。汉族，阳翟（今河南禹州）人。少孤贫，曾随张旭、贺知章学习书法，后改学绘画，颇具天才，未冠，已穷丹青之妙。后曾任兖州瑕丘（今山东滋阳）县尉，不久即辞职。后流落洛阳，从事壁画创作。开元年间，以善画被召入宫廷，改名"道玄"，被任命为内供奉、内教博士，非有诏不得画。吴道子于画，几乎无所不能，特擅画鬼神、人物、山水、鸟兽、草木、楼阁等，尤精于佛道人物，长于壁画创作，曾画壁画三百余墙。据《唐朝名画录》载，吴道子"画玄元庙五圣千官，宫殿冠冕，势倾云龙，心归造化。故杜员外诗云：'森罗回地轴，妙绝动宫墙。'③"唐代武宗禁佛，佛教寺院及壁画遭到很大破坏。张彦远对残存壁画调查，写入《历代名画记》。所记荐福寺、慈恩寺、光宅寺、宝刹寺、菩提寺、安国寺、千福寺等，皆有吴道子所画各种壁画，其中"荐福寺净土院门外两边，吴画神鬼，南边神头上

---

① 郑振铎编：《中国历史参考图谱》"隋唐五代（一）"，书目文献出版社 1994 年版。
② 《叙画之兴废》，《历代名画记》卷一。
③ 《唐朝名画录》，所说"杜员外诗"，即杜甫《冬日洛城北谒玄元皇帝庙》诗，原句为"森罗移地轴，妙绝动宫墙"（《全唐诗》卷二百二十四）。

龙为妙"，千福寺西塔院"门两面内外及东西向里各四间，吴画鬼神帝释，极妙"① 等，皆为吴道子所画。观此记载，大体可知其宗教绘画之高妙：所画人物，生动活动，其势圆转，衣服飘举，遒劲有力。故有宋人称之为"曹衣出水，吴带当风"②。

吴道子不仅善画佛道人物及神异存在，亦善画山水，画成嘉陵江三百里风景，一日即成，不用粉本，并记在心③。自吴道子画蜀道山水，始创山水之体，自为一家。张彦远评论山水画发展，说"魏晋以降，其画山水，则群峰之势，若钿饰犀栉，或水不容泛，或人大于山。详古人之意，专在显其所长，而不守于俗变也"；国初二阎擅美，"状石则务于雕透，如冰澌斧刃"。惟吴道子，"天付劲毫，幼抱神奥。往往于佛寺画壁，纵以怪石崩滩，若可扪酌。又于蜀道写貌山水。由是山水之变，始于吴，成于二李（李将军李中书）。树石之状，妙于韦偃，穷于张通（张璪也）"④。吴道子的山水画，已无过去纤秾之风，而是挥毫纵笔所致。故荆浩说："吴道子笔胜于象，骨气自高，树不言图，亦恨无墨。"⑤

不论是吴道子所画佛道人物壁画，还是其所画蜀道嘉陵江水图，皆已佚失，所存《送子天王图》《八十七神仙卷》等，是否为其真品，尚存争议。但《八十七神仙卷》，潘天寿曾给予极高评价，张大千认为此画与唐壁画同风，"非唐人不能为"，加盖了"悲鸿生命"印章。这是一幅白描人物画卷，是最为经典的道教画，画上有 87 个神仙从天而降，列队行进，姿态丰盈而优美。该画卷曾流落海外，1937 年徐悲鸿先生在香港从一德国人手中用重金赎回，绢本水墨，尺幅为 341443 厘米，现藏徐悲鸿纪念馆。

吴道子绘画作品，于唐代属于上乘神品，是极富创造性的。这种创造性，固然与当时宗教、玄学超越性思维有关，但也是和吴道子极高悟性与天纵之才分不开的。《历代名画记》说，"开元中将军裴旻善舞剑，道玄观旻舞剑，见出没神怪，既毕，挥毫益进"⑥。吴道子观裴旻舞剑悟得绘画之理，就像张

---

① 《西京寺观等画壁》，《历代名画记》卷三。
② 〔宋〕郭若虚《论曹吴体法》，《图画见闻志》卷一。
③ 《唐朝名画录》载：天宝中，明皇忽思蜀道嘉陵江水，遂命吴生写之。及回，帝问其状，奏曰："臣无粉本，并记在心。"后宣令于大同殿壁图之，三百余里山水一日而毕。李思训图之，累月方毕。明皇云："李思训数月之功，吴道子一日之迹，皆极其妙！"
④ 《论画山水树石》，《历代名画记》卷一。
⑤ 《笔法记》。
⑥ 《唐朝上》，《历代名画记》卷九。

旭观公孙大娘舞剑器悟得草书之理一样。它说明书画艺术是需要气质悟性的，仅凭规矩方圆，是不能取得巨大成就的，包括艺术方法也是这样。南齐谢赫说："画有六法：一曰气韵生动，二曰骨法用笔，三曰应物象形，四曰随类赋彩，五曰经营位置，六曰传模移写，自古画人罕能兼之。"[1] 张彦远说："自顾、陆以降，画迹鲜存，难悉详之。唯观吴道玄之迹，可谓六法俱全，万象必尽，神人假手，穷极造化也。所以气韵雄状，几不容于缣素；笔迹磊落，遂恣意于墙壁。"[2] 又说："国朝吴道玄，古今独步，前不见顾、陆，后无来者。授笔法于张旭，此又知书画用笔同矣。张既号'书颠'，吴宜为'画圣人'，假天造英灵不穷。"[3] 苏轼更认为，吴道子的画就像杜甫的诗、韩愈的文章、颜真卿的书法一样，已登峰造极，属于最高成就，说"诗至于杜子美，文至于韩退之，书至于颜鲁公，画至于吴道子，而古今之变，天下能事毕矣"[4]。《唐朝名画录》所说吴道子画成嘉陵江三百里风景，一日即成，"无粉本，并记在心"，实乃胸纳山川、纵横笔墨、润化人生的画风与精神！

李思训，字建睍，陇西成纪（今甘肃秦安）人，唐朝宗室，李孝斌之子，李林甫的伯父，官至武卫大将军，故人称"大李将军"。李思训擅画青山绿水，画风受隋代展子虔影响。张彦远说其"画山水树石，笔格遒劲，湍濑潺湲，云霞缥缈，时睹神仙之事，窅然岩岭之幽"[5]；朱景玄说其绘画"格品高奇，山水绝妙，鸟兽、草木，皆穷其态"；记天宝中明皇召思训画大同殿壁及掩障，语思训说："卿所画掩障，夜闻水声"，而赞之说："通神之佳手也。"[6] 可知李思训画山水，风骨奇峭，不仅草木鸟兽，皆穷其态，画能通神，而且用笔工整，色彩浓烈，格局宏伟，富丽堂皇，具有"青绿金碧"的风格，开北方青山绿水派画宗。其作品多佚失。《宣和书谱》载有《春山图》《海天落照图》《江山渔乐》《群山茂林》等画。代表作《江帆楼阁图》绢本绘画，纵101.9 厘米，横54.7 厘米，现藏台北故宫博物院。该画江岸山峰耸峙，树木苍翠，在层叠错落、密树掩映间，见碧殿台阁，抬眼望去，江天空阔，风帆飘渺，给人一种空阔浩渺的感觉。

---

① 《古画品录》。
② 《论画六法》，《历代名画记》卷一。
③ 《论顾陆张吴用笔》，《历代名画记》卷二。
④ 《书吴道子画后》，《苏东坡全集》"前集"卷二十三。
⑤ 《唐朝上》，《历代名画记》卷九。
⑥ 《唐朝名画录·神品下》。

李思训弟思海，思海之子即李林甫，林甫叔伯弟昭道，即李思训之子，画山水鸟兽，繁巧智慧，被称为"小李将军"。李林甫之侄名凑，工绮罗人物，笔迹疏散而妩媚。李思训一家五人，皆善丹青，世咸重之。有人写诗与李林甫说："中兴唯白云，身外即丹青。"① 可知其家族画风之盛也。

王维不仅"以诗名盛于开元、天宝间"，亦"书画特臻其妙，笔踪措思，参于造化"，其"创意经图，即有所缺，如山水平远，云峰石色，绝迹天机，非绘者之所及也"②。王维工画山水，体涉今古。但王维的山水画与李思训不同。李思训以"青绿金碧"的风格，开北方青山绿水派画宗，而王国维则以水墨画启开了南派画风。王国维说："夫画道之中，水墨最为上。肇自然之性，成造化之功，或咫尺之图，写百千里之景。"③ 他以泼墨画山水，或淡或浓，随意渲染，而不失规矩，且善峰起两面，有奔驰之势。故张彦远评其"泼墨山水，笔迹劲爽"。王国维的画作，有《辋川图》《雪溪图》《江山雪霁图》等。《辋川图》为壁画，题于清源寺壁上，山谷郁盘，云水飞动，为王维隐居辋川所作。张彦远说王国维"清源寺壁上画辋川，笔力雄壮，常自制诗曰：'当世谬词客，前身应画师。不能舍余习，偶被时人知。'④"《雪溪图》所画冰雪天地，大河横卧，雪坡、树木、房舍，皆掩映于白雪中，一片宁寂山村景象。该画原无款，上有宋赵佶所题"王维雪溪图"，是王维唯一流传至今的作品，小立幅，绢本，水墨、设色。纵 36.6 厘米，横 30 厘米，现藏台北故宫博物院。

盛唐画家，除吴道子、李思训、王维外，还有张璪、韩幹等人。张璪，字文通，吴郡（今江苏苏州）人。擅画山水树石，长于泼墨，尤工画松，相传能"以手握双管，一时齐下，一为生枝，一为枯枝。气傲烟霞，势凌风雨。其山水之状，则高低秀丽，咫尺重深，石尖欲落，泉喷如吼。其近也，若逼人而寒；其远也，若极天之尽"⑤。有一次众人看张璪作画，璪居其中，箕坐鼓气，少顷神机始发，"若流电激空，惊飙戾天，毫飞墨喷，捽掌如裂"，画毕，"投笔而起，为之四顾"⑥。此可知张璪之气质与画风矣。张彦远所讲：

① 《唐朝上》，《历代名画记》卷九。
② 《旧唐书·王维传》。
③ 《山水诀》。
④ 《唐朝下》，《历代名画记》卷十。
⑤ 《唐朝名画录·神品下》。
⑥ 《唐文粹》卷九十七。

"初，毕庶子宏擅名于代，一见惊叹之，异其唯用秃毫，或以手摸绢素，因问璪所受。璪曰：'外师造化，中得心源。'毕宏于是阁笔"①，也可以看到张璪气质与画风之所在。绘画作品有《松石图》《寒林图》《松竹高僧图》等。韩干，蓝田人，唐天宝初，入为供奉，擅画写貌人物，尤工鞍马。先是师陈霸，上令师陈闳画马，韩干一空依傍。帝怪其不同，因诘之。奏云："臣自有师。陛下内厩之马，皆臣之师也。"上甚异之。其后"果能状飞黄之质，图喷玉之奇；九方之职既精，伯乐之相乃备"②，以真马为师，形神逼肖。故杜甫以诗赞之说："韩干画马，毫端有神。"③ 画作有《牧马图》《照夜白图》等。

唐朝三百年艺术发展，开元、天宝最盛，经安史之乱，虽气象渐衰，然德宗之后，艺苑画坛气象，仍不失大唐遗韵。故中唐以后，仍出现了张萱、周昉及陈闳、张志和、王默等画家，其中以张萱、周昉最为有名。

张萱，京兆（今西安）人。唐开元年间画家，擅画贵族仕女、宫苑鞍马，名冠于时；"善起草，点簇景物，位置亭台，树木花鸟，皆穷其妙"；"画《长门怨词》，撼思曲槛亭台，金井梧桐之景"；"画《贵公子夜游图》《宫中七夕乞巧图》《望月图》，皆多幽思"④。特别是画贵族仕女、宫苑鞍马，与周昉"皆称第一，故居妙品"⑤。唐宋画史著录载张萱作品很多，如《明皇斗鸡射鸟图》《明皇纳凉图》《明皇击梧桐图》《太真教鹦鹉图》《虢国夫人夜游图》《虢国夫人踏青图》《贵公子夜游图》《宫中七夕乞巧图》《安乐仕女图》等，但今已无存，只有宋代临摹的《捣练图》和《虢国夫人游春图》。《捣练图》画宫中妇女捣练熨练情态，描绘细劲，色彩艳雅，绢本，水墨设色，勾金，纵 37 厘米，横 147 厘米，现藏美国波士顿博物馆。《虢国夫人游春图》画唐天宝年间，唐玄宗所宠杨贵妃、虢国夫人和秦国夫人及侍从的春游行列图像，仪态雍容华贵，情调高雅娴适，一派贵妇人闲适优雅生活景象。该画疏密有致，色彩典雅富丽，具有雍容华贵的盛唐气象。绢本设色，原作已佚，现存为宋代摹本，现藏辽宁省历史博物馆。

周昉，字仲朗，京兆（今西安）人。官至宣州长史，好属文，穷丹青之妙，游卿相间，属于贵公子。画初效张萱，后则小异。所画仕女图，"衣裳劲

---

① 《唐朝下》，《历代名画记》卷十。
② 《唐朝名画录·神品下》。
③ 《画马赞》，《文苑英华》卷七百八十四。
④ 《唐朝名画录·妙品中》。
⑤ 《唐朝名画录·妙品中》。

简，彩色柔丽"，善画佛教图像，所画"菩萨端严，妙创水月之体"①。当时，德宗修章敬寺，召周昉之兄周皓说："卿弟昉善画，朕欲宣画章敬寺神，卿特言之。"经数月召之，昉乃下手画。"落笔之际，都人竞观，寺抵园门，贤愚毕至，或有言其妙者，或有指其瑕者，随意改定，经月有余，是非语绝，无不叹其精妙为当时第一"②。《唐代名画录》记其作品有《浑侍中宴会图》《刘宣武按舞图》《独孤妃按曲粉本》《仲尼问礼图》《降真图》《五星图》《扑蝶图》等，传世之作为《挥扇仕女图》《簪花仕女图》。《挥扇仕女图》画宫廷妇女身份、情态，体态丰肥，衣饰华美，绢本，设色，纵 33.7 厘米，横 204.8 厘米，现藏故宫博物院。《簪花仕女图》画宫廷妇女庭园散步，悠闲缓慢，神态安然，其境幽静空旷，白鹤、蝴蝶游乐其间。绢本，重彩，纵 49 厘米，横 180 厘米，现藏辽宁省博物馆。

其他中晚唐画家，也大体不失大唐遗韵。如陈闳，会稽（今浙江绍兴）人。师曹霸，与韩幹同时，擅长画人物仕女及禽兽，尤工鞍马。开元中，召入供奉，诏写御容，冠绝当时。善画仙人道士壁画，"图当时供奉道士、庖丁等真容，皆奇绝"，"惟写真入神，人物仕女，可居妙品"③。张志和，字子同，会稽（今浙江绍兴）人。常渔钓于洞庭湖，性高迈，不拘检，自称"烟波钓徒"。著《玄真子》十卷，书迹狂逸，自为《渔歌》便画之，甚有逸思④。王墨，一作王默，善泼墨山水。故时人谓之"王墨"。多游江湖间，画山水、松石、杂树。性疏野好酒。凡欲画先饮。"醉后以头髻取墨，抵于绢画"⑤，颇近癫狂。贞元末于润州殁，举枢若空，时人皆云化去。可知中晚唐画家是如何多随性作画矣。这反映出一个问题，即唐代艺术发展伴随着人之生命觉醒，此乃唐代艺术精神所在也。它表现在整个唐代诗歌、乐舞、书法、绘画诸多艺术创造中。结束本章之前，讲讲这个问题是非常必要的。

五　艺术发展中的生命精神觉醒

陆机谈及文学体裁与情性的关系说"诗缘情而绮靡，赋体物而浏亮；碑

---

① 《唐朝下》，《历代名画记》卷十。
② 《唐代名画录·神品中》。
③ 《唐代名画录·妙品中》。
④ 《唐朝下》，《历代名画记》卷十。
⑤ 《唐朝下》，《历代名画记》卷十。

披文以相质，诔缠绵而凄怆；铭博约而温润，箴顿挫而清壮；颂优游以彬蔚，论精微而朗畅；奏平彻以间雅，说炜晔而谲诳"，各种题材的文学题材，皆是依不同情感、情绪而表达，虽有此区分，然皆是不可邪妄放纵的。故曰"虽区分之在兹，亦禁邪而制放"①。刘勰谈到艺术才性时亦说："夫情动而言形，理发而文见，盖沿隐以至显，因内而符外者也。然才有庸俊，气有刚柔，学有浅深，习有雅郑，并情性所铄，陶染所凝，是以笔区云谲，文苑波诡者矣。"② 凡此可知，文学艺术总是和人的个性及情感、情绪联系在一起的，表达作者不同精神风貌。唐代的诗歌、乐舞、书法、绘画等艺术创造也是这样。

唐之开国定邦者，总体上说是志向分明、情感坚定的。不论是唐太宗讲"弱龄逢运改，提剑郁匡时；指麾八荒定，怀柔万国夷"③，还是王珪讲"汉祖起丰沛，乘运以跃鳞；手奋三尺剑，西灭无道秦"④，魏徵讲"中原初逐鹿，投笔事戎轩；纵横计不就，慷慨志犹存"⑤，皆是驰骋疆场、澄清宇内、为天下争生死而勇往直前的。然而，天下虽定，历史洞开，风云骤起，新的环境，依然变幻迷离。在此新的变幻面前，并非每一个人都能把握自己命运的，因此，惆怅迷惘、不知所向，仍然困惑着人生。陈子昂"深居观元化，悱然争朵颐"⑥，"临歧泣世道，天命良悠悠"⑦，而歌曰"前不见古人，后不见来者，念天地之悠悠，独怆然而涕下"⑧，就是处风云变化歧路所表达的悲情和迷惘！这种悲情和迷惘，也显示了人性觉醒，生命精神的觉醒。

隋唐统一之前，南北异俗，东西殊风，域内域外，更是两个世界。然而隋唐统一之后，特别是唐朝统一之后，采取融容博大、兼含包容的开放国策，一时间，天地豁然，国门洞开，儒、道、佛三教并流，祆教、摩尼教、景教、伊斯兰教等教也传入中国开始流行。虽然唐朝上层仍保持着儒学传统，然整个文化意识形态领域，则颓然流行变动。风以动之，教以化之，影响所致，南北融合，内外大化，南人学北方之俗，北人习南方之风，胡俗盛行于华夏，胡人争归于华统。于是，江东妇女，开始交游；邺下妇女，不持门户；山东

---

① 《文赋》，见《文选》卷十七。
② 《文心雕龙·体性》。
③ 《幸武功庆善宫》，《全唐诗》卷一。
④ 《咏汉高祖》，《全唐诗》卷三十。
⑤ 《述怀（出关）》，《全唐诗》卷三十一。
⑥ 《感遇诗三十八首》其十，《全唐诗》卷八十三。
⑦ 《感遇诗三十八首》其十四，《全唐诗》卷八十三。
⑧ 《登幽州台歌》，《全唐诗》卷八十三。

风俗已破，河北人事变更；商人、娼妓、僧侣悠游天下，士族门阀，禁锢已失，难保世风；修婚不计官品，进士出于寒门；胡乐歌舞流行于两都，胡酒、胡姬、胡帽、胡乐，风行于天下。一时间，化胡乎，胡化乎，为社会所质疑；尊孔、尊老、尊释，成为最大争议。特别是南方玄学义理变为北方宗教信仰，北方宗教贯通南方玄学义理，更使士人在宗教信仰和道德精神上，陷入惆怅、迷惘和茫然：一些人急功近利，毫无选择地拜倒在西方门下，陶醉于西化之风；另一些人则保持着华夏民族特有的文化自信与宏达气度。凡此世风大变，影响了整个唐代政治教育、宗教信仰、文化意识形态，士人心态、审美趣味、价值判断与精神世界也随之大变！诗歌、音乐、书法、绘画依之创新不穷，表现出不同人格与风范，也显示出生命精神新的觉醒。

这种生命精神觉醒，与春秋战国时期"道术为天下裂""贤圣不明，道德不一，天下多得一察焉以自好"①，诸家蜂起，各引一端，争相驰说是不同的，也是与魏晋时期嵇康"浊酒一杯，弹琴一曲"②，超然独处、鄙视世务的精神，阮籍"旷达不羁，不拘礼俗""纵酒昏酣，遗落世事"③ 的精神不同的，而是唐朝门户洞开、三教并流、风俗大变，士人在宗教信仰和道德精神上，比较教宗，思辨义理，所表现的生命精神追求。三次生命精神觉醒，虽然都是处于儒家经学衰退，中国主流文化失却主导地位时期，但前两次觉醒，皆属中国文化内在价值精神的刚柔动静、跌宕起伏之变，总体上说，文化精神没有突破其内在规定性，仍属中国文化道体精神。而唐代生命精神觉醒，则是在儒、道、佛三教矛盾冲突、涵化融合之下，经过思辨和提升所做出来的精神判断与选择，属于宗教性的超越与觉醒。陈子昂的《感遇》诗："吾观昆仑化，日月沦洞冥；精魄相交会，天壤以罗生。仲尼推太极，老聃贵窈冥；西方金仙子，崇义乃无明。空色皆寂灭，缘业定何成？名教信纷藉，死生俱未停"④，就是属于宗教性的超越与觉醒。在陈子昂看来，"仲尼推太极，老聃贵窈冥"，虽然本体说法不同，但日月轮转、精魄交会，整个宇宙是具大化流行生命精神的。故曰"名教信纷藉，死生俱未停"；而对佛教"空色皆寂灭"，从本体论上表示了怀疑，说其"西方金仙子，崇义乃无明"。这首诗，

---

① 《庄子·天下篇》。

② 《与山巨源绝交书》。

③ 《三国志·阮籍传》注引《魏氏春秋》。

④ 《感遇诗三十八首》其八，《全唐诗》卷八十三。

实际上乃是陈子昂比较儒、道、佛三教本体论，对宇宙大化流行生命精神所做出的价值判断与选择，亦是其当时宗教性精神的超越与觉醒。

这种超越与觉醒，是贯彻于唐代诗歌、乐舞、书法、绘画诸多艺术创造中的。就诗歌而言，孟浩然的幽室静妙之趣，是从"儒道虽异门，云林颇同调"① 获得的；王维的"携手追凉风，放心望乾坤"②，则是"了观四大因，根性何所有。色声何谓客，阴界复谁守"③ 的生死超越；李白的"庄周梦胡蝶，胡蝶为庄周"梦幻之思，乃得益于体悟道家"一体更变易，万事良悠悠"④，其讲"长周旋，蹑星虹，身骑飞龙耳生风，横河跨海与天通，我知尔游心无穷"⑤，则以道家精神"抟扶摇而上九万里，绝云气，负青天"，入于"寥天一"高处矣。不仅具佛道精神的诗人如此，即使"致君尧舜上，再使风俗淳"⑥，以儒家思想入诗的杜甫，经过艰难困苦磨难，沽酒忘形时，亦讲"儒术于我何有哉，孔丘盗跖俱尘埃。不须闻此意惨怆，生前相遇且衔杯"⑦，超越世俗儒学，而高歌神圣精神世界存在矣。这和孟浩然讲"仲尼既云殁，余亦浮于海"，"虚舟任所适，垂钓非有待"⑧ 的超越精神是非常相似的。凡此，皆是唐代诗人体悟儒、道、佛三教本体，肯定宇宙大化流衍的生命精神所表现出的宗教性精神超越与觉醒。

不仅唐诗如此，书法、绘画、乐舞等艺术创作，亦无不表现出宗教性精神超越与觉醒。诗、书、画就其艺术精神而言，本来就是一体的。贺知章晚年纵诞，"自号四明狂客，醉后属词，动成卷轴，文不加点；又善草隶书"；张旭与知章相善，"善草书，而好酒，每醉后号呼狂走，索笔挥洒，变化无穷，若有神助，时人号为张颠"⑨；怀素与张旭齐名，草书千变万化，皆率意颠逸，故人称"颠张狂素"。癫也好，狂也好，皆是获道家超越精神貌视世俗人生的表现。故杜甫诗把贺知章"眼花落井水底眠""李白斗酒诗百篇"；

① 《题终南翠微寺空上人房》，《全唐诗》卷一百五十九。
② 《瓜园诗》，《全唐诗》卷一百二十五。
③ 《胡居士卧病遗米因赠》，《全唐诗》卷一百二十五。
④ 《古风》其九，《全唐诗》卷一百六十一。
⑤ 《元丹丘歌》，《全唐诗》卷一百六十六。
⑥ 《奉赠韦左丞丈二十二韵》，《全唐诗》卷二百一十六。
⑦ 《醉时歌（赠广文馆博士郑虔）》，《全唐诗》卷二百一十六。
⑧ 《岁暮海上作》，《全唐诗》卷一百五十九。
⑨ 《旧唐书·贺知章传》。

"张旭三杯草圣传"①，列为具道家仙风者。这也是吴道子所以"好酒使气，每欲挥毫，必须酣饮。学书于张长史旭、贺监知章"②的原因。唐朝发展到开元、天宝期间，佛道两教文化精神已高度发展、高度融合，特别是唐玄宗的崇尚玄学，更使佛老精神在形而上学高度，超越世俗，成为士人所向往的精神世界。像画马出名的曹霸，本为魏武子孙的将军，不看重凌烟功臣颜色，为追求艺术精神，"丹青不知老将至，富贵于我如浮云"。为此追求，即使"途穷反遭俗眼白，世上未有如公贫。但看古来盛名下，终日坎壈缠其身"③，也不后悔。同样，"立朝正色，刚而有礼"，威风凛凛、俨然而立的颜真卿，怀念圆寂的佛教大师时，亦以"万法元无著，一心唯趣禅"④赞之。凡此，可知当时的士人，是怎样以佛老精神为人生超越与觉醒的最高境界了。

　　艺术创作的超越与觉醒，更在于赋予新的宗教性生命精神。唐代宗教雕塑，以人的生命表现宗教性生命，就是属于这种生命精神觉醒。姜亮夫先生曾说："莫高窟初唐维摩像，却已须髯如戟，恰是两唐盛传的太宗虬髯形象"；"那种博衣大袖气魄昂藏的神气，完全和世传阎立本画《帝王图像》仿佛"⑤。再如，印度大乘佛教观音菩萨形象都是男性，上唇有蝌蚪形的胡子，但从8世纪盛唐开始，出现女性化特征，不仅去掉唇上胡须，而且身材动姿也逐渐女性化。不管这种变化是否与武则天有关，但它也说明，唐代佛教雕塑中的艺术形象已经被中国化，以人的生命表现宗教性生命，已显示出于新的生命精神觉醒。乐舞的音乐境界、雕塑形象也是这样。《霓裳羽衣曲》已不是天竺《婆罗门曲》，而是元稹所说的"胡部新声锦筵坐，中庭汉振商音播"⑥。《霓裳羽衣舞》，已不是《婆罗门舞》，而是"武皇自送西王母，新换霓裳月色裙"⑦，一个栩栩如生的观音送子、道家仙子的形象。凡此，皆赋予了新的文化精神，表现为生命精神觉醒。

　　唐代诗歌、乐舞、书法、绘画的发展，由于文化意识形态处于积极开放状态，大量融合外来文化因素，特别是将最高宗教精神融入乐舞、书法、绘

---

① 《饮中八仙歌》，《全唐诗》卷二百十六。
② 《唐朝上》，《历代名画记》卷十。
③ 杜甫：《丹青引赠曹将军霸》，《全唐诗》卷二百二十。
④ 《使过瑶台寺，有怀圆寂上人》，《全唐诗》卷一百五十二。
⑤ 《敦煌——伟大的文化宝藏》，《敦煌学论稿》，浙江大学出版社2017年版，第201页。
⑥ 《和李校书新题乐府十二首·立部伎》，《全唐诗》卷四百十九。
⑦ 王建：《霓裳词十首》，《全唐诗》卷三百一。

画，不仅造就了气度宏达的艺术境界，而且艺术作品极富创造性。从总体上说，它的精神是积极的、向上的、富于感染力的。但它是缺乏儒家文化支撑、缺乏刚健中正精神的，汪洋恣肆，主要是佛老思想。安史之乱以后，随着社会的动荡、国力的衰弱，唐代盛极一时文化精神就走向衰微了。故中唐以后，韩愈、柳翱、柳宗元起而复兴儒家文化精神。颜真卿、柳公权具有刚健精神的真书，也是在复兴儒学背景下发展起来的。为弄清这种背景下的唐代文化精神状况，集中讲述一下中唐儒学复兴与精神发展是必要的。

第十五章　中唐儒学复兴与精神发展

　　内容提要：盛唐发展到中唐，已呈现衰势。文化上，孔颖达、颜师古、房玄龄、魏徵已成为遥远的过去，佛教介入了上层政治，深远虚无的精神遂逐渐占据了上风，弱化了中国儒家主流文化，颠覆了中国文化伦理道德。安史之乱后，随着经济恢复，社会稳定，人们开始怀念过去，反思历史，向往唐初儒学盛象。到唐大历、贞元年间，崇尚古学，推重渊奥，遂成了一种风气。韩愈自振于一代，原先王之道以斥佛老，李翱复诚明之性以复儒学，柳宗元以圣道自任统合儒释，于是兴起了中唐儒学复兴运动。虽然唐朝文化精神至中唐已趋衰微，但韩愈、李翱等人复兴儒学，出于道统自觉，对儒学道统开出与精神拓展，儒、道、释文化新的融合及后来宋代理学发展，都是产生了影响的。

　　盛唐发展到中唐，已出现一种衰势。造成这种衰势的原因是多方面的：政治上已不像唐初那样开放，国家权力失去天下为公的性质，变为了内部争夺；安史之乱造成了社会经济大破坏，历史发展失去了元气；文化上，孔颖达、颜师古、房玄龄、魏徵已成为遥远的过去，佛教介入了上层政治，深远虚无的精神遂逐渐占据了上风。但安史之乱后，随着经济恢复，社会稳定，人们开始怀念过去，反思历史，向往唐初儒学盛象，到唐代宗（李豫）大历、德宗（李适）贞元年间（766～804），崇尚古学，遂成了一种风气，而"独孤及①、梁肃②最称渊奥"，受到儒林推重；韩愈"从其徒游，锐意钻仰，欲

---

① 独孤及（725～777），字至之，河南洛阳人，主张为文彰明善恶，《新唐书·艺文志》录有《毗陵集》二十卷，弟子梁肃所编。独孤喜鉴拔后进，梁肃、高参、陈京、齐抗皆师事之。（《新唐书·独孤及》）

② 梁肃（753～793），字敬之，一字宽中，安定临泾（今甘肃泾川县）人。德宗时，为监察御史、翰林学士、史馆修撰。（《新唐书·梁肃传》）

自振于一代"①，于是就发生了中唐时期的儒学复兴。

　　自然，造成中唐衰势的原因，虽然是多方面的，但从文化及精神发展上讲，有一个原因是值得特别注意的，那就是儒、道、佛三教的相互吸取、涵化、融合与嬗变，佛教文化以它深远虚无的精神遂逐渐占据了上风，弱化了中国儒道主流文化。这种弱化，乃是佛教文化发展引起了中国文化内在价值体系变化，并以新的格局、新的本质影响着中唐以后文化精神发展的趋势。因此，研究叙述中唐儒学复兴与精神发展，不应该孤立地看待这段文化历史，而应从儒、道、佛三教文化精神相互吸取、涵化、融合、嬗变的大格局出发，看待它价值体系的变化，然后才能对中唐儒学复兴与精神发展给予确切的描述与说明。

　　那么，进入中唐以前儒、道、佛三教文化精神在相互吸取、涵化、融合、嬗变是怎样运演的呢？它怎样影响了中国文化内在价值体系变化，使中唐儒学复兴与精神发展以其内在逻辑成为一种必然呢？这首先涉及的问题，就是佛教对中国伦理道德的颠覆及出于道统自觉复兴儒学问题。只有先讲清这两个问题，然后，才是本章重点要讲的中唐儒学复兴及它怎样影响后来精神发展一类问题。现在先讲佛教中国化与中国佛教化问题。

一　佛教之颠覆中国伦理道德

　　本卷精神史，从第二章到第五章，叙述佛教传入中国的发展，详细地研究叙述了印度佛教逐渐华夏化即中国化的文化历史过程，即印度大乘佛教成为了中华大乘佛教。这种华夏化或中国化，实际上也就是印度文化融入了中国文化，成为了中国文化的组成部分。它也说明中国文化有着强大的生命力与融合力。但任何融合，都不是原来文化的消失或被完全同化，而是仍然保留着它最为根本的精神和核心的价值观念。佛教被中国化也是这样。虽然它在本体论上用中国文化的"道"或"大道"解释佛教佛性、涅槃、法身、真如、法性等本体论存在，并赋予它种种神性或神圣性，但从根本上说，它在本体论上并未消除空寂、虚无的教义。例如天台宗和三论宗就是这样。天台宗虽以《法华》融通诸经，将声闻乘、缘觉乘、菩萨乘的"三乘"教义，汇

---

　　①　《旧唐书·韩愈传》。

归于"一佛乘"最高信仰,其讲"随事流卷,不可殚言,皆幽指爽彻,摛思开天"①,不能说没有创意,但它毕竟"是法不可示,言辞相寂灭"的存在,故"信佛法之奥区,穷神之妙境"②,不过如此。其讲"以华为名者,照其本"③,也只是以文化象征讲美好纯净的精神世界。三论宗之创,虽"弥纶藏部,探赜幽微","指摘义理,微发词致"④,赋予《中论》《十二门论》《百论》新的思想,但它都没有改变"众因缘生法,我说即是空"⑤,缘起性空的思想本质。

空宗如此,有宗也是如此。唯识宗以阿赖耶识为种子识立教,将其视为纯净无染、众生解脱的依据,讲圆成实性,与中国文化的本心、良知联系起来,无疑为佛教信仰建立起了心性主体,但是,讲识即心,即如来藏,即佛性心,即起灭万物者,即相续不断者等,其为佛的存在,毕竟是以心起灭的:心在,佛在;心不在,佛也就流于空寂虚无了。其他像净土宗讲净土世界也是这样。心净土净,心不净,污浊不堪,何来净土世界?由此可以看出,阿黎耶识、识体、慧体、洁净心性、本觉、如来藏等之谓佛教心性本体论,虽为其信仰建立了心性主体,但就其信仰的最高真理性而言,终不是中国文化道体真实无妄之理,而是"念佛千声好终是空"的存在。所以众生信佛,并不能真正获得无妄之理,不过是以佛的善良美好存在,使其痛苦迷惘的灵魂,获得某种安慰罢了。

任何文化的吸取、涵化、融合、嬗变,都不是单方面的,而是相互的,是彼此知觉、理会、感应,发生效应、互渗、交互作用的。佛教传入中国,中国和印度两个伟大民族的文化交互作用、涵化、融合、互渗,也是这样。不仅印度佛教文化吸取中国文化大道本体论的内涵,解释佛教本体论的佛性、涅槃、法身、真如、法性等的存在,如讲"菩萨者,大道之人也"⑥,而且中国文化也吸收佛教本体法身、真如、法性等存在,用以解释以道体存在解释佛教佛性、涅槃、法身、真如、法性等本体论存在,阐释道体形而上学存在。如成玄英疏《齐物论》"已乎,已乎"句,讲"世间万法,虚妄不真,推求

---

① 《续高僧传·释智颛传》。
② 释道观:《法华宗要序》,《出三藏记集》卷八。
③ 释僧睿:《法华经后序》,《出三藏记集》卷八。
④ 《续高僧传·释法朗传》。
⑤ 《中论·观四谛品第二十四》。
⑥ 《世说新语·文学篇》注引《华法经》。

生死，即体皆寂"疏"有有也者"句，讲"夫万象森罗，悉皆虚幻"疏"万世之后而一遇大圣，知其解者"，讲"世历万年而一逢大圣，知三界悉空"等，都是以佛教虚幻空寂本体，解释中国文化道体存在的。这样解释，是很容易使中国文化生命精神陷入佛教虚幻空寂世界的。此中国文化在本体论上被佛教化也。佛教化的结果，不仅会改变中国文化道体性质，使道体精神变为空寂存在，而且会以新的世界观、价值观、宇宙论，影响人们的理想、信仰与信念，支配人的精神世界。禅宗与道教融合，所嬗变出的亦禅亦释的空寂虚无释道观就是这样。

　　不仅中国文化吸收佛教文化本体论存在，使其生命精神陷入佛教虚幻空寂世界，而且佛教本身也时刻不断地，甚至可以说千方百计地以其空寂虚无的教义，向华夏诸族宣传它的最高信仰，使人相信，人生终始走向虚无、走向空寂、走向寂寥虚无世界。在佛教看来，现世的一切都是没意义的、不值得留恋的，只有追求佛性世界，追求佛国净土，追求涅槃寂静的世界，才是人生最高境界。因此，佛教典籍虽然很多，积案盈箱，汗牛充栋，但说来说去无非就是一句话，就是两个字——"放下"。让人放下现世的一切，包括权力、地位、金钱、美女等等。放下了，不为其牵挂，为其烦恼，就解脱了，上升为佛国净土存在，就成佛了。但现世的权力、地位、金钱、美女等，那么有吸引力，那么有诱惑性，谁肯放下呀？佛教在这一点是很高明：它不像现在西方宣扬自由、民主的价值观那样大喊大叫，甚至以武力相威胁，而是通过"缘起缘灭，缘起性空"的教义，让人最终领悟现世的一切，终究是虚无，终究没有意义，让人惊醒，让人领悟，让人出一身冷汗，心甘情愿地放下现世的一切，放下权力、地位、金钱、美女等等，去追求寂寥虚无世界，追求佛国净土存在！就像禅宗慧能讲"道由心悟"[①] 那样，它没给你说明，而是要你参悟，要你自证自悟，悟到了，自证自肯到了人生虚无，还能不放下一切，不追求佛国净土，追求寂寥虚无的世界存在？这是一种多么强大的宗教潜移默化力量啊！

　　如果说西方所宣扬自由、民主，是一种所谓的"普世价值"，那么，佛教所宣传的则是一种"超普世价值"。因为自由、民主操作的毕竟是现实世界的真理，而佛教所讲，乃是超现实世界，"理穷天地之表，情该日月之外"[②]，

---

① 《曹溪大师别传》。
② 玄奘：《谢御制大慈恩寺碑文表》，《全唐文》卷九百六。

超越三世的最高真理，而不是空谈现实世界那点认识，那点未逾于寰宇的所谓真理。佛教以这样的真理，这样的超普世价值，轨物垂范，随时立训，陶铸生灵，抑扬风烈，谁能不服，谁能不追求呢？但是，当你放下一切，追求超现实存在时，则就已经泯灭了现实社会人生的一切价值意义，使心灵走向了洪荒宇宙！若整个国家民族都这样追求，还何来刚健不息、大化流行的生命精神？此中国文化被佛教化所以衰弱者也。

如果中国文化佛教化，是中国文化的第一次西化，那么，近现代西方文化对中国文化的入侵颠覆，只能说是第二次西化。第二次西化虽然规模很大，伴随着飞机、大炮，但在文化层次上说，也只是自然主义、经验实证哲学，它远不如第一次西化本体论上那么庄严、美好、神圣、高妙。因此，当时中国几乎第一流的学者，全部投入佛教的怀抱。而第二次西化，数典忘祖，投入西方文化怀抱的，最多是二流三流的学者，只是一些自然主义、经验实证论学者，远没有第一次深远高妙。因此，中国文化第一次西化，被佛教所颠覆泯灭的，要远远超过近现代以来的第二次西化。想想，"南朝四百八十寺，多少楼台烟雨中"①，烟雨苍茫，大江南北，到处都是佛教寺院，中国文化被沉浸淹没在佛教寺院文化之中！

中国文化佛教化，不仅佛教文化从本体论上侵袭泯灭中国文化大道本体论的根本精神，而且更以其不尊祖宗、不敬王者，颠覆了中国文化伦理道德精神，破坏了几千年伦理道德体系。故早梁时，荀济就批评"戎教兴于中壤，使父子之亲隔，君臣之义乖，夫妇之和旷"②。唐朝立国之后，虽然太宗曾诏沙门"诽毁我祖祢，谤讟我先人，如此要君，罪有不恕"③，高宗时亦曾下诏令僧道致拜父母，而不得受父母之拜，讲"父母之亲，人伦以极，整容端坐，受其礼拜，自余尊属，莫不皆然，有伤名教，实斁彝典。自今以后，僧尼不得受父母及尊者礼拜"④，相反，僧道必须拜父母，"尊亲之道，礼经之格言。孝友之义，诗人之明准。岂可以绝尘峻范，而忘恃怙之敬"？"父母之所，慈育弥深"，僧道"自今已后，即宜跪拜"⑤，但是，佛教传入中国，并没有改变其不尊祖宗、不敬王者的教义，仍然以佛祖天尊为最高崇拜者，并以此抗

---

① 〔唐〕杜牧：《江南春》。
② 《广弘明集》卷七。
③ 《诘沙门法琳诏》，《全唐文》卷六。
④ 《僧尼不得受父母及尊者礼拜诏》，《全唐文》卷十二。
⑤ 《令僧道致拜父母诏》，《全唐文》卷十二。

争中国文化的伦理道德体系。僧法琳上《破邪论》，讲"三元五运之肇，天皇人帝之兴"，"导人伦信义之风，述勋华周孔之教。统其要也，未达生死之源；陈其理也，不出有无之域"①，就是这样。父子君臣之义，尊卑长幼之序，婚姻丧纪之节，乃儒学持先王之道，训教人生，赞理时务，弘益风范的根本，通识治乱，全靠于此，岂是可以泯灭颠覆的？泯灭颠覆，则政教无本，礼乐无源矣！谁正谁邪，谁可政教天下，弘益风范人生，其是可以不辨的？

佛教从本体论上侵袭泯灭中国文化大道哲学根本精神，不尊祖宗、不敬王者，实则颠覆了中国文化伦理道德精神，颠覆了中国几千年伦理道德体系，亦即颠覆了中国几千年道统也。至此，中国文化丧失三皇五帝以来之道统体系，这岂有不惊醒、不抗争的？柳冕讲"君子之文，必有其道"，"六艺之不兴，教化之不明，此文之弊也"②，就是这种惊醒与抗争。萧颖士、李华、元结、独孤及、梁肃等人，就是早期这类觉醒与抗争者。虽然他们中有的人并不反佛，如梁肃，但其讲"遵经""载道"，大都意识到儒家道统危机。发展到韩愈，就开始了以道统自觉的儒学复兴，而李翱、柳宗元则是殿其后者。

二　出于道统自觉的儒学复兴

韩愈（768～824），字退之，河阳（今河南省焦作孟州市）人，祖籍河北昌黎，世称"韩昌黎"；晚年任吏部侍郎，又称"韩吏部"。谥号"文"，故又称"韩文公"。韩愈在中唐精神史上，是在佛教泯灭颠覆中国文化根本精神，破坏伦理道德之际，以道统自觉，锐意进取，卓然自立，自振于一代的儒学复兴者。《新唐书》本传评价其自觉说：

> 自晋迄隋，老佛显行，圣道不断如带。诸儒倚天下正议，助为怪神。愈独喟然引圣，争四海之惑，虽蒙讪笑，跲而复奋，始若未之信，卒大显于时。昔孟轲拒杨、墨，去孔子才二百年。愈排二家，乃去千余岁，拨衰反正，功与齐而力倍之，所以过况、雄为不少矣。自愈没，其言大行，学者仰之如泰山、北斗云。③

---

① 《上秦王破邪论启》，《全唐文》卷九百二。
② 《答衢州郑使君论文书》，见《四部丛刊》嘉靖本《唐文萃》卷八四。
③ 《新唐书》卷一百七十六。

　　韩愈不仅倡导古文有功，但更为重要的是其以道统自觉，复兴儒学道统于天下。苏东坡称韩愈"文起八代之衰，道济天下之溺"①，后人多以此注重他在文学史上的地位，忽略其在哲学史、精神史上重建中国大道本体论哲学，恢复中国文化根本精神的功绩。韩愈虽"以为自魏、晋已还，为文者多拘偶对，而经诰之指归，迁、雄之气格，不复振起"，为文应"反近体"，并且在文学上刊落陈言，横骛别驱，汪洋大肆，"抒意立言，自成一家新语"，是有成就的。但韩愈一生，从根本上说，"大抵以兴起名教，弘奖仁义为事"② 兴名教，弘仁义，才是他一生的事业。所以评价韩愈，不能只是讲其"文起八代之衰"的功绩，而忽视其"道济天下之溺"的历史地位。《新唐书》正是立于"自晋迄隋，老佛显行，圣道不断如带，诸儒倚天下正议，助为怪神"的背景下，肯定韩愈高度的儒学道统自觉，讲其"独喟然引圣，争四海之惑，虽蒙讪笑，跲而复奋"，自孟轲拒杨、墨之后，拨衰反正，"始若未之信，卒大显于时"，"自愈没，其言大行，学者仰之如泰山、北斗云"的。

　　韩愈的道统自觉，就在于维护儒家之道，维护中国文化根本精神及伦理道德体系；凡不利于此的，就据理反对之。最为突出的表现，就是反对唐宪宗（李纯）迎佛骨一事。当时，迎凤翔法门寺护国真身塔内有释迦文佛骨一节。按照佛教的说法，佛骨三十年一开，开则岁丰人泰。元和十四年（819）正月，宪宗令中使杜英奇押宫人三十人，持香花赴临皋驿迎佛骨。自光顺门入大内，留禁中三日，乃送诸寺。当时，王公士庶，奔走舍施，唯恐在后，百姓更有废业破产、烧顶灼臂而求供养者。此事一时间掀起信佛狂潮！韩愈认为这是有悖于儒家文化道统的事，将造成佛教虚妄信仰的流行，因而极力反对，上疏谏之曰：

　　　　伏以佛者，夷狄之一法耳。自后汉时始流入中国，上古未尝有也。昔黄帝在位百年，年百一十岁。少昊在位八十年，年百岁。颛顼在位七十九年，年九十八岁。帝喾在位七十年，年百五岁。帝尧在位九十八年，年百一十八岁。帝舜及禹年皆百岁。此时天下太平，百姓安乐寿考，然而中国未有佛也。其后殷汤亦年百岁，汤孙太戊在位七十五年，武丁在

---

① 《潮州韩文公庙碑》，《苏东坡全集》后集卷十五。
② 《旧唐书·韩愈传》。

位五十年，书史不言其寿，推其年数，盖亦俱不减百岁。周文王年九十七岁，武王年九十三岁，穆王在位百年。此时佛法亦未至中国，非因事佛而致此也。

汉明帝时始有佛法，明帝在位，才十八年耳。其后乱亡相继，运祚不长。宋、齐、梁、陈、北魏已下，事佛渐谨，年代尤促。唯梁武帝在位四十八年，前后三度舍身施佛，宗庙之祭，不用牲牢，昼日一食，止于菜果。其后竟为侯景所逼，饿死台城，国亦寻灭。事佛求福，乃更得祸。由此观之，佛不足信，亦可知矣。

高祖始受隋禅，则议除之。当时群臣识见不远，不能深究先王之道、古今之宜，推阐圣明，以救斯弊，其事遂止。臣尝恨焉！伏惟皇帝陛下，神圣英武，数千百年以来未有伦比。即位之初，即不许度人为僧尼、道士，又不许别立寺观。臣当时以为高祖之志，必行于陛下之手。今纵未能即行，岂可恣之转令盛也。

今闻陛下令群僧迎佛骨于凤翔，御楼以观，舁入大内，令诸寺递迎供养。臣虽至愚，必知陛下不惑于佛，作此崇奉以祈福祥也。直以年丰人乐，徇人之心，为京都士庶设诡异之观、戏玩之具耳。安有圣明若此而肯信此等事哉！然百姓愚冥，易惑难晓，苟见陛下如此，将谓真心信佛。皆云天子大圣，犹一心敬信。百姓微贱，于佛岂合惜身命！所以灼顶燔指，百十为群，解衣散钱，自朝至暮。转相仿效，唯恐后时，老幼奔波，弃其生业。若不即加禁遏，更历诸寺，必有断臂脔身以为供养者。伤风败俗，传笑四方，非细事也。

佛本夷狄之人，与中国言语不通，衣服殊制。口不道先王之法言，身不服先王之法行，不知君臣之义、父子之情。……况其身死已久，枯朽之骨，凶秽之余，岂宜以入宫禁？孔子曰："敬鬼神而远之。"今无故取朽秽之物，亲临观之，巫祝不先，桃茢不用，群臣不言其非，御史不举其失，臣实耻之。乞以此骨付之水火，永绝根本，断天下之疑，绝后代之惑。使天下之人，知大圣人之所作为，出于寻常万万也，岂不盛哉！岂不快哉！佛如有灵，能作祸祟，凡有殃咎，宜加臣身。上天鉴临，臣不怨悔！①

---

① 《旧唐书·韩愈传》，其《论佛骨表》见《韩昌黎全集》卷三十九。

讲上古中国佛教未曾有，悠悠几千年，即以道治天下。此道统之辩也。疏奏，宪宗怒甚！第二天，出以示宰臣，将加重法！当时，虽有裴度、崔群为之辩解，说"韩愈上忤尊听，诚宜得罪，然非内怀忠恳，不避黜责，岂能至此？伏乞稍赐宽容，以来谏者"。宪宗则说："愈言我奉佛太过，我犹为容之。至谓东汉奉佛之后，帝王咸致夭促，何乖诞也！愈为人臣，而敢尔狂忽，不可赦！"于是中外惊惧，虽国戚诸贵，亦愈为言，不纳，遂贬潮州刺史。可知此事之大，惊动朝野！韩愈为此曾写诗，表达当时被贬的心情说："一封朝奏九重天，夕贬潮阳路八千。欲为圣明除弊事，肯将衰朽惜残年。"①

韩愈被贬潮州，为当地人除去鳄鱼为害之患，禁止平民女儿抵押做奴婢的风俗，为百姓做了许多好事。元和十五年（820），韩愈被征为国子祭酒，转兵部侍郎。后改吏部侍郎，转京兆尹，兼御史大夫。穆宗（李恒）长庆四年（824）十二月卒，终年五十七岁，赠礼部尚书，谥曰文。著有《昌黎先生集》，门人李汉为之序说：

> （先生）经书通念晓析，酷排释氏，诸灾百子，皆搜抉无隐。……周情孔思，千态万貌，卒泽于道德仁义，炳如也。洞视万古，愍恻当世，遂大拯颓风，教人自为。时人始而惊，中而笑且排，先生益坚。终而翕然随以定。呜呼！先生于文，摧陷廓清之功，比于武事，可谓雄伟不常者矣。②

李汉序文，所说韩愈"经书通念晓析，酷排释氏"，即是讲韩愈为文之道统自觉。有此自觉，方能"洞视万古，愍恻当世，遂大拯颓风"，才能时人惊笑且排，而"先生益坚"，也才能为文有"摧陷廓清之功"。韩愈其他著作，则撰有《注论语》十卷，《顺宗实录》三卷。其诗文成就，包括赋、诗、论、说、传、记、颂、赞、书、序、哀辞、祭文、碑志、状、表、杂文等各种体裁的作品，有《昌黎先生集》传世。今人整理注释的韩愈集有马通伯《韩昌黎文集校注》、钱仲联《韩昌黎诗系年集释》、童第德《韩集校铨》等。

《旧唐书》本传说："愈性弘通，与人交，荣悴不易。少时与洛阳人孟郊、东郡人张籍友善。二人名位未振，愈不避寒暑，称荐于公卿间，而籍终成科

---

① 《左迁至蓝关示侄孙湘》，《韩昌黎全集》卷十。
② 《韩昌黎全集》序，见《韩昌黎全集》卷首。

第，荣于禄仕。后虽通贵，每退公之隙，则相与谈宴，论文赋诗，如平昔焉。而观诸权门豪士，如仆隶焉，瞠然不顾。"韩愈颇能激励后进，推荐提拔人才，李翱、张籍等，就是他贞元十二年（796）任观察推官三年间，推荐提拔的。这些人后来就成了韩愈复兴道统的支持者。

韩愈的道统自觉，不仅表现在反对宪宗迎佛骨一事，更可见于他原先王之道，以斥佛老的一系列论著。韩愈在这些论著中，不仅系统地阐述儒道根本精神，更对其精神的发展、绵延、垂续，有着独到见解。

三　韩愈原先王之道以斥佛老

韩愈自以才高，而累被摈黜，曾作《进学解》以自喻。借笑者之口说："先生口不绝吟于六艺之文，手不停披于百家之编，记事者必提其要，纂言者必钩其玄，贪多务得，细大不捐，烧膏油以继晷，常矻矻以穷年。先生之业，可谓勤矣。抵排异端，攘斥佛老，补苴罅漏，张皇幽眇，寻坠绪之茫茫，独旁搜而远绍，障百川而东之，回狂澜于既倒。先生之于儒，可谓有劳矣。……然三为博士，冗不见治，命与仇谋，取败几时，冬暖而儿号寒，年丰而妻啼饥，头童齿豁，竟死何裨"，讥之说"不知虑此，而反教人为"。而先生（韩愈）则说，"孟轲好辩，孔道以明，辙环天下，卒老于行；荀卿守正，大论是弘，逃谗于楚，废死兰陵"，而自己"学虽勤而不繇其统，言虽多而不要其中，文虽奇而不济于用，行虽修而不显于众"①。所讥与所答是如此差别，那么，究竟何谓韩愈所说先王之教或先王之道？应该怎样看待韩愈之学及其道统精神呢？

韩愈作《原道》说：

> 夫所谓先王之教者，何也？博爱之谓仁，行而宜之之谓义。由是而之焉之谓道，足乎己，无待于外之谓德。其文《诗》《书》《易》《春秋》，其法礼、乐、刑、政，其民士、农、工、贾，其位君臣、父子、师友、宾主、昆弟、夫妇……以之为人，则爱而公；以之为心，则和而平；以之为天下国家，无所处而不当。是故生则得其情，死则尽其常。曰：

---

① 《进学解》，《韩昌黎全集》卷十二。

斯道也，何道也？曰：斯吾所谓道也，非向所谓老与佛之道也。尧以是传之舜，舜以是传之禹，禹以是传之汤，汤以是传之文武、周公，文武、周公传之孔子，孔子传之孟轲，轲之死，不得其传焉。

由上可知，韩愈所说先王之道，也就是"尧以是传之舜，舜以是传之禹，禹以是传之汤，汤以是传之文武、周公，文武、周公传之孔子，孔子传之孟轲"的道。这个道，即仁义之道，即"博爱之谓仁，行而宜之之谓义。由是而之焉之谓道，足乎己，无待于外之谓德"者。以此教天下，即先王之教，即《诗》《书》《礼》《乐》之教，其为伦理，就是五常之教。此道此教，赓续不断，繇其统而言之，就是道统。由此可知，韩愈所说的先王之道，实乃指尧、舜、禹、周公、孔子通过《诗》《书》《易》《春秋》，所传承的伦理道德及法制精神。故曰"其文《诗》《书》《易》《春秋》，其法礼、乐、刑、政，其民士、农、工、贾，其位君臣、父子、师友、宾主、昆弟、夫妇"。这个道，这个先王之道，传承了几千年，维护了国家民族生存垂续绵延。故又称其为"相生养之道"。

韩愈认为，这个仁义之道，这个"相生养"的先王之道，是与佛老之道绝对不同的。故其一再说老子所说的道，"道其所道，非吾所谓道也。其所为德，德其所德，非吾所谓德也"，"吾所谓道也，非向所谓老与佛之道也"。所以不同，就是因为其"所谓道德云者，去仁与义言之也"，"弃而君臣，去而父子，禁而相生养之道，以求其所谓清静寂灭者"①。此韩愈所以极力维护先王之道，维护其道统精神者也。

韩愈所以强调先王之道而维护之，就在于其道"孔子传之孟轲，轲之死，不得其传焉"，在于三代之后，今之德法，乃是"弃而君臣，去而父子，禁而相生养之道，以求其所谓清静寂灭者"。禹、汤、文武、周公、孔子之道不传了、断绝了。故曰"师道之不传也久矣"，"今之众人，其下圣人也亦远矣"②。不仅如此，"举夷狄之法，而加之先王之教之上，几何其不胥而为夷"③，不失去先王之道，不失去原来的文明呢？先王之道所以不传，中道断绝，在韩愈看来，乃在于佛老流行："周道衰，孔子没，火于秦，黄老于汉，

①　《原道》，《韩昌黎全集》卷十一。
②　《师说》，《韩昌黎全集》卷十二。
③　《原道》，《韩昌黎全集》卷十一。

佛于晋、魏、梁、隋之间，其言道德仁义者，不入于杨，则入于墨；不入于老，则入于佛；入于彼，必出于此；入者主之，出者奴之；入者附之，出者污之。噫！后之人其欲闻仁义道德之说，孰从而听之？"种种抬高佛老、贬低孔子之说的谎言，如佛老皆曰"孔子，吾师之弟子也"之类，更是"不惟举之于其口，而又笔之于其书"，到处弥漫，"后之人虽欲闻仁义道德之说，其孰从而求之？"① 因此韩愈说"汉氏以来，群儒区区修补，百孔千疮，随乱随失，其危如一发引千钧，绵绵延延，浸以微灭。于是时也，而倡释老于其间，鼓天下之众而从之。呜呼！其亦不仁甚矣！释老之害过于杨墨"，因此"韩愈之贤不及孟子，孟子不能救之于未亡之前，而韩愈乃欲全之于已坏之后"②。此韩愈奋起维护先王之道，维护道统存在，欲接通上古儒家道体精神者也。

韩愈认为，先王之道，"五常之教，与天地皆生"，属于天道法则。而天下之人，不得其师，不进行教化，是"终不能自知而行之"③ 的。因此他极重视教化，重视"传道受业解惑"的师道。"师道之不传也久矣，欲人之无惑也难矣。"④ 特别是佛老之道乱天下，缺少师道教化，更是不行的。"天道乱，而日月星辰不得其行。地道乱，而草木山川不得其平。人道乱，而夷狄禽兽不得其情。"⑤ 要天下有道，惟教之以道方可。韩愈从人类的发展、文明的进化，以上古以来许由、龙逢、伯夷三位大贤师表为例，讲了五常之教的重要：

> 尧之前千万年，天下之人促促然不知其让之为美也。于是许由哀天下之愚，且以争为能，乃脱屣其九州岛，高揖而辞尧。故让之教行于天下，许由为之师也。自桀之前千万年，天下之人循循然不知忠易其死也。故龙逢哀天下之不仁，睹君父百姓入水火而不救，于是进尽其言，退就割烹。故后之臣竦然而言曰："虽万死，犹有忠而不惧者，况其小者乎！"故忠之教行于天下，由龙逢为之师也。自周之前千万年，浑浑然不知义之可以换其生也。故伯夷哀天下之偷且以强，则服食其葛薇，逃山而死。故后之人竦然而言曰"虽饿死，犹有义而不惧者，况其小者乎"故义之教行于天下，由伯夷为之师也。是三人俱以一身立教，而为师于百千万

① 《原道》，《韩昌黎全集》卷十一。
② 《与孟尚书书》，《韩昌黎全集》卷十八。
③ 《通解》，《韩昌黎全集》外集卷四。
④ 《师说》，《韩昌黎全集》卷十二。
⑤ 《原人》，《韩昌黎全集》卷十一。

年间。其身亡而其教存，扶持天地，功亦厚矣。①

正是人需要教化，所以韩愈认为，要维护先王之道，维护道统存在，用心涵养其道，是非常重要的。为涵养其道，韩愈为学二十余年，"非三代、两汉之书不敢观，非圣人之志不敢存，处若忘、行若遗，俨乎其若思，茫乎其若迷，当其取于心而注于手也，惟陈言之务去，戛戛乎其难哉"！至今不悔，对其弟子李翱说："行之乎仁义之途，游之乎《诗》《书》之源，无迷其途，无绝其源，终吾身而已矣。"② 他还写信给其所提携的张籍，表达心迹说："自文王没，武王、周公、成康相与守之，礼乐皆在。及乎夫子，未久也。自夫子而及乎孟子，未久也。自孟子而及乎扬雄，亦未久也。""今吾之得吾志、失吾志未可知，俟五六十为之未失也。天不欲使兹人有知乎？则吾之命不可期。如使兹人有知乎？非我其谁哉。其行道，其为书，其化今，其传后，必有在矣。吾子其何遽戚戚于吾所为哉！……非好己之道胜也，己之道乃夫子、孟子、扬雄所传之道也。若不胜，则无以为道。吾岂敢避是名哉！"③ 此韩愈维护先王之道，维护其道统精神者也。

韩愈维护先王之道，维护道统，排斥佛教，在于以大道本体论接通上古人文精神，并非反对佛教中的某个人。他对潮州老僧号大颠，就是颇尊重的，说其"颇聪明，识道理"，为"远地无可与语者"，说其"实能外形骸，以理自胜，不为事物侵乱。与之语，虽不尽解，要自胸中无滞碍，以为难得"。因此与之来往，自山召至州郭，留十数日。有人以此传言说"愈近少信奉释氏"。韩愈明白地回答："此传之者妄也。" 对此，他解释说："凡君子行己立身，自有法度，圣贤事业，具在方策，可效可师。仰不愧天，俯不愧人，内不愧心，积善积恶，殃庆自各以其类至。何有去圣人之道，舍先王之法，而从夷狄之教，以求福利也？"④ 但其承认大颠法师"所示广大深迥，非造次可谕"，说《易大传》"书不尽言，言不尽意，然则圣人之意，其终不可得而见耶"，经大颠"如此而论，读来一百遍，不如亲见颜色，随问而对之易了"⑤。此事说明当时佛教之中国化，已涵盖、融合儒家《易传》形上本体论，其见

---

① 《通解》，《韩昌黎全集》外集卷四。
② 《答李翊书》，《韩昌黎全集》卷十六。
③ 《重答张籍书》，《韩昌黎全集》卷十四。
④ 《与孟尚书书》，《韩昌黎全集》卷十八。
⑤ 《与大颠师书》，《韩昌黎全集》外集卷二。

解的确有令儒家佩服的地方。

韩愈维护先王之道，维护道统，排斥佛老之学的虚无空寂，突出儒家仁义之道、相生养之道的经验实在，讲"其为道易明，而其为教易行"，无疑是有意义的。但以此小佛老之道，也有点偏颇。老子以"微妙玄通，深不可识"为道，讲"有物混成，先天地生，寂兮寥兮，独立不改，周行而不殆，可以为天下母"，不知其名，"强字之曰道。强为之名曰大"①存在；佛教"理穷天地之表，情该日月之外"②，讲"启解脱彼岸之津，开究竟无为之府，拔群生于见海之外"③，如何能说其小？在本体论上，它要比儒家形上之道，讲得更宏阔、高远，只是无把柄，虚无空寂而已。韩愈讲"五常之教，与天地皆生"，虽然肯定了五常之教的天道本体论性质，然不讲"天叙有典，敕我五典五惇哉；天秩有礼，自我五礼有庸哉"的"同寅协恭和衷"④，而一味地讲"其文《诗》《书》《易》《春秋》，其法礼、乐、刑、政，其民士、农、工、贾，其位君臣、父子、师友、宾主、昆弟、夫妇，其服麻丝，其居宫室，其食粟、米、果、蔬、鱼、肉"⑤的经验实在，反而让人觉得儒家之道小，在本体论上反而不如佛老宏阔高远。故我答友人盘道曾说："韩愈所原的道，是儒家仁义之道，是相生相养之道。原道是为了与佛老之学争正统，开了后儒讲道统的先河。韩愈原道，虽无不对，但他只是从相生相养的知识论上原道，对形而上学的道，并没有讲清楚。故《朱子语类》卷一三七说韩愈《原道》是'无头学问'。在这一点上，他不如淮南之论。《淮南子》开卷首篇即讲《原道》。它包括天地、体尽万物而原之，远比韩愈讲得淋漓痛快。只是它属道家著作，后儒不视为正统，故不像韩公的《原道》受人推崇。"⑥

韩愈讲先王之道，五常之教，"以之为人，则爱而公；以之为心，则和而平。是故生则得其情，死则尽其常"，自然涉及心性问题，故其有《原性》之篇。但韩愈原性，不是原"天生烝民，有物有则"⑦之性，孟子所讲仁义礼智的先天道德本性，而是讲上、中、下的三品之性、三品之情。它既反对孟

---

① 《老子》第十六、二十五章。
② 玄奘：《谢御制大慈恩寺碑文表》，《全唐文》卷九百零六。
③ 法琳：《上秦王破邪论启》，《全唐文》卷九百零三。
④ 《尚书·皋陶谟》。
⑤ 《原道》，《韩昌黎全集》卷十一。
⑥ 《答友人盘道论》，见各版《大道运行论》附录。
⑦ 《诗经·大雅·烝民》。

子言性善，荀子言性恶，亦反对扬雄言性善恶混，认为"三子之言性也，举其中而遗其上下者也，得其一而失其二者也"。他只有讲上品之性的仁义礼智时，才是孟子讲的先天道德本性。只有此性，才是"学而易明"的；至于下品之性，则是"畏威而寡罪"的。这就是韩愈"上者可教，而下者可制"的性论。韩愈此论，不仅在于阐释孔子"不移"①之说，更在于反对当时言性者，"杂佛老而言"②之。

讲先王之道，五常之教，讲仁义礼智的道德精神世界，离不开人心人性，离不开心性本体论。此乃精神世界之本原也。因此，讲儒学复兴，讲儒家之道，更在于心性本体论阐明。韩愈之后，李翱《复兴书》，就是阐明儒家心性本体论，有功于儒学复兴者。

四　李翱复诚明之性以复儒学

李翱（772～841），字习之，西凉武昭王之后。《旧唐书》本传说其"勤于儒学，博雅好古"，唐德宗贞元十四年（798）进士，宪宗元和初（806），转国子博士、史馆修撰。为史，常谓史官纪事不得实，"其为状者，皆故吏门生，苟言虚美，溺于文而忘其理"③。太和初朝为谏议大夫。唐武宗会昌元年（841）卒。谥为文，世称李文公。著有《李文公集》104篇，与韩愈合著有《论语笔解》两卷。

李翱与韩愈关系密切，不仅与韩愈一起推动古文运动，亦协助韩愈复兴儒学。韩愈《答李翊书》称李翱为"李生"，李翱《答韩侍郎书》称韩愈为"兄者"，两人关系亦师亦友。但他们两人有尊儒反佛的共同思想基础。韩愈讲孔"夫子，圣人也"④，李翱则说"孔子圣人之大者也"⑤。韩愈为谏宪宗迎佛骨，写《论佛骨表》，极陈佛教之弊；而李翱作《去佛斋论》，反对京兆府参军杨垂撰《丧仪》，说其伤礼，故论而去之，词锋之尖锐，不亚于韩愈《论佛骨表》。如其讲：

---

① 即孔子所说"唯上知与下愚不移"（《论语·阳货》）。
② 《原性》，《韩昌黎全集》卷十一。
③ 《新唐书·李翱传》。
④ 《重答张籍书》，《韩昌黎全集》卷十四。
⑤ 《帝王所尚问》，《李文公集》卷四。

佛法之染流于中国也，六百余年矣。始于汉，浸淫于魏、晋、宋之间，而澜漫于梁萧氏，遵奉之以及于兹。盖后汉氏无辨而排之者，遂使夷狄之术，行于中华，故吉凶之礼谬乱，其不尽为戎礼也无几矣。且杨氏之述《丧仪》，岂不以礼法迁坏，衣冠士大夫与庶人委巷无别，为是而欲纠之以礼者耶。……杨氏之仪，据于古而拂于俗者多矣。既论之而书以为仪，舍圣人之道，则祸流于将来也无穷矣。佛法之所言者，列御寇、庄周所言详矣，其余则皆戎狄之道也。使佛生于中国，则其为作也必异于是，况驱中国之人举行其术也。君臣、父子、夫妇、兄弟、朋友，存有所养，死有所归，生物有道，费之有节，自伏羲至于仲尼，虽百代圣人，不能革也。故可使天下举而行之无弊者，此圣人之道，所谓君臣、父子、夫妇、兄弟、朋友，而养之以道德仁义之谓也。……不知其心，无害为君子，而溺于其教者，以夷狄之风而变乎诸夏，祸之大者也。①

　　李翱同韩愈一样，皆是很关心政治的。宪宗元和初曾上陈条，讲兴复太平大略，革弊事，复高祖、太宗旧制的六条为政根本大计："用忠正而不疑，则功德成；屏邪佞而不近，则视听聪明；改税法不督钱而纳布帛，则百姓足；绝进献以宽百姓租税之重，则下不困；厚边兵，以息蕃戎侵掠之患，则天下安；数引见待制官，问以时事，以通壅蔽之路，则下情达"；并且认为，"定祸乱者，武功也；能复制度兴太平者，文德也，非武功不能以定祸乱，非文德不能以致太平"②。但是，"翱性峭鲠，论议无所屈，仕不得显官，怫郁无所发"，甚至见宰相李逢吉，当面"斥其过失"③。此可见李翱为人之正直，但亦可见其政治上不成熟。然其所讲"能复制度兴太平者，文德也"，定祸乱之后，需要复兴，"非文德不能以致太平"，则是极有见地的。李翱"仕不得显官"，则以《复性书》致天下为己任，实现其复兴志愿矣。在李翱看来，"划弊政而还本兮，如反掌之易为。苟庙堂之治得兮，何下邑之能违？"只要复得圣人之性，解决人性这个根本问题，以文德致太平，也就容易多了。于是就像孔门颜回那样"超群情以独去兮，指圣域而高追"④ 了。此乃李翱感

① 《去佛斋》，《李文公集》卷四。
② 《论事疏表》，《李文公集》卷九。
③ 《新唐书·李翱传》。
④ 《幽怀赋》，《李文公集》卷一。

慨"纷予生之多故兮，愧特于世之谁知"，故"抚圣人教化之旨兮，洵合古而乖时"①，政治上失意后，领悟到天命所在，做出的人生选择。

因此，李翱《复性书》并非解释《中庸》之书，而是发挥《中庸》"天命之谓性"及《易传》的本体论思想，阐述儒家性命之理，重建圣人性命之学的。那么，何谓性呢？它具有怎样本体论性质呢？李翱论述心性本体说：

> 性者天之命也，圣人得之而不惑者也。情者性之动也，百姓溺之而不能知其本者也。圣人者岂其无情耶？圣人者，寂然不动，不往而到，不言而神，不耀而光，制作参乎天地，变化合乎阴阳，虽有情也，未尝有情也。然则百姓者，岂其无性耶？百姓之性与圣人之性弗差也。虽然，情之所昏，交相攻伐，未始有穷，故虽终身而不自睹其性焉。②

"性者天之命"，即《中庸》"天命之谓性"③。它是在天道义理上说的，是指人的先天道德本性而言的。它不仅规定着人的本质属性，而且支配人的情感情绪，因此具有本体论的性质。故曰"圣人得之而不惑""百姓溺之而不能知其本"。性既为本体存在，支配所有人的情感情绪的，那么，无论是圣人还是老百姓，只要是人的存在，自然都应该具有情与性。故曰"圣人者岂其无情耶？""百姓者，岂其无性耶？"

虽然人皆有情与性，但情与性不是孤立而存在的，而是相互依存的，故曰：

> 情不作，性斯充矣，性与情不相无也。虽然，无性则情无所生矣。是情由性而生，情不自情，因性而情，性不自性，由情以明。

因为性是本体，支配人情感情绪的存在，故曰"无性则情无所生矣"，故曰"情由性而生"。因"情由性而生"，故曰"情不自情，因性而情"。性虽不以情而存在，但它是通过情显露出来的，故曰"性不自性，由情以明"。但情与性是有清浊、善恶、昏明区别的，而清明，乃是性之本质。故曰：

---

① 《感知己赋》，《李文公集》卷一。
② 《复性书上》，《李文公集》卷二。
③ 《中庸》首章。

人之所以为圣人者性也，人之所以惑其性者情也。喜怒哀惧爱恶欲，七者皆情之所为也。情既昏，性斯匿矣，非性之过也。七者循环而交来，故性不能充也。水之浑也，其流不清；火之烟也，其光不明。非水火清明之过，沙不浑，流斯清矣，烟不郁，光斯明矣。

在李翱看来，"情之动静弗息，则不能复其性而烛天地，为不极之明"；而圣人之性所以不惑，所以不同于百姓昏惑不明之性，就在于圣人是先知先觉者，其心"寂然不动"，而能关照天道本体，做到"不往而到，不言而神，不耀而光，制作参乎天地，变化合乎阴阳"。故其心也，广大、悠远、高明，具有至诚不息的本性。故李翱说：

故圣人者，人之先觉者也。觉则明，否则惑，惑则昏，明与昏谓之不同。明与昏性本无有，则同与不同二皆离矣。夫明者所以对昏，昏既灭，则明亦不立矣。是故诚者，圣人性之也，寂然不动，广大清明，照乎天地，感而遂通天下之故，行止语默，无不处于极也。复其性者贤人，循之而不已者也，不已则能归其源矣。《易》曰"夫圣人者，与天地合其德，日月合其明，四时合其序，鬼神合其吉凶，先天而天不违，后天而奉天时。天且勿违，而况于人乎？况于鬼神乎？"此非自外得者也，能尽其性而已矣。子思曰"惟天下至诚为能尽其性。能尽其性，则能尽人之性。能尽人之性，则能尽物之性。能尽物之性，则可以赞天地之化育。可以赞天地之化育，则可以与天地参矣。其次致曲，曲能有诚，诚则形，形则着，着则明，明则动，动则变，变则化，唯天下至诚为能化"。圣人知人之性皆善，可以循之不息而至于圣也。故制礼以节之，作乐以和之。安于和乐，乐之本也。动而中礼，礼之本也。故在车则闻鸾和之声，行步则闻佩玉之音，无故不废琴瑟，视听言行，循礼法而动，所以教人忘嗜欲而归性命之道也。道者至诚而不息者也。至诚而不息则虚，虚而不息则明，明而不息则照天地而无遗，非他也，此尽性命之道也。

圣人之道，就是"教人忘嗜欲而归性命之道"。而要"归性命之道"，就要像天道一样至诚而不息。能"至诚而不息则虚，虚而不息则明，明而不息则照天地而无遗"，则可以"尽性命之道"矣。在李翱看来，颜子三月不违仁，子路之死讲"君子死，冠不免"结缨而死；曾子之死，讲"吾何求焉，吾得正而毙焉"，子思得其祖之道，述《中庸》四十七篇，以传于孟轲；孟轲曰"我四十不动心"等，皆是知性命之源，传圣人之教，"尽性命之道"者。而要成为这样的存在，就要开诚明之源，弃不扬之道，归复圣人天道性命之理。此李翱作"《复性书》，以理其心，以传乎其人"。

然则，圣人"性命之书虽存，学者莫能明，是故皆入于庄、列、老、释。不知者谓夫子之徒不足以穷性命之道，信之者皆是也"。因而就造成了人诚明本性之失。特别是"溺于其教者，以夷狄之风而变乎诸夏"，君臣、父子、夫妇、兄弟、朋友之道失，仁义之心不存，人变得那么自私，那么唯利是图，再也不懂得天道义理，更是昏其性，断绝了诚明之源。人之昏也久矣，人的诚明之性，能不能归复呢？李翱认为，"道之极于剥也必复"，不只是一时之复，乃是依天地大法则而复。只要"开诚明之源，缺绝废弃不扬之道"，就可"几可以传于时"①，归复人的诚明之性。李翱为此提出了一系列"开诚明之源"，修圣人之道，复诚明之性的方法。

这些方法，李翱主要是根据"天命之谓性"的本体论而提出的。人之心性，原于天道本体；而人之情与性，则依如何思念天道本体、关照天道本体而存在。因此，人要归复诚明本性，心首先就要立于天道之正，立于那"无思无为、寂然不动"存在，立于天道贞一之理，以此建立天道本体，开诚明之源。李翱讲复诚明性之法，首先是建此天道本体，开此"诚明之源"而提出来的：

> 或问曰："人之昏也久矣，将复其性者，必有渐也，敢问其方？"
>
> 曰："弗虑弗思，情则不生，情既不生，乃为正思。正思者，无虑无思也。《易》曰：'天下何思何虑。'又曰：'闲邪存其诚。'《诗》曰：'思无邪。'"
>
> 曰："已矣乎？"
>
> 曰："未也。此斋戒其心者也，犹未离于静焉。有静必有动，有动必有静，动静不息，是乃情也。《易》曰'吉凶悔吝，生于动者也'。焉能

---

① 上所引均见《复性书上》，《李文公集》卷二。

复其性耶？"

曰："如之何？"

曰："方静之时，知心无思者，是斋戒也。知本无有思，动静皆离，寂然不动者，是至诚也。《中庸》曰：'诚则明矣。'《易》曰：'天下之动，贞夫一者也。'"

问曰："不虑不思之时，物格于外，情应于内，如之何而可止也。以情止情，其可乎？"

曰："情者性之邪也。知其为邪，邪本无有。心寂然不动，邪思自息。惟性明照，邪何所生？如以情止情，是乃大情也。情互相止，其有已乎？《易》曰：'颜氏之子，有不善未尝不知，知之未尝复行也。'《易》曰：'不远复，无祇悔，元吉。'"

问曰："本无有思，动静皆离。然则声之来也，其不闻乎？物之形也，其不见乎？"

曰："不睹不闻，是非人也，视听昭昭而不起于见闻者，斯可矣。无不知也，无弗为也。其心寂然，光照天地，是诚之明也。《大学》曰：'致知在格物'。《易》曰：'易无思也，无为也，寂然不动，感而遂通天下之故。非天下之至神，其孰能与于此。'"

曰："敢问致知在格物何谓也？"

曰：物者，万物也。格者，来也，至也。物至之时，其心昭昭然明辨焉，而不应于物者，是致知也，是知之至也。知至故意诚，意诚故心正，心正故身修，身修而家齐，家齐而国理，国理而天下平。此所以能参天地者也。《易》曰：'与天地相似，故不违。知周乎万物，而道济天下，故不过。旁行而不流，乐天知命，故不忧。安土敦乎仁，故能爱。范围天地之化而不过，曲成万物而不遗，通乎昼夜之道而知，故神无方而易无体。'一阴一阳之谓道。此之谓也。①

这里，李翱从"天命之谓性"的本体论出发，将《中庸》诚明之道、《易传》贞一之理、《大学》格物致知、《诗》曰"思无邪"，融会贯通，浑然一体，开出诚明心性之源，讲修道复性之法。它集中到一点，就是体悟儒家

---

① 《复性书中》，《李文公集》卷二。

刚健中正之道，澄明于心，以复诚明之性。故他在其他地方说："出言居乎中者，圣人之文也；倚乎中者，希圣人之文也；近乎中者，贤人之文也；背而走者，盖庸人之文也。"①

李翱不仅根据"天命之谓性"，以天道本体论，开诚明之源，讲诚明之道归复，更立于"人生而静，天之性"的心性本体论，讲修道复性方法。所谓"天命之谓性"，即天生之性，即"人生而静，天之性也"。故曰"人生而静，天之性也，性者天之命也"②。此性即天性，即心体性体，即良知明觉，即寂然不动者，即天道义理存在，即人性之善者。孟子之讲"不动心"③，"道性善"④，即指此也。惟其为天命之性，才能"率性之谓道"；惟其是心体性体，是善的存在，守住此心此性，寂然不动，才是善良之心、道德本性；惟其是天道义理存在，不泯灭此心此性，才是仁义礼智之心，父义、母慈、兄友、弟恭、子孝的五常之性。此李翱立于心性本体，讲修道复性之方法。其讲"循其源而反其性者，道也。道也者，至诚也。至诚者，天之道也。诚者定也，不动也"；讲"诚之者，人之道也。诚之者，择善而固执之者也，修是道而归其本者明也"；讲"君子戒慎乎其所不睹，恐惧乎其所不闻，莫见乎隐，莫显乎微，故君子慎其独也"；讲"不睹之睹，见莫大焉；不闻之闻，闻莫甚焉。其心一动，是不睹之睹，不闻之闻也，其复之不远矣"；讲"止而不息必诚，诚而不息则明，明与诚终岁不违，则能终身矣"；讲"情有善有不善，而性无不善焉"；讲"情者妄也，邪也。妄情灭息，本性清明，周流六虚，所以谓之能复其性也"；讲"圣人既复其性矣，知情之为邪。邪既为明所觉矣，觉则无邪，邪何由生也"⑤ 等，就是立于心性本体，所讲修道复性方法。它集中到一点，就是觉悟到情之邪妄所在，守住本心，守住诚明之性，不使其泯灭！

佛教讲，人之一生，缘起缘灭，终是空寂，现世的一切不值得留恋，因此，应该放下一切，追求西天佛国净土神圣存在。李翱对此人生终极存在问题，自然也应作出回答。《复性书》不仅对佛法染流于中国，夷狄之风而变乎诸夏，所造成天性泯灭与道德缺失感到痛心，是故用了很长篇幅讲修道复性问题，而且对佛教人生空寂之说也没放过，以大道旷荡，精气为物，游魂为

---

①　《杂说》，《李文公集》卷五。

②　《复性书中》，《李文公集》卷二。

③　《孟子·公孙丑上》。

④　《孟子·滕文公上》。

⑤　《复性书中》，《李文公集》卷二。

变，原其始而反其终，讲述《易传》大道哲学死生之说，以尽生生不息性命之情，表现出了对人性本质及终极存在的关怀。他说：

> 昼而作，夕而休者，凡人也。作乎作者，与万物皆作；休乎休者，与万物皆休。吾则不类于凡人：昼无所作，夕无所休，作非吾作也，作有物；休非吾休也，休有物。作耶！休耶！二者皆离而不存。予之所存者，终不亡且离矣。人之不力于道者，昏不思也。天地之间，万物生焉。人之于万物，一物也，其所以异于禽兽虫鱼者，岂非道德之性全乎哉！受一气而成形，一为物而一为人，得之甚难也，不专于大道，肆其心之所为，则其所以自异于禽兽虫鱼者亡几矣。①

在李翱看来，尽管天地间大道旷荡、生息无穷，皆非永恒的存在；人之生也死也，存也化也，亦是一物，然人之异于禽兽虫鱼者，在于人有思想，有道德之性，有道德精神世界，是道德生命之"全"者，并非仅是物的存在、"昏不思"的存在。故万物"作耶！休耶！二者皆离而不存"；而人的存在，则不为物蔽、不为形役，具有非常强的悟性能力与超越能力，以其道德精神生存于天地间，正如孟子所说的那样，"所过者化，所存者神，上下与天地同流"②，并非"离而不存"者。因而李翱非常感慨地说："吾之生二十有九年矣"，虽知"人之生也，享百年，若雷电之惊相激也，若风之飘而旋也"，然亦"吾之终日志于道德，犹惧未及也"③。

这就是李翱！唐朝是佛教盛行的时代，许多人都与佛教徒有往来。正如韩愈与潮州老僧号大颠有来往一样，李翱与泗州开元寺僧澄观也有书信往来。因韩愈与大颠有来往，有人传言说"愈近少信奉释氏"，韩愈明白地回答："此传之者妄也。"那么，李翱与澄观有书信来往，他是否也信奉佛教了呢？澄观曾命李翱作《开元寺钟铭》，欲借李翱之词，庶几不朽，而传于后世。李翱与之书说："翱学圣人之心焉，则不敢让乎知圣人之道者也"；"吾将胆圣人之道焉，则于释氏无益也。吾将顺释氏之教而述焉，则惑乎天下甚矣，何贵乎吾之先觉也？吾之词必传于后，后有圣人如仲尼者之读吾词也，则将大责

---

① 《复性书下》，《李文公集》卷二。
② 《孟子·尽心上》。
③ 《复性书下》，《李文公集》卷二。

于吾矣"。因此，李翱说"吾畏圣人也"①，拒绝了澄观之求。此可知李翱对佛教的态度，决不违背儒家圣人之意的。这就牵涉《复性书》是否受佛教影响的问题。唐代佛教流行，许多教义已中国化，李翱思想受佛教某些影响是有可能的。但李翱作《复性书》，明明对"性命之书虽存，学者莫能明，是故皆入于庄、列、老、释，不知者谓夫子之徒不足以穷性命之道，信之者皆是也"②，采取批判态度更作《去佛斋论》，讲"以夷狄之风而变乎诸夏，祸之大者也！"怎么能以《复性书》有引《易大传》"寂然不动，感而遂通"之句，就断定他作受佛教影响，讲其援佛入儒呢？这似乎有点勉强。至于说李翱赠药山高僧惟俨诗"练得身形似鹤形，千株松下两函经。我来问道无余说，云在青霄水在瓶"③，讲其问道于药山禅师，似是佛家附会衍说，其解释更是"公案"。

自然，这并不是说李翱没有佛教思想，在那个儒、道、释大融合的时代，你中有我，我中有你，很难说谁是纯粹某家。不仅李翱是这样，其他人如韩愈、柳宗元等也是这样。但至少李翱《复性书》归复儒家诚明之性，是一个非常清醒理性自觉的儒家。至于柳宗元以圣道自任，则不像韩愈、李翱复兴儒道那样坚定了，而是由圣道自任走向统合儒释。

五　柳宗元圣道自任统合儒释

柳宗元（773～819），字子厚，河东（今山西运城永济一带）人。父镇，唐肃宗时为太常博士。柳宗元"少聪警绝众，尤精西汉诗骚。下笔构思，与古为侔。精裁密致，灿若珠贝。当时流辈咸推之"④。德宗贞元十九年（803），为监察御史。顺宗即位，王叔文、韦执谊用事，尤奇待宗元。柳因卷入王叔文集团，被贬为邵州刺史，道上，再贬永州司马。宪宗元和十年（815），移为柳州刺史。元和十四年（819）卒，时年仅四十七岁。著述之盛，名动于时，时号"柳河东"，著文集四十卷，由刘禹锡编辑为《河东先生集》存世。柳宗元为文，与韩愈并称为"韩柳"。柳宗元不仅是文学家，更是与韩

---

① 《答泗州开元寺僧澄观书》，《全唐文》卷六百三十六。
② 《复性书上》，《李文公集》卷二。
③ 《赠药山高僧惟俨》二首，《全唐诗》卷三百六十九。
④ 《旧唐书·柳宗元传》。

愈一起抑杨、墨，排释、老，弘扬儒道，推动中唐儒学精神发展的思想家。关于柳宗元在文学史、精神发展史上的地位，《旧唐书》说：

> 贞元、太和之间，以文学耸动缙绅之伍者，宗元、禹锡而已。其巧丽渊博，属辞比事，诚一代之宏才。如俾之咏歌帝载，黼藻王言，足以平揖古贤，气吞时辈；而蹈道不谨，昵比小人，自致流离，前瞻素业。故君子群而不党，戒惧慎独，正为此也。韩、李二文公，于陵迟之末，遑遑仁义。有志于持世范，欲以人文化成，而道未果也。至若抑杨、墨，排释、老，虽于道未弘，亦端士之用心也。①

柳宗元死后，韩愈志其墓，评其一生得失解说："子厚前时少年，勇于为人，不自贵重顾藉，谓功业可立就，故坐废退。既退，又无相知有气力得位者推挽，故卒死于穷裔，材不为世用，道不行于时也"；"然子厚斥不久，穷不极，虽有出于人，其文学辞章，必不能自力以致必传于后，如今无疑也"。若柳宗元不被贬，一生会如何，韩愈说："虽使子厚得所愿，为将相于一时，以彼易此，孰得孰失，必有能辨之者。"②

柳宗元一生最大的坎坷，是卷入王叔文集团。最初，此事固然与柳宗元不懂政治斗争之复杂有关，始与王叔文交，"奇其能"，迷信其"可以共立仁义，裨教化"之说，结果"勤勤勉励，唯以忠正信义为志，兴尧、舜、孔子道，利安元元为务，不知愚陋"，遂陷入政治斗争漩涡而不能自拔。从这个意义上说，柳宗元卷入王叔文集团，实属"年少气锐，不识几微"，"欲一心直遂，果陷刑法，皆自所求取得之"③。但当时王叔文用事，在翰林院"与韩泰、柳宗元、刘禹锡、陈谏、凌准、韩晔唱和，曰管，曰葛，曰伊，曰周，凡其党偶然自得，谓天下无人"④，政治口号与旗帜，也够迷惑人的。不管是"年少气锐，不识几微"，还是被政治口号旗帜所迷惑，柳宗元自觉或不自觉地陷入那场政治斗争，相继被贬邵州刺史、永州司马，五年不得归，最后死于柳州刺史任上，以至于"立身一败，万事瓦裂，身残家破，为世大僇"⑤，

---

① 《旧唐书·柳宗元传·史臣曰》。
② 《柳子厚墓志铭》，《韩昌黎全集》卷三十二。
③ 《寄许京兆孟容书》，《柳河东全集》卷三十。
④ 《旧唐书·王叔文传》。
⑤ 《寄许京兆孟容书》，《柳河东全集》卷三十。

对其一生的影响是巨大的。

但坎坷、苦难、凌辱、世态冷暖，可以引起人反思，特别是当生死荣辱抛却后，更可以纵观天地人生，洞察千百年历史，对社会人生有更深的理解。然柳宗元"少时嗜进，谓功业可就，既坐废，遂不振"①，经此坎坷，竟随着环境日益恶劣及持久不得归，年少气锐，似乎愈来愈走向消极，思想上也由"抑杨、墨，排释、老"，发展为寻求精神解脱，愈来愈向佛老妥协，试图以佛道统合儒释。这样，最初之用心就消解殆尽矣。

柳子读古书，见道守节者则壮之，曾作赋以抒心志说："世既夺予之太和兮，眷授予以经常；循圣人之通途兮，郁纡轸而不扬；犹悉力而究陈兮，获贞则于典章。"② 观其赋，颇踌躇满志。即使遭受坎坷，被贬之初，不得召回，仍作赋自儆说"始予学而观古兮，怪今昔之异谋；惟聪明为可考兮，追骏步而遯游；日施陈以系縻兮，邀尧舜与之为师。曰道有象兮而无其形，推变乘时兮与志相迎"③，想做一番事业。这也是他写信寄许京兆孟容，所说"贤者不得志于今，必取贵于后，古之著书者皆是也。宗元近欲务此"④ 者也。凡此可知，柳宗元最初还是很想有所作为的。

不仅如此，柳宗元当时几乎是以归复儒家圣人之道自任的。他认为，"大凡荐举之道，古人之所谓难者，其难非苟一而已也。知之难，言之难，听信之难"；"理不一断于古书老生，直趋尧舜大道、孔氏之志，明而出之，又古之所难有也"。他说"自贬官来无事，读百家书，上下驰骋，乃少得知文章利病"，"然彼古人亦人耳，夫何远哉！"在他看来"古之人未必不薄于当世，而荣于后世也"。他举濮阳吴君（武陵）为文之道，说"非丈人无以知之"，其文之高妙，"独恐世人之才高者，不肯久学，无以尽训治诂风雅之道，以为一世甚盛"。因而谈到自己说："若宗元者，才力缺败，不能远骋高厉，与诸生摩九霄、抚四海，夸耀于后之人矣！何也？凡为文以神志为主。"⑤ 宗元讲此，虽尚有自谦，然实乃喻宗元以圣人之道自任，欲"摩九霄、抚四海，夸耀于后人"之志。而其讲"读《诗》《礼》《春秋》，莫能言说，其容貌充充然，而声名不闻传于世，岂天下广大多儒而使然欤？将晦其说，讳其读，不

---

① 《旧唐书·柳宗元传》
② 《佩韦赋》（并序），《柳河东全集》卷二。
③ 《惩咎赋》，《柳河东全集》卷二。
④ 《寄许京兆孟容书》，《柳河东全集》卷三十。
⑤ 《与杨京兆凭书》，《柳河东全集》卷三十。

使世得闻传其名欤！抑处于远，仕于远，不与通都大邑豪杰角其技而至于是欤！不然，无显者为之倡，以振动其声欤"，讲"得位而以《诗》《礼》《春秋》之道施于事，及于物，思不负孔子之笔舌。能如是，然后可以为儒"①，其以圣道自任现于言表矣。

柳宗元于此，虽谈到"凡为文以神志为主"，但那不过是主张文贯通以精神气质而已。但其谓"圣人之道"，或他理解的"尧舜大道、孔氏之志"，并非形上大道本体，或孔子"乾"元之仁的本体存在，而是自然之道。他反对宗教巫术，反对董仲舒所说的"夏商周三代受命之符"说，就是基于此道。他认为，董仲舒所倡"三代受命之符"说，"司马相如、刘向、扬雄、班彪、彪子固，皆沿袭嗤嗤，推古瑞物以配受命，其言类淫巫瞽史，诳乱后代，不足以知圣人立极之本，显至德，扬大功"。因此，他为尚书郎时，曾著《贞符》，讲唐家正德受命于生人之意，而非符命。他认为，此大事，若圣王之典不立，则无以抑诡类，拔正道，表核万代。他说"苟一明大道，施于人世，死无所憾"，于是在被贬期间，向宪宗稽首拜手以闻其说：

> 惟人之初，总总而生，林林而群。雪霜风雨雷雹暴其外，于是乃知架巢空穴，挽草木，取皮革。……交焉而争，睽焉而斗，力大者搏，齿利者啮，爪刚者决，群众者轧，兵良者杀，披披藉藉，草野涂血。……于是有圣人焉，曰黄帝，游其兵车，交贯乎其内，一统类，齐制量，然犹大公之道不克建。于是有圣人焉，曰尧，置州牧四岳，持而纲之，立有德有功有能者，参而维之，运臂率指，屈伸把握，莫不统率。年老，举圣人而禅焉，大公乃克建。由是观之，厥初冈匪极乱，而后稍可为也。而非德不树，故仲尼叙《书》，于尧曰"克明俊德"，于舜曰"濬哲文明"，于禹曰"文命祇承于帝"，于汤曰"克宽克仁，章信兆民"，于武王曰"有道曾孙"。稽揆典誓，贞哉惟兹德，实受命之符，以莫永祀！后之祆淫嚚昏好怪之徒，乃始陈大屯、大虹、玄鸟、巨迹、白狼、白鱼、流火之乌以为符，斯皆诡谲阔诞，其可羞也，莫知本于厥贞。

柳宗元反对符命之说，在于倡导一种儒家理性人本主义。故他述《贞符》

---

①　《送徐从事北游序》，《柳河东全集》卷二十五。

得出结论说:"受命不于天,于其人;休符不于祥,于其仁。惟人之仁,匪祥于天。匪祥于天,兹惟贞符哉?未有丧仁而久者也,未有恃祥而寿者也。"①

然柳宗元以自然之道为圣人之道,乃是停留在物之经验实在上的,并没有上升到形上本体,大道本体。因此,柳宗元讲圣人之道,讲本体,皆是讲的器物存在,而其谓道,乃是讲形器之道。如说"物者,道之准也。守其物,由其准,而后其道存焉。苟舍之,是失道也。凡圣人之所以为经纪,为名物,无非道者。命之曰官,官是以行吾道云尔。是故立之君臣、官府、衣裳、舆马、章绶之数,会朝、表着、周旋、行列之等,是道之所存也。则又示之典命、书制、符玺、奏复之文,参伍、殷辅、陪台之役,是道之所由也。则又劝之以爵禄、庆赏之美,惩之以黜远、鞭扑、桎拲、斩杀之惨,是道之所行也"② 等等,全是在器物上,讲自然之道,圣人之道的。其他像讲"封建非圣人意也,势也"③,讲"道德之于人,犹阴阳之于天也,仁义忠信,犹春秋冬夏也"④,讲"经也者,常也。权也者,达经者也。皆仁智之事也。离之,滋惑矣"⑤ 等,也全是以自然之道为圣人之道的。即使他讲"中道",讲"大中之道",也是在形下处,以恰到好处之谓中,无不当处之谓道讲的。故曰"当也者,大中之道也。离而为名者,大中之器用也"⑥。因此,柳宗元讲中道,并非于本体至极处,讲大中之道或大中之体,讲"会其有极,归其有极"的"皇极"⑦ 大道本体,讲"大哉圣人之道! 洋洋乎发育万物,峻极于天"者,或讲"君子之道费而隐","苟不至德,至道不凝",及"君子尊德性而道问学,致广大而尽精微,极高明而道中庸"⑧ 的存在,而是于形下处,讲利而不悖的存在。在柳宗元看来,圣人之道,只是"不穷异以为神,不引天以为高,利于人,备于事,如斯而已矣"⑨。其他的,皆是背离圣人之道的。因此,他批评那些背离圣人之道者说:"近世之言理道者众矣,率由大中而出者咸无焉。其言本儒术,则迂回茫洋,而不知其适。其或切于事,则苛峭刻核,

---

① 《贞符》,《柳河东全集》卷一。
② 《守道论》,《柳河东全集》卷三。
③ 《封建论》,《柳河东全集》卷三。
④ 《天爵论》,《柳河东全集》卷三。
⑤ 《断刑论下》,《柳河东全集》卷三。
⑥ 《断刑论下》,《柳河东全集》卷三。
⑦ 《尚书·洪范》。
⑧ 《礼记·中庸》。
⑨ 《时令论上》,《柳河东全集》卷三。

不能从容，卒泥乎大道。甚者好怪而妄言，推天引神，以为灵奇，恍惚若化，而终不可逐。故道不明于天下，而学者之至少也。"① 可知柳宗元是怎样坚持以自然主义、经验实在论而为圣人之道了。

由于柳宗元论道停留在经验实在上，以器物之道为圣人之道，自然，他也就无法理解天道本体的至精至神至妙存在，"寂然不动，感而遂通"的存在，不能领悟"会其有极，归其有极"的"皇极"大道本体，更不能体悟"君子之道费而隐"，"苟不至德，至道不凝"，及君子"致广大而尽精微，极高明而道中庸"的存在，对于"鬼神之为德，视之而弗见，听之而弗闻，体物而不可遗"② 的存在，更是极力排斥。无法理解领悟这些形而上的存在，不能于其至极处感通，自然就无法感知天道本体的庄严、神圣、大美与崇高，无法于"寂然不动"处建立信仰与信念，那么，在宇宙浩浩大化中，一旦自身至于风波浪里，颠簸汪洋，而无有立脚处，也就迷惑了、动摇了。此柳宗元被贬期间，长期不得归，为求得精神上解脱，走向佛教者也。他谈及得佛道而归之说：

> 吾自幼好佛，求其道，积三十年。世之言者，罕能通其说，于零陵，吾独有得焉。且佛之言，吾不可得而闻之矣。其存于世者，遗道其书。不于其书而求之，则无以得其言。言且不可得，况其意乎？今是上人究其书，得其言，谕其意，推而大之，逾万言而不烦。总而括之，立片辞而不遗。与夫世之析章句，征文字，言至虚之极，则荡而失守，辩群有之伙，则泥而皆存者，其不以远乎？
>
> 以吾所闻知，凡世之善言佛者，于吴则惠诚师，荆则海云师，楚之南则重巽师。师之言存，则佛之道不远矣。……执经而师受，且曰"于中道吾得以益达"。皆以师友命之。③

柳宗元信佛，固然与"自幼好佛"有关，但更为重要的，是对佛教本体论有了理解。这就是他所说的"中道"。所谓中道，即以龙树、提婆"三论"的中道思想解释大乘佛教空宗本体存在。它虽非一味地追求空寂虚无，但本

---

① 《与吕道州温论非国语书》，《柳河东全集》卷三十一。
② 《礼记·中庸》。
③ 《送巽上人赴中丞叔父召序》，《柳河东全集》卷二十五。

体论上毕竟仍属空宗。柳宗元在永州与佛教法师交往，正是接受惠诚、海云、重巽法师的上述教理，而走向信奉佛教的。

自然不只这些。柳宗元走向信佛，并不是一件简单的事情。如果他对佛教没有更深的了解，绝不会由儒道自任，走向深信佛教不疑的。这就是他对大乘佛教《般若》《涅槃》诸经教典的理解。他说："佛之迹，去乎世久矣，其留而存者，佛之言也。言之著者为经，翼而成之者为论，其流而来者，百不能一焉，然而其道则备矣。法之至，莫尚乎《般若》。经之大，莫极乎《涅盘》。世之上士，将欲由是以入者，非取乎经论则悖矣。"因此，他反对禅宗的"流荡舛误，迭相师用，妄取空语，而脱略方便，颠倒真实，陷乎已，又陷乎人"的做法，认为只有《般若》《涅槃》经，"佛之为大，法之为广"，才是广大的佛法。因而，他"将以广其道而被于远"①。总之，宗元凡"佛之道，大而多容，凡有志乎物外而耻制于世者，则思入焉"②。可知他所理解的佛道，与其所讲停留于经验实在，停留于器物存在的儒家自然之道，则是非常不同的，或者说是远远高于儒家自然之道。

柳宗元走向佛教后，并不是将佛教看作是与儒教不相容的东西，而是认为二者是同道的，特别是"释之书有《大报恩》十篇，咸言由孝而极其业。吾见其不违且与儒合"③，更觉得儒释之道无异。他认为，"晋宋以来，有道林、道安、远法师、休上人，其所与游，则谢安石、王逸少、习凿齿、谢灵运、鲍照之徒，皆时之选。由是真乘法印，与儒典并用"；"今燕、魏、赵、代之间，尊礼浮屠之事者，比比有焉。上人之往也，将统合儒释，宣涤疑滞"④。既然历史上真乘佛法已"儒典并用""统合儒释，宣涤疑滞"，那么，将儒释之道融为一体自然是合理的。因此，柳宗元也试图将儒释之异，通而同之，涵化融合。故他说：

> 太史公尝言：世之学孔氏者，则黜老子，学老子者，则黜孔子，道不同，不相为谋。予观老子，亦孔氏之异流也，不得以相抗，又况杨、墨、申、商、刑名纵横之说，其迭相訾毁抵捂而不合者，可胜言耶？然

---

① 《送琛上人南游序》，《柳河东全集》卷二十五。
② 《送元举归幽泉寺序》，《柳河东全集》卷二十五。
③ 《送元暠师序》，《柳河东全集》卷二十五。
④ 《送文畅上人登五台遂游河朔序》，《柳河东全集》卷二十五。

皆有以佐世。太史公没，其后有释氏，固学者之所怪骇舛逆其尤者也。今有河南玄生者，其人闵旷而质直，物无以挫其志。其为学恢博而贯统，数无以踬其道。悉取向之所以异者，通而同之，搜择融液，与道大适，咸伸其所长，而黜其奇邪！要之，与孔子同道，皆有以会其趣，而其器足以守之，其气足以行之。①

圣道不明，道统有晦，不能以至诚之道，经大经，立大本，聪明圣知不能达天德而不惑，就会迷失方向。因此，韩愈对柳宗元统合儒释的说法提出了批评，说他与浮屠交游，陷入了佛教；而柳宗元则反驳说：

> 儒者韩退之与予善，尝病予嗜浮屠言，訾予与浮屠游。近陇西李生础自东都来，退之又寓书罪予，且曰"见《送元生序》，不斥浮屠"浮屠诚有不可斥者，往往与《易》《论语》合，诚乐之，其于性情奭然，不与孔子异道。退之好儒，未能过杨子，杨子之书，于庄、墨、申、韩皆有取焉。浮屠者，反不及庄、墨、申、韩之怪僻险贼耶？曰"以其夷也。"……吾之所取者与《易》《论语》合，虽圣人复生，不可得而斥也。
>
> 退之所罪者其迹也。退之忿其外而遗其中，是知石而不知韫玉也。……凡为其道者，不爱官，不争能，乐山水而嗜闲安者为多。吾之好与浮屠游以此。②

佛教中国化是吸收了中国文化不少东西，如大乘佛教糅合中国文化形上之道或大道本体；另外，传播中为佛教发展向儒家孝道伦理让步。但这不等于佛教合于《易》《论语》。中国文化的形上之道，不管提升到何种无形无象高度，怎样讲"寂然不动，感而遂通"，但它仍然是无形实有是理，而不是佛教的空寂存在；佛教虽然向儒家孝道伦理让步，但它也不会像《论语》的孔子那样讲"大哉尧之为君也！巍巍乎！唯天为大，唯尧则之"③，也未必懂得

---

① 《送元十八山人南游序》，《柳河东全集》卷二十五。
② 《送僧浩初序》，《柳河东全集》卷二十五。
③ 《论语·泰伯》。

"夫子之言性与天道"①　之谓何意。各种文化交流，无疑要发生互渗、涵盖，彼此吸收、相互融化的现象，但这不等于原来文化丧失了自己的本性。佛教再中国化，它仍然是佛教；《易》《论语》再被佛教吸收，它仍然是中国的《易》《论语》。从文化发展意义上讲，中国文化无疑应该吸收佛教文化有益的东西；佛教在中国发展，其本体论及伦理精神也应适应中国文化要求。但这不等于佛教文化与中国文化无二，更不能统合两种文化为一种文化，它的最大可能是突变出一种新的文化。柳宗元讲"吾之所取者与《易》《论语》合，虽圣人复生，不可得而斥也"，似乎太自信了点儿。其实，柳宗元陷入佛教，其讲"凡为其道者，不爱官，不争能，乐山水而嗜闲安者为多"，不过是在游乐中借佛教求得精神解脱而已。他写了许多游山玩水的散文，讲"其境过清，不可久居"②，就是对佛境的一种体悟。

柳宗元由归复儒家圣教自任，发展为认同佛教，试图将儒释合为一体，虽不失为一位精神探索者，若就其初心而言，他虽然仍是儒家，但当天台宗把他列为俗家弟子时，则已改变了他儒家学者的地位。他对佛教《般若》《涅槃》的理解，其境已达广大佛法境界，但对《春秋》《周易》的理解，并没有达到乾元至道的高度，而是仍停留在巫术、象数上。例如与人辩《春秋》"微旨"，说其"皆孔氏大趣"，"理甚精而事有不合"③；与人讨论《周易》，只是辩"九六"之数④，就是这样。苏轼曾称赞柳宗元"儒释兼通，道学纯备"⑤。其实，柳宗元对于佛学本体论的形上通识，要高于他对儒家圣道的经验实在解释，其为学，并不纯备。不管怎么说，柳宗元在中唐与韩愈、李翱等一起复兴儒家文化，还是起了积极作用的。尽管其势已越来越微，但这次复兴，还是影响了后来文化精神发展的。

六　道统的开出与精神的发展

中唐儒学复兴，虽然持续时间不长，但韩愈、李翱、柳宗元等人的复兴活动，却是具有开拓性、创造性的。他们阐述儒学及所用范畴概念，不仅拓

---

① 《论语·公冶长》。
② 《至小丘小石潭记》，《柳河东全集》卷二十九。
③ 《答元饶州论春秋书》，《柳河东全集》卷三十一。
④ 《与刘禹锡论周易九六说书》，《柳河东全集》卷三十一。
⑤ 《又跋大鉴禅师碑》，《柳河东全集》附录卷下。

展出了新的儒学精神，也构成儒学价值体系，并影响了后来精神的发展。这主要表现为以下几个方面：

第一，开出道统，接续架设起了中国文化根本精神体系。韩柳之前，上古三代，虽然中国文化是道体文化，中国精神是道体精神，"天子以是道为政教，大臣百官有司以是道为职业，党、庠、术、序师弟子以是道为讲习，四方百姓日用是道而不知。盈覆载之间，无一民一物不被是道之泽，以遂其性"，但是，并无"道学之名"，更无道统之立①。文王、周公之后，孔子定礼乐，明宪章，删《诗》《书》，修《春秋》，赞《易象》，讨论《坟》《典》，集上古文化之大成，使五三圣人之道昭明于无穷，建立起了中国文化价值精神体系，使道体文化和道体精神，成为中国文化精神主流。但孔子、孟子没而无传。经秦火，更使其处于毁灭阶段。汉代恢复儒学以后，两汉也只是注经；魏晋也只是疏解经典，注疏虽有数家，甚至十几家、二十几家，但并未整体上重建道统，重建儒学道体精神体系。儒家大道哲学精神体系如何，仍然是察而弗精，语焉不详，而异端邪说，还是不断乘机而起，乃至大坏。正是在这种情况下，韩愈复兴儒学，讲"斯吾所谓道也，非向所谓老与佛之道也。尧以是传之舜，舜以是传之禹，禹以是传之汤，汤以是传之文武、周公，文武、周公传之孔子，孔子传之孟轲，轲之死，不得其传焉"，第一次接续架设起儒家文化道统。所以苏轼讲韩愈"文起八代之衰，道济天下之溺"，并不为过也。韩愈之后，发展到宋代，则有周敦颐《太极图说》《通书》，张载《西铭》等接续道统，《宋史》则设立了《道学传》。这不仅使儒家道体文化和道体精神成为正统，也确立了中国文化根本精神及其价值体系。此后为学，凡以此为学术体系者，则为中国道体文化和道体精神；异于此者，则非中国文化精神纯正者也。此中唐儒学复兴影响后来精神发展之大者也。

第二，讲述诚明之道，阐明了中国文化的根本精神要义，归复了儒家文化主旨。儒家之学，乃"天命之谓性，率性之谓道，修道之谓教"者也。其根本宗旨，就是天道性命之理。此儒家《易传》《论语》《孟子》所阐明，孔、孟没而其道不传者也。两汉儒家经学，公羊杂于术数，穀梁重在庶务；魏晋玄学，则陷于本体虚无。凡此，皆失天道性命之理，失儒学之根本精神。中唐复兴儒学，李翱从"天命之谓性"的本体论出发，将《中庸》诚明之

---

① 《宋史》道学序。

道、《易传》贞一之理、《大学》格物致知、《诗》曰"思无邪"，融会贯通，浑然一体，开出诚明心性之源，讲修道复性之法，曰"止而不息必诚，诚而不息则明，明与诚终岁不违，则能终身矣"等，则在新的历史条件下，重新揭示了中国文化根本精神的要义，归复了儒家文化主旨。发展到宋明理学时期，程朱将《大学》《中庸》《论语》《孟子》编撰为儒学《四书》，定为初学入德之门。其要义，虽仍然是天道性命之理，但其讲大学之书，说"自天降生民，则莫不与之以仁义礼智之性。其气质之禀，皆有以知其性之所有而全之也"①，更发展了"天命之谓性，率性之谓道，修道之谓教"的儒学精神。此中唐儒学复兴影响宋明理学精神发展者也。

第三，以心体性体为本体论，为后来宋明陆、王心学发展开辟了道路。中国自上古就讲"天生烝民，有物有则。民之秉彝，好是懿德"②，讲"惟皇上帝，降衷于下民，若有恒性"③，承认人有灵明先天道德心性。发展到孔子，则追迹三代，删《诗》《书》，定《礼》《乐》，编《春秋》，传《周易》，体悟天道，德合内外，开辟价值，提升精神，达天德，知天命，以立人之道，建性命之理。孔子之后，则有子思以"天命之谓性，率性之谓道，修道之谓教"，总领性命之理；而后有孟子以"尽心知性知天"和"存心养性事天"④，贯通上古文化，穷尽性命之理，以建儒家心性本体之学。然孔孟没，儒家心性之学，则不传矣。两汉黄老之学及魏晋玄学，以老庄自然无为之道为心性本体，发展到玄学家讲"天道者，元亨日新之道，深微，不可得而闻也"⑤，或使心性之原上升为"寂然至无"⑥ 的存在，则儒家先天仁义礼智道德本性不见矣。及至佛教传入，讲"众因缘生灭，我说即是空"⑦，一切法皆空，心性本体变为空寂死灭存在矣。即使佛教中国化，超越空宗局限，慧远《法性论》、竺道生《顿悟成佛论》《佛性当有论》等讲心性本体，或大乘唯识宗讲"自性清净心"，讲"阿赖耶识"种子心等，也非儒家先天仁义礼智道德本性。这只有发展到中唐复兴儒学，韩愈、李翱发挥《中庸》"天命之谓性"

---

① 朱熹：《大学章句》序，见《四书集注》。
② 《诗经·大雅·烝民》。
③ 《尚书·汤诰》。
④ 《孟子·尽心上》。
⑤ 何晏：《论语集解·公冶长》。
⑥ 王弼：《周易·复卦》注。
⑦ ［古印度］龙树：《中论·观四谛品》。

及《易传》本体论思想，阐述儒家心性之理，讲孟子"不动心"①、"道性善"② 等，重建心性本体论，始才使儒家心性之学得以恢复。发展到宋明时期的陆、王心学，认为"学问之要，得其本心"③，重新以心性本体论揭诸世人，讲"收得精神在内，当恻隐即恻隐，当羞恶即羞恶"④，讲"精神道德，大率收敛为主"⑤"我的灵明，便是天地鬼神的主宰"⑥ 等，即是接续李翱等所讲孔孟心体性体，守住本心，守住"寂然不动"心性本体，发展儒家道德精神者也。

　　最后要说的是，韩愈、李翱、柳宗元等人，以圣人之教自任，批评佛老，归复儒学，皆是在理性范围内进行的，并没有绝对化到不给佛老之学留任何空间，而是反佛老又融合佛老之学的。虽然"愈、翱挥翰，语切典坟"⑦，他们对佛理之学也是肯定其某些合理处的。韩愈讲潮州老僧号大颠"实能外形骸，以理自胜，不为事物侵乱"，李翱游峡山寺，体悟"知物之全能难也，况求友择人而欲责全耶"，因而讲"去其所阙，用其所长，则大小之材无遗，致天下于平治也弗难矣"⑧，就包含着对佛老之学某些合理之处的肯定。柳宗元讲真乘佛法的"儒典并用""统合儒释，宣涤疑滞"等，更是从本体论方面，对佛老之学合理性的肯定。这种肯定，为后来北宋周濂溪、张载、二程等人，以"天理"的最高本体论，融合佛老之学，发展儒家道体精神，无疑拓展了空间。当然，韩愈的排佛，宋初也引起了争论。不过，那涉及北宋以何种文化立国的问题，留待精神史第四卷再讲述，此不多叙。

　　人类古老文化的创造及几千年的绵延垂续，皆是固守着自己原有本性的，即使后来有所发展变化，也没有失去自己固有的本质特性。印度的"梵"文化、希腊罗马的"逻各斯"或上帝的文化、中国的"道"文化等，就是这样。所以不管怎样发展，怎样变化，"梵"文化还是"梵"文化，"逻各斯"或上帝的文化，还是"逻各斯"或上帝的文化。中国的道体文化，不管它怎样吸收、融合、涵化了佛教文化某些成分，它依然是中国的道体文化，大道

---

① 《孟子·公孙丑上》。
② 《孟子·滕文公上》。
③ 《年谱》，《陆九渊集》卷三十六。
④ 《陆九渊集》卷三十五。
⑤ 王阳明：《传习录上》。
⑥ 王阳明：《传习录下》。
⑦ 《旧唐书·柳宗元传》赞曰。
⑧ 《李文公集·题峡山寺》。

本体论文化。不过，它经过了上古三代、两汉魏晋与六朝隋唐三个时期的开合之变，中唐以后，发展到晚唐及五代，则走到了第三个开合之末，已处于衰微时期矣。那么，这第三个开合之末，处于怎样的精神之下呢？结束本卷撰写，这是应该知道的。它就是本卷最后一章"晚唐的精神衰微与没落"所要叙述的。

第十六章　晚唐的精神衰微与没落

内容提要：《中国精神通史》以中国文化历史五千年跌宕起伏的大开合为大格局，研究叙述文化精神发展与变化。隋唐时期的第三次开合，盛唐精神在中唐以后已经衰落，及至发展到晚唐、五代，则大格局变化走向阖闭矣。原因自然是多方面的。例如藩镇割据、宦官擅权、朋党斗争等。但这些权变政争，皆是和人性的疯狂和非理性联系在一起的，和造成疯狂人性的文化联系在一起的。因此，讲隋唐文化精神衰微，大格局走向阖闭，必须深入到权变政争背后，就人性发展与精神演变，从儒、道、佛三教融合与嬗变的内在逻辑寻找其原因。这就不能不叙述唐朝夷狄之风及佛老发展颠覆了儒家伦理，造成伦理纲纪的坎陷坍塌；贵功贱德的政治追求，造成道德精神缺乏；三教衰微，则使天下治道失去强大哲学精神的支撑。但诚如黑格尔《法哲学原理（序）》所说那样："猫头鹰要等黄昏到来，才会起飞。"晚唐五代也有一群黄昏起飞的猫头鹰，他们是荆浩、巨然、董源、关仝等画家以绘画艺术所揭示的美好人生与精神世界；并且五代结束，预示着一个新的文化历史哲学时期的到来，它就是宋明理学家以"天理良知"为本体论，进行新的精神启蒙，建构发展起来的新哲学、新思想、新时代。

　　《中国精神通史》以中国文化历史五千年跌宕起伏的大开合为大格局、大尺度，研究叙述文化精神发展与变化的。第三次大开合，盛唐精神在中唐以后已经衰落，及至发展到晚唐、五代，则大格局变化走向阖闭矣。

　　隋唐文化精神走向衰微、格局走向阖闭的原因，自然是多方面的。例如藩镇割据、宦官擅权、朋党斗争等。但这些权变政争，皆是和人性的疯狂和非理性联系在一起的，和造成疯狂人性的文化联系在一起的。因此，讲隋唐文化精神衰微，开合走向阖闭，应该深入到权变政争背后，就人性发展与精神演变，从儒、道、佛三教的融合与嬗变，寻求原因及走向阖闭的内在逻辑。

那么，晚唐儒、道、佛三教处何种状态呢？它怎样影响了政道与治道，影响了历史格局的变化，从而使唐代文化精神走向衰微的呢？盛衰自有盛衰之理，自有其内在根据。因此，讲唐代文化精神衰微，不能只是停留在儒、道、佛三教的涵化、融合与嬗变上，还应该着眼于唐朝文化历史自身内在逻辑发展，寻找其内在根据。这主要是唐朝夷狄之风及佛老发展颠覆了儒家伦理，造成伦理纲纪的坎陷坍塌，使社会结构失去支撑与维系；贵功贱德的政治追求，造成道德精神缺乏，不能以天德王道维系天心与民心，使天下之治无深厚的根基；而三教衰微，又使天下之治失去强大哲学精神的支撑。此乃隋唐精神走向衰微者也，亦是第三次文化历史开合所以走向阖闭者也。只有讲清这些问题，才能弄懂唐代精神史发展的格局变化。现在先从夷狄之风致使伦理坎陷坍塌讲起。

一　伦理纲常的坎陷坍塌

人类社会靠什么存在，靠什么支撑和维系？笔者在谈到人类文明社会的存在时，曾说：

> 人类社会最根本的存在是人，最根本的关系是伦理关系，其他关系，如社会关系、经济关系、政治关系等，都是由人的存在发展起来的，由最为核心的伦理关系向外扩充延伸发展出来的。抛弃人的存在，抛弃根本伦理关系，抛弃天地间根本伦理存在，其他一切关系，如社会关系、经济关系等，皆是旋起旋灭的。只有建立在根乎人心，本乎天理的伦理关系，人之所以为人的社会，才是亘古至今永恒存在的。正是因为这样，所以中国古代圣贤明哲经国家、抚百姓，一开始便是抓住人的存在与人伦关系，抓住这个最根本、最为核心的存在，以伦理大法，贞正人心，教化天下。
>
> 社会秩序终究是人的秩序，人的关系，最为根本的是伦理关系。国家是否治理，天下是否太平，社会是否有序，最终决定于人伦关系如何。正是因为这样，周武王伐纣灭殷之后，天下乱糟糟的，不知该如何治理，他就去请教箕子。箕子告之以《洪范》九畴，其中一个根本道理，就是

使天下彝伦攸叙；否则，天下就会陷入彝伦攸斁①。彝，常也。彝伦，即常道伦理。斁，坏也，败也。②

南北朝所以乱，就在于人性失于教化，伦理道德淹没。故李谔于隋朝建立，就曾建言高帝说："古先哲王之化民也，必变其视听，防其嗜欲，塞其邪放之心，示以淳和之路。五教六行，为训民之本；《诗》《书》《礼》《易》，为道义之门。"③ 但隋文帝则讲"制礼作乐，圣人之事也，功成化洽，方可议之。今宇内初平，政化未洽。遽有变革，我则未暇"④，认为为时过早，没有听进李谔的话。因此，失立教之本，不能正于家，施于国，推于天下，消除悖逆之情，最后酿成骨肉血溅之祸，遂亡其国。

但唐有天下，并没有接受隋亡于伦理悖逆的教训，仍被夷狄之风所驱使，失训民之本、道义之门。因此，唐虽有贞观、开元之盛，发展到晚唐，终是走向了衰微与没落。后人讲唐朝所以衰微没落的原因，可以讲出政治、经济的一大堆理由，但最根本的，则是它以夷狄之风颠覆了儒家伦理，颠覆了支撑人类社会伦理体系，失却君君、父子、夫妇之道，失去了伦理道德根本精神，造成了伦理纲常坎陷坍塌。唐太宗虽为文治武功的英名君主，然玄武门之变，杀太子建成、弟元吉，并纳巢王元吉之妃杨氏于宫中，则是颠覆儒家伦理体系的开端，成为唐代伦理纲常坎陷坍塌的肇始，埋下了唐朝衰败的根由。

这首先启开了宫闱之乱。虽然依胡人风俗，父死子娶其母为妻，或一家合用一妻，是常有的事，但太宗纳巢王元吉之妃杨氏于宫中，则是将胡风带进了宫闱，以胡风乱了夫妇之道，乱了纲常伦理。太宗开此端，他死后，也就有了唐高宗纳太宗武才人于后宫，拜昭仪、立皇后之事；有唐玄宗纳儿子寿王李瑁之妃杨氏为贵妃的乱伦。此皆胡风带入宫闱，乱了纲常伦理也。现在，京剧《梨花颂》歌颂李隆基与杨贵妃的爱情，唱得那么美，那么纯洁，实际上那不是真正美好爱情的颂歌，而是"乱伦之颂"，是唐玄宗娶了自己儿媳妇，文人白居易用《长恨歌》美化父子乱伦丑事，所留下的历史扭曲。从

① 《尚书·洪范》。
② 《礼教文明》，华夏出版社 2015 年版，第 93 页。
③ 《隋书·李谔传》。
④ 《答牛弘制》，《全隋文》卷一。

武才人到后来的杨贵妃、韦后、张良娣，整个唐代宫帏之乱，皆始于太宗纳杨氏于宫中。宫廷就是宫廷，朝廷就是朝廷，那是政治舞台，驯化天下万民的地方。因此，太宗纳巢王元吉之妃杨氏于宫中影响所及，不只是宫帏之乱，不只是李氏朝宫廷家事的混乱，而是影响了整个政治权力更替及文化历史进程。高宗死后，武则天称帝，不仅使内宫更加混乱，而且帝位传承造成一系列伦理悲剧。杨贵妃受宠，玄宗不理朝政，是安史之乱的一个重要根由。直到马嵬坡，六军不发，杨氏宛转蛾眉而死，才算告一段落，但盛唐由此走向衰败矣。韦后、张良娣此后的干政，更使这种衰败急转直下。

宣武门之变的伦理纲纪颠覆，不仅启开了宫闱之乱，影响了政治权力更替及文化历史进程，更打破了权力传承正常程序。高祖还在，太宗就可以从太子建成那里夺取权力，那么，以此为先例，太宗时魏王泰为什么不可以从太子承乾那里夺取王位继承权力呢？魏王泰潜夺之志，实乃效其父，欲重演玄武门之变。安史之乱，唐玄宗在巴蜀尚未退位，肃宗就即位于灵武，亦变相效法太宗，夺取玄宗权力。是故，伊川说："肃宗即位灵武，分明是篡。"①凡此，皆造端于太宗一点私心邪念的几微之变，造成伦理纲常坎陷坍塌，搅乱历史大局，影响盛衰者也。故王船山说："唐之立国，家法不修，淫声曼色，自太宗以来，漫焉进御而无防闲之教，故其祸为尤酷焉。人主而能知此，以一念之无欲，塞滔天之横流，有余裕矣。"②

宣武门之变的伦理纲纪颠覆，不仅启开宫闱之乱，打破了权力传承程序，也刺激了乱臣贼子、权豪势要的权欲与私心，致使其窃位篡权之心不断膨胀，从而造成宦官擅权、藩镇割据、天下大乱。玄宗时的奸相李林甫就是这样。当时武惠妃爱倾后宫，二子寿王、盛王以母爱见宠，而太子瑛日益疏薄。李林甫谮杀太子瑛及鄂王瑶、光王琚，就是为讨好武惠妃，为寿王争地位。史说"荐林甫堪为宰相，惠妃阴助之"③，即可知其相互利用之关系也。及至武惠妃薨，寿王宠渐衰，而林甫欲树私恩、怙权势，志终不移，谋之愈狠，持之愈坚，凡可以荧惑主听、曲成邪计者，无所不用其极。李林甫久典枢衡，天下威权，并归于己，不仅京城邸第，田园水碨，利尽上腴，城东有薛王别墅，林亭幽邃，甲于都邑，成为最大贪腐者，而且兼领安西大都护、朔方节

---

①　《河南程氏遗书》卷十七。

②　《读通鉴论》卷二十六，《船山全书》第 1 册，第 1001 页。

③　《旧唐书·李林甫传》。

度、单于副大都护，成为威胁唐朝存在的最大权豪势要。此乃唐朝纲常伦理坎陷，助长乱臣贼子、权豪势要的权欲私心所致也。李林甫死，杨国忠代为右相，兼吏部尚书、集贤殿大学士等，权倾朝野，更是为维护权势，处处私心。例如为讨好杨贵妃姊虢国夫人，与之私交，为其建宅，构连甲第，栋宇之盛，两都莫比；安禄山受恩宠，总握兵柄，国忠知其跋扈，避其锋，终不出其下；禄山兵起，杨国忠身领剑南节制，乃布置腹心于梁、益间，以图自全之计。凡此，皆是不顾国家安危，以私心权欲满足，择机而为者也。故史书言及安禄山反时之势说："朝廷陷没，百僚系颈，妃主被戮，兵满天下，毒流四海，皆国忠之召祸也。"①

节度使之设立也是这样。天宝元年，置十节度使，大都在西北边陲，并委专征之权于边将。兵在边陲，兵之强弱，朝廷不得而知；将之忠奸，中枢不得而诘。兵唯知其将之恩威，而不知有天子。因此，自肃宗以后，唐之权力下移，节度使各将其兵，而非天子所能左右。其势已成，欲使军效于将，将效于国，亦不可能矣。于是，唐朝节度使之设，终乱于世，亡其国。其他，像天子听命于藩镇，藩镇听命于将士，中官以典禁军等也是这样。皆是破坏君臣伦理纲纪，君不君，臣不臣，边将、藩镇、中官权欲大增，逞其奸，败天下者也。及至用朔方之众讨贼收复天下，则引乱于内，叛寇相继而起，裂为五代十国，唐室亡矣！

自然，讲唐代文化精神衰微，不能过分强调唐太宗玄武门之变个人行为的影响，它实乃唐朝出于西北部族，开国之后，并没有净化夷狄之风，而是将其带进了宫闱，带上了政治舞台，致使儒家伦理体系颠覆，伦理纲常坎陷造成的。不光是夷狄之风，造成这种颠覆与坎陷的，佛教以其超绝本体论发展，对颠覆儒家伦理纲常也起了很大作用。太宗时，虽曾讲"尊祖重亲，实由先古"，批驳沙门法琳"诽毁我祖祢，谤讟我先人"②，批评"佛道设教，本行善事，岂遣僧尼道士等妄自尊崇，坐受父母之拜，损害风俗，悖乱礼经，宜即禁断，仍令致拜于父母"③，高宗时，亦下诏说："僧尼之徒，自云离俗，先自贵高。父母之亲，人伦以极，整容端坐，受其礼拜，自余尊属，莫不皆

---

① 《旧唐书·杨国忠传》。
② 《诘沙门法琳诏》，《全唐文》卷六。
③ 《贞观政要·礼乐》。

然，有伤名教，实致彝典。自今以后，僧尼不得受父母及尊者礼拜"①，要求沙门"父母之所，慈育弥深，自今已后，即宜跪拜"②，但是，沙门并不听这一套，极力讲佛教至极超俗，抗拒礼拜父母的诏书。贞观中玉华宫寺沙僧静迈讲"若令反拜父母，则道俗俱违佛戒，颠没枉坑，轮回未已"③；彦京兆大慈恩寺僧彦讲"居宗体极，息虑亡身，不汲汲以求生，不区区以顺化，情超宇内，迹寄寰中"，故"若推之人事，稽诸训诂，则所不应拜"④；以及龙朔中大庄严寺沙僧威秀引《梵网》讲"出家人不向国王父母礼拜"；引《顺正理论》讲"国君不求比邱礼拜"⑤ 等，就是佛教以其至极超俗，拒绝参拜父母的种种说法。这种至极超俗，在道家那里，就是杜光庭所讲的"越圆清方浊兮不始不终，何止乎居九流五常兮理家理国？"⑥ 唐朝佛教，虽然有的教宗向儒家孝道伦理做了些让步，但从根本上说，乃是抗拒儒家伦理之说的，而且这种至极超俗也影响了道家。这正是李翱讲"君臣、父子、夫妇、兄弟、朋友，存有所养，死有所归，生物有道，费之有节，自伏羲至于仲尼，虽百代圣人，不能革也"，所以批评佛老"佛法之所言者，列御寇、庄周所言详矣，其余则皆戎狄之道也"，"佛法之染流于中国也，六百余年矣"，"遂使夷狄之术，行于中华，故吉凶之礼谬乱，其不尽为戎礼也无几矣"⑦ 者也。

　　本来，宣武门之变已经颠覆了儒家伦理纲纪，刺激了乱臣贼子、权豪势要的权欲与私心，加之佛老宣扬超绝的宗教伦理，就使整个唐朝丧失君臣、父子之道，丧失纲常伦理，而且佛老愈发展，无君无臣之风愈加弥漫。究其根本原因，原始察终，乃是太宗玄武门之变，颠覆伦理道德体系，造成伦理纲常坎陷坍塌所致。故伊川说："唐之纪纲，自太宗乱之"；"唐有天下，如贞观、开元间，虽号治平，然亦有三纲不正，无父子君臣夫妇，其原始于太宗也"⑧。而佛老的发展，更是从本体论上连根拔掉了儒家伦理纲常之道，乱臣贼子、权豪势要以其权欲私心推波助澜，遂使天下仁义廉耻丧尽！支撑整个社会的纲常伦理道德没了，精神何以不衰，唐朝何以不亡！此唐朝衰亡于伦

---

① 《僧尼不得受父母及尊者礼拜诏》，《全唐文》卷十二。
② 《令僧道致拜父母诏》，《全唐文》卷七。
③ 《上僧尼拜父母有损表》，《全唐文》卷九百零五。
④ 《沙门不应拜俗总论》，《全唐文》卷九百零五。
⑤ 《上请不拜父母表》，《全唐文》卷九百零八。
⑥ 《纪道德赋》，《全唐文》卷九百二十九。
⑦ 《李文公集·去佛斋论》。
⑧ 《河南程氏遗书》卷十八，《二程集》，第236页。

理纲常坎陷与坍塌者也。

唐朝的衰微，不仅根于伦理纲常坎陷与坍塌，更是与其贵功贱德之治，缺失道德精神联系在一起的。因为一个朝代用何种精神支配其存在，不仅决定它的历史风貌，更关乎存在的根基。这也是讲唐代精神衰微的一个重要原因。

二　道德精神根基的缺失

以何治天下，乃是立国的根本问题。若根本不正，其治国之路，必歪必邪，必不能长盛不衰！此历代开国所以建纲纪，立根本，以树道德精神者也。

唐朝立国之初，无疑是注意到道德精神问题。高祖讲"隋政不纲，行止无度，东西奔骋，靡岁获宁"①；讲"六经茂典，百王仰则。四学崇教，千载垂范"②；讲"九畴之叙，兴于夏世；两观之法，大备隆周。所以禁暴惩奸，宏风阐化，安民立政，莫此为先"③；太宗讲"天地定位，君臣之义以彰；卑高既陈，人伦之道斯著，是用笃厚风俗，化成天下"④；讲"立人之道，曰仁与义；为国之基，德归于厚"⑤；讲"惟惧淳化未敷，名教或替"⑥ 等，就是唐朝建纲立本，而欲重树道德精神者也。唐初，高祖、太宗虽有此欲望，但见于践行，则是非基于道德，而是贵功贱德，将建立功勋放在第一位的。故其为陆机立传讲："夫贤之立身，以功名为本。士之居世，以富贵为先。"⑦ 这一点，从太宗没有即位之前，于秦府开文学馆，广引文学之士，诏杜如晦等十八学士，就可以看出来。它虽然有儒学家姚思廉、陆德明、孔颖达及略通儒学的杜如晦、房玄龄、薛收、虞世南等人，但更多的则是政治军事人才，如军谘祭酒苏世长、军谘典签苏勖等。

还有一件事可以看出来，就是唐太宗为褒崇勋德，勒铭于钟鼎，形于丹青，图功臣像于凌烟阁。虽云所图功臣"或材推栋梁，谋猷经远，纲纪帷帐，

① 《加恩隋公卿民庶诏》，《全唐文》卷一。
② 《令诸州举送明经诏》，《全唐文》卷三。
③ 《颁定科律诏》，《全唐文》卷三。
④ 《贬裴虔通诏》，《全唐文》卷四。
⑤ 《谕崇笃实诏》，《全唐文》卷四。
⑥ 《遣使巡省天下诏》，《全唐文》卷五。
⑦ 《晋书·陆机传》制曰。

经纶霸图；或学综经籍，德范光炜，隐犯同致，忠说日闻；或竭力义旗，委质藩邸，一心表节，百战标奇；或受脤庙堂，辟土方面，重氛载朗，王略遐宣。并契阔屯夷。勋劳师旅，赞景业于草昧，翼淳化于隆平"①，但真正以道德淳化于隆平的有几个？除姚思廉、陆德明、孔颖达几个儒家学者外，实际上大部分是唐朝开国元勋功臣，如司空文成公杜如晦、司空梁国公房玄龄、鄂国公尉迟敬德、卫国公李靖，甚至连徐州都督秦叔宝也在图上，而真正以道德化成天下的大思想家或道德精神哲学家则是没有的。从凌烟阁功臣图可以看出，唐朝立国的根本思想，乃是贵功贱德，以建立功勋为第一位的。这一点，从贞观七年更名《破阵乐》为《七德舞》，宴三品以上及州牧蛮夷酋长于宣武门，歌颂唐太宗打天下的圣功，也是可以看出来的。魏徵侍宴，"见《七德舞》，则俛首不视；见《九功舞》，则谛观之"，为什么？因为唐已是治天下时候，而非打天下时候。故魏徵讲择官说："天下未定，则专取其才，不考其行；既平，则非才德兼备不可用也。"②

图像开国元勋，置于凌烟阁，慰藉天下功臣，不能说不对；更名《破阵乐》为《七德舞》，演打天下圣功，宣示权力之合法性也可理解。但唐朝这一切做法，贯通一个基本思想，就是贵功贱德，忽视人性教化，没有把道德化成天下放在重要地位。此亦魏徵言择官，所以讲"既平，非才德兼备不可用"者也。才德兼备，就是既有治国才干，又能以其道德精神，教化天下，影响万民。惟有此种人物，方能康济群生，教化万民，治平天下。没有这样的人物，治国平天下，只是追求功利目的，甚至为达到功利目的，不惜调动天下的物欲、情欲之类内在的"恶"，使其汹汹，是治不了国，平不了天下的；相反，当物欲、情欲之"恶"波涛汹涌，冲破人类理性道德堤防时，不要说天下盛治久安了，恐怕危亡之在旦夕矣。此魏徵之历史眼光也。

道德者，体乎道之所得者也。道德所以能影响盛衰，在于德由乎道，由乎大道本体存在，得之为德，以此蓄养万物，教化万民，成为盛衰之源。所以，道德不是服从狭隘的政治目的或经济利益的东西，而是以天地之德，仁爱万物，体贴人民，教化万民者；而道德精神，就是圣贤明哲以大道无妄之理，得之为德，充实之、光辉之、大化之，达于纯粹至善之境者。以此光辉、伟大、真诚的人格精神，教化天下，影响万民，康济人生，方是置天下于深

---

① 《图功臣像于凌烟阁诏》，《全唐文》卷七。
② 《资治通鉴》卷一百九十四。

根固柢、长治久安之道。大德敦化，小德川流，成己成物，至诚无息，天下康泰，万物和平，天下何以不盛？人心正，天下定！天下治与不治，全在能否致化，全在人心正与不正。人心不正，物欲汹汹，父子之道，伦理之情，全然不顾，一切服从一己之私利，再也没有真情正义，将何以治？所以人心处何状态，人性教化与否，乃是治国平天下的根本！惟将绵绵大道，不穷之理，以仁义礼智之教，贯通人的生命，使其心性归于中正，归于道德生命，归于刚健中正的存在，一切遵循生化之理、相续之道，蓄之养之，生生不穷，天下才可处康平之世，长盛不衰。

唐初高祖、太宗虽讲"六经茂典，百王仰则"，及用"笃厚风俗，化成天下"等，但从根本上说，乃是以功立国的，而道德之旨，自天子至于学士大夫，多置之不讲，因此，唐朝道德立国问题，始终没有得到解决。不能以道德之旨立国，不能建立根深蒂固之基础，何以能长盛不衰？及至"大道丧，是非汩，人伦坏，邪说胜"①，走向腐败堕落，就成了无可奈何的归路。唐虽有贞观、开元之盛，然及至天宝，"邪佞进，女宠兴，酣歌恒舞，而曰'与民同乐'，深居晏起，而曰'无为自正'"，走向腐败堕落，也就成为"必然之势矣"。缺乏深厚道德修养，无坚忍不拔之志，大智慧不开，守堤防不固，贪荒远之功，偷宴安之乐，物诱而迁，色迷而惑，浮荡之气高扬，道德之功日损，天下何以不衰败？及至靡而淫，玩而弛，纵而暴，走向衰亡，就成了不可避免的事情。此即船山所讲"唐政之不终"②者也。

或许有人会说：唐朝佛老二教，不是也讲修道，讲道德精神吗？是的。唐代佛老文化是最盛的，特别是佛教文化，乃是儒、道、释三教之大宗。唐初，高祖讲"释典微妙，净业始于慈悲；道教冲虚，至德去其残杀"③；太宗讲"老君垂范，义在清虚；释迦贻则，理存因果，穷其宗也，宏益之风齐致"④，对佛老二教，抱有很高崇敬之心。佛教以清静为先，远离尘垢，讲断除贪欲，修植善根，虽有开导愚迷，修心高妙之大用，但它并不能立于现实，以天道生化大用，造就盛德富有大业；而其"理存因果"之说，讲广泛因果论，虽不无道理，但超越三界，"以生灭破彼断常之迷，寄因果示其中观之

---

①　《从道论》，《李文公集》卷四。

②　《读通鉴论》卷二十二。

③　《禁行刑屠杀诏》，《全唐文》卷一。

④　《令道士在僧前诏》，《全唐文》卷六。

路"①，终究虚妄。更何况佛教的发展，盲目剃度，托号出家，溺于流俗：或假托神通，妄传妖怪；或谬称医箓，左道求财，嗜欲无厌，营求不息，不但没有断除贪欲，修植善根，反而成为了危害社会安宁的存在。道教发展也是这样。以老子为宗，立教垂化，原夫真经，实惟深奥，以本体之冲虚，讲养志无为，遗情物外，无疑有超越世俗之用。但其递相传授，为广泛传播流行，或宝座敷扬，十方听受；或拔度沦亡，使魂神迁陟，讲崇信者因而享福，毁谤者于是得灾，以此驱驰世务，则乖其立教之旨矣。因此，唐之以神道设教，推崇佛老，因其道终非实理，并没有导俗宣风，惩奸息暴，反而流于虚妄，弄得鬼哭神吟，山鸣海沸，正法消沦，邪魔增长，使人迷惑觉路，俗蔽社会人生真理，如此羁绊缠绵，终于走向了衰败。

为政之德，譬如北辰，若要"居其所而众星共之"，就要像孔子说得那样，为政者就要"思无邪"，礼教天下，"道之以德，齐之以礼，有耻且格"②。其为政要旨，有两条治道是极为重要的：第一条是《尚书》讲的"德惟善政，政在养民"③，解决民生问题。这是谁为政，不论是谁为帝为王，为国君为总统，都必须解决的问题；不能养民，不能解决民生问题，都统治不了天下。故孟子说："尧舜之道，不以仁政，不能平治天下。"④ 第二条就是《礼记》讲的"大道之行也，天下为公"⑤。天下是天下人之天下，非一人之天下；天下为公，而不能化为私有，谁取得天下都是一样的。故孟子讲："先圣后圣，其揆一也。"⑥ 所以，中国文化讲道德精神，非佛教之以清静为先，远离尘垢，断除贪欲，修植善根，亦非道教以老子为宗，立教垂化，养志无为，遗情物外，而是以乾道仁体，体天下大公无私之精神，明明德，亲民，止于至善，止于天德王道的最高境界。此乃"自天子以至于庶人，壹是皆以修身为本"⑦ 者也。自古及今，凡为政，未有本乱而末治者。故船山在论及唐代太宗贞观、玄宗开元、宪宗元和三个时期的为治不终说：

---

① 法琳：《致慧净法师书》，《全唐文》卷九百零三。
② 《论语·为政》。
③ 《尚书·大禹谟》。
④ 《孟子·离娄上》。
⑤ 《礼记·礼运》。
⑥ 《孟子·离娄下》。
⑦ 《礼记·大学》。

　　是以古之圣王，后治而先学，贵德而贱功，望之天下者轻，而责之身心者重，故耄修益勤，死而后已，非以为天下也，为己而已矣。为己者，功不欲居，名不欲立，以天子而无殊岩穴之士，志日专，气日敛，欲日憺忘，心日内守，则但患其始之未正也，……唐以功立国，而道德之旨，自天子至于学士大夫置不讲焉，三君之不终，有以夫！①

　　自然，太宗贞观之治，并非完全没有道德之心。贞观之初，他讲"朕以天下为家，不能私于一物"②，就是其天下之心、道德之心也。然玄武门之变，杀太子建成、弟元吉，则已是以天下为私矣；而纳巢王元吉之妃杨氏于宫中，已是"思有邪"矣。玄宗纳儿子寿王之妃杨氏为贵妃，唐玄宗在巴蜀，肃宗就即位于灵武，亦是"思有邪"，以天下为私有之作为。延及德宗，"思政若渴，视民如伤"③，不能说没有道德之心。然其不委政宰相，人间细务，多自临决，以至于奸佞之臣，得以钱谷数术进，是公心耶私心耶？宪宗讲"知万倍不如先圣，岂今日独为理哉"！将"军国枢机，尽归之于宰相"④，由是中外咸理，纪律再张，果剪削乱阶，诛除群盗，有唐室中兴，元和之政，闻于颂声；然其枢密之设，委至于宦官，因而分宰相之权，夺兵部之职，造成天下之权旁落，是出于公心耶私心耶？不以天德王道维系天心与民心，制又不得其术，造成宦官挠权，终困于此，享年四十三，时曰暴崩，实乃"内官陈弘志弑逆，史氏讳而不书"⑤也。由此可知，离开道德之旨，只是讲权术之变，不能以天德王道维系天心民心，终无益于建立长盛不衰的道德根基。此元和之治不终也。太宗贞观、玄宗开元、宪宗元和之治，所以三不终者，乃"唐以功立国，而道德之旨，自天子至于学士大夫置不讲"之致也。

　　唐朝之衰，不仅因为伦理纲常坎陷、道德精神根基缺失，还有一个重要原因，就是中唐之后，政治丧失大哲学支撑，政道与治道迷失了大方向。此讲晚唐精神衰微，亦是不可不注意的。

---

① 《读通鉴论》卷二十二。
② 《贞观政要·公平》。
③ 《旧唐书·德宗本纪》。
④ 《旧唐书·宪宗本纪》。
⑤ 《旧唐书·宪宗本纪》

三　政治丧失大哲学支撑

笔者在《盛衰论》一书中曾说："中国是一个泱泱大国，中华民族是一个有五千余年文化史的民族，是一个高明配天，博厚配地，高明悠远，深厚博大的民族，是一个与天地参，与万物化，成己成物，浩浩不息的民族！这样一个国家和民族，不是任何鸡零狗碎的哲学能够担当起生存绵延的历史责任的，不是任何浅薄的知识论哲学能够担当起建立信仰、信念与道德精神的伟大使命的！中国需要博大的文化精神维系，中华民族需要强大的哲学理论支撑！"① 这不仅适用于现代中国，历史上的中国，唐代之治也是这样。

唐初，由于尚有一批通儒学的为政者，如房玄龄、杜如晦、魏徵、李靖、王珪、薛收、虞世南等，还有姚思廉、陆德明、孔颖达等大儒为政道治道支撑，加之唐太宗"贞观以来，手不释卷，知风化之本，见政理之源"②，所以当时还是不失大哲学支撑的。高祖开业，讲"《书》云'知人则哲，唯帝难之'；《易》曰'通其变，使民不倦'"；讲"大业道丧，皇极如毁，倾维折柱，天下分离"③，对大哲学支撑政道，还是有认识的。另外，唐太宗比较开明，能垂教纳谏，择善而行，也使贞观时期不失儒家垂教致化之道。例如贞观之初，太宗对王珪所说"古之帝王为政，以百姓之心为心"，能"深然其言"④，就是其垂教纳谏，择善而行的开明行为。还有一件事，也能说明这个问题，就是太宗尝对长孙无忌等人讲："朕即位之初，有上书者非一，或言人主必须威权独任，不得委任群下；或欲耀兵振武，慑服四夷。惟有魏徵劝朕偃革兴文，布德施惠，中国既安，远人自服。朕从此语，天下大宁。凡此等事，皆魏徵之力也。"⑤ 太宗讲此，可看出唐初，他还是接受儒家礼教天德王道之学而为治的。有此大哲学思想，故有贞观之治也。

但及至高宗"以神道设教，利益群生"⑥；武则天接受沙门伪造的《大云

---

① 《盛衰论》，华夏出版社 2012 年版，第 446 页。
② 《贞观政要·慎终》。
③ 《徙居大安宫诰》，《全唐文》卷三。
④ 《贞观政要·政体》。
⑤ 《贞观政要·诚信》。
⑥ 《谕普光寺僧众令》，《全唐文》卷十一。

经》，"盛言神皇受命之事，制颁于天下"①；玄宗追赠庄子谓"南华真人"，《庄子》为《南华真经》，及文子谓"通元真人"、列子谓"冲虚真人"、庚桑子谓"洞灵真人"② 等，唐之为政思想，已由原来儒家为主的礼教哲学演变为宗教神学矣。虽然他们对此能否作为政之用，也发生疑问，如玄宗策问说："《道德经》曰'绝学无忧'，则乖进德修业之教，《列子·力命》曰'汝奚功于物'，又违惩恶劝善之文。二旨孰非，何优何劣?"③ 但及至"制两京、诸州各置玄元皇帝庙并崇玄学、置生徒，令习《老子》《庄子》《列子》《文子》，每年准明经例考试"④，纳入教育体系，唐朝为政思想，由儒家礼教哲学演变为崇尚宗教神学基本国策已定矣。礼者，理也。以礼教哲学为政治思想，乃以天道真实无妄之理，主导政道与治道也。神者，变化莫测之谓也；至神者，"寂然不动，感而遂通"者也。以宗教神学为政治思想，则陷入变化莫测境界矣；以"寂然不动"存在为教，包括以"道"解释佛教佛性、涅槃、法身、真如、法性等神性本体存在，虽有建立宗教信仰之用，但整个国家以宗教代替礼教以为治，以彼岸世界神秘存在代替现世礼乐教化，并不能明明德，格物致知，诚心正意，修身齐家，治国平天下，维系人间正道。此唐失儒家天德王道大哲学为治之始也。

宗教无疑有其维系长治久安大用。但中国文化是早熟的，远在殷周之际，就开始隐退"皇矣上帝""昊昊上帝"存在，代之以"皇极"大中之道、"大道"本体存在。故春秋晚期，老子讲道"象帝之先"⑤；庄子讲"夫道，自本自根，未有天地，自古以固存；神鬼神帝，生天生地；在太极之先而不为高，在六极之下而不为深，先天地生而不为久，长于上古而不为老"⑥。以"皇极"大中之道，或"大道"本体存在，代替"皇矣上帝""昊昊上帝"存在，在儒家那里，就是以礼教哲学代替上古宗教神学。从那时候开始，中国人、中华民族，就不再是依赖"上帝"存在而建立信仰，而是以天道真实无妄之理，明明德，格物致知，诚心正意，建立理想、信仰、信念与道德精神世界矣。此中国人、中华民族理性精神之大发展也！一个文化早熟的民族，理性

① 《旧唐书·则天皇后本纪》。
② 《唐会要》卷五十。
③ 《策道德经及文列庄子问》，《全唐文》卷四十。
④ 《旧唐书·玄宗本纪下》。
⑤ 《老子》第四章。
⑥ 《庄子·大宗师》。

自觉的民族，要它再回到上帝鬼神的宗教信仰，是不可能的，特别是知识上层，是不可能接受这类非理性神秘存在的。这正是墨子讲鬼神，试图恢复宗教以为天下之治，不成功的原因所在。两汉，虽然宗教神秘主义有所恢复，但就知识上层来说，所追求的仍是形上道体存在。故魏晋玄学以"本无"，讲形上之"道"或"大道"。印度小乘佛教传入，所以不为中国士林重视，大乘佛教般若学传入，讲"本无、法性"等，始才受到重视，也是这个原因。凡此可知，唐朝恢复宗教神秘主义，试图以宗教哲学代替礼教哲学，是不可行的。这也是太宗论理政得失，魏徵所以讲"若言人渐浇讹，不及纯朴，至今应悉为鬼魅，宁可复得而教化耶"① 的道理所在。因此，高宗以后，唐朝为政，以宗教代替礼教，乃失儒家礼教大道哲学，失天道真实无妄之理者也。

　　自然，唐初，佛教中国化，不论是将佛性、法身、真如、涅槃等，变为"一真法界"道体纯粹存在，还是将阿赖耶识、洁净心、如来藏等，变为了良知良能心性本体，皆是充满大道哲理，充满中国文化生命精神的。但是，佛教终是佛教，不论怎样发展，怎样中国化，并不能改变其本体论的空寂。如天台宗"一佛乘"的最高信仰，发展为"三谛不同，而只一念"②，讲"一念心起，即空、即假、即中"③；再如三论宗以一乘本体，追求唯一之理、唯一之因、唯一之果，试图以此建立最高信仰，拯救天下苍生，但终因其以"空为本体"④，还是将人生落于"空"义。般若空宗是这样，瑜伽有宗也是这样。唯识宗视一切刹那生灭、恒时相续，皆以"阿赖耶识"为依据，讲识即心，即如来藏，即佛性心，即起灭万物者，即相续不断者，虽然不失为心性法则，但讲唯有不依他起性，认为只有追求超越一切因果联系的执性，走向性空，才能获得永恒无染净存在，讲"以有空义故，一切法得成"⑤，终究以"空义"为最高存在。华严宗以法界缘起说立教，用"法界缘起"代替"真如缘起""阿赖耶识缘起"，以"一真法界，弥贯一切"为最高追求，虽不失本体法则与精神境界，但其讲"六相圆融""十玄门"之境等，则陷入难以理解的玄奥境界矣。至于禅宗讲"一切佛法，自心本有"⑥，以清净心体，建

① 《贞观政要·政体》。
② 《摩诃止观》卷六下。
③ 《摩诃止观》卷一下。
④ 《大乘玄论》卷一。
⑤ 《中论·观四谛品》。
⑥ 《景德传灯录》卷四。

立学说，讲修行，讲佛性，讲真如，讲生灭，讲成佛，讲信仰，讲涅槃，即体即用，虽然充满了智慧，但其讲"一切善恶，总莫思量"，则心如死灰，归于"寂"矣。净土宗讲"四十八愿，庄严净土，华池宝树，易往无人"①等，则不过是以心净空幻一个美好世界。凡此可以看出，唐初佛教，虽然本体论不失大哲理、大法则，有断除贪欲，开导愚迷之用，然其本体的"空寂"，终不能真正支撑起国家的政道与治道。

佛教是这样，道教也是这样。应该说，唐初道教，不论是重玄研究的"大无不包，细无不入，穷理尽性，不可思议"②，还是其不断反观，使自我生命精神涵养、扩充、大化、神化，成为大我、真我、神我的存在，亦皆是充满大道哲理，充满中国生命精神的。道教宗老子无为之道，虽有蓄养万物，不干预自然法则之用，但一味讲无为，也是不能造就盛德富有大业的。玄宗疏《老子》"清静为天下正"，讲"躁为趣死之源，静为发生之本，理人事，育群生，持本以统末，务清净之道，则可以为天下之正尔"③等，实则以道家清静无为之道代替儒家"君子终日乾乾""进德修业"之教。天下不能"进德修业""知至至之，知终终之"，如何能洞悉天地之大法则及其几微幽深变化呢？不能知此变化而存其义，如何能渊渊其渊，浩浩其天，尊德性而道学问，致广大而尽精微呢？不能致广大而尽精微，如何能忠信进德，立诚居业，修齐治平，以盛德富有大业，维系人间正道呢？如何能"经天下之大大经，立天下之大本，知天地之化育"呢？其信仰信念之建立，如何能"建诸天地而不悖，质诸鬼神而无疑，百世以俟圣人而不惑"呢？此亦道教以无为思想代替儒家天地大道哲学不可者也。

还有一种情况是值得注意的，那就是唐朝儒、道、释三教并立。唐初，虽兴佛教，尚"不须道人日到参议"④，介入政治权力，儒家思想还是占统治地位的。但自高宗"以神道设教"，武则天接受沙门《大云经》，政治思想由儒家礼教哲学演变为宗教神学之后，则唐之为政思想，则陷入三教纷争矣。睿宗（李旦）讲"释及元宗，理均迹异，拯人救俗，教别功齐"⑤，令僧道并行，实乃调解僧道二教之纷争也。有此二教纷争，加上儒家韩愈、李翱等批

---

① 《续高僧传·释智颉传》。
② 《道德经义疏》，第375页。
③ 《御疏·大成若缺章》。
④ 《唐会要》卷四七。
⑤ 《令僧道并行制》，《全唐文》卷十八。

判佛老，中唐实乃陷入儒、道、佛三教纷争矣。所争者何？政道治道之权力也。政道治道陷入权力之争，则国家必缺乏统一意志，缺乏统一文化意识形态。此乃没有大哲学思想所致也。这与汉代武帝之后，尊重儒术，以《六经》治国，是非常不同的：汉代虽有黄老、法家诸多文化存在，但《六经》先王经国之大道，经世之大经，则是处于主导地位的。唐代儒、道、佛三教并立，初唐有孔颖达、颜师古、房玄龄等人在，治国尚不失《六经》大道主宰；中唐之后，儒学失却主导地位，则国家失《六经》大哲学思想，没有统一文化意识形态矣。缺失大哲学思想，没有统一文化意识形态，是很难建立高层集团意识，统一纷繁文化思想的。此乃中唐之后，所以走向衰微之重要原因。

更为重要的是，中唐以后，儒、道、释三教本身也走向了衰微。唐初，儒学虽有孔颖达、颜师古、房玄龄等人统领，然及至晚唐五代，不仅唐初孔颖达、颜师古、房玄龄等已成为遥远的过去，而且中唐韩愈、李翱等复兴儒学，随着柳宗元被流放，也渐渐销声匿迹了。佛老二教发展也是这样。唐初，佛教虽有天台、三论、唯识、华严、禅宗的发展，然经安史之乱，随着社会动乱加剧，发展到晚唐，也走向了衰微。特别是经过武宗（李炎）"反佛"，会昌五年（845）"拆寺四千六百余所，还俗僧尼二十六万五百人"[1]，使佛教发展受到沉重打击，变得更加衰微。道教中唐之后，虽有所发展，但到晚唐五代，本体论愈来愈受佛教影响，如杜光庭讲"道之身，即老君也"[2]，将道体解释为即佛，即法身存在，则道教哲学就走向空寂了。佛老二教，为了向民间传播，在世俗化过程中，神秘主义愈来愈盛行，不仅道教讲虚吞日月之气法，笃信修身可以成仙，而且佛教修行受道教影响，其成佛修行，也衍生出诸多神秘主义方法。凡此，皆说明唐朝为政，发展到晚期，越来越丧失大哲学的支撑矣！虽然唐武帝也认识到"政必有经，人皆向道"[3]的重要，但它并不是仅仅通过"反佛"就可解决的，而是牵涉到时代哲学精神发展，及为政思想的价值选择与判断问题。

船山说："国无正论，不可以立。"[4] 立国之所谓正论，即体统纲纪立于正道，符合天地大义、人生大伦者也，而不是立于空寂虚幻或乌托邦世界上。

---

① 《旧唐书·武宗本纪》。
② 《广圣义：释老君事迹氏族降生年代》。
③ 《旧唐书·武宗本纪》。
④ 《读通鉴论》卷二二。

国家只有立此正道，以天地大义、人生大伦为根本，其为政治体制，才能构成盛衰运演的大枢机、大气运；国君以此为政，立于刚健中正之道，洞察几微之变，才有根有本；而其为治，才站得住，立得稳，放得开，收得拢，纵横开阖，进退自如，收放在我，以大中之道平衡诸多政治力量，处风云变幻之际，握历史开合之机，进退不失其据，把握政治主动权而不受制于人。此乃立国于正道，以天地开合的大哲学思想统筹运演文化历史盛衰者也。晚唐走向衰亡，从社会学或史学角度看，虽有诸多原因，如方镇之患，宦官擅权，朝廷失德，昏庸相继等，但从哲学上讲，乃在无天德王道大哲学思想统筹历史盛衰而受制于人。唐自穆宗以来八世，为宦官所立者七君，此乃国君受制于人者也。所以受制于人，固然有史家所说宦官擅权，"宪宗之弑，历三世而贼犹在。文宗，不能明弘志等罪恶，以正国之典刑，仅能杀之而已。穆、敬昏童失德，以其位不久，故天下未至于败乱"[①]诸多原因，然最为根本的乃在于朝廷失天德王道大哲学思想统筹历史盛衰之能力。此乃史家所说"本始不正"[②]，无以正天下者也。

综上所述，唐朝正是因为伦理纲常坎陷、道德精神缺失、政治失却大哲学支撑，所以其为治，愈来愈丧失垂教致化之道，愈来愈丧失盛治精神，最终走向了衰微。发展到五代，中国就进入了一个伦理纲纪崩溃，精神衰亡没落的时期，伦理纲纪坎陷坍塌，使人内心失去主宰，胡乱翻滚，胡乱周旋，没有礼义廉耻。

晚唐五代，不仅盛唐彻底走向衰亡没落，而且文化历史也陷入了一个最黑暗、最混乱的时期。这个时期，虽然政治黑暗，伦理道德崩溃，但其并非人性全部泯灭，精神并没全部塌陷，还有支撑这个时代一点亮光的东西，那就是五代的绘画艺术。黑格尔在《法哲学原理（序）》中曾经说："猫头鹰要等黄昏到来，才会起飞。"这黄昏起飞的猫头鹰，不仅是指哲学、文学，亦指整个文化艺术。黑格尔所以用这个比喻描述哲学、文学、艺术于一个时代结束之后发展，因为这些门类文化的创造，并不总是与其社会政治经济相平衡的，而常常是那个时代结束之后，出现某种繁荣局面的，就像那黄昏起飞的猫头鹰一样。晚唐五代时期，也有这样一群黄昏起飞的猫头鹰，他们就是以绘画艺术揭示美好人生的荆浩、巨然、董源、关仝等画家。

---

① 《新唐书·本纪第八》赞曰。
② 《新唐书·本纪第九》赞曰。

四　黄昏起飞的猫头鹰

　　哲学、文学、艺术所以于一个时代结束之后出现繁荣局面，从根本上说，乃在于人的灵明心性及其天理良知不会随着时代的堕落而泯灭，特别是受过高层文化教养的士人阶层更是如此。这就像殷商之末，出现微子、箕子、比干、伯夷、叔齐诸多贤者一样，在他们身上保留着一种"不顾人之是非"，"特立独行适于义"① 的精神。五代时期的画家荆浩、巨然、董源、关仝等也是这样，虽处五代黑暗没落时期，然在他们身上仍保留着一种"知教化"，懂得"圣贤之职"② 的士人精神。

　　五代画家，虽有人物画者，如韩求、李祝，有花鸟鱼虫画者，如徐熙、黄筌，亦有翎毛走兽画者，如钟隐、郭权辉。但这个时代的绘画，总体上说，精神不同于唐初盛唐的追求。唐初描绘政治景象，如阎立本《历代帝王图》《秦府十八学士图》，盛唐描绘宫廷贵妇人生活，如周昉《簪花仕女图》、张萱的《虢国夫人游春图卷》。五代时期，由于社会黑暗，精神没落，艺术家开始回归自然，陶冶山水，追求自然景象与山水情趣。因此，他们所画者，多为山水草木、烟雨楼台、自然风光。荆浩的《匡庐图》，巨然的《万壑松风图》《秋山问道图》《山居图》，董源的《潇湘图》《龙宿郊民图》，关仝的《山溪待渡图》《关山行旅图》等，就是这类作品。荆浩《笔法记》说："随类赋彩，自古有能；如水晕墨章，兴我唐代。"中国古代山水画，虽自吴道子而为之，唐代得到发展，然及至五代，才算真正兴盛。所谓山水画，并不只是山水描绘、树石勾勒的皴染、着墨、赋彩，而是通过重岩叠嶂、危峰突兀、林泉掩映、气势浩大的山水描绘，"石韫玉而山辉，水怀珠而川媚"③，表现出深远、奥妙、飘逸的气象与神韵。画家并不只是自然主义地描绘山水，而是"文质附乎情性"④ 的。画家思存胸中，神与物游，不论是寻声定墨，还是阔意运斤，皆是"意授于思，言授于意"，赋予各种思想、情感与精神追求

---

①　《伯夷颂》，《韩昌黎全集》卷十二。

②　荆浩：《笔法记》。

③　〔晋〕陆机：《文赋》，《文选》卷十七。

④　《文心雕龙·情采篇》。

的，而其才之多少，是"与风云并驱"①的。画家"方寸湛然，以玄对山水"②，或荆浩所说"心会于玄微"③，总是表现出一种形上精神的。荆浩、关仝、董源、巨然等人，就是这样一批于唐代结束后起飞的猫头鹰，通过山水画作品表达自己特有的思想、情感、信念与精神追求的画家。故世说"荆、关、董、巨，为画家正宗"④。

荆浩，字浩然，沁水（今属于山西省晋城市）人。他生于唐朝末年，"博通经史，善属文偶。五季多故，遂退藏不仕，乃隐于太行之洪谷，自号洪谷子，尝画山水树石以自适"⑤。所谓"自适"，就是以山水画表达其自适的感情。这种"自适"，虽有艺术审美趣味追求，但并非全是愉悦之情，而是包含着人生苦难体验的。当时，邺都青莲寺沙门大愚尝乞画于荆浩。荆浩曾为其作画，寄诗以达其意说："六幅故牢建，知君瓷笔踪。不求千涧水，止要两株松。树下留盘石，天边纵远峰。近岩幽湿处，惟借墨烟浓。"画不求千涧水，止要两株松、松下盘石、天边远峰、近岩幽湿，染以烟浓，此画境界与世俗世界比，显得何等坚贞、高洁、悠远！后来，荆浩亦画山水图以贻大愚，以诗答之说："恣意纵横扫，峰峦次第成。笔尖寒树瘦，墨淡野云轻。岩石喷泉窄，山根到水平，禅房时一展，兼称苦空情。"⑥可知，所谓"自适"，乃是包含着画家"苦空情"的。

荆浩所以是大画家、大艺术家，就在于他不仅仅以"苦空情"自悲，而能超越这种世俗感情，追求超然纯美的精神世界。故其所著《笔法记》借石鼓岩老叟之口说："嗜欲者，生之贼也。名贤纵乐琴书，图画代去杂欲。"视"嗜欲"为人生之"贼"，将"去杂欲"作为绘画的精神追求，就是荆浩超越"苦空情"的非流俗艺术人生。为此，他提出了绘画艺术要有气、韵、思、景、笔、墨的"六要"，讲"气者，心随笔运，取象不惑；韵者，隐迹立形，备仪不俗；思者，删拨大要，凝想形物；景者，制度时因，搜妙创真；笔者，虽依法则，运转变通，不质不形，如飞如动；墨者，高低晕淡，品物浅深，文采自然，似非因笔"。"六要"不仅以心随笔运、隐迹立形、运转变通，追

---

① 《文心雕龙·神思篇》。
② 〔晋〕孙绰：《庾亮碑》。
③ 荆浩：《山水赋》，见《六如画谱》卷二。
④ 《山西通志·荆浩传》。
⑤ 〔宋〕刘道醇：《五代名画补遗》。
⑥ 上引均见《五代名画补遗》。

求"不质不形，如飞如动"气韵存在，而且讲"隐迹立形，备仪不俗"，已越世俗之思，搜妙创真，以自然纯真而为尚。特别是《笔法记》讲神、妙、奇、巧的要求："神者，亡有所为，任运成象；妙者，思经天地，万类性情"，乃是忘物忘我、超越具体物象，追求"万类性情"存在，而且这种追求，品物流笔而又文理合仪，荡迹不测而能致其理周遍，雕缀小媚而假合大经。因此，尽管神、妙、奇、巧，但其为画，则是合道而不违背大法则，具筋、肉、骨、气之势的。这不仅增邈绘画大气象，艺术上也达到了广大幽远的精神境界！此即沈括所说"荆浩开图论千里"①者也。

荆浩隐太行洪谷，《笔法记》说"其间数亩之田，吾常耕而食之"。太行洪谷位于何处？记载不详。但观其所说"登神钲山，四望迥迹，入大岩扉，苔径露水，怪石祥烟，疾进其处，皆古松也。中独为大者，皮老苍藓翔鳞乘空，蟠虬之势，欲附云汉。成林者，爽气重荣；不能者，抱节自屈。或迥根出土，或偃截巨流，挂岸盘溪，披苔裂石。因惊其异，遍而赏之"，可知此处乃大岩怪石、松柏皮老、林泉高致之地，其间古树迥根出土，山石偃截巨流，是极其壮丽美好、幽深险峻的。荆浩隐于此，过着"耕而食之"的自给自足生活，进行绘画艺术创作，"携笔写之，凡树万本，方如其真"，环境是极为有利的。据历代著录，荆浩在此创作的绘画作品有《渔乐图》《秋山图》《山庄图》《峻峰图》《秋山萧寺图》《峭壁飞泉图》《云壑图》《疏林萧寺图》《云生列岫图》《溪山风雨图》《楚山秋晚图》《仙山图》等，最具代表性的作品是《匡庐图》。此画绢本水墨，纵 185.8 厘米，横 106.8 厘米，现藏台北故宫博物院藏。

荆浩所画《匡庐图》，危峰重叠，高耸入云，山巅树木丛生，山崖间飞瀑直泻而下，大有"银河落九天"之势。山腰密林之中深藏一处院落，山道蜿蜒盘旋，道旁溪流宛转曲折，最后注入山下湖中。山脚水边，巨石耸立，村居房舍掩映于密林之中。从现在记载看，荆浩并没有去过江西庐山，为何绘画《匡庐图》？荆浩绘此图，无疑是依处太行洪谷突兀拔起、山峰高耸入云背景而创作的。但仅此亦不必题写《匡庐图》。如此题写，不能不说与荆浩宗教理想追求相关。庐山乃佛教圣地，东晋慧远"创造精舍，洞尽山美，却负香炉之峰，傍带瀑布之壑，仍石垒基，即松栽构，清泉环阶，白云满室。寺内

---

① 沈括：《图画歌》，见《梦溪笔谈》。

别置禅林，森树烟凝，石径苔合，凡在瞻履，皆神清而气肃焉"①，不仅使之成了一个极为清静、优美、高雅的佛教圣地，而且慧远居庐阜三十余年，讲经译经，修道布教，弘扬佛法，四方靡然从风，不期而至，望风遥集，也使庐山成为了佛教中心。慧远亦山西人，二十一岁出家，道安立寺于太行恒山，慧远遂往归之。所以荆浩处太行洪谷，遥想庐山慧远，仰慕其风鉴朗拔的精神面貌，是可以理解的。其赠大愚诗所说"恣意纵横扫，峰峦次第成"，可看作是依据太行洪谷突兀拔起、山峰高耸入云，绘画《匡庐图》的巍峨壮丽、幽深雄伟；而所说"禅房时一展，兼称苦空情"，亦可理解为修佛不成的苦情。自然，荆浩的宗教感情没那么单纯。荆浩隐居太行的王屋山，曾是道家司马承桢创建阳台宫的地方。荆浩所著《笔法记》，追踪道教先师，讲"白云尊师气象幽妙，俱得其元，动用逸常，深不可测"，亦是充满着道家精神的。凡此可以看出，《匡庐图》并非仅仅是一幅山水图，而是寄托在画家宗教精神追求的作品。

关仝，一作关同、关穜，五代后梁画家，生卒年不详。《五代名画补遗》说："关仝，不知何许人。初师荆浩，学山水，刻意力学，寝食都废，意欲逾浩。后俗谚曰'关家山水'"，并说其山水画"上突巍峰，下瞰穷谷，卓尔峭拔者，同能一笔而成，其辣擢之状，突如涌出，而又峰岩苍翠，林麓土石，加以地理平远，磴道邈绝，桥彴村堡，杳漠皆备，故当时推尚之"。关仝与荆浩同为北方山水画家。《宣和画谱》著录关仝画有《秋山图》《江山渔艇图》《春山萧寺图》等，传世作品有《山溪待渡图》及《关山行旅图》等。

《山溪待渡图》，绢本水墨纵 156.6 厘米，横 99.6 厘米，现藏台北故宫博物院。此图上方正中主峰突起，瀑布飞泻而下，山下涓涓溪流，林掩古刹柴关，坡岸侧溪流击艇，林木间村屋房舍，溪边画人策驴唤渡。关仝处北方战乱时期。因此，《山溪待渡图》虽然高山伟岸，气势雄伟，然所画夕阳下的秋山、林木、村居、野渡等，则给人一种雄伟苍凉的感觉。《关山行旅图》，绢本水墨，立轴，纵 144.4 厘米，横 56.8 厘米，亦藏台北故宫博物院。关仝虽处北方战乱，然所画《关山行旅图》，不仅峰峦高耸、气势雄伟，而且所画深秋荒山、板桥茅店、野店行旅、商贾停骖，杂寒林鸡犬，充满生活气息，显现出画家希冀和平之情。

---

① 《出三藏记集·慧远法师传》。

董源，一作董元，字叔达，江西钟陵（今江西进贤县）人，于南唐时曾任北苑副使，故又称"董北苑"。五代南唐画家，南派山水画开创者。初师荆浩，笔力沉雄，后以江南山水入画，疏林远树，平远幽深，皴法状如麻皮，后人称为"披麻皴"。董源之画，水色江天，云烟显晦，峰峦出没，汀渚溪桥，率多真意，显示出山水画的创造性。米芾称其画"平淡天真多，唐无此品"；又说其"峰顶不工绝，涧危径幽壑荒迥，率多真意"①。沈括《梦溪笔谈》亦说："董源善画，尤工秋岚远景，多写江南真山，不为奇峭之笔。"董源作画，为巨然和尚所追随，故"董、巨并称"。沈括《图画歌》讲董、巨绘画特色说："江南董源僧巨然，淡墨轻岚为一体。"董源存世作品有《夏景山口待渡图》《潇湘图》《夏山图》《溪岸图》《平林霁色图卷》等。《潇湘图》是其最有代表性的作品。

《潇湘图》被画史视为"南派"山水画开山之作。该作品纵 50 厘米，横 141 厘米，为设色绢本山水画，现藏北京故宫博物院。《潇湘图》所画为南方山水，画图湖光山色，山势连绵，以墨点渲染山峦之草木，呈现出江南山水的烟雨空濛之感。五代虽是乱世，但南唐江南经济或稍有恢复。因此，董源《潇湘图》以江南山水为画，平淡幽深，苍茫浑厚，草木茂盛，郁乎葱葱，所画人物渔舟，色彩鲜明，趣味横生，寂静幽深中显出无限生机。

巨然，生卒年不详，五代画家，钟陵（今江西南昌）人。早年在江宁（今南京）开元寺出家，南唐降宋，随后主到开封，居开宝寺。巨然之画，师法董源，画江南山水，所画峰峦，有岚气象，多野逸清静之趣。米芾说巨然画"明润郁葱，最有爽气"，又说其"矾头太多"②。巨然绘画，以长披麻皴，笔墨秀润，得董源画风嫡传，"并称董、巨"。作品有《夏景山居图》《夏日山林图》《秋江晚渡图》《溪山渔乐图》《云岩萧寺图》《秀峰图》《遥山渔浦图》等，其代表性作品为《秋山问道图》《万壑松风图》。《秋山问道图》，绢本，水墨。纵 156.2 厘米，横 77.2 厘米，现藏台北故宫博物院。《万壑松风图》〔宋仿〕绢本，墨笔，纵 200.7 厘米，横 70.5 厘米，现藏上海博物馆。

《秋山问道图》画佛家问道的精神追求，画面峰峦相叠，林木丛生，树丛掩映一茅屋，老者盘腿静坐，悠然自得。作品给人以浓淡相间、枯润相生、笔墨秀润、气格清雅、意境幽深之感觉。《万壑松风图》为一幅水墨画，松树

---

① 米芾：《画史》，《四库全书文渊阁本》。
② 米芾：《画史》，《四库全书文渊阁本》。

百姿千态，蜿蜒到山巅山缘。整幅画千山万壑，松林苍郁，亭亭盖盖，苍郁清润，不仅笔墨沉厚浑朴，而且运笔腴润秀雅，天趣盎然。米芾说："巨然师董源，风气清润，布景得天真多，少年时多作矾头，老年平淡趣高。"①

五代南方山水画家，除董源、居然外，还有赵幹、卫贤等人。赵幹，江宁（今江苏南京）人，南唐后主时为画院学生，善画山水、林木、楼观、水村、渔市，作品有《江行初雪图》，绢本、水墨设色、纵25.9厘米、横376.5厘米，现藏台北故宫博物院。该画如同江南渔家生活纪录片，寄托了画家向往渔家生活的心情。《宣和画谱》评之说："虽在朝市风埃间，一见便如江上，令人褰裳欲涉，而问舟浦溆间也。"卫贤，原长安人，后至江南仕南唐，擅画山水楼阁人物，作品有《高士图》，绢本，设色，纵134.5厘米，横：52.5厘米，现藏故宫博物院。绘画以汉代隐士梁鸿夫妻"举案齐眉"故事为题材，把人物居所安排在山环水绕的大自然中，上巨峰壁立、远山苍茫，下竹树苍苍、溪水潺潺。房舍虽简陋，但却寄托了高人隐士志在山野的高洁志趣与精神追求。

五代山水画家，多是退藏不仕，寄情山水，以丹青自娱，游乐于青山绿水、山野荒寺间的一代人物。他们看似疯癫狂人、不食人间烟火，但其内心世界则是充满美好憧憬及道德精神追求的。这正是五代山水画充满生活情趣，具有生机者也。此乃五代昏暗时期一群黄昏起飞的猫头鹰所展示的亮色所在。但他们的绘画并不能构成一种时代精神，最多在艺术上启迪了后人。如他们有的人影响于当时的画风，如董源为南派山水画开山之祖，成为后来宋代绘画的奠基人；有的人缺乏独立性，如巨然本属南派画家，宋统一后，北移开封，归属北宋画家。绘画艺术创作，若要真能构成或奠基时代精神，没有大哲学，没有本体论的支撑是不可能的。因此，若要真正结束昏暗的五代时期，迈向另一个历史时期，是需要大哲学支撑，新文化精神启蒙的。

五　期待新的启蒙精神

黑暗混乱的五代，随着宋朝的统一，就要结束了。但这并非仅仅是改朝换代，而是隋唐时期儒、道、释三教融合嬗变大格局的结束，即中国文化历

---

① 米芾：《画史》，《四库全书文渊阁本》。

史第三次大开合的阖闭；而另一次文化历史大开合的启开，宋明理学时代即将到来。如果说精神史第一卷的历史开合，所写伏羲、炎黄、夏、商、周三代，属上古时期；第二卷的历史开合，所写两汉魏晋南北朝，属中古时期；第三卷所写隋唐五代，属近古时期，那么，第四卷所写即将到来的宋明理学时代，它已属近代，相当于西方 15、16 世纪文艺复兴时期，接近 17 世纪西方启蒙运动时期矣。

事实上，宋明理学提出以"天理"重建道德的形而上学，于宇宙浩浩大化的知觉主宰处，重建立性命之理，以一种新的哲学、新的思想，启开新的时代，已是中国精神发展新的启蒙时期矣。但是，启开一个新时代谈何容易！它绝非为政者几条改革新政就可以解决的，而是牵涉到文化历史进程中的重大哲学精神变革。这种哲学精神的巨大内涵，并非是新时期哲学思想家可以闭门造车、任意杜撰的，而是前一个时期文化历史、人心人性发展变革，所提出的哲学任务与时代要求。它需要什么样的哲学，怎样的精神，如何解决前代所留下的种种社会人生问题，皆是新时期文化历史发展与哲学创造所必须解决的。这就是前时代文化历史发展变化所提出的精神启蒙要求。

那么，五代结束，新的文化历史哲学时期的到来，究竟需要怎样的精神启蒙呢？大体说来，主要有如下几点：

第一，必须重建哲学本体论，安顿人的灵魂，解决信仰信念问题及人心胡乱翻滚问题。一个时代没有信仰信念，没有坚守的精神世界，是非常危险的！五代人心所以胡乱翻滚，有奶就是娘，就是人心失却了主宰，没有信仰信念，没有所坚守的精神世界。它是五代存在的问题，也是唐代儒、道、佛三教并立，没有建立起主导文化意识形态所致。唐代佛教，虽然假借道体，以佛性、法身、真如、涅槃等范畴，建立了深奥弘大的本体论，但那只是彼岸超绝虚妄存在，并非真实无妄之理。它再一次告诉有国有天下者，用外来文化"乌托邦"世界，是不可能解决中华民族信仰信念问题的。解决这一问题，只有用中国文化的天道义理，重建最高哲学本体论。这就是宋明理学的诞生！

第二，必须重建伦理道德体系，解决道德崩溃、彝伦攸斁问题。五代所以弑君、弑父不断，就在于唐朝以来颠覆了儒家伦理纲纪，使乱臣贼子、权豪势要得以膨胀权欲与私心，发展到五代达到了登峰造极的地步。管子讲

"礼义廉耻，国之四维。四维不张，国乃灭亡"①；欧阳修更说："礼义，治人之大法。廉耻，立人之大节。盖不廉，则无所不取。不耻，则无所不为。人而如此，则祸乱败亡，亦无所不至，况为大臣而无所不取，无所不为，则天下其有不乱，国家其有不亡者乎?"② 因此，建立伦理道德纲常体系，是启开新时代的帷幕与基石！此亦乃箕子告诉周武王要以《洪范》九畴，建立"彝伦攸叙"③ 者也。宋朝统一，惟重建纲常伦理道德体系，解决伦理道德危机，始才可谈天下之治。这就是宋代程颢、程颐、朱熹等理学家所强调的"《春秋》大义"，及陆九渊、王阳明强调的"天理良知"者也。

第三，必须重建天德王道的政治体系，以深厚道德精神，建立国家长盛不衰、根深蒂固的历史根基。此乃立于唐朝贵功贱德，以追求功勋为治，没有道德精神根基，以致天下最后衰亡教训者也。五代时，冯道虽无德，然其回答辽国皇帝耶律德光问道"天下百姓如何救得"时，却讲了一句真话："此时佛出救不得，惟皇帝救得。"④ 救天下百姓，不能靠宗教，而必须帝王以天德王道行之方可。这就是新时期为政者，就要以天地之大德，仁爱万物，体贴人民，不仅以此挽救晚唐五代经济破坏，解决民生问题，更要以天地兼覆兼载的精神，肫肫其仁，成己成物，小德川流，大德敦化，建立盛德富有大业。此唐之为政不足，五代败坏至极，而宋儒发挥《大学》《中庸》《论语》《孟子》高明配天，博厚配地，强调兼覆兼载精神者也。

第四，不论是重建哲学本体论，安顿人的灵魂，解决信仰信念问题，重建伦理道德体系，解决道德崩溃、彝伦攸致问题，还是重建天德王道的政治体系，以深厚道德精神，建立根深蒂固的历史根基，最为根本的还是建立强大的哲学，以此支撑起整个时代精神。没有大道本体论，没有强大的哲学支撑，任何时代要想开出一片新天地，建立盛德富有大业，都是不可能的。强大哲学的诞生，并非一两个人的事，而是需要一大批"为天地立心，为生民立命，为往圣继绝学，为万世开太平"⑤，敢于历史担当的大哲学思想家。北宋张载、二程、周子等，就是这样一批开创宋代历史新局，敢于担当的大哲学、思想家。

---

① 《管子·牧民第一》。
② 《新五代史·冯道传》。
③ 《尚书·洪范》。
④ 《新五代史·冯道传》。
⑤ 《宋元学案·横渠学案下》。

　　最后要说的是，这里所讲新时期启蒙精神，并不就是宋明理学的精神，而是晚唐五代要求于即将到来时代，对新的时代所提出的文化精神要求。宋明理学作为支撑新的历史开合的哲学，内涵要比晚唐五代所要求的启蒙精神丰富得多，也强大得多！哲学思想家队伍，浩浩荡荡，也比这里所提到的人多得多。自然，宋明理学作为支撑新历史开合的哲学，并不是一下子被统治者认可的，而是经过文化选择，经过文化践行才被承认的。不论是程朱理学，还是陆王心学，都是这样的。但不管怎样，宋明理学的创造与发展，不仅支配了几百年的王权统治，开创了新的文化历史时期，而且以其"天理良知"的本体论，重建了华夏民族几个世纪的精神世界。直到近现代，它仍然影响着人们的思维方式与行为方式，影响着无数先贤后哲以此开辟新的文化历史道路。不过，这已是《中国精神通史》第四卷研究撰写的任务了。

本卷主要参考资料

（隋唐文化精神，儒、道、佛三教并流，而佛教为大宗。故本卷参考书编列，正史外，先佛老而后儒家，最后为综合性类）

（一）古代典籍

（1）《晋书》，〔唐〕房玄龄等撰，中华书局 1974 年版。

（2）《宋书》，〔梁〕沈约撰，中华书局 1974 年版。

（3）《南齐书》，〔梁〕萧子显撰，中华书局 1972 年版。

（4）《梁书》，〔唐〕姚思廉撰，中华书局 1973 年版。

（5）《陈书》，〔唐〕姚思廉撰，中华书局 1972 年版。

（6）《南史》，〔唐〕李延寿撰，中华书局 1975 年版。

（7）《魏书》，〔北齐〕魏收撰，中华书局 1974 年版。

（8）《北齐书》，〔唐〕李百药撰，中华书局 1972 年版。

（9）《周书》，〔唐〕令狐德棻撰，中华书局 1971 年版。

（10）《隋书》，〔唐〕魏徵撰，中华书局 1973 年版。

（11）《北史》，〔唐〕李延年撰，中华书局 1974 年版。

（12）《旧唐书》，〔后晋〕刘昫撰，中华书局 1975 年版。

（13）《新唐书》，〔宋〕欧阳修撰，中华书局 1975 年版。

（14）《旧五代史》，〔宋〕薛居正撰，中华书局 1976 年版。

（15）《新五代史》，〔宋〕欧阳修撰，中华书局 1974 年版。

（16）《弘明集》，〔梁〕僧祐编，《中国佛教要籍选刊》，中华书局 1983 年版。

（17）《广弘明集》，〔唐〕道宣编，《中国佛教要籍选刊》，中华书局 1983 年版。

（18）《高僧传》，〔南朝·梁〕释慧皎撰，汤用彤校释，中华书局 1992 年版。

（19）《续高僧传》，〔唐〕道宣撰，郭绍林校释，中华书局 2014 年版。

（20）《出三藏记集》，〔南朝·梁〕僧祐编，中华书局 1995 年版。

（21）《佛祖统纪校注》，〔宋〕志磐撰，上海古籍出版社 2012 年版。

（22）《祖堂集校注》，〔南唐〕静筠二禅师编辑，张美兰校注，商务印书馆 2009 年版。

（23）《肇论校释》，〔东晋〕僧肇著，张春波校释，中华书局 2010 年版。

（24）《大乘起信论校释》，〔梁〕真谛译，高振农校释，中华书局 1992 年版。

（25）《童蒙止观校释》，〔隋〕智顗撰，李安校释，中华书局 1989 年版。

（26）《三论玄义校释》，〔隋〕吉藏撰，韩廷杰校释，中华书局 1987 年版。

（27）《坛经校释》，〔唐〕慧能撰，郭朋校释，中华书局 1983 年版。

（28）《成唯识论校释》，〔唐〕玄奘撰，韩廷杰校释，中华书局 1998 年版。

（29）《华严金狮子章校释》，〔唐〕法藏撰，方立天校释，中华书局 1983 年版。

（30）《中论·百论·十二门论》（上下），〔隋〕吉藏疏，上海古籍出版社 2011 年版。

（31）《楞伽经集注》，〔宋〕释正受撰，释普明点校，上海古籍出版社 2016 年版。

（32）《注维摩诘所说经》，〔后秦〕僧肇等注，上海古籍出版社 2011 年版。

（33）《大佛顶首楞严经会解》，〔唐〕般刺密谛译，〔元〕惟则会解，上海古籍出版社 2011 年版。

（34）《般若心经译注集成》，方广锠编纂，上海古籍出版社 2011 年版。

（35）《维摩诘经译注》，徐文明译注，中华书局 2012 年版。

（36）《金刚经译注》，宣方译注，中华书局 2012 年版。

（37）《华严经译注》，高振农译注，中华书局 2012 年版。

（38）《华法经译注》，俞学明、向慧译注，中华书局 2012 年版。

（39）《庐山慧远大师文集》，张景岗点校，九州出版社 2014 年版。

（40）《大唐西域记校注》，季羡林校注，中华书局 1985 年版。

（41）《两京新记辑校》，〔唐〕韦述、杜宝撰，辛德勇点校，三秦出版社 2006 年版。

（42）《唐玄宗御注道德真经》，〔唐〕玄宗李隆基注，《正统道藏》洞神部玉诀类。

（43）《唐玄宗御制道德真经疏》，〔唐〕玄宗李隆基疏，《正统道藏》洞神部玉诀类。

（44）《道德真经广圣义》，〔唐〕杜光庭撰，《正统道藏》洞神部玉诀类。

（45）《校理老子成玄英疏叙录》，《蒙文通文集》第 6 卷。

（46）《中国佛教经纶序跋记集》（一）（东汉魏晋南北朝隋唐五代卷），许明编，上海辞书社 2002 年版。

（47）《佛教要籍选刊》（第 1～14 辑），上海古籍出版社 1994 年版。

（48）《中国佛教思想资料选编》（第一卷），石俊等编，中华书局 1981 年版。

（49）《中华大藏经》（汉文部分），中华大藏经编辑局编辑，中华书局 1982～1997 年版。

（50）《中国佛教思想资料选编》，（第一～四册），石俊等编，中华书局 1983 年版。

（51）《（正统）道藏》，文物出版社、上海书店、天津古籍出版社 1987 年版。

（52）《老子注》，〔魏〕王弼撰，《诸子集成》第三册，中华书局 1954 年版。

（53）《庄子注校释》，〔魏〕王弼撰，楼宇烈校释，中华书局 2012 年版。

（54）《庄子集释》，郭庆藩辑，王孝鱼整理，中华书局 1961 年版。

（55）《庄子集解》，王先谦著，中华书局 1961 年版。

（56）《老子指归》，〔汉〕严遵著，王德有点校，中华书局 1994 年版。

（57）《老子道德经河上公章句》，王卡点校，中华书局 1993 年版。

（58）《太平经合校》（上下），王明编，《道教典籍选刊》，中华书局 2014 年版。

（59）《南华真经注疏》，〔晋〕郭象注，〔唐〕成玄英疏，《道教典籍选刊》，中华书局 1998 年版。

（60）〔宋〕张君房编，《云笈七签》，《道教典籍选刊》，中华书局 2003年版。

（61）《抱朴子内篇》，〔东晋〕葛洪撰，《诸子集成》第 8 册，中华书局1954 年版。

（62）《仙传校释》，〔晋〕葛洪撰，胡守为校释，《道教典籍选刊》，中华书局 2010 年版。

（63）《灵位业图校理》，〔梁〕陶弘景撰，陶间、丘远方校理，《道教典籍选刊》，中华书局 2013 年版。

（64）《真诰》，〔梁〕陶弘景撰，赵益点校，《道教典籍选刊》，中华书局2013 年版。

（65）《陶隐居集》，〔梁〕陶弘景撰，《正统道藏·太玄部》。

（66）《真诰校注》，〔梁〕陶弘景撰，〔日〕吉川忠夫等校注，朱越利译，中国科学出版社 2007 年版。

（67）《玄珠录校释》，〔唐〕王玄览撰，朱森溥校释，巴蜀书社 1989 年版。

（68）《杜光庭记传十种辑校》，〔唐〕杜光庭撰，罗争鸣辑校，《道教典籍选刊》，中华书局 2013 年版。

（69）《抱朴子内篇》，〔东晋〕葛洪撰，《诸子集成》第 8 册，中华书局1954 年版。

（70）《黄庭经集释》，〔唐〕梁丘之等注，中央编译出版社 2015 年版。

（71）《天隐子》，〔唐〕司马承桢著，《正统道藏》太玄部。

（72）《坐忘论》，〔唐〕司马承桢著，《正统道藏》太玄部。

（73）《玄纲论》，〔唐〕吴筠著，《正统道藏》太玄部。

（74）《道德经义疏》，〔唐〕成玄英疏，《道书辑校十种》，蒙文通著，巴蜀书社 2001 年版。

（75）《道德经义》，〔唐〕李荣校，《道书辑校十种》，蒙文通著，巴蜀书社 2001 年版。

（76）《老子注》，〔宋〕李景元注，《道书辑校十种》，蒙文通著，巴蜀书社 2001 年版。

（77）《庄子注》，〔宋〕陈景元注，《道书辑校十种》，蒙文通著，巴蜀书社 2001 年版。

（78）《老子想尔注校笺》，饶宗颐著，中华书局（香港）有限公司 2015 年版。

（79）《道藏要籍选刊》（第 1～11 辑），上海古籍出版社 1989 年版。

（80）《论语·义疏》，〔梁〕皇侃疏，高尚榘点校，中华书局 2013 年版。

（81）《礼记·皇氏义疏》，〔梁〕皇侃疏，《玉函山庄辑佚书》经编《礼记》类。

（82）《周易·周氏义疏》，〔梁〕周弘正撰，《玉函山庄辑佚书》经编《易》类。

（83）《礼记·熊氏义疏》，〔北周〕熊安生撰，《玉函山庄辑佚书》经编《礼记》类。

（84）《尚书·刘氏义疏》，〔隋〕刘焯撰，《玉函山房辑佚书》经编《尚书》类。

（85）《毛诗述议》，〔隋〕刘炫撰，《玉函山房辑佚书》经编《诗》类。

（86）《春秋述议》，〔隋〕刘炫撰，《玉函山房辑佚书》经编《春秋》类。

（87）《中说》，〔隋〕王通述，《百子全书》第二册，浙江人民出版社 1984 年版。

（88）《周易正义》，〔唐〕孔颖达正义，〔魏〕王弼注，《十三经注疏》上，中华书局 1979 年影印本。

（89）《尚书正义》，〔唐〕孔颖达正义，〔汉〕孔安国传，《十三经注疏》上，中华书局 1979 年影印本。

（90）《毛诗正义》，〔唐〕孔颖达正义，〔汉〕郑玄注，《十三经注疏》上，中华书局 1979 年影印本。

（91）《礼记正义》，〔唐〕孔颖达正义，〔汉〕郑玄注，《十三经注疏》下，中华书局 1979 年影印本。

（92）《春秋左传正义》，〔唐〕孔颖达正义，〔晋〕杜预注，《十三经注疏》下，中华书局 1979 年影印本。

（93）《周礼注疏》，贾公彦等撰，陆德明释文，《十三经注疏》上，中华书局 1979 年影印本。

（94）《经典释文序录疏证》，陆德明撰，吴承仕疏证，中华书局 2008 年版。

（95）《汉书注》，〔汉〕班固撰，颜师古注，中华书局 1962 年版。

（96）《贞观政要》，〔唐〕吴兢编撰，谢保成集校，中华书局 2003 年版。

（97）《史通新校注》，〔唐〕刘知幾撰，赵吕甫校注，重庆出版社 1990 年版。

（98）《韩昌黎全集》，〔唐〕韩愈著，中国书店 1991 年版。

（99）《李文公集》，〔唐〕李翱著，《四部丛刊·集部》。

（100）《柳河东集》，上海人民出版社 1974 年版。

（101）《唐会要》，〔北宋〕王溥撰，上海古籍出版社 1991 年版。

（102）《大唐新语》，〔唐〕刘肃撰，许德楠、李鼎霞点校，中华书局 1984 年版。

（103）《全晋文》（上中下），〔清〕严可均辑，商务印书馆 1999 年版。

（104）《全宋文》，〔清〕严可均辑，商务印书馆 1999 年版。

（105）《全齐文》《全陈文》，〔清〕严可均辑，商务印书馆 1999 年版。

（106）《全梁文》（上下），〔清〕严可均辑，商务印书馆 1999 年版。

（107）《全后魏文》，〔清〕严可均辑，商务印书馆 1999 年版。

（108）《全北齐文》《全后周文》，〔清〕严可均辑，商务印书馆 1999 年版。

（109）《全隋文》，〔清〕严可均辑，商务印书馆 1999 年版。

（110）《全唐文》，〔清〕董诰等编，中华书局影印本。

（111）《全唐诗》，〔清〕彭定求等编，中华书局 1960 年版。

（112）《历代名画记》，〔唐〕张彦远著，中州古籍出版社 2016 年版。

（113）《历代名画录校注》（上下），〔唐〕朱景云著，吴企明校注，黄山书社 2016 年版。

（114）《画论丛刊》，王安澜编著，张自然校订，河南大学出版社 2015 年版。

（115）《中国历史参考图谱》，郑振铎编，书目文献出版社 1994 年版。

（二）其他参考用书

（1）《汉魏两晋南北朝佛教史》，汤用彤著，商务印书馆 2015 年版。

（2）《中国佛教史》（第一卷），任继愈主编，中国社会科学出版社 1981 年版。

（3）《中国佛教史》（第二卷），任继愈主编，中国社会科学出版社 1985 年版。

（4）《中国佛教史》（第三卷），任继愈主编，中国社会科学出版社 1988 年版。

（5）《中国佛教思想史》（上卷），郭朋著，福建人民出版社 1994 年版。

（6）《中国佛教思想史》（中卷），郭朋著，福建人民出版社 1994 年版。

（7）《中国佛教文化史》（第 1 ~ 5 册），孙昌武著，中华书局 2010 年版。

（8）《中国佛教思想史稿》（第二卷），《隋唐佛教卷》（上下），江苏人民出版社 2009 年版。

（9）《佛教史》，杜继文著，"新版宗教史丛书"，任继愈主编，江苏人民出版社 2006 年版。

（10）《中国佛教哲学要义》（上下卷），方立天著，中国人民大学出版社 2002 年版。

（11）《中国天台宗通史》，潘桂明、吴忠伟著，江苏古籍出版 2001 年版。

（12）《中国三论宗通史》，董群著，凤凰出版社 2008 年版。

（13）《中国华严宗通史》，魏道儒著，江苏古籍出版社 1998 年版。

（14）《中国唯识宗通史》（上下），杨维中著，凤凰出版社 2008 年版。

（15）《中国净土宗通史》，陈扬炯著，江苏古籍出版社 2000 年版。

（16）《中国禅宗通史》，杜继文、魏道儒著，江苏古籍出版社 1993 年版。

（17）《唐五代禅宗史》，杨曾文著，中国社会科学出版社 1995 年版。

（18）《中国禅宗史——从 6 世纪到 9 世纪》，葛兆光著，北京大学出版社 1998 年版。

（19）《汤用彤全集》（第 1 ~ 7 卷），河北人民出版社 2000 年。

（20）《汤用彤选集》，汤一介编选，天津人民出版社 1995 年。

（21）《汤用彤集》，《近现代著名学者佛学文集》，黄夏年主编，中国社会科学出版社 1995 年版。

（22）《吕澂佛学论著选集》（第 1 ~ 5 卷），吕澂著，齐鲁书社 1991 年版。

（23）《中国佛学源流略讲》，吕澂著，中华书局 1979 年版。

（24）《汉唐佛教思想论集》，任继愈著，人民出版社 1994 年版。

（25）《佛教十五题》，季羡林著，中华书局 2007 年版。

（26）《华严宗哲学》（上下），方东美著，中华书局 2012 年版。

（27）《吕澂集》，《近现代著名学者佛学文集》，黄夏年主编，中国社会科学出版社 1995 年版。

（28）《印顺集》，《近现代著名学者佛学文集》，黄夏年主编，中国社会科学出版社 1995 年版。

（29）《中国禅学思想史》，［日］滑谷快天著，朱谦之译，上海古籍出版社 1994 年版。

（30）《大乘佛教：佛教的涅槃概念》，［俄］舍尔巴茨基著，宋立道译，中国社会科学出版社 1994 年版。

（31）《唐代佛教》，［美］斯坦利·威斯坦因著，张煜译，上海古籍出版社 2010 年版。

（32）《道教史》，许地山著，中华书局 2016 年版。

（33）《道教史》，卿希泰、唐大潮著，"新版宗教史丛书"，任继愈主编，江苏人民出版社 2006 年版。

（34）《中国道教史》，"中国文化史丛书"（第二辑），傅勤家著，上海书店 1984 年版。

（35）《中国道教史》（第一卷），卿希泰主编，四川人民出版社 1988 年版。

（36）《中国道教思想史纲》（第二卷），卿希泰著，四川人民出版社 1985 年版。

（37）《中国道教思想史》（第 1～4 卷），卿希泰主编，人民出版社 2009 年版。

（38）《道家思想史纲》，黄剑主编，湖南师范大学出版社 1991 年版。

（39）《隋唐道家与道教》（上下册），李大华等著，广东人民出版社 2003 年版。

（40）《道家和道教思想研究》，王明著，中国社会科学出版社 1984 年版。

（41）《道藏源流攷》（上下册），陈国符著，中华书局 1961 年版。

（42）《佛道散论》，蒙文通著，商务印书馆 2011 年版。

（43）《道教内丹学溯源》，戈国龙著，中央编译出版社 2012 年版。

（44）《道学通论——道家·道教·丹道》（增订版），胡孚琛、吕锡琛著，社会科学文献出版社 2004 年版。

（45）《魏晋南北朝文化史》，罗宏曾著，四川人民出版社 1989 年版。

（46）《中国宗教思想史大纲》，王治心著，东方出版社 1996 年版。

（47）《魏晋南北朝时期的道教》，汤一介著，陕西师范大学出版社 1988 年版。

（48）《唐代长安安西域文明》，向达著，生活·读书·新知三联书店 1987 年版。

（49）《唐代制度渊源略论稿》，陈寅恪著，生活·读书·新知三联书店 2001 年版。

（50）《魏晋神仙道教》，胡孚琛著，人民出版社 1989 年版。

（51）《从道家到道教》，孔令宏著，"文化寻根丛书"，中华书局 2004 年版。

（52）《中国重玄学》，卢国龙著，人民中国出版社 1983 年版。

（53）《重玄之思——玄英的重玄方法和认识论研究》，罗中枢著，巴蜀书社 2010 年版。

（54）《成玄英评传》（上下），"中国思想家评传丛书"，匡亚明主编，强昱著，北京大学出版社 2011 年版。

（55）《道门领袖：杜光庭传》，蔡堂根著，浙江人民出版社 2006 年版。

（56）《中国学术思想编年》（隋唐五代卷），张岂之主编，陕西师范大学出版社 2005 年版。

（57）《汉唐史论稿》，赵克尧著，复旦大学出版社 1993 年版。

（58）《长安艺术与宗教文明》，李淞著，中华书局 2002 年版。

（59）《唐代思潮》，龚鹏程著，商务印书馆 2007 年版。

（60）《隋唐气象》，谢思炜著，陕西师范大学出版社 2009 年版。

（61）《唐代宗教信仰与社会》，荣新江主编，上海辞书出版社 2003 年版。

（62）《图解中国著名佛教寺院》，张驭寰著，当代中国出版社 2012 年版。

（63）《唐代文学演变史》，李从军著，人民文学出版社 2006 年版。

（64）《中国艺术精神》，徐复观著，台湾学生书局 1984 年版。

（65）《中国绘画史》（上下），俞剑华著，"中国文化史丛书"，上海书店出版社 1984 年版。

（66）《中国绘画史》，潘天寿著，上海人民美术出版社 1983 年版。

（67）《中国书画》，杨仁恺主编，上海古籍出版社 1990 年版。

（68）《中国画史论辨》，阮璞著，陕西人民美术出版社 1983 年版。